Europa reformata

Reformationsstädte Europas und ihre Reformatoren

Herausgegeben von
Michael Welker, Michael Beintker und Albert de Lange

EVANGELISCHE VERLAGSANSTALT
Leipzig

Bischof Prof. Dr. Friedrich Weber (1949–2015) in Dankbarkeit

Bibliographische Information der Deutschen Nationalbibliothek

Die Deutsche Nationalbibliothek verzeichnet diese Publikation in der Deutschen Nationalbibliographie; detaillierte bibliographische Daten sind im Internet über http://dnb.dnb.de abrufbar.

© 2016 by Evangelische Verlagsanstalt GmbH · Leipzig
Printed in EU · H 7947

Das Buch wurde auf alterungsbeständigem Papier gedruckt.

Gesamtgestaltung: Kai-Michael Gustmann, Leipzig
Umschlag und Vorsatz: Kai-Michael Gustmann, nach einer Vorlage von Alexander Maßmann und Maren Ossenberg-Engels
Druck und Binden: GRASPO CZ a.s., Zlín

ISBN 978-3-374-04119-0
www.eva-leipzig.de

Inhalt

Vorwort

500 Jahre Reformation: Der gesellschaftliche, kulturelle und religiöse Aufbruch in den ersten Jahrzehnten des 16. Jahrhunderts ging aus von den Bemühungen, die Kirche im Sinne des Evangeliums zu erneuern. Er führte in nur kurzer Zeit zu Entwicklungen, die bis heute weltweite Ausstrahlung haben – und das nicht nur dort, wo die Reformation sich erfolgreich durchgesetzt hat. Auch dort, wo ihr dieser Erfolg verwehrt war, hat sie noch den gegen sie gerichteten Widerstand prägen können.

Der Beginn der Reformation ist untrennbar mit dem Namen Martin Luther und der von ihm im Herbst 1517 in Wittenberg ausgelösten Debatte um Buße und Ablass verbunden. Wie kein anderer hat Luther in den folgenden Jahren Dramatik und Dynamik des reformatorischen Aufbruchs bestimmt; hier kommt ihm unbestritten eine epochale Bedeutung zu. Luther hatte zwar Vorläufer. So hatten schon Waldes, John Wyclif, Jan Hus und die von ihnen inspirierten Bewegungen für eine umfassende Erneuerung der Kirche gestritten und gelitten. Aber der alles erfassende Umbruch und Aufbruch kam erst mit Luther.

Nun wurde Weltgeschichte geschrieben. Der Funke der Reformation sprang über. Unter Luthers Einfluss und in spürbarer Parallele zu den Vorgängen in Wittenberg entstanden weitere Zellen und Zentren der Reformation. Neben Wittenberg müssen auf jeden Fall Zürich, Straßburg und Genf genannt werden – Orte, die man ebenfalls als Hauptzentren, ja Drehscheiben der reformatorischen Bewegung bezeichnen kann. Doch die Beschränkung auf nur diese Orte würde der Polyzentrik und der Vielschichtigkeit der tatsächlichen Entwicklung nicht gerecht. Ob Antwerpen oder Riga, Leiden oder Debrecen, Kopenhagen oder Lyon, Oxford oder Venedig – fast jeder Ort Europas kann seine eigene Reformationsgeschichte erzählen. Dieser Geschichte war nicht immer Erfolg beschieden, oft sind die reformatorischen Anfänge sogar blutig erstickt worden. Aber das ändert nicht das Geringste daran, dass diese Geschichte in Erinnerung gehalten werden muss. Denn Menschen, die für ihre Glaubensüberzeugung in den Tod gegangen sind, haben diese Geschichte nicht weniger geprägt als jene, die als die großen Ideengeber und Organisatoren der Erneuerung in Erscheinung traten. Die Reformation in Europa besteht aus vielen großen und kleinen Reformationen. Sie ist ein Ereignis von europäischer Ausstrahlung, ein Netzwerk des Aufbruchs: deshalb *Europa reformata*.

Das 500. Jubiläum der Reformation war für die Gemeinschaft der Evangelischen Kirchen Europas (GEKE) ein willkommener Anlass, die europäische Ausstrahlung der Reformation ins öffentliche Blickfeld zu rücken. Schon immer waren die ganz unterschiedlichen Erfahrungen ihrer großen und kleinen Mitgliedskirchen für die GEKE wichtig. War die GEKE doch aus der Zustimmung zur Leuenberger Konkordie (1973) entstanden, mit der die aus der Reformation des 16. Jahrhunderts hervorgegangenen Kirchen und ihre vorreformatorischen Glaubensgeschwister ihre jahrhundertealte Kirchentrennung überwanden und von nun an in Kanzel- und Abendmahlsgemeinschaft miteinander lebten. Bisher haben 107 evangelische Kirchen in Europa die Leuenberger Konkordie unterzeichnet. Dahinter verbergen sich mindestens 107 unterschiedliche Reformationsgeschichten. Und nicht nur das: Diese 107 Reformationsgeschichten könnten mühelos durch die besonderen Reformationsgeschichten der zahlreichen Orte und Regionen in den einzelnen evangelischen Kirchen bereichert werden. Das ergäbe ein buntes Bild, mit dem sich illustrieren ließe, dass die in diesem Band nötige Beschränkung auf 72 herausragende Persönlichkeiten und 48 Orte der Reformation viele Verkürzungen in Kauf nehmen muss. Nur exemplarisch kann dieser Band für die Vielgestaltigkeit der Reformation in ihrem gesamteuropäischen Resonanzraum sensibilisieren.

Auf ihrer 7. Vollversammlung 2012 in Florenz haben die Kirchen der GEKE die Initiative „Europa reformata: 500 Jahre Reformation in Europa" beschlossen. Im Rahmen dieser Initiative rief die Vollversammlung zur Bewerbung um den Titel „Reformationsstadt Europas" auf. Kandidaten waren vor allem diejenigen Städte, die in der Reformation des 16. Jahrhunderts eine besondere Rolle gespielt hatten. Natürlich sollte es dort historische Zeugnisse der Reformationszeit geben, und die in Frage kommenden Städte sollten in touristischer Hinsicht hinreichend erschlossen sein. Quer über den Kontinent verteilt, sollten sie das Reformationsgedenken in die europäische Öffentlichkeit tragen und mit ihrer heutigen Kultur zum Dialog über die gesellschaftlichen und kulturellen Impulse der Reformation inspirieren.

Das Echo auf diese Initiative übertraf alle Erwartungen. Die Herausgeber dieses Bandes hätten mühelos 80 Reformationsstädte vorstellen können. Doch auch die 48 in diesem Band präsentierten Orte mit ihren Reformatoren und Reformatorinnen lassen ein städtisches Erinnerungspanorama entstehen, das vielen Menschen aus Europa und aus aller Welt eine spannende reformationsgeschichtliche Spurenlese ermöglichen wird. Sie werden dann nicht nur nach Wittenberg, Zürich, Straßburg oder Genf fahren müssen, sondern können den Spuren der Reformation auf dem ganzen Kontinent nachgehen.

Wir danken den Autorinnen und Autoren, die sich bereitgefunden haben, an diesem „Reiseführer" durch die europäische Reformationsgeschichte mitzuarbeiten. Die einzelnen Kapitel dieses Buches sind von Theolog(inn)en und Historiker(inne)n mit besonderen Kenntnissen der von ihnen porträtierten Reformationsstadt und ihrer Reformatoren verfasst. Sie setzen bei ihren Präsentationen die Schwerpunkte allerdings unterschiedlich. So kann das religiöse, politische oder bauliche Profil der Stadt zur Zeit der Reformation im Zentrum stehen oder das persönliche und theologische Profil einzelner Reformatoren oder das geschichtliche Umfeld. In der Summe der Beiträge treten die großen Linien des reformatorischen Aufbruchs eindrücklich hervor.

Wir danken zahlreichen Kirchen und kirchenleitenden Persönlichkeiten, die durch Subskriptionen die Finanzierung des anspruchsvollen Vorhabens ermöglichten. Besonders danken wir dem Kirchenamt der EKD und der Stadt Basel für Druckkostenzuschüsse. Herr Landesbischof Prof. Dr. Jochen Cornelius-Bundschuh von der Evangelischen Landeskirche in Baden, die Kirchenleitung der Evangelischen Kirche der Pfalz sowie Herr Vizepräsident Dr. Thies Gundlach vom Kirchenamt der EKD haben die englische Übersetzung des Bandes unterstützt. Senior Pastor Dr. Younghoon Lee von der Yoido Full Gospel Church in Seoul hat die koreanische Ausgabe des Bandes (herausgegeben von Prof. Dr. Kim Jae Jin) gefördert.

Die Kirchenhistoriker Prof. Dr. Berndt Hamm und Prof. Dr. Christoph Strohm haben uns bei der Entstehung des Bandes vielfach beraten. Für die Erstellung der Karte „Europa reformata" danken wir Dr. Alexander Maßmann und Maren Ossenberg-Engels. Für die Zusammenstellung von speziellen Informationen über die Reformatoren und die Sammlung der Anschriften der kirchlichen, politischen und touristischen Kontaktstellen sind wir Bettina Höhnen, Corinna Klodt, Irmela Küsell, Simon Layer, Charlotte Reda und Dr. Hanna Reichel dankbar. Dr. Gerhard Schwinge und Therese Schmude haben große Mühen in das Lektorat investiert, Dr. Albert de Lange in die Redaktion und Bildredaktion. Frau Dr. Annette Weidhas von der Evangelischen Verlagsanstalt danken wir für die ganz vorzügliche Zusammenarbeit.

Für die deutsche Ausgabe mussten Aufsätze aus dem Englischen, Französischen und Italienischen übersetzt werden; wir danken Therese Schmude (Antwerpen; Cambridge; Debrecen; Edinburgh; Leiden; Venedig; Viborg); Dr. Gerhard Philipp Wolf (Béarn; Genf; Neuenburg/Neuchâtel) und Dr. Albert de Lange (Ferrara) für ihre Mühe.

Wir widmen dieses Buch dem Andenken an Bischof Friedrich Weber, der am 19. Januar 2015 nach kurzer schwerer Krankheit verstorben ist. Friedrich Weber, seit 2012 geschäftsführender Präsident des Rates der GEKE, hat die Entstehung dieses Buches von Anfang an intensiv begleitet und gefördert. Wir gedenken seiner in großer Dankbarkeit.

Für die Herausgeber: Michael Beintker

Einleitung

von Michael Welker

I. Der geistliche Kern der Reformation: Vertrauen auf Gottes Offenbarung

Die Botschaft der Reformation ist geprägt von tiefem Gottvertrauen und von Furchtlosigkeit vor menschlicher Macht. Sie formuliert klare Alternativen:

– Gottes Wort vor Menschenwort, notfalls gegen Menschenwort!
– Biblische Zeugnisse vor menschlichen Lehren!
– Wahrheit Gottes gegen Gewissheiten oder Meinungen der Menschen!
– Der Glaube an die nicht durch eigenes Tun zu verdienende Erlösung durch Gott gegen das Vertrauen auf den Ablass und die eigenen Werke (vgl. Berndt Hamm zu Nürnberg)!

Die Reformation betont die barmherzige Zuwendung Gottes zu den Menschen, die in Jesus Christus offenbar und im Glauben ergriffen wird (vgl. Christoph Strohm zu Heidelberg). Gott, Gottes Wort und Gottes Wahrheit kommen den Menschen nahe und wollen sie trösten, aufrichten und erheben.

– Im menschlichen, barmherzigen, leidenden und am Kreuz hingerichteten Jesus Christus gibt Gott sich zu erkennen.
– Jesus Christus ergreift in der Kraft seines Heiligen Geistes seine Zeuginnen und Zeugen und gibt ihnen Anteil an seinem Leben und seiner Autorität – auch gegen die Macht des Papstes und des Kaisers!

Die mitreißenden theologischen Einsichten und die das Leben verändernden Impulse der Reformation werden heute vor allem mit den Orten Wittenberg (mit Martin Luther und Philipp Melanchthon), Zürich (mit Huldrych Zwingli und Heinrich Bullinger) und Genf (mit Johannes Calvin und Theodor Beza) und mit den nach 1517 (Luthers Thesenanschlag in Wittenberg) einsetzenden Entwicklungen ver-

13

bunden. Doch bereits mehr als hundert Jahre vor der Reformation in Deutschland, in der Schweiz und anderen Ländern Europas gab es Reformansätze und wurden verschiedene ihrer zentralen Erkenntnisse gewonnen und entsprechende Reformforderungen erhoben, besonders im Umkreis der Universitäten Oxford (vor allem von John Wyclif) und Prag (von Jan Hus), früher noch in Lyon von Waldes und den Waldensern. Hervorgehoben wurde schon damals, dass allein Gottes Gnade der Grund menschlichen Heils ist, dass die Heilige Schrift höher steht als alle kirchliche Lehre, dass die Bibel allen Menschen zugänglich gemacht und dass in der Landessprache der Menschen gepredigt und gelehrt werden muss. Die Mündigkeit der Menschen in geistlichen Angelegenheiten wurde betont, und es wurde die Austeilung von Brot und Wein im Abendmahl an alle Gemeindeglieder gefordert. Nicht erst einige der Reformatoren, auch mehrere sogenannte „Vorreformatoren" wurden dafür, dass sie diese befreienden, aber als häretisch angesehenen Erkenntnisse verbreiteten, öffentlich hingerichtet.

II. Die Bedeutung von (Buch-)Druck und Bildung für die Reformation

Die große Rolle der damals noch relativ neuen, bewegliche Lettern einsetzenden Druckkunst mit ihrer Produktion von Flugschriften und Büchern in der Volkssprache kann für den Erfolg der Reformation gar nicht hoch genug veranschlagt werden. Allein in Augsburg erschienen zwischen 1518 und 1530 nicht weniger als 457 Drucke von Schriften Luthers – mit einer halben Million Exemplare! In Basel, Emden, Hamburg, Herborn, Hermannstadt, Kronstadt, Leiden, Nürnberg, Speyer, Stockholm, Ulm, Urach, Wien, Worms und an anderen Orten waren Verleger und Druckereien mit großem Erfolg tätig. Flugschriften, oft mit packenden Bildern, rüttelten die Menschen auf; gedruckte Predigten und Traktate brachten die reformatorische Botschaft unter das Volk. Katechismen fassten die wichtigsten Glaubensinhalte zusammen und wurden weit – zum Teil weltweit – verbreitet. In vielen Ländern entstanden Bibelübersetzungen in der Volkssprache. Neue Gemeindelieder und Gesangbücher wurden gedruckt.

Viele Reformatoren zeichneten sich durch große Sprachgewalt und Kreativität aus. Sie wirkten, manchmal unterstützt von Übersetzungsteams, mit ihren Bibelübersetzungen prägend auf die Entwicklung der Landessprachen: Martin Luther in Deutschland, William Tyndale in England, Pierre-Robert Olivétan in Frankreich, Casiodoro de Reina in Spanien, die Brüder Petri in Schweden, Michael Agricola in Finnland, Gáspár Károli in Ungarn, Primus Truber in Slowenien. Johannes Bugenhagens niederdeutsche Bibelübersetzung wurde Vorbild für die dänische Bibel u. v. m.

III. Die Reformation als Bewegung, die sich für Bildung und Befreiung einsetzt

Die Begeisterung für die Reformation wurde damals vor allem von einer gebildeten und emanzipatorisch eingestellten Mittelschicht getragen. Große Städte als Nachrichten- und Kommunikationszentren waren schon vor der Reformation Schauplatz von Bildungsbewegungen – z.B. konnten etwa 40 Prozent der Nürnberger Bevölkerung lesen. In den Städten trafen sich Zirkel von Gebildeten, die den humanistischen Idealen des Erasmus von Rotterdam anhingen, aber auch offen für die Reformation waren. Zugespitzt kann man sagen: „Ohne Humanismus keine Reformation!" (Bernd Moeller) Diese Kreise, die oft ein weites Korrespondentennetzwerk unterhielten, verbreiteten die reformatorische Lehre und beförderten sie. Aber nicht nur in den Städten konnte die Reformation Fuß fassen. Auch fromme Fürsten schlossen sich ihr an und unterstützten sie auf ihren Territorien. Die Reformation erfasste schließlich alle Bevölkerungsschichten.

Die Reformation als Bildungsbewegung legte großen Wert darauf, dass Schulen und „Hohe Schulen" gegründet wurden und dass das Schulwesen grundlegend erneuert wurde. Triebkraft für dieses starke Engagement war der Wille, den Zugang aller Menschen zur Bibel als Wort Gottes und mit der Bildung aller Menschen – nicht nur des geistlichen Standes – ein gutes Gemeinwesen und die Freiheit der Menschen zu fördern. Zahlreiche Porträts der Städte in diesem Band (Debrecen, Ferrara, Laibach, Riga, Straßburg usw.) geben davon direkt Zeugnis. Johannes Brenz in Schwäbisch Hall z.B. lehrte in seinen Schriften die Hochschätzung des Kindes und forderte eine einfühlsame Pädagogik. Er gründete, wie von Luther in seiner Schrift *An die Ratsherren* (1524) gefordert, deutsche und lateinische Schulen für Jungen und Mädchen aus allen Ständen. 1526 wurde in Nürnberg, von Melanchthon inspiriert, ein neuer Schultyp geschaffen: das Gymnasium. 1541 wurde vom Reformator Johannes Honterus in Kronstadt das erste humanistische Gymnasium ganz Südosteuropas gegründet.

1527 gründete Philipp von Hessen in Marburg die erste evangelische Universität. Die „Hohe Schule von Herborn" wurde als Bildungsstätte nicht nur für Theologie, sondern auch für philosophische und rechtswissenschaftliche Forschung und Lehre aufgebaut. Junge und dynamische Wissenschaftler (bahnbrechend in Herborn: Caspar Olevian) und Gelehrte aus anderen europäischen Ländern wurden an die Universitäten berufen – und entsprechend groß waren die europaweite Anziehung und die interdisziplinäre Ausstrahlung der Institutionen. Die Reformation wurde zu einer langfristig auf Theologie, Philologie, Geschichtswissenschaft, auf Rechts- und Politikwissenschaft ausstrahlenden Kraftquelle der frühneuzeitlichen Universität.

Die intensivierte und vertiefte Bildung und der Bildungswille gingen einher mit einem gestärkten Selbstbewusstsein der Menschen, das zumindest langfristig auch freiheitlich-politische Früchte trug. Geistliche begeisterten sich für die neuen kirchlichen und theologischen Freiheiten. Juristisch Gebildete sahen die politischen Freiheitspotenziale und wollten sie in die Praxis umsetzen. Aber auch die kaufmännische Oberschicht, die Handwerker und die Zünfte nahmen an den reformatorischen Aufbrüchen aktiv Anteil und wollten dazu beitragen, neu gewonnene Freiheiten zu sichern. Vielerorts wurden dabei antiklerikale Haltungen verstärkt, die in den verschiedenen Gesellschaftsschichten bereits bestanden. Politische, wirtschaftliche und steuerliche Privilegien des Klerus wurden angegriffen und abgeschafft. Die Sehnsucht nach radikaler Erneuerung der Kirche sollte nicht länger unterdrückt werden.

Wie nicht anders zu erwarten, kam es – vor allem dort, wo die Reformation keinen landesherrlichen Schutz genießen konnte – zu vielfältigem Widerstand gegen die Reformatoren und ihre Anhänger, zu deren Verfolgung und sogar zu öffentlichen Hinrichtungen. Die Bewegung der Reformation war – wie die der Vorreformatoren – von Anfang an auch eine Bewegung von Märtyrern. An manchen Orten, vor allem im Süden Europas (z.B. Sevilla, Valladolid, Venedig), konnten sich die Evangelischen nur als „Kryptoprotestanten", als Protestanten im Verborgenen, halten und mussten sich in geheimen Netzwerken organisieren.

IV. Reformation und Gewaltenteilung: Stadtrat, Zünfte, Könige schalten sich ein

Schon vor der Reformation war die weltliche Obrigkeit zunehmend daran interessiert, Aufsicht über kirchliche Bereiche und Belange auszuüben. An manchen Orten wurde sie dabei sogar vom Papst unterstützt oder zumindest geduldet. So überließ der Papst z.B. schon vor der Reformation dem Rat der Stadt Bern das Recht, geistliche Amtsträger selbst einzusetzen. An vielen Orten nutzten die politisch Verantwortlichen die Erfolge der Reformation, um den eigenen Einflussbereich auszudehnen. In Augsburg z.B., wo 90 Prozent der Bürger schon bald evangelisch wurden, übernahmen der Rat und die Laien die Aufgabe, geistliche Ämter zu besetzen, Streitfragen in Glaubensangelegenheiten zu schlichten und dafür zu sorgen, dass die Predigt schriftgebunden und evangelisch war.

Das behutsame Taktieren des Rates, z.B. in Augsburg, Speyer, Worms, aber auch in Schweizer Städten (Zürich, Bern) und in Livland (Riga, Reval) angesichts reichsrechtlicher Unsicherheit konnte auf Strecken friedliche und selbst bi-konfessionelle Entwicklungen – also die Koexistenz von evangelischen und „altgläubigen" Gruppen und Gemeinden – fördern, manchmal sogar langfristig. An einzelnen

Orten wurde eine zögerlich de facto einsetzende Gewaltenteilung zwischen Kirche und Politik (aber auch Recht und Wissenschaft) allerdings monarchisch behindert. So nutzte in Kopenhagen und in Stockholm der König die reformatorische Stimmung, um sich seiner Widersacher im Adel und im gehobenen Bürgertum zu entledigen bzw. sich selbst mit quasi-religiösen Weihen ausstatten und autorisieren zu lassen. In Lyon versuchten Hugenotten unter dem Einfluss von Pierre Viret, die Stadt mit Gewalt zu einem „zweiten Genf" zu machen. Solche Entwicklungen führten – vor allem bei einigen römisch-katholischen Autoren – zu der Annahme, die Reformation habe die Kirche völlig entmachtet und der politischen Herrschaft unterworfen. Doch faktisch wurde ein langfristiger Prozess der Gewaltenteilung (Religion, Politik, Recht, Wissenschaft/Bildung) und auch der ökumenischen Wahrheitssuche ausgelöst, der einer weltoffenen Frömmigkeit und freiheitlich-demokratischen Entwicklungen zuträglich war.

V. Öffentliche Theologie: Gewicht der Predigt und der Disputationen

Die Reformation war eine „Lesebewegung und Predigtbewegung" (Berndt Hamm). Auch der Gottesdienst sollte nun der geistlichen, ethischen und politischen Bildung dienen. Über Glaubensfragen und kirchlich-politische Verhältnisse sollte frei und öffentlich gesprochen und diskutiert werden können. An vielen Orten entwickelte der Rat der Stadt starkes Interesse an der reformatorischen Botschaft und förderte die theologisch und biblisch gebildete „Predigt nach Gottes Wort". Die Resonanz in der Öffentlichkeit war groß.

Eine wichtige Rolle bei der Verbreitung der neuen Gedanken kam den „Disputationen" zu. Als Vorbild dafür kann die berühmte Heidelberger Disputation von 1518 gelten, durch die Luther die Konzentration auf Gottes Offenbarung in Jesus Christus einschärfte und zahlreiche zukünftige Reformatoren begeisterte und gewann. Weitere wichtige Disputationen waren die in Zürich 1523; in Breslau 1524 (zur Einführung der Reformation dort); das Religionsgespräch zu Memmingen 1524; 1525 das Nürnberger Religionsgespräch; Disputationen in Hamburg 1527 und 1528; 1527 in Stockholm; in Bern 1528 (die Zehn Berner Thesen), zudem eine Synode 1532; in Flensburg 1529. Der Städtetag in Ulm 1524 bot mit seinem Schreiben an den Kaiser das erste reformatorische Bekenntnis auf Reichsebene; 1530 stimmten in Ulm von 1865 abstimmungsberechtigten Bürgern 1621 für die Einführung der Reformation. „In allen öffentlich oder halböffentlich geführten Disputationen in den 1520er Jahren verließen die Altgläubigen [die am alten Glauben Festhaltenden] geschlagen das Feld" (Peter Blickle zu Memmingen).

VI. Katechismen – Kirchenordnungen – lebenspraktische Erneuerungen

Mit der Einführung der Reformation entstanden an vielen Orten Kirchenordnungen (die erste schon 1525 von Johannes Aepinus in Stralsund) und Katechismen, um dem Leben und der Lehre zuverlässig Orientierung zu geben. Luthers Kleiner Katechismus und sein Großer Katechismus (1528/29) sowie der Heidelberger Katechismus (1563), aber auch Thomas Cranmers *Book of Common Prayer* (1549) wurden im Laufe der Zeit auf der ganzen Welt verbreitete geistliche Long- und Bestseller. Auch heute weniger bekannte Katechismen erzielten große Wirkung. Der wichtigste der drei Katechismen von Johannes Brenz aus Schwäbisch Hall (1535) wurde in 500 Auflagen verbreitet.

Die Reformatoren strebten nicht nur eine Erneuerung des kirchlichen Lebens und der kirchlichen Lehre an, sondern auch eine Verbesserung der Kultur des Helfens, der Diakonie, z. B. der Armenfürsorge, des Dienstes an den Kranken und der Betreuung von Waisen (vgl. die Almosenordnung von 1522 in Nürnberg). Die Reformatoren transferierten die Armenfürsorge weitgehend aus dem kirchlichen Bereich in den weltlichen. In Hamburg und an anderen Orten wurde eine Kasse eingerichtet zur Versorgung Armer und Kranker, beaufsichtigt von zwölf bürgerlichen „Diakonen". Ein christlich-genossenschaftlicher Geist trug die Neuordnung der kirchlichen Verhältnisse, des Schulwesens, der diakonischen Einrichtungen, z. B. der Spitäler. Ambrosius Blarer in Konstanz entwarf in vorbildlicher Weise Ordnungen zur Neugestaltung des Klosterlebens und zur Durchführung schriftgemäßer Gottesdienste (1535 und 1536). Ob in Umgestaltung oder in neuen Formen: an vielen Orten entstanden Initiativen zu konkreter Armenhilfe, oft in Reaktion auf akute Krisen, z. B. in der niedergehenden Textilindustrie (Leiden, Memmingen) oder nach Sturmfluten (Witmarsum).

VII. Fürstinnen, Reformatorinnen und junge Theologen und Juristen in Führungsrollen

Theologisch und geistlich engagierte Fürstinnen und gebildete Frauen aus dem gehobenen Bürgertum gaben der Reformation wichtige Impulse. Die Königin von Navarra, Margarete von Angoulême, und ihre Tochter, die Herzogin von Albret im Fürstentum Béarn, Jeanne d'Albret, förderten Simultankirchen, die römisch-katholische Kirchengebäude evangelischen Predigern öffneten. Im Kontakt mit Reformatoren in Genf betrieben sie den Aufbau eines reformierten Kirchen- und Fürstentums und engagierten sich in Bemühungen, den „römischen Götzendienst" zu reinigen. Im weltstädtischen Emden berief Gräfin Anna von Ostfriesland den polnischen Humanisten und reformatorischen Theologen Johannes a Lasco in das geistliche Leitungsamt, um das ganze Kirchenwesen in Ostfriesland neu zu organisieren. Neue synodale Leitungsgremien wurden geschaffen. Auch wurden in Emden Religionsgespräche mit den „Altgläubigen" und den friedfertigen Täufern organisiert.

Am Hof von Ferrara förderte Renée de France in einem Kreis adliger Damen und Herren das Interesse an protestantischen Ideen. In Konstanz war eine der vornehmsten Familien, die Familie Blarer, vom Bildungsideal des Humanismus und vom protestantischen Geist erfüllt. Befreundet mit Melanchthon und Luther, arbeiteten die Geschwister Blarer an der Erneuerung der Kirche, des Schulwesens und der Verbesserung der Armenfürsorge. Margarete Blarer, von Erasmus von Rotterdam öffentlich gelobt, trat in gelehrten brieflichen Austausch mit Martin Bucer und engagierte sich diakonisch für verarmte Frauen und verwaiste Kinder sowie in der Krankenpflege.

In Straßburg wurde Katharina Zell 1523 nicht nur als Ehefrau des Predigers am Straßburger Münster eine der ersten evangelischen Pfarrfrauen, sondern auch eine bedeutende reformatorische Publizistin. Sie verteidigte öffentlich die Aufhebung des Zölibats und – unter Berufung auf die biblischen Zeugnisse vom Wirken des Heiligen Geistes – das Recht der Frauen auf Rede und Mitwirkung in geistlichen Angelegenheiten. Sie engagierte sich für Glaubensflüchtlinge nicht nur durch praktische Hilfe, sondern auch mit Trostbriefen. Sie veröffentlichte ein Liederbuch, das von der Spiritualität der Böhmischen Brüder geprägt war, und verteidigte die friedfertigen Täufer gegen öffentliche Hetze.

Charakteristisch für den Geist der Reformation war schließlich der große Einfluss junger Theologen und Juristen, die, oft direkt nach der Universitätsausbildung, wichtige Führungsrollen in der Lehre, der Verkündigung und der Kirchenleitung übernahmen. Herausragende Beispiele sind natürlich Philipp Melanchthon und Johannes Calvin, aber auch zahlreiche andere junge Reformatoren sind hier zu nennen – so Márton Kálmáncsehi Sánta in Debrecen, Johannes Honterus und Valentin Wagner in Kronstadt, Johannes Brenz in Schwäbisch Hall, Michael Diller in Speyer, Michael Agricola in Turku, Hans Tausen in Viborg, Huldrych Zwingli und Heinrich Bullinger in Zürich.

VIII. Europäische Internationalität

Die kleine Stadt Wittenberg wurde zum „Mittelpunkt der zivilisierten Welt" und zum Ausgangsort einer neuen religiösen Kultur. Die erst 1502 dort gegründete Universität zog mit ihren großen Lehrern Luther und Melanchthon zwischen 1535 und 1545 mehr als 4700 Studierende aus ganz Europa an und war so die am stärksten besuchte Universität im Reich. Aber auch bedeutende Künstler, vor allem die der Cranach-Schule, trugen zur weit über Deutschland hinausgehenden Ausstrahlung der Reformation bei. Daneben zogen andere Hochschulorte, an denen die reformatorische Lehre vertreten wurde, gleichermaßen Gelehrte und Studierende aus ganz Europa an. Heidelberg, Marburg und Herborn, aber auch Cambridge sind hier vor allem zu nennen.

Neben der Anziehungskraft der theologischen, juristischen und humanistischen Bildung waren es aber auch die Verfolgungen und die Flüchtlingsströme, die über die Grenzen hinweg zu Bildung und Austausch und zu internationaler Vernetzung der Lebensverhältnisse beitrugen. Städte wie Emden und Frankfurt am Main steigerten durch die Aufnahme der Flüchtlinge aus anderen Ländern ihre wirtschaftliche und kosmopolitische Ausstrahlung. Studierende und akademische Lehrer, aber auch im Dienst der Kirche Stehende, die wegen ihrer Glaubensüberzeugung ihr Land verlassen und fliehen mussten, erwarben weitergehende kulturelle und sprachliche Kompetenzen und verbreiteten in den verschiedensten Kontexten neue Erkenntnisse. Kosmopolitische Orte mit langer Tradition und großer Macht wie die Republik Venedig oder Edinburgh, aber auch von vielen ethnischen Gruppen geprägte Orte wie Kronstadt und Turku erhielten durch die Auseinandersetzung mit dem reformatorischen Geist neue Impulse und waren konstruktiven Belastungsproben für die Traditionspflege und die kulturellen Routinen ausgesetzt.

IX. Konfliktthemen mit der römischen Kirche

Zahlreich waren die Konfliktthemen der Reformation mit der römischen Kirche. Vielen Menschen heute gilt der Ablasshandel als das die Reformation auslösende Ereignis, doch er ist nur ein Thema unter vielen. Als zentral für den neuen religiösen Aufbruch ist die Auseinandersetzung der Reformatoren mit der herrschenden spekulativen und metaphysischen Theologie und ihren abgehobenen Gottesgedanken anzusehen. Luthers Heidelberger Disputation von 1518 war bahnbrechend für die Kritik an einer Theologie, die der Offenbarung Gottes in Jesus Christus und der Orientierung an den biblischen Zeugnissen nicht den absoluten normativen Vorrang gab. Die neue an Jesus Christus und der Heiligen Schrift ausgerichtete Theologie wollte allen Menschen den Zugang öffnen zu den Quellen der Gotteserkenntnis – wohingegen die spekulative und metaphysische Theologie als eine Theologie der Herrschenden und der Herrschsüchtigen erschien. In Frage gestellt wurden auch die mächtige Beichtpraxis und der Zölibat.

Ein weiteres kontrovers diskutiertes Thema für die Reformatoren war die Weigerung der traditionellen Kirche, der Gemeinde das Abendmahl in beiderlei Gestalt (Brot und Wein – *sub utraque*) auszuteilen. Das widerspreche klar den Aussagen

der Schrift. Auch Marienverehrung, Heiligenkult und die Tradierung von Heiligenlegenden, die Rosenkranz-Frömmigkeit und die Lehre vom Fegefeuer wurden als
nicht biblisch oder als bibelferne Übertreibungen abgelehnt. Die Abschaffung der
lateinisch gehaltenen Messe und der Prozessionen, der Bilderflut in den Kirchen
und der (oft in großer Zahl vorhandenen) Nebenaltäre wurde gefordert. Besonders heftig gestalteten sich die Auseinandersetzungen dort, wo ungerechtfertigte
wirtschaftliche Privilegien und offensichtliche Doppelmoral mit klerikaler Herrschaft verbunden waren. Konflikte ergaben sich auch, wenn soziale Probleme und
schlechte Bildungsverhältnisse den mangelnden Führungskompetenzen der Kirche angelastet wurden.

Die Kritik an der fragwürdigen Autorität des Papstes, die Kritik am hierarchischen Klerus und an der Machtstellung der Klöster berief sich auf das Priestertum
aller Getauften. Eine auf die Heilige Schrift konzentrierte Lehre und Verkündigung
sollte das Dunkelmännertum aus der Kirche vertreiben. Die Vorherrschaft der
Jurisdiktion der Kirche wurde in Frage gestellt, und in vielen Bereichen wurden
das kanonische Recht und die kirchliche Rechtsprechung durch die säkular-obrig-
keitliche Rechtsprechung ersetzt. Die Reformation bereitete in vielen Entwicklungen Freiheit durch Gewaltenteilung vor, das heißt, dass individueller und gesell-
schaftlicher Freiheit am besten gedient ist, wenn Politik, Rechtsprechung, Wissenschaft und Leitung kirchlich-religiöser Angelegenheiten nicht in einer Hand liegen.

X. Innerprotestantische Konfliktthemen

Schon 1520 kam es zu Konflikten zwischen Luther und dem Mann, der neben
Luther vielen zwischen 1518 und 1522 als einer der wichtigsten Repräsentanten
der reformatorischen Theologie Wittenbergs gilt: Luthers Doktorvater Andreas
Rudolf Bodenstein, genannt Karlstadt, aus dem fränkischen Karlstadt. Es ging
zunächst um die Unantastbarkeit des biblischen Kanons. Luther hatte die kano-
nische Gültigkeit des Jakobus-Briefes, der eine „Werkgerechtigkeit" vertrete, in
Frage gestellt. Sein Kollege Karlstadt sah darin eine Gefährdung der Autorität der
Heiligen Schrift. Es kam zu Differenzen über Kindertaufe und Taufalter, aber auch
über die Gegenwart von Jesus Christus im Abendmahl. Von mystischer Theologie
beeindruckt, betonte Karlstadt radikaler als Luther die Mündigkeit des einzelnen
Christen und die Autorität der Gemeinde – auch ohne die für Melanchthon und
Luther so wichtige Bildung. In seiner Gemeinde Orlamünde entwickelte er als
„Bruder Andreas" eine die Bedeutung aller Laien stärkende Praxis.

Alle diese Themen wurden zu innerprotestantischen Konfliktthemen. Soziale
Konflikte und Spannungen verstärkten und verschärften die Auseinandersetzungen. Der Streit über die Gegenwart Christi im Abendmahl wurde zu einem Zen-

tralkonflikt zwischen Lutheranern und Reformierten. Philipp von Hessen suchte in Marburg 1529 (nach einer über Streitschriften geführten Debatte, die 1526 begann) eine „Mittelstraße zwischen Lutherischen und Zwinglischen", was allerdings scheiterte. Ein wichtiger Schritt auf diesem Weg war die Wittenberger Konkordie von 1536 (Bucer und Melanchthon). Aber erst der Leuenberger Konkordie von 1973 gelang die innerprotestantische Einigung.

Ebenso scharfe Konflikte bereiteten spiritualistische Bewegungen, die sich unter Verweis auf das „innere Geisteswort" auf die theologische Autorität des einzelnen Christenmenschen beriefen (z. B. Sebastian Franck und Caspar von Schwenckfeld in Ulm) und die zentrale Glaubensinhalte wie die Lehre von der Dreieinigkeit und von der Gottheit Christi in Frage stellten (z. B. Antitrinitarier in Venedig, Polen, Siebenbürgen; Michael Servet in Genf). Konflikte entstanden aus der Ablehnung der Kindertaufe und dem Vollzug der Erwachsenentaufe, die nicht selten mit einer Bereitschaft zur Wiedertaufe einherging. Diese Konflikte spitzten sich im Rahmen emanzipatorischer und schließlich gewaltbereiter Protestbewegungen zu, die sich auch gegen wirtschaftlich und existenziell bedrängende Miss- und Notstände richteten. Mühlhausen, Münster, Memmingen und andere Orte wurden zu Zentren solcher Radikalisierungen.

Im Frühjahr 1525 kam es in Oberschwaben mit dem Gravitationszentrum Memmingen zum größten Aufstand, den es in Europa vor der Französischen Revolution gab. Vermutlich 50.000 aufständische Bauern verlangten in „Zwölf Artikeln" die Aufhebung der Leibeigenschaft, die Wahl der Pfarrer durch die Gemeinden, Ersetzung der Herrschaft des Adels und der Kirchenfürsten durch „gemeines Regiment" und die Durchsetzung anderer Freiheitsrechte. Tausende von Bauern kamen in den Schlachten mit den Truppen der Adligen um. Der Reformationshistoriker Heiko A. Oberman wollte in Memmingen ein „viertes Zentrum der Reformation" sehen – neben Wittenberg, Zürich und Genf.

Radikale täuferische Richtungen – in Münster z. B. ließ sich der Schneider Jan van Leiden zum König ausrufen, schaffte u. a. das Geld ab, verhängte die Todesstrafe bei Verstößen gegen die Zehn Gebote und beanspruchte für sich das Recht, den Namen für jedes neugeborene Kind auszusuchen – blieben zwar Einzelerscheinungen, belasteten aber das Ansehen der Reformation. Bis heute zählen die unbefriedigende Auseinandersetzung mit den Täufern, das Versagen der Reformatoren in der Not der Bauern, aber auch der immer wieder aufflackernde Antijudaismus zu den dunklen Seiten der Reformation. Von den gewaltbereiten Bauern und Täufern und ihren gewaltbereiten Gegnern unterscheidet sich die Bewegung der Mennoniten, die – bis heute – eine konsequente Friedenstheologie und Friedensethik vertritt (siehe Menno Simons in Witmarsum).

Auch zahlreiche andere Zeugnisse des gewaltlosen Widerstands und der Wege in ein friedliches ökumenisches Miteinander gehören zu den Glanzlichtern der

Reformation. Viele Orte wurden nach dramatischen Schauprozessen, öffentlichen Hinrichtungen und Verbrennungen bis hin zu postumen Verurteilungen mit öffentlicher Verbrennung der Särge (Antwerpen, Augsburg, Cambridge, Ferrara, Oxford u. a.) zeitweilig oder langfristig zu Städten, in denen Glaubensflüchtlinge aus vielen Ländern Aufnahme fanden. Die Protestanten in Augsburg feierten, nachdem ihnen nach großen anfänglichen Erfolgen alle Kirchen genommen worden waren, 14 Jahre lang geduldig und friedlich Gottesdienste unter freiem Himmel. Auch andere Orte berichteten vom „Auslaufen zum Gottesdienst" der Evangelischen (so noch 1649 ein Stich Merians von Wien). Dem stürmischen reformatorischen Aufbruch folgten in manchen Ländern lange Zeiten der Bedrängnis und Geduld – auf dem Weg in ein von der Reformation nachhaltig inspiriertes friedliches ökumenisches Leben.[1]

---

1 Irene Dingel, Berndt Hamm, Albert de Lange, Jan Stievermann und Christoph Strohm danke ich für kritische Lektüre und viele gute Ratschläge.

Antwerpen

Jakob Propst, Wilhelm von Oranien und Philipp Marnix von St. Aldegonde

von Guido Marnef

Besucht man das heutige Antwerpen mit seinen zahlreichen Kirchen, entsteht schnell der Eindruck, die Stadt sei schon immer eine Hochburg der katholischen Kirche gewesen. Und tatsächlich: Am Ende des 16. und zu Beginn des 17. Jahrhunderts entwickelte sich Antwerpen zu einem Bollwerk der Gegenreformation. Die prachtvollen barocken Kirchen und Klöster, die zu dieser Zeit gebaut wurden, prägen noch heute das Bild der Stadt, sie verdecken jedoch, dass Antwerpen einst das Zentrum des Protestantismus in den Niederlanden war.

Eine kosmopolitische Metropole

Es war kein Zufall, dass Antwerpen als erste Stadt der damaligen Niederlande von der breiten evangelischen, bzw. der mehr lutherisch geprägten Reformbewegung erfasst wurde: In der ersten Hälfte des 16. Jahrhunderts stieg Antwerpen als große Handelsmetropole für den Westen auf. Händler aus Spanien, Portugal, dem Deutschen Reich, England und anderen Teilen Europas kamen hier zusammen. Die Ausweitung des Handels förderte bestehende Wirtschaftszweige und zog zudem neue an. Die Bevölkerungszahlen explodierten von 40.000 am Ende des 15. Jahrhunderts auf 100.000 in den 1560er Jahren. Der wirtschaftliche Aufschwung prägte das kulturelle Leben Antwerpens maßgeblich und dank des verfügbaren Kapitals, der Vertriebswege, gut ausgebildeter Arbeitskräfte und einer breiten Leserschaft entwickelte sich die Stadt zu einem internationalen Zentrum der Druckerei und des Buchhandels. Das gut organisierte Schulsystem trug zudem zur kulturellen Emanzipation der städtischen Mittelschicht bei. Obwohl keine Zahlen zum Alphabetisierungsgrad im Antwerpen des 16. Jahrhunderts vorliegen, deutet alles darauf hin, dass mindestens 50 Prozent der Bevölkerung über Grundkenntnisse im Lesen und Schreiben verfügten. Die Mitglieder der drei Redekammern – Dichtergilden, die auch als Laienschauspielgruppen auftraten – thematisierten in ihren volksnahen Gedichten und Theaterstücken aktuelle soziale und religiöse Probleme.

Frühe Unterstützung für Luthers Reform

Als kosmopolitisches Handelszentrum mit einem pulsierenden kulturellen Leben stand Antwerpen neuen religiösen und kulturellen Einflüssen offen gegenüber. Deutsche Händler brachten die Ideen Martin Luthers schon sehr früh nach Antwerpen und einige Druckereien zögerten nicht lange und veröffentlichten die Werke des Wittenberger Reformators. Die größte Unterstützung erhielt Luther jedoch aus dem Augustinerkloster in Antwerpen. Das Kloster war 1513 gegründet worden und gehörte der Reformkongregation der Augustiner-Eremiten in Deutschland an, der auch Luthers Kloster in Wittenberg angeschlossen war. Mehrere Mönche aus Antwerpen hatten an der Universität Wittenberg studiert. Jakob Propst (1486?–1562), der von 1518 bis 1522 Prior des Klosters in Antwerpen war und Luthers Theologie von der Kanzel aus unterstützte, war sogar ein enger Freund Luthers. In einem Brief an Luther schrieb Erasmus von Rotterdam über ihn, er sei „ein wahrer Christ, der dich von Herzen liebt. Er war einst dein Schüler […]. Er predigt beinah als Einziger Christus, die übrigen predigen Menschenfabeln oder suchen ihren Gewinn". Propsts Predigten fielen in Antwerpen zwar auf fruchtbaren Boden, allerdings starteten die alarmierten kirchlichen Autoritäten und die Zentralregierung eine Offensive gegen die lutherischen Einflüsse in der Stadt. Propst wurde zur Befragung durch einen Inquisitor einbestellt und musste seinen „Verfehlungen" am 9. Februar 1522 in der Brüsseler Hauptkirche abschwören.

Trotz des Vorgehens der Autoritäten konnte der lutherische Geist des Augustinerklosters nicht unterdrückt werden. Heinrich von Zütphen (um 1488–1524), der im Sommer 1522 die Nachfolge Propsts als Prior antrat, hatte ebenfalls in Wittenberg studiert und war mit Luther bekannt. Auch er predigte Luthers Lehren und wurde am 29. September 1522 inhaftiert. Tags darauf wurde er von einer Gruppe aufgebrachter Anhänger, zum Großteil Frauen, befreit und verließ Antwerpen in Richtung Wittenberg. Im Oktober desselben Jahres ordnete die Statthalterin der Niederlande, Margarete von Österreich, die Festnahme der übrigen Augustinermönche an. Drei von ihnen weigerten sich, ihrem Glauben abzuschwören, und zwei Augustinermönche, Hendrik Voes und Johann van den Esschen, wurden am 1. Juli 1523 auf dem Großen Markt in Brüssel auf dem Scheiterhaufen verbrannt. Sie wurden umgehend als die ersten Märtyrer der lutherischen Reformation ver-

Die Pfarrkirche St. Andreas. Das Kirchengebäude war zu Beginn des 16. Jahrhunderts Teil des Augustinerklosters

ehrt. Mittlerweile hatte Kaiser Karl V. befohlen, die Klostergebäude abzureißen. Die Augustinerkirche blieb jedoch verschont und wurde in eine neue Pfarrkirche umgewandelt.

Der Aufstieg von Täufertum und Calvinismus

Mit der Auflösung des Augustinerklosters hatte die lutherische Reformbewegung ihre zentrale Führung verloren, und dezentrale Kräfte gewannen an Einfluss. Die lutherische Minderheit stand jedoch auch weiterhin in engem Kontakt mit Wittenberg. Einige Mitglieder kamen in kleinen privaten Gruppen zusammen, um gemeinsam in der Bibel oder in Luthers *Postille* (Predigtsammlung) zu lesen, andere wanderten in deutsche Städte aus, wo sie ihren Glauben offen leben konnten. Ab Mitte der 1520er Jahre gab in Antwerpen genauso wie in den restlichen Niederlanden jedoch eine breite eklektische evangelische Bewegung den Ton an. Bei geheimen Zusammenkünften wurden neue Ideen diskutiert, die von protestantischen Reformatoren verschiedener Richtungen stammten. Einige Teilnehmer dieser Zusammenkünfte hatten vollständig mit dem Katholizismus gebrochen, andere hielten hingegen immer noch den Kontakt zur alten Kirche.

Die Lutheraner und Anhänger der breiten evangelischen Bewegung in Antwerpen bildeten jedoch keine eigenständige Kirche mit entsprechenden Strukturen. Die Täufer hingegen, die in den 1530er Jahren in den Vordergrund traten, gründeten eine wohldurchdachte Untergrundorganisation. Während die pragmatischen Stadtväter Antwerpens mit den Protestanten sehr moderat umgingen, ganz besonders, wenn es sich um Bürger handelte, die eine wirtschaftlich wichtige Rolle spielten, verfolgten sie die Täufer mit besonderer Härte – seit der Machtübernahme von Münster wurden die Täufer nämlich mit Rebellion und Unordnung in Verbindung gebracht. Die Antwerpener Stadtregierung setzte die Edikte der Zentralregierung zur Ketzereibekämpfung strikt um und verurteilte im Jahr 1535 acht Täufer zum Tode, bis zum Jahr 1550 folgten weitere fünfzehn Todesurteile. Die meisten der angeklagten Täufer waren einfache Handwerker. Diese Art der Verfolgung wurde in den nächsten Jahrzehnten fortgeführt. In der Zwischenzeit war die Täuferbewegung unter Menno Simons zwar pazifistisch geworden und hatte den revolutionären Zielen der frühen Jahre abgeschworen, dies hatte jedoch keinen Einfluss auf die Politik der Antwerpener Stadtregierung. Obwohl die Täufer unerbittlich verfolgt wurden, gelang es ihnen, bedeutende Gemeinden zu gründen, die im Untergrund aktiv waren. Ihre Leiter stellten strenge Kriterien für die Aufnahme in die sogenannte Bruderschaft „ohne Fleck oder Runzel" auf: Erwachsene wurden nur nach einer bewussten Phase der inneren Einkehr und Buße getauft und nur, wenn sie bereit waren, die Welt der Sünde hinter sich zu lassen.

Antwerpen. Kolorierter Stadtplan aus: Georg Braun/Franz Hogenberg, „Civitates Orbis Terrarum", Bd. 5, Köln 1599
Mitte links: die Liebfrauenkirche (Nr. 1); Mitte rechts: die St. Andreaskirche (Nr. 3)

Bildersturm in der Liebfrauenkirche in Antwerpen am 20. August 1566. Kupferstich von Franz Hogenberg

Die calvinistische Kirche hingegen war bestens gegen die ihr feindlich gesonnenen Autoritäten gewappnet, ebenso wie für den Konkurrenzkampf mit anderen Religionsgemeinschaften. 1554 wurde in Antwerpen eine wallonische (d. h. französischsprachige) Kirche gegründet, ein Jahr später folgte die Gründung einer niederländischsprachigen Gemeinde. Beide Kirchen waren von Anfang an straff organisiert. Sie verfügten über ein breites, dezentrales Netzwerk aus Kirchenältesten, Diakonen und „Boten" (Personen, die die Mitglieder informierten, wann und wo die geheimen Gottesdienste stattfanden), das die Schnittstelle zwischen den eigentlichen Führern der Gemeinschaft und den Glaubensbrüdern bildete. Zudem war die calvinistische Kirche in Antwerpen in ein europäisches Netzwerk eingebunden und Flüchtlingskirchen entsendeten Prediger nach Antwerpen. In schlechten Zeiten sammelten Calvinisten in London, Köln, Emden und andernorts für ihre Antwerpener Glaubensbrüder. Diese Solidarität war für die Antwerpener Untergrundgemeinden von enormer Bedeutung. Selbstverständlich erleichterten die Handelskanäle und -netzwerke der Metropole diese Kontakte und die Mobilität entscheidend.

Der erste Pfarrer und Gründer der niederländischsprachigen Kirche, Gaspar van der Heyden (1530–1585), war ein typischer Vertreter der ersten Calvinistengeneration. Er stellte eine Kirchenordnung auf und verlangte von jedem Mitglied ein Glaubensbekenntnis. Er folgte strengen Prinzipien und wollte jeden aus der Gemeinschaft ausschließen, der gelegentlich an Zeremonien des katholischen „Aberglaubens" teilnahm. In der Tat unterschied van der Heyden zwischen den Kindern Gottes, also denjenigen, die das Glaubensbekenntnis ablegten und sich der kirchlichen Disziplin unterwarfen, und den Kindern der Welt. Nicht alle Mitglieder der Antwerpener Kirche waren mit dieser strengen Abgrenzung van der Heydens einverstanden und so gab es neben einer kleinen Gruppe vollwertiger Gemeindemitglieder einen größeren Kreis Sympathisanten, die sich nicht vollumfänglich verpflichteten.

Antwerpen nahm von Anfang an die Funktion einer Drehscheibe ein, von der aus die Ideen der Reformation in die umliegenden Städte und Provinzen hineingetragen wurden. Gleichzeitig übernahm die calvinistische Kirche in Antwerpen eine Führungsrolle bei der Verbreitung und Unterstützung des reformierten Protestantismus in alle anderen Provinzen, wie Flandern, Wallonisch-Flandern, Hainaut (Hennegau) und Artois (Artesien). Vor allem aber stellte die Metropole einen wichtigen Zufluchtsort für verfolgte Calvinisten aus Flandern und den wallonischen Provinzen dar.

Ausweitung des Protestantismus im Wunderjahr 1566/67

In den 1560er Jahren bildete sich eine immer stärker werdende Opposition gegen die unbarmherzige Verfolgung der Häretiker durch Philipp II., den Sohn und Nachfolger Karls V. Zu dieser Zeit zeigte sich die calvinistische Kirche entschieden militant und hielt sich bereit, auf die politischen Entwicklungen zu reagieren. Insbesondere das Wunderjahr oder *annus mirabilis* – der Zeitraum von April 1566 bis April 1567 – bot vielfältige Möglichkeiten für politische und religiöse Veränderungen. Im April 1566 nämlich legte eine Gruppe Adeliger der damaligen Statthalterin Margarethe von Parma eine Petition vor, in der die Abschaffung der Inquisition und die Aussetzung der Edikte gegen die Ketzerei gefordert wurden. Dieser Vorstoß stärkte das Selbstbewusstsein der Calvinisten. Viele Glaubensflüchtlinge kehrten nach Antwerpen zurück und im Juni 1566 wurde auf einer hier abgehaltenen Synode der calvinistischen Kirchen beschlossen, sich nicht mehr länger zu verstecken. Gottesdienste, die außerhalb der Stadtmauern Antwerpens organisiert wurden, zogen Tausende Zuhörer an. Allerdings wollten die calvinistischen Führer ihre Religion auch innerhalb der Stadt ausüben. In diesem Zusammenhang erwies sich der Bildersturm, der die damaligen Niederlande im August 1566 erfasste, als sehr hilfreich. Am 20. August begann er in Antwerpen: Vergleichsweise kleine Gruppen Aufständischer zerstörten unter calvinistischer Führung Bilder in der Liebfrauenkirche – der wichtigsten Pfarrkirche in Antwerpen – und anderen Kirchen, Klöstern und Kapellen. Der Bildersturm war nicht nur religiös motiviert, sondern zielte auch auf die Verbesserung der Rechte der Calvinisten in der Stadt ab.

Der Bildersturm wirkte sich in der Tat unmittelbar auf die calvinistische Kirche aus. Am 2. September konnte Wilhelm von Oranien (1533–1584), der von der Statthalterin nach Antwerpen geschickt worden war, ein Abkommen mit der calvinistischen Führung schließen, die den Calvinisten drei Orte zusprach, an denen sie predigen durften. Noch am selben Tag wurde das Abkommen auch auf die Lutheraner ausgeweitet. Das Abkommen vom 2. September stellte einen Meilenstein in der Geschichte des Protestantismus in Antwerpen dar. Zum ersten Mal wurde ein gesetzlicher Rahmen geschaffen, der es den Calvinisten und Lutheranern erlaubte, in der Stadt zu leben und ihren Glauben zu praktizieren. Sowohl Calvinisten als auch Lutheraner bauten neue Kirchen an den zugewiesenen Plätzen und konnten neue Mitglieder gewinnen. Gleichzeitig entwickelten sich jedoch immer stärkere Spannungen zwischen den beiden Konfessionen, die nicht nur religiös, sondern auch politisch motiviert waren. Im Herbst und Winter 1566 stimmte die Führung der calvinistischen Kirche Antwerpens offen für politischen Widerstand und fungierte als Hauptquartier des Aufstandes gegen Philipp II. und die Zentralregierung. Die Lutheraner hingegen verhielten sich vorsichtiger. Nach der Niederlage einer Armee der Aufständischen vor den Toren der Stadt versuchten die Calvinisten im März 1567, die Macht in Antwerpen zu ergreifen. Die Lutheraner blieben jedoch loyal gegenüber der Stadtregierung und schlugen sich auf die Seite der Katholiken. Die Calvinisten, die sich nun zurückziehen mussten, sahen dies als Verrat an der protestantischen Sache seitens der Lutheraner an und hielten sie auch weiterhin für politisch unzuverlässig.

Im April 1567 erlangten Margarethe von Parma und ihre königlichen Truppen die Kontrolle über die Lage in den Niederlanden zurück. Am 11. April verließ Wilhelm von Oranien zusammen mit vielen Calvinisten und Lutheranern die Stadt. Insbesondere die Ankunft des Herzogs von Alba im Sommer 1567 leitete eine neue Ära rücksichtsloser Repression ein. Die protestantischen Gemeinden Antwerpens mussten sich wieder in den Untergrund zurückziehen.

Der letzte Höhepunkt des Protestantismus: die calvinistische Republik

Seit dem Wunderjahr hing die Zukunft der protestantischen Gemeinden in Antwerpen eng mit dem Verlauf des niederländischen Aufstandes zusammen. Nach der Pazifikation von Gent am 8. November 1576, bei der die Edikte gegen die

Das Denkmal von Wilhelm von Oranien und Philipp Marnix von St. Aldegonde an der Rückseite des Museums der Schönen Künste in Antwerpen

Ketzerei außer Kraft gesetzt wurden, verbesserte sich die Lage der Protestanten erheblich. Nachdem die durch Herzog von Alba erbaute Zitadelle von Antwerpen von der spanischen Besatzung befreit worden war, folgten die Stadtväter Antwerpens immer mehr der politischen Linie Wilhelm von Oraniens und der aufständischen Generalstaaten. Die Calvinisten, die loyalsten Unterstützer des Aufstandes, bemächtigten sich nach und nach aller Ebenen der Antwerpener Stadtregierung. Im August 1578 proklamierten die Stadtväter den „Religionsfried" (Religionsfrieden), der Calvinisten und Lutheranern bestimmte Gottesdiensträume zusprach. Von da an verzeichneten die calvinistischen und lutherischen Kirchen starken Zuwachs. Viele Prediger kamen aus dem Exil zurück und waren von da an im „fruchtbaren Weingarten" Antwerpens tätig. Zu ihnen zählte auch Gaspar van der Heyden, der von Middelburg nach Antwerpen kam. Calvinistische Pfarrer, die über die Ausbreitung ihrer Kirche schrieben, unterschieden allerdings erneut zwischen echten Mitgliedern und bloßen „Sympathisanten". Im April 1579 gab der Pfarrer Johannes Cubus bekannt, die niederländische Kirche verfüge bereits über 12.000 Sympathisanten und mehr als 3.000 eingetragene Mitglieder. Im Juni 1579 proklamierte die Stadtregierung einen zweiten Religionsfrieden, und den Calvinisten und Lutheranern wurden weitere Kirchengebäude zugesprochen, einschließlich

33

bisher katholischer Pfarrkirchen und Klöster. Die katholische Kirche geriet mehr und mehr ins Abseits und im Juli 1581 wurde die öffentliche Ausübung der katholischen Religion verboten. Die calvinistische Kirche entwickelte dank ihrer niederländisch- und französischsprachigen Kirche und der kleineren italienischen und englischen Gemeinden einen ausgesprochen kosmopolitischen Charakter, während die Lutheraner nicht nur über eine niederländische und eine französische Kirche verfügten, sondern auch über eine deutsche.

Schließlich besiegelten jedoch militärische Entwicklungen das Schicksal der sogenannten calvinistischen Republik. Ab August 1584 wurde Antwerpen von Alexander Farnese und seiner spanischen Armee belagert. Die Verteidigung der Stadt wurde vom Bürgermeister Philipp Marnix von St. Aldegonde (1540–1598) angeführt, einem standhaften Calvinisten und Berater Wilhelm von Oraniens. Nach einem Jahr musste die aufständische Stadtregierung jedoch aufgeben. Der Kapitulationsvertrag vom 17. August 1585 gewährleistete Calvinisten und Lutheranern, dass sie noch über einen Zeitraum von vier Jahren unbehelligt in der Stadt leben konnten. Innerhalb dieser vier Jahre konvertierten etliche Calvinisten und Lutheraner zur katholischen Kirche, die Mehrheit jedoch verließ die Stadt. Die Bevölkerung Antwerpens halbierte sich beinahe, von 82.000 Einwohnern im Jahr 1585 auf nur noch 42.000 im Jahr 1589. Fortan arbeiteten die neue Stadtregierung und die kirchlichen Autoritäten eng beim Aufbau einer neuen katholischen Kirche zusammen, die von der Gegenreformation geprägt war. Ein neues religiöses Zeitalter hatte begonnen.

▶ Dr. *Guido Marnef* ist Professor für die Geschichte der Frühen Neuzeit an der Universität von Antwerpen und Mitglied des Zentrums für Stadtgeschichte an derselben Universität.

Weiterführende Literatur

CHRISTMAN, VICTORIA, Pragmatic Toleration. The Politics of Religious Heterodoxy in Early Reformation Antwerp, 1515–1555, Rochester 2015

MARNEF, GUIDO, Antwerp in the Age of Reform: Underground Protestantism in a Commercial Metropolis 1550–1577, Baltimore/London 1996

MARNEF, GUIDO, From prosecuted minority to dominance: the changing face of the Calvinist Church in the cities of Flanders and Brabant (1577–1585), in: Herman J. Selderhuis und J. Marius J. Lange van Ravenswaay (Hg.), Reformed Majorities in Early Modern Europe, Göttingen 2015 (Refo500 Academic Studies 23), 227–244

Für einen Besuch in Antwerpen
www.visitantwerpen.be
www.protestantsekerkantwerpennoord.be
http://users.skynet.be/lutherse.kerk

Augsburg

Wolfgang Musculus

von Andreas Link

Augsburger Bekenntnis (1530) und Augsburger Religionsfriede (1555): Die alte schwäbische Reichsstadt steht für Höhepunkte der Reformationsgeschichte. Freilich nur wegen ihrer herausragenden Rolle für die Reichstage. Zur evangelischen Vorzeigestadt wurde sie erst 100 Jahre später durch ihre Standhaftigkeit im Dreißigjährigen Krieg: Die Evangelischen hielten 14 Jahre lang ihre Gottesdienste bei Wind und Wetter unter freiem Himmel, als ihnen alle ihre sechs Kirchen genommen waren. Die Erinnerung daran ist Wurzel des Augsburger Friedensfestes – bundesweit einzigartiger gesetzlicher Feiertag in der Stadt am 8. August.

Die Frühgeschichte der Reformation in Augsburg ist dagegen gekennzeichnet von der Richtungsvielfalt theologischer Strömungen in den Einzelgemeinden bei einer unentschieden abwartenden Haltung des Rats der Stadt nach innen und einem ebenso vorsichtigen „milden und mittleren Weg" in der Politik nach außen. So gehörte Augsburg weder 1529 zu den Speyrer Protestanten noch 1530 zu den Unterzeichnern der *Confessio Augustana*, dem evangelischen Grundbekenntnis mit dem Namen der Stadt.

Während die Stadtväter in Zürich schon 1522, in Nürnberg und Memmingen 1525 Glaubensdisputationen veranstalteten, die zu Ratsreformationen führten, hielt sich Augsburg zurück. Dafür gibt es ein ganzes Ursachenbündel: in der Stadt selbst Gespaltenheit im Rat, Spannungen zwischen dem Rat und der politischen Gemeinde der Zünfte, der Dauerkonflikt mit dem eigenen Bischof und die unselbstständige Rechtslage der Pfarreien, nicht zuletzt die gebotene Loyalität zum Kaiser als Stadtherrn. Dazu war die Stadt ohne eigenes Umland umgeben von katholischen Mächten: Bischöfliches Hochstift, Herzogtum Bayern und die habsburgische Markgrafschaft Burgau. Auch Württemberg war 1522 bis 1534 als

35

Lehen an Ferdinand von Habsburg gelangt. Der „milde und mittlere Weg" war eine elastische Reaktion auf das komplexe Bedingungsgefüge.

Erst spät bekannte sich die Ratspolitik dazu, dass Augsburg zu 90 Prozent evangelisch war. 1534 wurde die katholische Messfeier auf acht noch intakte Stifts- und Klosterkirchen beschränkt, im Januar 1537 die „papistische Abgötterey" ganz untersagt und zugleich eine Rechtfertigung an den Kaiser und die Reichsstände in den Druck gegeben. Verbliebene Klöster wurden aufgelöst und in Stadtbesitz überführt. Fast der ganze katholische Klerus ging ins Exil. In Zusammenarbeit mit dem Straßburger Martin Bucer schuf der Rat eine Kirchenordnung, eine „Forma" des Gottesdienstes, eine neue Zucht- und Polizeiordnung und ein Ehegericht. Auch das gesamte Schulwesen bis hin zur neuen Lateinschule bei St. Anna (1531) wurde dem Rat unterstellt.

Augsburg war auf den Weg der oberdeutschen – an Zürich und Straßburg orientierten – reichsstädtischen Reformation eingeschwenkt. Eine führende Rolle nahm dabei Wolfgang Musculus ein, der 1531 aus Straßburg nach Augsburg kam.

Behutsam kehrte man auch außenpolitisch vom „milden und mittleren Weg" ab: Nach einem Sonderbündnis mit Ulm und Nürnberg Ende 1533 kam im Januar 1536 der Beitritt zum Schmalkaldischen Bund, der erweiterte politische Rückendeckung versprach. Zeitnah war Augsburg der Wittenberger Konkordie von 1536 – dem Abendmahlskompromiss zwischen Luther und Bucer – beigetreten. Somit galt Augsburg nach außen hin als bekenntniskonform.

Augsburg um 1520: Bischofsstadt und globales Wirtschaftszentrum

Dabei war Augsburg schon früh Schauplatz der Reformationsgeschichte geworden. Als Luther im Oktober 1518 nach Ende des Reichstags zu Gesprächen mit Kardinal Cajetan in die Stadt kam, war die Diskussion über die 95 Thesen Stadtgespräch – kein Wunder in einer Bischofsstadt mit 17 Klöstern vom exklusiven Adelsstift bis zum bürgernahen Bettelorden. Einer Stadt mit zahllosen frommen Stiftungen zum Seelenheil: „dan iedermann wolt gen himl" notierte ein Chronist. Berühmt sind die Sozialsiedlung der Fuggerei, gestiftet 1516 von Jakob Fugger dem Reichen, und seine Grablege nach Entwürfen von Albrecht Dürer bei St. Anna, geweiht Anfang 1518, ein Renaissancedenkmal europäischen Ranges. Es war eben der Jakob Fugger, in dessen neuem Stadtpalast auch die Ablassgelder für Rom verwaltet wurden – und der Ablasskritiker Luther verhört wurde. Scharfer Gegner der Fuggerischen Zinsgeschäfte war der Domherr Bernhard Adelmann. Das Domkapitel mit Humanisten war ein Sonderfall unter den süddeutschen Diözesen. Christoph von Stadion war ein neuer Bischof (reg. 1517–1543) mit versöhnlicher Haltung. Humanist von Rang war auch der Stadtschreiber und kaiserliche Rat

Blick durchs Kirchenschiff von St. Anna auf die Fuggerkapelle

Konrad Peutinger, der Luther im Oktober 1518 zum Abendessen einlud – und Luther attestierte ihm „mit welch einzigartigem Eifer er sich um meine Sache bemüht". Gerade Peutinger verfocht aber als „graue Eminenz" der Stadtpolitik den „milden und mittleren Weg".

Die Debatten um eine „reformatio" waren aber nicht nur Gelehrtensache. In der rasant expandierenden Wirtschaftsmetropole war die Kluft zwischen Arm und Reich enorm. So lebten in Augsburg mit seinen 25.000 Einwohnern um 1500 auf der einen Seite die Reichen (30 Besitzer von mindestens 10.000 Gulden und 140 Besitzer von mindestens 2400 Gulden), auf der anderen Seite die „Habnitse", mehr als die Hälfte der Bewohner, darunter viele Weber, die durch die kapitalistischen Methoden im Textilgewerbe gerade so über die Runden kamen.

Die sozialen Spannungen der Stadt gingen in die Debatten um die „reformatio" ein. Gespeist wurden sie durch zahlreiche Schriften auf Deutsch, eine Spezialität der Augsburger Drucker. In der Stadt ohne Universität zielten sie auf Leser ohne Lateinkenntnisse. Von 1480 bis 1500 waren drei Viertel der Buchproduktion in der Volkssprache. Augsburg war mit 18 Prozent der Lutherdrucke nach Wittenberg, aber noch vor Nürnberg, Straßburg und Erfurt führend: Für die Zeit von 1518 bis 1530 sind 457 Augsburger Lutherdrucke nachgewiesen, eine halbe

Million Exemplare. Es waren theologische Bestseller. Von Zwingli gibt es nur 17 Drucke, andere Theologen, auch die vor Ort, folgen mit Abstand. Schriften zur Verteidigung der römischen Kirche fehlen. Auch für die Bannandrohungsbulle gegen Luther fand sich kein Drucker. Der Rat hatte 1520 angeordnet, nichts zu veröffentlichen, was „Irrungen zwischen den Geistlichen und Doktoren der hl. Schrift" betreffe. Aber eine effektive Zensur fand nicht statt. Die Meinungsbildung in der Stadt nahm ungehindert ihren Lauf.

Gemeinde-Reformationen von unten und die verschobene Reformation durch den Rat

Ein wesentlicher stadtinterner Grund für die dezentrale Entwicklung zu Anfang der Reformation war die Rechtslage der Pfarreien, die allesamt nicht selbstständig, sondern Klöstern und Stiften eingegliedert waren, die ihrerseits als Sonderbezirke außerhalb des Stadtrechts standen. Aber schon im Mittelalter nahm die Bürgerschaft wachsenden Einfluss auf die Pfarreien. Für die Wirtschaftsbelange des Heilig-Geist-Spitals und der Bettelorden sorgten Pfleger des Rats, Chorherrenstifte nahmen zeitweise das Bürgerrecht an. Besonders wichtig wurde das Engagement der Laien aus den Gemeinden: Aus der Kontrolle, ob die Klöster ihre Pflichten aus den zahlreichen Stiftungen korrekt erfüllten, erwuchs im 13. Jahrhundert die Einrichtung der Zechpflegen. Als eigene juristische Körperschaften verwalteten sie die Stiftungsvermögen und erlangten Mitbestimmung. Das fing an beim Gottesdienst und der Ausstattung der Kirchen und erreichte die Pfarrschulen und eigene Predigthäuser.

Als der Rat am 11. August 1523 verbot, etwas anderes zu predigen als „das hailig Evangelium und das gotzwort", griffen die Laien auch zur Besetzung von Predigerstellen. So wurde im Armenviertel bei St. Georg 1524 Johann Seifried vom Pfarrvolk gewählt und von der Zeche berufen. Aber auch im Prominentenviertel bei St. Moritz trat das Pfarrvolk auf den Plan: Als Johann Speiser die lutherische Rechtfertigungslehre 1523 bei St. Moritz predigte und deshalb von Johann Eck verketzert wurde, forderten 400 Bürger beim Rat seinen Schutz ein, mit Erfolg! Der Abt von St. Ulrich entließ den „ganz lutherisch" predigenden Johann Schmid 1526. Prompt stellte ihn die Zeche an. Bei Hl. Kreuz bemächtigte sich die Zeche des Predigthauses und finanzierte ihren radikalen Prediger Wolfgang Haug durch eine Sammlung von Tür zu Tür.

Die Bettelorden wurden zu weiteren Türöffnern reformatorischer Ideen, auch wenn sie keine Pfarrei hatten. Das Karmeliterkloster St. Anna profilierte sich unter dem Prior Johann Frosch als lutherische Hochburg. 1523 stellte der Rat zusätzlich Urban Rhegius als Prediger ein. 1525 gab es in St. Anna das Abendmahl in beider-

Augsburg. Kolorierter Stadtplan aus Sebastian Münster „Cosmographey", Basel 1567
Mitte: St. Moritz, St. Anna; unten: Fuggerei und Rathaus

39

Das Abendmahl in beiderlei Gestalt 1525 in St. Anna. Illustration aus: [Augustin Scheller], „Chronica Ecclesiastica Augustana", 1744. Handschrift der Staats- und Stadtbibliothek Augsburg

lei Gestalt. Bei den Franziskanern in der Barfüßerkirche predigte Johann Schilling derart politisierend, dass sich die Ratsobrigkeit in Frage gestellt sah. Sie behalf sich mit der Abberufung des „Lesmeisters". Das wurde aber zur Initialzündung für einen Handwerkeraufstand unter Waffen am 6. August 1524. Es gab zwei sofortige

Hinrichtungen der Rädelsführer und starke Wirren. Im Herbst kam der aus Bayern vertriebene Michael Keller. Er hielt das Abendmahl in Schweizer Gestalt als reines Gedächtnismahl. Bald wurde er zum bedeutendsten Prediger der Stadt mit großem Einfluss auf die Ratspolitik. Das Volk stimmte mit den Füßen ab. Predigten Rhegius oder Speiser vor einem Dutzend Hörer, so war die Kirche bei Keller voll.

Luther entsetzte sich 1527 in einem Brief an Georg Spalatin über die Richtungsvielfalt: „Augusta in sex divisa est sectas" (Augsburg zerfällt in sechs Richtungen). Neben der zwinglianischen Mehrheit gab es Anhänger von Johannes Oekolampad und Martin Bucer, die Lutheraner bei St. Anna gerieten ins Hintertreffen, Altgläubige hielten sich unter dem Einfluss der Fugger. Die milde Haltung des Rats zog religiöse „Dissidenten" an. Unter der Führung der Zugewanderten Balthasar Hubmaier, Hans Denck und Hans Hut (zeitweise Schüler Luthers und später Thomas Müntzers) wurde Augsburg zum Täuferzentrum. Der Eindruck des Bauernkrieges drängte den Rat zum Handeln. Bei einer Versammlung süddeutscher Täufer, der „Märtyrersynode" im Sommer 1527, wurden die Anführer in Haft genommen, dann der Stadt verwiesen. Manche wurden gebrandmarkt. Hut kam im Kerker ums Leben, 1528 wurde ein weiterer Täufer hingerichtet. Fortan gab es keine Versammlungen von Täufern mehr, sondern nur noch Hinweise auf einzelne Anhänger im Untergrund.

Die späte Ratsreformation nach dem Reichstag 1530 und ihr theologischer Wortführer Wolfgang Musculus (1497–1563)

Der Reichstag von 1530 wurde zur Zäsur für die Augsburger Reformation. Das Kanzelverbot Karls V. für alle einheimischen Prediger führte zum Wegzug der lutherischen Doktoren Stephan Agricola, Johannes Frosch und Urbanus Rhegius. Neuberufungen holte man aus Straßburg: Bonifatius Wolfart (St. Anna), Theobald Niger (St. Ulrich) und Wolfgang Musculus. In ihm bekam die Durchführung der Reformation ihren Wortführer. Bucer und Wolfgang Capito hatten Musculus so empfohlen: „Pracht und Glanz sind an ihm gering. Wer aber weiß, welch friedlichen, sanften, richtigen und bescheidenen Geist ihm der Herr verliehen, wie auch einen feinen, lichten, raschen und unzänkischen Verstand mit ziemlicher Belesung, sowohl der göttlichen Schrift als auch der Kirchenväter, auch einem stillen und ganz unsträflichen Leben, der wird ihn nur desto werter und teurer halten, dass er so ein unscheinbares Ansehen hat."

Wolfgang Mäuslin (lat. Musculus) kam aus einfachen Verhältnissen. Geprägt war er vom elsässischen Humanismus, vom benediktinischen Leben im Kloster Lixheim (1512–1527), von Lutherschriften schon 1518, und von der Reformation in Straßburg. Dorthin war er nach dem Klosterleben gezogen, hatte geheiratet und

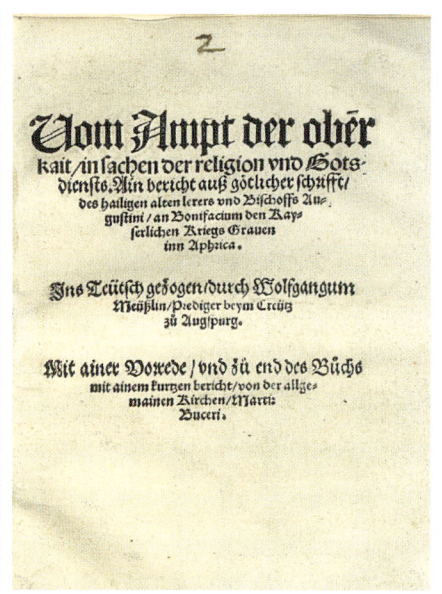

Wolfgang Musculus. Porträt aus: Nikolaus Reusner, „Contrafracturbuch", Straßburg 1587

Wolfgang Musculus, „Vom Ampt der Oberkait", 1535. Titelblatt. Dieses Exemplar gehörte Konrad Peutinger

als Weber gearbeitet. Bucer und Capito machten ihn zum Prediger für Dorlisheim im Elsass, 1528 zum Diakon am Straßburger Münster. Musculus bildete sich fort, hörte Vorlesungen bei beiden, lernte Hebräisch. Da erreichte ihn der Ruf aus Augsburg. Er zögerte vor der Aufgabe, die Richtungsvielfalt in Augsburg in einem Kompromiss zu versöhnen, die schon andere scheitern ließ.

Der Rat berief ihn 1531 nach Hl. Kreuz, wo er bis 1537 predigte. Es war die Zeit der Ratsreformation: Aufbau des evangelischen Kirchenwesens im Ringen von Theologen und Laien, den Zünften und dem Rat. Unterstützend kam Bucer ab 1534 jährlich länger in die Stadt. Musculus agierte unspektakulär, aber nachhaltig. So veröffentlichte er 1535 Augustinus' Schrift *Vom Ampt der Oberkait / in sachen der Religion vnd Gotsdiensts* auf Deutsch mit Vorrede und einem aktuellen Nachwort von Bucer. Die Kirchenväter schärfen nach Musculus den Blick auf die Bibel. Auf der sorgfältigen Argumentationshilfe für das Recht und die Pflicht der Obrigkeit, hier aktiv zu handeln, basierte das Handeln des Rats.

1536 konnte Musculus für die Stadt die Wittenberger Konkordie zur Abendmahlsfrage unterzeichnen, „dass gegenwärtig sei und wahrhaftig dargereicht werde der Leib Christi". Im Jahr darauf wurde er Prediger am Dom. Ab 1540 war er

Gedenkplatte zur Erinnerung an die gemeinsame Erklärung zur Rechtfertigungslehre am 31. Oktober 1999 in St. Anna

theologischer Vertrauensmann des Rates und vertrat die Stadt bei den ergebnislosen Religionsgesprächen in Worms und Regensburg. Neben diesen Aufgaben hatte Musculus Griechisch bei Sixt Birk, seit 1536 Rektor des Gymnasiums, und Arabisch gelernt. Wichtige griechische Kirchenväter übersetzte er ins Lateinische, kommentierte zahlreiche Bücher der Bibel und schrieb eine systematische Theologie. 1543/44 überzeugte er den Rat, fast 100 alte griechische Handschriften in Venedig zu erwerben. Sie begründeten den internationalen Ruf der Stadtbibliothek. 1544 wurde Musculus vom Rat nach Donauwörth entsandt, um dort die Reformation nach Augsburger Muster zu festigen. Vergeblich, denn Donauwörth entschied sich für das Nürnberger Modell.

Die Niederlage im Schmalkaldischen Krieg bürdete Augsburg nicht nur enorme Kosten auf. Der geharnischte Reichstag 1548 brachte eine neue Verfassung: Entmachtung der Zünfte (für Kaiser Karl waren sie Ursache allen Übels) zugunsten der Patrizier bei katholischem Übergewicht. Die Vertreter der katholischen Kirche bekamen ihre Rechte und die beschlagnahmten Kirchen zurück. Vor allem hatte Karl V. auf dem Höhepunkt seiner Macht eine „Zwischenreligion" für die Evangelischen verfügt. Das Interim zielte auf deren Rückführung zur alten Kirche und erlaubte zwar Priesterehe und Laienkelch, schrieb aber den römischen Ritus vor.

Musculus verließ unverzüglich aus Protest die Stadt und gelangte nach abenteuerlicher Flucht nach Bern, wo er als Theologieprofessor bis zu seinem Tod 1563 eine reiche internationale Wirkung entfaltete und Generationen reformierter Theologen prägte.

Augsburg als Stadt zweier Religionen

Das Interim freilich wurde in Augsburg halbherzig vom Rat vollzogen und vom Volk boykottiert. Nach wechselnden Machtverhältnissen im Reich und dem Passauer Vertrag 1552, der den Fortbestand des Augsburger Bekenntnisses sicherte, eröffnete König Ferdinand 1555 wieder einen Reichstag in Augsburg. Auf der Tagesordnung standen die Religionsangelegenheiten. Da die (spätere) Formel „cuius regio, eius religio" die bekenntnisgemischten Reichsstädte nicht erfasste, bestimmte ein eigener Artikel, dort solle es eben bei beiden Religionen bleiben.

Das Nebeneinander mit manchen Kontroversen mündete nach den Schrecken des Dreißigjährigen Krieges in die rechtliche Absicherung der Parität. So konnte sich in Augsburg sogar eine einzigartige evangelische Barockkultur entfalten. Die Bikonfessionalität wurde in der Folgezeit mühsam, aber letztlich erfolgreich eingeübt.

Dass heute das Nebeneinander der Ulrichskirchen als Symbolbild der Ökumene gilt, hätte man früher kaum für möglich gehalten. Auch nicht eine „gemeinsame Erklärung" zur Rechtfertigungslehre, unterzeichnet vom Lutherischen Weltbund und dem Päpstlichen Rat zur Förderung der Einheit der Christen. Eine Gedenktafel bei St. Anna erinnert an dieses Ereignis vom Reformationstag 1999.

▸ Dr. *Andreas Link* ist Pfarrer im Ruhestand. Veröffentlichungen zur schwäbischen Landesgeschichte, Kirchen- und Kunstgeschichte.

Weiterführende Literatur

DELLSPERGER, RUDOLF u.a. (Hg.), Wolfgang Musculus (1497–1563) und die oberdeutsche Reformation, Berlin 1997

KIESSLING, ROLF u.a. (Hg.), Im Ringen um die Reformation. Kirchen und Prädikanten, Rat und Gemeinden in Augsburg, Epfendorf/Neckar 2011

KIESSLING, ROLF (Hg.), St. Anna in Augsburg. Eine Kirche und ihre Gemeinde, Augsburg 2013

Für einen Besuch in Augsburg

www.augsburg-tourismus.de/tourist-info.html
www.augsburg-evangelisch.de

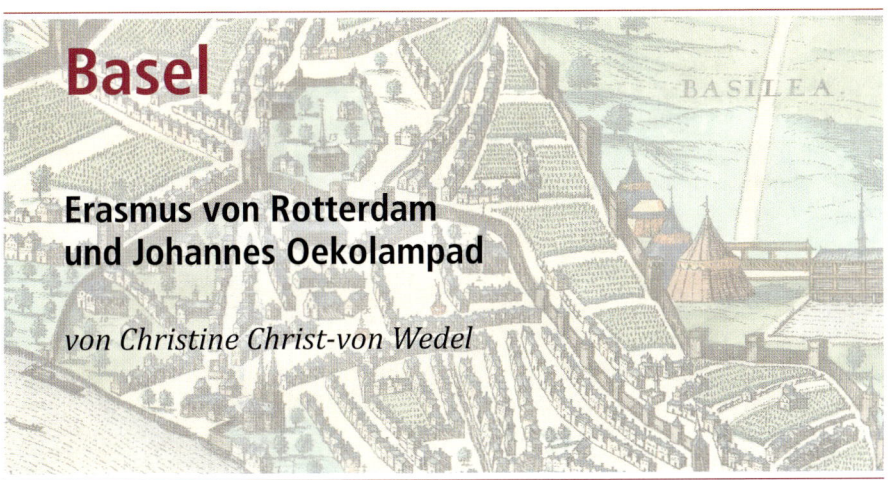

Basel

Erasmus von Rotterdam und Johannes Oekolampad

von Christine Christ-von Wedel

Am 21. Oktober 1515 reiste der Pfarrer Johannes Oekolampad (1482–1531) aus seiner württembergischen Heimatstadt Weinsberg in die bedeutende Reichsstadt und Handelsmetropole Basel mit ihrem Bischofssitz, ihrem großen Münster, ihrer Universität, ihren Klöstern und reichen Bibliotheken. Sein Studienfreund, der neue Münsterprediger Wolfgang Capito, hatte ihn eingeladen. Wie hatte der Freund geschwärmt von den vielen Gelehrten in Basel, den hervorragenden Druckern, bei denen Oekolampad bestimmt Arbeit finden könne, und insbesondere vom berühmten Erasmus von Rotterdam (1466/67–1537)!

Oekolampad hatte ein Empfehlungsschreiben an den großen Erasmus im Gepäck. Wie würde der viel Bewunderte ihn aufnehmen, der in elegantem Latein die Christenheit aufrüttelte, sie zu einem Leben aufrief, das antike Tugend und Lebensfreude mit christlicher Liebe und Demut verband? Unglaublich, auf wie originelle Weise er eine Kirchen- und Gesellschaftsreform anmahnte mit seinem *Lob der Torheit*, in dem er gewagt hatte, die Mängel der angesehensten Institutionen zu geißeln. Das Werk war durchaus keine abgedroschene Satire, es sprühte nur so vor Witz und wies mit seinem Spott über alles Menschliche hinaus auf die Mitte des christlichen Glaubens. Die Torheit wird da zur Weisheit, denn Gott habe im Kreuz Jesu Christi die Weisheit der Welt zur Torheit gemacht, wie schon der heilige Apostel Paulus schrieb (1 Kor 1,18–25). Und nun hieß es, Erasmus wolle der Welt das Neue Testament im Urtext schenken; eine griechisch-lateinische Ausgabe sei geplant.

Der alte und der junge Gelehrte schließen Freundschaft

Aus Briefen wusste Erasmus bereits, dass Oekolampad ein guter Hebraist und ein begabter Theologe war. Mehr konnte ihm Oekolampad nun selbst berichten: Wie sehr er die neuen *studia humanitatis* liebe. Wie viel mehr als scholastische Vorlesungen und Disputationen ihm die Sprachstudien gebracht hätten und in Tübingen und Heidelberg die Gespräche mit Philipp Melanchthon, Johannes Reuchlin und Wolfgang Capito. Die Scholastiker an den Universitäten würden die Dogmen der heiligen Kirche, die sie doch zu erhärten vorgäben, mit ihrer Streitsucht mehr schädigen als fördern. Jedenfalls nützten sie ihm für seine Predigten im heimischen Weinsberg nichts. Das alles war ganz im Sinne von Erasmus. Später schrieb dieser einmal, er habe von niemandem höher gedacht und mehr erwartet als von Oekolampad.

Das griechische Neue Testament

Erasmus engagierte Oekolampad sofort als Assistenten und Korrektor für die Herausgabe des Neuen Testamentes. Der junge Gelehrte mit seinen hervorragenden Hebräischkenntnissen, die, wie Erasmus neidlos anerkannte, die seinen weit übertrafen, kam gerade zum richtigen Zeitpunkt. Denn auch für die Analyse der griechischen neutestamentlichen Texte bedarf es guter Hebräischkenntnisse, und Erasmus hatte in seinen Anmerkungen verschiedentlich auf hebräische Begriffe verwiesen. In intensiver Zusammenarbeit entstand nun die erste griechische Ausgabe des Neuen Testamentes, der *textus receptus*, der den Reformatoren, aber auch nichtreformatorischen Kommentatoren und Übersetzern fortan als Grundlagentext diente. Johann Froben druckte das Werk. Einleitungen von Erasmus riefen eindringlich zur Bibellektüre auf, auch und gerade durch die Laien. Jeder solle das Neue Testament lesen und sich von der Lektüre verändern lassen, hin zu einem neuen christlichen Leben. Von den Theologen forderte Erasmus einen ganz neuen wissenschaftlichen Umgang mit dem Bibeltext. Er mahnte, die Texte im Zusammenhang zu lesen und den Kontext zu beachten, nicht mit ihr fremden philosophischen Methoden an die Bibel heranzugehen, sondern sie durch sie selbst auszulegen. Dazu sei es nötig, sie in der Ursprache zu lesen und sich breite Kenntnisse über die Autoren und die historische Situation der Adressaten zu verschaffen.

Die Ausgabe machte den berühmten Erasmus noch berühmter, löste aber auch heftige Kritik aus. Rüttelte er doch mit dem griechischen Text, der neuen lateinischen Übersetzung und den Anmerkungen an allgemein akzeptierten Dogmen. So

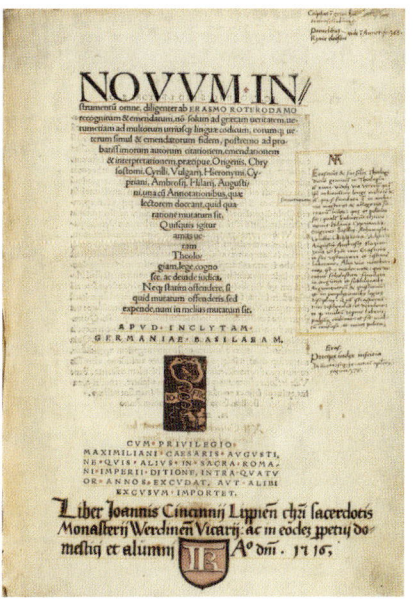

Albrecht Dürer zeigt Erasmus als Kirchenvater, schreibend und umgeben von Büchern. Der griechische Text besagt: „Besser zeigen ihn seine Schriften". Kupferstich von 1526

Titelblatt der Ausgabe des Neuen Testaments, Basel 1516. Dieses Exemplar gehörte dem Humanisten Johannes Cincinnius

am Verständnis der Erbsünde, der Rechtfertigungslehre, der Beichte, des kanonischen Rechts und der Sakramente – lauter Themen, welche die Reformatoren später aufnahmen. Erasmus war sich darüber im Klaren, dass er damit die gesamte Schultheologie angriff, konnte aber mit der Zustimmung der gebildeten Elite in Reich und Kirche rechnen, ja, mit Begeisterung, wie sie Oekolampad im Nachwort ausdrückte: Die Lektüre werde bei allen Lesern Bildung und Frömmigkeit fördern. Es stehe jetzt schon fest, dass die allergelehrtesten Leute voll Leidenschaft nach der Speise greifen würden, die Erasmus ihnen biete. In der Tat, nicht nur die Gelehrten, auch die Großen der Welt, Kurie, Kaiserhof und Fürsten griffen danach und machten Erasmus verlockende Angebote, wenn er nur zu ihnen ziehen wollte. Würden sie auf ihn hören und die dringende Reform von Reich und Kirche anpacken?

Das Auftreten und die Verurteilung Luthers

Erasmus schlug alle Angebote aus. Er wollte unabhängig bleiben. Er ging zu Freunden nach Brabant. In Löwen konnte er eine neue Ausbildungsstätte für Theologen nach seinen Plänen einrichten: Die Professoren hatten Latein und die biblischen Sprachen zu unterrichten, trieben wissenschaftliche Exegese und – damals unerhört – waren verpflichtet, in Vorlesungen gratis für eine breite Öffentlichkeit die Bibel lebensnah auszulegen.

Oekolampad fuhr zunächst nach Weinsberg zurück, wo er den Index für eine von Erasmus betreute Werkausgabe des Kirchenvaters Hieronymus erstellen wollte und sich mehr und mehr in das Studium des Alten Testamentes vertiefte. 1518 kam er als bischöflicher Generalbeichtvater am Münster wieder nach Basel. Hier brachte er eine griechische Grammatik und Kirchenväterübersetzungen heraus. Bald wurde er als Domprediger nach Augsburg berufen. Augsburg war in Aufruhr. Eben erst hatte Martin Luther dort vor Kardinal Thomas Cajetan gestanden. Sollte man sich dem mutigen theologischen Rebellen anschließen oder den alten Lehrern treu bleiben? Oekolampad verteidigte Luthers theologische Standpunkte, ohne zunächst an einen Bruch mit der Kirche zu denken. Doch mehr und mehr belastete ihn die Situation. Er brach seine kirchliche Karriere ab und ging in ein Kloster. Erasmus fürchtete, dass der Rückzug aus der Welt dem jüngeren Freund nicht die Ruhe bringen würde, die er suchte. Er sollte Recht behalten. Nach der Verurteilung Luthers durch den Kaiser im Mai 1521 in Worms wich Erasmus aus dem kaiserlichen Brabant in die freie Reichsstadt Basel aus, weil er als Förderer, wenn nicht gar als Urheber der lutherischen Häresie galt. Oekolampad verließ wenig später nach schweren Anfechtungen das Kloster. Er floh zunächst auf die Ebernburg in der Eifel zu Franz von Sickingen, der mit dem Schwert für die Sache Luthers kämpfen wollte, und kam 1522 zurück nach Basel.

Oekolampad wird zum Reformator

Ruhe fand Oekolampad auch hier nicht, vielmehr ließ er sich nun ganz in die reformatorische Bewegung hineinziehen. Bereits 1520/21 war es zu Unruhen in Basel gekommen, angeführt von Pfarrern, die darauf pochten, die Kirche nach dem Vorbild der apostolischen Zeit einzurichten, und insbesondere das Verständnis der Messe als Opfer und den Heiligen- und Reliquienkult ablehnten. Handwerkerzünfte, die größere Mitsprache im Rat forderten, unterstützten sie, während die Ratsherren ihrerseits die Einflussnahme des Basler Bischofs auf die

Stadt mehr und mehr zurückdräng-
ten. Fasten wurden gebrochen, immer
radikalere, romfeindliche Predigten
waren zu hören.

Da begann Oekolampad mit biblischen Vorlesungen an der Universität, wozu ihn sein Doktorgrad berechtigte. Diese Vorlesungen über Jesaja
hielt er zunächst auf Lateinisch und
dann auch öffentlich auf Deutsch. Der
Zulauf war enorm, und Oekolampad
wurde bald als ordentlicher Professor
an die Universität und als Leutpriester, d.h. als Prediger und Seelsorger, an
die Pfarrkirche St. Martin berufen. Die
Jesajavorlesung bewegte sich ganz im
Rahmen des erasmischen Bibelhumanismus. Zur Prädestinationslehre – der
Lehre von Gottes Vorherbestimmung –
etwa erklärte Oekolampad, Gott sei
nicht der Urheber des Bösen, und er

*Oekolampad als Prediger und Lehrer
mit der Bibel in der Hand. Porträt „post
mortem", um 1550 gemalt von Hans Asper*

betonte, die Christen haben Gott nicht nur im Geiste, meditierend, sondern auch
in der Nächstenliebe zu dienen. Als die Vorlesung aber zwei Jahre später im Druck
erschien und Oekolampad voll des Lobes für den Rotterdamer darin von *Erasmus
noster* (unserem Erasmus) sprach, wehrte sich sein Förderer entschieden dagegen, von seinem ehemaligen Freund und Assistenten als Galionsfigur vereinnahmt
zu werden.

Denn inzwischen war vieles vorgefallen und Oekolampad aus der Sicht des
Erasmus nicht mehr derselbe. Oekolampad vertrat seit 1524 nicht nur die sym-
bolische Abendmahlsauffassung von Erasmus, er leugnete auch ausdrücklich die
Lehre von der Wandlung. Ein Schritt, den Erasmus nicht zu tun bereit war, obwohl
er selbst mit der Lehre von der Wandlung der Elemente Brot und Wein in Leib
und Blut Christi nichts anfangen konnte. Denn die Wandlung zu leugnen, bedeutete im 16. Jahrhundert einen Bruch mit der Kirche – der Erasmus treu bleiben
wollte – und musste eine Verurteilung durch die Kirche nach sich ziehen. Die Verurteilung von Oekolampad und seinem gleichgesinnten neuen Freund, dem Zürcher Reformator Huldrych Zwingli, blieb denn auch nicht aus. Erasmus konnte sie
nicht verhindern, so sehr er sich auch bei der Kurie und am Kaiserhof gegen eine
Verketzerung der reformatorischen Lehren aussprach. Gleichzeitig verbanden
sich die Reformatoren mehr und mehr mit aus der Sicht des Erasmus aufrühre-

Die Martinskirche in Basel. Hier hielt Oekolampad seine die Reformation vorantreibenden Predigten

rischen politischen Kräften, die nicht nur die gewünschte Reform des kirchlichen Lebens vorantreiben wollten, sondern auch den weltlichen Besitz und die soziale und kulturelle Macht der Kirche beanspruchten.

Dass die Reformatoren sich in allen ihren wichtigsten Lehren, wie der Erlösung allein durch Christus, der Rechtfertigung allein aus Glauben und der Lehre allein aus der Schrift, auf Erasmus berufen konnten, kompromittierte ihn. Er hatte sich im Herbst 1524 mit seiner an Luther gerichteten Schrift zur strittigen Prädestinationslehre *De libero arbitrio* (Vom freien Willen) vom Wittenberger Reformator losgesagt. Das bewahrte ihn jedoch nicht vor Häresievorwürfen, gegen die er sich bis zu seinem Tod wehren musste.

Oekolampad aber folgte als Universitätsdozent und Leutpriester unverdrossen seinem reformatorischen Weg. Er geriet dabei zusehends unter Druck. Die Bauern im Herrschaftsgebiet von Basel erhoben sich und beriefen sich dabei auf die Reformatoren. Täufer griffen ihn und seine Freunde, aber auch die städtische Obrigkeit als Verräter am Evangelium an. Der milde Oekolampad versuchte auszugleichen, trug aber am Ende die Politik des Rates mit, der Täufer verbannte, nach 1529 auch zum Tode verurteilte. Oekolampad schaffte in der Martinskirche die Messe ab, feierte das Abendmahl in beiderlei Gestalt und führte deutsche Choräle ein. Es kam deswegen zu Auseinandersetzungen mit den traditionell Gesinnten bis hin zu tätlichen Übergriffen. Der Rat versuchte bis 1529 zu vermitteln. Gestützt auf ein Gutachten von Erasmus setzte er fest: Alle Prediger sollen sich an die Bibel als einzige Grundlage halten und jede Polemik vermeiden. In vier Kirchen dürfen reformatorisch gesinnte Pfarrer nach neuem Ritus den Gottesdienst gestalten, später auch die Bilder ausräumen lassen, in den anderen soll die alte Messe weiter gefeiert werden. Die Bürger können ihrem Gewissen folgen.

Aber bereits radikalisierte Handwerkerzünfte verlangten mehr, sie forderten, dass der Rat für die ganze Stadt ihre Reformvorstellungen durchsetze. Während der Fastnacht, am 8. und 9. Februar 1529, rotteten sich ihre Anhänger bewaffnet zusammen, setzten den Rat unter Druck, stürmten das Münster und zerstörten unzählige der umstrittenen Heiligenbilder.

Die reformierte Stadt

Der Rat gab nach, entfernte die Reformationsgegner aus seiner Mitte, versprach den Zünften mehr Mitsprache und ordnete an, dass in allen Kirchen der Stadt und Landschaft Basel keine Messe mehr gelesen und alle Bilder entfernt oder übertüncht würden. Am 1. April beschloss er eine Reformationsordnung. Oekolampad hatte sich nicht am Aufruhr beteiligt, billigte aber das Ergebnis: „Der Herr hat es zweifellos so gewollt", schrieb er. Doch an der Reformationsordnung dürfte er mit-

*Basel.
Kolorierter
Stadtplan aus
Georg Braun/
Franz Hogenberg,
„Civitates orbis
terrarum", Bd. 2,
Köln 1593*

*Unten links: das
Rathaus (Nr. 4),
St. Martin (Nr. 5),
die Universi-
tät (Nr. 6)
und der Fisch-
markt (Nr. 8);
unten rechts: das
Münster (Nr. 1)*

gewirkt haben. Sie regelte nicht nur das kirchliche, sondern auch das sittliche Leben in Basel neu. Prostitution und Hurerei wurden genauso unter Strafe gestellt wie das Zutrinken, Kleiderluxus, Tanzen und Geldspiele. Aber die Stadt verpflichtete sich auch, zur „pflanzung eines friedsamen, christlichen, burgerlichen wesens" für gute Lehrer an den Schulen und der Universität zu sorgen. Eine wahrhaft christliche Stadt sollte geformt werden. Dazu dienten insbesondere verordnete Predigten an Werk- und Sonntagen. Ratsherren kontrollierten, dass die Prediger sich an die Schrift hielten und Polemik mieden.

Es gab zwar verschiedene Funktionen in der Basler Kirche, wie Prediger und Diakone, aber keine Hierarchie mehr, hatte Oekolampad doch die Ämterhierarchie als die Quelle aller Abirrungen und Missbräuche in der Kirche bezeichnet. Nicht in seinem Sinn war aber, dass der Rat die Basler Kirche nicht nur äußerlich neu ordnete, sondern auch direkt in das

Das Grabmal von Erasmus im Basler Münster, das 1538 in rotem Kalkstein von dem Bildhauer Hans Mentzinger ausgeführt wurde

Gemeindeleben eingriff und über die Zulassung zum Abendmahl bestimmte. Der Reformator kämpfte für ein aus der Gemeinde bestelltes Ältestengremium, ein Presbyterium, dem wie in apostolischer Zeit die Banngewalt und damit die innergemeindliche Macht anzuvertrauen sei. Es sei Aufgabe der Kirchengemeinde, nicht der weltlichen Obrigkeit, fehlbare Glieder zurechtzuweisen und, wenn nötig, auszuschließen.

Aber Oekolampad konnte sich in Basel nicht durchsetzen. Der Rat bestellte von Ratsmitgliedern dominierte Bannausschüsse. Oekolampads Vorstellung eines Presbyteriums wurde 1541 – über Straßburg vermittelt – von Johannes Calvin für Genf aufgenommen und gehört bis heute zum typisch reformierten Erbe. Um sein Kirchenregiment zu festigen, ging der Rat in den ersten Jahren hart gegen Abweichler vor, insbesondere gegen Täufer. Für Andersdenkende war kein Platz mehr, wie Erasmus kommentierte, der die Stadt darum verließ.

53

Aber konfessionelle Enge blieb nicht typisch für Basel. 1532 eröffnete der Rat nach Plänen des am 24. November 1531 verstorbenen Oekolampad die Universität neu und berief humanistisch gesinnte Dozenten. Den Druckern ließ er weiten Spielraum, auch nonkonformistische Werke zu veröffentlichen. Erasmus arbeitete daher weiter mit der Frobenschen Druckerei zusammen und kam 1535 in die Stadt zurück. Sie reichte dem treuen Sohn der römischen Kirche den Ehrenwein. Bis in die achtziger Jahre des 16. Jahrhunderts blieb Basel eine der weltoffensten reformierten Städte. Sie zog unzählige Gelehrte und Glaubensflüchtlinge an, die andernorts nicht geduldet wurden, darunter auch Sebastian Castellio. Weil er sich bei Calvin dafür eingesetzt hatte, abweichende Lehrmeinungen zuzulassen, musste dieser angesehene Lehrer Genf verlassen. Nach Jahren größter Armut erhielt er eine Dozentenstelle an der Universität Basel und schrieb hier 1554 sein berühmtes Toleranztraktat *De haereticis, an sint persequendi* (Von den Häretikern, ob sie zu verfolgen seien). Erst am Ende des 16. Jahrhunderts setzte sich konfessionelle Unduldsamkeit auch in Basel durch. Aber bereits hundert Jahre später knüpften Basels reformierte Prediger und Theologieprofessoren als Frühaufklärer wieder an ihr doppeltes Erbe an, an Erasmus und Oekolampad.

▶ Dr. *Christine Christ-von Wedel* ist Fellow des Instituts für Schweizerische Reformationsgeschichte der Universität Zürich und der Theologischen Fakultät der Universität Basel.

Weiterführende Literatur

GUGGISBERG, HANS RUDOLF, Basel in the Sixteenth Century. Aspects of the City Republic before, during, and after the Reformation, St. Louis (Mo.) 1982

CHRIST-VON WEDEL, CHRISTINE, Erasmus von Rotterdam. Anwalt eines neuzeitlichen Christentums, Münster 2003; DIES., Erasmus of Rotterdam: Advocate of a New Christianity, Toronto 2013

GÄBLER, ULRICH, Die Basler Reformation, in: Theologische Zeitschrift 47 (1991), 7–17

STAEHELIN, ERNST, Das theologische Lebenswerk Johannes Oekolampads, Leipzig 1939

Für einen Besuch in Basel

www.basel.com
www.altbasel.ch
www.erk-bs.ch

Béarn

Margarete von Navarra, Gérard Roussel und Jeanne d'Albret

von Philippe Chareyre

Im Laufe des 16. Jahrhunderts konnten sich in manchen unabhängigen Territorien Europas unter dem Schutz des jeweiligen Landesfürsten eigenständige kirchliche Organisationsformen entwickeln, die entweder eine Spielart des lutherischen oder des reformiert-calvinistischen Modells darstellten. Das war unter anderem der Fall in der ehemaligen Vizegrafschaft Béarn. Nachdem Bischof Gérard Roussel hier in der ersten Hälfte des 16. Jahrhunderts eine Reform im moderat-evangelischen Sinne durchgeführt hatte, kam es nach 1560 zu einer Reformation nach calvinistischem Vorbild. Sie ging sogar noch weiter als die calvinistische Kirchenordnung, die sich zur gleichen Zeit in Frankreich durchsetzte und mit dem Edikt von Nantes (1598) ihre vorläufige Legalisierung fand.

Das Béarn verdankte seine politische Unabhängigkeit dem Hundertjährigen Krieg (1337–1454). Die Dynastie der Grafen von Foix, die damals die Vizegrafschaft geerbt hatte, huldigte weder dem französischen noch dem englischen König. Das Haus Foix und anschließend das Haus Albret konnten die Souveränität des Béarn weiter konsolidieren, nachdem sie im letzten Viertel des 15. Jahrhunderts das Königreich Navarra geerbt hatten, auch wenn der ruhmreiche Königstitel nach der Eroberung von Navarra durch den spanischen König Ferdinand von Aragon im Jahre 1512 nur noch für das nördlich der Pyrenäen gelegene Nieder-Navarra Geltung fand.

Der navarresische König Heinrich II. von Albret (1503–1555) konnte indessen seine Macht in der angrenzende Vizegrafschaft Béarn sichern. Er führte dort eine Neuordnung der Verwaltung durch und versetzte das Béarn in die Lage, mit dem Bau der Festungsanlage in Navarrenx (1538–1549) einer spanischen Invasion standzuhalten. Obwohl er auf seiner Unabhängigkeit beharrte, rechnete er doch mit der Unterstützung des französischen Königs bei der Rückeroberung seines

Die Vizegrafschaft Béarn. Ausschnitt aus einer Karte von Jean-Baptiste Nolin, 1763

verlorenen Königreichs Navarra. Im Jahre 1527 heiratete Heinrich II. deshalb Margarete von Angoulême (1492–1549), die Schwester von König Franz I. von Frankreich.

Die evangelische Reform von Gérard Roussel

Schon früh in der ersten Hälfte des 16. Jahrhunderts hatten Wanderprediger die Grundgedanken der lutherischen Reformation im Béarn verbreitet. Die Vizegrafschaft wurde aber vor allem durch das Wirken von Gérard Roussel (1500–1550) geprägt, dem Hofkaplan der Königin Margarete von Navarra. Zunächst gehörte Roussel dem sogenannten „cénacle de Meaux" an, einem evangelischen Kreis um Bischof Guillaume Briçonnet von Meaux (40 km östlich von Paris); Roussel floh dann 1525 nach Straßburg, wo er unter den bestimmenden Einfluss des Reformators Martin Bucer geriet. Nach seiner Rückkehr nach Frankreich leitete er zwischen 1527 und 1534 eine kleine reformatorisch gesinnte Gemeinde, an deren Treffen auch sein pikardischer Landsmann, der junge Johannes Calvin, teilnahm. Im Jahre 1533 hatten Roussels Fastenpredigten im Louvre (dem Pariser Königsschloss) einen so überwältigenden Erfolg, dass sie ihm die öffentliche Verurteilung durch Noël Béda, den Syndikus der streng konservativen theologischen Fakultät der Universität Paris, einbrachte. Diese Universität ließ ihn auch zweimal ver-

Gérard Roussel. Porträt im Chor der
Kathedrale Ste-Marie d'Oloron. Auf dem
schlecht beleuchteten Fries kann lediglich
aus der Reihenfolge der abgebildeten Bischöfe
von Oloron mit hoher Wahrscheinlichkeit auf
Roussel (ohne nachweisliche Angabe seines
Namens) geschlossen werden

Margarete von Navarra, auch bekannt als
Margareta von Angoulême oder Margareta
von Valois. Porträt aus: Theodorus Beza,
„Icones", Genf 1580

haften. Unter dem Schutz des französischen Königshofes entging Roussel jedoch
weiterer Verfolgungen. Er hätte eine bedeutende Rolle beim Neuaufbau einer gal-
likanischen Kirche spielen können, musste jedoch im Oktober 1534 endgültig ins
Exil gehen, nachdem die sogenannte „affaire des placards" (in der Nacht vom 17.
auf den 18. Oktober tauchten in mehreren französischen Städten, selbst im Inneren des Loire-Schlosses Amboise, Plakate mit Schmähungen gegen die katholische
Messe auf) das Wohlwollen des Königs gegenüber jeglichen Bestrebungen zur
Erneuerung der Kirche endgültig unterbunden hatte.

Zusammen mit Jacques Lefèvre d'Etaples (Faber Stapulensis) floh Roussel zu
seiner Gönnerin Margarete an den Hof in Nérac, der Hauptstadt des Herzogtums
Albret. Er wurde Bischof von Oloron, einer der beiden Diözesen des Béarn, und
führte dort von 1536 bis zu seinem Tod im Jahre 1550 eine evangelische Reform
unter der Autorität des Landesherrn Heinrich II. von Albret durch. Er entsprach
der vorgeschriebenen Amtsführung eines Bischof, denn er hielt die Residenz-
pflicht ein, kümmerte sich um die Ausbildung seines Klerus, predigte täglich zwei-
bis dreimal, verfasste eine Ordnung für die Visitationen in der Diözese, gründete
Schulen und richtete Armenfonds ein. Bei der liturgischen Erneuerung der Diözese Oloron griff er auf die erprobten Vorbilder von Meaux und Straßburg zurück.

57

Roussel predigte den „wahren Glauben an Gott allein", betonte also die zentrale Bedeutung der Heiligen Schrift und Christus als alleinigen Fürsprecher. Seine Glaubensüberzeugungen legte er in einem Werk dar: *Familière exposition sur le simbole, de la loy, et oraison dominicale en forme de colloque* (Vertrauliche Auslegung des apostolischen Glaubensbekenntnisses, des Dekalogs und des Herrengebets in Dialogform), das er Heinrich II. von Albret widmete. Da er sich dabei vornehmlich auf den Römerbrief stützte, kam Roussel der reformatorischen Botschaft von der Rechtfertigung allein durch den Glauben sehr nahe. Er ließ Taufe, Buße und Abendmahl als die drei Hauptsakramente gelten, wenn er auch die vier anderen nicht verwarf. Die Messfeier sollte ohne Elevation im Angesicht der Gläubigen vollzogen werden, die zusammen mit dem Priester das Abendmahl unter beiderlei Gestalt nehmen. Es sollte keine Anrufung von Maria und den Heiligen geben und auch keine Wiederholung des Opfertodes Christi in der Messe. Roussels Abendmahlsverständnis stand der Auffassung Martin Bucers nahe, wie dieser sie beim Religionsgespräch in Regensburg (1541) vorgelegt hatte. Folglich hätte Roussel nur noch den offiziellen Bruch mit Rom vollziehen müssen. Der König und die Königin von Navarra hätten ihm diesen Schritt jedoch wohl untersagt, weil sie sich den Zorn der Herrscher in den beiden benachbarten Großreichen Frankreich und Spanien nicht zuziehen wollten. In jedem Fall ist festzuhalten, dass während der Herrschaft von Heinrich II. von Albret im Béarn kein einziger Scheiterhaufen aus religiösen Gründen errichtet wurde.

Als Straßburg sich dem Augsburger Interim von 1548 unterwerfen musste und Bucer entlassen wurde, blieb Roussel der letzte Vertreter einer Position, die zwischen Katholiken und Protestanten zu vermitteln suchte. Er stand damit allein. Die französischen Protestanten dagegen entschieden sich für einen radikalen Bruch und flüchteten nach Genf – und eben nicht nach Oloron. Die von Gérard Roussel bezogene Alternative brachte ihm die Verurteilung Calvins ein, der ihm vorwarf, bischöfliche Pfründe und Würden angenommen zu haben. Er ordnete ihn der Gruppe zu, die er als „Nikodemiten" bezeichnete.

Gleichwohl darf allerdings Roussels Einfluss nicht unterschätzt werden. Jeanne d'Albret (1528–1572), die Tochter von Heinrich II. und Margarete, und ihr Gemahl Antoine de Bourbon, die 1555 auf den Thron von Navarra folgten, waren wiederholt unschlüssig, in welcher Form eine Erneuerung der Kirche in ihrem Herrschaftsgebiet durchgeführt werden könnte. Es soll nicht vergessen werden, dass beide im Oktober 1561 neben dem jungen französischen König Karl IX., neben dessen Mutter und Vormund Katharina von Medici und dem Kanzler Michel de L'Hospital den Vorsitz auf dem Religionsgespräch von Poissy führten, das als letzter Versuch einer Versöhnung unter den Konfessionen in Frankreich vor Ausbruch der Religionskriege gelten kann.

Das Schloss von Pau, Geburtsort von König Heinrich IV. Lithographie von Pierre Gorse, um 1870

Die calvinistische Reformation durch Jeanne d'Albret

Im Béarn war die Bekehrung von Jeanne d'Albret – sie ging zu Weihnachten 1560 zum ersten Mal zum reformierten Abendmahl – der entscheidende Schritt auf dem Weg zu einem allmählichen Übergang der souveränen Vizegrafschaft zu einer Reformation nach calvinistischem Vorbild.

Mit den Verordnungen von Nérac (Juli 1561) führte die Fürstin das System von Simultankirchen ein, das die katholischen Kirchengebäude für die neuen protestantischen Prediger öffnete, und zwar unter der Kontrolle der beiden Bischöfe. 1563 kam Jean Reymond Merlin auf Geheiß von Calvin ins Béarn, um die Institutionen vorzubereiten, die für die Gründung einer neuen Kirche erforderlich waren. Bisher hatte man die reformierten Gemeinden in Béarn-Navarra der reformierten Provinzialsynode des unteren Guyenne zugeordnet. Merlin hielt nun am 20. September 1563 die erste eigene Synode von Béarn-Navarra und gründete damit eine „nationale", unter fürstlichem Schutz stehende reformierte Kirche, die er in fünf große „Colloques" (Bezirkssynoden) einteilte. Er verfasste auch eine *Discipline*

59

des églises réformées du Béarn (Kirchenordnung der reformierten Kirchen des Béarn) nach Genfer Modell und einen Katechismus *extrait de celui de Genève* (eine Kurzfassung des Genfer Katechismus von Calvin) für die neue Kirche. Überdies errichtete die Synode auf Anregung von Merlin ein „Collège" (Gymnasium). Zum ersten Mal vollzog sich die religiöse Erneuerung im Béarn dabei nicht mehr ausschließlich unter der Kontrolle durch die Bischöfe, sondern auf synodalem Wege mit Zustimmung der Landesherrin. So wurde im Juni 1563 auf Befehl von Jeanne d'Albret die Innenausstattung der Kathedrale von Lescar in einem symbolischen Akt entfernt, um sie ausschließlich dem reformierten Kultus vorzubehalten.

Dieser Prozess wurde jedoch noch im gleichen Jahr jäh durch das päpstliche Mahnschreiben vom 23. September 1563 abgebrochen, in dem die Königin von Navarra exkommuniziert und unter Androhung der Konfiszierung ihrer Herrschaftsgebiete nach Rom zitiert wurde. Dank des Eintretens des französischen Königs Karl IX. blieb dieses Schreiben ohne Folgen, aber der Einsatz des Königs für sie und die königliche Politik, die nach dem Ersten Religionskrieg (1562–1563) insbesondere auf Eintracht bedacht war, hatte Auswirkungen auf Jeanne. Sie schloss sich nun der großen religionspolitischen Neuausrichtung Frankreichs an und änderte innerhalb von zwei Jahren, auch unter dem Einfluss ihres neuen Predigers Jean-Baptiste Morély, ihre Einstellungen zugunsten einer milderen Reform.

Im Juli 1566, am Vorabend des zweiten Religionskrieges (1567–1568), nahm Königin Jeanne allerdings wieder Kontakt mit Genf auf und erließ eine Kirchenordnung in 22 Artikeln zur „vollständigen Reinigung vom römischen Götzendienst". Sie berief Pierre Viret an den Hof in Pau und ernannte ihn zum „überzähligen" Pfarrer. In dieser Funktion war es seine primäre Aufgabe, die Reform des Kirchenwesens durchzuführen und die Leitung der Synoden zu übernehmen. Viret traf im Frühjahr 1567 ein. Seine Arbeit wurde im April 1569 – während des dritten Religionskrieges (1568–1570) – unterbrochen, als französische Truppen, die von den katholischen Adeligen des Béarn unterstützt wurden, in die Vizegrafschaft einfielen. Im August desselben Jahres befreite eine Hilfsarmee unter dem Kommando von Gabriel de Lorges, Graf von Montgomery, die Festung von Navarrenx, in der die meisten Pfarrer und treuen Diener der Königin Zuflucht gesucht hatten, und stellte die Herrschaft der Jeanne d'Albret über ihr Land wieder her.

Dieses einzige und kurze Kriegsgeschehen, das die Vizegrafschaft während der zweiten Hälfte des 16. Jahrhunderts in Mitleidenschaft zog, beschleunigte den reformatorischen Prozess im Béarn. Die katholischen Kirchengüter wurden am 2. Oktober 1569 beschlagnahmt und die katholische Religionsausübung untersagt (28. Januar 1570). Die aus 77 Artikeln bestehende und von Jeanne d'Albret am 26. November 1571 in Pau erlassene Kirchenordnung verwandelte das Béarn in ein calvinistisches Fürstentum. Der erste Entwurf für diese Kirchenordnung wurde im April 1571 während der 7. Nationalsynode der reformierten Kirchen

Frankreichs in La Rochelle konzipiert. Jeanne d'Albret nahm persönlich an dieser Synode teil, die am Ende des dritten französischen Religionskrieges einberufen wurde. Die Kirchenordnung des Béarn stellt ohne Zweifel das institutionelle Pendant zu dem Glaubensbekenntnis (*Confessio Gallicana*) dar, das zur gleichen Zeit durch die Nationalsynode im Beisein von Theodor Beza angenommen wurde.

Jeanne d'Albret, Königin von Navarra. Porträt aus dem 16. Jahrhundert

Der Inhalt der Kirchenordnung, deren Endredaktion die Kanzlei von Navarra und Nicolas des Gallars gemeinsam vorgenommen haben, ist auch von der Theologie Pierre Virets inspiriert, der auf dem Weg zur Nationalsynode verstorben war. Die Kirche wird zwar in enger Zuordnung zum Staat gesehen, der das reibungslose Funktionieren des kirchlichen Lebens garantieren soll. Die Geistlichen haben dem Fürsten den Treueeid zu leisten. Mit dieser Kirchenordnung wird jedoch kein staatskirchliches System nach englischem oder Züricher Vorbild begründet. Sie sieht vielmehr eine gewisse Trennung von Kirche und Staat vor, denn der Kirche werden eigene, rechtlich anerkannte Institutionen zugestanden. Dazu gehört auch das Recht auf Kirchenausschluss, dessen Durchführung übrigens in den schweizerischen Städten immer wieder Konflikte verursacht hatte. An diesem Punkt ist eindeutig der prägende Einfluss von Pierre Viret nachweisbar.

Die Kirchenordnung von 1571 schreibt den kirchlichen Organen also amtliche Befugnisse zu und erkennt so das Funktionieren der Kirche nach dem presbyterial-synodalen Modell als rechtmäßig an. Das heißt, dass die Kirche durch beschlussfähige Versammlungen verwaltet werden soll: durch „Consistoires" (örtliche Kirchenvorstände), „Colloques" (Kreissynoden) und die „nationale" Synode, die im Beisein des Landesherrn oder dessen Vertreter abgehalten wird. Die Synode bestimmt jedes Jahr Pfarrer als Aufseher der Kreissynoden, die mit der Visitation der Kirchengemeinden in dem Zuständigkeitsbereich der jeweiligen Kreissynode und mit der Berichterstattung für die nächste „nationale" Synode betraut werden. Im Béarn gelang dies besser als in Frankreich, wo man Schwierigkeiten hatte, regelmäßig Versammlungen abzuhalten, die erforderlich waren, um ein synodal-konsistorial organisiertes Modell einer Kirchenleitung umzusetzen.

Die katholischen Kirchengebäude wurden in „temples" (protestantische Gotteshäuser) umgewandelt und eine beachtliche Pfarrerschaft (bis 1620: 60 Geistliche) ergab eine weit engere Betreuung der Bevölkerung als in den benachbarten Regionen. Die Pfarrer wurden aus einem Kirchenfonds bezahlt, den ein Generaldiakon verwaltete. Dieser wurde wiederum von einem Rat, einem juristischen Berater und von Auditoren unterstützt. Der Kirche des Béarn standen, wie bereits erwähnt, seit 1563 ein Katechismus und seit 1571 eine überarbeitete Kirchenordnung zur Verfügung. 1583 kam eine von Arnaud de Sallette in die Sprache des Béarn (eine Variante des Okzitanischen) übertragene Psalmenübersetzung hinzu. Diese in Orthez gedruckte und um Kirchengebete erweiterte Sammlung unter dem Titel *Los Psalmes de David metuts en rima bernesa* (Die Psalmen Davids gereimt in der Sprache des Béarn) kodifiziert zum ersten Mal in der Geschichte die Schriftsprache des Béarn.

Am 16. Juli 1566 wandelte Jeanne d'Albret das im Jahr 1549 von der Königin Margarete von Navarra in der Bischofsstadt Lescar gegründete Collège in eine Akademie um und verlegte den Sitz dieser Bildungsstätte nach Orthez. Nach Lausanne, Genf und Nîmes war sie damit die vierte Lehranstalt dieses Typs in Europa. Diese Einrichtung hatte zwar nicht den Vorzug, Pierre Viret als Lehrer zu gewinnen, der 1537 das Modell einer Akademie in Lausanne begründet hatte. Er konzentrierte sich vornehmlich auf den Aufbau des reformierten Kirchenwesens im Béarn, überprüfte aber sicherlich sehr genau die Endfassung der Schulgesetze aus dem Jahre 1568. Die Akademie zog aber andere angesehene Lehrer an, wie Nicolas des Gallars, der 1571 deren Rektor wurde, oder den berühmten Theologen Lambert Daneau. Auch wenn die Akademie im Jahre 1583 zur Universität avancierte, war ihr nur kurzer Ruhm beschieden. Dies hing sicherlich mit ihrer Randlage und den zunehmenden finanziellen Schwierigkeiten zusammen wie auch mit den häufigen Ortswechseln zwischen Lescar und Orthez (1566–1569 in Orthez, 1569–1579 in Lescar, 1579–1593 Orthez, 1593–1609 Lescar, 1609–1620 Orthez), bevor sie 1620 auf Befehl von König Ludwig XIII. aufgelöst wurde.

Das protestantische Fürstentum Béarn konnte nach dem Tod von Jeanne d'Albret im Jahr 1572 unter der Herrschaft ihrer Tochter Catherine de Bourbon noch eine Generation lang seine Unabhängigkeit behaupten. Währenddessen schickte sich ihr Bruder Heinrich von Navarra an, den französischen Königsthron zu besteigen. Nachdem er als Heinrich IV. König von Frankreich geworden und zum Katholizismus übergetreten war, erließ er 1599 für das Béarn das Edikt von Fontainebleau – ein eher matter Abglanz des für Frankreich geltenden Edikts von Nantes (1598); es legte die Wiedereinführung des katholischen Kultus an zwölf Orten im Béarn fest. Heinrichs Sohn, der streng katholische Ludwig XIII., erließ im Sep-

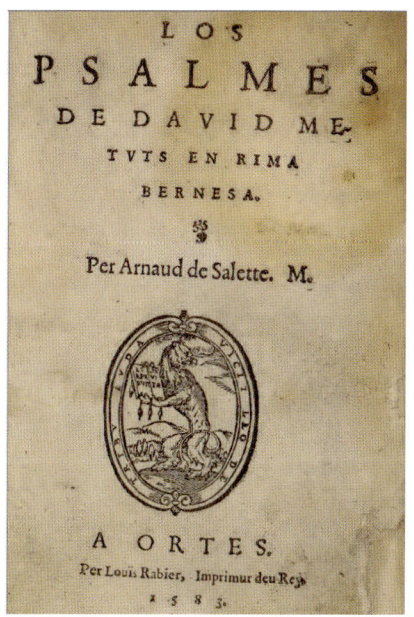 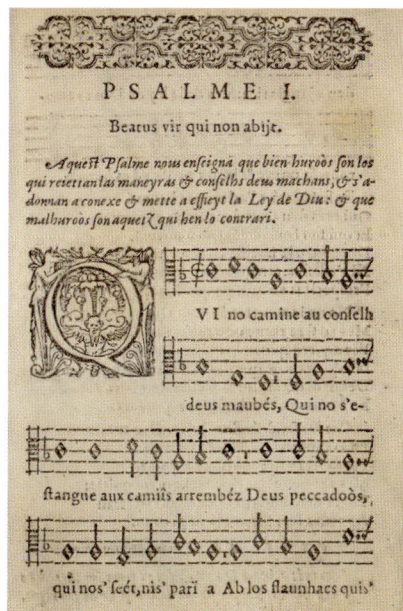

Titelblatt und eine Seite aus: „Los Psalmes", Orthez 1583

tember 1617 ein Edikt zur erneuten Rückgabe der Kirchengüter an die katholische Kirche, das allerdings erst zur Anwendung kam, nachdem französische Truppen 1620 das Fürstentum besetzt hatten und es an Frankreich angeschlossen worden war.

Nach 1620 erhielt die Synode des Béarn, die nun den reformierten Kirchen Frankreichs angegliedert worden war und ihre Kirchengüter wie ihre Akademie verloren hatte, den Charakter einer provinziellen Einrichtung. Sie bewahrte allerdings ihre Besonderheiten, vor allem ihre Kirchenordnung. Die Bourbonen führten jedoch in der Folgezeit eine Reihe beispielhafter Maßnahmen durch, um das Béarn – immerhin das Land, von dem ihre Dynastie abstammte – für den Katholizismus zurückzugewinnen. Zuerst wurden zahlreiche katholische Kongregationen dorthin geschickt. Im Jahr 1668 wurde sodann ein vorläufiges Widerrufungsedikt erlassen, mit dem die Anzahl der protestantischen Gotteshäuser auf 20 reduziert wurde (damit wurden drei Viertel der Kirchen geschlossen); die Volksschulen wurden ebenfalls auf 20 und gleichzeitig der protestantische Unterricht auf Lesen, Schreiben und Rechnen begrenzt. Dieses Edikt hatte auch Berufsverbote zum Inhalt (z. B. für das Amt des Notars) sowie politische Maßnahmen, mit denen die Anzahl der Protestanten in den Gemeinderäten auf höchstens ein Drittel beschränkt und diese von jeder Art von Vertretung in den Ständeversammlungen ausgeschlossen wurden. Im Jahr 1685 reduzierte der königliche Intendant Nicolas Foucault die Zahl der Gotteshäuser erneut, und zwar auf lediglich fünf, und setzte die „dragonnades" (Zwangsbekehrungen durch Einquartierung von Soldaten) ein. So bereitete er für das Béarn die Widerrufung des Edikts von Nantes im Oktober 1685 vor, die jegliche öffentliche Ausübung der reformierten Religion in Frankreich verbot.

Viele französische Reformierte flohen. Wegen der großen Entfernung zu den Aufnahmeländern beschränkte sich im Béarn die Zahl der Auswanderer auf ungefähr 500 Personen, d. h. zwei Prozent der protestantischen Bevölkerung. Während des 18. Jahrhunderts entstand gleichwohl eine reformierte Kirche im Untergrund. Sie bildete die Grundlage für die Wiederherstellung der protestantischen Kirchen im Béarn des 19. Jahrhunderts.

▶ Dr. *Philippe Chareyre* ist Professor für Geschichte der Neuzeit an der Universität Pau mit Schwerpunkt Reformationsgeschichte, Vorsitzender des Centre d'Études du Protestantisme Béarnais/CEPB und Leiter des Museums Jeanne d'Albret in Orthez.

Weiterführende Literatur

ROELKER, NANCY LYMAN, Queen of Navarre: Jeanne d'Albret, 1528–1572, Cambridge 1968

CHAREYRE, PHILIPPE / DARRIGRAND, ROBERT (Hg.), Sur les pas des huguenots. Vingt itinéraires en Béarn, Pays basque et Bigorre, Pau 2009

CHAREYRE, PHILIPPE, La construction d'un État protestant. Le Béarn au XVIe siècle, Pau 2010

Los Psalmes de David Metuts en Rima Bernesa. Edition critique bilingue par Robert Darrigrand sur le texte de l'édition publiée en 1583 à Orthez par L. Rabier, Paris 2010

Für einen Besuch im Béarn

www.tourisme-bearn-gaves.com
www.museejeannedalbret.com/musee
https://www.eglise-protestante-unie.fr
www.cepb.eu
www.museeprotestant.org

Bern

Berchtold Haller und Niklaus Manuel

von Martin Sallmann

Tragweite der Berner Reformation

Bern spielte für die Reformation sowohl in der deutschsprachigen als auch in der französischsprachigen Schweiz eine entscheidende Rolle, die weit über die Schweiz hinaus Auswirkungen zeigte. Als mächtigster Stadtstaat nördlich der Alpen sicherte Bern die Reformation, die von Zürich ausgegangen war, in der Eidgenossenschaft, führte sie im waadtländischen Untertanengebiet ein und setzte sie auch in der Republik Genf durch. Anders als in Zürich oder Basel ragte in Bern nicht eine einzelne, ausgezeichnete Persönlichkeit als Kopf der Bewegung heraus. Vielmehr war es hier ein Zusammenwirken von Pfarrern, Ordensleuten, Künstlern, Kaufleuten und Räten, das zur Verbreitung und Konsolidierung reformatorischer Ideen führte.

Als einziger Kanton der Schweiz hat Bern noch heute eine evangelisch-reformierte Mehrheit der Bevölkerung (53,9 %). Zusammen mit der römisch-katholischen Kirche (16,3 %) und den übrigen christlichen Glaubensgemeinschaften (6,6 %) sind es über drei Viertel der Bevölkerung, die dem Christentum angehören. Neben dem Islam (3,7 %) machen die Konfessionslosen (16,9 %) den Hauptteil aus. Die evangelisch-reformierte Kirche, die römisch-katholische Kirche, die christkatholische Kirche und die israelitische Gemeinde sind öffentlich-rechtlich anerkannt. Die Zuordnung zwischen den Kirchen und dem Kanton ist immer noch eng, die Kirchen sind einerseits in inneren Angelegenheiten der Lehre und des Lebens frei, andererseits aber als Landeskirchen der gesamten Bevölkerung verpflichtet. Dieses partnerschaftliche Verhältnis zwischen Kirchen und Staat steht gegenwärtig politisch zur Diskussion.

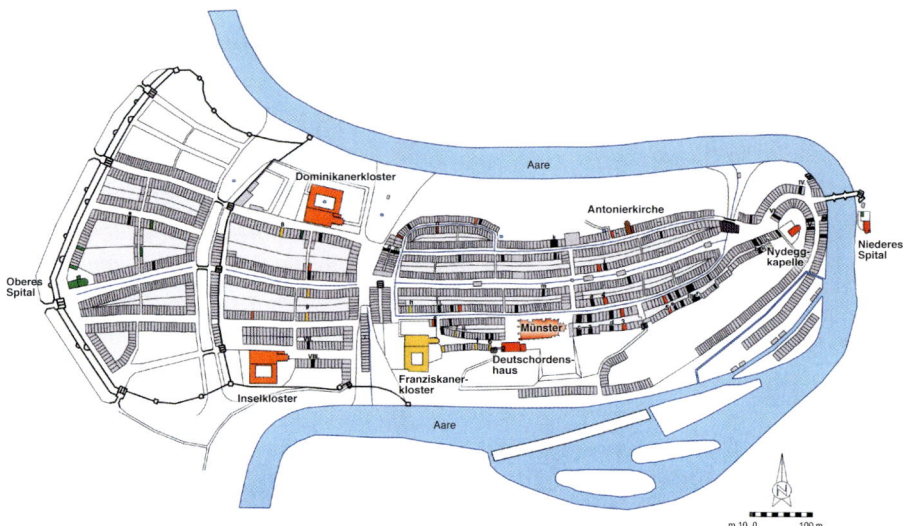

Die Stadt Bern im Aareknie: Im Zentrum Münster und Deutschordenshaus, im Süden Franzis-
kanerkloster (heute Kultur Casino) und Inselkloster der Dominikanerinnen (hier steht heute
das Bundeshaus), im Norden Dominikanerkloster (heute Französische Kirche) und Antonier-
kirche (heute Evangelisch-lutherische Kirche), im Osten die Nydeggkapelle und das Niedere
Spital mit Kapelle und Friedhof, im Westen das Obere Spital oder Heiliggeistspital (heute noch
Heiliggeistkirche). Markiert sind auch die Stadthäuser der auswärtigen Klöster, der Beginen
und der Kleriker

Bern – ein mächtiger Stadtstaat

Die Ende des 12. Jahrhunderts gegründete Zähringerstadt, umgeben von einer
Flussschleife der Aare, entwickelte sich seit dem 14. Jahrhundert zum mächtigsten
Stadtstaat nördlich der Alpen. Bern war seit 1353 Mitglied der Eidgenossenschaft,
verfolgte jedoch eigene wirtschaftliche und politische Interessen. Außenpolitisch
war Bern nach Westen orientiert, da der französische Solddienst lukrative Pen-
sionen versprach. Nach den siegreichen Burgunderkriegen (1474–1477) besaß
Bern mehrere Landvogteien im Westen, nämlich Erlach und Aigle, sowie die mit
Freiburg gemeinsam verwalteten Vogteien Murten, Echallens, Grandson und Orbe.

Ansicht der Stadt Bern von Norden, umgeben von der Aare. Holzschnitt von Heinrich Holz-
müller nach einer Zeichnung von Hans Rudolf Manuel, 1549, aus: Sebastian Münster,
„Cosmographey", Basel 1567
Unten links: die Leutkirche (Münster); unten rechts: das Barfüßerkloster (Franziskaner),
der Zytgloggeturm und das Inselkloster (Dominikanerinnen)

Das Berner Münster vor dem Ausbau des Turms 1889–1896. Rechts das ehemalige Deutschordenshaus. Aquatinta von Gabriel Lory, um 1818

Bern und seine reiche kirchliche Frömmigkeit

Mit der politischen und wirtschaftlichen Festigung gingen auch religiöse Ambitionen einher. In der zweiten Hälfte des 15. Jahrhunderts kam es zu einem religiösen Aufschwung. Kirchen wurden gebaut, zahlreiche Stiftungen eingerichtet, Wallfahrten an neue Gnadenorte kamen auf. Das Leben in Bern war durchdrungen von einer reichen spätmittelalterlichen Frömmigkeit, die in den kirchlichen Institutionen verankert und von einer breiten Bevölkerungsschicht getragen war. Mit der Leutkirche im Zentrum, den Klöstern im Norden und Süden, den Kapellen im Westen und Osten sowie den Spitälern war die Stadt in ein Netz von religiösen Institutionen eingebunden.

Schon vor der Reformation hatte sich der Wandel von einer städtischen Landesherrschaft zu einer territorialstaatlichen Herrschaft abgezeichnet. Die weltliche Obrigkeit suchte vermehrt die Aufsicht auch über kirchliche Bereiche zu erlangen. Ein sprechendes Beispiel ist die Gründung des Chorherrenstifts St. Vinzenz am Münster von 1484 bis 1485. Um den Unterhalt zu sichern, wurden mehrere

Stifte und Klöster auf dem Land aufgelöst und die freien Mittel dem Chor-
herrenstift zugeführt. Der Papst hatte
die Gründung genehmigt, er überließ
dem Rat das Recht auf die Besetzung
der Amtsinhaber und Chorherren und
stattete den Propst mit den Insignien
eines Bischofs aus – mit Mitra, Ring
und Stab. Der Deutsche Orden, der seit
dem 13. Jahrhundert den Leutpriester
gestellt und in der Stadt maßgebend
gewirkt hatte, wurde aus der Stadt
gedrängt. Damit bekam die Stadt die
Würde eines Bischofssitzes, hielt aber
die Besetzung des Stifts in den eigenen
Händen und kontrollierte auch dessen
Finanzen. Der zuständige Bischof war
weit weg in Lausanne. Diese Bünde-

Berchtold Haller. Medaille Jakob Stampfer
zugeschrieben, 1535 (?)

lung der kirchlichen Kräfte in der Stadt sollte zusammen mit dem Münster, dessen
Grundstein 1421 gelegt worden war, über die Stadt hinaus für eine entsprechende
Ausstrahlung sorgen.

Reformatorische Anfänge in Bern

Noch 1518 hatte der Ablassprediger Bernhardin Sanson mit der Unterstützung
der weltlichen Obrigkeit einen Ablasshandel im Berner Münster organisiert, der
aber auf Kritik von angesehenen Bürgern stieß. Im gleichen Jahr hatte Johannes
Froben in Basel Schriften Martin Luthers gedruckt und erfolgreich vertrieben. Die
neuen Auffassungen wurden auch in Bern unter Gebildeten in der Stadt und in den
Gemeinden auf dem Land kontrovers diskutiert. Pfarrer auf dem Land kritisierten
1522 das Söldnerwesen, die Fürbitte für die Toten, das Opfer der Messe und die
Fastengebote.

Aktenkundig wurde der Fall von Georg Brunner, Pfarrer in Kleinhöchstetten,
der offenbar die Weihe der Priester anzweifelte, die Autorität von Papst und
Bischof abgelehnt und den Nutzen der Messe für Lebende und Tote bestritten
hatte, wie ihm der Dekan des Kapitels vorwarf. Anklage und Verteidigung fanden auf Anordnung des Rates im Barfüßerkloster statt. Brunner verteidigte sich
geschickt auf der Grundlage der Bibel, er unterstrich die Autorität Jesu Christi
auch gegenüber dem Papst, er bezeugte das Priestertum aller Gläubigen, lehnte

das Messopfer ab und verwies auf das einmalige Opfer Christi. Das Schiedsgericht, bestehend aus Ratsherren und Theologen, entschied für Brunner. Erstmals nahm die weltliche Obrigkeit nicht nur in administrativen Angelegenheiten Stellung, sondern auch in Fragen des Glaubens. Damit griff sie direkt in die Zuständigkeiten des Bischofs ein.

Förderer der reformatorischen Ideen in Bern

An den verschiedenen Orten der Bildung, am Stift zu St. Vinzenz am Münster, in den Klöstern der Franziskaner und der Dominikaner wurden die reformatorischen Ideen verhandelt, aber auch unter den gebildeten Bürgern, Ratsherren, Kaufleuten und Gelehrten. Sebastian Meyer, ein Doktor der Theologie und Lektor der Franziskaner, äußerte schon 1522 öffentlich reformatorische Gedanken und nahm 1523 an der ersten Zürcher Disputation teil. 1524 wurde er wegen seiner Auffassungen aus der Stadt ausgewiesen. Auch Bartholomäus May, ein vermögender und erfahrener Kaufmann mit internationalen Handelsbeziehungen, Mitglied des Kleinen Rates, kritisierte schon früh kirchliche Missstände und förderte die reformatorische Bewegung zusammen mit Jakob von Wattenwyl, einem erfahrenen Ratsherrn und erprobten militärischen Befehlshaber, der schließlich Schultheiß zu Bern wurde. Eine tragende Persönlichkeit war auch Berchtold Haller (1490/94–1536), der seit 1520 Leutpriester und Chorherr am Münster war. Haller stand früh in engem Kontakt mit Huldrych Zwingli in Zürich und predigte seit 1523 über die biblischen Bücher in fortlaufender Auslegung (*lectio continua*). Zu den Sympathisanten gehörte auch Niklaus von Wattenwyl, der als Sohn des Schultheißen eine steile kirchliche Karriere absolviert hatte. Er war Chorherr und seit 1523 Propst des St. Vinzenzstifts. Von Wattenwyl stand im Briefkontakt mit Zwingli und förderte die Reformation immer entschiedener. Zu diesem gebildeten Milieu gehörte auch Valerius Anshelm, Vorsteher der Lateinschule und Stadtarzt in Bern, der freundschaftliche Verbindungen zu Zwingli, Haller und Joachim Vadian in St. Gallen pflegte. Anshelm musste die Stadt 1525 verlassen, weil seine Frau die Marienverehrung kritisiert hatte.

Besonderer Erwähnung bedarf Niklaus Manuel (um 1484–1530), der als Künstler wichtige bildnerische Aufträge ausgeführt hatte. So wirkte er bei den Altartafeln im Dominikanerkloster mit, malte das Chorgewölbe im Münster aus, gestaltete den monumentalen Totentanz an der Friedhofsmauer des Dominikanerklosters und war am Hochaltar der Antonierkapelle beteiligt. Mit eidgenössischen Söldnerkontingenten war er auf den Schlachtfeldern der damaligen Großmächte und erlebte vor allem die katastrophale Niederlage des französischen Heeres bei Bicocca (1522). An der Fastnacht 1523 brachte Manuel an der

Kreuzgasse, die Rathaus und Münster verbindet, zwei Fastnachtsspiele zur Aufführung. In aller Schärfe wurde die traditionelle Kirche mit ihrer missbräuchlichen geistlichen, politischen und militärischen Praxis kritisiert. Dem mächtigen Papst mit seiner prunkvollen klerikalen Anhängerschaft wurde der erbärmlich gekleidete Christus mit seinen ohnmächtigen Nachfolgern – Bedrückte, Elende und Kranke – gegenübergestellt.

Einführung und Umsetzung der Reformation in Bern

In den folgenden Jahren erließ der Rat mehrere Mandate, welche die religiösen Streitigkeiten in geordneten

Der Maler, Dichter und Politiker Niklaus Manuel unterstützte die Reformation. Selbstporträt, 1520

Bahnen halten sollten. Ihr Ziel war nicht so sehr das Votum für oder gegen die reformatorische Bewegung, sondern die Sicherung und die Konsolidierung des religiösen Friedens. Befragt wurden auch die Ämter, also die einzelnen Verwaltungsgebiete der bernischen Herrschaft, die aber am überkommenen Glauben festhalten wollten. Auf eidgenössischer Ebene widersetzte sich der Rat in Bern der Isolierung Zürichs, das 1523 die Reformation eingeführt hatte. Als die Badener Disputation von 1526 auf eidgenössischer Ebene Zwingli verurteilte, verweigerte Bern zusammen mit Basel und Schaffhausen die Zustimmung.

Die politischen und religiösen Entwicklungen führten schließlich zur Berner Disputation, die vom 6. bis 26. Januar 1528 in der geräumigen Kirche des Barfüßerklosters stattfand. Es war der Rat von Bern, der diese Disputationen einberufen hatte. Die Ratsherren und Geistlichen von Stadt und Landschaft Bern, eine stattliche Delegation aus Zürich mit Zwingli, Vertreter aus protestantischen Orten der Eidgenossenschaft und aus Reichsstädten Oberdeutschlands waren anwesend, insgesamt rund 450 Personen. Zwingli logierte bei Bartholomäus May (heute Münstergasse 62), nahe dem Barfüßerkloster. Die vier zuständigen Bischöfe waren nicht erschienen, und die herausragenden Theologen der traditionellen Kirche hatten abgesagt.

Grundlage der Disputation waren die „Zehn Berner Thesen", die nach Rücksprache mit Zwingli von Berchtold Haller und Franz Kolb, seit 1527 Prediger in Bern,

Die Berner Disputation in der Barfüßerkirche 1528. Kolorierte Illustration aus der Abschrift von Heinrich Bullingers „Reformationsgeschichte", 1605/06

abgefasst und vorgelegt wurden. Formal kurz und bündig, inhaltlich prägnant und konsistent, wurden die zentralen theologischen Punkte wie das Verständnis der Kirche, die Autorität der Schrift, die Vermittlung des Heils, die Funktion der Bilder und die Priesterehe vorgebracht. Der Rat ordnete nach der Disputation die Abschaffung von Messe und Bildern an, nahm der städtischen Bürgerschaft einen Eid ab und verfügte im Mandat vom 7. Februar 1528 die Reformation für Stadt und Landschaft Bern.

Nach der Disputation kam es zur Ausräumung der Kirchen. Als Zwingli am 30. Januar, dem Tag seiner Abreise, im Münster über die Standhaftigkeit der Christen predigte, waren Bilder und Statuen bereits von Altären und Sockeln gerissen. Die Überreste wurden verbrannt oder in die Aufschüttung der Münsterplattform geworfen, wo sie 1986 während der Sanierung der Stützmauern wiederentdeckt wurden. Der einmalige kunsthistorische Schatz ist heute im Historischen Museum in Bern zugänglich.

Mit dem Reformationsmandat erhielten die „Zehn Berner Thesen" und die neuen kirchlichen Ordnungen für das gesamte Berner Territorium offizielle kirchliche Geltung. Boten brachten das gedruckte Mandat in die Ämter, wo es verlesen werden sollte. Die Reformation stieß im Berner Oberland auf Widerstand. Ein

Der „Berner Synodus", gedruckt bei
Hieronymus Froben, Basel 1532.
Das Titelblatt zeigt die Hoheitszeichen
Berns: Drei Bären, die wie Landsknechte
bewaffnet sind, halten und stützen den
doppelten Berner Schild, über dem der
Reichsschild mit doppelköpfigem Adler
und der Krone des Kaisers steht.
Die Wappen erinnern an die Reichs-
unmittelbarkeit Berns, Herrschaft und
Gericht im Namen des Kaisers auszuüben,
was nach der Reformation auch die
Hoheit über die Kirche einschloss

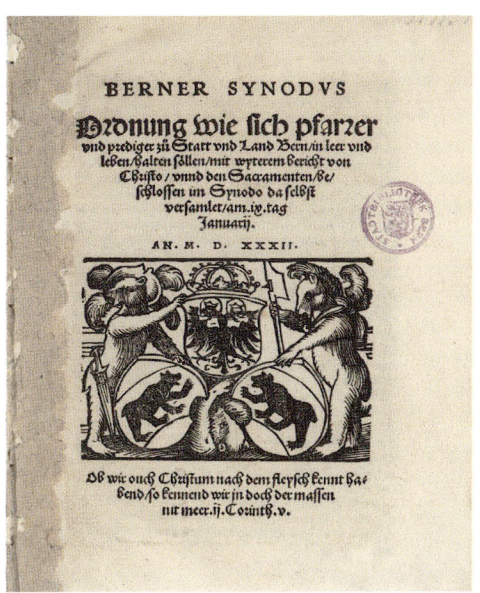

militärisches Aufgebot setzte sie schließlich durch; zu Kampfhandlungen kam es
nicht, jedoch wurden die Wortführer hingerichtet.

Weil das Reformationsmandat die richterlichen und herrschaftlichen Rechte
der Bischöfe aufgehoben hatte, waren auch die bischöfliche Ehe- und Sittenge-
richtsbarkeit obsolet geworden. Der Rat setzte daher noch im gleichen Jahr nach
dem Zürcher Vorbild das Ehegericht oder Chorgericht in der Stadt ein. Ab 1529
sollten auch auf dem Land in jeder Kirchgemeinde mindestens zwei ehrbare Männer und der Pfarrer im Chorgericht amten. Die konfessionell geprägten Normen
und Werte wurden im Zusammenwirken zwischen der Obrigkeit und der Bevölkerung der Gemeinden etabliert.

Festigung und Ausbreitung der Reformation

Nach der katastrophalen Niederlage bei Kappel und am Gubel im Oktober 1531
wurden auf der Berner Landschaft erneut kritische Stimmen laut. Den Pfarrern
warfen die Untertanen aufrührerische Predigten vor, die Krieg und Blutvergießen
gefördert hätten. Der Rat in Bern bekräftigte seinen Verbleib bei der Reformation.
Die Pfarrer wurden 1532 zu einer Synode zusammengerufen, die wesentlich zur

Konsolidierung der Reformation beitragen sollte. Der „Berner Synodus", der die Ergebnisse der Synode enthält, sieht ein Gleichgewicht zwischen Obrigkeit und Kirche vor. Die Gewichtung sollte sich allerdings in den kommenden Jahren doch auf die Seite der Obrigkeit neigen, so dass eine ausgeprägte Obrigkeitskirche entstand.

1536 eroberten die Berner das Waadtland und führten die Reformation ein. Die Stadt Genf befreiten sie von der Besetzung durch den Herzog von Savoyen. Sie ließen ihr die Freiheit einer Republik und setzten die Einführung der Reformation durch, die Johannes Calvin in den folgenden Jahren umsetzen sollte.

In der heute geltenden Verfassung der Evangelisch-reformierten Landeskirche des Kantons Bern werden im ersten Artikel die „Zehn Berner Thesen", das Reformationsmandat und der „Berner Synodus" als „geschichtliche Grundlage" bezeichnet, was den Stellenwert der Reformation bis in die Gegenwart unterstreicht.

▶ Dr. *Martin Sallmann* ist ordentlicher Professor für Neuere Geschichte des Christentums und Konfessionskunde an der Theologischen Fakultät der Universität Bern.

Weiterführende Literatur

HOLENSTEIN, ANDRÉ (Hg.), Berns mächtige Zeit. Das 16. und 17. Jahrhundert neu entdeckt, Bern 2006

ZINSLI, PAUL / HENGARTNER, THOMAS (Hg.), Niklaus Manuel: Werke und Briefe. Vollständige Neuedition, Bern 1999

LOCHER, GOTTFRIED W. (Hg.), Der Berner Synodus von 1532. Edition und Abhandlungen zum Jubiläumsjahr 1982, 2 Bde., Neukirchen-Vluyn 1984-1988

SALLMANN, MARTIN / ZEINDLER, MATTHIAS, Dokumente der Berner Reformation: Disputationsthesen, Reformationsmandat, Synodus, Zürich 2013

Für einen Besuch in Bern

www.bern.com/de/index.cfm
www.refbejuso.ch

Breslau / Wrocław

Johannes Heß und Zacharias Ursinus

von Irene Dingel

Breslau im historischen Kontext

Breslau war die bedeutendste Stadt des historischen Schlesien. An der Oder und ihren Nebenflüssen gelegen, erstreckt sie sich heute über zwölf Inseln, die durch zahlreiche Brücken miteinander verbunden sind: das „Venedig Polens". Aber auch unter historischem Gesichtspunkt lässt sich Breslau als eine „Brückenstadt" charakterisieren. Durch ihre Lage an der Schnittstelle der Straßen von Kiew und Krakau in den Westen und Süden Europas sowie von Ungarn und Böhmen in den Norden, Richtung Ostsee, verband sie alle Himmelsrichtungen Europas miteinander und wurde zu einem Knotenpunkt des Handels.

Das Bistum Breslau als Gründung Kaiser Ottos III. und erste Aktivitäten zum Bau eines Doms sind seit dem Jahre 1000, die Existenz eines Domkapitels seit 1100 belegt. Die Diözese Breslau gehörte zum Erzbistum Gnesen, dessen Erzbischof der Primas von Polen und zugleich ranghöchster Senator der mit Litauen in Personalunion vereinigten polnischen Adelsrepublik war. Seit dem Vertrag von Trentschin aus dem Jahre 1335 aber unterstand Schlesien der böhmischen Krone, die ab 1490 mit der ungarischen verbunden war. Als König Ludwig II. von Böhmen in der Schlacht bei Mohács 1526 ums Leben kam, fiel mit der böhmisch-ungarischen Königswürde auch Schlesien an die Habsburger, die bis 1742 die schlesische Herzogswürde führten.

Der erste aus dieser Dynastie stammende Landesherr Schlesiens war Ferdinand I. Anders als im Heiligen Römischen Reich Deutscher Nation, wo er als Statthalter Kaiser Karls V. fungierte, engagierte er sich in Schlesien wenig in den Religionsfragen, die im 16. Jahrhundert mit der Reformation aufkamen. Auf politischem und wirtschaftlichem Gebiet aber erlebte Schlesien unter seiner Herrschaft eine Blütezeit. Nicht nur der Erzhandel mit Ungarn florierte, sondern auch der Kommerz mit den großen Handelshäusern in Nürnberg und Augsburg. Die Fugger hatten schon 1517 in Breslau ein Kontor für ihren Kupferhandel mit Ungarn eröffnet und hier eine bedeutende Niederlassung etabliert. Ihr wichtigster Partner und schließlich Mitgesellschafter war die ungarische, später auch in Krakau ansässige Unternehmerfamilie Thurzo, aus der einer der bekanntesten humanistischen Bischöfe Breslaus, Johann V. Thurzo stammte (reg. 1506–1520). Die Handelsbeziehungen mit den Reichsstädten wirkten sich auch auf den geistigen Austausch aus: Sie trugen dazu bei, dass humanistische und reformatorische Strömungen früh in Breslau Fuß fassen konnten.

Humanismus und Reformation

Der Humanismus trat in Breslau nicht nur als Bildungsbewegung in Erscheinung, sondern zugleich als starker Erneuerungsimpuls in Kirche und Gesellschaft. Vor allem in der Bürgerschaft und unter juristisch Gebildeten, die oft in kirchlichen Kanzleien wirkten, fand er Anhänger. Wie auch andernorts stärkte der Humanismus das historische Bewusstsein und verband sich mit Reformströmungen innerhalb der spätmittelalterlichen Frömmigkeit. Bereits Ende des 15. Jahrhunderts wurde durch den Domherrn Kaspar Elyan eine kleine Druckerei eingerichtet, die ab 1475 aktiv war. Sowohl Bischof Johann IV. Roth (reg. 1482–1506) als auch sein Nachfolger, Johann V. Thurzo, waren Förderer des Humanismus und des von ihm

Bischof Johann V. Thurzo ließ 1517 ein prachtvolles Renaissanceportal zur Domsakristei errichten. Das Flachrelief stellt die Enthauptung Johannes des Täufers dar. Thurzo ist als Stifter kniend dargestellt

Breslau. Kolorierter Stadtplan aus: Georg Braun/Franz Hogenberg, „Contrafactur und Beschreibung von den vornembsten Stetten der Welt", Bd. 4, Köln 1590
Unten links: die Elisabethkirche (Nr. 10), das Rathaus (Nr. 14) und die Kirche St. Maria-Magdalena (Nr. 56); unten rechts: die Dominsel mit dem Dom (Nr. 80)

Epitaph des Johannes Heß aus der Kirche St. Maria-Magdalena. Links unten ist Johannes Heß abgebildet. Gemälde eines Breslauer Malers, um 1547/49. Als Vorlage benutzte er die bekannten Motive zu Gesetz und Gnade auf Gemälden von Lucas Cranach d. Ä.

geprägten Schulwesens. Mit Ursinus Velius, Georg von Logau, Bartholomäus Stein und dem späteren Reformator Johannes Heß scharte Johann V. Thurzo die bedeutendsten Humanisten Schlesiens um sich. Zu den berühmtesten in Breslau geborenen Humanisten gehörte zweifellos Johann Crato von Crafftheim, der als Leibarzt in Diensten der Kaiser Ferdinand I. und Maximilian II. großen Einfluss ausübte.

Vor diesem Hintergrund vollzog sich die Ausbreitung der Reformation in Breslau in eher ruhigen Bahnen. Denn die humanistische Gesinnung und der damit verbundene Wille zu Reformen waren dem Bischof und der Mehrheit des Domkapitels sowie den städtischen Akteuren gemein, auch wenn alte Interessensgegensätze zwischen Dom und Stadt, zwischen Domkapitel und Rat fortdauerten. Immer wieder hatte der Rat, der auch die Landeshauptmannschaft über das Gebiet des Fürstentums Breslau innehatte, versucht, sich das Patronat der Stadtkirchen anzueignen und so die zumindest partielle Kirchenhoheit zu erlangen. Als ab 1519/1520 die Reformation von Breslau ausgehend mit Hilfe der schlesischen Stände das ganze Land ergriff, bot dies zugleich geeignete Voraussetzungen für die Verwirklichung der Interessen des Rats, zumal die Reformation nur auf wenige Gegner traf. Aber anders als in Liegnitz, wo der Einfluss Caspar Schwenckfelds von Ossig zu konsequenten Änderungen in Lehre und Ritus führte, verfuhr man in Breslau unter der Führung des Reformators Johannes Heß in dieser Hinsicht behutsamer. In allen acht städtischen Kirchen Breslaus wurde schließlich evangelisch gepredigt. Dagegen blieben die den Domherren zugeordneten Kirchen, diejenigen des Dominikanerordens, der Augustinerchorherren, der Prämonstratenser und der Kreuzherren, beim alten Glauben. Durch die Verleihung des Bürgerrechts an die evangelischen Prediger wurden diese in die städtische Gesellschaft integriert.

Johannes Heß und die Einführung der Reformation in Breslau

Am 2. August 1520 starb Bischof Johann V. Thurzo. Unter seinem Nachfolger, Jacob von Salza (reg. 1520–1539) vollzog sich die Einführung der Reformation. Das monatelange Tauziehen um diese Nachfolge begünstigte den Wandel. Denn schon am 1. September 1520 war Jakob von Salza vom Domkapitel gewählt worden, aber Papst Leo X., der einen anderen Kandidaten begünstigt hatte, bestätigte ihn erst am 24. Juli 1521, unter anderem auf Druck des Breslauer Rats. Seine Weihe erfolgte im November desselben Jahres. Schon 1520 war in den Breslauer Kapitelakten von der „factio lutherana" die Rede gewesen, und man darf davon ausgehen, dass sich die Schriften Luthers in Breslau schnell verbreiteten, auch wenn dies erst im Protokoll der Sitzung des Domkapitels vom 11. Juli 1522 eigens angesprochen wurde. Im März 1522 jedenfalls beschloss man aus Furcht vor diesen

Die Kirche St. Maria-Magdalena, im Jahre 1728. Ansicht gezeichnet von Wilhelm Sander. Aus: [Carl Adolf Menzel], „Topographische Chronik von Breslau", 5. Quartal, Breslau 1806, zwischen S. 432-433

„lutherischen Umtrieben", den Domschatz aus Breslau wegzubringen. Während sich das Domkapitel um Hilfe an Papst Hadrian VI. wandte, verfolgte der Rat eine andere Linie. Er ergriff die Initiative und berief Johannes Heß am 19. Mai 1523 als Prediger an die Kirche St. Maria-Magdalena. Ihm traute er offenbar zu, wieder geordnete Verhältnisse herzustellen.

Heß hatte in Leipzig (1505–1510) und Wittenberg (1510–1512) die Artes und Jurisprudenz studiert, war danach als Sekretär in den Dienst des Bischofs Johann V. Thurzo getreten und hatte verschiedene Kanonikate bekleidet. Nach theologischen Studien in Bologna hatte er in Italien die theologische Doktorwürde erworben und sich auf der Rückreise 1520 erneut in Wittenberg aufgehalten, wo er Luther und Melanchthon kennenlernte. Zurückgekehrt nach Breslau, erfolgte dort im selben Jahr (2. Juni 1520) seine Priesterweihe. Da seine reformatorischen Neigungen durchaus bekannt waren, brach für ihn nach dem Tod des Bischofs Johann V. Thurzo, mit dem er freundschaftlich verbunden gewesen war, eine unsichere Zeit an. Er ging Ende 1520 als Theologe an den Hof des Herzogs von

Münsterberg-Oels, wo er bereits evangelisch predigte. Während eines kurzen Aufenthalts in seiner Heimatstadt Nürnberg erhielt er nun die Einladung des Rats, zurück nach Breslau zu kommen.

Heß antwortete zögerlich und sagte nur unter der Bedingung zu, dass der Bischof selbst ihn berufe. Tatsächlich bestätigte Jacob von Salza die Entscheidung des Rats, rückte aber später unter dem Druck von Domkapitel, polnischem König und Papst wieder davon ab, indem er die Investitur verweigerte. Daher nahm der Rat am 21. Oktober 1523 Heß' Einsetzung in die Pfarrstelle selbst vor. Am 25. Oktober hielt Heß seine erste evangelische Predigt an St. Maria-Magdalena.

Die Einführung der Reformation in Breslau erfolgte über den häufig in Städten eingeschlagenen Weg der öffentlichen Disputation. Heß hatte 19 Thesen aufgestellt, die die Themen „Wort Gottes", „Priestertum Christi" und „Ehe" ansprachen und die er zuvor sowohl Luther und Melanchthon als auch Zwingli vorgelegt hatte. Vom 20. bis 22. April 1524 wurde in der Dorotheenkirche disputiert, wobei Heß mit Valentin Trotzendorf, Rektor der Schule in Goldberg, und Anton Niger,

Ambrosius Moibanus, „Catechismus", Wittenberg 1535. Titelblatt

Zacharias Ursinus. Porträt aus: Zacharias Ursinus, „Het schat-boeck der verklaringen", Amsterdam 1642

Schulmann in Breslau, Gesinnungsgenossen zur Seite standen. Zu seinen Opponenten gehörte vor allem der Dominikaner Leonhard Czipser, dessen Einwände Heß jedoch zu widerlegen wusste. In der Folge wurde die evangelische Predigt, die sich an der Theologie Martin Luthers und Philipp Melanchthons orientierte, durch den Rat verbindlich gemacht. Schulen wurden im reformatorischen Sinne eingerichtet und schließlich wurde im Einvernehmen mit dem Rat eine Armenordnung erlassen (7. Mai 1525). Die weiteren das Leben der Gemeinden betreffenden Umgestaltungen bezogen sich auf das strikt Notwendige. Altgläubige Weihen, Messen und Heiligenverehrung wurden abgeschafft. All jene Zeremonien und rituellen Handlungen, die man nicht im Widerspruch zum rechten Verständnis des Evangeliums sah, behielt man jedoch bei, wie z. B. das Glockenläuten, die Orgeln und Gesänge in lateinischer Sprache, Letzteres auch wegen der des Deutschen nicht mächtigen Polen in der Stadt. Auch die bischöfliche Jurisdiktion bestand fort. Als Heß am 8. September 1525 heiratete, ca. drei Monate nachdem Luther den gleichen Schritt getan hatte, war dies auch äußerlich ein Zeichen für seine Absage an die alten Formen geistlichen Lebens und seine Ausrichtung an reformatorischer Lehre.

Die drei großen Kirchen Breslaus – St. Maria-Magdalena, die Bernhardinerkirche und die Elisabethkirche – wurden zu frühen Zentren reformatorischer Predigt. Ab dem 16. Mai 1525 stand Heß Ambrosius Moibanus, der bei Luther und Melanchthon in Wittenberg studiert hatte, als Pfarrer an der Elisabethkirche zur Seite. Berufen hatte ihn der Rat; die Investitur erfolgte durch den Bischof Jakob von Salza. Durch seinen *Catechismus, auf zehn Artikel göttlicher Schrift gestellt, wie man vor Gott und den Menschen ein christlich frommes Leben führen soll* von 1535 trug Moibanus zur Konsolidierung der Reformation in Breslau bei, die aber im Domkapitel nach wie vor auf Ablehnung stieß. Dort nämlich bemühte man sich, Hieronymus Emser und Johannes Cochläus, die damals zu den prominentesten Gegnern Luthers zählenden altgläubigen Theologen, zu gewinnen. Cochläus, der Ende 1536 aus Meißen beim Domkapitel um Unterstützung für die Drucklegung seiner Schrift gegen den Katechismus des Moibanus nachgesucht hatte, wurde tatsächlich durch Übertragung einer vakant gewordenen Stelle 1539 Domherr in Breslau.

Zacharias Ursinus und das internationale Reformiertentum

Während die von Heß und Moibanus geprägte frühe Reformation dem Wittenberger Erbe verpflichtet war, lutherische mit melanchthonischen Elementen verknüpfte und auch die humanistischen Wurzeln weiter pflegte, setzte der zur zweiten Reformatorengeneration zählende Zacharias Ursinus neue Akzente. Sein Vater hatte als Diakon dem 1525 gegründeten städtischen Almosenamt vorgestanden.

Am 18. Juli 1534 wurde Zacharias in Breslau geboren und besuchte die Schule an der Elisabethkirche, wo er von Moibanus unterrichtet wurde. Im April 1550 verließ er die Stadt, um in Wittenberg zu studieren. Dem vier Jahre zuvor verstorbenen Luther konnte er freilich nicht mehr begegnen. Aber er knüpfte Kontakte zu Melanchthon, wurde sein Schüler und lernte in dem französischen Diplomaten Hubert Languet und dem polnischen Edelmann Johannes a Lasco herausragende Reformierte internationalen Formats kennen. Eine Studienreise führte Ursinus in die Schweiz und nach Frankreich. Begegnungen u. a. mit Heinrich Bullinger und Johannes Calvin prägten ihn und seine Theologie. Nachdem Ursinus im September 1558 nach Breslau zurückgekehrt war, um eine Stelle als Lehrer an der Elisabethschule anzutreten, kam es zu einem Streit mit seinem Kollegen Johannes Praetorius, der das Abendmahlsverständnis zum Gegenstand hatte. Praetorius vertrat die lutherische Lehre von der realen Gegenwart von Leib und Blut Christi unter den Elementen Brot und Wein und damit eine Anwesenheit nicht nur der Gottheit, sondern auch der Menschheit Christi im Abendmahl. Dies implizierte, dass nicht nur eine geistliche, sondern auch eine leiblich erfahrbare Mitteilung Christi und seines Erlösungshandelns im Abendmahl stattfinde. Ursinus dagegen bestand auf der ausschließlich geistlichen Teilhabe des Einzelnen im Glauben. Dem lag seine Auffassung zugrunde, dass Brot und Wein im Verständnis des Abendmahls nicht mit Leib und Blut Christi identifiziert oder gar vermischt werden dürften. Vielmehr konnten die äußeren Elemente des Sakraments ausschließlich dem Glaubenden überhaupt etwas vermitteln, nämlich Gnade und das durch Christus erworbene Heil. Damit ging er – unter Genfer Einfluss – bereits über die Abendmahlslehre Melanchthons hinaus, der die reale Präsenz von Gottheit und Menschheit Christi „in usu", d. h. lediglich im Abendmahlsvollzug, gelehrt hatte.

Diese Auseinandersetzung über das Abendmahl gehörte in die Reihe der Kontroversen, die in jenen Jahrzehnten vielerorts unter den Anhängern der Reformation aufbrachen und zur Differenzierung in die großen evangelischen Konfessionen, Luthertum und Calvinismus, führten. Unter politischem Aspekt aber machten sich in den von den Habsburgern regierten Ländern all jene doppelt verdächtig, die nicht nur reformatorisch gemäß der *Confessio Augustana* von 1530, sondern sogar „zwinglisch" oder „calvinisch" lehrten. Ursinus wurde ausgewiesen und folgte 1561 einem Ruf nach Heidelberg in die Kurpfalz. Der auf ihn zurückgehende Heidelberger Katechismus von 1563 zählt bis heute zu den Grundsatzdokumenten des Reformiertentums in Europa und der Welt.

▶ Dr. *Irene Dingel* ist Direktorin des Leibniz-Instituts für Europäische Geschichte Mainz (Abteilung für Abendländische Religionsgeschichte) und Professorin an der Evangelisch-Theologischen Fakultät der Johannes Gutenberg-Universität Mainz.

Weiterführende Literatur

GARBER, KLAUS, Das alte Breslau. Kulturgeschichte einer geistigen Metropole, Wien u. a. 2014

HERZIG, ARNO, Schlesien. Das Land und seine Geschichte in Bildern, Texten und Dokumenten, Hamburg 2008

Die Reformation in Breslau, Bd. 1: Ausgewählte Texte, vorgelegt und eingeleitet von Georg Kretschmar, Ulm 1960 (Quellenhefte zur ostdeutschen und osteuropäischen Kirchengeschichte 3/4)

Für einen Besuch in Breslau

www.tourismus-polen.de/Polen/Stadt_Breslau.htm
wikitravel.org/de/Breslau
www.breslau-wroclaw.de
www.luteranie.wroc.pl

Bretten

Philipp Melanchthon

von Günter Frank

> *„Was fehlt dir Bretten noch an deinem Adelstand?*
> *Gnug, daß du bist und heißt Melanchthons Vaterland!"*

Der in Pforzheim gebürtige Historiker Siegmund Friedrich Gehres erwähnt dieses Distichon in seiner 1805 publizierten *Bretten's kleine Chronik*. Legendär sind seine Umstände: im Jahr 1689 soll eine Gruppe reformierter Geistlicher im Gasthof „Zur Krone" diese zunächst auf Latein verfasste Inschrift am Rathaus gelesen und beschlossen haben, wer diesen Vers am Trefflichsten ins Deutsche übersetzen könne, würde an diesem Tage „zechfrei" sein. Bezeichnend ist dieses Distichon dennoch: Der Ruhm Brettens besteht in der Tatsache, dass hier der Humanist und Reformator Philipp Melanchthon (Schwartzerdt) am 16. Februar 1497 geboren wurde und hier auch seine ersten rund 11 Lebensjahre zugebracht hatte. Auch wenn er seit seinem 22. Lebensjahr der wichtigste Gefährte und Kollege Martin Luthers in Wittenberg werden sollte, blieb er doch gefühlsmäßig immer dem deutschen Südwesten verbunden.

Melanchthons Geburtsstadt

Bretten, damals neben Heidelberg die größte und wirtschaftlich bedeutendste Stadt der Pfalz rechts des Rheins, war eine kurpfälzische Amtsstadt. Melanchthons Geburtsstadt konnte schon zu seiner Lebenszeit auf eine mehr als 600jährige Geschichte verweisen. Als Amtsstadt stand an deren Spitze ein vom Kurfürst ernannter Vogt, zu dessen Aufgaben der rechtliche Schutz seiner Bürger und das Geleit für die Reisenden auf den das Amt Bretten durchquerenden Straßen gehörten.

Bretten. Stadtansicht aus: Matthäus Merian, „Topographia Palatinatus Rheni et Vicinarum Regionum", Frankfurt am Main 1645
Ausschnitt: In der Mitte die Stiftskirche, in der Melanchthon getauft wurde. Rechts davon das Rathaus, links der hohe Pfeiferturm

Zu Melanchthons Kindertagen umfasste die Amtsstadt Bretten etwa 300 sogenannte „Husgesessen", d.h. Familien, die über ein Haus verfügten, unter ihnen
auch die Familie Melanchthons hier auf dem Marktplatz. Wenn Melanchthon aus
einem der Fenster des leider nicht mehr erhaltenen väterlichen Hauses blickte
oder auch vor die Tür trat, hatte er sicherlich mehrmals in der Woche ein buntes
Markttreiben vor Augen, denn in Bretten kreuzten sich nicht nur die wichtigsten
Handelswege von Paris über Straßburg und Durlach nach Heilbronn, Nürnberg
oder Prag sowie zwischen der Messestadt Frankfurt über Heidelberg nach Cann-

statt, sondern häufig konnte er auf die Marktbuden blicken, in denen die hier ansässigen Rotgerber, Weißgerber, Sattler, Schumacher, Kürschner, Färber, Hutmacher, Schneider, Tuchscherer, Tuchweber, Leineweber und Wollenknappen ihre Waren anboten.

Melanchthon wuchs zwischen 1497 und 1508 in diesem damals bedeutsamen kurpfälzischen Bretten auf, als noch der alte Kurfürst Philipp der Aufrichtige (1476–1508) die Pfalz regierte, die sich damals am Ober- und Mittelrhein zwischen der Mosel und dem Kraichgau erstreckte. Als Melanchthon sieben Jahre alt war, bedrohte ein württembergisches Heer unter dem Kommando des Herzogs Ulrich die Stadt. Erfolgreich wehrte sich die Bürgerschaft und überrumpelte das feindliche Heer in einem nächtlichen Ausfall. Dies wurde zum Anlass des berühmten „Peter-und-Pauls-Festes", das Bretten alljährlich Ende Juni begeht.

Blick auf den Marktplatz von Bretten. Rechts der Brunnen mit der Statue des Kurfürsten Friedrich II. und dahinter der alte Gasthof „ Krone". Links das neugotische Melanchthonhaus, das 1897 an der Stelle des 1689 abgebrannten Geburtshauses des Reformators nach Plänen des Berliner Professors Nikolaus Müller in rotem Sandstein errichtet wurde. In dem Haus befindet sich neben einem Museum und einer Forschungsstelle eine der umfangreichsten Melanchthon-Spezialbibliotheken und eine Dokumentationsstelle der internationalen Melanchthonforschung.

Gleich nach Beendigung des Krieges und dem Tod seines Vaters, der an den Folgen einer Brunnenvergiftung starb, erhielt Melanchthon zusammen mit seinem vier Jahre jüngeren Bruder Georg und dem ebenfalls noch kindlichen Onkel Johann Philipp Reuter einen Hauslehrer: Johannes Unger aus Pforzheim. Von Unger lernte Melanchthon gleichermaßen streng wie auch liebevoll die ersten Schritte im Lateinischen und vermochte auf diese Weise, seine Liebe zu den Sprachen zu erwecken. Bereits hier beginnt Melanchthons zukünftiger Berufsweg, denn sein späterer Beruf war eigentlich der eines Gräzisten. Übrigens wurde er später im Jahr 1518 nicht ohne Vermittlung seines weitläufigen Verwandten auf die nach Leipzig zweite, neuerrichtete Griechisch-Professur nach Wittenberg berufen. Melanchthon selbst hatte später griechische Gedichte sowie lateinische Komödien und Grammatiken verfasst. Diese berufliche Karriere hat also ihre Ursprünge hier in den Jahren der Kindheit Melanchthons im väterlichen Haus am Marktplatz in Bretten. Im Jahre 1555 bekannte Melanchthon auf diese Grundlegung in seiner Kindheit rückblickend:

> „Ich hatte einen hervorragenden Grammatik-Lehrer. Er lebte vor zwei Jahren noch, ein ehrenwerter Greis, lehrte das Evangelium in Pforzheim. Er brachte mich an die Grammatik heran, ich musste 20 oder 30 Konstruktionsregeln … lernen. Ich durfte nichts auslassen; sooft ich einen Fehler machte, schlug er mich, aber durchaus mit Maßen … Er war ein prächtiger Mann, er liebte mich wie einen Sohn und ich ihn wie einen Vater. Wir werden, so hoffe ich bald im ewigen Leben zusammenkommen. Ich liebte ihn trotz seiner Strenge, die doch keine Strenge, sondern väterliche Züchtigung war, die mich zur Gründlichkeit anhielt."

Der südwestdeutsche Humanismus

Im Jahr 1508 ging Melanchthon nach Pforzheim, wo er die unter der Leitung Georg Simlers blühende Lateinschule besuchte. Auch in der griechischen Sprache machte er solche Fortschritte, dass ihm sein weitläufiger Verwandter Johannes Reuchlin, Jurist und berühmter Hebraist, am 15. März 1509 eine wertvolle Grammatik schenkte und bei dieser Gelegenheit seinen bürgerlichen Namen „Schwartzerdt" in die gräzisierte Form „Melanchthon" übertrug – eine besondere, unter Humanisten berühmte Auszeichnung.

Die Kenntnis der griechischen Sprache in dieser Zeit war ein epochales Ereignis. Die Lateinisch sprechende Welt des Mittelalters war des Griechischen nicht mächtig. Vor allem nach dem sogenannten „Fall von Konstantinopel" am 29. Mai 1453, d. h. der Eroberung des kulturellen Zentrums der byzantinischen Welt durch das Heer von Sultan Mehmet II., den Eroberer, gelangten viele griechisch sprechende Humanisten aus Byzanz nach Italien, wo sie berühmte Griechisch-Schu-

*Philipp Melanchthon. Kolorierter Holz-
schnitt von Lukas Cranach d. J., 1561*

len, so in Florenz und in Rom, gründeten.

Der erste nordalpine Humanist,
der in Rom Griechisch studiert hatte,
war kein anderer als Johannes Reuchlin. Melanchthon berichtet später über
eine Begegnung zwischen Reuchlin
und seinem byzantinischen Lehrer Johannes Argyropolos: Nachdem Reuchlin in Rom seine glänzenden Grie-
chisch-Kenntnisse vorgeführt hatte,
rief sein Lehrer aus: „Das Griechische
hat aus unserem Exil die Alpen überflo-
gen." Mit der neu erworbenen Kenntnis
des Griechischen begann eine atembe-
raubende Wiederaneignung der griechischen Antike, deren Literatur nicht
anders übrigens wie die Septuagin-
ta, die älteste Übersetzung der hebrä-
isch-aramäischen Bibel, in Griechisch
verfasst war. Die humanistische Bewegung übermittelte damit einen Kanon
antiken Wissens, der die damals moderne Wissenschaft wie auch die Pädagogik tiefgreifend verändern sollte.

Zu Lebzeiten Reuchlins und Melan-
chthons erlebte die humanistische Bewegung in Südwestdeutschland und am
Oberrhein eine Blütezeit. Die Gruppe von etwa eineinhalb Hundert zählenden
Humanisten vorwiegend bürgerlicher Gelehrter begriff diese Region als einen
kulturell führenden Raum, in dem nicht nur der Buchdruck erfunden worden war,
sondern wo sich auch viele bedeutsame Schulen etwa in Schlettstadt, Straßburg
und Pforzheim, wie auch die Universitäten in Basel, Freiburg, Tübingen, Mainz und
Heidelberg befanden. Die Humanisten erachteten dabei die Wiederaneignung der
Antike nicht als Selbstzweck, sondern als Dienst an der gesamten kirchlichen und
gesellschaftlichen Ordnung. Bildung und Erziehung waren damit zentrale Faktoren
gesellschaftlichen Wandels, getragen von vorzüglichen Predigern und Lehrern. Das
Reformprogramm, das die Humanisten einte, gründete gleichwohl nicht mehr auf
dem theologisch gebildeten Amtspriester, der das Kirchenvolk durch sein Vorbild
und seine Lehre führt, sondern auf den Christen allgemein, gelehrt oder ungelehrt,
der sich von der im Grunde einfachen Lehre Christi unmittelbar leiten lassen sollte.

In Freiburg, vor allem aber in Basel wirkte Erasmus von Rotterdam, von Zeitgenossen als „Zierde Deutschlands" gepriesen. Seine Anmerkungen zum Neuen Testament, die auch von Luther gelesen wurden, machten Geschichte. Seine pädagogischen und politischen Schriften prägten eine ganze Generation von reformwilligen Humanisten. Oder Beatus Rhenanus in Schlettstadt, der neben antiken Klassikern gerade auch Kirchenväter neu edierte, die für das kirchliche Reformprogramm bedeutsam werden sollten. In Straßburg wiederum wirkte Jakob Sturm, Ratsherr und Begründer des Gymnasiums, das Kaiser Maximilian II. zur Akademie umgewidmet hatte, bevor es von Kaiser Ferdinand zur Universität erhoben wurde. Nicht zuletzt Sturms Lehrer und Mentor Jakob Wimpfeling, Dichter und Geschichtsschreiber, der in Freiburg, Erfurt und Heidelberg Philosophie und Theologie studiert hatte und der in seinen vielfältigen Wirkungsorten richtungweisend wurde für die nationale Geschichtsschreibung und die Erneuerung der Pädagogik.

Das Besondere dieses südwestdeutschen und oberrheinischen Humanismus bestand in der Betonung einer inneren Einheit von Humanität und Religion. Pädagogische Reformen und religiös-kirchliche Reformen standen in diesem Prozess in einem wechselseitigen Bedingungsverhältnis. Mit Melanchthon gelangten viele Anliegen dieser reformfreudigen Bewegung in das Werden der Wittenberger Reformation.

Während seiner Studien in Heidelberg und dann vor allem in Tübingen lernte Melanchthon viele südwestdeutsche Humanisten kennen. Dass sich die ältere Generation der Humanisten nicht für die evangelischen Anliegen gewinnen ließ, betrübte Melanchthon. Er selbst wiederum, der seit 1518 an der kursächsischen Universität in Wittenberg an der Seite Luthers wirken sollte, behielt ein herzliches Verhältnis zu seiner Heimatstadt Bretten. Dies belegt eine Begebenheit, die in der Gedächtnishalle im Melanchthonhaus ihren Niederschlag im hinteren Wandfresko gefunden hat: Melanchthons Reise nach Bretten im Jahr 1524. Bedauerlicherweise haben wir bis heute keine einzige zuverlässige Quelle von Melanchthon, noch von seinen Reisebegleitern, so dass wir nichts darüber wissen, was genau sich hier in diesen rund drei Wochen des „Heimaturlaubs" ereignete.

Was wir jedoch wissen, ist, dass am 6. Mai eine dreiköpfige Gesandtschaft von der Universität Heidelberg nach Bretten in den Gasthof „Krone" kam und dem Wittenberger Kollegen einen Pokal überreichte. Zur Gesandtschaft gehörten der Dekan Martin Frecht, späterer Reformator in Ulm, Melanchthons früher Studienfreund Simon Grynäus und der Rheinländer Hermann von dem Busche. Alle drei waren übrigens ebenfalls ausgesprochen reformationsfreundliche Humanisten.

Ebenso kam in diesen Maitagen der Sekretär des Kardinals Lorenzo Campeggio, Friedrich Nausea, später Bischof von Wien, in die „Krone", um im Auftrag seines Herrn den vielversprechenden Melanchthon aus dem lutherischen wie-

Beim Anblick seiner Vaterstadt im Sommer 1524 steigt Melanchthon vom Pferde und betet. Fresko von August Groh im Melanchthonhaus, 1920/21

der in das katholische Lager zurückzugewinnen. Joachim Camerarius, der wohl Augenzeuge dieser Gespräche war, berichtet über diesen Versuch des Kardinals. Die kurze und klare Antwort Melanchthons auf diesen Abwerbungsversuch ist allerdings bekannt und recht bald auch veröffentlicht. Es war eine klare Absage, die noch im selben Jahr 1524 unter dem Titel *Ain warhafftigs urtayl des hochgelerten Philippi Melanchthonis von D. Martin luthers leer, dem Cardinal und Päbstlichen legaten gen Stugarten zugeschickt* im Druck erschien.

Bretten als Ort der Reformation

Die Einführung der Reformation selbst in der Amtsstadt Bretten war bestimmt durch die politischen Umstände in der damaligen Pfalz. Die „Heidelberger Disputation" von 1518 hatte Luther in Südwestdeutschland bekannt gemacht und viele Anhänger im Volk und an der Universität vermittelt. Die Haltung des Landesherrn, Pfalzgraf Ludwig V. (1508–1544), war jedoch unentschlossen. Einerseits hatte er sich auf dem Wormser Reichstag von 1521 widersetzt, das Luther

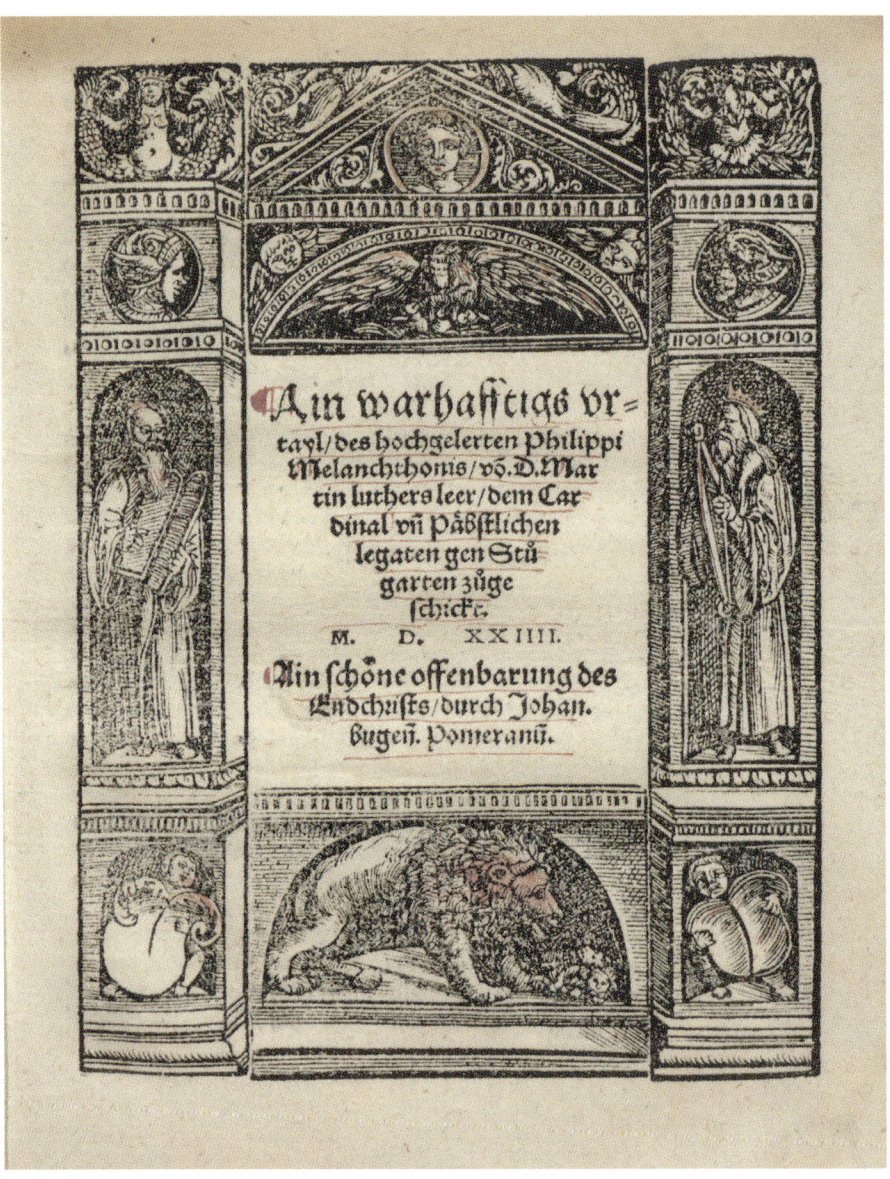

Philipp Melanchthon, „Ain warhafftigs urtayl". Titelblatt

zugesagte freie Geleit zu brechen. Andererseits jedoch erließ er 1522 das Verbot reformationsfreundlicher Vorlesungen des schwäbischen Reformators Johannes Brenz und Theobald Billicans. Auch wenn der Pfalzgraf auf den Reichstagen 1530 und 1532 eine vermittelnde Position zugunsten der Protestanten eingenommen hatte, so blieb er doch offiziell beim alten Glauben.

Aber schon die Kraichgauer Ritterschaft, die Ende September 1525 zu einer Versammlung nach Heidelberg einberufen worden war, bestand darauf, dass die „freie Lehre des reinen Evangeliums" von Seiten der weltlichen Obrigkeit nicht behindert werden dürfe. Die Kraichgauer Ritter waren damit die Ersten, die in ihren Herrschaftsgebieten die neue Lehre predigen ließen. Schon 1525 war die reformatorische Bewegung im Kraichgau weit verbreitet: Evangelische Prediger gab es in der unmittelbaren Umgebung von Bretten in Flehingen, Sulzfeld, Kürnbach und Eppingen.

Für die Einführung der Reformation in Bretten war Melanchthons jüngerer Bruder Georg Schwartzerdt von Bedeutung. Nikolaus Müller, nicht nur Erbauer des Melanchthonhauses und Stifter seiner Sammlungen, sondern auch dessen Biograph, hatte darauf hingewiesen, „daß der Melanchthon-Bruder Schwartzerd bei der Ein- und Durchführung der Reformation in der Stadt und im Bezirk Bretten eine hervorragende Rolle spielte." Auf dessen Initiative hin hatte der Pfarrer Adam Bartholomäus im Jahr 1541 der Brettener Gemeinde das Abendmahl unter den Gestalten von Brot und Wein gereicht. Möglicherweise hatte sich Georg aber schon vorher an den Pfalzgrafen gewandt mit der Bitte, in Bretten das Abendmahl unter beiderlei Gestalt zu gestatten. Die Haltung der Brettener Bevölkerung scheint zusätzlich zu dieser Maßnahme gedrängt zu haben. Denn der zuständige Pfarrer Bartholomäus berichtet später, dass „etliche seiner (d.h. des Pfalzgrafen) Untertanen wol drei jar unerneurt gewart", d.h. dass nicht wenige Bürger aus Protest am Festhalten an der alten Form über drei Jahre nicht das Abendmahl empfangen hatten. Er sei – wie er ergänzt – zur Spendung der Kommunion unter beiderlei Gestalten gedrängt worden, um größere Missstände unter den Bürgern zu vermeiden. Der Bericht des Pfarrers legt die Vermutung nahe, dass der evangelische Glaube auch in Bretten stark die Herzen der Menschen berührt hatte.

Die Reformation konnte sich allerdings in Bretten erst durchsetzen nach dem Augsburger Religionsfrieden von 1555, als Kurfürst Ottheinrich die Amtsleute anwies, die Lehre und Ordnung der Kirche nach der Bibel und dem Augsburger Bekenntnis zu gestalten.

▶ Dr. *Günter Frank* ist Direktor der Europäischen Melanchthon-Akademie Bretten und lehrt Philosophie am Karlsruher Institut für Technologie (Universität)

Weiterführende Literatur

Bretten's kleine Chronik welche zugleich umständliche Nachrichten von Melanchthon und seiner Familie enthält. Ein Beitrag zur Kunde teutscher Städte und Sitten als Seitenstück zu Pforzheim's kleiner Chronik von Siegmund Friedrich Gehres, Eßlingen 1805

SCHÄFER, ALFONS, Geschichte der Stadt Bretten. Von den Anfängen bis zur Zerstörung im Jahre 1689, Bretten 1977 (Brettener stadtgeschichtliche Veröffentlichungen 2)

Luther und die Reformation am Oberrhein. Eine Ausstellung der Badischen Landesbibliothek und der Evangelischen Landeskirche in Baden in Zusammenarbeit mit dem Generallandesarchiv Karlsruhe und dem Melanchthonverein, Bretten, Karlsruhe 1983

RHEIN, STEFAN und SCHWINGE, GERHARD (Hg.), Das Melanchthonhaus Bretten. Ein Beispiel des Reformationsgedenkens der Jahrhundertwende, Ubstadt-Weiher 1997

LORENZ, SÖNKE u.a. (Hg.), Vom Schüler der Burse zum „Lehrer Deutschlands": Philipp Melanchthon in Tübingen, Tübingen 2010 (Tübinger Kataloge 88)

Für einen Besuch in Bretten
www.bretten.de
www.melanchthon.com

Cambridge

Thomas Cranmer

von Charlotte Methuen

In der White Horse Inn

Im 16. Jahrhundert waren Cambridge und Oxford die einzigen Universitätsstädte in England. Cambridge wird häufig als die Wiege der englischen Reformation bezeichnet: Während es die Reformation begeistert unterstützt habe, sei Oxford eher bedächtig gewesen. Diese Beurteilung ist nicht ganz zutreffend, aber wahr ist, dass sich bereits in den frühen 1520er Jahren in Cambridge eine Gruppe Männer in der White Horse Inn (Gasthof zum Weißen Pferd) versammelte, um über die Werke von Erasmus und Luther zu diskutieren – allerdings nur über diejenigen Werke von Luther, die sie vor der Verbrennung durch Kardinal Wolsey und seine Anhänger hatten retten können.

Zu dieser Gruppe gehörten mehrere spätere englische Reformatoren: Robert Barnes, ein Augustinermönch, der bei der Christmette im Jahr 1525 in der Kirche St. Edward King and Martyr in Cambridge eine der ersten englischen Reformationspredigten hielt, in der er den moralischen Verfall des Klerus anprangerte; Thomas Bilney, dem der Bischof von Ely kurz darauf die Befugnis erteilte, zu predigen, und der sich gegen die Heiligenverehrung und die Verwendung von Reliquien aussprach sowie gegen Pilgerreisen nach Walsingham und Canterbury; Miles Coverdale, der William Tyndales Übersetzung der Bibel in eine Fassung vervollständigte, die später als *The Great Bible* bekannt wurde; John Frith, ein früher englischer Befürworter der Schweizer Abendmahlslehre, die später auch von Thomas Cranmer verteidigt wurde; Hugh Latimer, späterer Bischof von Worcester; Matthew Parker, der unter Königin Elisabeth I. Erzbischof von Canterbury wurde; Nicholas Ridley, späterer Bischof, zuerst von Rochester, dann von London und

95

Die Gedenktafel an der Stelle, wo sich früher die White Horse Inn befand. Die Gruppe, die sich hier traf, um über die Werke Luthers zu diskutieren, bekam den Spitznamen „Little Germany" (Kleindeutschland)

Westminster, der zum Verfasserkreis des *Book of Common Prayer* gehörte, und andere. Einige von ihnen wurden wegen ihrer reformatorischen Ansichten hingerichtet: Tyndale, Frith, Bilney und Barnes unter Heinrich VIII., Ridley und Latimer unter Maria I. Viele von ihnen waren unmittelbar von dem humanistischen Gelehrten Erasmus beeinflusst, der von ca. 1510 bis ca. 1515 in Cambridge Griechisch unterrichtete und Fellow am Queens' College war.

Thomas Cranmer, dessen theologische Überzeugungen damals noch sehr traditionell waren, gehörte wahrscheinlich nicht zu dieser Gruppe, obwohl er zu dieser Zeit Fellow am Jesus College in Cambridge war. Allerdings nahmen vielleicht auch Zeitgenossen, die später zum konservativen Lager gehörten, wie Stephen Gardiner, der spätere Bischof von Winchester, an den Diskussionsrunden in der White Horse Inn teil.

Die White Horse Inn besteht heute nicht mehr. Sie befand sich auf der Westseite der King's Parade, die damals High Ward hieß, im Bereich der heutigen King's Lane. Auf der anderen Seite der King's Parade versteckt sich am Ende der St. Edward's Passage die Kirche St. Edward King and Martyr, in der viele der frühen reformatorischen Predigten in Cambridge gehalten wurden. Die im Jahr 1510 erbaute Kanzel, von der aus Barnes, Bilney und die anderen predigten, befindet sich noch immer in der Kirche. 1445 wurde St. Edward King and Martyr den beiden Cambridger Colleges Trinity Hall und Clare Hall (heute Clare College) übertragen, nachdem ihre bisherige Kapelle dem King's College weichen musste. Es wurden zwei neue Seitengänge gebaut: Der Nordgang wurde von Trinity Hall genutzt, der Südgang von Clare Hall. Die Kirche hatte den Status einer Eigenkirche, was bedeutete, dass sie dem König statt wie in Cambridge üblich dem Bischof von Ely unterstand. Somit durften die dortigen Prediger in den 1520er Jahren harte Kritik an der Kirche üben, was andernorts streng verboten war.

Viele der späteren Reformatoren hatten Verbindungen zu Colleges, die heute noch existieren. Barnes war zwar Prior bei den Augustinermönchen, denen auch Coverdale angehörte; aber Parker war Fellow am Corpus Christi College, wo er später zum Master des College und Vizekanzler der Universität ernannt wurde,

Die Kirche St. Edward King and Martyr mit Blick auf die Kanzel von 1510

bevor er dann unter Maria I. nach Frankfurt floh und im Jahr 1559 unter Elisabeth I. als Erzbischof eingesetzt wurde. Bilney war ein Fellow von Trinity Hall; Frith war am King's College, wo Gardiner sein Lehrer war; Latimer war Fellow von Clare Hall; Ridley war am Pembroke College und Cranmer am Jesus College.

Thomas Cranmer unter Heinrich VIII.

Thomas Cranmer wurde wahrscheinlich in Aslockton, Nottinghamshire am 2. Juli 1489 geboren. 1503 erhielt er die Zulassung zum Studium am Jesus College in Cambridge, wo er 1511 seinen Bachelor und 1515 seinen Master abschloss. Kurze Zeit später heiratete er, seine Frau Joan starb jedoch im Kindbett. Im Jahr 1518 erlangte er den Status als Fellow des Jesus College zurück, den er wegen seiner Heirat hatte aufgeben müssen, und wurde 1520 ordiniert. In den Randbemerkungen in seinem Exemplar von John Fishers *Assertionis Lutheranae confutatio*, einer Kritik an Luthers Theologie, die 1523 in Antwerpen veröffentlicht wurde, verurteilt

97

er Luthers Kritik am Papst und dessen Ablehnung der Autorität eines Generalkonzils. Obwohl Cranmer die von Sir John Rysley gestiftete Dozentur für Altes und Neues Testament innehatte und er von der Universität die Befugnis erhielt, überall auf den Britischen Inseln zu predigen, war Cranmer zu diesem Zeitpunkt eindeutig noch kein Anhänger der evangelischen Bewegung.

Im Jahr 1527 wurde Cranmer jedoch in die Diskussionen um die Bemühungen von König Heinrich VIII. hineingezogen, seine Ehe mit Katharina von Aragon zu annullieren oder sich von ihr scheiden zu lassen. In der Zeit von 1527 bis 1533 unternahm Cranmer Reisen in diplomatischer Mission, um von den europäischen Universitäten Stellungnahmen zugunsten des Königs zu erhalten. Nach 1529 kehrte

Thomas Cranmer. Porträt gemalt von Gerlach Flicke, 1545

er, wenn überhaupt, nur noch selten nach Cambridge zurück. Im August 1530 wurde er Pfarrer der wohlhabenden Gemeinde Bredon, in der er sich wahrscheinlich dennoch niemals sehen ließ, im Jahr 1532 dann Erzdiakon von Taunton. Im Sommer desselben Jahres reiste er nach Deutschland und lebte einige Zeit im inzwischen lutherischen Nürnberg, wo er ein enger Freund des Reformators Andreas Osiander wurde und dessen Nichte Margarete heiratete. Diese zweite Ehe war ein deutliches Zeichen dafür, dass Cranmer mittlerweile den reformatorischen Lehren anhing. Als William Warham, der Erzbischof von Canterbury, im Herbst 1532 starb, muss daher die Entscheidung Heinrichs VIII., Cranmer zu dessen Nachfolger zu berufen, diesen in einen Gewissenskonflikt gebracht haben. Vielleicht kehrte Cranmer auch deshalb erst im Januar 1533 nach London zurück, um seinen neuen Posten zu übernehmen.

Am 30. März 1533 wurde er Kraft der traditionellen päpstlichen Bullen zum Erzbischof geweiht und legte den regulären Treueeid gegenüber dem Papst ab, erklärte anschließend allerdings, dass dieser Eid weder über den Gesetzen Gottes, noch über seiner Treue gegenüber dem König stehe. Keine sechs Wochen später war Cranmer Vorsitzender des Kirchengerichts, das die Ehe zwischen Heinrich VIII. und Katharina von Aragon annullierte. Am 28. Mai bewilligte er den Antrag des Königs, dessen Ehe mit Anne Boleyn, die im Januar geschlossen wor-

Cambridge.
Kolorierter Stadtplan aus:
Georg Braun/Franz Hogenberg,
„Civitates orbis terrarum",
Bd. 2, Köln 1575

Ausschnitt:
Great St. Mary's und St. Edward King
and Martyr

den war, für gültig zu erklären. Anne wurde am 1. Juni gekrönt, als sie bereits im sechsten Monat schwanger war. Ihre Tochter Elisabeth wurde am 7. September geboren. Drei Tage später wurde sie vom Bischof von London getauft und von Cranmer gefirmt.

Im Sommer 1533 war Cranmer sowohl am Gerichtsprozess gegen John Frith, den er wahrscheinlich noch aus Cambridge kannte, beteiligt als auch an dem gegen Elizabeth Barton, der sogenannten „Maid of Kent", um die sich die Opposition gegen die Scheidung Heinrichs VIII. von Katharina von Aragon versammelt hatte. Beide wurden hingerichtet. Am 3. Dezember desselben Jahres wurde Cranmer feierlich als Erzbischof eingesetzt. Das darauffolgende Jahr 1534 erwies sich als Schicksalsjahr der englischen Kirche: Durch eine Reihe parlamentarischer Akte, die schließlich in der *Act of Supremacy* (Suprematsakte) gipfelten, wurde die Hoheit über die Kirche vom Papst auf den König übertragen. Cranmer war von nun an befugt, Dispense vom kanonischen Recht zu erteilen, was vorher dem Papst oblegen hatte. Allerdings wurde Thomas Cromwell im Januar 1535 zum königlichen Generalvikar bzw. Stellvertreter ernannt, der viele der nun folgenden Maßnahmen vorantrieb.

Der Zeitraum von 1536 bis 1538 markierte den Höhepunkt der Reformation unter Heinrich VIII. 1536 wurden die *Ten Articles* (Zehn Artikel) verfasst. Deren Einführung wurde in den Jahren 1536 und 1538 durch königliche *Injunctions* (Erlasse) unterstützt, die vom Parlament verabschiedet wurden. Diese schrieben unter anderem vor, dass jede Pfarrkirche über eine englische Übersetzung der Bibel verfügen und diese der Öffentlichkeit zugänglich machen musste; dass das Vaterunser, das Glaubensbekenntnis, die Zehn Gebote und das Ave Maria in allen Pfarrkirchen auf Englisch gelehrt werden mussten; dass über Taufen, Eheschließungen und Begräbnisse Buch geführt werden musste und dass keine Kerzen mehr vor Bildern angezündet werden durften. Die Prediger sollten die in den *Ten Articles* vorgegebene Theologie verbreiten, die teilweise lutherisch geprägt war – die lutherische Lehre der Rechtfertigung *sola fide* (allein durch den Glauben) wurde allerdings in diesen Artikeln nicht vertreten.

Diese Maßnahmen führten im Herbst 1536 zu rebellionsartigen Protesten in Lincolnshire, und in Yorkshire fand im Frühjahr 1537 die „Pilgrimage of Grace" (Pilgerfahrt der Gnade) statt. Als Reaktion hierauf verfassten Cranmer und seine Bischöfe das Werk *The Institution of a Christian Man,* das als „Bishops' Book" bekannt wurde, in dem die Glaubenslehre und die Zeremonien der englischen Kirche festgelegt wurden. In dieser Zeit fiel Anne Boleyn – und mit ihr die reformatorischen Kreise, die ihre Familie an den Hof gebracht hatte – beim König in Ungnade. Anne wurde am 19. Mai 1536 hingerichtet. Am 17. Mai hatte Cranmer ihre Ehe mit Heinrich annulliert und ihre Tochter Elisabeth offiziell zum unehelichen Kind erklärt. Am nächsten Tag verlobte sich Heinrich mit Jane Seymour, die er am 30. Mai heiratete und die ihm am 12. Oktober 1537 einen Sohn gebar, den späteren Eduard VI. Zwölf Tage später verstarb Jane und erhielt auf Heinrichs Geheiß eine traditionelle Beisetzung.

Obwohl Heinrich die Reformation anfangs unterstützt hatte, ging sie ihm nun zu weit. Zwar gab er die Hoheit über die englische Kirche nicht an den Papst zurück und stieß mit Cromwells Hilfe die Auflösung der Klöster in England an, was ihm zu Ländereien für seine Günstlinge verhalf. Er verfasste jedoch einen konservativen Kommentar zum „Bishop's Book" und unterstützte 1539 aktiv die Inkraftsetzung der *Act of Six Articles* (Gesetz der sechs Artikel), das die traditionelle theologische Lehre bestätigte, vor allem die der Transsubstantiation, des Zölibats und der Ohrenbeichte. Cranmer schickte daraufhin seine Frau Margarete und die Kinder nach Deutschland, um sie in Sicherheit zu bringen. 1543 wurde ein weiteres Gesetz erlassen, das es Frauen und nichtadeligen Laien verbot, die Bibel auf Englisch zu lesen. Im Gegensatz zu Cromwell, der 1540 enthauptet wurde, gelang es Cranmer, obwohl er seit Mitte der 1540er Jahre ein Anhänger der reformierten Schweizer Abendmahlslehre war, sich die Gunst des Königs zu bewahren; es war ihm allerdings kaum mehr möglich, die Reformation voranzutreiben. Er verfasste das Vorwort für die mit königlicher Erlaubnis im Jahr 1540 gedruckte *Great Bible* und trug zudem dazu bei, dass die Kathedralen von Canterbury und Rochester neue, nichtklösterliche Ordnungen erhielten.

Ab 1543 verbesserte sich Cranmers Verhältnis zum König wieder; außerdem baute er enge Beziehungen zu Prinz Eduards protestantischen Lehrern Richard Cox, John Cheke und Roger Askham auf sowie zu Eduards Onkel Edward Seymour, der nach Heinrichs Tod zum Regenten für seinen Neffen ernannt wurde. 1544 veröffentlichte er *Exhortation and Litany*, die erste offiziell autorisierte Ordnung für einen Bußgottesdienst in englischer Sprache, und wirkte 1545 an einem offiziellen „Primer", d. h. einem Katechismus mit, der ebenfalls auf Englisch veröffentlicht wurde. Als Heinrich VIII. am 28. Januar 1547 starb, war Cranmer anwesend: Der König empfing keine Sterbesakramente.

Thomas Cranmer unter Eduard VI.

Unter Eduard VI. konnten Cranmers theologische Einsichten endlich Früchte tragen. Nach Erlass des Augsburger Interims (1548) im Heiligen Römischen Reich lud Cranmer mehrere führende Reformatoren ein, nach England zu kommen, um Positionen in der Kirche und an den Universitäten zu übernehmen. Die Ersten, die dieser Einladung folgten, waren der Italiener Bernardino Ochino, ein ehemaliger Franziskaner, der wenige Monate vorher nach Augsburg gezogen war und nun zum Pfründner der Kathedrale von Canterbury ernannt wurde, sowie Peter Martyr Vermigli, ebenfalls Italiener, der nach Straßburg gezogen war und nun einen Lehrstuhl als Regius Professor of Divinity an der Universität Oxford übernahm. Kurz darauf folgten Martin Bucer, auch aus Straßburg, sowie Paul Fagius, der nach einem gescheiterten Reformversuch der Universität Heidelberg wieder nach Straßburg zurückgekehrt war. Bucer wurde zum Regius Professor of Divinity in Cambridge ernannt, Fagius lehrte dort Hebräisch. Beide starben in Cambridge, Fagius 1549 und Bucer 1551.

In dieser Zeit begann Cranmer auch, an einer neuen Liturgie zu arbeiten. Am 1. April 1548 ersetzte die von ihm verfasste englische Abendmahlsordnung die lateinische Messe. Im März 1549 erschien die erste Ausgabe des *Book of Common Prayer*, das durch das erste *Act of Uniformity* (Uniformitätsgesetz) ab Pfingstsonntag, den 9. Juni, in ganz England als verbindliche Gottesdienstordnung festgelegt wurde. Das erste *Book of Common Prayer* sah für alle Bereiche des englischen Kirchenlebens erkennbar protestantisch geprägte Abläufe vor, war jedoch in den Augen einiger der reformatorischen Freunde Cranmers immer noch zu traditionell. Die 1552 erschienene Überarbeitung blieb bei einer festen Liturgie, ihre Theologie und Praxis hingegen waren eher reformiert geprägt. Diese Fassung des *Book of Common Prayer* wurde zur Grundlage der Ausgaben, die 1558 unter Elisabeth I. und 1662 unter Karl II. offiziell eingeführt wurden. Cranmers liturgisches Erbe erwies sich also als sehr nachhaltig.

Zudem verfasste er eine Ordnung zur „Ernennung von Bischöfen, Priestern und Diakonen", die 1550 in Kraft trat und in allen späteren Ausgaben des *Book of Common Prayer* enthalten war. Im Gegensatz zu den protestantischen Kirchen in Deutschland und der Schweiz behielt die Kirche von England die traditionelle dreigliedrige Ämterstruktur – Bischöfe, Priester, Diakone – bei. Neben seiner liturgischen Arbeit war Cranmer auch an der Erstellung eines englischen Bekenntnisses, den *Forty-Two Articles* (42 Artikeln), beteiligt, die 1553 genehmigt wurden, und versuchte darüber hinaus, das kanonische Recht zu überarbeiten.

Thomas Cranmer unter Maria I.

Seine Bemühungen fanden jedoch durch den Tod von Eduard VI., der gerade 15 Jahre alt war, am 6. Juli 1553 ein jähes Ende. Eduards Versuch, die Regierungsgewalt in die Hände eines protestantischen Nachfolgers in Person seiner Cousine Lady Jane Grey zu geben, scheiterte, und Eduards ältere Halbschwester, die katholische Maria I., wurde zur Königin ernannt.

Cranmer wurde im Herbst 1553 festgenommen und im Frühjahr des darauffolgenden Jahres zusammen mit seinen ehemaligen Kollegen aus Cambridge, Ridley und Latimer, nach Oxford gebracht, wo ihnen wegen Häresie der Prozess gemacht wurde. Ridley und Latimer wurden am 16. Oktober 1555 auf der Broad Street in Oxford verbrannt, und Cranmer wurde gezwungen, sich die Hinrichtung durch das Fenster seiner Zelle anzusehen. Er wurde noch viele weitere Monate festgehalten, in denen er eine Reihe Widerrufe unterschrieb. Diese bewahrten ihn jedoch nicht vor dem Tod: Am 20. März 1556 wurde er in die Universitätskirche St. Mary

Die Verbrennung der Särge und Bücher von Bucer und Fagius. Stich aus: John Foxe, „Acts and Monuments", London 1563

Gedenktafel zu Bucers Ehren in der Kirche Great St. Mary's, 1871

the Virgin in Oxford gebracht, wo er die für ihn vorbereiteten Erklärungen nicht bestätigte. Stattdessen verkündete er sein Bedauern, seine Glaubensgrundsätze widerrufen zu haben. Cranmer wurde aus der Kirche gezerrt und vor dem Nordtor der Stadt in der heutigen Broad Street verbrannt.

In Cambridge wurde nun sogar Verstorbenen wegen Häresie der Prozess gemacht. 1557 wurden die Särge von Fagius und Bucer wieder ausgegraben, anschließend wurde über sie, ausgehend von ihren Werken, in der Kirche Great St. Mary's gerichtet. Sie wurden posthum als Häretiker verurteilt und ihre Särge wurden auf dem Scheiterhaufen verbrannt. Drei Jahre später, nachdem Elisabeth I. den Thron als Nachfolgerin ihrer verstorbenen Halbschwester 1558 bestiegen hatte, wurden sie rehabilitiert, und zu Bucers Ehren wurde eine Gedenktafel in Great St. Mary's errichtet. Cambridge, die Wiege der Reformation in England, war erneut protestantisch.

▶ Dr. *Charlotte Methuen* ist Dozentin für Kirchengeschichte und derzeit Leiterin des Seminars für Theologie und religiöse Studien an der Universität Glasgow.

Weiterführende Literatur

PORTER, H[ENRY] C., Reformation and reaction in Tudor Cambridge, London 1958

LEEDHAM-GREEN, ELISABETH, A concise history of the University of Cambridge, Cambridge 1996

MacCULLOCH, DIARMAID, Thomas Cranmer: a life, New Haven, CT 1996

HOYLE, DAVID, Reformation and religious identity in Cambridge, 1590–1644, Woodbridge 2007

MARSHALL, PETER, Reformation in England, 1480–1642, London 2011

Für einen Besuch in Cambridge

www.visitcambridge.org
https://sainteds.wordpress.com
www.churchofengland.org
www.elydiocese.org

Debrecen

Márton Kálmáncsehi Sánta und Péter Melius Juhász

von Béla Levente Baráth

Der Beginn der Reformation in Debrecen

In den krisenhaften Jahrzehnten nach der verlorenen Schlacht bei Mohács im Jahr 1526 breitete sich die Reformation im Gebiet des Königreichs Ungarn schnell aus. Anfangs fand sie nur bei den Kirchen der deutschsprachigen Städte in Nord-Ungarn und im deutschsprachigen Siebenbürgen, später aber auch in den ungarischen und slawischen Sprachgebieten eine immer breitere Unterstützung. Je nach Region des in drei Teile zerfallenen Landes verlief die Reformation auf unterschiedliche Art und Weise.

Mátyás Dévai Bíró, auch bezeichnet als der „ungarische Luther", war einer der zentralen Reformatoren der frühen Jahre der Reformation. Er war als Pfarrer in Debrecen tätig, wo er nach einer bewegten Karriere 1545 schließlich auch starb. Zu dieser Zeit hatte sich Debrecen, ein Marktflecken, zu einem der wichtigsten Zentren der Reformation jenseits der Theiß entwickelt. Obwohl die Kirchengeschichte das Andenken an einen Pfarrer namens Bálint als den ersten protestantischen Prediger bewahrt hat, ist letztlich nicht bekannt, wann und von wem die reformatorischen Lehren erstmals in Debrecen eingeführt wurden. Bei der Verbreitung der Reformation kam insbesondere den Familienmitgliedern des Großgrundbesitzers der Stadt, Török von Enying, der die Patronatsrechte ausübte, und dem Magistrat eine wichtige Rolle zu. Die Tatsache, dass bis ins Jahr 1552 sowohl franziskanische Priester als auch lutherische Pastoren in der Stadt predigten, lässt den nur schrittweisen kirchlichen Wandel erkennen. Der spezifische Charakter der ungarischen Reformation und ihre Vollendung hingegen können führenden Persönlichkeiten der helvetischen Refor-

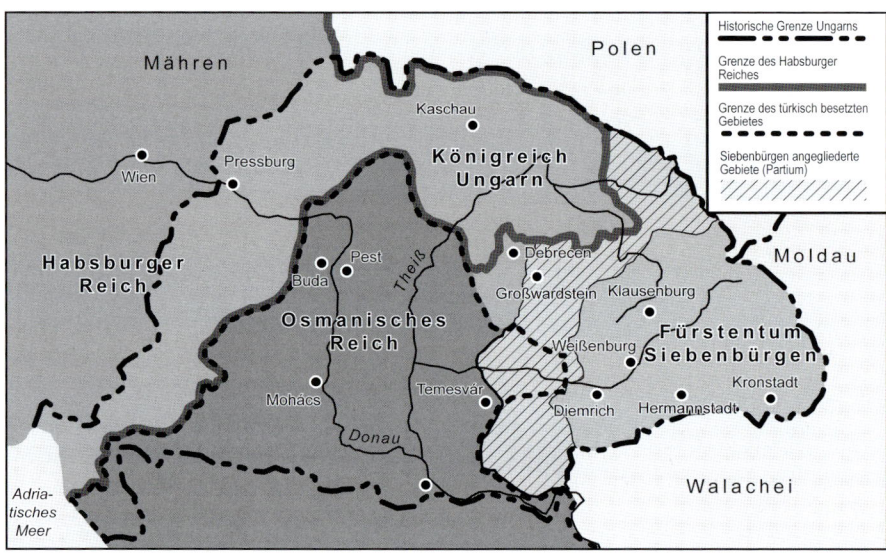

Ungarns historische Grenzen

mation, wie Márton Kálmáncsehi Sánta und Péter Melius Juhász, zugeschrieben werden.

Márton Kálmáncsehi Sánta wurde um das Jahr 1500 geboren. Ab Herbst 1523 studierte er gemeinsam mit anderen Wegbereitern der Reformation in Krakau und hielt sich im Rahmen seines Studiums möglicherweise auch in Deutschland auf. Mangels Quellen ist nicht bekannt, ob er auch die Schweiz besuchte oder mit den Schweizer Reformatoren in Kontakt stand. In zeitgenössischen Berichten wird er jedoch ab 1540, der Zeit, in der er als Pastor in Thur (Mezőtúr) und Neustadt am Zeltberg (Sátoraljaújhely) tätig war, einstimmig als Vertreter der helvetischen Richtung der Reformation beschrieben. „Er stand für die reformatorischen Lehren von Bullinger und Calvin", so der Kirchenhistoriker Mihály Bucsay, „wobei ihm Bullingers Lehren näher waren als Calvins."

Wahrscheinlich fiel die Wahl der Debrecener Bürger im Jahr 1551 genau deshalb auf ihn als ihren Prediger. Infolge seines Wirkens nahm das religiöse Leben der Stadt schärfere Konturen an und entwickelte einen einheitlicheren Charakter. Kálmáncsehi brachte ein ungarisches Gesangbuch heraus und organisierte Synoden mit der Teilnahme der Pastoren der Region, um die Lehren der helvetischen Reformation zu verbreiten. Er begann mehrmals religiöse Auseinandersetzungen mit den Vertretern der lutherischen Mehrheit, so beispielsweise mit

*Debrecen. Stadtansicht aus einem Zunftbrief,
nach 1829. Die größeren Gebäude von
links nach rechts: das Kollegium, die Große
Reformierte Kirche, die Kleine Reformierte
Kirche, die römische-katholische St.-Anna-
Kirche (mit Dachreiter), das Franziskaner-
kloster, das Reformierte Spital und die
Reformierte Kirche*

*Ausschnitt: Das Kollegium und die Große
Reformierte Kirche*

den Pastoren Ferenc Dávid und Gáspár Heltai aus Klausenburg (Kolozsvár/Cluj-Napoca).

Ihm ist es auch zuzuschreiben, dass die Pastoren des Episkopats in Groß-wardein (Nagyvárad/Oradea) im September 1557 die schweizerische Abend-mahlslehre annahmen. Dieses Ereignis gilt als Ausgangspunkt für die Gründung der helvetischen Superintendentur in der Region jenseits der Theiß, des späte-ren Reformierten Kirchendistrikts dieser Region. Kálmáncsehi wurde zum ersten Superintendenten (Bischof) gewählt, verstarb jedoch bereits am 21. Dezember 1557, nur kurz nach der Gründung dieser neuen kirchlichen Verwaltungseinheit.

Péter Melius Juhász war nicht nur für seine Tätigkeit als reformierter Predi-ger in Debrecen bekannt, sondern auch dafür, dass er der helvetisch geprägten Reformation in Ungarn Auftrieb gab. Er wurde 1532 in Horhi, im transdanubi-schen Komitat Somogy geboren und besuchte die lutherische Schule in der Stadt Tolna. Im Jahr 1556 immatrikulierte er sich an der Universität Wittenberg und engagierte sich dort als Leiter der ungarischen Studentenschaft.

Zwei Jahre später wurde er Pastor in Debrecen. Seine theologischen Ansichten gründeten sich auf die Lehren von Luther und Melanchthon, er stand allerdings auch den Lehren von Bullinger und Calvin nahe, wobei er mit Letzterem nicht in al-len Punkten übereinstimmte. 1559 nahm er an der Synode von Neumarkt am Mie-

*Der Grabstein von Péter Melius Juhász
im Reformierten Kollegium Debrecen*

resch (Marosvásárhely/Târgu Mureş) teil, auf der sich die reformierte ungarischsprachige Kirche Siebenbürgens schließlich von der sächsisch-lutherischen Kirche des Fürstentums abspaltete. Nachdem Kálmáncsehis Nachfolger Gergely Szegedi die Stadt verlassen hatte, wurde Melius leitender Pastor in Debrecen und im Jahr 1562 zum Bischof des Reformierten Kirchendistrikts jenseits der Theiß gewählt.

Im Rahmen dieser leitenden kirchlichen Funktion war er in eine Reihe heftiger Auseinandersetzungen verwickelt. Er verteidigte die Trinitätslehre in Siebenbürgen und im Kirchendistrikt jenseits der Theiß gegen den sich verbreitenden Antitrinitarismus, der vor allem von Ferenc Dávid und dessen Anhängern Unterstützung erfuhr. 1567 berief er eine Synode in Debrecen ein, die für die Sicherung der Position der reformierten Kirche von großer Bedeutung war: Es wurde ein Glaubensbekenntnis auf Latein und Ungarisch verfasst, in dem der Antitrinitarismus zurückgewiesen, das Zweite Helvetische Bekenntnis angenommen und eine Kirchenordnung festgelegt wurde.

Melius war engagierter Apologet und passionierter Schriftsteller. Viele seiner Schriften auf Latein und Ungarisch, darunter auch zahlreiche Übersetzungen, sind heute verloren. Zu seinen Veröffentlichungen zählten Predigt-, Gebets- und Gesangbücher, Liturgien, Bekenntnisse, ungarische Übersetzungen biblischer Bücher und sogar ein Handbuch für medizinische Botanik. Melius starb am 25. Dezember 1572 in Debrecen, sein Haus diente anschließend lange Zeit als Pfarrhaus für die reformierten Pastoren. Sein Grabstein kann im Reformierten Kollegium Debrecen (zu diesem später) besichtigt werden.

Debrecen als „ungarisches Genf"

Mitte des 16. Jahrhunderts nahmen mehrere ungarische Marktflecken die Lehren der calvinistischen Reformationsbewegung an, da sie dank des Patronatsrechts die Möglichkeit hatten, über ihre Pastoren selbst zu bestimmen. Debrecen kann als eine Art Sonderfall betrachtet werden: Die Akzeptanz der Reformation trug maßgeblich zur Entwicklung der Stadt und ihrer landesweiten Führungsrolle bei. Es gab nur sehr wenige Orte in der Pannonischen Tiefebene, in denen das von den

Reformatoren stark betonte Zusammenspiel zwischen Kanzel und Schule so effizient war wie in Debrecen. Die Stadt lag an der Grenze der drei wichtigsten Landesteile, die im Mittelalter das Königreich Ungarn gebildet hatten. Sie verfügte nicht nur über ein umfassendes Netzwerk an Gilden, Zünften und Handelspartnern, sondern stellte als Verwaltungszentrum für die Infrastruktur der reformierten Kirche und des Schulwesens auch eine wichtige Verbindung zwischen den unterschiedlichen Landesteilen dar, was bei der weiteren Entwicklung der Stadt ebenfalls eine Rolle gespielt haben mag.

Das Wappen von Debrecen aus Mosaik-steinen auf dem Marktplatz der Stadt

Im Rahmen dieser langen symbiotischen Beziehung zwischen der reformierten Kirche und der Stadt Debrecen war die Kirche für Unterricht, Lehre und Gottesdienste verantwortlich, während die Stadt sich um die Kirchen- und Schulgebäude kümmerte. Bis Mitte der 1750er Jahre wachten Stadtrat und Magistrat außerdem über die Moral und das religiöse Leben in der Stadt und kontrollierten, von den biblischen Lehren ausgehend, das Familienleben und die moralisch korrekte und bescheidene Lebensführung der Bürger. Zur Frömmigkeit der Kaufleute und der Mitglieder der Gilden und Zünfte, denen innerhalb der Bürgerschaft eine Führungsrolle zukam, liegen detaillierte Informationen vor. Das Déri-Museum in Debrecen zeigt beispielsweise eine faszinierende Dauerausstellung zur Sozial- und Wirtschaftsgeschichte der Stadt sowie typische Gegenstände aus dieser Zeit.

Vom Beginn der Reformation an war Debrecen ein intellektuelles und spirituelles Zentrum des Protestantismus in Ungarn. Aufgrund der engen Verbindung mit der reformierten (calvinistischen) Tradition wird die Stadt oft als „ungarisches Genf" oder „calvinistisches Rom" bezeichnet. Die historische Beziehung zwischen Debrecen und der örtlichen reformierten Kirche spiegelt sich auch im Stadtwappen wider, welches in der Urkunde aus dem Jahr 1693 zu sehen ist, mit der Debrecen zur „königlichen Freistadt" ernannt wurde.

Im oberen Teil des Wappens ist der mythische Phönix aus der Asche mit ausgebreiteten Flügeln und zur Sonne gerichtetem Blick zu sehen. Er symbolisiert die Vitalität der Stadt, die sich nach jeder Feuersbrunst und großen Zerstörung immer wieder erneuern konnte. Darunter zeigt das Wappen ein Lamm mit einer Flagge. Sowohl der Phönix als auch das Lamm mit der Flagge stellen in der christlichen

Ikonographie wichtige Symbole für Christus dar. Vor dem Hintergrund der historischen Verbindung zwischen der Stadt und der reformierten Kirche wird deutlich, warum das Wappen von Debrecen zum weltweiten Symbol für die Reformierten aus Ungarn wurde.

Gedächtnispark und Kollegium

Wenn Sie in Debrecen nach Bauwerken aus der Reformationszeit suchen, werden Sie enttäuscht sein: Ein verheerender Großbrand im Jahr 1802 ließ das Stadtzentrum völlig zerstört zurück. Selbst die im gotischen Stil erbaute St. Andreaskirche aus dem 14. Jahrhundert musste neu errichtet werden, ebenso wie das Reformierte Kollegium.

Der wichtigste Ort der Reformation ist der Gedächtnispark, in dem sich Überreste der Mauern der alten St. Andreaskirche, der ersten größeren reformierten Kirche Debrecens, befinden. Durch bekannte frühe Reformatoren wie Márton Kálmáncsehi Sánta und Péter Melius Juhász kam der St. Andreaskirche zu Zeiten der Reformation eine bedeutende Rolle zu. Hier wurde am 24. Februar 1567 die Synode abgehalten, bei der das Zweite Helvetische Bekenntnis angenommen wurde. Von 1626 bis 1628 wurde die Kirche dank der großzügigen Unterstützung von Prinz Gábor Bethlen von Siebenbürgen wieder aufgebaut, dann jedoch im Jahr 1802 durch einen der zahlreichen Brände zerstört. Der heutige Bau der Großen Reformierten Kirche wurde zwischen 1805 und 1827 nach Plänen des Architekten Mihály Péchy neu errichtet.

Zu Debrecens interessanten Bauwerken zählt die auf dem Sockel des zerstörten Roten Turms errichtete Glaspyramide. In der Ausstellung im Turmsockel können sich die Besucher über die Geschichte des Turms informieren. Die Große Reformierte Kirche beherbergt gleich mehrere Ausstellungen, die die Geschichte der Gemeinde und der Reformation darstellen.

Zwischen der Großen Reformierten Kirche und dem Reformierten Kollegium befindet sich der Gedächtnispark, in dem zwei Denkmäler besichtigt werden können: die Statue von István Bocskai, einem aus der Region jenseits der Theiß stammenden Aristokraten und gewählten Fürsten Siebenbürgens, sowie das Denkmal der Galeerensklaven. Interessanterweise entspricht die Bocskai-Statue der Statue des Reformationsdenkmals in Genf, wo Bocskai neben Oliver Cromwell und Wilhelm von Oranien zu sehen ist. Bocskai, eine symbolträchtige Figur, war ein bemerkenswerter Verfechter der Religionsfreiheit und Schutzpatron des Reformierten Kollegiums. Dank ihm siedelten sich die Heiducken in der Region um Debrecen an. Der im Jahr 1606 unterzeichnete Wiener Friedensvertrag war das Ergebnis des von Bocskai gegen die Habsburger angeführten Aufstandes, der

Links: die Große Reformierte Kirche von Debrecen mit einem weiß blühenden Strauch im Vordergrund, der „Lyciumbaum" genannt wird. Der Legende nach gerieten Pastor Bálint, ein vehementer Vertreter der reformierten Theologie, und der katholische Priester Ambrosius eines Tages in einen heftigen Streit. Im Eifer der Debatte brach Ambrosius einen Zweig des Lycium-Strauches ab, steckte ihn lachend in die Erde und sagte: „Nur wenn aus diesem Zweig ein Baum erwächst, werden die Lehren der Reformation zu einer Religion gedeihen!" Und aus dem Zweig wurde ein Baum.
Rechts: die auf dem Sockel des Roten Turms errichtete Glaspyramide

1604 begann. 1608 wurde den Anhängern des Augsburger und des Helvetischen Bekenntnisses vollständige Religionsfreiheit zugesprochen. Bocskai und seine reformierten Nachfolger Gábor Bethlen und György Rákóczi I. kämpften für die Freiheit von „patria" und „religio", was auch in Bezug auf den europäischen Protestantismus von Bedeutung war. Zu Zeiten des Dreißigjährigen Krieges im frühen 17. Jahrhundert widersetzten sie sich erfolgreich dem habsburgischen Absolutismus und einer aggressiven Gegenreformation. Die Bocskai-Statue im Gedächtnispark stammt von Barnabás Holló und wurde von der Stadt Debrecen im Jahr 1906 anlässlich des 300-jährigen Jubiläums des Vertrags von Wien errichtet.

Die Namen von 41 protestantischen Pastoren, die 1673 in Pressburg (Pozsony/ Bratislava) vor Gericht gestellt, unrechtmäßig beschuldigt, verurteilt und im Jahr 1675 als Galeerensklaven nach Neapel verkauft wurden, sind in das Denkmal der

111

Galeerensklaven eingraviert. Der würdelose Umgang mit ihnen wurde in der Zeit nach dem Westfälischen Frieden in Europa äußerst negativ aufgenommen, weshalb ein groß angelegter internationaler Rettungsplan zu ihrer Befreiung ausgearbeitet wurde. Es wurden Spenden gesammelt und die diplomatischen Korps der protestantischen Länder leiteten Maßnahmen zur Unterstützung des Plans ein. Schließlich wurde der niederländische Admiral Michiel de Ruyter mit der Befreiung der Galeerensklaven beauftragt – es gelang ihm, 26 der Pastoren, die sich so mutig zu ihrem Glauben bekannt hatten, zu retten. Am 11. Februar 1676 nahm er sie an Bord seines Schiffes.

Das Denkmal wurde im Jahr 1895 mit finanzieller Hilfe eines Debrecener Gemeindemitglieds errichtet. Die lateinische Inschrift liest sich wie folgt: „Das Denkmal für die Pastoren, die wegen ihres Glaubens und ihrer freien Religionspraxis als Galeerensklaven von Ungarn nach Neapel verschleppt wurden." Das Galeerensklaven-Denkmal spielte für den Versöhnungsprozess zwischen den Protestanten und der römisch-katholischen Kirche in den 1990er Jahren eine wichtige Rolle: Am 18. August 1991 legte Papst Johannes Paul II. bei seinem Besuch in Debrecen einen Kranz am Fuße des Denkmals nieder. Heute erinnert ein Kranz aus Bronze an diese Geste der Versöhnung.

Eine weitere wichtige Stätte der Reformation ist das Reformierte Kollegium Debrecen, dessen Bibliothek über eine bedeutende Sammlung von Dokumenten aus dem 16. und 17. Jahrhundert verfügt. Neben der Großen Reformierten Kirche ist auch das Reformierte Kollegium Debrecen ein Nationaldenkmal. Zur Linken des Eingangs dieses imposanten Gebäudes finden sich Gedenktafeln für Calvin und Zwingli.

Das Reformierte Kollegium beherbergt eine Ausstellung zur regionalen Kirchen- und Schulgeschichte, eine Sammlung sakraler Kunst und die Bibliothek des Reformierten Kirchendistrikts jenseits der Theiß. Zusammen vermitteln sie dem Besucher ein umfassendes Bild der Reformierten Kirche in Ungarn, deren Wurzeln zwar in lokalen Traditionen liegen, die jedoch gleichzeitig eng mit den spirituellen Zentren Westeuropas und den jeweiligen Kulturen verbunden ist.

Die Schule wurde bereits 1538 protestantisch und entwickelte sich anschließend bis zur Mitte des 17. Jahrhunderts zu einer reformierten Bildungseinrichtung von nationaler Bedeutung. Viele ihrer Lehrer und Schüler erlangten einen ausgezeichneten Ruf. Das Reformierte Kollegium fungierte gleichzeitig als Grundschule, weiterführende Schule und Hochschule, und einige der Hochschulstudenten erhielten Stipendien und studierten an Universitäten in Deutschland, der Schweiz, den Niederlanden und Großbritannien. Mit dem Reformierten Kollegium als „Alma Mater" entstand in der Region ein ausgedehntes Schulnetz. Aufgrund der Vielzahl an Schulen und deren Lage entwickelte sich das Debrecener Reformierte Kollegium zur „Schule des Landes".

Die Bibliothek des Reformierten Kollegiums

Neben dem Kollegium trug auch die Erfindung der Druckerpresse stark zur Bildung der öffentlichen Meinung in der Stadt bei. Gál Huszár entwickelte die erste Druckerpresse Debrecens im Jahr 1561; seitdem verfügt die Stadt über ein lebendiges Verlagswesen.

Erinnerungsort der Reformation

Empfehlenswert ist auch der Besuch des Viertels, in dem sich der als „Großer Wald" bekannte Stadtpark befindet, um den vor dem würdevollen Gebäude der Universität Debrecen gelegenen Statuenpark zu besichtigen. Die Geschichte der Universität geht auf das Reformierte Kollegium Debrecen zurück. Die Struktur des akademischen Betriebs und der Verwaltung des Kollegiums insgesamt hat sich im Laufe der Jahre stetig verändert. Zu Beginn des 20. Jahrhunderts verfügte das Kollegium über je eine Abteilung für Theologie, Philosophie und Jura. Im Jahr 1912 gründete das ungarische Parlament die Universität Debrecen als Erweiterung des Reformierten Kollegiums. Das imposante Hauptgebäude der Universität wurde 1932 fertiggestellt.

Der direkt davor gelegene Statuenpark wurde 1930 als Zeichen der guten Beziehung zwischen dem Reformierten Kollegium und der staatlichen Universität zum „Erinnerungsort der Reformation" erklärt. Die Bronzestatuen von Péter Melius Juhász, Gál Huszár, Albert Szenci Molnár und György Komáromi Csipkés wurden in den 1930er Jahren errichtet und spiegeln das Bestreben der Universität Debrecen wider, das religiöse Erbe des Reformierten Kollegiums zu bewahren. Auch auf dem Innenhof des Hauptgebäudes, wo die Namen der wichtigsten Professoren und Studenten des Kollegiums in die Wand eingraviert sind, ist dies erkennbar, ebenso wie in der Haupthalle der Universität, deren wunderschöne, von Miksa Roth entworfene Bleiglasfenster das Gebäude des Reformierten Kollegiums im 17. Jahrhundert und die Universitäten von Wittenberg, Genf, Zürich und Utrecht zeigen, an denen mehrere Studenten des Reformierten Kollegiums immatrikuliert waren. Die Bleiglasfenster wurden 1938 fertiggestellt. Nach schwerer Beschädigung im Zweiten Weltkrieg wurden sie pünktlich zum 100-jährigen Jubiläum der Universität Debrecen im Jahr 2012 restauriert.

▶ Dr. *Béla Levente Baráth* ist Dozent am Institut für Geschichte der Reformation und des Protestantismus der Reformierten Theologischen Universität Debrecen.

Weiterführende Literatur

BUCSAY, MIHÁLY, Der Protestantismus in Ungarn 1521–1978. Ungarns Reformationskirchen in Geschichte und Gegenwart, Teil 1, Wien u. a. 1977

MURDOCK, GRAEME, Calvinism on the Frontier, 1600–1660. International Calvinism and the Reformed Church in Hungary and Transylvania, Oxford 2000 (Oxford Historical Monographs)

FATA, MÁRTA u.a. (Hg.), Ungarn, das Reich der Stephanskrone, im Zeitalter der Reformation und Konfessionalisierung: Multiethnizität, Land und Konfession 1500 bis 1700, Münster 2000

KOVÁCS, ÁBRAHÁM / BARÁTH, BÉLA LEVENTE (Hg.), Calvinism on the Peripheries: Religion and Civil Society on the Peripheries of Europe, Budapest 2009

FATA, MÁRTA / SCHINDLING, ANTON (Hg.), Calvin und Reformiertentum in Ungarn und Siebenbürgen. Helvetisches Bekenntnis, Ethnie und Politik vom 16. Jahrhundert bis 1918, Münster 2010

BERNARD, JAN ANDREA, Konsolidierung des reformierten Bekenntnisses im Reich der Stephanskrone. Ein Beitrag zur Kommunikationsgeschichte zwischen Ungarn und der Schweiz in der frühen Neuzeit (1500–1700), Göttingen 2015 (Refo500 Academic Studies 19)

Für einen Besuch in Debrecen

http://eng.debrecen.hu/tourist/tourist_information
www.derimuzeum.hu
http://reformatuskollegium.ttre.hu
www.nagytemplom.hu

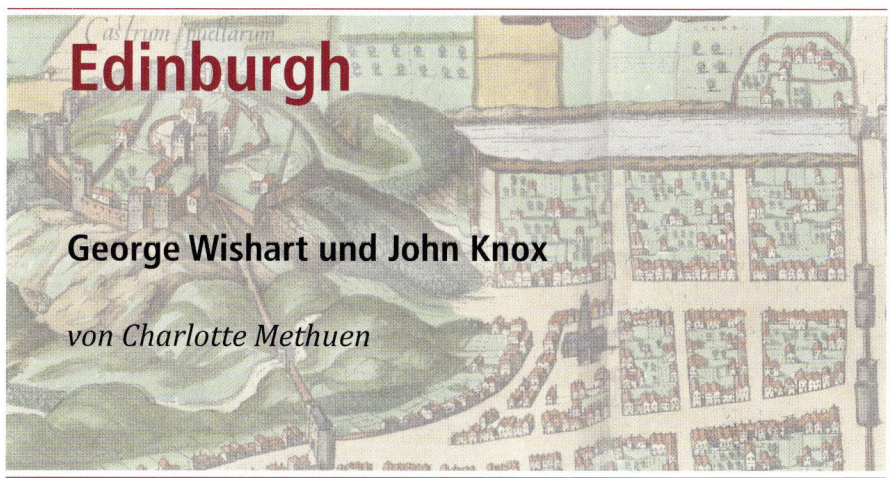

Edinburgh

George Wishart und John Knox

von Charlotte Methuen

Der Beginn der Reformation in Schottland

Die Ideen Luthers und anderer Reformatoren erreichten Schottland in den 1520er Jahren. Sie wurden von Kaufleuten über die Häfen von Leith, dem Hafen von Edinburgh, und Dundee ins Land gebracht. In den Jahren 1525 und 1528 erließ das schottische Parlament Gesetze, die darauf abzielten, die Kontrolle über die Ausbreitung dieser Ideen zu erlangen. 1528 wurde Patrick Hamilton der Ketzerei für schuldig befunden, am 28. Februar in St. Andrews festgenommen und im Anschluss an einen Schauprozess verbrannt. Bereits als Jugendlicher war er zum Titularabt von Fearn Abbey in Ross-shire ernannt worden, ein Amt, mit dem er sein Studium in Paris, in Leuven (Löwen), wo er den Humanisten Erasmus kennenlernte und möglicherweise auch zum ersten Mal mit Luthers Ideen in Berührung kam, sowie in St. Andrews finanzierte, ebenso wie sein Studium an der neu gegründeten protestantischen Universität Marburg, das er 1527 aufnahm. Hamilton war der erste Märtyrer der schottischen Reformation, bald jedoch sollten ihm weitere folgen: John Knox berichtet, dass in den 1530er Jahren zwischen sieben und zehn schottische Anhänger der reformatorischen Prinzipien auf der Castlehill in Edinburgh verbrannt wurden.

Edinburgh

Edinburgh war die Hauptstadt Schottlands und Parlamentssitz, außerdem befand sich etwas außerhalb der Stadtmauer der Holyrood Palace, eine von zahlreichen königlichen Residenzen. Die Stadt war kein Bischofssitz, sondern gehörte zur Erz-

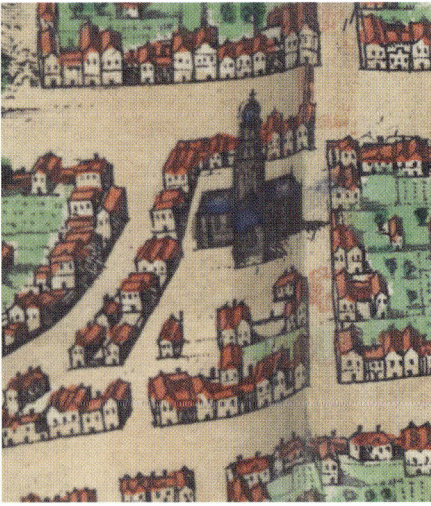

Edinburgh. Kolorierter Stadtplan aus: Georg Braun/Franz Hogenberg, „Contrafactur vnd Beschreibung von den vornembsten Stetten der Welt", Bd. 3, Köln 1582
Links unten: das Schloss; rechts unten: St. Giles (St. Ägidius)

diözese St. Andrews. Bis zur Gründung des Tounis (oder Town's) College im Jahr 1580, mehr als zwei Jahrzehnte nachdem die Reformation in Schottland einge-führt worden war, das zwei Jahre später durch ein Royal Charter den Status einer Universität erhielt, gab es in Edinburgh keine Universität. Dennoch war Edinburgh Schauplatz vieler der bedeutendsten Ereignisse der schottischen Reformation, von denen sich zahlreiche in Gebäuden abspielten, die bis heute erhalten sind und besichtigt werden können.

Im 16. Jahrhundert umfasste Edinburgh den Teil der Stadt, der heute als Old Town (Altstadt) bekannt ist; das Zentrum bildete eine einzige Straße, die aus Castlehill, Lawnmarket und High Street bestand und sich – wie heute noch – den Berg aus Vulkangestein vom Edinburgh Castle am oberen bis zum Holyrood Palace am unteren Ende hinabzog, vorbei an der Kirche High Kirk of St. Giles (St. Ägidius) und dem Haus von John Knox (wobei es nicht gesichert ist, ob dieser hier tatsäch-lich gelebt hat). Die heute als Royal Mile bekannte Straße passierte die Stadtmauer am Stadttor Nether Bow Port, das die Grenze Edinburghs markierte, und verlief weiter durch das relativ dünn besiedelte Gebiet der damals noch eigenständi-gen Stadt Canongate zum Holyrood Palace. Der See Nor (oder North) Loch, der sich an der Stelle des heutigen Parks Princes Street Gardens befand, begrenzte die Stadt in Richtung Norden. Mitte des 16. Jahrhunderts wurde das Stadtgebiet vergrößert, so dass es auch den Bereich der heutigen Cowgate umfasste. Jen-seits der Mauern im Süden, dort, wo sich heute der Park The Meadows erstreckt, befand sich eine Grünfläche mit dem See Burgh (oder South) Loch. Die Neustadt und die imposanten Brücken, die diese mit der Altstadt verbinden, wurden erst sehr viel später, im späten 18. und im 19. Jahrhundert errichtet. Der Hafen von Leith, heute innerhalb der Stadtgrenze gelegen, war damals eine eigenständige Stadt, etwas mehr als zwei Meilen bzw. drei Kilometer nordöstlich von Edinburgh entfernt.

James Hamilton, Graf von Arran

Am 14. Dezember 1542 erlag König Jakob V. von Schottland einer Fieberkrankheit im Falkland Palace, seiner königlichen Residenz in Fife. Er wurde von Maria Stu-art beerbt, seinem einzigen überlebenden Kind, das nur sechs Tage zuvor im Lin-lithgow Palace geboren worden war; James Hamilton, Graf von Arran, wurde zum Regenten ernannt. Im Jahr 1543 wurde in Schottland durch eine Reihe Erlasse, die den Zeitraum markieren, der später als „Arran's godly fit" bekannt wurde, der Besitz des Neuen Testaments in englischer Sprache legalisiert, die Autorität des Papstes in Frage gestellt und die Existenz des Fegefeuers verneint. Arran bemühte sich um Frieden mit England, dem Land, in dem Heinrich VIII. fast ein Jahrzehnt

117

zuvor mit dem Papst gebrochen hatte, und strebte zudem eine Verlobung zwischen dem Kleinkind Maria, Königin von Schottland, und Eduard, dem einzigen Sohn Heinrichs VIII. und Cousin ersten Grades ihres Vaters, an. Arrans Annäherungsversuche blieben jedoch erfolglos, und im Jahr 1544 wurde Edinburgh von der englischen Armee angegriffen und beinahe zerstört. Arran stand nun unter Druck: Obwohl er noch bis ins Jahr 1554 Regent bleiben sollte, erklärte er seine religiösen Erlasse für ungültig und übernahm die pro-französische Haltung von Marie de Guise, der Mutter der kleinen Maria.

George Wishart (um 1513–1546) und John Knox (um 1514–1572)

1543 ist auch das Jahr der Rückkehr George Wisharts nach Schottland. Dieser hatte wahrscheinlich am King's College in Aberdeen studiert, mit Sicherheit jedoch an der Universität Leuven, bevor er nach Schottland zurückkehrte, um Griechisch zu lehren. 1538 wurde er jedoch vom Bischof von Brechin der Ketzerei bezichtigt und

George Wishart. Porträt gemalt von einem anonymen Künstler, 1532   *John Knox. Porträt aus: Theodorus Beza, „Icones", Genf 1580*

floh nach England, wo er sich mit denselben Anschuldigungen konfrontiert sah. Möglicherweise besuchte Wishart Deutschland oder die Schweiz oder beide Länder; er übersetzte das Erste Helvetische Bekenntnis (1536) ins Englische und war im Jahr 1542 Student und Lehrer am Corpus Christi College in Cambridge. Nach seiner Rückkehr nach Schottland war er als Wanderprediger tätig und prangerte die Autorität des Papstes und die Verfehlungen der Kirche an. Er hatte großen Einfluss auf John Knox, der zu dieser Zeit die Söhne von James Ker in Samuelston und anschließend die von Sir Hugh Douglas in Longniddry unterrichtete. Knox, wahrscheinlich 1514 nahe Haddington geboren, hatte in St. Andrews studiert, wurde zum Priester geweiht und war als päpstlicher Notar tätig. Ab 1543 wurde Knox zum Befürworter der Reformation und nicht nur zu einem von Wisharts treuesten Anhängern, sondern auch dessen Leibwächter.

Im Januar 1546 wurde Wishart auf Befehl von Kardinal David Beaton, Erzbischof von St. Andrews, festgenommen und kurz darauf nach Edinburgh Castle und anschließend nach St. Andrews gebracht, wo er schließlich am 1. März nach einem Schauprozess verbrannt wurde. Als Vergeltung wurde Beaton selbst am 29. Mai ermordet, und eine Gruppe Reformgesinnter nahm die Burg von St. Andrews, den Bischofssitz von Beaton, ein und besetzte diese. Zu Ostern 1547 gelangten John Knox und seine Schüler nach St. Andrews und schlossen sich den Reformgesinnten in der belagerten Burg an, in der Knox lehrte und predigte, bis diese schließlich Ende Juli mithilfe französischer Truppen durch Arran gestürmt wurde. Knox und die anderen Reformgesinnten wurden als Gefangene nach Frankreich gebracht, wo Knox mehrere Monate eine Galeerenstrafe verbüßen musste. Nach seiner Freilassung kehrte er nach England zurück und wurde im Frühjahr 1549 als Prediger nach Berwick-upon-Tweed nahe der englisch-schottischen Grenze entsendet.

Knox' Predigten zogen Schotten und Engländer gleichermaßen an, seine Ablehnung der Theologie der Realpräsenz in der Eucharistie führte allerdings zu einem Konflikt mit seinem Bischof, Cuthbert Tunstall von Durham. Knox wurde ins Kreuzverhör genommen, durfte jedoch sein geistliches Amt in Berwick und ab 1551 in Newcastle-upon-Tyne fortführen. Im Jahr 1552 wurde er als königlicher Kaplan nach London berufen und predigte vor dem jungen König Eduard VI. Trotz seiner Kritik am 1552 veröffentlichten revidierten englischen *Book of Common Prayer* wurde ihm das Bischofsamt von Rochester angeboten, das er ablehnte, ebenso wie ein kirchliches Amt in London. Stattdessen kehrte er nach Newcastle zurück und verlobte sich mit Marjorie Bowes, deren Mutter er lange Zeit geistliche Beratung hatte zuteilwerden lassen. Die Verbindung wurde allerdings von Marjories Vater abgelehnt.

John Knox im Exil

Eduard VI. starb am 6. Juli 1553. Trotz seines Versuchs, die Regierungsgewalt mit Lady Jane Grey in die Hände einer protestantischen Nachfolgerin zu geben, wurde seine Halbschwester Maria zur Königin ernannt. Knox floh, wie viele andere Protestanten in England. Am 20. Januar 1554 erreichte er Dieppe und reiste anschließend weiter nach Genf, wo er Johannes Calvin kennenlernte, den er in die Diskussion über die Legitimität von Minderjährigen und Frauen als Staatsoberhäupter einbezog. Calvin schickte Knox zu Heinrich Bullinger nach Zürich, von wo aus Knox bei einem vergeblichen Versuch, nach England zurückzukehren, wieder nach Dieppe reiste. Zurück in Genf wurde ihm das Pastorenamt der englischen Flüchtlingsgemeinde in Frankfurt am Main angeboten, das er, von Calvin ermutigt, annahm, und im September 1554 traf er in Frankfurt ein. Bald wurde er in einen Streit über die Liturgie der Gemeinde verwickelt: Ein Teil der englischen Glaubensflüchtlinge war der Meinung, die Kirche solle das englische *Book of Common Prayer* befolgen, dem Knox äußerst kritisch gegenüberstand; ein anderer Teil, zu dem auch Knox gehörte, strebte einen eher calvinistisch geprägten Ritus an, nach Vorbild des in Genf praktizierten. Am 19. März 1555 wurde Knox aus seinem Amt entlassen und kehrte nach Genf zurück.

In Genf erwartete Knox eine Einladung, nach Schottland zurückzukehren. Im September 1555 traf er in Edinburgh ein und nutzte die Stadt fortan als Basis für seine reformatorischen Predigten im Südosten Schottlands. Die Regentin, Marie de Guise, bestellte Knox zu sich, lud ihn allerdings wieder aus, als Aufstände drohten. Zehn Tage lang predigte John Knox vor großem Publikum in der Edinburgher Residenz des Bischofs von Dunkeld. Zu dieser Zeit konnte er endlich auch Marjorie Bowes heiraten.

Kurz darauf wurde Knox nach Genf eingeladen, um einer der Pastoren der dortigen englischen Flüchtlingsgemeinde zu werden. Im Sommer 1556 machte er sich erneut auf den Weg nach Genf, dieses Mal in Begleitung seiner Frau und Schwiegermutter. Die Wahl von Knox und Christopher Goodman als Pastoren wurde am 16. Dezember bestätigt. In Genf erarbeitete Knox die englischsprachigen Liturgien, die später die Grundlage des *Book of Order* der reformierten Kirche Schottlands bilden sollten. Hier kamen außerdem seine beiden Söhne, Nathaniel und Eleazer, zur Welt und er verfasste sein berühmtestes Traktat *The First Blast of the Trumpet against the Monstrous Regiment of Women* (Der erste Trompetenstoß gegen das monströse Regiment von Frauen), in dem er die Legitimität der Herrschaft von Frauen, vor allem von katholischen Herrscherinnen wie Maria Tudor, die der Reformation entgegentraten, leugnete. Als sein Werk jedoch im Winter 1558/59 veröffentlicht wurde, war Maria Tudor bereits verstorben und die protestantische

Die Kirche St. Giles, wo Knox von 1559 bis zu seinem Tod als Pastor tätig war

Königin Elisabeth hatte den englischen Thron bestiegen, bei der das Traktat eine lebenslange Abneigung gegenüber Knox und ein tiefes Misstrauen gegenüber der Genfer Theologie hervorrief.

„The Lords of the Congregation of Jesus Christ"

Knox hatte seine Zeit in Schottland genutzt, um den Grundstein für ein Netzwerk von „privy kirks" (Untergrundgemeinden) zu legen, die den Gottesdienst gemäß dem reformierten Ritus feierten. Zu den Mitgliedern der von William Harlaw und John Willock geleiteten Untergrundgemeinde in Edinburgh zählten einflussreiche Kaufleute ebenso wie „einfache Leute". Während der Edinburgher Stadtrat den religiösen Status quo aufrechtzuerhalten suchte, traten die Protestanten immer vehementer für ihre Forderungen ein. Im Sommer 1556 wurden Bilder der Dreifaltigkeit, der Jungfrau Maria und des heiligen Franziskus aus Kirchen entfernt und zerstört. Im Dezember 1557 verfasste eine Gruppe protestantischer Adliger, die sich selbst als „The Lords of the Congregation of Jesus Christ" (Die Herren der

121

Gemeinde Jesu Christi) bezeichneten, eine „covenant" (Bundesschlusserklärung), in der sie bestätigten, dass sie an der Predigt des Evangeliums festhalten und diese auch weiterhin unterstützen wollten. Kurze Zeit später wurde das Bild des heiligen Ägidius in der ihm gewidmeten High Kirk of St. Giles zerstört, und am 1. September 1558 wurde ein Angriff auf die Prozession verübt, die anlässlich des Ägidiustags stattfand, und an der auch Marie de Guise teilnahm. Überall in Zentralschottland versuchten protestantische Volksbewegungen, Bilder aus den Kirchen zu entfernen, und in Dundee predigte der Bäcker Paul Methven die Theologie der Reformation vor großem Publikum.

Knox wurde dazu angehalten, nach Schottland zurückzukehren, und verließ Genf im Januar 1559. Da ihm die Durchreise durch England untersagt worden war, reiste er per Schiff nach Leith, wo er im Mai eintraf. Er begab sich direkt nach Perth, wo sich eine große Anzahl Gegner der Regentin versammelt hatte. Knox' Predigt vom 11. Mai in der Kirche St. John's stiftete protestantische Aufständische dazu an, die Kirche ihrer Bilder zu berauben und die Klöster der Kartäuser, Dominikaner (Blackfriars) und Franziskaner (Greyfriars) in Perth zu plündern. In Edinburgh befahl die Regentin dem Stadtrat, die Klöster der Stadt zu beschützen – allerdings vergeblich: Am 18. Juni wurden sie von einem Mob angegriffen. Am 29. Juni ergriffen die „Lords of the Congregation" die Macht über die Stadt, und nicht einmal einen Monat später willigte Marie de Guise ein, protestantische Gottesdienste zu erlauben, und sprach den Protestanten die High Kirk of St. Giles zu: Knox war dort bereits am 7. Juli 1559 zum Pfarrer ernannt worden. Wenige Tage später versuchte die Regentin jedoch, die Messe per Volksentscheid wieder in Edinburgh einzuführen, der Stadtrat allerdings lehnte ein Referendum zur Entscheidung von Fragen in Bezug auf das religiöse Leben ab. In Leith und Holyrood erreichte sie aber die Wiedereinführung der Messe.

Im Oktober 1559 versuchten die „Lords of the Congregation", mittlerweile unter der Führung des Grafen von Arran (inzwischen zum Herzog von Châtellerault ernannt), Marie de Guise die Regentschaft zu entziehen. Im November kamen ihr jedoch französische Truppen zu Hilfe, und die Unterstützung für die Reformation in Edinburgh brach in sich zusammen, woraufhin Marie de Guise wieder die Messe in der High Kirk of St. Giles anordnete. Knox bestärkte die Protestanten weiterhin, Widerstand zu leisten, was Königin Elisabeth mit der Sendung englischer Truppen unterstützte. Marie de Guise verlegte ihren Hof nach Leith, wo die französischen Truppen belagert wurden, zog sich aber nach Edinburgh Castle zurück, wo auch sie belagert wurde und am 11. Juni 1560 an Wassersucht starb. Am 5. Juli 1560 wurde der Treaty (Vertrag) von Edinburgh unterzeichnet, auch Treaty von Leith genannt, in dem vereinbart wurde, dass sich alle fremden Truppen, englische wie französische, aus Schottland zurückziehen sollten, und dass das schottische Parlament über die Religionszugehörigkeit des Landes entscheiden sollte.

Ab dem 10. Juli 1560 erließ das schottische Parlament eine Reihe Gesetze, die darauf abzielten, den Protestantismus in Schottland offiziell einzuführen: Die Autorität des Papstes wurde für ungültig erklärt, die lateinische Messe verboten und das Schottische Bekenntnis eingeführt. Im Januar 1561 stimmte das Parlament dem *First Book of Discipline* zu, das eine Ordnung für die reformierte schottische Nationalkirche festlegte und sowohl Regelungen für die Wahl von Pfarrern und „Superintendenten" als auch für ein umfassendes System der Kirchenzucht enthielt. Im Jahr 1562 wurde das *Book of Common Order* eingeführt, das neue, reformierte liturgische Riten vorschrieb. Bei der General Assembly (Generalversammlung) von 1578, die in der Magdalen Chapel in der Cowgate abgehalten wurde, wurde unter dem Einfluss von Andrew Melville das

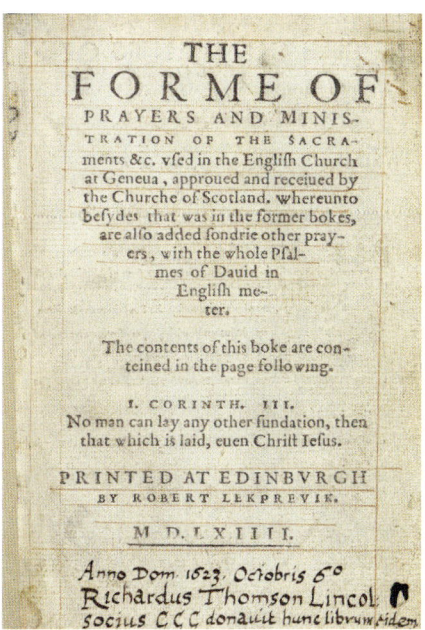

Das „Book of Common Order". Titelblatt der Ausgabe, Edinburgh 1564

Second Book of Discipline eingeführt, das für die schottische Kirche eine presbyterianische Kirchenordnung festlegte. Über die Frage, ob die schottische Kirche eine episkopale oder presbyterianische Kirchenordnung erhalten sollte und welche Rolle dem Monarchen zukam, entstanden schwerwiegende Konflikte in Schottland, die zu einem Bürgerkrieg auf den Britischen Inseln führten.

Maria, Königin von Schottland, und Jakob VI.

Nach dem Tod ihres Ehemannes Franz II. von Frankreich am 5. Dezember 1560 kehrte die 18-jährige Maria, Königin von Schottland, in ihr Heimatland zurück. Obwohl Knox zurückhaltend blieb, wurde sie mit Begeisterung empfangen. Maria willigte ein, die protestantische Kirche in Schottland anzuerkennen, allerdings unter der Voraussetzung, dass an ihrem Hof in Holyrood auch weiterhin die katholische Messe gelesen werden konnte. Die zunehmenden Spannungen zwischen Maria und ihrem Hof auf der einen und Knox und den Protestanten auf der anderen Seite verschärften sich jedoch durch Marias Versuche, Knox wegen Hochverrats den Prozess zu machen und seine Predigten zu verbieten. Eine Mordserie am Hofe, der auch Marias zweiter Ehemann Darnley zum Opfer fiel, an dessen Ermordung ihr dritter Ehemann Bothwell beteiligt war, erschwerte die Lage noch mehr. Im Jahr 1568 floh Maria nach England, wo Königin Elisabeth sie festnehmen und inhaftieren und 1587 schließlich wegen Hochverrats hinrichten ließ.

In Schottland wurde Marias einjähriger Sohn Jakob zum König ernannt. Spannungen zwischen den Anhängern des jungen Jakob VI. und denen seiner Mutter führten in Schottland zum Bürgerkrieg, in dessen Folge Knox zusammen mit seiner Familie – er war mittlerweile mit der viel jüngeren Margaret Stewart verheiratet, mit der er drei Töchter hatte – im Jahr 1571 aus Edinburgh nach St. Andrews fliehen musste. Sie kehrten im folgenden Jahr zurück, als Knox bereits schwer krank war. Am 9. November hielt er eine Predigt an der Wirkungsstätte seines Nachfolgers als Pfarrer von St. Giles, welche seine letzte sein sollte: Er starb am 24. November.

Zwar war die Reformation in Schottland eingeführt, die Situation der schottischen Kirche war allerdings noch prekär. Viele der mittelalterlichen Kirchen und Kathedralen in Schottland waren zerstört, und die verbleibenden wurden für den neuen Ritus umgestaltet. Um 1580 wurde St. Giles in separate Gebetsräume unterteilt, die jeweils von Gemeinden aus unterschiedlichen Teilen Edinburghs genutzt wurden. Die Trennwände wurden im Jahr 1633 wieder entfernt, dem Jahr, in dem das Episkopat wieder eingeführt und St. Giles zur Kathedrale der neuen Diözese Edinburgh erhoben wurde.

Episkopal oder presbyterianisch?

Auch politische Veränderungen beeinflussten die Kirche in Schottland maßgeblich. Nach dem Tod der englischen Königin Elisabeth im Jahr 1603 wurde Jakob VI. von Schottland zugleich Jakob I. von England. Er zog nach Westminster und besuchte Schottland von da an nur noch selten. Die schottische Kirche wurde zunehmend von England aus geleitet und die nun folgenden Könige aus dem Hause Stuart versuchten, die Herrschaft über sie zu erlangen. Im Jahr 1611 wurden im Rahmen einer Maßnahme zur Wiedereinführung des Episkopats in Schottland drei schottische Bischöfe geweiht, wenngleich für Schottland eine andere Amtsform als in England vorgesehen war. Bei einer Rede in St. Andrews im Jahr 1617 forderte Jakob VI. von der schottischen Kirche die Begehung der Feiertage des christlichen Kirchenjahres, unter anderem Weihnachten und Ostern, die Einführung der Konfirmation durch einen Bischof und des Hinkniens beim Empfang der Kommunion sowie die Erlaubnis zur Privattaufe und zur privaten Krankenkommunion. Die General Assembly, die 1618 in Perth zusammenkam, bestätigte diese

Vorschriften, die sogenannten *Five Articles of Perth* (Fünf Artikel von Perth), die allerdings meistens nicht beachtet wurden, insbesondere das Hinknien zum Empfang der Kommunion.

Diese Maßnahmen wurden unter Karl I. fortgeführt, der im Jahr 1625 den englischen und den schottischen Thron bestieg. 1633 bestätigte das Parlament von Westminster die unter Jakob VI./I. erlassenen Religionsgesetze, und Karl reiste zu seiner Krönung nach Schottland. Diese sollte sich jedoch als Provokation erweisen: Sie fand nicht an einer der traditionellen schottischen Krönungsstätten in Scone oder Stirling statt, sondern in der Holyrood Abbey. Außerdem wurde die Abteikirche umgestaltet und mit einem Podium an ihrem Ostende versehen, auf dem der Abendmahlstisch platziert wurde, darüber hinaus wurde ein Wandteppich angebracht,

Das Denkmal der Märtyrer auf dem Greyfriars Kirkyard zum Gedenken an die hingerichteten Covenanters

der ein Kruzifix zeigte, und der Gottesdienst wurde gemäß der englischen Liturgie gefeiert. Die Hälfte der anwesenden schottischen Bischöfe war nach englischem Vorbild in Rochett oder Pluviale gekleidet, und es wurde beobachtet, dass einige „ihre Knie beugten und sich verneigten"; die andere Hälfte hingegen saß schwarz gekleidet inmitten der anwesenden Gemeinde. Schottische Kritiker deuteten die Umgestaltung der Kirche, die Gewänder der Bischöfe und die Gottesdienstform als papistisch.

Nach seiner Krönung veranlasste Karl den Entwurf eines neuen Kirchengesetzes für die schottische Kirche und wies William Laud, den Erzbischof von Canterbury an, eine neue schottische Liturgie zu erarbeiten. Bei der Einführung dieses neuen Gebetbuches in der Kathedrale St. Giles in Edinburgh am 23. Juli 1637 warf eine Jenny Geddes ihren Hocker nach dem Prediger, und es brachen Unruhen aus. Bestürzt darüber, dass der König die Verfassung der schottischen Kirche nicht beachtete, versammelte sich eine Gruppe unzufriedener Pfarrer und Laien, viele von ihnen Anwälte, in der Greyfriars Kirk in Edinburgh, der ersten Kirche, die nach der Reformation in der Stadt errichtet worden war, und unterzeichnete den National Covenant. Dieser erhielt schnell Unterstützung im ganzen Land. Obwohl sie

125

vom Vertreter des Königs aufgelöst worden war, kam die General Assembly der schottischen Kirche im November zusammen und verurteilte Lauds schottisches Gebetbuch und Kirchengesetz, beschloss die Abschaffung des Episkopats in der schottischen Kirche und erklärte dieses als rechtswidrig, verneinte die *Five Articles of Perth*, setzte die schottischen Bischöfe ab und exkommunizierte sie. Es folgten die *Bishops' Wars* (Bischofskriege), in denen Karl I. besiegt wurde, die jedoch zum Bürgerkrieg, zum Aufstieg Oliver Cromwells, zur Hinrichtung des Königs im Jahr 1649 und zur Errichtung des Interregnums bzw. des Commonwealth von 1649 bis 1660 führten.

Unter der Bedingung, dass er bei Thronbesteigung den Presbyterianismus wieder in Schottland einführen würde, erhielt Karl II. die Unterstützung des schottischen Adels. Nach der Restauration der Monarchie im Jahr 1660 führte er allerdings sowohl in Schottland als auch in England wieder das Episkopat ein. Erst nach der Abdankung von Jakob VII./II. im Jahr 1688 und der sogenannten „Bloodless Revolution", der „unblutigen" Revolution von 1689, wurde im Jahr 1690 schließlich die reformierte, presbyterianische Kirche zur Nationalkirche von Schottland erklärt.

▸ Dr. *Charlotte Methuen* ist Dozentin für Kirchengeschichte und derzeit Leiterin des Seminars für Theologie und religiöse Studien an der Universität Glasgow.

Weiterführende Literatur
LYNCH, MICHAEL, Edinburgh and the Reformation, Edinburgh 1981
RYRIE, ALEC, The origins of the Scottish Reformation, Manchester 2006
DAWSON, JANE E. A., Scotland re-formed, 1488–1587, Edinburgh 2007 (New Edinburgh history of Scotland 6)
DAWSON, JANE E. A., John Knox, New Haven, CT 2015

Für einen Besuch in Edinburgh
www.visitscotland.com/destinations-maps/edinburgh-lothians
www.nms.ac.uk/national-museum-of-scotland
www.churchofscotland.org.uk
www.edinburghpresbytery.org.uk

Emden

Johannes a Lasco

von Klaas-Dieter Voß

Wer heute durch Emdens Straßen geht, wird sich über die vielen verschiedenen Gotteshäuser wundern, die oft nur wenige Meter voneinander entfernt liegen. Die religiöse Vielfalt der Hafenstadt ist aber noch weitaus größer als auf den ersten Blick überhaupt sichtbar werden kann, denn es gibt viele kleine Hausgemeinden unterschiedlichster Art, die öffentlich kaum in Erscheinung treten.

Konfessioneller Pluralismus

Diese große religiöse Vielfalt ist ein Erbe aus der Reformationszeit Emdens. Schon früh erreichten Luthers Ideen zu einer Reform der Kirche die Stadt Emden und die Grafschaft Ostfriesland. 1519 erlaubte der ostfriesische Graf Edzard I. (1462–1528) den Verkauf und die Lektüre lutherischen Schrifttums in seinem Territorium.

Bedingt durch die politischen und religiösen Verhältnisse in Friesland entwickelten sich bereits in den 20er Jahren des 16. Jahrhunderts – man spricht dabei von der protokonfessionellen Phase – erste unterschiedliche reformatorische Ansätze, die konkurrierend auftraten.

Georgius Aportanus (ca. 1495–1530), jener Emder Prediger, der 1520 erstmals einen protestantischen Gottesdienst in der Großen Kirche hielt, gilt als Verfasser der „reformierten" Abendmahlsthesen von 1526 und war auch federführend bei dem zwei Jahre später veröffentlichten Bekenntnis der ostfriesischen Prediger, das ebenfalls eine deutliche Nähe zur Zürcher Reformation, aber auch zu dem Wittenberger Theologen Andreas Karlstadt aufweist.

Graf Enno II. von Ostfriesland (1505–1540) hingegen übertrug im Sommer 1529 zwei Theologen aus Bremen die Aufgabe, die kirchlichen Verhältnisse in

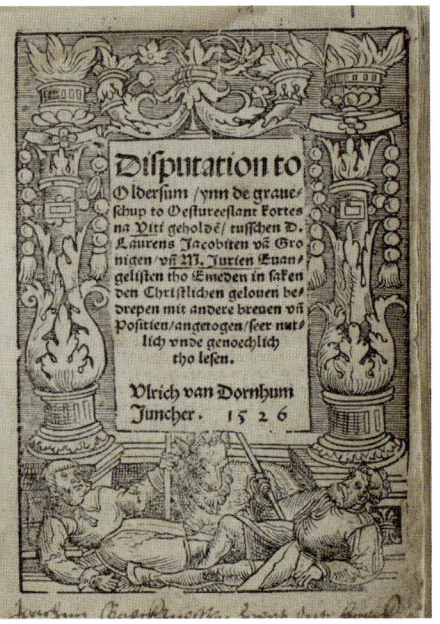

Das Emder Rathaus, das 1574–1576 von dem Amsterdamer Baumeister Laurens van Steenwinkel nach dem Vorbild des alten Antwerpener Rathauses erbaut wurde. Foto, vor 1895

Ulrich von Dornum, „Disputation to Oldersum", Wittenberg 1526. Titelblatt

Ostfriesland zu ordnen. Die beiden lutherischen Theologen predigten nicht nur auf den Kanzeln Ostfrieslands, sondern bereiteten auch eine neue lutherische Kirchenordnung vor, die der Graf noch 1529 offiziell einführen ließ. Diese sah u. a. die Berufung eines kirchlichen Aufsichtsbeamten vor, der den Titel eines „Superattendenten" führen sollte. Diese Kirchenordnung blieb jedoch nur eine auf dem Papier.

Noch im gleichen Jahr erreichten Andreas Karlstadt und Melchior Hoffman Ostfriesland und fanden hier Asyl bei Ulrich von Dornum (1465/6–1536), dem Ratgeber des ostfriesischen Grafen Enno II. und dem Initiator des ersten Reformationsgesprächs zwischen Katholiken und reformatorischen Theologen, das 1526 in seiner Herrlichkeit Oldersum stattfand. Melchior Hoffman soll im Mai 1530 in der Sakristei der Großen Kirche mehr als 300 Erwachsene auf ihr Bekenntnis hin getauft bzw. noch einmal getauft haben und begründete damit die Emder Täufergemeinde. Emden wurde dadurch zum zweiten Kristallisationspunkt des europäischen Täufertums. Völlig unabhängig von der täuferischen Bewegung in der Schweiz entwickelte sich hier auch in theologischer Hinsicht eine ganz eigene Ausprägung des Täufertums, die sich auch in den angrenzenden Niederlanden verbreitete.

  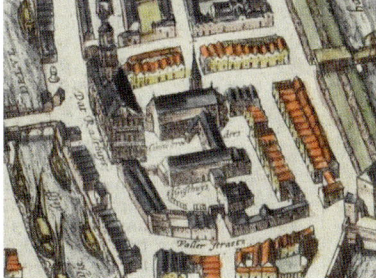

Emden. Kolorierter Stadtplan aus Georg Braun/Franz Hogenberg, „Civitates orbis terrarum",
Bd. 2, Köln 1576
Links unten: die Burg des Grafen; Mitte: die Große Kirche; rechts unten: das Rathaus und das
Franziskanerkloster

Nach einer verlustreichen kriegerischen Auseinandersetzung mit dem katholischen Groningerland wurde der Grafschaft Ostfriesland von dem obsiegenden Karl van Geldern (1467–1538) erneut die Einführung einer lutherischen Kirchenordnung auferlegt. Diese wurde 1535 eingeführt und war das Werk zweier Theologen aus Lüneburg. Doch wie schon die erste lutherische Kirchenordnung, so scheiterte auch diese zweite an Teilen der Pastorenschaft.

129

Johannes a Lasco in Ostfriesland

Nach dem frühen Tod Graf Ennos II. übernahm seine Witwe, Gräfin Anna (1501–1575), die Vormundschaftsregierung für ihren noch unmündigen ältesten Sohn. Ende 1542 berief sie den polnischen Humanisten und Theologen Johannes a Lasco in das Amt eines Superattendenten. Die Forderung, einen Theologen in dieses Amt einzusetzen, war zwar schon in der ersten Kirchenordnung von 1529 laut geworden, aber bis dahin nie in die Tat umgesetzt worden. Bis 1540 hatte es in Emden sogar noch einen katholischen Propst gegeben. Im friesischen Teil des Bistums Münster waren dies in der Regel Laien, denen die Administration von Senddistrikten zukam. Die Große Kirche Emdens diente bis zu diesem Zeitpunkt als Simultankirche, in der protestantische Gottesdienste neben katholischen Messfeiern stattfanden.

Johannes a Lascos Aufgabe sollte darin bestehen, das Kirchenwesen in Ostfriesland neu zu organisieren, und zwar im Sinne der Zwingli'schen Reformation. Er schuf Gremien, wie den Emder Kirchenrat und den „Coetus", d. h. die Versammlung der ostfriesischen Prediger, mit dem Ziel, eine einheitliche Lehrmeinung in Ostfriesland herzustellen und die bestehenden Gegensätze zu überbrücken. Er suchte aber auch das Gespräch mit Andersgläubigen, so z. B. mit den Ordensbrüdern aus dem Franziskanerkloster, das damals noch in Emden existierte. Er traf sich zudem mit Vertretern unterschiedlicher täuferischer Gruppierungen. Anfang 1543 führte er ein Gespräch mit Menno Simons, dem seinerzeit wichtigsten Vertreter der sogenannten friedfertigen Täufer, der Zuflucht in Ostfriesland gefunden hatte. Das war ein Novum, denn es war das erste Mal in der Geschichte, dass ein steckbrieflich Gesuchter von einem offiziellen Vertreter einer Landeskirche zum theologischen Gespräch eingeladen wurde. Beide behandelten einander respektvoll, auch wenn sie nicht einer Meinung waren. Ein wichtiger Diskussionspunkt war die Lehre von der Menschwerdung Christi. Während Menno Simons sich sträubte, dieses Thema zu vertiefen, lenkte Johannes a Lasco das Gespräch immer wieder darauf, weil er damit einen Angriffspunkt der gegnerischen Position gefunden hatte. Zu diesem Thema publizierten beide später eine Streitschrift.

A Lasco suchte auch das Gespräch mit den Davidjoristen, einer Denomination des melchioritischen Täufertums. David Joris (1501/02–1556) beschwor den lebendigen Geist gegen einen toten Buchstabenglauben und verstand sich als Apostel, als dritten David in der Heilsgeschichte (nach König David und Jesus Christus, dem „Davidssohn"). Der Superattendent erreichte zwar, dass seine Anhänger die Heilige Schrift als einzige Richtschnur anerkannten, konnte aber nichts an dem Sendungsbewusstsein von David Joris ändern.

CREDIDI PROINDE
ET LOQVOR .
PSALM · 116 ·

SI HOMÍNÍBVS PLACE
REM : CHRI SERVVS
NON ESSEM . GAL . I .

Johannes a Lasco. Porträt gemalt von einem unbekannten Künstler, nach 1555

Johannes a Lasco wurde 1499 als Jan Łaski in Lask/Polen geboren. In jungen Jahren studierte er in Italien. 1521 kehrte er nach Polen zurück und wurde dort zum katholischen Priester geweiht. Er begleitete seinen Bruder Hieronymus a Lasco auf Reisen durch Europa, lernte während eines Aufenthaltes in Basel Erasmus von Rotterdam kennen und wurde dessen Schüler. Er konvertierte zum Protestantismus und lebte einige Zeit in Löwen, bevor er als Glaubensflüchtling erstmals nach Ostfriesland gelangte. 1560 starb er in Pinczów/Polen.

In der Anfangszeit seines Bestehens tagte der neu geschaffene ostfriesische Coetus an unterschiedlichen Orten in Ostfriesland, bis schließlich die Gasthauskammer in Emden zum ständigen Tagungsort wurde. Der Coetus setzte sich zunächst aus reformierten und lutherischen Theologen zusammen. A Lasco versuchte auch hier, einen vermittelnden Weg zwischen den immer mehr auseinanderdriftenden konfessionellen Gruppen zu gehen. Mit der *Moderatio doctrinae* schuf er ein Bekenntnis, das für alle Seiten annehmbar sein konnte. Der Coetus verabschiedete es als verbindliches Bekenntnis für alle Prediger und Gemeinden in Ostfriesland. Zu einer einheitlichen Lehrmeinung und einer Kircheneinheit kam es dennoch nicht.

Die altgläubige Kirche war auch nach 1540 noch lange nicht überwunden, wurde sie von einflussreichen Kräften protegiert, wie z. B. dem Grafen Johann von Valkenburg (1506–1572), der nach dem Tode seines Bruders Enno II. Ostfriesland für sich beanspruchte. Er attackierte Johannes a Lasco in vielerlei Hinsicht. Die gräflichen Ratgeber beargwöhnten die immer größer werdende Schar religiöser Migranten, die Ostfriesland erreichten, und aus Furcht vor den Maßnahmen des Kaisers Karl V. war man geneigt, sie wieder auszuweisen. Aus diesem Grunde führte Johannes a Lasco nach dem Vorbild der Kölner Reformation sogenannte Glaubensverhöre ein, um zu erreichen, dass nur diejenigen des Landes verwiesen wurden, die am Ende eine Gefahr für andere darstellen konnten. So setzte er sich

131

Die Große Kirche vor 1855. Stahlstich von Ludwig Rohbock, 1861

durchaus für ein Bleiberecht der Mennoniten ein. Die katholische Gegnerschaft erreichte daraufhin über Johann von Valkenburg eine Anweisung der habsburgisch-niederländischen Statthalterin in Brüssel, Johannes a Lasco auszuweisen. Dieser hatte aber die Unterstützung und den Schutz der ostfriesischen Gräfin.

Johannes a Lascos Wechsel nach England

A Lasco konnte also bleiben, jedoch nur bis zum sogenannten Augsburger Interim von 1548. Außenpolitisch wurde so viel Druck auf die kleine Grafschaft ausgeübt, dass der Superattendent von sich aus entschied, Ostfriesland zu verlassen. Er hatte bereits vorher eine Einladung nach England erhalten, um dort im Sinne der Reformation tätig zu werden. 1549 reiste er nach London und erhielt ein Jahr später aus den Händen König Edwards VI. die Gründungscharta der im Aufbau begriffenen Fremdenkirche, der er nun als Superintendent vorstehen sollte. Neben einer niederländischen Gemeinde, der das ehemalige Augustinerkloster Austin Friars zur Verfügung gestellt wurde, gab es auch eine französische Gemeinde für die vielen wallonischen und französischen Glaubensflüchtlinge. Für die Londoner Flüchtlingsgemeinden schuf a Lasco eine Kirchenordnung. Die *Forma ac ratio* gilt als sein wichtigstes Werk. Er bediente sich bei der Abfassung unterschiedlicher Quellen, vor allem aber dürfte die Ordnung der Emder Kirche hier Eingang gefunden haben, so dass die Schrift zugleich eine indirekte Quelle für die nicht schriftlich fixierte Praxis der frühen reformatorischen Kirche in Ostfriesland darstellt. Die sogenannte „Londoner Ordnung" hat wiederum später großen Einfluss auf die Entwicklung der reformierten Kirche in den Niederlanden genommen.

Der jungen Londoner Freikirche waren zunächst nur wenige Jahre beschieden, denn nach dem frühen Tod des Königs bestieg Mary Tudor 1553 den Thron Englands. Die überzeugte Katholikin ließ das Land rekatholisieren und versuchte, die alten Verhältnisse wiederherzustellen. Protestanten wurden blutig verfolgt – selbst vor den im englischen Exil verstorbenen Reformatoren Martin Bucer und Paul Fagius machte man nicht halt. Ihre sterblichen Überreste wurden exhumiert und zusammen mit ihren Büchern auf dem Marktplatz in Cambridge verbrannt.

Johannes a Lascos Rückkehr nach Ostfriesland

Die gottesdienstlichen Handlungen der Londoner Fremdenkirche wurden untersagt, und die Situation verschlechterte sich deutlich, so dass bald eine Aufbruchsstimmung unter den nahezu 4000 Glaubensflüchtlingen in London aufkam. Mit 175 Personen begab sich Johannes a Lasco an Bord von zwei dänischen Handelsschiffen, die nach Kopenhagen auslaufen sollten. Im Spätherbst 1553 stachen sie bei Gravesend in See. Nach einer stürmischen Überfahrt landete eines der beiden Schiffe im Hafen von Helsingör, das andere strandete zunächst an der Küste Norwegens. Nachdem beide Schiffe endlich den rettenden Hafen von Kopenhagen erreicht hatten, war das Verweilen nicht von Dauer. Die Flüchtlinge mussten Dänemark wieder verlassen. Die Schiffe nahmen Kurs auf Wismar, wo sie für einige Zeit im Eis stecken blieben. Sie liefen auch Rostock, Lübeck und Hamburg an, doch niemand wollte sie aufnehmen.

A Lasco war unterdessen mit Jan Utenhove (1520–1565) nach Ostfriesland gereist, um die ostfriesische Gräfin Anna zu informieren. Sie war bereit, den Glaubensflüchtlingen eine neue Heimat zu geben. Auf ihr Geheiß wurde noch Ende 1553 eine Diakonie ins Leben gerufen, die sich um die Armen unter den niederländischen Glaubensflüchtlingen kümmern sollte.

Ende März 1554 nahm die Odyssee der dänischen Schiffe ein Ende, die Glaubensflüchtlinge erreichten den Emder Hafen. Dort wurden sie bereits erwartet und gastfrei aufgenommen. Johannes a Lasco schildert in einem Brief, wie erfreulich schon die Begleitumstände seiner Ankunft in Emden Ende 1553 gewesen waren: „Wir sind so empfangen worden, dass ich von den nächsten Anverwandten nicht freundschaftlicher hätte aufgenommen werden können." Dieser kleinen

Das 1660 von den Diakonen „der Vremden Neder Duitschen Armen" gestiftete Ostportal der Großen Kirche mit dem „Scheepken Christi"

Die älteste noch erhaltene Spendenbüchse der „Fremdlingen Armen Diakonie", 1638

und zugleich sehr elitären Gruppe sollten noch viele tausende Glaubensflüchtlinge folgen. Mit a Lasco kamen vermögende Tuch- und Kornhändler, aber auch viele Buchdrucker in die Stadt an der Ems, die sich innerhalb kürzester Zeit zu einem wichtigen Standort des niederländischen Buchdrucks entwickelte. Rund 70 Prozent der damals publizierten Bücher im reformierten Bereich wurden in Emden gedruckt.

Die Flüchtlingsgemeinden

Emden entwickelte sich in den Folgejahren zu einer für damalige Verhältnisse großen Stadt, so dass sie bereits nach kurzer Zeit zu den bevölkerungsreichsten Städten im deutschen Reich gehörte. In der prosperierenden Metropole entfaltete sich eine rege Bautätigkeit, die Emden ein sehr niederländisches Gepräge gab. Handel und Wandel florierten, so dass hier schon bald mehr Schiffe registriert waren als im gesamten englischen Königreich. Die „Company of Merchant Adventures" verlegte 1564 ihren Hauptsitz auf dem Kontinent für einige Zeit von Antwerpen, der damals größten Handelsstadt der Welt, nach Emden.

A Lasco hatte Emden bereits 1555 wieder verlassen und war nach Frankfurt am Main gegangen, um sich auch dort um Glaubensflüchtlinge aus England zu kümmern. In Emden zog die Ankunft von Teilen der Londoner Fremdenkirche die Neugründung von Gemeinden nach sich, denn die ostfriesische Gräfin Anna hatte den fremdsprachigen Flüchtlingen 1554 gestattet, eigene Gemeinden zu errichten. Neben der französisch-reformierten Gemeinde – der ersten im deutschen Reich – gab es auch eine englische und eine schottische Kirchengemeinde.

Es sollten noch viele unterschiedliche Flüchtlingsgruppen Emden erreichen und bereichern: neben den vielen Protestanten aus Frankreich, aus der Wallonie, aus Brabant, den nördlichen Niederlanden und England kamen im Verlauf des Dreißigjährigen Krieges auch Böhmische Brüder und Glaubensflüchtlinge aus der Kurpfalz. Sie alle haben Spuren in Emden hinterlassen.

Blick auf den Ratsdelft von der Rathausbrücke aus. Foto, vor 1895

135

▶ *Klaas-Dieter Voß* ist wissenschaftlicher Mitarbeiter der Johannes a Lasco Bibliothek in Emden und Lehrbeauftragter am Institut für Evangelische Theologie der Carl von Ossietzky Universität in Oldenburg.

Weiterführende Literatur

PETTEGREE, ANDREW, Emden and the Dutch revolt. Exile and the development of reformed Protestantism, Oxford 1992

JÜRGENS, HENNING P., Johannes a Lasco in Ostfriesland. Der Werdegang eines europäischen Reformators, Tübingen 2002

VOß, KLAAS-DIETER / JAHN, WOLFGANG (Hg.), Menso Alting und seine Zeit. Glaubensstreit – Freiheit – Bürgerstolz, Oldenburg 2012

Für einen Besuch in Emden

www.emden-touristik.de
www.jalb.de
http://kirchen-emden.de

Ferrara

Renée de France und Olympia Morata

von Susanna Peyronel Rambaldi

Ferrara

Zu Beginn des 16. Jahrhunderts war Ferrara die Hauptstadt eines kleinen Staates, der seit der Mitte des 13. Jahrhunderts von den Herzögen von Este regiert wurde (siehe Karte auf S. 424). Der Hof des Landesherrn und die Residenzen seiner Verwandten und der staatlichen Würdenträger bildeten die Lebensader der städtischen Wirtschaft: Sie waren die Einkommensgrundlage für die rund 1000 Bediensteten und Zentren des Handels und des zwischenmenschlichen Verkehrs. Der Herzog gründete sein Ansehen und seine Autorität nicht nur auf ein politisches System, das die örtlichen Oligarchien und den Adel an ihn persönlich band, sondern auch auf seine Rolle als Mäzen: Er protegierte Dichter wie Matteo Maria Boiardo und Ludovico Ariosto und Maler wie Andrea Mantegna und Tizian. So entwickelte sich Ferrara im 15. Jahrhundert zu einer europäischen Hauptstadt der Kunst und Literatur. Sie verdankte ihren Ruf insbesondere der Harmonie ihrer Renaissancebauten und der Qualität ihrer Universität.

Während der Italienkriege war es für den Kleinstaat schwierig, das Gleichgewicht zwischen den Kriegsparteien zu erhalten. Die Herzöge von Este waren einerseits Vasallen des Papstes und verdankten ihm ihre Herrschaft. Sie mussten sich jedoch zugleich gegen ihren Lehnsherrn wehren, denn die Päpste waren bestrebt, ihre weltliche Machtbasis zu verbreitern, und zielten auf die Rückgewinnung der herzoglichen Territorien. Alfonso I. von Este wurde wegen seines Widerstands gegen die päpstlichen Ansprüche sogar beschuldigt, der „ehrwürdigen Lehre des Ketzers Martin Luther" beigepflichtet zu haben. Noch schwieriger wurde es für Ferrara, eine eigenständige Politik zu verfolgen, nachdem die mächtigen Königreiche von jenseits der Alpen (das Heilige Römische Reich Deutscher Nation, Frankreich, Spanien) auf der italienischen Bühne erschienen waren. Die Herzöge von Este waren nun auf eine Schutzmacht angewiesen, um ihre Interessen zu wahren. Sie entschieden sich für Frankreich, mit dem es alte Verbindungen gab, und unterstützten in den Italienkriegen längere Zeit die französische Seite. Diese Entscheidung wurde 1528 durch die Heirat von Ercole II. von Este (1508–1559) mit Renée de France (1510–1575) bekräftigt. Sie war die Tochter des französischen Königs Ludwig XII. aus dem Hause Valois-Orléans und der Anne de Bretagne. Diese Eheschließung war auch notwendig geworden, weil die Verhältnisse in Italien immer stärker durch das aggressive Auftreten des Papstes und des Kaisers bestimmt wurden. Die Herzoge von Este glaubten, dass ein Sieg Frankreichs in Italien ihnen den größten Vorteil bringen würde. Soweit kam es nicht. Die Armeen von Kaiser Karl V. behielten die Oberhand, und die Päpste in Rom nutzten die Anwesenheit von Renée und ihrem Hofstaat in Ferrara als Anlass dafür, Verdächtigungen und hinterhältige Beschuldigungen auszustreuen.

Der Hof von Renée de France

Solange es noch Bewegungsfreiheit gab, bot das Herzogtum der Este mit seiner sehr lebendigen Hauptstadt einen Freiraum für Kritik am Bestehenden und für das Streben nach den verschiedensten Reformen: humanistischer Antiklerikalismus, erasmischer „Evangelismus", Hoffnung auf eine spirituelle Reform, prophetische Erwartung einer Wiedergeburt. Die religiösen Gespräche darüber fanden nicht nur in den Klöstern und literarischen Akademien, sondern auch auf Plätzen und am herzoglichen Hof statt. Die Familie Este, ebenso der Herzog selbst, verhielt sich zu Beginn relativ tolerant gegenüber abweichenden religiösen Ansichten, wenn sie nur nicht öffentlich geäußert würden.

Um die Wirkung von Renée auf das religiöse und kulturelle Leben in Ferrara besser zu verstehen, ist es notwendig, zuerst den Hof (die *maison*) der französischen Prinzessin vorzustellen. Franz I. wollte für sie einen Hof, der seinem königlichen Rang entsprach und den Einfluss der französischen Krone auf Ferrara verkörperte. Daher war der Hof von Renée finanziell eigenständig und bestand aus zahlreichen adeligen Herren und Damen französischer Herkunft, von denen einige hochgebildet waren und eine klare Vorliebe für protestantische Ideen hatten. Als Renée in Ferrara ankam, war Bernardo Tasso, der Vater des berühmten Dichters Torquato Tasso, der einzige Italiener an ihrem Hof. Er übte das Amt des Sekretärs aus. Später jedoch gab es viele Italiener am Hof, vor allem Intellektuelle (Almoseniere, Ärzte, Sekretäre und Erzieher), die als Verbindungsglieder zu den evangelischen Kreisen in Italien dienen sollten. In der *maison* fanden sowohl Menschen

Zuflucht, die wegen ihrer religiösen Ideen Frankreich verlassen mussten, als auch italienische Dissidenten, die von der Inquisition verfolgt wurden. So kamen im Jahre 1535 der Dichter Clément Marot, welcher Sekretär der Herzogin wurde, und Lyon Jamet, den Ercole als Diplomat anstellte, nach Ferrara, nachdem sie wegen ihrer Verfolgung durch Franz I. aus Frankreich hatten fliehen müssen. Zur selben Zeit besuchte vielleicht auch Johannes Calvin Ferrara, doch es gibt dafür nach wie vor keinen eindeutigen Beleg. Erhalten ist dagegen der Briefwechsel, den Calvin und Renée über etwa 30 Jahre miteinander führten, auch nachdem die ehemalige französische Prinzessin 1559 nach Frankreich zurückgekehrt war.

Renée de France. Porträt gezeichnet von Jean Clouet, um 1520

Seit 1536 verdichteten sich die Verdächtigungen gegen den Hof der Herzogin. Nachdem sich ein französischer Chorsänger namens Jehannet Bouchefort geweigert hatte, während der Messe am Karfreitag das Kruzifix anzubeten, bat der Inquisitor von Ferrara den Herzog, den Schuldigen und andere Mitglieder der Hofes seiner Frau zu verhaften. Alle wurden ins Gefängnis gesperrt, und es begann eine gerichtliche Auseinandersetzung und ein verwickelter diplomatischer Streit, in dem Frankreich forderte, dass der Hof von Renée von der Gerichtsbarkeit des Inquisitors befreit werde, während Rom forderte, dass die Angeklagten ausgeliefert würden. Schließlich wurden die Gefangenen durch das Eingreifen der Schwester des Königs Franz I., Margarete von Navarra (1492–1549), befreit. Bald jedoch betrachtete der Herzog den Hof seiner Frau als eine Bedrohung für seine Autorität und als eine schwere Belastung für den Staatshaushalt. Außerdem störte diese französische Präsenz in Ferrara die Beziehungen zum Kaiser.

Die gemeinsamen Töchter von Ercole und Renée, Anna, Lucrezia und Leonora, wuchsen innerhalb der *maison* auf und bekamen Erzieher, die von der Herzogin ausgewählt und bezahlt wurden. Sie kümmerte sich ebenfalls um die Ausbildung der Hofdamen und Pagen. Der Gräzist Francesco Porto, den die Inquisition wegen seiner religiösen Neigungen für höchst verdächtig hielt, unterrichtete die drei Töchter in den Fächern Griechisch und Latein. Renée kaufte Bücher, vor allem

139

Editionen der Bibel in französischer oder italienischer Übersetzung, ferner Auslegungen des Neuen Testaments von Erasmus, Ausgaben der Apostelbriefe und der Psalmen, wie z. B. die *Psaumes de David* von Clément Marot, den Psalmenkommentar von Martin Bucer, den Psalmenkommentar von Konrad Pellikan – Bücher, die auf ein lebhaftes Interesse für die religiöse Kultur protestantischer Prägung hinweisen.

Die einflussreichste Vertrauensgruppe am Hof bildete sich um Michelle de Saubonne, auch bekannt als Madame de Soubise, die vom Herzog Ercole als eigentliche Anstifterin der ketzerischen Sympathien seiner Ehefrau betrachtet wurde. Ein weiteres prominentes Mitglied dieser Gruppe war der Arzt Johan Senft, genannt Johannes Sinapius, der mit Erasmus im Briefwechsel stand und ein Bewunderer Melanchthons und Bucers war. Hofdamen wie Françoise de Boussiron, die später Sinapius heiratete, die Töchter der Madame de Soubise und die Töchter von Renée de France selbst bildeten eine einflussreiche Gruppe von Frauen, die sich durch einen besonderen kulturellen Ruf und intellektuelle Freiheit auszeichnete.

Olympia Morata

Dieser Ruf wurde noch unüberhörbarer, nachdem Olympia Morata (1526–1555) an den Hof gekommen war. Sie war die Tochter von Fulvio Pellegrino Morato, dem Erzieher von zwei Söhnen des Herzogs Alfonso I. Das junge Mädchen, das humanistisch erzogen worden war, wurde Mitschülerin der Prinzessin Anna und bekam Literaten wie Celio Calcagnini und Ärzte wie Sinapio als Lehrer. Olympia, die bereits mit 14 Jahren lateinische und griechische Texte verfasste, lehnte die traditionelle Frauenrolle ab (die „Nadeln und Spindeln der Frauen") und rezitierte die *Paradoxa* von Cicero vor gelehrten Humanisten wie Celio Secondo Curione, einem Freund ihres Vaters. Curione war von Erasmus beeinflusst, dann ein radikaler Anhänger der Reformation geworden und hatte ein satirisches Pamphlet gegen die römische Kirche verfasst, den *Pasquino in Estasi*, das außergewöhnlichen Erfolg in Europa hatte. Im Jahre 1542 – ein kritisches Jahr für die Andersgläubigen in Italien, weil zu dieser Zeit die römische Inquisition gegründet wurde – floh Curione nach Basel. In Jahre 1548, nachdem ihr Vater gestorben war, musste auch Olympia Morata fliehen. Sie war bei Renée in Ungnade gefallen, weil diese sie verdächtigte, in dunkle Intrigen verwickelt zu sein, und verlor nun jegliche Hilfe und Unterstützung am Hof. Zu gleicher Zeit begann übrigens die Inquisition ihre Untersuchung der „Ketzerei von Renée de France".

Zu Beginn des Jahres 1550 heiratete Olympia den deutschen Arzt Andreas Gründler und ging mit ihm nach Deutschland, wo sie bereits als Humanistin be-

Olympia Morata. Porträt gemalt von einem unbekannten Künstler

kannt war, die so sehr in der lateinischen und griechischen Literatur belesen war, dass sie als ein „Wunder" des weiblichen Geschlechts betrachtet wurde. In Deutschland wurde sie als Glaubensflüchtling aufgenommen.

Auch nachdem sie ausgewandert war, behielt Olympia ihr konfessionell wenig ausgeprägtes religiöses Profil. Sicherlich näherte sie sich dem Luthertum an, aber der Humanist Celio Secondo Curione blieb ihr wichtigster Lehrer. Olympia, die 1550 mit ihrem Mann nach Schweinfurt gezogen war, musste 1554 schon wieder fliehen. Das Heilige Römische Reich wurde damals von kriegerischen Auseinandersetzungen erschüttert; erst am 25. Septem-

Der Palazzo San Francesco, wo Renée de France seit 1537 lebte. Heute ist dieses Renaissance-Gebäude nach ihr benannt und gehört zur Universität. Postkarte, um 1950

141

Oben: Epitaph für Olympia Morata in der
Peterskirche in Heidelberg
Rechts: Celio Secondo Curione. Porträt aus:
Nikolaus Reusner, „Icones", Straßburg 1587

ber 1555 kam es zum Augsburger Religionsfrieden. Olympia und ihr Mann fanden schließlich Zuflucht in Heidelberg. Hier starb Olympia bereits am 26. Oktober 1555. Den religiösen Frieden hat sie wohl kaum erlebt.

Die ketzerische Gemeinschaft von Ferrara

Der kleine Hof von Renée verließ in den vierziger Jahren die Stadt Ferrara und zog in die Villa von Consandolo, einer der „Delizie" (Juwelen) der herzoglichen Familie, wo die Gemeinschaft sich allmählich dem Calvinismus annäherte. Es hieß, dass sogar die Stallburschen die Heilige Schrift sehr gut kannten. Um Renée bildete sich ein Netzwerk von Personen, die zu dieser andersgläubigen oppositionellen Gemeinschaft zählten, und denen die Herzogin jahrzehntelang Geld, Vergünstigungen und Unterkunft in Ferrara bot. Hier waren wohl die am besten strukturierten Grundlagen für eine Reformation in Italien gegeben, die insbesondere von Calvin, der dabei seine Hoffnung auf Renée setzte, gewünscht wurde. Bereits im Jahre 1537 hatte er geschrieben, dass sie „viel mehr als gewöhnliche Menschen" dazu berufen sei, „das Reich Christi zu fördern und vorwärts zu bringen".

In welcher Weise der Hof immer mehr zu einem Zentrum religiöser Erneuerung wurde, zeigte sich insbesondere an der Entwicklung der Hofkapelle, welche die Almosen verwaltete und die religiösen Aktivitäten der Herzogin steuerte. An der Hofkapelle waren nämlich zahlreiche Geistliche tätig, die sich um die Zuwendungen der Herzogin an die Klöster von Ferrara und an andere Wohltätigkeitswerke kümmerten und für die Feier der Messe zuständig waren. Im Laufe der Zeit kamen immer wieder Prediger, die in den Augen der katholischen Kirche höchst verdächtig waren, wie z.B. Augustin Foliata, ein Freund des Erasmus, der wie es heißt die Autorität des Papstes und den freien Willen verneinte, als er für die Hofdamen der Herzogin gegen den Klerus und die Gebete an die Jungfrau Maria gerichtete Predigten hielt.

Trotz ihrer Kontakte zu Calvin näherte sich Renée de France wahrscheinlich nie der konfessionell-reformierten Orthodoxie an. Ihre Besucher in Consandolo vertraten unterschiedliche Standpunkte und können nicht eindeutig einer bestimmten konfessionellen Richtung zugeordnet werden. Manche von ihnen versteckten ihre andersgläubigen Auffassungen gewissermaßen, andere dagegen verfolgten calvinistische Überzeugungen oder vertraten anabaptistische oder antitrinitarische Standpunkte, wie beispielsweise der geheimnisvolle Tiziano sowie Francesco Severi und Pietro Bresciani.

Seit 1535 bekleidete François Richardot, ein Professor der Theologie aus Tournai, die Rolle des Almoseniers. Calvin verabscheute ihn, weil er der Herzogin zu „nikodemitischen" Verhaltensweisen riet, sie solle wie der Pharisäer Nikodemus (Joh 3,2) ihre andersgläubigen religiösen Überzeugungen verheimlichen und weiterhin an der katholischen Messe teilnehmen. Richardot wurde allerdings von der Herzogin jahrelang unterstützt. Ebenfalls gab es Streit zwischen Calvin und Hieronymus Bolsec, der bis März 1548 Almosenier in Ferrara und bei den Reformierten unbeliebt war. Calvin drängte Renée, die Berufung, zu der Gott sie bestimmt hatte, anzuerkennen, denn „es ist die Pflicht der christlichen Fürsten, in ihrem Land einen abscheulichen Götzendienst [wie] die Greuel der Messe zu beseitigen".

Später kam ein ehemaliger Augustiner-Eremit, Ambrogio Cavalli, der bereits in Venedig wegen „Luthertums" verurteilt worden war und abgeschworen hatte, unter falschem Namen nach Ferrara. Als er im Jahr 1555 wieder vor Gericht stand, enthüllte Cavalli, bevor er gehängt und verbrannt wurde, dass er im Namen von Renée ein Unterstützungsnetzwerk für Andersgläubige und Glaubensflüchtlinge verwaltet habe. Damit zeigte er zugleich, wie sehr sich der Kreis um die Herzogin im Laufe der Zeit radikalisiert hatte. Renée finanzierte auch andere reformierte Prediger, wie Agostino Mainardi aus Caraglio bei Saluzzo und Andrea Ghetti aus Volterra (Toskana) mit Hilfe der Einkünfte der Kapelle, damit diese an ihrem Hof predigten.

Wahrscheinlich wurde erst Anfang der fünfziger Jahre, nachdem der Augustinermönch Giulio Della Rovere in der Fastenzeit 1550 heimlich in Ferrara gepredigt hatte, das Abendmahl am Hof ausdrücklich auf reformierte Weise, mit Brot

Ferrara. Historischer Stadtplan aus: Pieter van der Aa, „La Galérie Agréable du Monde",
Leiden 1729
Links unten: der Palazzo del Corte (Nr. 2, heute Rathaus), wo Herzog Ercole II. von Este
wohnte. Gegenüber befindet sich die Kathedrale und oberhalb das Schloss. Rechts unten:
der Palazzo San Francesco, wo Renée de France seit 1537 lebte

und Wein, gefeiert. Daran nahmen Renée und ihre Töchter Lucrezia und Eleonora, die Hofdame Agnes, die Hofdame de Grantry und ihr Ehemann, der Prediger Dionisio, die Garderobenfrau Loys de Mauray und der Griechischlehrer Francesco Porto teil. Im Jahr 1553 kam die Edelfrau Isabella Bresegna, die Frau des Gouverneurs von Piacenza Garcia Manrique Mendoza, mit ihrem Hauslehrer und Freundinnen aus Piacenza dazu.

Consandolo war wohl der einzige Ort in Italien, an dem Anhänger vieler religiöser Strömungen oder vieler religiöser Gedanken Gehör und wirtschaftliche Unterstützung fanden. Denn Renée hatte einen Schutz für vermeintliche Ketzereien geschaffen, den nachzuahmen keiner anderen Prinzessin oder Edelfrau in Italien gelang. Die internationalen Rahmenbedingungen verschlechterten sich allerdings mit der Zeit, und die Stellung von Renée selbst wurde ebenfalls allmählich schwächer. Ercole, der lange Zeit die Aktivitäten seiner Frau stillschweigend toleriert hatte, wurde schließlich gezwungen, brutal zu intervenieren, um die Ordnung wiederherzustellen.

Die Repression

Das Risiko, in Verdächtigungen und Beschuldigungen verwickelt zu werden, die am Hof in Umlauf waren, nahm seit Ende der vierziger Jahre mehr und mehr zu. Das Drama des Bäckers Fanino Fanini, der, nachdem er schon einmal dem Protestantismus abgeschworen hatte, wieder rückfällig geworden war und im August 1550 hingerichtet wurde, schockierte den Kreis um Renée und auch die Herzogin selbst, die diesen mit Almosen unterstützt hatte. Der Papst nutzte die Verurteilung Faninis, um Druck auszuüben. Der Herzog von Este wehrte sich zwar, aber die Herzogin wurde zum ersten Mal des Calvinismus beschuldigt. Danach wurde der Name der französischen Prinzessin immer häufiger in Inquisitionsprozessen genannt. Nur politische Überlegungen verhinderten noch ein Vorgehen gegen sie. Es wurde für sie jedoch zunehmend schwerer, der Kontrolle der Inquisition zu entkommen, vor allem nachdem König Heinrich II. von Frankreich die Verfolgung der Andersgläubigen verstärkt hatte und den Herzog von Este bat, gegen seine Gemahlin vorzugehen.

1554 schickte Calvin vergeblich den Pfarrer François Morel nach Ferrara, um die Prinzessin und ihren Kreis zu stärken, „denn wenn man die Gelegenheit missachtet, ihnen zu helfen, bestünde die Gefahr, zu spät zu sein". Noch im selben Jahr begann das erste Gerichtsverfahren *religionis causa* gegen die Tochter eines Königs und ihre Schützlinge: Ambrogio Cavalli wurde verhaftet und hingerichtet, Francesco Porto und viele andere waren gezwungen zu fliehen. Heinrich II. schickte den Dominikaner Ory Matthieu, damit dieser als Inquisitor gegen Renée

145

Die Ruinen des Schlosses von Montargis.
Postkarte, um 1915

vorgehe, und auch die Jesuiten stiegen in die Verfolgung ein. Die Bücher und kompromittierende Briefe der Herzogin wurden beschlagnahmt, ihre Töchter wurden ihr entzogen, und sie selbst wurde im Palast von ihrem Ehemann gefangen gesetzt. Schließlich stimmte sie 1554 unter Androhung von Todesstrafe und Scheiterhaufen weinend zu, sich einer langen Beichte vor einem Jesuiten zu unterziehen, die Kommunion zu nehmen und heimlich abzuschwören. Das Konventikel von Consandolo war damit ausgemerzt, und Renée, gedemütigt und unter eheliche Kontrolle zurückgeführt, begann wieder die Messe zu besuchen und zur Beichte zu gehen – ein religiöses, aber auch politisches Ereignis, das großen Nachhall hatte. Schließlich, nachdem Ercole 1559 gestorben war, beschloss die Prinzessin, nach Frankreich auf ihr Schloss von Montargis zurückzukehren, das nun zu einem neuen Zufluchtsort für verfolgte Protestanten wurde.

▶ Dr. *Susanna Peyronel Rambaldi* ist Professorin für die Geschichte der Neuzeit an der Università Statale von Mailand.

Weiterführende Literatur
PROSPERI, ADRIANO (Hg.), Storia di Ferrara, il Rinascimento: situazione e personaggi, Ferrara 2000
BELLIGNI, ELEONORA, Renata di Francia (1510–1575). Un'eresia di corte, Torino 2011

Für einen Besuch in Ferrara
www.ferrarainfo.com
www.castelloestense.it/it
www.ucebi.it/le-chiese/97-chiesa-battista-di-ferrara.html

Genf

Johannes Calvin und Theodor Beza

von Michel Grandjean

Im September 1536 gelangte ein Fremder, dem die Bewegungen französischer und kaiserlicher Truppen einen großen Umweg abverlangt hatten, fast zufällig vor die Tore Genfs. Dieser Reisende hieß Johannes Calvin. Er war damals 27 Jahre alt und hatte kurz vorher in Basel sein erstes großes Werk unter dem Titel *Christianae religionis institutio* veröffentlicht. Calvin wollte lediglich eine Nacht in Genf verbringen, rechnete allerdings nicht mit der Überredungskunst von Wilhelm Farel. Dieser überzeugte ihn unter Androhung übelster Verwünschungen, in Genf zu bleiben und dort am Aufbau der evangelischen Kirche mitzuwirken. Seit dieser Zeit blieb Genf über Jahrhunderte mit dem Namen Calvins verbunden – und das bis heute.

Genf um 1536

1536 war Genf eine von mächtigen Befestigungsanlagen geschützte Kleinstadt, die etwa 12.000 Einwohner hatte. Das ist wenig (Paris war ungefähr 20 Mal größer), jedoch mehr als in allen Ortschaften Savoyens oder in der mit Genf verbündeten mächtigen Stadt Bern. Die Stadt, die Calvin vorfand, hatte soeben nicht nur eine politische Revolution, sondern auch eine städtebauliche Umstrukturierung und einen religiösen Umschwung hinter sich, die alle drei gleichzeitig stattgefunden hatten. Die politische Revolution bestand in der Befreiung von der Herrschaft des Hauses Savoyen. An der Spitze der Stadt stand nun ein Kleiner Rat mit vier, von Jahr zu Jahr gewählten „Syndics" in seiner Mitte, der die öffentliche Ordnung kontrollierte und die Gesetzgebung wie die Justiz innehatte. Interessant ist, dass Genf eine der wenigen europäischen Städte war, die im 16. Jahrhundert nicht nur

Der junge Calvin. Porträt gemalt von einem unbekannten Künstler, 16. Jahrhundert

völlige Unabhängigkeit erlangten, sondern auch bewahren konnten – sowohl gegenüber dem befeindeten Savoyen wie auch gegenüber dem befreundeten Bern. Zur städtebaulichen Umgestaltung ist zu sagen, dass der Genfer Stadtrat in den Jahren nach 1530 zur Gewährleistung der öffentlichen Sicherheit dazu übergegangen war, die Außenbezirke zu beseitigen, d. h. alle außerhalb der Stadtmauer gelegenen Wohngebäude. Schätzungsweise 1.300 Privatpersonen verloren damals ihre Häuser. Blieben die einen in der Stadt oder in den wenigen von Genf abhängigen Dörfern, so zogen andere in die nahegelegenen savoyardischen Gebiete. Der religiöse Umschwung bestand darin, dass der Stadtrat ein Jahr vorher (am 10. August 1535) die Messfeier verboten hatte, und der Generalrat (die Versammlung aller Bürger, die das Wahlrecht besaßen) am 21. Mai 1536, also kurz vor Calvins Ankunft, die evangelische Reformation proklamiert hatte. Mit anderen Worten: Genf präsentierte sich wie eine neue Stadt, der noch alle Strukturen fehlten. Calvin selbst drückte es kurz vor seinem Tod in seiner Abschiedsrede an die Pfarrer so aus: „Als ich das erste Mal in diese Kirche kam, war fast nichts vorhanden. Man predigte, und dies war schon alles. Man suchte zwar nach Götzenbildern und verbrannte sie auch, damit aber war keine irgendwie geartete Reformation verbunden."

Calvins Wirken in Genf

„Ille Gallus" (dieser Franzose): Als der Stadtrat den Vorschlag Farels zur Anstellung Calvins billigte, zunächst als einfacher Prediger, dann als Pfarrer, war der Autor der *Institutio* noch ein Unbekannter. Rasch bekannt wurde er jedoch seit der Disputation von Lausanne im Oktober 1536, auf der seine Darlegungen zum Sieg des reformierten Lagers beitrugen, vor allem in Genf, wo er die Neuorganisation der Kirche in Angriff nahm, ohne im Geringsten auf die Vorbehalte der Genfer Stadtverordneten Rücksicht zu nehmen. Nach seinem Willen sollten alle Einwohner ein Glaubensbekenntnis unterzeichnen. Außerdem forderte er für die Pfarrer das Recht ein, Widersacher zu exkommunizieren, sodass er immer feindseligere

Reaktionen vonseiten des Rats und der Bevölkerung provozierte. Im Jahr 1538 wurde „ille Gallus" mit Wilhelm Farel schließlich aus der Stadt verbannt und ließ sich in Straßburg nieder.

Drei Jahre später wurde er von einem überforderten Stadtregiment zurückgerufen, das sehr wohl die Notwendigkeit erkannte, in Genf eine theologische und geistliche Instanz einzurichten, die von den vorhandenen unfähigen Pfarrern aber nicht annähernd besetzt werden konnte. Calvin gab nach und kehrte in diese Stadt zurück, in der er bis zum Ende seines Lebens (von 1541 bis 1564) bleiben sollte. Er hatte aus den Erfahrungen seines vorangegangenen Misserfolgs gelernt und gab Genf die Instrumente an die Hand, die ihr noch zum soliden Aufbau der reformatorischen Strukturen fehlten. Es handelte sich zunächst um eine Kirchenordnung (*Ordonnances ecclésiastiques, 1541*), die das kirchliche Leben regelte, vornehmlich in seinen

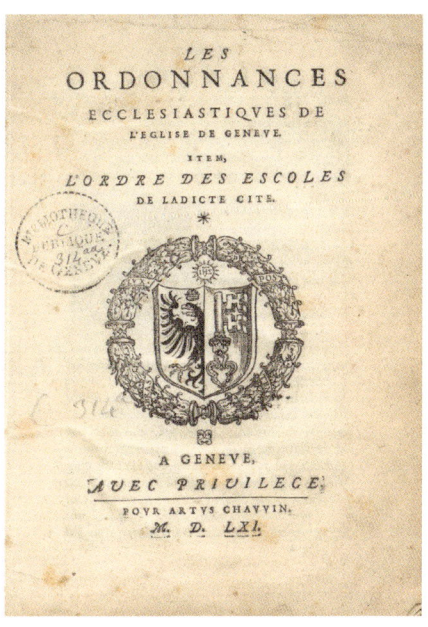

Les ordonnances ecclésiastiques. Titelblatt der erweiterten Ausgabe von 1561

Beziehungen zur weltlichen Obrigkeit; ferner um einen neuen, 1542 in aller Eile gedruckten Katechismus (*Le catéchisme de l'Église de Genève*), dem überaus zahlreiche Auflagen und Übersetzungen folgten. Über drei Jahrhunderte hinweg sollte dieser Katechismus das Lehrbuch für die Kinder der reformierten Kirche in Genf, Frankreich und anderswo werden.

Das Genfer „Consistoire"

Auf der Grundlage der Kirchenordnung stellte Calvin der „Compagnie des pasteurs" (Pfarrerschaft) mit dem „Consistoire" eine Institution eigener Prägung zur Seite: Gemeint ist das Presbyterium als örtlicher Kirchenvorstand, der sich aus Pfarrern und mehreren Laien („anciens"/Älteste, die in Wirklichkeit Ratsmitglieder waren) zusammensetzte. Deren Aufgabe bestand in der Kontrolle, ob die Einwohner ihre Lebensführung gemäß dem evangelischen Glauben gestalteten. Das „Consistoire" wurde bei Streitschlichtungen tätig, überwachte den regelmäßigen Gottesdienstbesuch (wenigstens an allen Sonntagen) und die Abendmahlsteilnahme (vier Mal pro Jahr), wies die Gläubigen zurecht, die im Verdacht standen, noch dem „papistischen Aberglauben" anzuhängen. Außerdem stellte es Maßregeln für das Sexualverhalten auf (vor- und außereheliche Beziehungen wurden streng untersagt) und befasste sich mit Ehefragen (Hindernisse, Scheidung usw.). Unabhängig von den konfessionellen Grenzen stand das „Consistoire" im Zusammenhang mit den von allen europäischen Reformatoren unternommenen Bemühungen, die Sittlichkeit der christlichen Bevölkerung zu heben.

Zu Beginn des 17. Jahrhunderts lobte der in Annecy residierende Titularbischof von Genf Franz von Sales (1567–1622) diese Institution ausdrücklich, wenn er auch deren Besetzung mit Häretikern bedauerte. Doch welcher Unsinn wurde nicht über dieses Genfer „Consistoire" – vor allem seit Stefan Zweigs *Castellio gegen Calvin oder Ein Gewissen gegen die Gewalt* (1936) – geschrieben, dem zufolge das „Consistoire" gleichsam als „Sitten-Gestapo" eine Schreckensherrschaft über die Stadt ausgeübt haben soll! Wenn das „Consistoire" auch unerbittlich denen hart zusetzte, die Gotteslästerungen ausstießen, den Wirtshausbesuch dem sonntäglichen Gottesdienst vorzogen, oder sich gegen alle Verbote beim Tanzen erwischen ließen (Tanzen war damals nicht vergleichbar mit dem Gesellschaftstanz in den vornehmen Wiener Salons des 19. Jahrhunderts, sondern ein oft grobschlächtiges Vergnügen, das zu unerwünschten Schwangerschaften führen konnte), so standen ihm doch keine andere Zwangsmaßnahmen zur Verfügung als Belehrung und Exkommunikation. Das „Consistoire" übte die Kirchenzucht aus, die zugleich eine pädagogische wie repressive Funktion hatte, und Übereinstimmung zwischen Glaubensbekenntnis und alltäglichem Leben herbeiführen sollte. Die Kirchenzucht war also das Instrument, das in Genf angewandt wurde, um alle Bürger der Ordnungsmacht des Christentums zu unterwerfen. Eine solche Herrschaft wurde mehr oder weniger von allen Kirchen in Europa angestrebt, aber sie wurde in Genf kompromisslos durchgeführt.

Dies belegt – nur um einen Extremfall zu zitieren, der im Übrigen singulär blieb – die Verurteilung und Hinrichtung von Michael Servet, der mit seinen antitrinitarischen Anschauungen und seiner Ablehnung der Kindertaufe überall als Gotteslästerer und öffentlicher Feind galt. Diese von Calvin betriebene Verurteilung ist von mehreren Anhängern des Reformators kritisiert worden, vor allem von seinem ehemaligen Schüler Sebastian Castellio, den Calvin nur kurze Zeit neben sich in Genf dulden wollte, und ist bis heute ein unauslöschlicher Makel im Gedächtnis der Genfer Reformation geblieben.

Es wäre allerdings falsch, anzunehmen, dass das calvinische Reformprogramm problemlos in der „Stadt Calvins" durchgesetzt werden konnte. Die Generation der Genfer, deren Vorfahren für die Befreiung der Stadtrepublik von Savoyen gekämpft und teilweise dafür sogar ihr Leben geopfert hatten, wollte sich nicht ohne weiteres von einem Ausländer Gesetze aufzwingen lassen. So verteidigte eine Interessengruppe, deren Mitglieder sich symbolträchtig als „Kinder Genfs" bezeichneten, vehement ihre Freiheit gegenüber Calvin und den Pfarrern. Diese Gruppe wurde von dem Händler und Staatsmann Ami Perrin angeführt, der 1549 und 1553 an der politischen Spitze der Genfer Stadtregierung stand. Bevor im Jahre 1555 alle vier „Syndics" auf der Seite Calvins standen, kämpfte der Reformator unerschütterlich gegen diese „Kinder Genfs", die er später einigermaßen böswillig als „bösartige Lausbuben" verurteilte, als verdorbene Leute, deren Widerstand gegen die Kirchenzucht und die Lehre des Evangeliums nichts anderes beabsichtigte, als ihren unzüchtigen Neigungen zu frönen (Einleitung zu seinem Psalmenkommentar von 1558: *Le Livre des psaumes exposé par Jean Calvin*).

Genf – Hauptstadt der Reformation

In der Tat kann man erst ab 1555 bis zum Tod des Reformators im Jahre 1564 vom „Genf Calvins" sprechen. Seit 1558 regelte eine Vielzahl von Sittenmandaten das öffentliche und – soweit möglich – das private Leben: Verbot von Spielen und öffentlichen Badeanstalten (wo entblößte Körper zu unschicklichem Geba-

Das Gebäude der Akademie von Genf. Stich von Pierre Escuyer, 1809–1811

151

Genf. Kolorierte Stadtansicht aus: Sebastian Münster, „Cosmographey", Basel 1567
Links unten: die Kathedrale St. Peter; rechts unten: das Stadtwappen Genfs mit der alten
Devise „Post tenebras [spero] lucem" (Nach der Finsternis [hoffe ich auf] das Licht)

ren Anlass geben könnten), Unterdrückung der Trunksucht und Kampf gegen
außereheliche sexuelle Beziehungen, Aufforderung zur Reduzierung von Ausgaben für Luxusgüter (Kleidung, Nahrung). Das Jahr 1559, in dem der 50-jährige Calvin übrigens endlich das Genfer Bürgerrecht erhielt, markiert mit der offiziellen
Gründung eines „Collège" für die Bildung der Jugend Genfs und einer Akademie
den Höhepunkt seines Einflusses. Das wichtigste Ziel der Akademie galt der Ausbildung zukünftiger Geistlicher; sehr bald zog sie Studenten aus dem gesamten
reformierten Europa an: nicht nur aus Frankreich, sondern auch aus Deutschland,
den Niederlanden, aus Italien, England, Schottland, teilweise sogar aus entfernte-
ren Ländern wie Polen oder Ungarn.

Diese Akademie mit dem dezidierten Profil eines christlichen Humanismus brachte zahlreiche bedeutende Theologen, Philologen und Juristen hervor. Allen voran Theodor Beza, ein aus Burgund stammender Pfarrer und Theologe, der als herausragender Gräzist die rechte Hand Calvins in Genf und erster Rektor dieser neuen Bildungsstätte war. Von Calvins Tod bis zum Ende des 16. Jahrhunderts war Beza die unbestrittene Autorität Genfs. Er gehörte zu den Protagonisten der allgemeinhin so bezeichneten reformierten Orthodoxie. Sein umfangreicher Briefwechsel ist der eindeutige Beleg für seine intellektuellen und geistlichen Beziehungen, nicht nur zu den Kirchen von Bern, Basel oder Zürich, sondern auch zum ganzen Europa seiner Zeit, von England bis nach Ungarn, Böhmen oder Polen.

Von allen Städten des protestantischen Europa war Genf die häufigste und zugleich kürzeste Anlaufstation für Immigranten. In den Jahren nach 1550 verdoppelte sich seine Bevölkerungszahl nahezu, hauptsächlich aufgrund der Verfolgungen, unter denen die reformierten Gemeinden Frankreichs zu leiden hatten. Nach den von Alfred Perrenoud ermittelten Zahlen wuchs sie von 13.100 Einwohnern im Jahr 1550 auf 21.400 im Jahr 1560 an.

Der junge Beza. Porträt gemalt von einem unbekannten Künstler

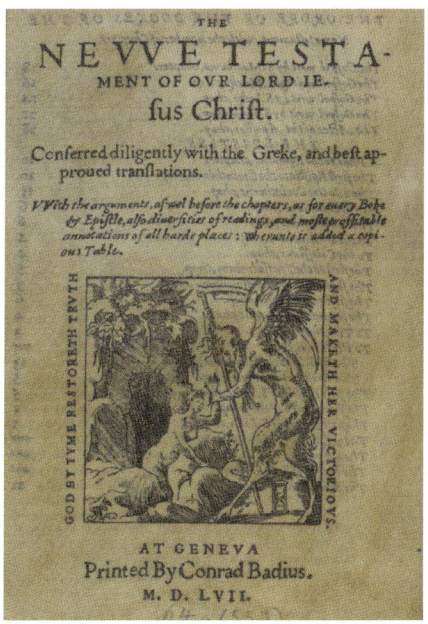

1557 erschien in Genf eine neue englische Übersetzung des Neuen Testaments. Der Übersetzer war William Whittingham. Titelblatt

153

Aber viele Flüchtlinge aus Frankreich, Italien, den Niederlanden oder England – unter der Herrschaft von Maria Tudor, der die Protestanten den Beinamen die „Blutrünstige" gegeben haben – verließen Genf wieder.

Erst im 18. Jahrhundert überschritt die Einwohnerzahl der Stadt erneut 20.000. Vorrangig mit ihren religiösen Überzeugungen, dann mit ihren handwerklichen Fähigkeiten (Buchdruck und vor allem Textilgewerbe) trugen die Flüchtlinge jedoch auch dazu bei, dass Genf sich zu einem Bollwerk der Reformation entwickeln und damit seinen Einfluss erweitern konnte. So gab es in der zweiten Hälfte des 16. Jahrhunderts in Genf mehr als 20 Druckereien, in denen eine überaus große Anzahl von Bibeln, Bibelkommentaren und theologischen Werken entstand. Genf war nun nicht mehr nur eine Kleinstadt, sondern eine weit nach Europa hineinwirkende Stimme – auf dem Weg, ein Mythos zu werden.

Genf – Heilige Stadt oder Teufelshöhle?

Dieser Aufstieg hing damit zusammen, dass der Ruhm Genfs seit der Mitte des 16. Jahrhunderts weit über die Stadtmauern hinausstrahlte, denn für einen Großteil des protestantischen Europa war Genf nicht nur die südlichste Stadt der Reformation, sondern hatte Modellcharakter. Im Vorwort des neu übersetzten englischen Neuen Testaments von 1557 wurde Genf „the patron and mirrour of true religion and godlynes" (Schirmherr und Spiegelbild der wahren Religion und der wahren Frömmigkeit) genannt.

Auch der Schotte John Knox, der zwischen 1556 und 1559 Zuflucht in Genf suchte und dort als Geistlicher der englischsprachigen Gemeinde wirkte, bezeichnete sie als heilige Stadt: „Ich gebe zu, dass Christus wahrhaftig an anderen Orten gepredigt wird, aber eine solche Sittlichkeit und einen gänzlich reformierten Glauben habe ich nirgendwo anders angetroffen." Ebenso zeichnete der ehemalige italienische Bischof Pietro Paulo Vergerio 1550 ein sehr schmeichelhaftes Porträt der Stadt: „Es gibt sieben Pfarrer, die jeden Sonntag bis zu zehn Mal predigen, an den anderen Tagen bald zwei, drei oder vier Mal, und ich kann aus eigener Beobachtung versichern, dass sie mit Eifer ihrem Dienst nachgekommen sind." Und er fährt weiter unten – im Zusammenhang mit der Kirchenzucht – fort: „Die Pfarrer bemühen sich um die Beseitigung von Skandalen, die Vermeidung von Zwietracht und die Aufrechterhaltung von Frieden und Eintracht in der ganzen Kirche."

Nach der Feststellung des Historikers Alain Dufour befinden wir uns hier „mitten in der Mythenbildung [...], d. h. auf dem Terrain der beschönigenden Fantasie". Auch wenn die Bezeichnung „protestantisches Rom" für Genf offensichtlich erst auf das 17. Jahrhundert zurückgeht, so wurde die kleine Republik von einigen Autoren doch schon vorher gelegentlich mit Jerusalem in der Absicht verglichen,

Das Internationale Museum der Reformation (Maison Mallet) und die Kathedrale St. Peter

ihr einen Stellenwert in der Heilsgeschichte zuzuschreiben. Als Herzog Karl-Emanuel von Savoyen im Dezember 1602 daran scheiterte, in einem nächtlichen Überraschungsangriff die Stadt einzunehmen (dieser Angriff wurde „Escalade" genannt, weil die savoyardischen Soldaten versucht hatten, die Stadtmauer zu „erklimmen"), gaben die Genfer dem 124. Psalm den bezeichnenden Titel: „Psalm der Escalade": „Wäre der Herr nicht bei uns gewesen [...], als Menschen gegen uns aufstanden, dann hätten sie uns lebendig verschlungen, da ihr Zorn über uns entbrannt war."

Dieses idealisierende Bild von Genf musste nicht lange auf sein Gegenbild warten. Bereits 1551 hat der katholische Kontroverstheologe Artus Désiré in einer Schmähschrift das in Genf herrschende Gräuel angeprangert: Es gebe keine Altäre mehr, keine Heiligenbilder, sondern eine „Synagoge", in der man nur Bänke finde und natürlich diese Kanzel, wo die „Lügenpredigten" gehalten werden, – eine Synagoge, in der die Gläubigen „aufgeschreckt, bleich, steif, melancholisch und blasser als Juden sind". Den berühmtesten Angriff gegen Genf lancierte der große Dichter Pierre de Ronsard: „Erbärmlicher Hort aller Apostasie / von Hartnäckigkeit, Stolz und Häresie". Mit diesen Worten charakterisierte er 1562 Genf, das er mit einem Nest schädlicher Raupen verglich, die man schleunigst vernichten sollte, das heißt also als Ursprung aller Übel, unter denen das Königreich Frankreich zu

155

Der „Mur des Réformateurs" mit (v. l. n. r.): Wilhelm Farel, Johannes Calvin, Theodorus Beza, John Knox, errichtet 1909–1917

leiden hatte (*Continuation du Discours des misères de ce temps*).

Heilige Stadt oder Teufelshöhle? Je nachdem, ob in der polemischen Literatur die Sache der Reformation verteidigt oder verurteilt wurde, wird Genf diesen Urteilen entsprechend apostrophiert. In diesem verbalen Schlagabtausch hat die Gestalt Calvins einen unbestreitbaren Stellenwert, sogar für die Zeit, als die Beziehungen zwischen dem Reformator und seiner Stadt – wohlgemerkt vor wie nach 1564 – alles andere als einvernehmlich waren. Calvin selbst wäre der Letzte gewesen, Genf als „heilige Stadt" zu bezeichnen, sprach er doch die Einwohner von Genf als „abartiges Volk" an und scheute sich nicht, seine Hörer als „tollwütige Tiere" abzukanzeln. Auch Genf hat eine zwiespältige Erinnerung an den Reformator bewahrt: Man wusste, dass das Ansehen Genfs zu einem großen Teil ihm geschuldet war, man warf aber Calvin gern alles vor, was in Genf missglückte, oder man lastete ihm alles an, was als Beeinträchtigung der Lebensfreude angesprochen werden konnte, auch wenn es anachronistisch war.

Auch heute noch kann es gelegentlich vorkommen, dass die Metapher „Stadt Calvins" von Journalisten herangezogen wird, um einen negativen Aspekt der Genfer Gesellschaft herauszustellen.

▸ Dr. *Michel Grandjean* ist Professor für Geschichte des Christentums an der Theologischen Fakultät der Universität Genf.

Weiterführende Literatur

Dufour, Alain, Le mythe de Genève au temps de Calvin, in: Revue suisse d'histoire 9/4 (1959), 489–518

Guichonnet, Paul (Hg.), Histoire de Genève, Toulouse/Lausanne 1974

Monter, E. William, Calvin's Geneva, Huntington/New York 1975

Fatio, Olivier/Nicollier, Béatrice, Comprendre l'Escalade. Essai de géopolitique genevoise, Genève 2002

Walker, Corinne, Histoire de Genève, Bd. 2: De la cité de Calvin à la ville française (1530–1813), Neuchâtel 2014

Für einen Besuch in Genf

https://www.geneve.com/de
www.musee-reforme.ch/de
http://epg.ch

Hamburg

Stephan Kempe, Johannes Bugenhagen und Johannes Aepinus

von Rainer Postel

Für die hamburgische Geschichte war die Reformation ein einschneidender Vorgang. Dabei vollzog sie sich so schrittweise, dass es schwer fällt, sie auf ein bestimmtes Datum zu fixieren.

Hamburg zu Beginn des 16. Jahrhunderts

Um 1500 war Hamburg mit etwa 14.000 Bewohnern nur gut halb so groß wie Lübeck, das Haupt der Hanse. Wirtschaftliche Krisenerscheinungen hatten hier seit Längerem die sozialen Gegensätze verschärft und im 15. Jahrhundert mehrere Aufstände veranlasst. An ihnen war mehrerlei bemerkenswert:
- Sie waren zumeist getragen von der Mittel- und Oberschicht, erst 1483 auch von Hamburgs besitzloser Unterschicht.
- Ihnen fehlte die letzte Schärfe. Der Rat wurde nie vertrieben, in seinen Rechten beschränkt oder dauerhafter Kontrolle unterworfen.
- Die Unruhen endeten vielmehr stets mit der Verständigung auf einen Rezess, einen Kompromiss, den auch der Rat respektierte. So wurden die Rezesse Grundlage, Instrumente und Symbol der Verständigung und des Stadtfriedens, eine spezifische Verfassungstradition.

Dazu trug bei, dass die soziale Ordnung hier relativ durchlässig war. Auch Zugewanderte konnten es bis zum Bürgermeister bringen – vorausgesetzt, sie gehörten zur kaufmännischen Oberschicht, aus der sich der 24-köpfige Rat selbst ergänzte. Die Bürgerschaft war nach den vier Kirchspielen (St. Petri, St. Nikolai, St. Katharinen, St. Jacobi) in vier getrennte Körperschaften gegliedert, wobei die vollberechtigten „erbgesessenen" (grundbesitzenden) Bürger und Handwerksmeister nur einen Bruchteil der Gesamtbevölkerung ausmachten. An ihrer Spitze standen die

157

jährlich wechselnden „Juraten", bürgerliche Kirchenpfleger; auch wohlhabende Kaufleute setzten sich so für ihr Gemeinwesen ein. Während diese sich gern in den traditionsreichen Gesellschaften der Flandern-, England- und Schonenfahrer zusammentaten, mussten Handwerksmeister „Ämtern" (Zünften) angehören, die der Rat beaufsichtigte.

Kaiser und Reich spielten im Alltag keine Rolle. Der Reichstag hatte Hamburg 1510 zur Reichsstadt erklärt, aber der dänische König bzw. der holsteinische Herzog pochten weiter auf ihre Landeshoheit; die Zugehörigkeit war ungeklärt.

Umso sichtbarer war die Bedeutung der Kirche im Leben der Stadt. Der Dom, die vier Pfarrkirchen, zwei Spitalskirchen, weitere Kapellen, Klöster der Franziskaner und Dominikaner und ein Beginenkonvent bestimmten das Stadtbild. Kirchliches Oberhaupt war der bremische Erzbischof, seit 1511 Herzog Christoph von Braunschweig-Wolfenbüttel, ein ganz ungeistlicher Mann ohne theologische Bildung, der vorzugsweise militärischen und amourösen Eroberungen nachging.

Hamburg war aus seiner Zeit als Bischofssitz ein eigenes Domkapitel geblieben. Da auch der Dompropst sich hier kaum sehen ließ, lag die höchste geistliche Autorität beim Dekan, seit 1508 dem angesehenen Humanisten (und Historiker) Albert Krantz. Das Kapitel – knapp zwei Dutzend Domherren – genoss einträgliche Privilegien und rangierte formal vor dem Rat. Es hielt die geistliche Gerichts- und Strafgewalt und war seinerseits der weltlichen Gerichtsbarkeit entzogen, ebenso die ca. 250 Kleriker der Stadt. Es verfügte über einen umfangreichen Güterbesitz in Holstein/Stormarn und Liegenschaften in der Stadt, beanspruchte auch Hamburgs Pfarrkirchen mit ihren Abgaben und dem Besetzungsrecht. Erträge daraus, Pachteinnahmen und eigene Abgabenfreiheit erlaubten den Kanonikern eine anspruchsvolle Lebensführung.

Kirchliches und weltliches Leben waren eng verknüpft. Kirchen dienten als Versammlungsorte, Kanzeln zum Verlesen von Ratsverordnungen, die Glocken zum Feueralarm. Heiligenbilder zierten Münzen, Stadttore und das Rathausportal, den Ratssaal ein Bild des Jüngsten Gerichts.

Die allgemeine Frömmigkeit schien noch zu wachsen. Davon zeugte die kirchliche Bautätigkeit: 1513 erhielt St. Petri, 1518 St. Nikolai eine Turmspitze. Mess- und Fürsorgestiftungen nahmen zu, der Ablasshandel florierte. In rund hundert geistlichen Bruderschaften wurden – oft berufsbezogene – Schutzheilige verehrt, Fürbitte für tote und Fürsorge für bedürftige Mitglieder geleistet. Die Zahl der Heiligen, ihrer Festtage und der Wallfahrten stieg, ebenso der Reliquienkult. Dabei zeigte die Volksfrömmigkeit manche Elemente des Aberglaubens.

Die Empfänglichkeit für außerkirchliche Vorstellungen wies auch auf ein Ungenügen der Kirche und ihrer Geistlichen hin. Dem entsprach eine teilweise scharfe Kleruskritik. Die Ratshandschrift des Stadtrechts von 1497 zeigt eine Darstellung des Jüngsten Gerichts, auf der mehrere Kleriker zur Hölle fahren.

Die Klagen waren zahlreich und konkret: geringe Bibelfestigkeit, Predigtmängel, Geldschneiderei, Pfründenhäufung bei Vernachlässigung geistlicher Pflichten, Veruntreuungen, Konkubinat, Abgabenfreiheit und Ablehnung bürgerlicher Lasten, eigene Erwerbstätigkeit von Geistlichen, Missbrauch und Kosten ihrer Gerichtsbarkeit, besonders des Banns, sowie Mängel und Kosten des Schulwesens. Seit Jahrzehnten gab es solche Klagen, bald auch Forderungen nach Mitwirkung am Kirchenregiment, besonders bei Pfarrerwahlen.

Solche Kritik war danach nicht Ausdruck wachsender Säkularisierung, vielmehr einer Frömmigkeit, die von Missständen und Verweltlichung der Kirche direkt betroffen war. Krantz hatte dies wohl erkannt. Aber alles Mühen um Abhilfe – Visitationen, Vorschriften und Mahnungen – blieb ein Schlag ins Wasser. Krantz' Tod Ende 1517 bedeutete hier das Ende kirchlicher Reformbemühungen.

Zu Beginn der 1520er Jahre war Hamburgs Kirche in einer deprimierenden Lage. Visitationen gaben ein trübes Bild: abwesende Geistliche, vermisste Wertsachen, veruntreute Pfründen. Dass sich die Dithmarscher Kirche 1523 aus der Hoheit des autoritären Hamburger Kapitels löste, bedeutete den Verlust erheblicher Einkünfte. Sein rapider Ansehensverlust in Hamburg selbst spiegelte sich im Abreißen von Opfern, Stiftungen und Zinszahlungen an die Kirche. Und selbst ein Pfarrer an St. Katharinen geißelte Unfähigkeit, Sittenlosigkeit und Ablasspraxis der Kleriker in scharfen Worten.

Ein Sinnbild geistlichen Verfalls bot der Domscholaster Hinrick Banskow, der sich im Ablasshandel eine goldene Nase verdient, in ganz Norddeutschland einträgliche geistliche Pfründen und Ämter ergattert und mit seiner Haushälterin mehrere Kinder gezeugt hatte. Banskow hatte seine Schule im Nikolai-Kirchspiel bei steigendem Schulgeld so verkommen lassen, dass 1522 massiver Protest losbrach. In zweijährigem Ringen entzogen ihm die Bürger seine Schule und brachten sie dauerhaft in weltliche Verwaltung, während sich der Scholaster nach Lübeck absetzte, ein Vorgang von großer Tragweite. Denn noch im September

Miniatur „Jüngstes Gericht" in der Ratshandschrift des Stadtrechts von 1497. Unten rechts drei tonsurierte Kleriker

Hamburg. Kolorierte Stadtansicht (1572) aus: Georg Braun/Franz Hogenberg, „Civitates orbis terrarum", Bd. 1, Köln 1593
Links unten: St. Nikolai; rechts unten: St. Petri

1522 verbanden sich die Bürger der vier Kirchspiele, um über diesen Anlass hinaus künftig jedem Unrecht von Seiten der geistlichen oder weltlichen Obrigkeit solidarisch entgegenzutreten. Sie gingen mit gestärktem Selbstbewusstsein in die kommenden Auseinandersetzungen.

Stephan Kempe (?–1540) und Johannes Bugenhagen (1485–1558)

Um diese Zeit finden sich auch erste Spuren der neuen Lehre in Hamburg. Bei der Kritik an Geistlichen fiel Luthers Name. Ein lutherischer Wanderprediger trat in Privathäusern auf, attackiert vom Kapitel und von Dominikanern. Überdies eröffnete hier im Herbst 1522 der niederländische Emigrant Simon Korver eine Druckerei, die binnen weniger Monate wenigstens 16 Texte Luthers und seines Umfelds in niederdeutscher und niederländischer Sprache vorlegte, darunter die *Schrift von weltlicher Obrigkeit* (1523), besonders aber eine preisgünstige niederdeutsche Übersetzung des von Luther eben erst auf der Wartburg übersetzten „Septembertestaments". Für kurze Zeit wurde Hamburg so zum Zentrum reformatorischer Propaganda in Norddeutschland.

Im Frühjahr 1523 kam der Franziskanermönch Stephan Kempe in Ordensangelegenheiten nach Hamburg und predigte im Marien-Magdalenen-Kloster in Luthers Sinn. Er erhielt großen Zulauf. Als im Juni seine Abreise anstand, setzten die Bürger bei der Klosterleitung sein Bleiben durch – ein bemerkenswerter Vorgang:

- Kempe war der erste Verkünder der evangelischen Lehre in Hamburg, von anderen Geistlichen angefeindet, vom Rat aber stillschweigend geduldet.
- Erstmals nahmen hier Bürger die „Wahl" eines Predigers in die Hand und bewiesen so zugleich, dass ihre Kirchenkritik auf Kirchlichkeit beruhte.
- Das Kapitel blieb untätig und schien mit materiellen Problemen überhäuft.
- Die Predigt wurde zum wichtigsten Medium der neuen Lehre, ihre Wortbezogenheit stand gegen die Bildbezogenheit der alten Kirche. Dies bestätigte die weitere Entwicklung.

Im Sommer 1524 legte der Pfarrer zu St. Nikolai, Henning Kissenbrügge, sein Amt wegen des Abgabendrucks nieder; er denke nicht daran, für das Kapitel den Jesus zu spielen. Zum Nachfolger berief seine Gemeinde den Wittenberger Stadtpfarrer Johannes Bugenhagen, der offenbar durch Studenten bekannt, des Niederdeutschen mächtig und zur Annahme bereit war. Doch der Rat, der bereits das Wormser Edikt aus Sorge um den Stadtfrieden unterdrückte,

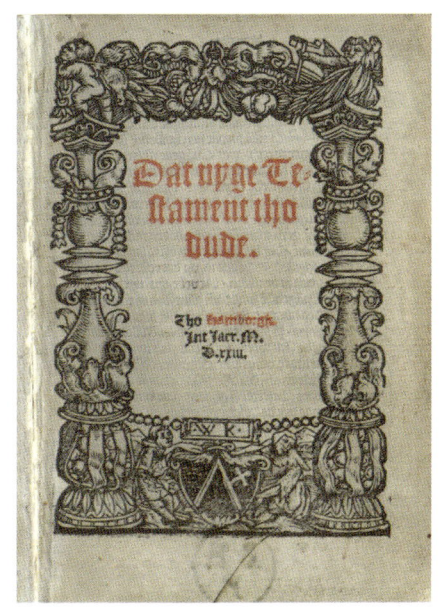

Titelblatt des von Simon Korver gedruckten Neuen Testaments von 1523 in niederdeutscher Sprache. Es beruht auf Luthers Übersetzung des Neuen Testamentes, deren erste Auflage im September 1522 in Wittenberg erschienen war

161

hintertrieb die Wahl und hielt Kissenbrügge im Amt. Bugenhagen bedauerte. Er nahm an der hamburgischen Entwicklung weiter starken Anteil und schrieb für die Hamburger 1525 seinen Sendbrief *Vom Christenglauben*, ein Buch, in dem er seine evangelische Theologie darlegte und das auf deren Durchsetzung nicht nur in Hamburg großen Einfluss nahm.

Inzwischen war die reformatorische Bewegung hier nicht mehr aufzuhalten. Ihre Träger entstammten vor allem dem kaufmännischen Bürgertum, darunter mehrere Juraten. Sie waren wohlhabend, gebildet und lesefähig. Der Rat, um Ruhe und Sicherheit bemüht, suchte zu beschwichtigen. Er gebot, nicht über Glaubensfragen zu streiten, sondern vorschriftsmäßig zu predigen, und nahm den scharfen Mandaten des Kaisers und des jüngsten Hansetags die antireformatorische Spitze. Ein Fehlschlag. Die Verschuldung seiner Kämmerei und kostspielige Bauvorhaben (eine Kanalverbindung nach Lübeck) ermutigten die Bürger zu weitreichenden Forderungen: Das Kapitel sollte für die Kosten des jüngsten Banns und die Pfarrkirchenabgaben Entschädigung leisten. Die Geistlichen, ihre Vermögen und die Bruderschaften sollten besteuert, Laienpatronate gesichert werden. Pfarrer sollten von Bürgern gewählt und die Dominikanermönche, die als katholische Scharfmacher galten, ausgewiesen werden. Das war ein Katalog aufgestauter Beschwerden und Wünsche, unter denen die Pfarrerwahl durch die Gemeinde als vorrangiges Anliegen erschien. Er zeigte zugleich die enge Verknüpfung reformatorischer und politisch-materieller Forderungen.

Als Kissenbrügge Ende 1525 die Nikolaikirche endgültig räumte, setzten die Bürger aller Kirchspiele 1526 gegen starken Widerstand des Rates den Magdeburger Lutheraner Johann Zegenhagen als Nachfolger durch. Wenige Monate später gab der Pfarrer zu St. Jacobi auf; er wolle lieber Schweine hüten als weiter Pfarrer sein. Die Bürger setzten darauf den Lutheraner Johann Fritze an dessen Stelle, bei schon schwächerer Gegenwehr des Rates. Als 1527 Stephan Kempe die Pfarre zu St. Katharinen übertragen wurde, gab es bereits keine Schwierigkeiten mehr. Damit wirkten – noch vor der formellen Durchsetzung der Reformation – an drei der vier Hauptkirchen lutherische Pastoren. Nach Luthers Vorbild heiratete jeder von ihnen alsbald eine ehemalige Nonne.

Während das Kapitel in scheinbarer Agonie verharrte, leistete auch der Rat keinen Widerstand mehr. Seine Predigtmandate zielten eher auf Frieden und Sicherheit in der Stadt als auf den Erhalt der alten Lehre. Er konnte sich dabei auf den jüngsten Speyerer Reichsabschied berufen. Wachsende Reibungen zwischen den alten und neuen Geistlichen, besonders in der Abendmahlsfrage, nötigten ihn gleichwohl zum Handeln. So veranlasste er darüber im Mai 1527 eine Disputation der geistlichen Kontrahenten, welche die Lutherischen als Überlegene sah. Mit der Ausweisung eines allzu hitzigen lutherischen Kaplans suchte der Rat aber auch die Gemüter zu beruhigen.

Ihr Erfolg ermutigte die Evangelischen. Im August 1527 errichtete das Nikolai-Kirchspiel nach dem Vorbild Luthers und Bugenhagens einen Gotteskasten. Die bisherigen Einrichtungen kirchlicher Sozialfürsorge waren verstreut und unzulänglich; sie folgten dem Prinzip der Werkheiligkeit, nicht dem Bedarf. Hier dagegen entstand eine aus milden Gaben gespeiste Kasse zur Versorgung Armer und Kranker, geführt von zwölf bürgerlichen Diakonen, die künftig auch bei der Wahl von Pfarrern und Schulmeistern mitwirken sollten. Die Kastenordnung, bis zum Jahresende auch in den übrigen Kirchspielen eingeführt, war ein eindrucksvolles Zeugnis christlich-genossenschaftlicher Motive der reformatorischen Bewegung.

Bild des Gotteskastens des Nikolai-Kirchspiels. Vorsatzblatt aus der Gotteskastenordnung von 1527

Die kirchliche und die politische Neuordnung Hamburgs 1528/1529

Der Rat, in dem es inzwischen Sympathien für die neue Lehre gab, passte sich der Lage rasch an. Bei Neuwahlen im März 1528 nahm er nach heftigem Streit statt der vorgesehenen Altgläubigen vier Lutherische auf. Damit behauptete sich seine traditionell vermittelnde Haltung und wurden die Weichen für einen friedlichen Fortgang der Reformation und der mittlerweile aufgekommenen Verfassungsdiskussion gestellt. Doch eine unnachgiebige Ratsminderheit stand in Kontakt mit einer altgläubigen Widerstandsgruppe im Johanniskloster der Dominikaner. Gerüchte wussten von finsteren Mord- und Umsturzplänen, für die es kaum Beweise gab. Sie zeigten aber die erregte Stimmung, die von scharfer Kanzelpolemik weiter aufgeheizt wurde. Die Sicherheit schien bedroht.

So richtete der Rat zur Herstellung einheitlicher Predigt und zur Beruhigung der Öffentlichkeit am 28. April 1528 auf dem Ratssaal eine zweite große Disputation der Geistlichen beider Lager aus, die von Tausenden gespannt verfolgt wurde. Allerdings nahm er die notwendige Entscheidung praktisch vorweg, als er eingangs die Bibel zur alleinigen Richtschnur erklärte. Tatsächlich war der Sieg der

Lutherischen eindeutig. Die fünf hartnäckigsten Kleriker wurden ausgewiesen, andere gingen freiwillig.

Damit war die Reformation hier Schritt für Schritt, Kirchspiel für Kirchspiel und insgesamt ohne Gewalt durchgesetzt worden. Was nicht bibelgemäß war, wurde abgeschafft: katholische Zeremonien, Messen und Feiertage; die Klöster wurden aufgehoben, den Mönchen der Übertritt ins weltliche Leben erleichtert oder ein Gnadenbrot gewährt; freitags und zur Fastenzeit wurde Fleisch verkauft. Im Juli 1528 erhielt endlich auch St. Petri einen lutherischen Pfarrer, Johann Boldewan, einen Freund Bugenhagens.

Während sich das Kapitel anschickte, bei Kaiser und Reichskammergericht um verlorene Rechte und Besitztümer zu kämpfen, berief der Rat nun Johannes Bugenhagen selbst, den er vor vier Jahren noch abgelehnt hatte und der eben erst den Braunschweigern ihre Kirchenordnung gegeben hatte. Im Oktober feierlich empfangen, begann dieser sogleich die Arbeit an der hamburgischen Kirchenordnung und entfaltete eine intensive Predigttätigkeit.

Gleichzeitig begannen die politischen Verhandlungen über bürgerliche Mitsprache sowie über Rechts- und Wirtschaftsfragen mit dem Rat, wozu die Kirchspiele ihren je zwölf Diakonen je 24 Subdiakone beiordneten (zusammen also 144 Bürgervertreter). Bereits im September hatten sie mit einer gemeinsamen „Hauptkiste" eine zentrale Verwaltung ihrer vier Gotteskästen errichtet und zwölf „Oberalten" unterstellt, den drei „ältesten" Diakonen jedes Kirchspiels. Diese wurden damit – neben ihren Fürsorgeaufgaben – zur ersten gesamtstädtischen Bürgervertretung, in der Folge die Spitze der drei „Bürgerlichen Kollegien" (12 Oberalte, 48 Diakone, 144er).

So vollzogen sich gleichzeitig die kirchliche und die politische Neuordnung Hamburgs. Beide gelangten im Frühjahr 1529 zum Abschluss. Am Ende der politischen Verhandlungen stand der „Lange Rezess" (16. Februar). Er setzte in 132 Artikeln die innerstädtische Verständigungtradition fort. Der Rat hielt an seinem Selbstergänzungsrecht fest und lehnte die Offenlegung seiner defizitären Finanzen und seiner Eide ab. Doch neben diversen rechtlichen und wirtschaftlichen Vereinbarungen gestand er den Kollegien Mitsprache in verschiedenen Rechtsfragen, bei der Novellierung der Rechtsbücher und bei der wichtigen Getreideversorgung zu. Vor allem aber wurden die Kollegien – namentlich die Oberalten – zum Kontrollorgan gegenüber dem Rat und zur Mittlerinstanz zwischen ihm und den Bürgern. Da die Oberalten dem Rat sozial nahestanden, zielten die neuen bürgerlichen Mitspracherechte vor allem auf die Stabilisierung der innerstädtischen Verhältnisse – mit Erfolg.

Der Lange Rezess setzte bereits die Kirchenordnung Bugenhagens in Kraft, die erst am 23. Mai verkündet wurde, wiederum eine Verklammerung kirchlichen und weltlichen Lebens. Sie bot die für Bugenhagen typische Dreiteilung in Schulwesen, Kirche und Diakonie. Die Schulordnung betraf zunächst die neue Lateinschule im bisherigen Johanniskloster, aber auch Pläne für ein Lektorium und eine Bibliothek, und entwickelte detaillierte Lehrpläne. Die kirchlichen Abschnitte regelten die Pastorenwahl und trugen der neuartigen Bedeutung der Predigt als Mittelpunkt des Gottesdienstes Rechnung. Sie enthielten auch lokale Konzessionen, indem Bugenhagen den Hamburgern das traditionelle Fest der Hl. Cäcilie und den Brauch beließ, Kinder bekleidet zu taufen. Die Bestimmungen zur Diakonie fassten das Erreichte zusammen. Sie wiesen den Gotteskästen auch den stattlichen Besitz der Spitäler, Bruderschaften und milden Stiftungen zu und sahen für die Besoldung von Geistlichen und Lehrern einen „Schatzkasten" vor, gespeist aus ehemaligen Kirchengütern und geistlichen Pfründen. Dieser kam jedoch nicht zustande, weil der vom Kapitel inzwischen angestrengte Restitutionsprozess vor dem Reichs-kammergericht den Zugriff auf die Kirchengüter verhinderte. Alte Kleriker durften ihre Pfründe als Leibrente genießen.

Das Kapitel sträubte sich weiter, den Dom der neuen Ordnung zu unterwer-fen, so dass der Rat ihn schließen ließ, der auch einen hartnäckig katholischen Bürgermeister kaltstellte. Unnachgiebig blieb das Zisterzienserinnenkloster Har-vestehude vor den Toren der Stadt, das der Versorgung vornehmer Bürgertöchter diente. Sein Abriss durch aufgebrachte Bürger im Frühjahr 1530 blieb der einzige Gewaltakt während der hamburgischen Reformation. Deren friedlichen Verlauf lobte selbst Melanchthon: „In diesen bewegten Zeiten war in jener Gegend keine Stadt ruhiger, weil ihre Bürger besonders besonnen sind."

Johannes Aepinus (1499–1553)

Die Kirche wurde auf ihre ursprünglichen Aufgaben der Seelsorge und Heilsver-mittlung zurückgeführt, ihre bisherige Hierarchie aufgehoben. Die tiefe Krise kirchlicher Autorität bewirkte auch eine Sensibilisierung der Gläubigen für inner-kirchliche Spannungen. Dies gab späteren Lehrstreitigkeiten rasch Brisanz. Das Kirchenwesen wurde der Aufsicht des Rates unterstellt, der auch über dem neuen Superintendenten stand. Dieses höchste Kirchenamt der Stadt wurde 1532 dem Brandenburger Johannes Aepinus übertragen, der zuvor Pfarrer zu St. Petri gewe-sen war und 1525 in Stralsund die erste evangelische Kirchenordnung überhaupt verfasst hatte. Aepinus' Autorität in dogmatischen Fragen (Wiedertäufer, Augs-burger Interim u. a.) verschaffte Hamburg in der Folge eine gewisse kirchliche Führungsrolle unter den norddeutschen Hansestädten.

Der Restitutionsprozess vor dem Reichskammergericht endete erst 1561 mit einem Vergleich, der dem Kapitel seine materiellen Besitztümer beließ, dem Rat aber die Hoheit über die Kirchenlehre. So war der Rat durch die Reformation gestärkt, wozu die lutherische Obrigkeitslehre durchaus beitrug. Gestärkt war

165

Johannes Aepinus. Porträt aus: Johann Agricola, „Warhaffte Bildnis etlicher gelarten Menner", Wittenberg 1562

auch die Bürgerschaft, deren politische und kirchliche Mitspracherechte durch die neuen Kollegien bis ins 19. Jahrhundert Bestand hatten und noch erweitert wurden, als 1563 die defizitäre Kämmerei in bürgerliche Verwaltung gelangte.

Darin spiegelten sich allerdings auch die Belastungen, welche die Reformation mit sich brachte, der jahrzehntelange Prozess, der teure Beitritt zum Schmalkaldischen Bund und die noch höheren Kosten des Schmalkaldischen Krieges (1546/47). Doch während die Hanse auch wegen der Erschütterungen der Reformationszeit – Lübecks Kriege, das Münstersche Täuferreich, Bremens Calvinismus, Kölns Festhalten am Katholizismus – allmählich verfiel, stieg Hamburg weiter auf. Es wurde zum Ziel niederländischer Glaubensflüchtlinge, englischer Kaufleute und jüdischer Immigranten. Die pragmatische Politik des hamburgischen Rates führte auch zur Abkehr von überlebten Hanseprinzipien und nutzte die Wirkungen der Reformation zum Vorteil der Stadt.

▸ Dr. *Rainer Postel* war Professor für Sozial- und Wirtschaftsgeschichte unter besonderer Berücksichtigung der Frühen Neuzeit an der Helmut-Schmidt-Universität/Universität der Bundeswehr Hamburg.

Weiterführende Literatur

REINCKE, HEINRICH, Hamburg am Vorabend der Reformation. Aus dem Nachlaß hg. von Erich von Lehe, Hamburg 1966 (Arbeiten zur Kirchengeschichte Hamburgs 8)

POSTEL, RAINER, Reformation und Gegenreformation, 1517–1618, in: Hans-Dieter Loose (Hg.), Hamburg. Geschichte der Stadt und ihrer Bewohner, Bd. 1, Hamburg 1982, 191–258

POSTEL, RAINER, Die Reformation in Hamburg. 1517–1528, Gütersloh 1986 (Quellen und Forschungen zur Reformationsgeschichte 52)

Für einen Besuch in Hamburg

www.hamburg-tourism.de
www.hamburgmuseum.de
www.kirche-hamburg.de

Heidelberg

Petrus Dathenus und Zacharias Ursinus

von Christoph Strohm

Gleich zu Beginn der Reformation kam es in Heidelberg zu einem folgenreichen Ereignis. Luther hatte Ende Oktober 1517 mit seinen 95 Thesen gegen die Ablasspraxis eine hitzige Debatte ausgelöst. Die Thesen wurden rasch nachgedruckt, und Luther sah sich gezwungen, sie Anfang des Jahres 1518 in deutscher und lateinischer Sprache eingehender zu erläutern. Da Luther Angehöriger des Ordens der Augustinereremiten war, konnten die heftigen Auseinandersetzungen um die Thesen nicht ohne Folgen für den Orden bleiben. Luther wurde aufgefordert, seine Anliegen auf der nächsten Tagung des Kapitels der Reformkongregation des Ordens in Heidelberg zu erläutern. So kam es am 26. April 1518 zu einem denkwürdigen Auftritt Luthers im Hörsaal der Artistenfakultät, am heutigen Universitätsplatz. Da das Interesse unter den Angehörigen der Universität so groß und das Augustinerkloster zu klein war, wich man dorthin aus.

Eine Disputation, die Aufsehen erregte

Und Luther enttäuschte nicht. Pointiert und grundsätzlich wie noch nie zuvor formulierte er seine Kritik an der damaligen Theologie. Gleich in der ersten These seiner Heidelberger Disputation sprach er einen Satz aus, der Anstoß erregen musste: „Das Gesetz Gottes, die allerheilsamste Lehre des Lebens, kann den Menschen nicht zur Gerechtigkeit bringen, sondern steht dem vielmehr entgegen." Und weiter in der zweiten und dritten These: „Viel weniger können es die Werke des Menschen [...]. Die Werke der Menschen sehen zwar immer schön aus und scheinen gut zu sein, es ist jedoch beweisbar, dass sie Todsünden sind." Natürlich wusste Luther, dass eine solche Rede moralisch gesehen Unsinn ist. Ihm ging es

167

Diese runde Bronzeplatte im Pflaster des Universitätsplatzes markiert die Stelle, an der Martin Luther am 25./26. April 1518 seine Thesen öffentlich zur Disputation stellte

aber darum, in aller Schärfe deutlich zu machen, dass theologisch gesehen Werke nur dann gut sind, wenn sie aus Glauben geschehen. Glauben bedeutete für Luther, sich auf die Barmherzigkeit Gottes angewiesen zu wissen und auf ihn, nicht auf sich selbst zu vertrauen. Die Dramatik und Tragik der Sünde ist, dass der Mensch unaufhörlich auf sich selbst fixiert ist und sich an die Stelle Gottes setzt. Das Eigentliche der Sünde, die am Leben hindert, ist der Hochmut, und das Gegenteil davon ist der Glaube, der demütig auf Gott vertraut. Das war ein ganz anderer Ton als der, den man in der spätmittelalterlichen Kirche zu hören gewohnt war.

Unter den jungen Zuhörern lösten Luthers Thesen begeisterte Zustimmung aus. Die wichtigsten späteren Reformatoren Südwestdeutschlands hörten dem Wittenberger Mönch zu und wurden durch die Heidelberger Disputation für seine Sache gewonnen: neben Martin Bucer, der ab 1523 in Straßburg wirkte, auch die Reformatoren Württembergs, Johannes Brenz und Erhard Schnepf, sowie der Reformator der Reichsstadt Ulm, Martin Frecht.

Zögerliche Anfänge der Reformation

Es dauerte jedoch noch recht lange, bis sich Heidelberg und die Kurpfalz der Reformation anschlossen. Die Religionspolitik der Herrscher war lange Zeit durch eine eigenartige Mischung aus Förderung, Verbot und Toleranz gekennzeichnet. Kurfürst Ludwig V. verfolgte in den zwanziger und dreißiger Jahren noch keine reformatorische Politik. Zugleich schritt er aber auch nicht gegen kirchliche Neuerungen ein. Sein Bruder Friedrich II., seit 1544 Kurfürst, ging mit seiner Unterstützung der Reformation weiter. Im Jahr 1545 erließ er eine erste Kirchenordnung, der zufolge die Messe in deutscher, nicht mehr in lateinischer Sprache zu halten und der Heiligenkult einzuschränken war. Gleichwohl suchte er weiterhin zwischen dem katholischen Kaiser und den evangelischen Fürsten zu vermitteln.

In eben diesen Jahren rüstete sich der Kaiser zu einer militärischen Lösung des Protestanten-Problems. 1547 wurden die Führer der evangelischen Bewegung vernichtend geschlagen. Im darauffolgenden Jahr bekamen sie mit dem Augs-

Heidelberg. Kolorierte Stadtansicht aus: Georg Braun/Franz Hogenberg, „Civitates orbis terrarum", Bd. 1, Köln 1593
Links unten: das Schloss; rechts unten: die Heiliggeistkirche

burger Interim ein Religionsgesetz aufgezwungen, das die Errungenschaften der Reformation weitgehend rückgängig zu machen suchte. Damit waren die Versuche, die Reformation in der Kurpfalz einzuführen, erst einmal beendet.

Reformationsordnung unter Ottheinrich 1556

Das Blatt wendete sich jedoch bald zugunsten der Protestanten. Im Augsburger Religionsfrieden von 1555 wurde es den Reichsständen freigestellt, beim hergebrachten Glauben zu bleiben, oder die Reformation im Sinne des Augsburger Bekenntnisses von 1530 einzuführen. In der Kurpfalz ermöglichte dies eine rasche Etablierung der Reformation. Im Jahre 1556 war Pfalzgraf Ottheinrich von der pfalz-neuburgischen Nebenlinie Kurfürst geworden und nahm sogleich eine

Kurfürst Ottheinrich, der „Reformator"
der Kurpfalz. Porträt aus dem „Thesaurus
Picturarum" von Marcus zum Lamm

obrigkeitliche Reformation in Angriff. Unmittelbar nach dem Antritt seiner Herrschaft in der Kurpfalz wies er am 16. April 1556 die Amtsleute in einem Reformationsmandat an, Lehre und Ordnung der Kirche entsprechend der Heiligen Schrift und dem Augsburger Bekenntnis zu gestalten. Das bedeutete, dass „falscher Gottesdienst abgestellt" und die „päpstliche Messe" mit der Austeilung des Abendmahls unter einer Gestalt verboten wurde. Kurze Zeit später erließ Ottheinrich eine allgemeine Kirchenordnung. Damit war eine maßvolle lutherische Reformation in Gang gesetzt, die sich zwar klar gegen katholische Fehlentwicklungen abgrenzte, zugleich aber Täufern und anderen Vertretern des linken Flügels der Reformation relativ tolerant gegenübertrat.

Nicht nur in der regionalen Nähe, sondern auch in persönlichen Intentionen Ottheinrichs lag eine Annäherung an die oberdeutsche Reformation begründet. In Straßburg und anderen Städten Südwestdeutschlands war man, ähnlich wie in Basel und Zürich, aufs Stärkste humanistischen Anliegen verpflichtet. Das bedeutete, dass man die geistig-geistliche Dimension des christlichen Glaubens wider alle Tendenzen von Aberglauben betonte. Auch war man an den moralischen, das Leben bessernden Folgen des Glaubens interessiert und grundsätzlich kritisch gegen alles Mönchisch-Klerikale. Ausdruck fand die Annäherung der Kurpfalz an die oberdeutsche Reformation in einem am 14. Oktober 1557 ergangenen und am 14. Dezember 1557 wiederholten Mandat über die Entfernung der Bilder und Nebenaltäre aus den Kirchen. Vorerst wurden nur einige wenige Klöster aufgelöst, so z. B. das Kloster Lorsch. Dessen wertvolle Bibliothek wurde der kurfürstlichen Bibliothek einverleibt und bildete den Grundstock der berühmten „Bibliotheca Palatina". In den folgenden Jahrzehnten kamen Gelehrte aus halb Europa nach Heidelberg, um die auf den Emporen der Heiliggeistkirche aufgestellten Bücher und Manuskripte zu konsultieren.

Im Herbst 1557 berief der Kurfürst auf Empfehlung Philipp Melanchthons den aus Rostock vertriebenen Tileman Heshusen als Pfälzer Generalsuperintendenten. Neben diesem Amt und den ihm unterstellten Spezialsuperintendenten wurde ein Kirchenrat als Leitungsgremium der kurpfälzischen Kirche eingesetzt. Diesem kam bei der weiteren Ausgestaltung der Reformation in der Kurpfalz und dem Übergang zum calvinistisch-reformierten Protestantismus eine entscheidende Rolle zu.

Übergang zum reformierten Protestantismus 1559–1576

Mit dem Tod Ottheinrichs am 12. Februar 1559 endete die alte Kurlinie. Sein Nachfolger Friedrich III. entstammte der Linie Pfalz-Simmern und war beim Antritt der Herrschaft bereits 45 Jahre alt. Er galt seit Mitte der vierziger Jahre als Luthe-

raner und war an den Höfen von Nancy, Lüttich und Brüssel erzogen worden. Schon unter den Vorgängern gab es Verbindungen der Kurpfalz in den westeuropäischen Raum, die sich jetzt verstärkten. Anfangs schien Friedrich III. die Kirchenpolitik seines Vorgängers mit der klaren Abgrenzung gegenüber dem Katholizismus und einer Offenheit für die oberdeutsche Reformation ohne große Veränderungen fortzusetzen. Mehrere Faktoren führten jedoch bald zu einer Hinwendung zum reformierten Protestantismus. Am Anfang standen Auseinandersetzungen um die an der Heidelberger Heiliggeistkirche vertretene Abendmahlslehre im Jahre 1559. Zu deren Eskalation trugen die beiden wenig kompromissfähigen Hauptkontrahenten wesentlich bei. Der junge Wilhelm Klebitz, im Januar 1558 von Ottheinrich als Diakon bzw. Hilfsprediger an der Heiliggeistkirche angestellt, hatte zwinglianisch erscheinende Abendmahlsdeutungen vertreten. Dies fand

Kurfürst Friedrich III. mit seinen beiden Ehefrauen: links seine erste Frau Maria, Tochter des Markgrafen von Brandenburg-Kulmbach, rechts seine zweite Frau, Gräfin Amalie von Neuenahr. Zeichnung aus dem „Thesaurus Picturarum" von Marcus zum Lamm

171

den heftigsten Widerspruch Heshusens. Ein obrigkeitliches Gebot konnte weitere gegenseitige öffentliche Beschimpfungen nicht verhindern. So wurde die Amtsenthebung der beiden Kontrahenten unumgänglich. Der Kurfürst konnte schließlich auch die Unterstützung Melanchthons, der noch kurz vor seinem Tod ein positives Gutachten zusandte, für seinen Kurs erlangen.

Diesen Auseinandersetzungen kam beim Übergang der Kurpfalz zum reformierten Protestantismus insofern eine katalytische Bedeutung zu, als das harsche Auftreten Heshusens beim Kurfürsten und anderen in seiner Umgebung Abgrenzungen von dieser Art lehrgesetzlichen Luthertums provozierte. Noch wichtiger für den Übergang der Kurpfalz zum reformierten Protestantismus war die wachsende Präsenz von Wallonen und Hugenotten aus Westeuropa, die als Flüchtlinge in

Petrus Dathenus. Porträt gestochen von Aart Schouman nach einer Vorlage aus dem 16. Jahrhundert, 1755

die Kurpfalz kamen. Dadurch kam es zu einer verschärften Abgrenzung gegenüber katholischen Lehren. Innerhalb weniger Jahre gelangte eine Vielzahl von Theologen, Juraprofessoren und Räten, die entweder selbst aus Westeuropa stammten bzw. dort studiert hatten oder in irgendeiner Weise von den Protestantenverfolgungen in England, den spanischen Niederlanden und Frankreich betroffen waren, in führende Stellungen in der Kurpfalz. Am 22. Februar 1560 wurde der Trierer Jurist und Theologe Caspar Olevian an der Universität immatrikuliert und im gleichen Jahr auch Mitglied des kurpfälzischen Kirchenrats. Er übernahm ferner die Leitung des im November 1556 eröffneten Sapienzkollegs sowie am 8. Juli 1561 die dritte Professur (Dogmatik) an der Theologischen Fakultät. Olevian hatte seit 1549/50 in Paris und Orléans und seit 1556 in Bourges die Rechtswissenschaften studiert und war im März 1558 zum Theologiestudium nach Genf und später nach Zürich gewechselt. Er hatte durch den Entwurf der im November 1563 publizierten pfälzischen Kirchenordnung und anderer Ordnungen sowie die Tätigkeit im Kirchenrat einen maßgeblichen Anteil am Übergang der Kurpfalz zum calvinistisch-reformierten Protestantismus.

172

Ein eindrucksvolles Zeugnis der wallonischen Präsenz in Heidelberg ist die schöne Renaissancefassade am „Haus zum Ritter", das der Tuchhändler Carolus Bélier (deutsch: „Widder") aus Tournai im Jahr 1592 erbauen ließ

173

Die Präsenz der Protestantenverfolgungen Westeuropas in der kurpfälzischen Politik und im Leben an Hof und Universität in Heidelberg verstärkte sich durch die Ansiedlung von Flüchtlingsgemeinden in ehemaligen Klöstern. Vor allem der vor den Verfolgungen in Flandern geflohene Prediger Petrus Dathenus (1531/32–1588), der am 3. Juni 1562 mit ungefähr sechzig Familien im ehemaligen Kloster Frankenthal eine Heimat fand, wurde schnell zu einem wichtigen theologischen Berater des Kurfürsten. Nachdem Dathenus 1566 noch einmal für kurze Zeit in die Niederlande zurückgekehrt war, wurde er von 1569/70 bis zum Tod des Kurfürsten 1576 dessen Hofprediger und erlangte entscheidenden Einfluss auf die kurpfälzische Konfessionspolitik. Bereits im Jahr 1564 gehörte er zu den engsten theologischen Beratern des Kurfürsten. Noch in den sechziger Jahren folgte die Ansiedlung weiterer Flüchtlingsgemeinden im ehemaligen Zisterzienserkloster Schönau sowie in Otterberg und Lambrecht.

Dathenus und andere westeuropäische Glaubensflüchtlinge übten einen maßgeblichen Einfluss auf die in Heidelberg residierenden Kurfürsten aus. Man nahm Anteil am Schicksal der in der westeuropäischen Heimat verfolgten Glaubensbrüder und -schwestern. So war es konsequent, dass sich Heidelberg immer mehr zum Zentrum einer Politik entwickelte, die der habsburgisch-katholischen Bedrohung eine starke Allianz der protestantischen Mächte Westeuropas und des deutschen Reichs – schließlich auch unter Einschluss Englands – entgegenzustellen suchte. Die Kehrseite dieses Bemühens war die wachsende Entfremdung von den lutherischen Mächten.

Diejenigen, die sich als profilierte Anhänger Luthers diesen Entwicklungen entgegenstellten, verloren bereits Anfang der sechziger Jahre ihren Einfluss und dann auch ihre Stellung. Diejenigen, die einen moderateren, an Melanchthon orientierten Standpunkt vertraten, gerieten angesichts der dominanten Ausrichtung am geistigen, politischen und militärischen Bündnis mit den westeuropäischen Glaubensbrüdern in die Defensive. Als wichtigster Vertreter dieser Richtung ist wohl Zacharias Ursinus (1534–1583) zu nennen. Der aus Schlesien Stammende wurde im Herbst 1561 als Nachfolger Olevians an das Sapienzkolleg berufen und war seit August 1562 als Inhaber der dritten Lektur (Dogmatik) tätig. Zwar hatte auch Ursinus vom Herbst 1557 bis zum Frühjahr 1558 neben dem Studium in Zürich eine Studienreise nach Frankreich und Genf unternommen, prägend blieb jedoch das Studium bei Melanchthon in Wittenberg. Die Kritik an der Ausrichtung der kurpfälzischen Politik auf die westeuropäischen Konflikte ist in seinem Briefwechsel belegt. Im Mai 1568 ließ Ursinus dem Kurfürsten eine Denkschrift zukommen, in der er über dessen unerbetene Einmischung in die französischen Kriege Klage erhebt und zugleich die Vernachlässigung der inneren kirchlichen Angelegenheiten kritisiert.

Ursinus kam als Dogmatik-Professor die Aufgabe zu, die angestrebte konfessionelle Orientierung durch die Abfassung eines Katechismus zu stützen. Der von ihm unter Mitwirkung Olevians und anderer kurpfälzischer Theologen erarbeitete und 1563 gedruckte „Heidelberger Katechismus" wurde nicht nur in der Kurpfalz in Geltung gesetzt, sondern durch Dathenus schnell auch im niederländischen Protestantismus verbreitet. Er vereinbarte melanchthonisch-vermittelnde Gesichtspunkte mit der scharfen Abgrenzung gegen die römische Lehre, wie sie die westeuropäischen Glaubensflüchtlinge mit ihren Verfolgungserfahrungen vertraten. Gerade weil sich die unterschiedlichen Richtungen des reformierten Protestantismus in ihm wiederfinden konnten, war ihm eine schnelle und ganz außerordentliche Wirkungsgeschichte auch weit über Europa hinaus beschieden.

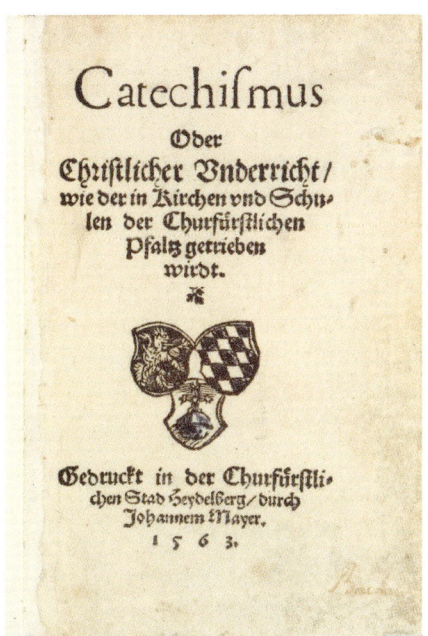

Der „Heidelberger Katechismus". Titelblatt der dritten, maßgeblichen Auflage, Heidelberg 1563

Die japanische und singalesische Übersetzung des Heidelberger Katechismus. Titelblätter

Auch war er in Inhalt und Form so gestaltet, dass er nicht allein als Unterrichtsbuch wirken konnte. Er wurde ebenso als zusammenfassende Darstellung der christlichen Lehre gelesen und diente in diesem Sinn als Bekenntnis, das Orientierung über wahre und falsche Deutungen gab. Ferner hat der Heidelberger Katechismus eine reiche Wirkungsgeschichte als Erbauungs-, Trost- und Gebetbuch entfaltet. Bis heute trägt er den Namen Heidelbergs in die Welt hinaus, denn noch immer wird er in Europa, Asien, Afrika und Amerika als Bekenntnistext hoch geschätzt.

▸ Dr. *Christoph Strohm* ist Professor für Reformationsgeschichte und Neuere Kirchengeschichte an der Ruprecht-Karls-Universität Heidelberg.

Weiterführende Literatur

WOLGAST, EIKE, Reformierte Konfession und Politik im 16. Jahrhundert. Studien zur Geschichte der Kurpfalz im Reformationszeitalter, Heidelberg 1998

STROHM, CHRISTOPH u. a. (Hg.), Heidelberg und die Kurpfalz, Leipzig 2013 (Orte der Reformation, Journal 6)

STROHM, CHRISTOPH/STIEVERMANN, JAN (Hg.), Profil und Wirkung des Heidelberger Katechismus. Neue Forschungsbeiträge anlässlich des 450-jährigen Jubiläums. The Heidelberg Catechism: Origins, Characteristics, and Influences: Essays in Reappraisal on the Occasion of its 450th Anniversary, Gütersloh 2015

Für einen Besuch in Heidelberg

www.heidelberg-marketing.de
www.schloss-heidelberg.de
www.museum-heidelberg.de
www.ekihd.de

Herborn

Caspar Olevian

von Tobias Sarx

Herborn ist eine kleine und beschauliche Stadt, gelegen am Rand des Westerwalds. Auf den ersten Blick ahnt man nicht, dass um 1600 epochale Druckerzeugnisse von hier in viele europäische Zentren der Macht geliefert wurden. Das um 1570 erbaute Haus der Corvin'schen Druckerei befindet sich bis heute neben der evangelischen Stadtkirche, deren Geschichte noch weiter zurück bis ins Mittelalter reicht. Auch das Gebäude der Hohen Schule inmitten der wunderschön sanierten historischen Altstadt sieht im Vergleich zu Universitätsbauten der Reformationszeit eher bescheiden aus. Und doch lehrten und lernten hier Personen, deren Strahlkraft weit über Deutschland hinausreichte und, wie im Fall des Pädagogen Johann Amos Comenius, bis heute andauert.

Einführung der Reformation in Nassau-Dillenburg

Zu Lebzeiten der großen Reformatoren Luther, Melanchthon, Zwingli und Calvin gehörte Herborn zur Grafschaft Nassau-Dillenburg. Die Regierungsgeschäfte führte seit 1516 Graf Wilhelm der Reiche. Bereits früh zeigte er Interesse an den Lehren Luthers. 1518, also nur wenige Monate nach dessen Thesenanschlag, untersagte Wilhelm den Ablasshandel in seinem Territorium. Darüber hinaus blieb er mit Reformmaßnahmen allerdings zurückhaltend. Er scheute den Konflikt mit Kaiser Karl V., der sich als Hüter der katholischen Kirche verstand und seit dem Reichstag zu Worms 1521 reformatorische Tätigkeiten in den deutschen Territorien zu unterbinden versuchte. Wilhelm der Reiche war in Worms ebenfalls anwesend. Allerdings nicht, um Luther und die von ihm vertretene neue Lehre zu unterstützen, sondern um einen Erbkonflikt mit dem benachbarten hessischen

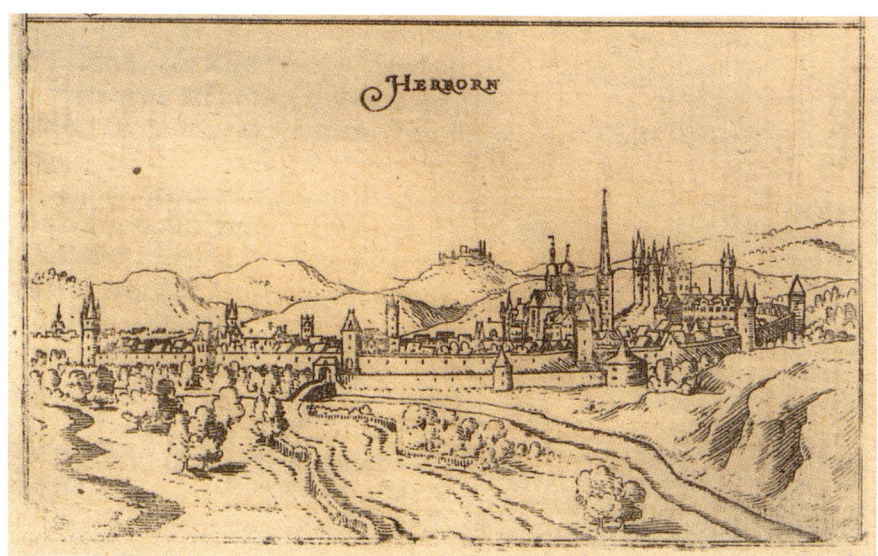

Herborn, Stadtansicht aus: Wilhelm Dilich, „Hessische Chronica", Kassel 1605, nach einer Vorlage, die bereits zwischen 1570 und 1584 entstand

Dillenburg. Kolorierte Ansicht aus: Georg Braun/Franz Hogenberg, „Civitates orbis terrarum", Bd. 6, Köln 1618. Ausschnitt

Landgrafen zu klären. Dazu war er auf die Gunst des Kaisers angewiesen, sodass ein offenes Bekenntnis zur evangelischen Sache seine Erfolgschancen in dem Konflikt entscheidend verringert hätte.

1529 berief Wilhelm der Reiche den lutherisch gesinnten Heilmann Bruchhausen von Crombach als Hofkaplan nach Dillenburg, verzichtete aber vorerst noch auf eine offizielle Einführung der Reformation in seinem Territorium. Erst als auf dem Reichstag zu Augsburg 1530 im Erbfolgestreit immer noch keine Entscheidung zugunsten des Nassau-Dillenburgers fiel, gab er seine Zurückhaltung auf. 1532 erschien eine auf reformatorischen Prinzipien fußende Kirchenordnung, in der die Geistlichen angewiesen wurden, ihre Predigten allein auf die Bibel zu gründen und Heiligenlegenden unerwähnt zu lassen. 1534 erfolgte als nächster Schritt hin zu einem evangelischen Kirchenwesen die Einführung der Nürnberger Kirchenordnung (u. a. Aufhebung des Zölibats für Priester und Abschaffung der Messe). Mit der 1537 erlassenen *Instruction fur die ainfaltigen pfarherren und kirchendiener* waren die Voraussetzungen für eine kirchliche Neuorganisation in Nassau-Dillenburg schließlich weitgehend abgeschlossen. Neben reformatorischen Agenden zu Taufe, Abendmahl und Gottesdiensten gab es nun auch Anweisungen für regelmäßige Treffen aller Pfarrer, um das Gespräch über geistliche Angelegenheiten zu fördern. Zweimal im Jahr sollten zudem wichtige Themen auf einer Synode verhandelt werden. Ein auch in anderen evangelischen Territorien eingeführtes Visitationswesen sah vor, die Zustände in den einzelnen Kirchengemeinden von Zeit zu Zeit in Augenschein zu nehmen, um Fehlentwicklungen frühzeitig erkennen und korrigieren zu können. Verdient machte sich in diesem Zusammenhang Erasmus Sarcerius, der 1538 als Hofprediger und Superintendent nach Nassau-Dillenburg kam.

Gründung der Hohen Schule und Berufung Caspar Olevians

Bis 1584 gingen die wesentlichen Impulse für politische und kirchliche Reformen in Nassau-Dillenburg nicht von Herborn, sondern vom benachbarten Dillenburg aus. Das Dillenburger Schloss diente als Hauptresidenz der Grafenfamilie, die sich ab den 1560er Jahren zunehmend in die größere europäische Politik einmischte. Das lag zunächst am erstgeborenen Sohn Wilhelms des Reichen, der 1544 von seinem Vetter das Fürstentum Oranien erbte und als Wilhelm I. von Oranien die protestantischen Stände gegen Spanien in den niederländischen Unabhängigkeitskrieg führte. Die Stammlande des Vaters erbte 1559 nach dessen Ableben sein jüngerer Bruder Johann VI. Als Wilhelm 1567 in den Niederlanden mit seinem Heer in die Defensive geriet, floh er nach Dillenburg und machte das Schloss seines Bruders für mehrere Jahre zu einem wichtigen Stützpunkt der niederländischen Op-

Johann VI. von Nassau-Dillenburg (1536–1606) in seinen letzten Lebensjahren. Porträt in Lebensgröße, um 1600 gemalt von einem unbekannten Künstler. Es war im Besitz der Hohen Schule

position. Wenig bekannt ist, dass das niederländische Königshaus von Johann VI. von Nassau abstammt und sich bis heute mit der früheren Grafschaft Nassau-Dillenburg verbunden fühlt.

Sofern es die logistische und finanzielle Unterstützung des niederländischen Freiheitskampfes zuließ, unterzog Johann VI. nach seinem Amtsantritt die Grafschaft Nassau-Dillenburg einer umfassenden Verwaltungsreform. Dafür benötigte er eine große Anzahl an gut ausgebildeten Beamten. Diese waren während der zweiten Hälfte des 16. Jahrhunderts allerdings nicht leicht anzuwerben. Johann VI. wusste durch vergleichbare Situationen in anderen deutschen Territorien, dass es durch eine eigene Hochschulgründung wesentlich leichter war, genügend akademischen Nachwuchs anzuziehen und dauerhaft an das eigene Territorium zu binden.

Als günstig für die Planungen zur Gründung einer Hochschule erwies sich der Übertritt des Dillenburger Grafenhauses vom lutherischen zum reformierten Bekenntnis. Johann VI. kam durch die niederländischen Freiheitskämpfer mit dem vom Schweizer Reformator Johannes Calvin geprägten reformierten Glauben in Berührung. Nach anfänglicher Distanz entdeckte er darin eine konsequente Weiterführung der von Luther begonnenen Reformen. Unter anderem verfügte er ab 1574 in Anlehnung an den reformierten Ritus die Abschaffung des Tauf-Exorzismus, die Verwendung von Brot statt Hostien beim Abendmahl und die Wahl von Presbyterien in den einzelnen Kirchengemeinden. 1581 wurde der Heidelberger Katechismus in allen Kirchengemeinden als verbindliches Bekenntnis eingeführt. Für die geplante Hochschulgründung war der Konfessionswechsel insofern bedeutsam, als der Graf dadurch mit Caspar Olevian in Berührung kam, der aufgrund seines reformierten Bekenntnisses an seiner früheren Wirkungsstätte Heidelberg in Ungnade gefallen war, als diese vorübergehend lutherisch wurde.

Caspar Olevian war ein Gelehrter von europäischem Rang und damit ein ideales Zugpferd für die zu gründende Hochschule. Schon seine Studienorte wiesen

Caspar Olevian (1536–1587) im 30. Lebensjahr. Porträt gemalt von einem unbekannten Künstler, 1566

ihn als hochgebildeten Mann aus: Drei Jahre lang hatte er Philosophie an der Sorbonne in Paris studiert, anschließend vier Jahre Rechtswissenschaften in Orléans und Bourges, den damals bedeutendsten Zentren für humanistische Jurisprudenz. Im Juni 1557 wurde Olevian zum Dr. jur. promoviert. Ein dramatisches Erlebnis an einem Fluss in der Nähe von Bourges führte Olevian zur Theologie. Bei seinem Versuch, einen befreundeten Studenten vor dem Ertrinken zu retten, geriet er selbst in Lebensgefahr. In Todesnot gelobte er, sich der Ausbreitung des Evangeliums zu widmen, falls er mit dem Leben davonkäme. Ähnlich wie der junge Luther fühlte sich Olevian danach an sein Gelübde gebunden. Er reiste nach Genf, um unter der Leitung Calvins Theologie zu studieren. Später zog er weiter nach Zürich, wo er von dem Zürcher Reformator Heinrich Bullinger lernte. Da eine frühneuzeitliche Universität traditionell aus den vier Fakultäten Philosophie, Theologie, Jurisprudenz und Medizin bestand, war Olevians umfassende Bildung in drei der vier Fächer für Johann VI. in Bezug auf seine Pläne, eine Hochschule zu gründen, von unschätzbarem Wert.

Noch aus einem weiteren Grund war Caspar Olevian für den nassau-dillenburgischen Grafen ein attraktiver Kandidat für die Leitung der geplanten Hochschule. Mehr als eineinhalb Jahrzehnte lang (1560–1576) hatte Olevian im Auftrag des pfälzischen Kurfürsten in Heidelberg zunächst als Theologieprofessor an der Universität, später als Hofprediger sowie als Kirchenrat gewirkt und den Übergang der Kurpfalz zum reformierten Bekenntnis in leitender Position mitgestaltet. Damit hatte er für die Kurpfalz genau den Prozess begleitet, den Johann VI. für Nassau-Dillenburg anstrebte.

Die Chancen, Olevian für die zu gründende Hochschule zu gewinnen, standen zu Beginn der 1580er Jahre gut. Der berühmte Theologe war 1576 in Heidelberg entlassen worden, weil sich der neue Kurfürst vom reformierten Bekenntnis abgewandt hatte. Die dort tätigen Theologen waren vor die Wahl gestellt worden, entweder ebenfalls diesen Schritt zu gehen, oder aber außer Landes zu ziehen. Olevian hatte es vorgezogen, die Kurpfalz zu verlassen. Seitdem arbeitete er in Berleburg am Hof Ludwigs I. von Wittgenstein als Erzieher von dessen Söhnen. Ludwig I. war mit Johann VI. befreundet und hatte ebenfalls Interesse am Aufbau einer reformierten Hohen Schule in der unmittelbaren Umgebung. Insofern lag es nahe, Olevian in die Pläne einzubeziehen. Der umworbene Theologe reagierte zunächst skeptisch, aber als er erkannte, dass eine Hochschulgründung nicht allein der Erziehung des akademischen Nachwuchses Nassau-Dillenburgs, sondern auch einer Stärkung des von vielen Seiten bedrohten reformierten Glaubens in Europa dienen könnte, erklärte er sich zur Mitarbeit bereit. Da Olevian im Frühjahr 1584 die Pfarrstelle an der Herborner Stadtkirche übernahm und mit dem benachbarten Schloss geeignete Räumlichkeiten zur Verfügung standen, erhielt Herborn den Zuschlag als Standort der zu gründenden Anstalt. Mit der Aufnahme des Lehrbetriebs im Sommer 1584 begann ein bedeutender Aufschwung Herborns. Schon bald waren die Fächer Theologie, Philosophie, Jura und Medizin mit renommierten Gelehrten besetzt. Das lag vor allem an Caspar Olevian, dem es gelang, sich gemeinsam mit seinen Kollegen Johannes Piscator und Wilhelm Zepper auf ein spezifisch reformiertes theologisches Profil zu einigen. Obwohl er das Amt des Rektors in Herborn nie bekleidete – dies überließ er seinem Freund Piscator, der von 1584 bis 1589 amtierte –, führte Olevian die Regie. Eine glückliche Hand bewies er zudem mit der 1586 von ihm initiierten Berufung des gebürtigen Wittgensteiners Johannes Althusius, der kurz zuvor in Basel in Rechtswissenschaften promoviert worden war.

Die Hohe Schule Herborn als reformierte Ausbildungsstätte mit europäischer Strahlkraft

Den Grundstein für ein eigenes reformiertes Profil der Hohen Schule legte Olevian mit seinem kurz vor seinem Umzug nach Herborn fertiggestellten Buch über den *Gnadenbund Gottes*. Die Attraktivität des von Olevian entfalteten theologischen Ansatzes lag darin, dass er sämtliche „Artikel" des christlichen Glaubens auf die Bundesschlüsse Gottes mit den Menschen (Noahbund, Abrahambund, ‚neuer Bund' in Christus etc.) zurückführte. Dies war mehr als eine theologische Spitzfindigkeit, denn aus der Bundestheologie heraus schöpften die Reformierten eine feste Gewissheit: Solange sie an Gott festhielten, würde auch Gott seinen Bundeszusagen treu bleiben. Da das Bekenntnis zum reformierten Glauben in vielen Ländern Europas unter Strafe stand, war eine derartige Glaubenszuversicht im Angesicht von Bedrängnis und Verfolgung von unschätzbarem Wert.

182

Das „Disputationsgestühl" der Herborner Akademie, das um 1610 gebaut wurde. Ein Professor, der präsidierte, saß bei den Disputationen in der oberen Bank. Der Respondent verteidigte seine Thesen von der unteren Bank aus, während der Opponent ihm gegenüber in der ersten Bankreihe stand. Die Zeichnung stammt aus einem Herborner Stammbuch des 18. Jahrhunderts

Auch die Festlegung der Hohen Schule auf die logische Methode des Petrus Ramus, deren Ziel eine didaktische Aufbereitung des zu lernenden Stoffes war, ging auf Olevian zurück. Es galt, komplexe wissenschaftliche Themen durch begriffliche Untergliederung tabellarisch so darzustellen, dass ihre Systematik optisch sichtbar wurde. Der Herborner Theologe versprach sich davon einen stärkeren Nutzen philosophischer und theologischer Debatten für die Praxis. Die Hohe Schule stand schon bald nach ihrer Gründung in dem Ruf, exzellent auf die spätere Berufspraxis vorzubereiten. Das entsprach Olevians Haltung: Akademische Ausbildung war für ihn kein Selbstzweck, sondern stets von dem Anliegen begleitet, die Theorie mit der Praxis oder – theologisch gesprochen – die reformierte Lehre mit dem alltäglichen Leben zu verknüpfen. Auf diese Weise, so hoffte Olevian, werde sich das reformierte Bekenntnis in Europa bewähren und weiter ausbreiten.

Diesen Gedanken aufnehmend, entwickelte der zunächst als Hofprediger in Dillenburg und ab 1594 in Herborn tätige Wilhelm Zepper mit seinem Werk *Politia ecclesiastica* eine an der Praxis orientierte reformierte Kirchenrechtswissenschaft. Das Buch, das 1595 in der Erstauflage von Christoph Corvin in der neben der Herborner Stadtkirche befindlichen Presse gedruckt wurde, fand seine Rezeption in vielen reformierten Territorien Westeuropas. Auch im englischen und nordamerikanischen Puritanismus war Zepper ein gern gelesener Autor.

Das um 1570 erbaute Haus neben der Stadtkirche, wo Corvin seine Druckerei untergebracht hatte. Der Treppentum wurde 1606 von Corvin angebaut

Als epochemachend kann der von einer reformierten Frömmigkeit ange-regte staatstheoretische Entwurf des Juristen Johannes Althusius gelten (*Politica methodice digesta*, 1603 ebenfalls in Herborn gedruckt). Darin übertrug Althusius die Gedanken einer politischen Lehre des Calvinismus auf die Rechtswissenschaf-ten, indem er ein von unten nach oben organisiertes Modell der Volkssouveränität entwickelte, das Kontrolle der Staatsorgane sowie ein Widerstandsrecht im Falle von Machtmissbrauch einschloss.

Das spezifische reformierte Profil der Hohen Schule Herborn wirkte attraktiv auf den akademischen Nachwuchs. Rasch stieg die Studentenzahl auf über 300 an. Zu Beginn des 17. Jahrhunderts erreichte sie rund 400 Immatrikulierte. Der große Zulauf zur Hohen Schule führte dazu, dass das Gebäude der alten Herborner Stadt-kirche nicht mehr ausreichte. In der Zeit von 1599 bis 1609 wurde das romanische Kirchenschiff völlig umgebaut und in einen großen Predigtraum mit zwei Empo-ren auf jeder Seite umgewandelt. Die bereits vorher aufgestockten romanischen

Eingangstor zum Kollegium, dem Hauptgebäude der Hohen Schule von 1592 bis 1817. Heute befindet sich hier unter anderem das Heimatmuseum. Neben dem Tor eine Gedenktafel für Johann Amos Comenius, der von 1611 bis 1613 Student in Herborn war

185

Türme und der gotische Chor blieben bestehen. Das Dachgeschoss wurde ausgebaut und auf der Südseite erfolgte ein dreigeschossiger Anbau für die Zwecke der Hohen Schule. Die Stadtkirche, das Haus der Corvin'schen Druckerei und das zum Aulaflügel des Kollegiums umgebaute alte Rathaus erinnern noch heute an die Blütezeit Herborns als reformierte akademische Ausbildungsstätte.

▸ Dr. *Tobias Sarx* arbeitete von 2007–2013 als Wissenschaftlicher Mitarbeiter an der Philipps-Universität Marburg. Seit 2013 ist er Vikar der Evangelisch-Lutherischen Kirche in Norddeutschland.

Weiterführende Literatur

MENK, GERHARD, Die Hohe Schule Herborn in ihrer Frühzeit (1584–1660). Ein Beitrag zum Hochschulwesen des deutschen Kalvinismus im Zeitalter der Gegenreformation, Wiesbaden 1981

SCHMIDT, SEBASTIAN, Glaube – Herrschaft – Disziplin. Konfessionalisierung und Alltagskultur in den Ämtern Siegen und Dillenburg (1538–1683), Paderborn u. a. 2005

MÜHLING, ANDREAS, Caspar Olevian 1536–1587. Christ, Kirchenpolitiker und Theologe, Zug 2008

Für einen Besuch in Herborn

www.herborn.de/tourismus
www.herborn.de/kultur/museen/museum-herborn
www.evangelische-kirche-herborn.de

Hermannstadt/Sibiu

Paul Wiener

von Daniel Buda

Herkunft

Paul Wiener wurde vermutlich im Jahr 1495 in der slowenischen Stadt Kranj (deutsch: Krainburg) oder in Laibach (heute Ljubljana) in der historischen Region von Oberkrain (slowenisch: Gorenjska) geboren. Außer der Information, dass Paul Wiener einen Bruder hatte, der 1536, als die Türken Clissa (heute Klis) belagerten, sein Leben in ungarischen Diensten verlor, wissen wir so gut wie nichts über seine Kindheit und Jugend. Neue Recherchen belegen, dass er am 13. Oktober 1514 an der Wiener Universität eingeschrieben wurde. Im Jahre 1520 wurde er Domherr, Generalvikar und bischöflicher Rat in Laibach. Es folgten andere wichtige Stellen: 1530 Mitglied des geistlichen Standes im krainischen Landtag und „Einnehmer" der Landschaft und 1531 Mitglied in mehreren bedeutenden Sonderkommissionen der krainischen Landstädte.

Um 1536 entwickelte Wiener Sympathie für die Reformation, wie auch andere Laibacher Domherren. In derselben Zeit heiratete er heimlich. Als dies bekannt wurde, erließ der Stadtrat 1537 einen Haftbefehl gegen ihn, der aber nie vollstreckt wurde. Nachdem seine Frau gestorben war, heiratete er zum zweiten Mal. 1544 übertrug ihm der Laibacher Bischof Urban Textor, der in Wien lebte, die deutschen Predigten im Dom; die slowenischen Predigten vertraute Textor Primus Truber (slowenisch: Primož Trubar) an. In dieser Zeit begann Wieners Freundschaft und Zusammenarbeit mit Truber, der als Reformator der Slowenen und Begründer der slowenischen Druckschrift gilt. Wiener lernte in dieser Periode die Schriften der Kirchenväter sowie die Schriften verschiedener Reformatoren, darunter auch Luthers, kennen.

187

Gefangenschaft in Wien

Im Jahr 1547 befahl Bischof Urban Textor, nachdem er erfahren hatte, dass sowohl Wiener als auch Truber heimlich geheiratet und das Abendmahl in beiderlei Gestalt gefeiert hatten, deren Verhaftung. Wieners ganzes Vermögen wurde konfisziert, und er selbst wurde zum Laibacher Schloss gebracht. Urban Textor kam persönlich aus Wien, um ihn zu verhören. Danach sandte der Bischof die Protokolle des Verhörs an König Ferdinand nach Augsburg. Wiener drohte der Feuertod oder gnädigenfalls die Enthauptung.

Doch überraschenderweise traf in Laibach ein königlicher Befehl ein, Wiener nach Wien zu bringen. Dort wurde er im Franziskanerkloster inhaftiert, um seine

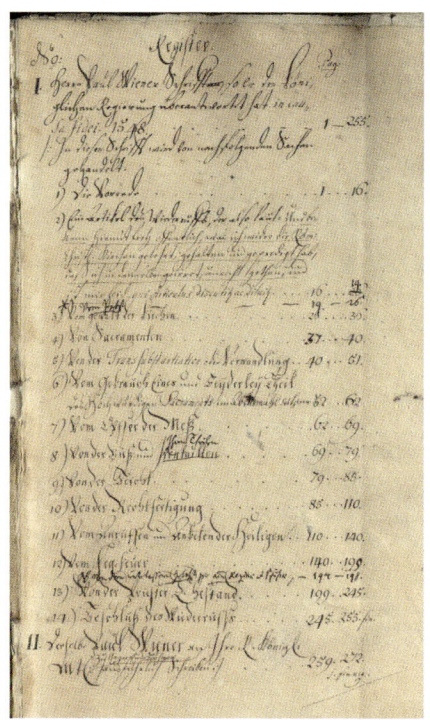

Sache vor einer vom König ernannten Kommission zu verteidigen. Zum Vorsitzenden der Kommission wurde der Bischof von Wien, Friedrich Nausea, ein alter Bekannter und Freund Wieners, ernannt. Weitere zwei Bischöfe und fünf Doktoren, darunter Burkhard de Monte, der heftigste Gegner Wieners, bildeten die Untersuchungskommission. Die Kommission stellte aus Wieners Antworten ein „kurz Summarium" zusammen. Wiener weigerte sich, dieses „Summarium" zu unterschreiben, weil es seine Aussagen nicht getreu darstelle. Infolgedessen richtete Wiener eine „Bittschrift" an König Ferdinand, der daraufhin ein neues Verhör des Angeklagten über seine Beschwerden anordnete, aber Wiener weigerte sich wieder, das von der Kommission vorgelegte Bekenntnis zu unterschreiben. Er sandte erneut einen „Bericht" an den König, der eine weitere „Erläuterung" beinhaltete. Darin schilderte Wiener dem König auch seinen schlechten Zustand: Seine Gesundheit sei ruiniert und er könne nur am Stock gehen; es fehle ihm das Nötigste

Das Register von Cod. Theol. 1144. Der erste Teil („Herrn Paul Wiener Schrifft, so er der Königlichen Regierung überantwortet hat in causa fidei, 1548") enthält Wieners ausführliches Glaubensbekenntnis von 255 Folioseiten

für seinen Lebensunterhalt, da sein Vermögen gesperrt worden sei; seine „Erläuterung" sei nicht ganz richtig verfasst, weil ihm seine Bücher nicht zur Verfügung
stünden. Er bat den König, dass ihm ein anderer Aufenthaltsort gestattet werde.

Wieners „Erläuterung" von 1548 enthielt auch ein Glaubensbekenntnis. Dessen Text ist in einer Abschrift in der Hamburger Universitätsbibliothek unter der
Signatur Cod. Theol. 1144 erhalten geblieben. Es wurde auf Deutsch verfasst, aber
die Kirchenväterzitate sind lateinisch wiedergegeben. Die zwölf Artikel des Glaubensbekenntnisses beschäftigen sich mit den folgenden Themen: (1) von dem
Papst und der Gewalt der Kirche; (2) von den Sakramenten; (3) von der Transsubstantiation; (4) vom Brauch eines und beiderlei Teils des hochwürdigen Sakraments im Abendmahl des Herrn; (5) vom Opfer der Messe; (6) von der Buße und
ihren Teilen; (7) von der Beichte; (8) von der Rechtfertigung; (9) vom Anrufen
und Anbeten der Heiligen; (10) vom Fegefeuer; (11) von der Priester Ehestand;
(12) von der Entscheidung zu widerrufen. In diesem seinem Glaubensbekenntnis
bezog sich Wiener vor allem auf die Bibel. Er schreibt bewusst, dass in seinem
Bekenntnis „kein Artikel gefunden werde, der nicht gegründet sei in der heiligen
biblischen Schrift und dazu mit Sprüchen der alten katholischen Väter bewiesen".
Die „alten katholischen Väter", die Wiener zitiert, sind Irenäus von Lyon, Cyprian,
Ambrosius, Johannes Chrysostomos, Bernhard von Clairvaux und sogar Thomas
von Aquin. Obwohl Wiener nur einmal Luther und Melanchthon erwähnt, folgt er
zweifellos der wittenbergischen Reformationslinie.

Hermannstadt

Überraschenderweise begnadigte König Ferdinand Wiener, allerdings mit der Auflage, nach Siebenbürgen auszuwandern. 1548 kam er in Hermannstadt an. Es wird
spekuliert, dass König Ferdinand durch die Freilassung und Sendung Wieners
nach Siebenbürgen die evangelisch gewordenen Sachsen für sich gewinnen wollte.
Nachdem die ungarische Armee in der Schlacht von Mohács am 29. August 1526
von den Türken vernichtend geschlagen worden war, war nämlich nach einer klassischen Doppelwahl ein Kampf um den Thron Ungarns zwischen Ferdinand I. von
Habsburg und Johannes Zápolya Wojewode von Siebenbürgen ausgebrochen.

Die reformatorischen Lehren wurden ab etwa 1541 vor allem durch Johannes Honterus aus Kronstadt unter den Siebenbürger Sachsen verbreitet. So wurde
gegen Ende des Jahres 1543 in Hermannstadt die Reformation nach kronstädti-
schem Vorbild eingeführt. Infolgedessen beschloss 1550 die „Nationsuniversität"
(das politische Selbstverwaltungsorgan und die Vertretung des politischen Land-
standes der Siebenbürger Sachsen), dass innerhalb ihrer Jurisdiktion die Reformation einheitlich gelten sollte. Die im Frühjahr 1547 in Hermannstadt vereinbarte

189

Hermannstadt. Stich von Hans Jakob Schollenberger, aus: Johannes Tröster, „Das Alt- und Neu-Teutsche Dacia", Nürnberg 1666

Kirchenordnung wurde zuerst in lateinischer Sprache in Kronstadt publiziert. Kurz darauf erschien dieselbe „Kirchenordnung aller Deutschen in Sybembürgen", die Honterus zugeschrieben wird.

Schon 1546 wusste Martin Bucer, dass „ganz Sibenburg [...] lutherisch [ist], wie mans nendt und evangelisch worden". Ganz stimmt dies nicht. Während die Kirchenordnung von 1547 zwar reformatorisch orientiert war, war der Konfessionsbildungsprozess noch lange unabgeschlossen, auch die Angelegenheiten der Kirchenleitung.

Die Reformation hatte mit Honterus in Kronstadt angefangen und breitete sich in andere deutsche Städte Siebenbürgens aus. Hermannstadt hatte allerdings die politische Führung in Siebenbürgen inne. Auch kulturell spielte die Stadt die Hauptrolle. Dort existierte beispielsweise seit 1529 die erste Druckerei Siebenbürgens. Honterus hatte dagegen seine Druckerei in Kronstadt erst um 1539 errichtet. Dementsprechend wollte Hermannstadt neben der politischen nun auch die kirchliche Führung übernehmen. Deswegen war es nicht überraschend, dass Wiener ein Jahr nach seiner Ankunft in Hermannstadt in der hermannstädtischen Bürgermeisterrechnung als Prediger angeführt wurde. Sein Gehalt wurde zuerst von 25 auf 80 Gulden erhöht, 1551 noch einmal um 151 Gulden. Das mag beweisen, dass die Siebenbürger Sachsen mit seiner Predigttätigkeit zufrieden waren. Am 11. Mai 1552 wurde Wiener zum Stadtpfarrer, am 6. Februar 1553 zum Superintendenten (Bischof) gewählt. Die geistliche Synode, die Wiener zum „Superintendenten" erkor, deklarierte, „dass er ihr sichtbares Haupt sei und die Versammlung berufe und die Ordnung erhalte und die Prediger durch Segen und Handauflegung weihe".

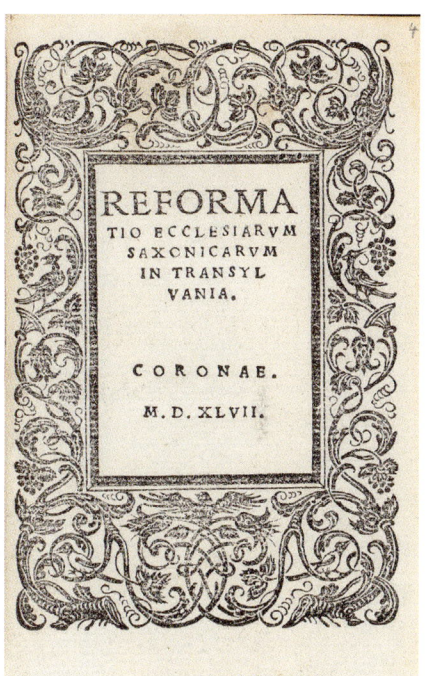

Am 22. März 1553 vollzog Wiener in der Stadtpfarrkirche von Hermannstadt die Ordination von sächsischen Geistlichen. Sie sollten unter anderem folgende Kriterien erfüllen: Kenntnis der Hauptstücke der christlichen

Die lateinische Kirchenordnung, die 1547 in Kronstadt erschien

Lehre und insbesondere des Katechismus, Nachweis der Katechismuserklärungen aus der Heiligen Schrift, Wiederholung lateinischer Lehrsätze in der Muttersprache, Kenntnis der Bücher des Alten und Neuen Testaments nach ihrer Zahl und Ordnung, Zeugnis eines „gottseligen Wandels". 1553 schenkte Valentin Wagner Wiener ein Exemplar der im selben Jahr in Leipzig erschienenen Schrift *Confessio doctrinae Saxonicarum ecclesiarum* von Philipp Melanchthon, wohl um ihm die aktuelle Wittenberger Theologie näherzubringen.

Im Jahre 1554 wütete die Pest in Hermannstadt. Tausende Einwohner starben, darunter am 16. August 1554 auch Bischof Wiener. Als dessen Nachfolger wurde Mathias Hebler (Bischof 1556–1571) gewählt.

In der Phase der habsburgischen Vorherrschaft 1551–1556 war es kirchenpolitisch opportun, die Traditionen zu betonen. 1554 besuchten Abgeordnete der Nationsuniversität der Sachsen den katholischen Bischof in Weißenburg (rumänisch: Alba Iulia) und forderten ihn dringend auf, die Sachsen nicht länger im

Die Stadtpfarrkirche von Hermannstadt

Bekennen ihres Glaubens zu stören. Außerdem zahlten die Sachsen im Jahr 1555, also ein Jahr nach Wieners Tod, nach einer bereits erfolgten Unterbrechung wieder den Kathedralzins nach Weißenburg.

Wiener ist in die Geschichte der evangelischen Kirche der Siebenbürger Sachsen als der erste Superintendent (Bischof) eingegangen. Sein unerwartet früher Tod erlaubte es ihm nicht, als Bischof viel zu bewirken. Trotzdem gelang es ihm in seiner kurzen Amtszeit, die Reformation in Siebenbürgen auf die wittenbergische Linie festzulegen. Anders als sein Freund, der slowenische Reformator Primus Truber, der in der Abendmahlslehre schweizerischen Auffassungen zuneigte, folgte Wiener Luthers Lehre von der Realpräsenz von Leib und Blut Christi im Abendmahl. Sein Nachfolger Mathias Hebler behielt diese Festlegung bei. Die Tat-

192

Gedenktafel für Paul Wiener, 2009

sache, dass Wiener als slowenischer Ausländer das Schicksal der Reformation der Siebenbürger Sachsen entscheidend beeinflussen konnte, beweist, wie sehr die Reformation ein europäisches Ereignis war: Es gab viele Verbindungen von Osten nach Westen und von Norden nach Süden.

Im Jahre 2009 brachte die Evangelisch-Lutherische Gemeinde Hermannstadt zusammen mit der slowenischen Minderheit in Rumänien am sächsisch-lutherischen Gemeindehaus am Huet Platz Nr. 1 eine Gedenktafel an, mit folgendem Text auf Slowenisch, Rumänisch und Deutsch:

> „Paul Wiener, 1495–1554
> in Slowenien Mitstreiter des Reformators Primus Truber
> ab 1549 Prediger und Stadtpfarrer zu Hermannstadt
> ab 1553 erster Superintendent der Evangelischen Kirche A. B. in Siebenbürgen"

▶ Dr. *Daniel Buda*, Erzpriester der Rumänisch-Orthodoxen Kirche, ist Professor für Kirchengeschichte an der Orthodoxen-Theologischen Fakultät „Andrei Saguna" der Lucian-Blaga-Universität in Hermannstadt/Sibiu und arbeitet beim Ökumenischen Rat der Kirchen in Genf als Programmreferent für Glauben und Kirchenverfassung.

Weiterführende Literatur

ELZE, LUDWIG THEODOR, Paul Wiener, in: Allgemeine Deutsche Biographie, Bd. 42, Leipzig 1897, 420–422

REINERTH, KARL, Humanismus und Reformation bei den Siebenbürger Sachsen, in: Südostdeutsches Archiv 13 (1970), 71–76

REINERTH, KARL, Das Glaubensbekenntnis Paul Wieners, des ersten evangelischen Bischofs der Siebenbürger Sachsen, in: Archiv für Reformationsgeschichte 67 (1976), 203–231

JEKELI, HERMANN, Die Bischöfe der evangelischen Kirche A. B. in Siebenbürgen, Teil 1: Die Bischöfe der Jahre 1553–1867, mit einem Vorwort von Paul Philippi, Köln/Wien ²1978, 3–10

KRONER, MICHAEL, Wiener Paul, in: Walter Myß (Hg.), Lexikon der Siebenbürger Sachsen, Innsbruck 1993, 572

Für einen Besuch in Hermannstadt
www.turism.sibiu.ro/index.php/de
http://evang.ro/hermannstadt

Konstanz

Ambrosius, Margarete und Thomas Blarer

von Hermann Ehmer

Ambrosius und Thomas Blarer

Die Reichsstadt Konstanz am Bodensee vermittelte durch ihre günstige Lage den Handel zwischen Italien und Deutschland. Dies war auch der Grund dafür, dass dort 1414–1418 das Konzil, die große Kirchenversammlung, gehalten wurde. In dieser Stadt zählten die Blarer zu den vornehmsten Familien. Für das Geschehen der Reformationszeit waren nicht nur die Geschwister Ambrosius, Margarete und Thomas Blarer von Bedeutung. Ein entfernter Verwandter von ihnen war Gerwig Blarer, der es 1520 zum Abt des reichsfreien Benediktinerklosters Weingarten brachte und 1547 auch Abt von Ochsenhausen und Vorsitzender des schwäbischen Reichsprälatenkollegiums wurde. Abt Gerwig Blarer, den die Kaiser Karl V. und Ferdinand I. schätzten, spielte somit auch politisch eine Rolle unter den Gegnern der Reformation.

Ambrosius Blarer, der Älteste der Geschwister, wurde am Ambrosiustag, dem 4. April 1492 geboren; Margarete wurde 1493 und Thomas 1499 geboren. Der Vater starb früh, vermutlich 1503. Die Mutter, deren Familie aus Rottweil stammte, schickte ihren Ältesten mit 13 Jahren auf die Tübinger Universität und sorgte dafür, dass er in das Benediktinerkloster Alpirsbach eintreten konnte. Blarers Ziel war offenbar das Leben eines Gelehrten in der Beschaulichkeit des Klosters, denn er war ganz von der Bildungsbewegung des Humanismus ergriffen. Von Alpirsbach aus konnte er sein Studium in Tübingen fortsetzen und befreundete sich dort mit Philipp Melanchthon. Im Juli 1512 erwarb Ambrosius Blarer den Magistergrad. Wieder im Kloster brachte er es zum Lesemeister und Prior und hatte zeitweise auch die Pfarrei Alpirsbach zu versehen.

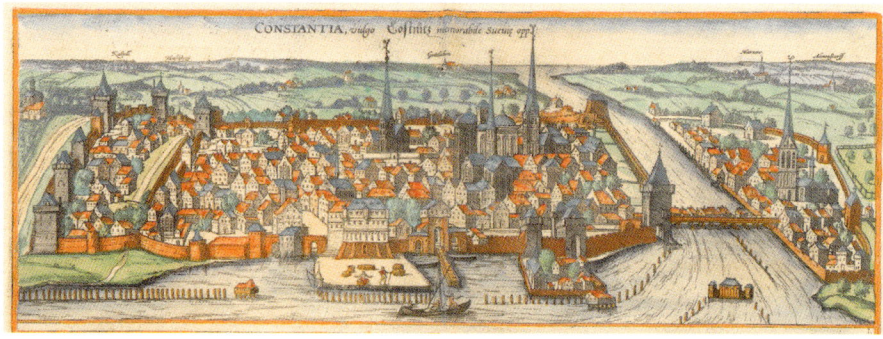

Konstanz. Kolorierte Stadtansicht aus: Georg Braun/Franz Hogenberg, „Civitates orbis terrarum", Bd. 2, Köln 1575
Links unten: das Münster; rechts unten: das Kaufhaus, 1417 Ort des Konklaves zur Wahl Papst Martins V., seitdem „Konzil" genannt

Währenddessen studierte sein Bruder Thomas in Freiburg im Breisgau, seit 1520 dann in Wittenberg. Er war Augenzeuge der Verbrennung der Bannandrohungsbulle vor dem Elstertor im Dezember 1520 und begleitete Luther 1521 auf der Reise zum Reichstag in Worms. Überzeugt von der Notwendigkeit der Kirchenreform berichtete er seinem Bruder begeistert von den Wittenberger Gelehrten und sandte ihm Schriften Luthers, nämlich *De captivitate Babylonica* und *Von der Freiheit eines Christenmenschen* nach Alpirsbach. Ambrosius wurde in diesen Schriften auf die Bibel als die Quelle des Glaubens verwiesen, und dass in Christus

196

das Heil erschlossen ist. Er behielt diese Erkenntnis nicht für sich, sondern gab sie in seinen Predigten im Kloster und im Dorf weiter. In dieser Zeit nach dem Wormser Edikt von 1521, mit dem die Lehre Luthers verboten worden war, wurde Blarers Stellung in Alpirsbach dadurch alsbald unhaltbar. Er verließ im Juli 1522 heimlich das Kloster und kehrte nach Konstanz zurück.

Die Anfänge der Reformation in Konstanz

Auch in Konstanz wurde seit 1521 evangelisch gepredigt. Blarer nahm daran zunächst keinen Anteil, sondern lebte abgeschieden seinen Studien. Mit einer längeren Schrift, die auch gedruckt wurde, rechtfertigte er seinen Austritt aus dem Kloster. Erst nach einer längeren Denkpause und nach einer dringenden Aufforderung des Rats erklärte er sich im Februar 1525 bereit, regelmäßig zu predigen. Die Kirchenreform in der Reichsstadt machte, gefördert durch den Bruder Thomas, der seit 1525 Ratsmitglied war, und den Vettern Johannes Zwick als Prediger und Konrad Zwick als Mitglied des Rats, rasche Fortschritte. Ein Zeichen dafür war, dass der Bischof 1526 aus der Stadt auszog und seinen Sitz in Meersburg nahm. Seit Oktober 1525 hatte es Streitgespräche mit dem Konstanzer Domprediger Antonius Pirata gegeben, wobei der Rat als Schiedsrichter fungierte. Die reformatorische Seite stellte fest, dass die Altgläubigen auf ihre Argumente gar nicht eingegangen waren, sondern lediglich formale Gründe vorgebracht hatten. Pirata wurde deshalb 1527 ausgewiesen.

Reformation bedeutete zunächst Erneuerung des Gottesdienstes, vor allem Austeilung des Abendmahls mit Brot und Wein. Hinzu kam die Aufhebung der Klöster, Beschränkung der Feiertage und Abschaffung der Prozessionen. Die Konstanzer Reformation hatte, wie alle späteren von Blarer bestimmten Reformationen, eine ausgeprägte lebenspraktische Seite. Die Glaubenserkenntnis sollte sich auch in einer sittlichen Erneuerung des Lebens in der Stadt erweisen, wie dies in der 1531 herausgegebenen *Zuchtordnung* festgelegt wurde. Diese steht in der Tradition entsprechender obrig-

Medaille des Ambrosius Blarer von 1538, als er 46 Jahre alt war. Die Zeichen vor seinem Mund symbolisieren seine rhetorischen Fähigkeiten

197

Das Geburtshaus der Geschwister Blarer in der Katzgasse. Hier hatte Margarete Blarer ihren Kindergarten. Im Hintergrund das Münster

198

keitlicher Anordnungen im Spätmittelalter, die aber jetzt durch die Reformation neue Impulse bekamen. Das Frauenhaus, das städtische Bordell, wurde geschlossen. Ferner arbeitete man an einer Erneuerung des Schulwesens und der Verbesserung der Armenfürsorge. Es ging, wie Blarer später einmal sagte, um eine „ganze, volle, satte Reformation".

Margarete Blarer

Margarete Blarer war wie ihr Bruder Ambrosius ursprünglich ganz vom Bildungsideal des Humanismus erfüllt. Die Schulbildung, die sie erhielt, dürfte der der Brüder gleichzuachten sein. Kein Geringerer als Erasmus von Rotterdam hat ihr in seinen *Colloquia* ein Denkmal gesetzt, indem er sie neben den Frauen im Hause Morus in England und Pirckheimer in Nürnberg als Muster weiblicher Bildung nennt. Um als Frau unabhängig zu bleiben, lehnte sie es ab, ins Kloster zu gehen oder sich zu verheiraten. Bei einem Besuch in Ulm lernte sie 1531 Martin Bucer kennen, mit dem sie in einen gelehrten brieflichen Gedankenaustausch auf Augenhöhe eintrat. Er übersandte ihr reformatorische Schriften zur Stellungnahme und regte sie zu weiteren Studien an. Das hohe Maß an Unabhängigkeit, das sich Margarete Blarer durch ihre bewusste Ehelosigkeit gesichert hatte, wurde begründet und ergänzt durch wirtschaftliche Unabhängigkeit, da sie sich am Leinenhandel beteiligte. Eine Fehlspekulation brachte ihr jedoch 1537 große finanzielle Verluste, die auch den Bruder Ambrosius in Schwierigkeiten brachten.

Auch bei Margarete Blarer hatte die reformatorische Erkenntnis eine lebenspraktische Seite. Sie gründete für verarmte Frauen einen Armenverein christlicher Frauen und Jungfrauen. Sie nahm verwaiste Kinder in ihr Haus auf, um sie selbst zu unterrichten. Sie beteiligte sich schließlich auch an der Krankenpflege. Diese Unternehmungen waren unmittelbare Ergebnisse der Kirchenreform, die zum einen auf eine Verbesserung des Schulwesens aus war, zum anderen aber durch die Abschaffung auch der dritten Orden, wie der Beginen, eine Neuorganisation der Armen- und Krankenpflege notwendig machte.

Das Vierstädtebekenntnis von 1530

Ambrosius Blarer wurde rasch das geistliche Haupt der Konstanzer Reformation und wirkte bald auch über die Reichsstadt hinaus. Die Konstanzer Reformation als Modellfall wurde der Grund dafür, dass Ambrosius Blarers Beratung und Mithilfe bei der Reformation in den oberdeutschen Reichsstädten erbeten wurde, so in Memmingen, Isny, Kempten, Ulm, Geislingen, Esslingen und Lindau. Die damit

199

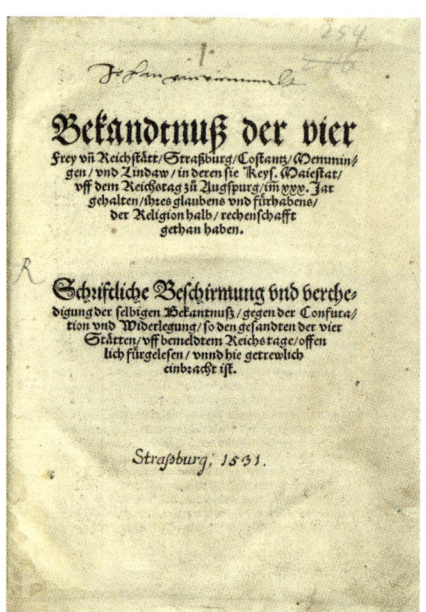

Die von Martin Bucer bearbeitete deutsche Übersetzung der „Confessio Tetrapolitana", Straßburg 1531. Titelblatt

geknüpften Verbindungen waren so eng, dass Konstanz, zusammen mit Memmingen und Lindau, dem von den Straßburgern verfassten Bekenntnis beitrat, das auf dem Augsburger Reichstag 1530 als *Confessio Tetrapolitana* oder Vierstädtebekenntnis vorgelegt wurde.

Inhaltlich unterschied sich dieses Bekenntnis im Wesentlichen nur in dem Artikel vom Abendmahl von dem insbesondere von Philipp Melanchthon erarbeiteten Augsburger Bekenntnis. Es hatte sich schon früh, etwa seit Ende 1524, eine Meinungsverschiedenheit in der Abendmahlslehre zwischen Luther in Wittenberg und Zwingli in Zürich herausgestellt, die unüberbrückbar schien. Es ging in der Hauptsache darum, dass Luther auf der überkommenen Anschauung von der Realpräsenz bestand, der wahrhaften Gegenwart von Leib und Blut Christi im Abendmahl. Er tat dies vor allem aus seelsorgerlichen Gründen, um dem Menschen die göttliche Gnade auch leiblich erfahrbar zu machen. Zwingli hingegen wollte das Abendmahl als Gedächtnismahl verstanden wissen, um das herum sich Gemeinde bildet. Blarer und seine Freunde wollten hier einen eigenen Standpunkt gewinnen, der aber eine Lösung der Streitfrage noch offen ließ. Jedenfalls wollte man die Schärfe vermeiden, die die Auseinandersetzung im Laufe der Zeit gewonnen hatte, weil man in Konstanz den theologischen Fragen nicht die entscheidende Rolle zumaß wie in Wittenberg oder Zürich. Es kam damit wiederum die lebenspraktische Seite der Konstanzer Reformation zum Tragen.

Ambrosius Blarer in Württemberg 1534–1538

Ambrosius Blarer war ein Mann mit weitreichender Tätigkeit und großer Erfahrung. Auf der Berner Disputation 1528 hatte er Martin Bucer, den Straßburger Reformator, persönlich kennengelernt. Sein Freund Bucer war es, der Blarer 1543 den Ehrennamen eines „Apostels Schwabens" beilegte. Dies auch deshalb, weil Blarer 1534 zur Reformation des Herzogtums Württemberg geholt worden war. Diese Berufung hatte einen politischen Hintergrund. Herzog Ulrich von Württemberg wollte einen Mittelweg einschlagen, indem er sowohl Blarer, der das Vertrauen der Schweizer besaß, als auch den Lutheraner Erhard Schnepf als Reformatoren berief. Als die beiden sich in Gegenwart des Herzogs zum ersten Mal persönlich trafen, konnten sie sich in der Abendmahlslehre – wider Erwarten – auf eine von Blarer vorgeschlagene Kompromissformcl einigen. Der Arbeit war es zweifellos förderlich, dass jedem der beiden Reformatoren ein Teil des Landes als Arbeitsgebiet zugewiesen wurde; Blarer bekam den südlichen, Schnepf den nördlichen Teil.

Die reformatorische Tätigkeit bestand vor allem in Visitationen, wobei über die Besetzung der Pfarrstellen entschieden werden musste. Schnepf hatte seinen Dienstsitz in Stuttgart, Blarer in Tübingen, wo jedoch die Universität der Reformation einigen Widerstand entgegensetzte. Große Mühe verwendete man auf die Überzeugungsarbeit in den Klöstern. Hierfür wurde 1535 eine wohl von Blarer verfasste Klosterordnung erlassen, die eine evangelische Neugestaltung des Klosterlebens mit schriftgemäßem Gottesdienst vorsah. Dieser Ordnung blieb jedoch ein durchschlagender Erfolg versagt. Eine Gottesdienstordnung wurde 1536 erlassen, die für den sonntäglichen Gemeindegottesdienst nicht die lutherische Messe vorsah, sondern die vorreformatorische Form des oberdeutschen Prädikantengottesdienstes, die die Predigt in den Mittelpunkt stellte. In der Frage der Bilder, das heißt der Altarbilder und Heiligenfiguren, vermochten sich Blarer und Schnepf in Anwesenheit von Johannes Brenz und anderer Theologen in einer 1537 in Urach stattgefundenen Disputation nicht zu einigen. Die Entscheidung wurde dem Herzog anheimgestellt, der im Sinne Blarers die Abschaffung der Bilder anordnete.

Vier Jahre war Blarer in württembergischem Dienst, 1538 wurde er überstürzt entlassen. Dem Straßburger Martin Bucer nämlich war es gelungen, im Abendmahlsstreit eine Verständigung der oberdeutschen Theologen mit Luther herbeizuführen. Dieses Bemühen hatte Blarer zunächst zustimmend begleitet. Der 1536 geschlossenen Wittenberger Konkordie trat Blarer jedoch nicht bei, da ihm die lehrmäßige Festlegung der Abendmahlslehre zu weit ging. Auch seine Konstanzer Freunde traten dieser Einigungsformel nicht bei, desgleichen die Schweizer. Blarer war deshalb in Württemberg unhaltbar geworden.

Das Ende der Reformation in Konstanz

Nach einer Besuchsreise durch Orte seiner früheren Wirksamkeit, wie Kempten und Isny, und nach kurzer Tätigkeit in Augsburg kehrte Blarer 1540 nach Konstanz zurück. Sein Bruder Thomas Blarer bekleidete dort seit 1536 jährlich abwechselnd das Amt des Reichsvogts und das des Bürgermeisters von Konstanz. Ambro-

KAMPF MIT DEN SPANIERN 1548.

Konstanzer im Kampf mit den Spaniern auf der Rheinbrücke am 6. August 1548.
Fresko an der Fassade des Rathauses, 1864

sius, der seither gewissermaßen als ehrenamtlicher Mitarbeiter der Konstanzer Kirche tätig gewesen war, musste wegen der finanziellen Schwierigkeiten seiner Schwester um eine Besoldung bitten, die ihm auch bewilligt wurde. Seit 1533 war Blarer mit Katharina Ryff von Blidegg verheiratet, einer früheren Nonne des Klosters Münsterlingen im Kanton Thurgau. Sie gebar drei Kinder, wovon zwei früh starben.

Ein knappes Jahrzehnt ruhiger Arbeit war Ambrosius Blarer vergönnt. Anstelle einer weit ausgreifenden Tätigkeit als Reformator wirkte er nun als Seelsorger der Konstanzer Gemeinde. An den Religionsgesprächen und den dogmatischen Auseinandersetzungen der Zeit beteiligten sich die Konstanzer nicht. Verschiedene Pestepidemien machten Blarers Arbeit als Seelsorger schwer, aber umso notwendiger. Margarete Blarer starb in der Pestzeit 1541, als sie die Kranken in dem zum Spital eingerichteten Inselkloster pflegte. Ambrosius Blarer hat seine Schwester damals als „archidiacona", als Erzdiakonin bezeichnet. Auch Johannes Zwick, der

die Kranken unermüdlich besucht hatte, starb 1542 an der Pest. In dieser Not-
zeit entstanden einige der 22 von Ambrosius Blarer überlieferten Lieder. Zwei
seiner Lieder stehen im Gesangbuch: das Pfingstlied *Jauchz, Erd, und Himmel,
juble hell* (EG 127), und das später entstandene *Wach auf, wach auf, 's ist hohe Zeit*
(EG 244).

Die politische Lage im Reich und damit auch die Situation der Reichsstadt
Konstanz änderte sich alsbald grundlegend. Im Schmalkaldischen Krieg 1546/47
besiegte Kaiser Karl V. die evangelischen Fürsten, und auch die oberdeutschen
Städte mussten sich ihm unterwerfen. Allein Konstanz widerstand, da man die
Unterwerfung als Glaubensfrage ansah. Der Kaiser ließ daher die Stadt 1548 durch
seine spanischen Truppen erstürmen, entkleidete sie ihrer Stellung als Reichsstadt und gliederte sie den Besitzungen des Hauses Österreich ein. Die Reformation wurde rückgängig gemacht.

Thomas Blarer verlor durch diesen Umschwung Ämter und Besitz und flüchtete sich nach Neu-Giersberg im Kanton Thurgau, wo er am 19. März 1567 starb.
Er war Liederdichter wie sein Bruder. Von ihm enthält das Gesangbuch das Abend-
mahlslied *Du hast uns Leib und Seel gespeist* (EG 216).

Ambrosius Blarer hatte Konstanz verlassen, bevor es zum Schlimmsten
gekommen war. Von der Besitzung seiner Schwester in Grießenberg im schweizerischen Thurgau aus beobachtete er die weitere Entwicklung in seiner Vaterstadt.
Als die österreichische Regierung gegen seinen Aufenthalt in der Nähe von Konstanz protestierte, verfügte er sich nach Winterthur. 1551 nahm er einen Ruf als
Pfarrer nach Biel bei Bern an, wo er noch acht Jahre lang wirkte. Berufungen nach
Deutschland, die er nach 1552 erhielt, als sich die Lage für den Protestantismus
gebessert hatte, leistete er keine Folge. Nach Abschluss der Bieler Tätigkeit zog er
sich in den Ruhestand nach Winterthur zurück. Dort wurde er alsbald gebeten,
die Pfarrei Leutmerken zu versehen. Aber auch dieses Amt musste er wegen eines
Protests der katholischen Kantone aufgeben, weshalb er sich wieder nach Winterthur begab, wo er am 6. Dezember 1564 nach kurzer Krankheit starb.

▶Dr. *Hermann Ehmer* war von 1988 bis 2008 Direktor des Landeskirchlichen Archivs Stuttgart und hatte von 1996 bis 2012 einen Lehrauftrag für Württembergische Kirchengeschichte an der Evangelisch-Theologischen Fakultät in Tübingen.

Weiterführende Literatur
MOELLER, BERND (Hg.), Der Konstanzer Reformator Ambrosius Blarer 1492–1564. Gedenk-
schrift zu seinem 400. Todestag, Konstanz/Stuttgart 1964
BEJICK, URTE, Margarete Blarer (1493–1541). Humanistin, Reformatorin und Diakonin in
Konstanz, in: Adelheid M. von Hauff (Hg.), Frauen gestalten Diakonie, Bd. 1, Stuttgart
2007, 295–304

EHMER, HERMANN, Ambrosius Blarer und Gerwig Blarer. Zwei Benediktiner in den Entscheidungen der Reformationszeit, in: Blätter für württembergische Kirchengeschichte 86 (1986), 196–214

Für einen Besuch in Konstanz
www.konstanz-tourismus.de
www.konstanz.de/rosgartenmuseum
www.ekikon.de

Kopenhagen

Johannes Bugenhagen

von Martin Schwarz Lausten

König Christian III. und Johannes Bugenhagen

Im Sommer 1537 kam Johannes Bugenhagen auf Einladung des Königs Christian III. mit seiner Familie nach Kopenhagen. Christian hatte noch als Herzog ein Jahr zuvor nach dem Sieg im dänischen Bürgerkrieg, der sogenannten „Grafenfehde" (1534–1536), die Reformation in Dänemark-Norwegen eingeführt. Diese hatte sich außerordentlich dramatisch vollzogen, weil der König sämtliche katholischen Bischöfe ins Gefängnis warf und ihnen allein die Schuld am Bürgerkrieg anlastete. Er bat dann den Kurfürsten Johann Friedrich von Sachsen, Bugenhagen von seinen Pflichten an der Universität und der Kirche in Wittenberg zu beurlauben, damit er nach Kopenhagen kommen konnte, um ihn bei der Durchführung der Reformation und der Neugestaltung der Kirche zu unterstützen.

König Christian und Bugenhagen kannten einander seit 1529. Schon 1526 hatte Christian als Herzog in seinem kleinen Lehen in Schleswig die Reformation eingeführt. Nachdem dort ein Laienprediger, Melchior Hoffman, begonnen hatte, eine nicht-lutherische Lehre zu verbreiten – er verneinte die Realpräsenz Christi im Abendmahl –, veranstalteten der Herzog und sein Vater, König Friedrich I. (reg. 1523–1533), 1529 eine Disputation in Flensburg, zu der auch Bugenhagen eingeladen wurde. Er kam und führte den Hauptangriff gegen Melchior Hoffman, der anschließend aus dem Lande verwiesen wurde. Bereits zu dieser Zeit entstand ein vertrautes Verhältnis zwischen Christian und Bugenhagen.

König Christian und seine Ratgeber planten, durch vier Feierlichkeiten zu zeigen, dass das Königreich Dänemark-Norwegen die katholische Kirche verlassen und die lutherische Konfession angenommen hatte: durch die Krönung des Königs, die Einführung einer „Kirchenordinanz", die Weihe der sieben Superintendenten und die Eröffnung der Universität in Kopenhagen. Bei allen vier Feierlichkeiten im August/September 1537 spielte – selbstverständlich abgesehen vom König selbst – Bugenhagen die Hauptrolle.

Die Krönung des Königs

Zuerst sollte König Christian gekrönt und gesalbt werden. Dies geschah am 12. August 1537 in der Frauenkirche von Kopenhagen. Bugenhagen war der Ordinator, d. h. die Person, die an der Spitze der stundenlangen Zeremonie stand. Die Königskrönung war in der Zeit des alten Glaubens eine kirchliche Handlung gewesen, die vom Erzbischof vorgenommen wurde und stark an die Zeremonie der Bischofsweihe angelehnt war. Der König empfing dadurch eine Art Heiligkeit. Ihm wurden Diakonengewänder angelegt, und er durfte während der Krönungsmesse das Abendmahl in beiderlei Gestalt empfangen, was bis dahin nur Geistlichen erlaubt gewesen war. Aber konnte man eine solche Zeremonie in einer lutheri-

Christian III. (1503–1559). Porträt gemalt von dem deutschen Künstler und dänischen Hofmaler Jacob Binck, 1550

Johannes Bugenhagen (1485–1558). Porträt gemalt von Lucas Cranach d. Ä., 1537

Kopenhagen, 1587. Kolorierte Stadtansichten aus: Georg Braun/Franz Hogenberg,
„Contrafactur und Beschreibung von den vornembsten Stetten der Welt", Bd. 4, Köln 1590
Links unten: das königliche Schloss; rechts unten: die Frauenkirche

schen Kirche vornehmen? Durfte das Amt des Königs dem eines Priesters gleichgestellt werden? War es überhaupt die Aufgabe der Kirche, den Regenten in sein
Amt einzusetzen?

In Kopenhagen bestand jedoch der ernste Wunsch, die Krönung mit einer kirchlichen Salbung zu verbinden. Man verwendete dabei das alte Ritual, aber Bugenhagen argumentierte, man habe es „christlich" gemacht. Als Ordinator erklärte er
selbst den Sinn der Handlung, salbte den König und die Königin, nahm Schwert und
Krone, Zepter und Reichsapfel vom Altar und überreichte sie dem König. Er hielt
die Predigt, in die er durchaus polemische Sätze gegen die Katholiken einflocht. Es
wurden Hymnen gesungen und das Vaterunser gebetet. Den Höhepunkt bildete
das von Bugenhagen und den anderen Geistlichen gesungene *Te Deum laudamus.*
Trompeter und Posaunenbläser bliesen, der König trat hervor, las mit dem blanken Krönungsschwert in der Hand das Evangelium des Tages und bekannte, „dass
das Schwert durch das Evangelium nicht geschwächt, sondern gestärkt werde".
Das allerdings war kaum mit Luthers Zwei-Reiche-Lehre zu vereinen.

Einführung einer neuen Kirchenordnung

Nachdem König Christian III. im Juli 1536 die katholischen Bischöfe hatte verhaften lassen, berief er eine Kommission, die eine neue Kirchenordnung erarbeiten
sollte. Um die Ordnung so sorgfältig wie möglich zu gestalten, schickte der König
den Entwurf im März/April 1537 an Luther in Wittenberg. Luther reichte ihn
vermutlich sofort an Bugenhagen weiter, denn dieser galt in Wittenberg als Fach-
mann für Kirchenordnungsfragen. Zudem war ja bereits beschlossen, dass er nach
Dänemark reisen sollte. Der Entwurf wurde im Sommer 1537 in einem neuen Gremium bearbeitet, das sich aus dem König, Bugenhagen, einigen Reichsräten und
vielleicht auch dem dänischen Theologen Petrus Palladius zusammensetzte.

Im August war die Arbeit abgeschlossen, und der König konnte die Einleitung
zur Kirchenordinanz am 2. September 1537 unterschreiben. In diesem vermutlich
von Bugenhagen verfassten Text werden die Hauptzüge der lutherischen Theologie
dargelegt, eine krasse Polemik gegen die katholische Kirche geführt und der Unterschied zwischen „Gottes Ordinanz" und der Ordinanz des Königs herausgestellt.
Alles war schnell gegangen, ja zu schnell, denn die Ordinanz enthielt mehrere Mängel und Inkonsequenzen. Bugenhagen war unzufrieden: „Man kann leicht erkennen,
dass wir sie oft zusammengestückelt haben", teilte er später dem König mit. Fast
zwei Jahre später beschlossen daher König und Reichsrat bei einem Treffen, an dem
auch Bugenhagen teilnahm, eine geänderte Fassung der Kirchenordnung. Sie ging
teilweise auf frühere von Bugenhagen verfasste Kirchenordnungen zurück; daneben gab es bestimmte Regelungen, die eine eigene dänische Tradition aufnahmen.

In Kopenhagen wurde 1943 vor der Frauenkirche, der Hauptkirche Dänemarks, ein Reforma-
tionsdenkmal errichtet. Eines von vier Reliefs zeigt, wie Bugenhagen am 2. September 1537 in
dieser Kirche die ersten sieben Superintendenten weiht

Die Weihe der sieben Superintendenten

Ebenfalls am 2. September 1537 weihte Bugenhagen die ersten lutherischen
Bischöfe Dänemarks. Die sieben Männer wurden aber nicht Bischöfe genannt,
sondern Superintendenten, teils weil man Ähnlichkeiten mit der katholischen Zeit
vermeiden wollte, teils weil dieser Titel auch in den anderen Kirchenordnungen
Bugenhagens verwendet wurde. Aber noch in der Reformationszeit kehrte man
zum Bischofstitel zurück, und so gibt es in der dänischen Volkskirche bis heute
Bischöfe. Bugenhagen selbst dagegen wurde nie als Bischof geweiht. Die dänische
Kirche verlor deshalb die sogenannte apostolische Sukzession nach katholischem
Verständnis. Dies aber war ganz im Sinne Luthers: Ein rechter Bischof wird man
nicht durch die Handauflegung eines schon Geweihten, sondern durch Berufung
und Gebet. – Das Ritual der Weihe wird in der Kirchenordinanz beschrieben.

209

Die Wiedereröffnung der Universität

Die vierte Reformationsfeierlichkeit, bei der Bugenhagen ebenfalls die leitende Person war, stellte die Wiedereröffnung der Universität Kopenhagen dar, die am 9. September 1537 in der Kopenhagener Frauenkirche stattfand. Im Bürgerkrieg (1534–1536) war die alte, 1479 gegründete Universität aufgelöst worden. Ihr Kanzler war immer der katholische Bischof von Roskilde gewesen. Jetzt wurde die Universität neu geordnet. Zum Vorbild wurden, nicht überraschend, die Statuten der Universität Wittenberg vom Jahre 1536 genommen. Auch hier ging man allerdings allzu eilig vor. Die wirtschaftlichen Voraussetzungen waren noch nicht gegeben. Bugenhagen beklagte beim König, dass unter anderem Bänke und Fenster fehlten. Dieser schüttelte den Kopf und meinte, dass die Kopenhagener Arbeiter nur „eines Treibers" bedürften.

Die Theologische Fakultät war natürlich die wichtigste der Fakultäten. Drei Professoren wurden für sie eingestellt, unter ihnen Bugenhagen. Seine Vorlesungen über die Psalmen Davids gab er später im Druck heraus und widmete sie der Universität. Auch übersetzte er für die dänischen Studenten einige theologische Schriften vom Deutschen ins Lateinische und verfasste ein Gutachten für den König über Fragen von Ehe und Ehescheidung. Seine sogenannte „Passionsharmonie", d. h. eine Geschichte des Leidens und Sterbens Christi, die Bugenhagen aus den vier Evangelien zusammengestellt hatte, wurde ins Dänische übertragen und gewann fast kanonische Bedeutung, indem sie in das offizielle Gesangbuch aufgenommen wurde. Noch heute ist sie im Gesangbuch der dänischen Volkskirche enthalten.

Rückkehr nach Wittenberg

In Kopenhagen war das Verhältnis zwischen dem Reformationskönig Christian III. und dem Reformator Johannes Bugenhagen immer vertrauter geworden. Es blieb auch erhalten, nachdem Bugenhagen 1539 nach Wittenberg zurückgekehrt war. Dies geht aus ihrem umfangreichen Briefwechsel deutlich hervor, von dem ungefähr 80 Briefe erhalten sind. Der König, der ein überzeugter Lutheraner und sehr fromm war, bewunderte Bugenhagen wie auch die anderen Wittenberger Theologen. Er schickte ihnen Butter, Heringe und Geld. Er amüsierte sich über Bugenhagens Freude am Essen, und Bugenhagen seinerseits konnte sich einen gewissen freien Ton der königlichen Majestät gegenüber erlauben. Der König bat z.B. Bugenhagen, oft gemeinsam mit den anderen Wittenberger Kollegen, ihm neue Hofprediger oder Männer für vakante Bischofsämter oder Professuren zu empfehlen. Bugenhagen schickte dem König seine Vorschläge und ermahnte ihn, nur gelehrte Männer, die in Wittenberg ausgebildet worden waren, einzustellen.

Bugenhagen beschränkte sich dabei nicht auf den kirchlichen Bereich. So schlug er dem König auch einen Mann für den wichtigen Posten des Kanzlers vor, und Christian folgte diesem Vorschlag. Von Zeit zu Zeit berichtete Bugenhagen dem König auch über dessen Tochter Anna, die mit dem Kurfürsten August von Sachsen verheiratet war. Er unterrichtete den König über neue Bücher und über die kirchlichen und politischen Verhältnisse in Deutschland und in anderen Ländern. Über die dänischen Studenten in Wittenberg übte er im Auftrag des Königs eine strenge Aufsicht.

Bugenhagens Beliebtheit bei König Christian III. zeigt sich auch darin, dass der König versuchte, ihn für immer in Dänemark anzustellen. So forderte er

Die „Kommunitet" von 1569, ursprünglich eine Mensa für arme Studenten, hinter dem Hauptgebäude der Universität Kopenhagen. Sie enthält noch Teile des Hauses aus dem 16. Jahrhundert, in dem Bugenhagen arbeitete

Bugenhagen 1541 auf, das freigewordene Amt des Bischofs von Schleswig zu übernehmen. Er wolle Bugenhagen, schrieb er, lieber als irgendeinen anderen, denn er kenne ja schon die besonderen Verhältnisse in den Ländern des Königs. Bugenhagen lehnte aber ab, obwohl der König ihn mit einer guten Besoldung lockte. Nach einem Jahr versuchte der König es noch einmal und bot ihm die Stelle des Direktors der Kopenhagener Universität an. Auch diesmal lehnte Bugenhagen ab.

Im März 1542 nahm Bugenhagen allerdings an dem wichtigen Landtag in Rendsburg teil, auf dem eine evangelische Kirchenordnung für die Herzogtümer Schleswig und Holstein beschlossen wurde, die die dänische Kirchenordnung zum Vorbild hatte. Außerdem nahm er im April 1542 an einem großen Treffen mit dem König, dem Reichsrat und den Bischöfen in Ribe in Südjütland teil. Hier wurden einige Artikel beschlossen, die der Kirchenordinanz hinzugefügt werden sollten. Bei dieser Gelegenheit weihte Bugenhagen Hans Tausen zum neuen Bischof von Ribe. Die beiden kannten einander, da Hans Tausen in Wittenberg studiert hatte. Er war schon vor der Einführung der Reformation durch den König im Jahr 1536

211

einer der führenden reformatorischen Theologen in Dänemark gewesen. Auf der Heimreise nach Wittenberg weihte Bugenhagen schließlich noch den neuen Bischof in Schleswig, Tilemann von Hussen.

Die letzten Lebensjahre Bugenhagens seit etwa 1550 waren für ihn bedrückend. Der Verlust alter Freunde schmerzte ihn. Er litt unter Krankheiten, und seine Gedanken kreisten nun um apokalyptische Vorstellungen. König Christian III. blieb ihm immer loyal gesinnt und zeigte sich freigiebig. Im letzten Brief des Königs, der erhalten blieb, brachte er seine große Dankbarkeit zum Ausdruck für alles, was Bugenhagen für das Dänische Reich geleistet hatte. Dies würden der König und viele andere Fürsten und Magistrate der Städte stets dankbar preisen. Er hoffe, dass der Allmächtige Bugenhagen noch lange leben lasse, damit er seiner Kirche noch weitere Jahre nützlich sein könne. Wenige Monate später jedoch, im April 1558, starb Bugenhagen, und der König folgte ihm im Tode im Januar darauf.

▶ Dr. *Martin Schwarz Lausten* war bis 2008 Professor am Institut für Kirchengeschichte der Universität Kopenhagen und ist bis heute noch mit diesem Institut verbunden.

Weiterführende Literatur
LAUSTEN, MARTIN SCHWARZ, Bugenhagen und Dänemark, in: Irene Dingel/Stefan Rhein (Hg.), Der späte Bugenhagen, Leipzig 2011 (Stiftung Luthergedenkstätten in Sachsen-Anhalt 13), 229–240
LAUSTEN, MARTIN SCHWARZ, Johann Bugenhagen. Luthersk Reformator i Tyskland og Danmark, København 2011 (mit einer deutschen Zusammenfassung)

Für einen Besuch in Kopenhagen
www.visitcopenhagen.de/de/kopenhagen-tourist
www.domkirken.dk/english
www.en.natmus.dk/museums/the-national-museum-of-denmark

Kronstadt/Brașov

Johannes Honterus und Valentin Wagner

von Andreas Müller

Das im heutigen Rumänien gelegene siebenbürgische Kronstadt (rumänisch: Brașov) hat eine Reformation ganz eigener Prägung hervorgebracht. Es handelt sich um die bedeutendste Stadt im Burzenland, der Gegend im südöstlichen, innersten Teil des Karpatenbogens. Die Eigenart der Reformation erklärt sich sowohl durch die politische als auch die spezifische kulturelle Situation Siebenbürgens.

Multiethnische Region

Kronstadt war schon im 16. Jahrhundert eine Art Drehscheibe der europäischen Kulturen. Verschiedene Ethnien kamen hier zusammen. Die Stadt selbst wurde schon bald nach ihrer Gründung im 13. Jahrhundert durch die deutschsprachigen Siebenbürger Sachsen geprägt. In der Vorstadt Schei siedelten vor allem Rumänen, die ihre eigenen orthodoxen Traditionen pflegten. Neben den Rumänen und den Siebenbürger Sachsen prägten insbesondere die Ungarn und die Szekler die Region. Auch Griechen, Bulgaren und mehrere andere kleinere ethnische Gruppen waren in Kronstadt zugegen. Die einzelnen ethnischen Gruppen pflegten ihre eigene Sprache und Kultur, in nachreformatorischer Zeit auch ihre jeweilige Konfessionskultur. Die Reformation ereignete sich somit vor einer Art multiethnischem Hintergrund der Region. Schenkt man den Aussagen im Reformationsbüchlein des Johannes Honterus Glauben, so haben zumindest kritische Anfragen an die katholischen Siebenbürger Sachsen aus dem orthodoxen Umfeld die Reformation mit ausgelöst.

Die „Türkengefahr"

Einen zweiten wichtigen Auslöser der Reformation stellte die spezifische politische Lage dar. 1526 hatten die osmanischen Truppen das ungarische Heer unter König Ludwig II. bei Mohács vernichtend geschlagen. 1538 wurde Ungarn, zu dem Siebenbürgen gehört, im Friedensvertrag von Großwardein (rumänisch: Oradea) aufgeteilt. Seit 1541 stand Siebenbürgen definitiv als Vasallenstaat unter osmanischer Oberhoheit. Die Reformation in Siebenbürgen fällt genau in die Zeit, in der die Osmanen ihre größten Erfolge im ehemals ungarischen Gebiet zu verbuchen vermochten – dazu zählte auch die Eroberung von Budapest. Während im Gebiet des Heiligen Römischen Reiches die „Türkengefahr" somit eher durch Nachrichten aus der Ferne bekannt wurde, bekam man sie – mit den Eroberungszügen der Osmanen seit 1420 – in Siebenbürgen unmittelbar zu spüren. Einen Ausdruck der Verteidigung stellen die auch um Kronstadt zahlreich zu findenden Kirchenburgen dar. Eine eher „geistliche Verteidigung" bot die Reformation. Die Siebenbürger

Kronstadt. Stich von Hans Jakob Schollenberger, aus: Johannes Tröster, „Das Alt- und Neu-Teutsche Dacia", Nürnberg 1666

Reformatoren sahen in der Abwendung von den ihrer Meinung nach falschen religiösen Praktiken und einer Verstärkung der Hinwendung zu Gott jedenfalls eine Art „geistliche Waffe" gegen die osmanische Übermacht.

Johannes Honterus

Erfolgreich eingeführt wurde die Reformation in Siebenbürgen durch den Humanisten und Kronstädter Ratsherrn Johannes Honterus (1498–1549). Als Verfasser des sogenannten „Reformationsbüchleins" (1543), als Ratsherr, Pädagoge und erster evangelischer Pfarrer in Kronstadt stellte er die Weichen für die weitere religiöse Entwicklung in der Region. Die Reformation war in ihren Anfängen vor allem durch den humanistischen Geist geprägt. Dieser kam durch eine enge Anlehnung an die Gedanken Melanchthons zum Ausdruck.

Der in Kronstadt geborene Honterus studierte in der vom Humanismus geprägten Universität Wien und unterrichtete dort und wahrscheinlich auch in Kronstadt ab 1527 als Magister. 1529 musste er als Anhänger des Habsburgers Ferdinand I. vor dem Gegenkönig Johannes Zápolya aus Kronstadt fliehen. Die Stadt hatte sich diesem nämlich in jener Zeit unterstellt. Honterus floh zunächst nach Regensburg, dann nach Krakau und schließlich über Nürnberg und Augsburg nach Basel. Dort lernte er u. a. Sebastian Münster und Johannes Oekolampad kennen und vertiefte so seine humanistische Bildung. Er betätigte sich nun zum ersten Mal als Kartograph und publizierte neben zwei Sternkarten 1532 eine bis heute berühmte Karte über die Gebiete der Siebenbürger Sachsen. 1533 kehrte er nach Kronstadt zurück, wo er in die „Hundertmannschaft" und schließlich in den Stadtrat gewählt wurde. In Kronstadt richtete Honterus 1539 eine Druckerei ein, die die Reformierung des Schulwesens vor Ort unterstützen sollte. Jedenfalls übernahm diese schon bald den Druck des gesamten Lehrmittelbedarfs in Kronstadt.

Johannes Honterus mit seinem Wahlspruch: „Wachet und betet". Holzschnitt, um 1550

215

Einführung der Reformation

Reformatorisches Gedankengut setzte sich erst nach dem Tod Johannes Zápolyas, der Übernahme der Regierung durch dessen Witwe Isabella und der Einsetzung von Johannes Fuchs als Stadtrichter in Kronstadt ab 1541 durch. Letzterer unterstützte die Reformation als Vertreter eines reformatorisch gesinnten Bürgertums. Ab 1542 setzte sich Honterus verstärkt für die Reformation in Kronstadt ein. Möglicherweise hat ihn dazu auch der Lehrer Valentin Wagner (ca. 1510–1557) veranlasst, der in Wittenberg studiert und reformatorische Impulse mit nach Kronstadt gebracht hatte. 1542 wurde mit Unterstützung der Stadtregierung die altgläubige Form der Messe abgeschafft und das Abendmahl in beiderlei Gestalt gefeiert. 1543 gab Honterus aus diesem Anlass das sogenannte „Reformationsbüchlein für Kronstadt und das Burzenland" heraus. Dabei orientierte er sich u. a. an der Wittenberger Kirchenordnung von 1533.

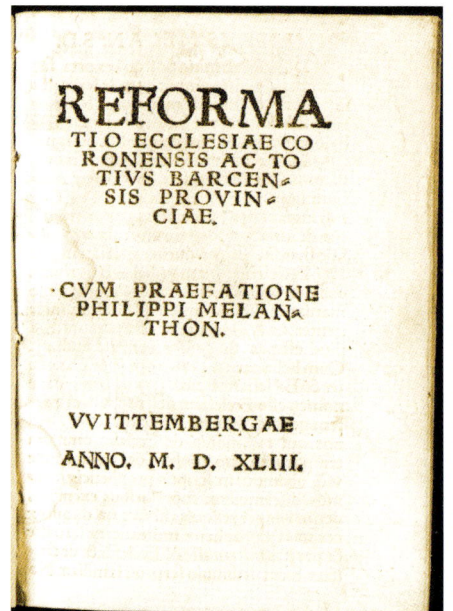

Das „Reformationsbüchlein" von Johannes Honterus, 1543. Titelblatt des Wittenberger Nachdrucks mit einem Vorwort von Philipp Melanchthon

Honterus-Standbild von Harro Magnussen vor der Schwarzen Kirche in Kronstadt, 1898

Die sogenannte „Schwarze Kirche" von Kronstadt, wo Honterus als Pfarrer tätig war

In Zusammenhang mit einem Landtag in Weißenburg (rumänisch: Alba Iulia) wurden die reformatorischen Ansätze in breiterem Rahmen unter den Sachsen diskutiert. Der Hermannstädter Matthias Ramser bat die Wittenberger Reformatoren daraufhin um eine Beurteilung der Ereignisse in Kronstadt. Luther, Melanchthon und Bugenhagen äußerten sich sehr zustimmend zu den dortigen Maßnahmen. In der Folge schlossen sich nicht nur Hermannstadt, sondern auch Mediasch, Schäßburg und Bistritz der Reformation an. In derselben Zeit wurde in Kronstadt eine Gelehrtenschule eingerichtet, das später nach Honterus benannte Gymnasium, für das dieser 1543 eine Schulordnung verfasste. Dieses Gymnasium gegenüber der Schwarzen Kirche prägt bis heute das Zentrum der Stadt.

1544 kam es in Kronstadt zu einem von der Stadtregierung mitorganisierten Bildersturm, der von Honterus bei seinem Dienstantritt als Stadtpfarrer im April desselben Jahres teilweise wieder rückgängig gemacht wurde. Honterus hat als Mann des Stadtrates, nicht des Burzenländer Pfarrkapitels zu gelten. Er war ein entschiedener Befürworter der Einheit von Christen- und Bürgergemeinde. Eine solche im Rahmen städtischer Reformation anzutreffende Verbindung verhalf der Reformation in Kronstadt und ganz Siebenbürgen zu ihrem Durchbruch.

Die Reformation blieb dabei zunächst auf die sächsische *natio* begrenzt. 1547 wurde dementsprechend auf Veranlassung der Nationsuniversität, des politischen Selbstverwaltungsorgans der Siebenbürger Sachsen, in der Honterus-Druckerei die *Kirchenordnung aller Deutschen in Siebenbürgen* publiziert. Dieser Text, an dem auch Valentin Wagner mitgewirkt hat, stellt ein Dokument für die Konsolidierung der Reformation unter den Sachsen dar. Hier werden im Sinne der Theologie des Jakobusbriefes die christliche Praxis bzw. die mit ihr verbundenen Werke stark aufgewertet. Damit richtete sich die Schrift gegen das Missverständnis, dass die Rechtfertigung allein aus Glauben nicht zu einer entsprechenden Lebensgestaltung führen würde. Hintergrund des Engagements zugunsten der konkreten Gestaltung christlichen Lebens vor Ort ist die humanistische Prägung des Kronstädter Reformators. Sie entsprach dem Interesse der Kronstädter Bürgergemeinde an einem geordneten sittlichen wie religiösen Leben, insbesondere in Zeiten politischer Bedrohung. Mit der *Kirchenordnung* hatte die Reformation der Siebenbürger Sachsen kurz nach dem Tod Honterus' 1549 zu einem formalen Abschluss gefunden.

Valentin Wagner

Während der Reformator Johannes Honterus unter anderem durch das vom Berliner Bildhauer Harro Magnussen 1898 geschaffene Denkmal vor der Schwarzen Kirche im kollektiven Gedächtnis der Stadt präsent blieb, ist die Erinnerung an den zweiten bedeutenden Reformator Siebenbürgens, Valentin Wagner, nahezu verblasst. Nach ihm ist heute lediglich eine kleine Straße in Kronstadt benannt. Während Johannes Honterus die Impulse für die Reformation in Kronstadt setzte, hat Wagner umfangreiche theologische Abhandlungen verfasst, insbesondere seine 1550 publizierte griechische *Katichisis*. Die eigentliche theologische Arbeit in der siebenbürgischen Reformation in Kronstadt hat somit Wagner geleistet.

Ab 1540/41 war Wagner als Lehrer am zu dieser Zeit neu gegründeten Kronstädter Gymnasium tätig. Am 13. April 1542 immatrikulierte er sich in Wittenberg, wo er sich bis mindestens Anfang 1543 aufgehalten haben dürfte. Dort hat er wohl insbesondere Philipp Melanchthons Unterricht genossen. Melanchthons Briefwechsel zufolge scheint dieser seinen Schüler auch über dessen Wittenberger Aufenthalt hinaus im Blick gehabt zu haben. Schon während Wagners erster Wittenbergreise 1542 dürfte der Plan aufgekommen sein, einen griechischen Katechismus zu verfassen. Die griechisch verfasste *Katichisis* aus dem Jahr 1550 stellt ein 205-seitiges Druckwerk dar, mit dem sich Wagner nicht nur an die Kronstädter Schüler, sondern auch an die Griechen im Osmanischen Reich richtete. Intensive Verbindungen der Kronstädter in das Osmanische Reich hätten eine Ver-

 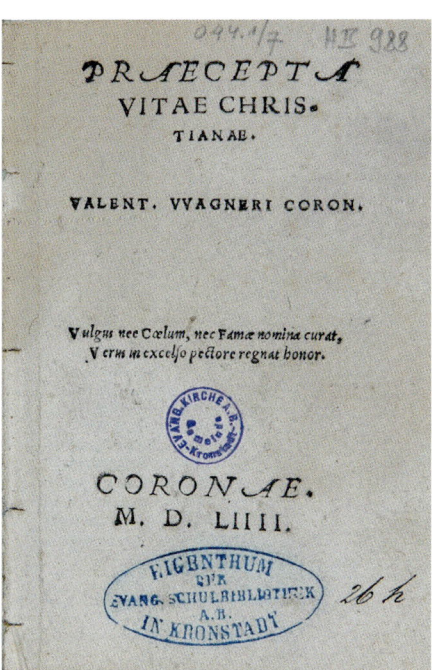

Valentin Wagner, „Katichisis", 1550. Titelblatt   *Valentin Wagner, „Praecepta vitae Christianae", 1554. Titelblatt*

breitung der *Katichisis* dort möglich machen können. Sie war das erste dezidiert theologische Dokument der siebenbürgisch-sächsischen Reformation. Der stark an melanchthonischer Theologie orientierte, synthetische Katechismus rezipiert in zwanzig Dialogen sowohl die christliche Tradition als auch pagane Bildung und verbindet beides in eigenständiger Weise. Er wurde bald nach Wagners Übernahme des Stadtpfarramts publiziert und erschien an einem sicher symbolisch gewählten Datum, dem 31. Oktober 1550, in der Honterus-Druckerei in Kronstadt.

Ab 1544 war Wagner als Rektor am Kronstädter Gymnasium tätig. Daneben trat nun seine Aktivität im Kronstädter Rat. Am 29. Januar 1549 wurde er als Nachfolger Honterus' ins Kronstädter Stadtpfarramt eingesetzt und tauchte ab 1551 sogar häufiger als Dechant des Burzenlandes auf. Im Jahr 1554 vertiefte er durch einen zweiten Aufenthalt in Wittenberg die Kontakte zu Melanchthon noch. Am 15. Februar erwarb er dort den Magistergrad. Bereits seit 1553 war Wagner verstärkt als Verleger tätig und übernahm spätestens im Jahr 1555 endgültig die Honterus-Druckerei.

Museum in der Coresi-Druckerei

Wagner kann im Sinne späterer konfessionalistischer Vorstellungen kaum als „Lutheraner" gelten. So reflektieren z. B. seine *Praecepta vitae Christianae* von 1554 alles andere als reine Formen lutherischer Rechtfertigungslehre. Die Behandlung von Themen wie die Gerechtigkeit durch Leiden und Martyrium oder die Notwendigkeit der Einhaltung der göttlichen Gesetze und der Tugendhaftigkeit werden sogar erstaunlich unreflektiert aufgegriffen. Christliche und pagane Aussagen sind bei der Behandlung natürlicher Tugend aufs engste miteinander verbunden. Noch wesentlich stärker als bei Melanchthon wird somit die Tugend mit religiöser Praxis verknüpft und sogar in der Soteriologie fest verankert. Damit steht Wagner zumindest dem späten Melanchthon, aber auch anderen humanistisch orientierten Reformatoren nahe.

Die Kronstädter Reformation hat auf die orthodoxen Nachbarn zunächst nicht gewirkt. Wagners Katechismus ist z. B. nicht rezipiert worden. Dennoch hat es noch im Reformationszeitalter immer wieder Versuche gegeben, die rumänische

Bevölkerung für die Inhalte der Reformation, u. a. durch Katechisierungs-Maßnahmen, zu gewinnen. In der Forschung stark diskutiert sind dabei die Maßnahmen von Stadtrichter Johannes Benkner vom März 1559. Mit Hilfe rumänischer Übersetzungen, die der orthodoxe Diakon und Drucker Coresi (†1583) veröffentlichte, besonders des Katechismus, versuchte Benkner protestantische Einflüsse auf die orthodoxe Stadtbevölkerung zu fördern und die „Kirche der Walachen" zu reformieren. Der Katechismus bildete nunmehr den Lernstoff auch für orthodoxe Christen, freilich nur kurzzeitig und ohne großen „Erfolg" im Blick auf Konversionen. Dennoch liegen hier erstmals Belege dafür vor, dass ein Katechismus nun auch im orthodoxen Umfeld verwendet wurde. Das reformatorische Gegenüber sorgte somit für neue Formen des religiösen Unterrichts im rumänischen Kontext. Insofern hat die Reformation zumindest in Kronstadt als Drehscheibe der Kulturen auch auf die ostkirchliche Orthodoxie eingewirkt. Auch andere Drucke aus der Offizin Coresis sorgten in neuer Weise für die Stärkung der orthodoxen Konfessionskultur und der rumänischen Sprache. Noch heute zeugt davon ein Museum in der Coresi-Druckerei des Kronstädter Stadtviertels Schei. Ohne die Maßnahmen der Kronstädter Evangelischen wäre es zu der publizistischen Tätigkeit Coresis nicht gekommen. Von einer Gewaltausübung zum Seelenheil bzw. einem Konversionszwang kann man indes nicht sprechen – Missionierung ist hauptsächlich in Form der Verbreitung von Schriften und durch Predigten belegt.

Heute

Wer heute Kronstadt/Brașov besucht, findet aus der Reformationszeit selbst nur noch verhältnismäßig wenige aussagekräftige Spuren. Dies hängt vor allem mit dem großen Stadtbrand des Jahres 1689 zusammen, bei dem viele Bücher und Archivmaterial verbrannten. Dennoch erinnern die erhaltenen Gebäude wie vor allem die Schwarze Kirche, aber auch andere Kirchen und mehrere Privatgebäude an die Reformationszeit. In der Schwarzen Kirche befindet sich eine Gedenktafel für Johannes Honterus im Chor an der Nordseite. Sein Grab selbst ist wohl beim Ausheben eines Heizungsschachtes zerstört worden.

▸ Dr. *Andreas Müller* ist seit 2009 Professor für Kirchen- und Religionsgeschichte des 1. Jahrtausends an der Christian-Albrechts-Universität zu Kiel.

Weiterführende Literatur
MÜLLER, ANDREAS, Humanistisch geprägte Reformation an der Grenze von östlichem und westlichem Christentum. Valentin Wagners griechischer Katechismus von 1550, Mandelbachthal/Cambridge 2000 (Texts and Studies in the History of Theology 5)

PHILIPPI, MAJA, Kronstadt. Historische Betrachtungen über eine Stadt in Siebenbürgen. Aufsätze und Vorträge, Bukarest/Gundelsheim a. N. 1996 (Transylvanica)

WIEN, ULRICH A., Die Humanisten Johannes Honterus und Valentin Wagner als Vertreter einer konservativen Stadtreformation in Kronstadt, in: Volker Leppin und Ulrich A. Wien (Hg.), Konfessionsbildung und Konfessionskultur in Siebenbürgen in der Frühen Neuzeit, Stuttgart 2005 (Quellen und Studien zur Geschichte des östlichen Europa 66), 89–104

Für einen Besuch in Kronstadt

www.rumaenien-tourismus.de/brasov.html

www.honterusgemeinde.ro

www.primascoalaromaneasca.ro/index_de.html

Laibach/Ljubljana

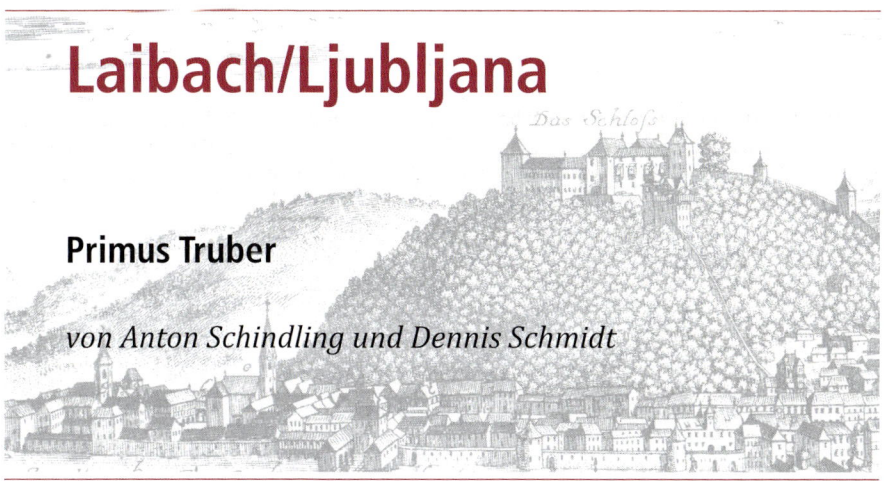

Primus Truber

von Anton Schindling und Dennis Schmidt

Ljubljana, heute die Hauptstadt der 1991 unabhängig gewordenen Republik Slowenien, ist durch eine reformatorische Tradition ganz eigener Art geprägt. In dem
mehrheitlich katholischen Land, mit einer nur kleinen evangelischen Minderhei-
tenkirche, ist der Reformationstag, der 31. Oktober, nationaler Feiertag und das
Porträt Primus Trubers ziert die 1-Euro-Münze. Gab es vor gut hundert Jahren
noch heftige konfessionelle weltanschauliche Kämpfe um die Aufstellung eines
Primus-Truber-Denkmals, so wird heute an der neuen Tür (1996) des katholischen Doms von Ljubljana bei einer Darstellung der slowenischen Kirchengeschichte auch die Rolle der protestantischen Bibelübersetzung gewürdigt. Truber
wird als Schöpfer der slowenischen Schriftsprache verehrt und als eine zentrale
Bezugsperson der nationalen Identität verstanden. Dies ist umso bemerkenswerter, als Truber etwa die Hälfte seines Lebens außerhalb seiner Heimat in süddeutschen protestantischen Orten verbringen musste – zunächst in den evangelischen
Reichsstädten Rothenburg ob der Tauber und Kempten, dann im Herzogtum
Württemberg mit Lauffen am Neckar, Bad Urach und vor allem Derendingen bei
Tübingen. In dem kleinen Dorf Derendingen übte Truber das Amt eines evangeli-
schen Pfarrers der württembergischen Landeskirche aus. Mit seiner Heimat, dem
Herzogtum Krain, blieb er jedoch stets verbunden und nahm Anteil am Schicksal
der dortigen Evangelischen.

Laibach – die Hauptstadt des Herzogtums Krain

Auf dem gemalten Epitaph Primus Trubers in der Derendinger St. Gallus-Kirche
ist eine idealisierte Darstellung Ljubljanas zu sehen; in der Stadt selbst erinnern

223

Das Epitaph für Primus Truber in der St. Gallus-Kirche in Derendingen

jedoch kaum noch Zeugnisse an den Reformator. Der Dom, an dem Truber vor seinem Übertritt zum Protestantismus Kanoniker war, wurde Anfang des 18. Jahrhunderts durch einen barocken Neubau komplett ersetzt, die benachbarte Spitalkirche St. Elisabeth, an der er als evangelischer Superintendent der Krainer Landstände predigte, ist völlig aus dem Stadtbild verschwunden. Ljubljana präsentiert sich dem heutigen Betrachter als eine habsburgische Stadt mit gegenreformatorischem Grundmuster – auch das kann als Folge der Reformation verstanden werden. Im 19. und frühen 20. Jahrhundert entstanden eine neue evangelische Kirche (1851/52) und das Primus-Truber-Denkmal (1910), bezeichnenderweise im neuen Stadtteil in der Nähe des Bahnhofs und des Nationalmuseums.

Ljubljana, zu Deutsch Laibach, war seit Jahrhunderten Hauptstadt des Herzogtums Krain und damit eines der innerösterreichischen Länder. Zum Länderkomplex Innerösterreich zählten auch die Herzogtümer Steiermark und Kärnten, die überwiegend italienischsprachige Hafenstadt Triest und benachbarte Gebiete an der Adria. Die auf etwa 300 Höhenmetern am Laibachfluss gelegene Stadt hat römische Wurzeln und eine frühe christliche Tradition. Das exemte Bistum wurde von Kaiser Friedrich III. und Papst Pius II. 1461 bzw. 1462 gegründet. Die bürgerliche Oberschicht der Stadt war im Spätmittelalter und der frühen Neuzeit weitgehend deutschsprachig. Dasselbe galt für die teilweise sehr mächtigen Adelsfamilien des Landes, wie die Familie Auersperg. Die ländliche Bevölkerung in Krain, ebenso in der südlichen Steiermark und Teilen Kärntens, war jedoch vorwiegend slowenischsprachig, wobei die Begriffe „windisch" und „slowenisch" im Deutschen bis in die erste Hälfte des 19. Jahrhunderts synonym verwendet wurden.

Geprägt war die Stadt Laibach durch den Bischof, das Domkapitel und die Krainer Landstände. Letztere waren in der zweiten Hälfte des 16. Jahrhunderts Träger der evangelischen Bewegung; die Landstände organisierten ein evangelisches Kirchenwesen, für das Primus Truber von 1562 bis 1565 als Superintendent am-

Laibach. Stadtansicht aus: Johann Weichard von Valvasor, „Die Ehre deß Hertzogthums Crain", Bd. 3, Laibach 1689

Ausschnitt: die Domkirche St. Nikolai (e) und das Rathaus (c). Dazwischen die kleine niedrige Spitalkirche St. Elisabeth. Im Vordergrund die Spitalbrücke mit dem Spitaltor

tierte, und gründeten eine protestantische Landschaftsschule in der Hauptstadt. Dieser Aufbau einer evangelischen Ständekirche mit einer höheren Bildungsanstalt war charakteristisch für die habsburgischen Territorien in der Zeit Kaiser Ferdinands I. und seiner Söhne, unter denen 1564 die Länder aufgeteilt wurden. Die innerösterreichische Ländergruppe ging an den dritten und jüngsten Sohn Ferdinands I., Karl II. (reg. 1564–1590), der die katholische Seite gegen die Landstände zu stärken versuchte. Unter dessen Sohn Ferdinand (reg. 1590–1637; als Kaiser ab 1619 Ferdinand II.) wurde die Gegenreformation massiv durchgesetzt.

Die starke Stellung der Stände, die religionspolitisch phasenweise unabhängig vom Landesherrn agieren konnten, wurde durch die Nähe zur Türkengrenze in Kroatien und Westungarn, wo ein fast permanenter Kleinkrieg die habsburgische Landesherrschaft herausforderte, ermöglicht. Die Landstände waren aus finanziellen und militärischen Gründen für die Landesverteidigung unverzichtbar. Unter ihnen gab es dezidierte Protestanten, wie etwa den Großgrundbesitzer Hans Ungnad von Weißenwolff, Freiherr von Sonnegg, der wie Truber zum Glaubensmigranten wurde und dessen Übersetzungs- und Drucktätigkeit in Württemberg finanziell unterstützte.

Primus Truber – vom katholischen Domherrn zum lutherischen Pfarrer

Das Geburtsjahr des „slowenischen Luthers" ist nicht genau bekannt. Er wurde als Primus Malnar zwischen 1507 und 1509 in Rašica in der Pfarrei Škocjan pri Turjaku/St. Kanzian bei Auersperg in Unterkrain geboren. Zwischen 1520 und 1526 nahm er den Familiennamen seiner Mutter Trubar an, dessen Schreibweise er bis 1528 zu Truber änderte. Sein Vater war ein wohlhabender Zimmermann und Müller, der ihn für den geistlichen Stand bestimmte. Seit 1524 lernte Primus Truber als Priesteramtskandidat in Triest bei Bischof Pietro Bonomo (Buonuomo, Bischof 1502–1546) den erasmischen Humanismus kennen. Er immatrikulierte sich 1528 an der Universität Wien, von wo er vermutlich wegen der drohenden türkischen Belagerung wieder nach Triest zurückkehrte. 1530 wurde er von Bonomo zum Priester geweiht, von 1536 bis 1540 hielt er slowenische Predigten am Laibacher Dom St. Nikolaus. Wegen reformatorischer Auffassungen geriet er mit dem Bischof Christophorus Rauber (Bischof 1494–1536) in Konflikt und zog sich zu Bonomo zurück. Der nachfolgende Laibacher Bischof Franz Kazianer (Bischof 1536–1543) berief Truber erneut in die Hauptstadt Krains und verschaffte ihm 1542 die Stelle eines Domherrn. Durch den Tod des reformgesinnten Oberhirten änderte sich jedoch die Lage erneut. Der Nachfolger Urban Textor (Bischof 1543–1558) stand dem Landesherrn König Ferdinand I. nahe und setzte die reformationsfeindliche Politik der Habsburger in seinem Bistum strikt durch.

Truber floh in das evangelische Nürnberg, womit er seinen endgültigen Wechsel zur Reformation deutlich machte. In der Reichsstadt Rothenburg ob der Tauber erhielt er 1548 eine Anstellung an der Spitalkirche Heilig Geist. Von 1553 bis 1561 wirkte Truber in der Reichsstadt Kempten als Stadtpfarrer an der St. Mang-Kirche. Er setzte mit seiner Kirchenordnung 1553 die Ausrichtung des Kemptner Protestantismus auf das Luthertum und die Abkehr von oberdeutschen und zwinglianischen Traditionen durch. In Rothenburg und Kempten begann Truber sein Lebenswerk: die Übersetzung reformatorischer Schriften in die slowenische Sprache. Er bediente sich dabei vor allem der Laibacher städtischen Mundart. Nach dem Auftakt mit dem *Catechismus in der windischen Sprach* und dem *Abecedarium* mit dem Katechismus von Johannes Brenz 1550 (wohl in der freien Reichsstadt Schwäbisch Hall gedruckt) ging er daran, das Neue Testament und Teile des Alten

Primus Truber. Dieses Porträt von 1578 wurde erstmals 1581 in seiner slowenischen Übersetzung des Neuen Testaments gedruckt

Primus Truber, „Catechismus in der Windischenn Sprach", Schwäbisch Hall oder Tübingen 1550. Titelblatt

Testaments auf der Grundlage der Lutherbibel zu übertragen (Psalmen 1566, das gesamte Neue Testament 1582). Truber begründete mit seinen Drucken die slowenische Schriftsprache aus einer bisher in Dialekte gespaltenen, nur mündlich gebrauchten und in Manuskriptfragmenten bezeugten Sprache. Er wurde als Sprachschöpfer zum „slowenischen Luther".

Truber folgte 1562 erneut einem Ruf nach Laibach – dieses Mal als evangelischer Superintendent der Landstände und Prediger an der Spitalkirche St. Elisabeth. Er verfasste 1564 eine Kirchenordnung, die großenteils nach dem Muster der württembergischen von 1559 gestaltet war. Der neue innerösterreichische Landesherr, Erzherzog Karl II., war jedoch nicht bereit, diese „ordninga" anzuerkennen, und verwies Truber des Landes. Im Württemberg Herzog Christophs (reg. 1550–1568) fand er eine neue Wirkungsstätte; zuerst kurz in Lauffen am

227

Die 1851/52 erbaute evangelische Primus-Truber-Kirche in Ljubljana.
Ansicht vom „Park der Reformation" aus

Neckar (1565–1567), dann dauerhaft als Pfarrer in Derendingen. In den Jahren zwischen 1558 und 1564 finanzierte Hans Ungnad, der sich wie Truber in Württemberg niederließ, im aufgehobenen Stift in Urach die Drucke von slowenischen und kroatischen Büchern, darunter auch Werke Trubers. Während dieser Zeit verließen 37 Druckwerke in etwa 31.000 Exemplaren die Uracher Presse, wobei ein bedeutender Teil, nämlich 13 Drucke mit 12.750 Exemplaren auf Kroatisch in glagolitischer Schrift erschien. Truber arbeitete bis zu seinem Tod 1586 weiter an der Übersetzung reformatorischer Grundschriften ins Slowenische. Zu seinen Lebzeiten erschienen an die 40 Drucke, für die Truber als Autor, Übersetzer oder Herausgeber fungierte. Sein Unterkrainer Landsmann und Schüler Georg (Jurij) Dalmatin legte 1584 die vollständige slowenische Bibelübersetzung, teilweise auf der Grundlage der hebräischen und griechischen Originaltexte sowie vor allem der deutschen Lutherbibel vor (Druck in Wittenberg).

Truber starb 1586 in Derendingen, wo er vor dem Eingang der St. Gallus-Kirche beerdigt wurde. Die Universität Tübingen ehrte ihn mit einem feierlichen Begräbnis, bei dem ihr erster Theologe Jakob Andreä (1528–1590) die Leichenpredigt hielt. Die unmittelbare Erinnerung an „das heilige Haupt der Slawen", die im auffälligen Kontrast zum nachfolgenden weitgehenden Vergessen steht, zeigte sich auch, als der gelehrte Tübinger Professor für alte Sprachen, Martin Crusius, Truber mit dem missionarischen Wirken des Apostels Paulus verglich.

Gegenreformation und Erinnerungsorte

In Innerösterreich endete die Reformation Trubers unter den Slowenen fast ausnahmslos durch den bleibenden Erfolg der Gegenreformation. Nur in dem zu Ungarn gehörigen Übermurgebiet (Prekmurje) und in zwei Orten des Kärntner Geheimprotestantismus (Agoritschach und Seltschach) überlebte das evangelische Bekenntnis bei Slowenischsprechenden bis zum Toleranzedikt Josephs II. (1781). Dank der Verwendung der Bibelübersetzung Georg Dalmatins blieb jedoch auch in der katholischen Kirche die Erinnerung an die literarische Leistung Trubers und seiner Nachfolger wach. Der Laibacher Bischof Tomaž Hren (Thomas Chrön/Kren, Bischof 1597–1630), der im Übrigen die protestantischen Bücher gemäß der Weisung des Landesfürsten Ferdinands II. zu beschlagnahmen und verbrennen befahl, erwirkte wiederholt (belegt 1602 und 1621) bei der Regierung in Graz und beim Papst in Rom die Genehmigung, dass die katholischen Priester die verbotenen protestantischen Bücher lesen durften. Die vom Protestanten Dalmatin übersetzte Bibel durfte genutzt werden, die Einleitung musste jedoch durchgestrichen bzw. herausgerissen werden.

Primus Truber und sein Wirken waren lange vergessen (eine Ausnahme: Valvasors *Ehre deß Hertzogthums Crain*). Erinnerungen an ihn gab es bei den nationalbewegten Slowenen seit dem 19. Jahrhundert. Bemerkenswert früh auch in Tübingen und in

Das 1908 von Franc Berneker gestaltete Denkmal für Primus Truber in Ljubljana gegenüber der Modernen Galerie beim Eingang in den Stadtpark Tivoli. Es konnte wegen des Widerstands der katholischen Kirche erst 1910 aufgestellt werden

229

Kempten, wo die Buchbestände der Universitätsbibliothek und die Erinnerung an die lutherische Kemptner Kirchenordnung Anhaltspunkte boten. Heute existieren in Bad Urach, Derendingen, Kempten, Rothenburg ob der Tauber und Tübingen Erinnerungsorte mit Tafeln und Denkmälern, die in Deutschland an den slowenischen Reformator erinnern. Im evangelischen Diözesanmuseum in Fresach in Kärnten wird die Memoria mit Originalexponaten lebendig gehalten. In Slowenien gedenkt man Trubers auch außerhalb von Ljubljana, so z. B. in seinem Geburtsort Rašica in der rekonstruierten Mühle seines Onkels. In Ljubljana selbst kann hinter der evangelischen Kirche der „Park der Reformation" besucht werden. In ganz Slowenien erinnern zahlreiche Straßennamen an Truber. Die Spitalkirche St. Elisabeth, die neben dem Dom die Hauptwirkungsstätte Trubers war, steht leider nicht mehr.

Die Gegenreformation in den innerösterreichischen Ländern hatte eine stark durch die Jesuiten geförderte römische Prägung. Die Gründung von Kollegien – 1596/97 auch in Laibach – und 1585 der Universität Graz kann dabei als bewusste Schaffung von Alternativen zu den protestantischen Landschaftsschulen verstanden werden. Die römische Ausrichtung wird nicht zuletzt an der von der Jesuitenarchitektur inspirierten neuen Laibacher Bischofskirche (1701–1706) von Andrea Pozzo deutlich, welche die von Truber erlebte Kathedralkirche ersetzte. Mehr als in seiner Krainer Heimat haben Erinnerungsorte in Süddeutschland materielle Zeugnisse von Trubers Wirken bewahrt. Die mitteleuropäische Dimension seines Lebens wird daran sichtbar.

▶ Dr. *Anton Schindling* war bis zu seiner Emeritierung 2015 Professor für Mittlere und Neuere Geschichte an der Eberhard Karls Universität Tübingen. Er ist dort Seniorprofessor am Seminar für Neuere Geschichte.

▶ *Dennis Schmidt* ist Doktorand der Neueren Geschichte an der Eberhard Karls Universität Tübingen.

Weiterführende Literatur
Kluge, Rolf-Dieter (Hg.), Ein Leben zwischen Laibach und Tübingen. Primus Truber und seine Zeit. Intentionen, Verlauf und Folgen der Reformation in Württemberg und Innerösterreich, München 1995

Lorenz, Sönke u.a. (Hg.), Primus Truber 1508–1586. Der slowenische Reformator und Württemberg, Stuttgart 2011

Štrubelj, Zvone, Mut zum Wort. Primož Trubar. 500 Jahre 1508–2008, Klagenfurt 2009

Für einen Besuch in Laibach
www.visitljubljana.com/de
www.primus-truber.de/primus-truber

Leiden

Petrus Bloccius und Jan van Hout

von Kees de Wildt

Im Jahr 1586 gab der Magistrat der Stadt Leiden ein medaillenförmiges Steinmosaik in Auftrag, das zum Gedenken an die Entscheidung, die Straßen der Stadt zu pflastern, in der Mitte der Hauptstraße – der Breestraat – direkt vor dem Rathaus verlegt wurde. Nach Instandhaltungsmaßnahmen im Jahr 2014 verkündet das Mosaik weiterhin die ursprüngliche Botschaft: „Al niet sonder God" (Nichts ohne Gott). Dieses Bekenntnis ist keineswegs typisch protestantisch. Auch vor dem Aufstand der Niederlande gegen Spanien hätten die Leidener Behörden sicherlich denselben Text gewählt.

Bei dem grauen Schieferstein, der seit 1578 die Fassade des Leidener Rathauses über einem der Eingänge des Gebäudes ziert, sieht es schon etwas anders aus. Er erinnert an die berühmte Befreiung Leidens von den spanisch-habsburgischen Truppen im Jahr 1574 und wurde möglicherweise anstelle einer Marienfigur an der Fassade angebracht. Das Gedicht auf dem Stein stammt aus der Feder des reformierten Stadtsekretärs Jan van Hout und berichtet dem Betrachter davon, dass es Gott war, der der verheerenden Belagerung ein Ende setzte. Beim katholischen Teil der Leidener Bürger muss der Stein Empörung hervorgerufen haben, allerdings nicht wegen seiner Botschaft, sondern weil er aus einem Altar der Pieterskerk stammte, möglicherweise sogar aus dem Hochaltar. Da die Kirche von den Reformierten genutzt wurde, lag der Altarstein bereits viele Jahre lang unter dem Boden der Kirche vergraben, bis er auf besondere Anordnung des Magistrats wieder ausgegraben wurde, um fortan die Rathausfassade zu zieren. Die Altarplatte wurde also bewusst entweiht, um zu zeigen, dass der Katholizismus in Leiden der Vergangenheit angehörte. Reformiert war die Stadt jedoch auch nicht.

Das Steinmosaik vor dem Rathaus

*Der Stein am Leidener Rathaus, der an die Befreiung von den spanisch-habsburgischen Trup-
pen im Jahr 1574 erinnert*

232

Luthers Einfluss. Die Täufer

Die Reformation setzte in den Niederlanden früh ein und war schon bald in alle Bereiche der Gesellschaft vorgedrungen. Der durch das fortschrittliche Bildungssystem verbreitete Bibelhumanismus hatte ihr zuvor den Boden bereitet und dank der Druckerpresse konnten sich Luthers Ideen schnell ausbreiten. Zwar übertrieb Erasmus von Rotterdam, als er 1519 erklärte, Luther werde „überall" in den Niederlanden gelesen, dennoch zeigt sich Luthers großer Einfluss in der Tatsache, dass alle religiösen Dissidenten in den folgenden Jahrzehnten als „Lutheraner" gebrandmarkt wurden.

Die Entwicklung der Reformation in Leiden ist beispielhaft für die anderen Städte in der Provinz Holland. Bereits 1520 veröffentlichte der berühmteste holländische Drucker Jan Seversz in Leiden Bücher von Luther auf Latein und bald darauf auch auf Niederländisch. Die Anordnung des Leidener Magistrats, alle verdächtigen Bücher auszuhändigen, lässt darauf schließen, dass es für solche Werke in der Stadt durchaus einen Markt gab. Aber wahrscheinlich steht auch der Besuch des Inquisitors im Jahr 1522 mit dieser Maßnahme in Zusammenhang.

Die Ankunft Claes van der Elsts in Leiden, einer von zahlreichen Priestern, die Luthers Lehren verbreiteten, zeugt davon, dass der Magistrat der Stadt reformorientierte Prediger in hohem Maße tolerierte und sogar mit ihnen sympathisierte; nur wenn ihre häretischen Zusammenkünfte die öffentliche Ordnung der Stadt störten, wurde Repression ausgeübt. So konnte die intellektuelle Elite lebhafte Diskussionen über die neuen evangelischen Ideen führen, obwohl die Zentralregierung die rücksichtslose Unterdrückung aller häretischen Ansichten forderte.

Im Jahr 1530 verbot der Leidener Magistrat erneut alle ketzerischen Bücher und Konventikel, was nahelegt, dass neben den evangelischen mittlerweile auch täuferische Ideen nach Leiden vorgedrungen waren, auch wenn die Grenzen zu diesem Zeitpunkt häufig noch sehr unscharf waren. Die Stadt entwickelte sich schnell zum zweitwichtigsten Zentrum der Täuferbewegung, das unter der Führung des Leideners Jan Beukelsz, des späteren Königs des Täuferreichs von Münster, eine Strahlkraft auf die Region ausübte. Im Januar 1535 wurden mehrere Dutzend Täufer bei Vorbereitungen für einen täuferischen Anschlag auf Amsterdam festgenommen. Obwohl ein Teil der Leidener Bevölkerung mit ihnen sympathisierte, wurde die Mehrheit der Täufer zum Tode verurteilt.

Nach dem Untergang des Münsterschen Täuferreichs und dem Tod von Jan Beukelsz schlossen sich die Leidener Täufer teilweise den radikaleren Anhängern von David Joris und Jan van Batenburg an; die meisten folgten jedoch dem friedfertigeren Menno Simons. In der zweiten Hälfte des 16. Jahrhunderts spalteten sich die Leidener Mennoniten in verschiedene konkurrierende Gemeinden auf, die zur Bewahrung ihrer Heiligkeit unterschiedlich strenge Regeln befolgten. Obwohl einige der Mennoniten als Märtyrer starben, wurden sie, solange sie nur im Geheimen aktiv waren, nicht vom Leidener Magistrat behelligt.

Petrus Bloccius

Die Reformation in der Provinz Holland blieb lange in den Anfängen stecken. Harsche Repression verhinderte, dass sich die Bewegung organisieren konnte, und es mangelte zudem an einer geeigneten Führungsperson. Erst zum Ende der 1550er Jahre entwickelte sich der religiöse Dissens allmählich in eine spezifisch reformierte Richtung, obwohl es immer noch eine nicht calvinistische evangelische Bewegung gab. Die Gruppe der Reformierten in Leiden war vermutlich sehr überschaubar und nur locker organisiert; aber bereits vor dem Jahr 1566 gab es hier eine Art reformierte Gemeinde oder einen reformierten Kreis, der aus Sympathie für die evangelische Bewegung entstanden war. Zu den Reformierten gehörten zahlreiche Mitglieder der Oberschicht und möglicherweise sogar schon der Stadtsekretär Jan van Hout, mit Sicherheit aber der wohlhabende Bürgermeister Willem Jansz van Heemskerk und sein Freund Petrus Bloccius, ein humanistischer Gelehrter.

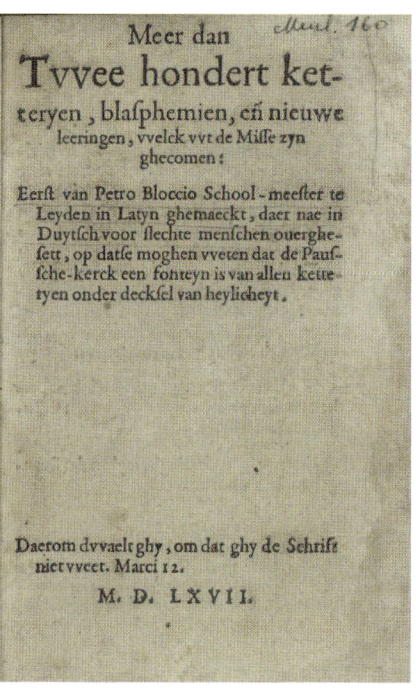

Blocccius hatte in Leuven (Löwen), Köln und Bologna studiert und kannte sich bestens mit den Kirchenvätern aus. Von 1559 bis 1561 war er stellvertretender Schulleiter, sogenannter *conrector*, der Leidener Lateinschule, führte allerdings zu dieser Zeit bereits seit mehreren Jahren auch eine Privatschule. Er unterhielt gute Beziehungen zu den anderen Reformierten im Norden der Niederlande und veröffentlichte in seiner Zeit in Leiden antikatholische Schriften, in denen er erklärte, dass die Erlösung nur durch den Glauben an Jesus Christus erlangt werden könne, dass die einzigen Sakramente die Taufe, die nur mit Wasser und dem

Petrus Bloccius, „Meer dan Twee hondert ketteryen", o. O. 1567. Titelblatt

234

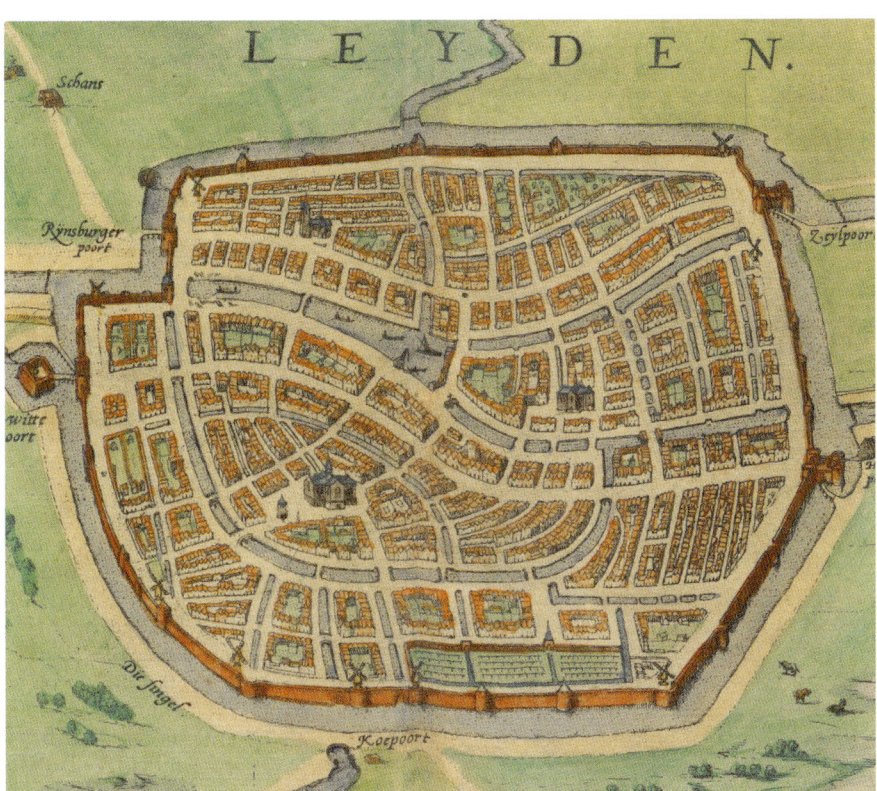

Leiden. Kolorierter Stadtplan aus: Georg Braun/Franz Hogenberg, „Civitates orbis terrarum",
Bd. 2, Köln 1593 (Ausschnitt)
Links unten: die Pieterskerk; links oben die Vrouwekerk; rechts in der Mitte die Hooglandse Kerk

Wort Gottes, ohne weitere feierliche Zeremonien durchgeführt werden sollte, sowie das Abendmahl seien, bei dem das Brot gemeinsam am Tisch sitzend gebrochen wird. Er lehnte formulierte Bekenntnisse ab, da er sah, wie deutsche Lutheraner das Augsburger Bekenntnis nutzten, um sich gegenseitig zu verurteilen. Seiner
Ansicht nach sollten nur die im Neuen Testament, dem „Reformationsbuch der
Kirche", enthaltenen Vorschriften beachtet werden. Wie der Humanist Sebastian
Castellio verurteilte er die Hinrichtung von Ketzern scharf.

   Bloccius zufolge war Christus aus den Schulen verbannt worden, weshalb die
katholische Kirche zum Quell aller Häresie geworden war. Um seinen Schülern
Christus näherzubringen, las er mit ihnen daher statt klassischer Literatur das
Neue Testament – andere Bücher sollten nur in der Freizeit gelesen werden.

Im Jahr 1561 wurde Bloccius als *conrector* entlassen, da seine Ansichten als ketzerisch angesehen wurden. Eine Privatschule durfte er jedoch weiterhin führen, sodass er durch diese wohl eine ganze Generation von Leidenern beeinflusste. Zwei bis drei Jahre später meldeten ihn die Franziskaner der Inquisition, woraufhin Bloccius Leiden in Richtung Wesel verließ und schon bald darauf andernorts als reformierter Pfarrer tätig wurde.

Die Reformierten

Der Bildersturm, der die Niederlande erfasst hatte, erreichte Leiden am 25. August 1566. Aufgestachelt von Mitgliedern der Leidener Oberschicht und von Mitgliedern der sogenannten Rednerkammer (Rederijkerskamer), verwüsteten kirchenfeindliche Handwerker und Mitglieder der Leidener Unterschicht die Kirchen. Obwohl die Verwüstung nicht verhindert werden konnte, wurde zumindest ein Teil des Inventars gerettet, so beispielsweise das berühmte Gemälde „Das Jüngste Gericht" von Lucas van Leyden, mittlerweile im Besitz des Leidener Museums De Lakenhal.

Unter dem Schutz der Oberschicht begannen noch am selben Tag die Heckenpredigten, die möglicherweise mehrere hundert Menschen anzogen. Der Magistrat tolerierte diese zwar, wollte aber an der katholischen Kirche festhalten und führte wenige Tage später die Messe erneut ein. Ab September nutzten die Reformierten die Franziskanerkapelle außerhalb der Stadt. Um in Leiden wieder für Ruhe zu sorgen, schloss der Magistrat in Anwesenheit von Wilhelm von Oranien im Januar 1567 eine Vereinbarung mit den Reformierten. Diese sicherten zu, in Übereinstimmung mit dem Augsburger Bekenntnis oder „Calvins Religion" zu leben und dem Magistrat Folge zu leisten. Auch sollten von jetzt an zwei Delegierte des Magistrats an den Versammlungen des Presbyteriums teilnehmen.

Aufgrund der Gerüchte, der Herzog von Alba werde nach Leiden kommen, musste der Stadtrat dafür sorgen, dass sich die Stadt vorbildlich katholisch präsentierte, weshalb den Predigten der Reformierten ein Ende gesetzt und ihre gerade erst neu erbaute Holzkirche abgerissen wurde. Viele der 300 Mitglieder flohen, ebenso wie Nicht-Mitglieder, die in die Unruhen verwickelt waren. Auch der Stadtsekretär Jan van Hout zählte zu den Flüchtlingen.

Die in der Stadt verbleibenden Reformierten mussten sich unauffällig verhalten. Als sich Leiden jedoch 1572 Wilhelm von Oranien anschloss, wurden die Predigten umgehend wieder aufgenommen: anfangs in der am wenigsten bedeutsamen Pfarrkirche Vrouwekerk (Frauenkirche), bald darauf ebenfalls in der Pieterskerk und anschließend in der Hooglandse Kerk. Die reformierte Gemeinde verfügte über drei Pfarrer, weshalb sie vergleichsweise groß gewesen sein muss.

236

Nach einem anfänglichen Versuch, neben den reformierten Predigten auch die Messe zu erlauben, wurde die katholische Religion schließlich verboten und die reformierte Kirche zur einzigen „öffentlichen Kirche", d. h. zur einzigen Kirche, die ihre Religion öffentlich verkündigen durfte, erklärt. Das Kirchenvermögen fiel der Stadt zu, die dieses zur Deckung ihrer Kosten nutzte.

Während der Belagerung von 1573 bis 1574 entschieden sich die Leidener Bürger, für die Ehre Gottes und ihre Freiheit zu kämpfen, anstatt unter dem Joch der Spanier als Sklaven zu dienen. Viel ist nicht über die Reformierten in dieser Zeit bekannt. Als jedoch die Pest die Leidener Bevölkerung dahinraffte, bedeutete dies für die reformierten Pfarrer und den katholischen Priester eine schwere pastorale Bürde. Direkt nach der Befreiung Leidens am 3. Oktober 1574 ordnete der Magistrat einen Dankgottesdienst in der Pieterskerk an, „um Gott für seine unendliche Güte und Gnade zu danken".

Die Befreiung Leidens markierte einen Wendepunkt, nicht nur für den Aufstand der Niederlande gegen die spanische, katholische Herrschaft, sondern auch für die Entwicklung der Stadt selbst. Aufgrund der strategisch günstigen Lage der Stadt beschlossen Wilhelm von Oranien und die Provinzialstaaten von Holland im Jahr 1575, die erste Universität der Provinz Holland in Leiden zu gründen,

Das Gebäude der 1575 gegründeten Universität Leiden

die sowohl für die reformierte Kirche als auch für die Republik als Bildungsein-richtung dienen sollte. Da die Universität bald einflussreiche Gelehrte und viele Studenten aus dem Ausland anzog, belebte sie die Wirtschaft der Stadt, die zum damaligen Zeitpunkt einen Tiefpunkt erreicht hatte, in hohem Maße, und die Stadt Leiden mit ihren zuverlässigen Verlagen entwickelte sich zu einem bedeutenden Zentrum für den Austausch von Büchern und Ideen.

Sowohl für die Kirche als auch für die Stadt stellte die Autonomie der Univer-sität jedoch ein Problem dar. Die Kirche, die die Berufung der Hochschullehrer beeinflussen wollte, kritisierte das Klima ausgeprägter religiöser Toleranz, und der Magistrat hatte zu seinem Unmut trotz seiner offiziellen Beteiligung keine Kontrolle über die Universität. Die hieraus entstehenden Kompetenzstreitigkeiten zwischen Stadt und Kirche können mit denen ähnlicher Konflikte des Magistrats mit dem örtlichen Wasserverband und dem Presbyterium verglichen werden. Die lokale Regierung wollte die Macht über alle öffentlichen Bereiche ausüben. Bei diesen Streitigkeiten nahm der Stadtsekretär stets eine wichtige Rolle ein.

Jan van Hout

Jan van Hout (1542–1609) war bereits seit 1564 Stadtsekretär gewesen. Nach seiner Rückkehr aus dem Exil im Jahr 1572 wurde ihm dieser Posten erneut an-geboten, in dessen Funktion er bis zu seinem Tode tätig war. Er war an al-len wichtigen Entscheidungen betei-ligt, verfasste die Schreiben des Magis-trats und gab dessen Entscheidungen bekannt. Da er mehrere wichtige öf-fentliche Ämter gleichzeitig bekleide-te, kam ihm eine zentrale Rolle in der Stadt zu. Er war in allen Bereichen prä-sent, sprach seine Meinung stets offen aus und verkörperte sowohl die Mei-nung als auch die Vorurteile des Lei-dener Magistrats. In Leiden geschah nichts, ohne dass Jan van Hout davon wusste oder es unterstützte. Im Jahr 2013 wurde seinem Beitrag zur Ent-wicklung der Stadt Leiden in der Pie-terskerk ein Denkmal gesetzt.

Jan van Hout. Porträt gestochen von Willem van Swanenburg, 1608

Van Hout war auch daran beteiligt, dass flämische Textilarbeiter (viele von ihnen aus Französisch-Flandern) zur Wiederbelebung der niedergegangenen Textilindustrie der Stadt aus dem englischen Exil nach Leiden geholt wurden, woraufhin sich die Leidener Bevölkerung in der Zeit von 1574 bis 1600 verdoppelte. Da ein Großteil der Einwanderer den Reformierten angehörte, nahm zu dieser Zeit auch die Zahl der wallonischen, also der französischsprachigen und der niederländischsprachigen Gemeindemitglieder zu. Die vielen ärmlichen Textilarbeiter waren auf die Armenhilfe der Stadt angewiesen. Van Hout war es, der die Ideen der Stadt für die Reformierung der Armenhilfe bekanntgab: Betteln sollte vollständig verboten und sämtliche Einrichtungen der Armenhilfe aus der katholischen Zeit, auch die reformierte Diakonie, in eine übergeordnete Organisation integriert werden, die für alle Bedürftigen der Stadt zuständig war.

Gegensätzliche reformierte Ansichten der Kirchenregierung

Obwohl die reformierte Kirche finanziell vom Magistrat abhängig war, wollte sie entsprechend ihrer Kirchenordnung den Status einer eigenständigen Organisation beibehalten. Unter Bezugnahme auf die Struktur der Kirchen in Zürich und Genf betrachtete es der Magistrat jedoch als Selbstverständlichkeit, dass die Ernennung der Pfarrer und die Wahl der Kirchenältesten und Diakone vollständig in seinen Zuständigkeitsbereich fallen sollten. Der hieraus entstehende Konflikt war daher nicht in erster Linie ein Konflikt zwischen einem toleranten Magistrat und einem „radikal calvinistischen" Presbyterium – die strengen Feiertags- und Aufwandsgesetze der Stadt zeugen vom Gegenteil: Alkohol, Unzucht, Tanz und frivole Lieder sollten vermieden und stattdessen Psalmen gesungen werden, „um Gott zu lobpreisen".

Die Differenzen zwischen diesen unterschiedlichen reformierten Ansichten der Kirchenregierung konnten sich zu einem tiefgreifenden Konflikt auswachsen, da sich ein Teil des Presbyteriums auf die Seite des Magistrats stellte. Statt einer fruchtbaren Zusammenarbeit entstand ein von gegenseitigem Misstrauen geprägtes Verhältnis, das sich nachteilig auf die Kirche auswirkte und erst nach vielen Jahren überwunden werden konnte. Van Hout war in diesem Konflikt nicht nur die Stimme des Magistrats, sondern muss sich durch die Streitigkeiten auch persönlich angegriffen gefühlt haben, da er viele Jahre lang nicht am Abendmahl teilnahm. Gegen Ende der 1580er Jahre konnte der Konflikt beigelegt werden – Kirche und Magistrat hatten einen Weg gefunden, ihre Energien positiv einzusetzen.

Neben den reformierten und den Täufergemeinden verfügte Leiden über weitere Kirchen: Die wallonische Kirche der französischsprachigen Bürger gehörte zur öffentlichen Kirche, und seit den 1580er Jahren gab es in der Stadt eine luthe-

Denkmal für Jan van Hout in der Pieterskerk, 2013

Die Hooglandse Kerk

rische Gemeinde, die jedoch mehr schlecht als recht toleriert wurde. Auch die Katholiken feierten weiterhin ihren Gottesdienst, wie die Lutheraner im Geheimen, was sie unbehelligt tun konnten, solange sie den städtischen Frieden nicht störten. Obwohl nur die reformierte Kirche den Status der öffentlichen Kirche erhalten hatte, war im 16. Jahrhundert eine multikonfessionelle Gesellschaft entstanden, deren Mitglieder lernen mussten, trotz aller Unterschiede in Frieden miteinander zu leben.

▸ *Kees de Wildt* ist Doktorand an der Vrije Universiteit Amsterdam (VU).

Weiterführende Literatur

Kooi, Christine, Liberty and Religion. Church and State in Leiden's Reformation, 1572–1620, Leiden 2000

Bostoen, Karel, Hart voor Leiden. Jan van Hout (1542–1609): stadsbestuurder, dichter en vernieuwer, Hilversum 2009

Clotz, Henrike L., Hochschule für Holland. Die Universität Leiden im Spannungsfeld zwischen Provinz, Stadt und Kirche, 1575–1619, Stuttgart 1998

Für einen Besuch in Leiden

http://portal.leiden.nl/de/homepage
www.pieterskerk.com/en
www.leidenamericanpilgrimmuseum.org

Lyon

Waldes und Pierre Viret

von Albert de Lange

Die Reformatoren des 16. Jahrhunderts standen von Anfang unter dem starken Druck, sich selbst zu rechtfertigen. Ihre kirchlichen und politischen Gegner warfen ihnen vor, eine „neue" Lehre zu verkünden, die alle althergebrachten Ordnungen und Traditionen zerstören würde. Sie wurden als Revolutionäre betrachtet. Die Reformatoren verneinten dies. Sie wollten keine „neue" Lehre bringen, sondern zurückkehren zur Quelle, zur „alten", ursprünglichen, reinen, wahren Botschaft der Bibel. Nicht die Reformation, sondern die Papstkirche habe das Evangelium durch zahlreiche „Erneuerungen" überdeckt und unterdrückt.

Die Reformatoren hielten sich auch nicht für die Ersten, die diese Rückkehr zur Bibel unternommen hatten. Gott selbst habe immer wieder Menschen berufen, das Evangelium zu verkünden. Es gebe einen „Catalogus testium veritatis", wie der Titel des einflussreichen Buches lautet, das Matthias Flacius Illyricus 1556 veröffentlichte. Einige dieser „Zeugen der Wahrheit", insbesondere John Wyclif, Jan Hus und Girolamo Savonarola, bekamen im protestantischen Europa bald eine fast kanonische Bedeutung. Sie werden seit Jahrhunderten als „Vorreformatoren", als „Vorläufer" der Reformation betrachtet. Es ist also kein Zufall, dass man Wyclif und Hus auch in diesem Buch begegnet.

In den protestantischen Märtyrerbüchern stößt man seit dem 16. Jahrhundert auch immer wieder auf die Waldenser. Hier handelt es sich weniger um eine Einzelperson (auch wenn ihr Namensgeber Waldes öfter dargestellt wird), sondern um ein „Volk", das wegen seiner Treue zur Bibel im Mittelalter verfolgt worden ist und auch in der Neuzeit weiter verfolgt wurde.

Waldes

Im Mittelalter gab es in Europa eine weitverzweigte Gruppe von „Ketzern", die von der Inquisition als „Waldenser" verfolgt wurde. Diese galten als Anhänger eines gewissen Valdesius (auch Waldes, Valdo, Vaudès), der in der zweiten Hälfte des 12. Jahrhunderts in Lyon gelebt hatte. Die Waldenser selbst bezeichneten ihn seit etwa 1350 als „Petrus Waldus" und brachten damit zum Ausdruck, dass nicht der Papst, sondern ihr Gründungsvater der wahre Nachfolger der Apostel sei. Vor allem dank Flacius Illyricus hat sich der Name „Petrus Waldus" durchgesetzt, und so wird Waldes auch auf dem berühmten Reformationsdenkmal in Worms bezeichnet, wo er zusammen mit Wyclif, Hus und Savonarola zu Füßen Luthers sitzt.

Es gibt mehrere Berichte über Waldes. Nach dem Dominikaner Stephan von Bourbon war er ein reicher Mann aus Lyon, der, „als er die Evangelien hörte, begierig war zu verstehen, was sie meinten, denn er war nicht sehr gebildet". Daraufhin habe er einen Vertrag mit zwei Priestern geschlossen, um die Evangelien vom Lateinischen in die franko-provenzalische Volkssprache übersetzen zu lassen. Waldes lernte diese Übersetzung auswendig und nahm sich vor, „die evangelische Vollkommenheit einzuhalten, wie sie die Apostel eingehalten hatten. Er verkaufte aus Weltverachtung seinen ganzen Besitz und warf sein Geld den Armen in den Straßenkot hin, beanspruchte dreist das Apostelamt, indem er die Evangelien [...] in den Straßen und auf den Plätzen predigte." Er versammelte dabei viele Männer und Frauen, „stümperhafte und ungebildete Laien", die er zum Predigen in die umliegenden Dörfer schickte.

Die Bekehrung von Waldes wird zwischen 1173 und 1176 datiert. Er konnte einige Jahre als Laie predigen, weil der damalige Erzbischof von Lyon, der Zisterzienser Guichard von Pontig-

„Petrus Waldus". Sitzfigur am Fuß des 1868 enthüllten Lutherdenkmals in Worms. Der Künstler Ernst Rietschl hat ihn als Wanderprediger mit Stab, Gürteltasche und Sandalen dargestellt und ihm eine Bibel in die Hand gegeben

*Lyon. Kolorierte Stadtansicht aus: Georg Braun/Franz Hogenberg, „Civitates orbis terrarum",
Bd. 5, Köln 1599. Unten ein Ausschnitt*

ny, ihn schützte. Lyon war damals keine Stadt von großer wirtschaftlicher oder politischer Bedeutung, wohl aber ein wichtiges kirchliches Zentrum. Sie gehörte damals nicht zu Frankreich, sondern zum Heiligen Römischen Reich und wurde auch weltlich vom Erzbischof und dem Domkapitel regiert. Nach dem Tod von Guichard im Jahr 1181 vertrieb dessen Nachfolger Jean Bellesmains 1182 Waldes und seine Anhänger aus der Stadt, weil sie trotz Verbot weiter predigten („ihr Lehrer, der sich Petri Amt anmaßt"). Laut Stephan von Bourbon verteidigte sich Waldes, als der Erzbischof ihn vorlud, mit den Worten: „Man muss Gott mehr gehorchen als den Menschen." (Apg 5,29)

Das Denkmal von Chanforan, das die Waldenser 1932 anlässlich des 400-jährigen Jubiläums ihres Anschlusses an die Reformation errichteten. Im Hintergrund Serres

Wir wissen nicht, wohin Waldes 1182 ging, und auch nicht, wann er starb. Höchstwahrscheinlich hat er noch mindestens zwei Jahrzehnte gelebt. Es scheint, dass er es bedauerte, dass die katholische Kirche sein Bestreben, sie von innen durch Laienpredigt zu erneuern, verwarf.

Die Waldenser im Mittelalter

Bereits im Jahre 1184 exkommunizierte Papst Lucius III. die Waldenser, weil sie „unter dem Anschein der Frömmigkeit [...] sich selbst die Autorität zu predigen zuschreiben, [...] ohne dass sie vom Apostolischen Stuhl oder vom Ortsbischof die Vollmacht dazu empfangen haben". Sie machten sich also des Ungehorsams schuldig. Trotz dieser Verurteilung und der Verfolgungen durch die Inquisitoren breitete sich das Waldensertum über Europa aus und wurde zu der am weitesten verbreiteten „Sekte" in Europa.

Mehr und mehr entwickelten sich die Waldenser zu einer Gegenkirche im Untergrund. Die Wanderprediger, die auch als Beichtväter tätig waren, bildeten ihr Rückgrat. Die Waldenser warfen der katholischen Kirche vor, das Evangelium zu verraten, weil sie weltliche Macht ausübte. Sie lehnten neuere katholische Lehren wie die vom Fegefeuer und von der Gültigkeit der Ablässe ab. Sie glaubten, dass das ewige Heil nur erreicht werde, wenn man die neutestamentlichen Gebote einhielt, insbesondere die Gebote, keinen Schwur abzulegen und auf Gewalt zu verzichten.

Seit 1395 wurden die Waldenser durch anhaltende Verfolgungen stark dezimiert. Um 1500 gab es nur noch drei Ballungsgebiete. Das wichtigste waren die sogenannten „Waldensertäler" in den Cottischen Alpen, die teilweise zu Frankreich, teilweise zum Piemont gehörten. Weitere Ballungsgebiete waren das Luberon und einige Dörfer in Kalabrien, die beide auf die Zuwanderung von waldensischen Kolonisten aus den Cottischen Alpen zurückgingen. Wanderprediger unterhielten die Verbindungen in dieser Diaspora, in der man sich durch die Pflege der okzitanischen Sprache verständigen konnte.

Anschluss an die Reformation

Die reformatorischen Bestrebungen, die seit 1517 Europa ergriffen, wurden den waldensischen Wanderpredigern früh bekannt. Im Jahr 1530 beauftragte eine „Synode" in Mérindol im Luberon zwei ihrer Prediger (unter ihnen Georges Morel), die Fragen zu klären, welche die Waldenser im Blick auf die Reformation hatten. Sie schrieben ausführliche Briefe an Johannes Oekolampad in Basel und an Martin Bucer in Straßburg und suchten beide auf. Die ausführliche, kritische Antwort Bucers auf ihre Fragen floss in die Beschlüsse ein, welche die Waldenser auf ihrer nächsten „Synode" trafen, die in Chanforan, einem Flecken im Angrognatal in den Waldensertälern, stattfand. Sie bestimmten nun, dass ihre Prediger nicht länger zu Armut, Wanderleben und Zölibat verpflichtet seien, sondern dass sie sesshaft werden, heiraten und Besitz haben sollten. Die Hinwendung zur Reformation wurde durch Wilhelm Farel gefördert, der damals für Bern in Neuchâtel tätig war. Er überzeugte die Waldenser, auch eine neue französische Bibelübersetzung zu finanzieren. Diese von Pierre-Robert Olivétan übersetzte Bibel erschien 1535 in Neuchâtel bei Pierre de Vingle, einem Buchdrucker, der 1532 aus Lyon ausgewiesen worden war.

In der Praxis ließen sich die Beschlüsse von Chanforan allerdings kaum durchsetzen. Einige Wanderprediger sträubten sich, und der Wanderprediger Martin Gonin, der als einer der wichtigsten Befürworter der Reformation gelten darf, wurde 1536 in Grenoble verhaftet und hingerichtet. Es kam noch schlimmer: Im Jahr 1545 wurden die Waldenser im Luberon auf Befehl des Königs Franz I. massakriert. Die Waldenser in den Cottischen Alpen und die in Kalabrien lebten deshalb weiterhin im Untergrund. Die Wanderprediger konnten nicht von ordinierten sesshaften Pfarrern ersetzt werden.

Das Wappen der Waldenserkirche mit dem Motto „Lux lucet in tenebris" (Das Licht leuchtet in der Finsternis). Kupferstich aus: Jean Léger, „Histoire générale des Eglises évangéliques", Leiden 1669

1555 kam die Wende. Einige Bürgermeister und Dorfräte aus den Waldensertälern baten Johannes Calvin und seine Kollegen, ihnen Pfarrer zu senden. Sie hatten Erfolg. Genf sandte ihnen nun einige Jahre lang Pfarrer und Lehrer. Trotz aller Risiken entschieden sich die Waldenser in den Tälern und später auch in Kalabrien öffentlich für die Reformation und begannen, obwohl sie eine Minderheit in einer katholischen Umwelt waren, bald calvinistisch-reformierte Kirchengemeinden zu gründen. Das führte im Mai/ Juni 1561 im (zu Spanien gehörenden) Kalabrien zu einem Massaker an den Waldensern. Zur selben Zeit, im Juni 1561, gewährte dagegen der Herzog von Savoyen, der Landesherr im Piemont war, seinen waldensischen Untertanen die freie Religionsausübung in den Tälern. Dies war möglich geworden, weil sie – trotz aller Kritik aus Genf – im Januar 1561 zu den Waffen gegriffen und sich erfolgreich verteidigt hatten. So entstand im Piemont eine kleine, selbständige reformiert-calvinistische Kirche, die sich voller Stolz auf ihre vorreformatorische Vergangenheit als Waldenserkirche bezeichnete und die Erinnerung an Waldes und die mittelalterlichen Waldenser pflegte.

Diese Kirche konnte sich seitdem in den piemontesischen Tälern behaupten und besteht bis heute. Seit 1848 hat sie sich über ganz Italien ausgebreitet. Die heutige *Chiesa evangelica valdese* bezeichnet sich selbst noch immer ausdrücklich als eine „vorreformatorische Kirche", die mit den Kirchen der Reformation „verwandt" ist (so die Präambel zur Leuenberger Konkordie von 1973).

Pierre Viret in Lyon

Die Waldenser wurden im Mittelalter oft als die „Armen von Lyon" bezeichnet. In Wirklichkeit gab es nach 1183 keine Waldenser mehr in Lyon. Das änderte sich auch nicht nach 1313, als die Stadt an das Königreich Frankreich fiel und der Erzbischof seine weltliche Herrschaft über sie abgeben musste.

Allerdings scheint in Lyon die Erinnerung an Waldes weiter bestanden zu haben. Der humanistische Historiker Guillaume Paradin erzählt z.B. in seinen

Auf diesem Stadtplan von Lyon von 1548–1553 ist die „rue Maudicte" links von der Kirche St. Nizier eingezeichnet

Mémoires de l'histoire de Lyon (1573), dass Waldes an der „rue Vaudran" im Viertel von St. Nizier gewohnt habe und dass das Volk nach seiner Vertreibung dieser Straße den Namen „rue Maudicte" (verfluchte Straße) gegeben habe.

1464 verlieh der französische König Lyon das Recht, vier Mal im Jahr eine Handelsmesse abzuhalten. Das förderte den wirtschaftlichen Aufschwung und das Anwachsen der Bevölkerung. Man schätzt, dass die Stadt um 1550 zwischen 50.000 und 75.000 Einwohner zählte. Es lebten viele Ausländer in der Stadt, z. B. italienische Bankiers. Von besonderer Bedeutung war der Buchdruck in Lyon.

247

Schon in den 1520er Jahren gab es erste protestantische Prediger in der Stadt. Diese konnten nicht, wie in den Tälern der Cottischen Alpen und im Luberon, auf einer waldensischen Vergangenheit aufbauen. Sie fanden aber Anklang bei den Humanisten, bei den Ausländern und bei den Händlern und Buchdruckern. Manche Einwohner wurden offen protestantisch, andere suchten einen evangelischen Mittelweg zwischen Katholizismus und Protestantismus. Es gab aber kaum Freiräume. Die Stadtregierung hatte Angst vor der Ketzerei. Manche Protestanten endeten auf dem Scheiterhaufen, z. B. 1553 die fünf französischen Studenten, die in Lyon verhaftet wurden, als sie aus Lausanne, wo sie als protestantische Prediger ausgebildet worden waren, in die Heimat zurückkehren wollten, um dort zu evangelisieren. Andere Protestanten wie der Buchdrucker Pierre de Vingle wurden ausgewiesen.

Pierre Viret. Porträt aus: Theodorus Beza, „Icones", Genf 1580

Trotzdem bildete sich 1546 eine erste klandestine Gemeinde, in den 1550er Jahren kamen andere hinzu. Dies war vor allem dem Einfluss von Johannes Calvin zu verdanken. Nun öffneten sich auch die Volksschichten dem Protestantismus, und 1560 konnten die ersten protestantischen Gottesdienste öffentlich gefeiert werden. Noch im selben Jahr versuchten die Hugenotten, wie die französischen Reformierten seit 1560 genannt wurden, die Stadt mit Waffen in ihre Gewalt zu bringen, aber der Überfall misslang.

Mehr Erfolg hatten die Hugenotten Ende April 1562. Im Zuge des ersten Religionskrieges, der im März begonnen hatte, konnten die Lyoner Protestanten sich der Stadt bemächtigen. Einige Tage später zogen die Truppen des (damals noch calvinistischen) Baron des Adrets in die Stadt ein, um sie gegen einen katholischen Gegenangriff zu schützen. Seine Truppen zerstörten Kirchen und Klöster und zerschlugen Bilder. Alle katholischen Geistlichen mussten die Stadt verlassen.

Im Mai errichteten die Hugenotten eine protestantische Herrschaft in Lyon. Sie beriefen Pierre Viret, der damals in Genf lebte, als Prediger. Seit seiner Ankunft im Juni 1562 versuchte dieser, das öffentliche und kirchliche Leben der Stadt nach dem Modell Genfs umzubilden, also zu einem „zweiten Genf" zu machen. 1564

Das Innere des Temple du Paradis in Lyon. Die Kirche sah aus wie ein Theater mit der Kanzel im Zentrum. Es gab keinen Altar. Gemälde, Jean Perrissin zugeschrieben, um 1565

wurde der berühmte Temple du Paradis (Paradieskirche) erbaut, die erste neu errichtete reformierte Kirche in Frankreich, von der Bilder überliefert sind.

Lange dauerte die reformierte Herrschaft in Lyon jedoch nicht. Infolge des Edikts von Amboise vom 18. März 1563 mussten die Hugenotten ihre Macht wieder abgeben. Die katholischen Geistlichen konnten zurückkehren. Einige Jahre lang gab es nun in der Stadt eine schwierige Koexistenz beider Konfessionen. Zwar fand im August 1563 noch die Nationalsynode der Reformierten Kirchen Frankreichs in Lyon unter dem Vorsitz Virets statt, aber die Reformierten mussten immer mehr Terrain preisgeben. Im August 1565 wurde Viret ausgewiesen, weil er kein Franzose sei. Im September 1567, nach einem erneuten Versuch der Hugenotten, die Stadt zurückzugewinnen, wurde der Temple du Paradis abgerissen und bald darauf der reformierte Gottesdienst verboten. Lyon wurde nun das Bollwerk eines unbeugsamen Katholizismus. Dies zeigte sich im Jahre 1572: Eine Woche nachdem in der sogenannten Bartholomäusnacht (23./24. August) in Paris tausende Hugenotten ermordet worden waren, wurden auch in Lyon hunderte Protestanten niedergemetzelt. Zu den Opfern gehörte der Komponist Claude Goudimel.

Zum Schluss

Lyon ist die Stadt mit zwei misslungenen Reformationen. Zuerst die von Waldes, der sich zwischen 1173/1176 und 1182 bemühte, durch die Laienpredigt die katholische Kirche der Stadt von innen her zu erneuern. Danach die von Pierre Viret, der von 1562 bis 1565 versuchte, das öffentliche und kirchliche Leben in der Stadt nach Genfer Muster zu reformieren. Beide Reformatoren erlitten dasselbe Schicksal; sie wurden aus der Stadt vertrieben.

Aber ganz vergessen wurden sie nie in Lyon. Inzwischen gibt es eine Rue Pierre Valdo, und Pierre Virets wurde 2009/10 in der Ausstellung *Lyon 1562, capitale protestante* ausführlich gedacht.

▶ Dr. *Albert de Lange* lebt als freischaffender Kirchenhistoriker in Karlsruhe.

Weiterführende Literatur
SEIFERT, PETRA (Hg.), Geheime Schriften mittelalterlicher Sekten, Augsburg 1997
PAPINI, CARLO, Valdo di Lione e i «poveri nello spirito». Il primo secolo del movimento valdese (1170–1270), Torino ²2002
PEYRONEL, SUSANNA (Hg.), Giovanni Calvino e la Riforma in Italia. Influenze e conflitti, Torino 2011 (Collana della Società di Studi Valdesi 31)
KRUMENACKER, YVES (Hg.), Lyon 1562, capitale protestante. Une histoire religieuse de Lyon à la Renaissance, Lyon 2009

Für einen Besuch in Lyon
www.de.lyon-france.com
www.gadagne.musees.lyon.fr
www.protestants-lyon.org

Für einen Besuch in den Waldensertälern
www.fondazionevaldese.org
www.chiesavaldese.org

Marburg

Philipp von Hessen und Adam Krafft

von Wolf-Friedrich Schäufele

Mit seiner pittoresken Oberstadt am Hang des Schlossberges, den schmucken Fachwerkhäusern und dem weitgehend erhaltenen mittelalterlichen Stadtensemble ist Marburg heute ein beliebtes Touristenziel – und mit seiner traditionsreichen Universität, den das Stadtbild prägenden Studierenden und den vielen Kneipen und Kinos eine typische Studentenstadt. Doch auch die große Vergangenheit Marburgs als Schauplatz der Reformation ist bis heute spürbar.

Marburg verdankt seinen Aufstieg zu geschichtlicher Bedeutung der heiligen Elisabeth von Thüringen. 1228 ließ sich die junge Witwe vor den Toren der kleinen Burgstadt an der Lahn nieder und gründete hier das berühmte Hospital, in dem sie bis zu ihrem frühen Tod 1231 mit eigener Hand Kranke und Bedürftige versorgte. Nach Elisabeths Heiligsprechung wurde über ihrem Grab die imposante Elisabethkirche errichtet, einer der ersten Kirchenbauten im rein gotischen Stil in Deutschland, und im ausgehenden Mittelalter strömten Pilger von nah und fern hierher, um Gnade und Heilung zu finden. Seit 1247 herrschte in Marburg Elisabeths Enkel Heinrich I. (gest. 1308) als erster Fürst der neu begründeten Landgrafschaft Hessen und machte die Stadt an der Lahn zur ersten hessischen Hauptstadt. Er und die späteren Landgrafen von Hessen bis zur Reformation liegen im Chor der Elisabethkirche begraben.

Landgraf Philipp der Großmütige (1504–1567)

1504 wurde auf dem Marburger Schloss ein weiterer Nachfahre der Heiligen geboren, der einer der bedeutendsten politischen Köpfe der Reformation werden sollte: Landgraf Philipp der Großmütige. In seiner gut fünfzigjährigen Regierung wurde

Landgraf Philipp von Hessen. Brustbild zugeschrieben an Hans Krell, um 1534

Hessen zu einem einflussreichen Territorium und zu einer Vormacht des Protestantismus im Reich. 1524 wandte der junge Fürst sich der Reformation zu, worin er durch eine zufällige Begegnung mit Philipp Melanchthon auf der Landstraße bei Frankfurt und die sich daran anschließende Korrespondenz bestärkt wurde. Nachdem Hessen traditionell durch Heiratsverbindungen und Bündnisse mit dem sächsischen Herrscherhaus der Wettiner liiert war, suchte Philipp nun das Bündnis mit dem evangelischen Kurfürstentum Sachsen. Auf dem Speyerer Reichstag 1526 trat das hessisch-kursächsische Bündnis erstmals eindrucksvoll in Erscheinung: die beiden Reichstagsdelegationen erschienen in einheitlicher Kleidung, mit dem Abzeichen „VDMIÆ", einer Abkürzung für den lateinischen Bibelvers „Gottes Wort bleibt in Ewigkeit" (Verbum Dei Manet In Æternum: Jesaja 40,8), als gemeinsamem Erkennungszeichen. In den auf den Reichstag folgenden Monaten führten Hessen und Kursachsen, beide flächendeckend, die Reformation ein, und die beiden Fürstentümer bildeten in den kommenden drei Jahrzehnten die unbestrittene politische Führungsspitze des deutschen Protestantismus. Bei allen großen Plänen und Aktionen stand Philipp von Hessen in der ersten Reihe. Sein wichtigstes Verdienst war die Gründung des Schmalkaldischen Bundes, eines militärisch-politischen Bündnisses der evangelischen Reichsstände unter kursächsisch-hessischer Führung, das lange Zeit die Drohungen des altgläubigen Kaisers parieren konnte.

Auch wenn Landgraf Philipp zumeist in Kassel residierte und dort auch begraben liegt, blieb Marburg unter seiner Herrschaft das geistige und religiöse Zentrum Hessens. Die Marburger Pfarrkirche St. Marien wurde zum amtlichen Muster und Vorbild der reformatorischen Erneuerung aller hessischen Pfarreien. Hier amtierte seit 1527 als Pfarrer Philipps bisheriger Hofprediger Adam Krafft (1493–1558) aus Fulda. Von Marburg aus bereiste er als oberster Visitator unermüdlich die verschiedenen Landesteile, formte mit Energie und Geschick ein evangelisches Kirchenwesen und reformierte Schulen und Spitäler. Unter den seit 1531 in Hessen amtierenden sechs Superintendenten war Krafft der angesehenste, wiederholt haben seine Zeitgenossen ihn den hessischen „Bischof" genannt. Nicht zufällig tag-

Marburg. Kolorierte Stadtansicht aus: Georg Braun/Franz Hogenberg, „Civitates orbis terra-
rum", Bd. 1, Köln 1593
Links unten: oberhalb der Brücke das ehemalige Dominikanerkloster, das seit 1527 als Uni-
versitätsgebäude genutzt wurde; in der Mitte links die lutherische Pfarrkirche St. Marien;
oben das Schloss. Rechts unten: die Elisabethkirche

ten in Marburg, später abwechselnd in Marburg und Kassel, auch die jährlichen
Generalsynoden der Landgrafschaft Hessen.

Landgraf Philipp las die Bibel und theologische Literatur und verkörperte
in einzigartiger Weise das evangelische Ideal des theologisch gebildeten Laien.
Gegenüber den Ratschlägen der Theologen bewahrte er sich seine Freiheit. Vor
allem band er sich nicht allein an Luther – zu diesem sagte Philipp einmal: „Herr
Doktor, ihr ratet wohl fein; was aber, wenn wir euch nicht folgten?" –, sondern
unterhielt auch enge Beziehungen zu Melanchthon, zu Huldrych Zwingli in Zürich
und zu Martin Bucer in Straßburg. Konfessionelle Enge war seine Sache nicht.
Für sich und sein Land verfolgte Philipp die „Mittelstraße zwischen Lutherischen
und Zwinglischen" und empfahl diese 1534 auch Herzog Albrecht von Preußen.

IMAGO REVERENDI GRAVIS-
SIMIQVE THEOLOGI, D. MAGISTRI ADAMI VEGE-
tij Fuldensis sacrarum literarum in schola Marpurgensi Professoris,
& Ecclesiarum ad Lanum Superintendentis, qui obijt
Anno Domini 1 5 5 8.

Adam Krafft. Kolorierter Holzstich, um 1570

Philipps Söhne und Enkel haben diese konfessionelle Weite nicht durchhalten können, doch das Nebeneinander der verschiedenen reformatorischen Richtungen hat bis heute in den evangelischen Kirchen Hessens Spuren hinterlassen.

Die geistig-theologische Unabhängigkeit Philipps, der schon zu Lebzeiten der Großmütige genannt wurde, hat auch zu jener Episode seines Lebens beigetragen, die bis heute die bekannteste ist: seiner 1540 geschlossenen Zweitehe mit dem Hoffräulein Margarethe von der Saale. Anstatt wie die meisten Fürsten seiner Zeit im Konkubinat zu leben, machte sich der fromme Bibelleser aus seiner Leidenschaft ein Gewissen und meinte, in den biblischen Erzählungen von der Mehrehe der alttestamentlichen Patriarchen ein Modell für seine Situation gefunden zu haben: Warum sollte nicht auch er neben seiner ersten Ehefrau, der Landgräfin Christine, förmlich eine zweite heiraten dürfen? Bezeichnenderweise konnte sich der selbstbewusste Fürst hierfür sogar das geheime Einverständnis Luthers und Melanchthons sichern. Philipp bemühte sich um Diskretion: Die zweite Ehefrau durfte nicht bei Hof leben und ihre Kinder waren den Nachkommen aus der ersten Ehe nicht gleichgestellt. Dennoch kam die Angelegenheit bald ans Licht, und der Schaden für das Ansehen Hessens und der reformatorischen Sache war beträchtlich – immerhin galt Bigamie damals als todeswürdiger Straftatbestand.

Die älteste evangelische Universität (1527)

1527 gründete Philipp von Hessen eine Universität in Marburg. Es ist die älteste neueröffnete Universität, die sich auf die Grundlage der Reformation stellte; 1541 verlieh ihr Kaiser Karl V. ein förmliches Universitätsprivileg. (Die bereits 1526 eröffnete Hohe Schule im schlesischen Liegnitz erlangte nicht den Universitätsstatus und musste, durch den Einfluss des als „Schwärmer" verfolgten Spiritualisten

In der Mitte das alte Dominikanerkloster mit seiner Kirche (heute Universitätskirche). Es wurde bis zu seiner Abtragung 1873 für Vorlesungen genutzt. Auf den Grundmauern wurde die heutige sogenannte „Alte Universität" im neugotischen Stil erbaut. Oben das landgräfliche Schloss. Foto von Ludwig Bickell, um 1870

Caspar von Schwenckfeld ins Abseits geraten, schon 1529 ihren Lehrbetrieb wieder einstellen.) Damit etablierte Landgraf Philipp eine eigene Landesuniversität für die Heranbildung des hessischen Pfarrer- und Beamtennachwuchses, setzte aber auch ein kirchenpolitisches Zeichen: Nach Jahren, in denen angesichts der reformatorischen Umbrüche und der Aufwertung der „Laien" die akademische Bildung in weiten Kreisen ihr Ansehen verloren hatte, die Studentenzahlen dramatisch eingebrochen waren und selbst an der Universität Wittenberg das akademische Prüfungs- und Graduierungswesen zum Erliegen kam, wirkte die Marburger Universitätsgründung als Leuchtturm für den reformatorischen Bildungsauftrag und das neuzeitliche Erfolgsmodell der Verbindung von Protestantismus und Gelehrsamkeit. Nicht zufällig waren es die ehemaligen Klöster der Stadt, deren Gebäude und Einkünfte zur Ausstattung der neuen Universität verwendet wurden und die auch heute noch von ihr genutzt werden: das Dominikaner- und das Franziskanerkloster und das Haus der Brüder vom gemeinsamen Leben („Kugelhaus").

255

In den Strukturen und Lehrplänen orientierte man sich an der Wittenberger Universitätsreform Melanchthons. Die ersten Professoren der theologischen Fakultät waren Adam Krafft, der schwäbische Lutheraner Erhard Schnepf, der französische Ex-Franziskaner Franz Lambert von Avignon und der Flame August Sebastian Nouzenos. Auch später legte Philipp von Hessen Wert darauf, Angehörige unterschiedlicher theologischer Richtungen an seiner Universität zu beschäftigen.

Um die besten Köpfe des Landes für ein Studium in Marburg zu gewinnen, wurde die Universitätsgründung durch einen Ausbau des Bildungswesens in der Breite ergänzt. Gezielt wurden Lateinschulen als Zubringerinstitutionen eingerichtet und in Marburg ein Paedagogium als Vorbereitungsschule für die Universität gegründet. Eine Besonderheit war die 1529 eröffnete Hessische Stipendiatenanstalt, die mittellosen begabten Studenten auf Kosten der hessischen Städte ein kostenfreies Studium ermöglichte und zum Vorbild des 1536 gegründeten Tübinger Stifts wurde.

An der Marburger Universität wirkten in der älteren Zeit immer wieder bedeutende, nie jedoch überragende Theologenpersönlichkeiten. Einen tiefen Einschnitt bedeutete die Verpflichtung der mittlerweile stark lutherisch geprägten Universität auf das reformierte Bekenntnis durch Landgraf Moritz den Gelehrten von Hessen-Kassel im Jahre 1605. Alle vier Theologieprofessoren traten geschlossen von ihren Ämtern zurück und bauten ab 1607 im benachbarten Gießen eine lutherische Gegenuniversität auf. Die Marburger Universität hingegen wurde, nachdem sich hier 1653 endgültig das Reformiertentum durchgesetzt hatte, neben der Universität Heidelberg und der Hohen Schule in Herborn Teil des reformierten Bildungskosmos. 1822 wurde diese Bekenntnisbindung im Geist der innerprotestantischen Union aufgehoben. Mit dem Übergang an Preußen 1866 begann die große Zeit der Marburger Theologie, die bis über die Mitte des 20. Jahrhunderts hinaus andauerte. Marburger Professoren wie der Dogmatiker und Ethiker Wilhelm Herrmann (1846–1922), der Systematische Theologe und Religionswissenschaftler Rudolf Otto (1869–1937) und der Neutestamentler Rudolf Bultmann (1884–1976) genießen bis heute weltweit hohes Ansehen. Derzeit hat die Marburger Universität mit ihren 16 Fachbereichen etwa 26.000 Studierende, 2027 wird sie ihr 500-jähriges Bestehen feiern.

Das Marburger Religionsgespräch (1529)

Zur Schaubühne der europäischen Reformationsgeschichte wurde Marburg in den ersten Tagen des Oktober 1529. Nach dem jüngsten Reichstag war mit einem militärischen Vorgehen des Kaisers gegen die Reformation zu rechnen, und Philipp von Hessen arbeitete mit Hochdruck an seiner Bündnisdiplomatie. Dabei erwies

Das Marburger Religionsgespräch von 1529. Luther besteht gegenüber Zwingli darauf, dass das griechische Bibelwort „ἐστι" (Das ist mein Leib), das er mit Kreide auf den Tisch geschrieben hat, wörtlich verstanden wird. Gemälde von August Noack, 1869

sich die seit mehreren Jahren manifeste theologische Uneinigkeit im reformatorischen Lager als Hindernis.

Umstritten war vor allem das Verständnis des Abendmahls. Luther und die Anhänger der Wittenberger Reformation legten Wert darauf, dass jeder Mensch in der Abendmahlsfeier ganz gewiss und ohne eigene Vorleistungen dem gekreuzigten Christus begegnete. Weil Christus es versprochen hatte – Luther pochte auf die Einsetzungsworte „das *ist* mein Leib, das *ist* mein Blut" –, erhielt jeder, der das Abendmahl nahm, nicht nur Brot und Wein, sondern zugleich Anteil am gekreuzigten menschlichen Leib und am Blut des Herrn und empfing so im Glauben Vergebung der Sünde. Gott, wie Luther ihn sich vorstellte, war in Christus ganz in die Welt und die Materie eingegangen, und auch im Abendmahl hatte er sich an die materiellen Elemente Brot und Wein gebunden, hatte sich den Menschen ausgeliefert und in die Hand gegeben.

257

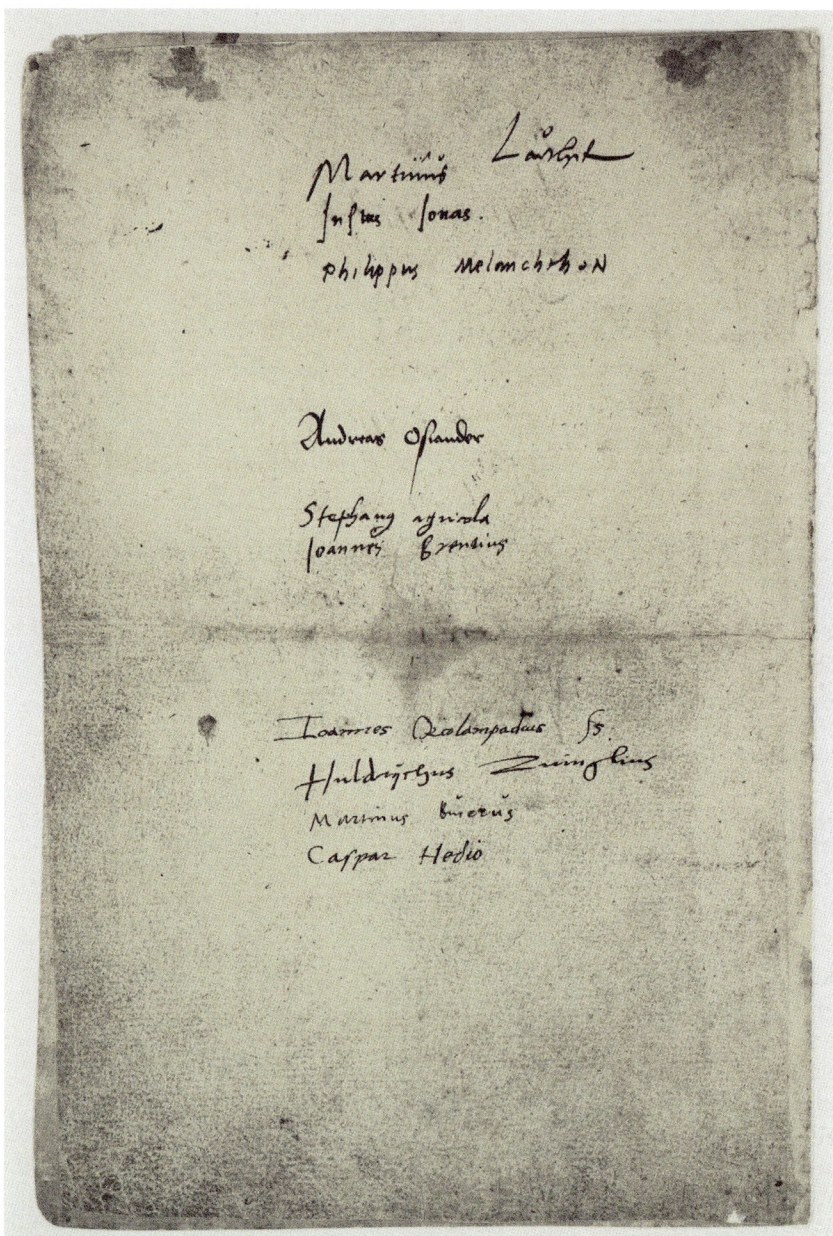

Die letzte Seite der „Marburger Artikel" mit den Unterschriften der Reformatoren

Für Huldrych Zwingli in Zürich, Johannes Oekolampad in Basel und ihre Anhänger in Süddeutschland war diese Vorstellung nicht nachvollziehbar. Gott war Geist und stand allem Materiellen souverän gegenüber, Christus saß seit der Himmelfahrt zur Rechten Gottes und konnte mit seinem menschlichen Leib nicht in Brot und Wein des Abendmahls gegenwärtig sein. Im Abendmahl erhielten die Teilnehmer nichts anderes als Brot und Wein, sündenvergebende Kraft hatte es nicht. Doch für die Gläubigen, die Gottes Geist bereits zuvor empfangen hatten, waren Brot und Wein Symbole für Leib und Blut Christi – so, in einem übertragenen Sinn, verstand Zwingli die Einsetzungsworte –, und im gemeinsamen Gedenken der versammelten Gemeinde an Christi Passion war der erhöhte Herr geistlich gegenwärtig.

Seit 1526 hatte sich über diese Fragen eine erhitzte Streitschriftendebatte entwickelt. Dem wollte Philipp von Hessen ein Ende machen, indem er Luther, Zwingli und Oekolampad, Melanchthon und Bucer und viele weitere wichtige Theologen der reformatorischen Bewegung nach Marburg auf sein Schloss einlud. Unter seiner persönlichen Regie sollten sich die Kontrahenten an einen Tisch setzen und Frieden schließen. So sind sich Luther und Zwingli in Marburg zum ersten und einzigen Mal persönlich begegnet. Vier Tage lang dauerten die Gespräche, die zunächst in Zweierteams, dann in großer Runde geführt wurden. Der Darmstädter Hofmaler August Noack hat die Szene 1869 eindrucksvoll in einem Historiengemälde dramatisiert.

Die erstrebte Einigung über das Abendmahl gelang zu Philipps Leidwesen nicht. Doch immerhin einigten sich Luther und Zwingli, die Streitfrage nicht mehr öffentlich auszutragen, und in den folgenden Jahren trieb Philipp von Hessen zusammen mit Martin Bucer die Einigungsverhandlungen weiter voran. Die wichtigste Frucht dieser Bemühungen war die sogenannte Wittenberger Konkordie von 1536, in der sich die süddeutschen Protestanten mit den Wittenbergern einigten. Bucers Versuche, auch die Schweizer dafür zu gewinnen, blieben ergebnislos. Die Abendmahlsfrage war mit den theologischen Mitteln des 16. Jahrhunderts nicht zu lösen und fand erst viereinhalb Jahrhunderte später mit der Leuenberger Konkordie (1973) einen versöhnlichen Abschluss.

Noch 1529 aber, zum Ende des Marburger Religionsgesprächs, war auf Anregung des Landgrafen eine kleine Sensation gelungen: Nachdem Luther anfangs die Schweizer und Süddeutschen zahlreicher Irrlehren beschuldigt hatte, unterzeichneten nun Luther, Zwingli und acht weitere Theologen beider Seiten ein von Luther konzipiertes Konsensdokument. Diese sogenannten Marburger Artikel stellten in vierzehn Punkten die völlige theologische Übereinstimmung der Gesprächspartner fest und betonten auch im fünfzehnten Punkt zum Abendmahl noch zahlreiche gemeinsame Überzeugungen, bevor sie den fortbestehenden Zwiespalt in der Frage der Gegenwart Christi im Mahl einräumten. Größere Nachwirkungen hat dieses Bekenntnispapier nicht gehabt. Es ist aber ein bemerkenswertes Zeugnis für den Verständigungswillen, der Philipp den Großmütigen zeitlebens beseelte und der gerade auch in Marburg seine Spuren hinterlassen hat.

▶ Dr. *Wolf-Friedrich Schäufele* ist Professor für Kirchengeschichte am Fachbereich Evangelische Theologie der Philipps-Universität Marburg.

Weiterführende Literatur

BRAASCH-SCHWERSMANN, URSULA u. a. (Hg.), Landgraf Philipp der Großmütige 1504–1567. Hessen im Zentrum der Reform. Begleitband zu einer Ausstellung des Landes Hessen, Marburg/Neustadt a. d. Aisch 2004

KNÖPPEL, VOLKER u. a. (Hg.), Marburg, Leipzig 2013 (Orte der Reformation, Journal 9)

SCHÄUFELE, WOLF-FRIEDRICH, Die Marburger Artikel als Zeugnis der Einheit, Leipzig 2012

Für einen Besuch in Marburg

www.marburg.de
www.uni.marburg.de/uni-museum
www.ekmr.de

Memmingen

Christoph Schappeler

von Peter Blickle

Memmingen gehört zu den Reichsstädten Süddeutschlands, die politisch und wirtschaftlich durch die Zünfte geprägt wurden. Starke Spannungen innerhalb der Stadt machten sich schon im 15. Jahrhundert bemerkbar, die teilweise durch die große und zunehmende Armut der Weber verursacht waren. Die wachsenden Schwierigkeiten des Rates, die innere Stabilität zu erhalten, glossiert der Stadtschreiber im Ratsprotokoll mit dem bündigen Satz: „Populus will überhand nehmen; zu besorgen es werd nichtz guts darauß." Der Rat musste unmittelbar vor der Reformation nicht nur mit den sozialen und wirtschaftlichen Spannungen fertig werden, sondern auch mit den religiös-kirchlichen, die schließlich zu Parteiungen innerhalb der Stadt quer durch alle sozialen Schichten führten.

Christoph Schappeler (1472–1551)

Schlüsselfigur der religiös-sozialen Auseinandersetzungen wurde der Schweizer Christoph Schappeler, ein mit akademischen Graden ausgewiesener Theologe und auch in sozialen Fragen engagierter Mann, wie bereits in den ersten Jahren seines Wirkens deutlich wurde. Er wurde 1513 aus St. Gallen als Prediger nach Memmingen berufen und stand sein Leben lang in engem Kontakt mit dem Zürcher Reformator Huldrych Zwingli, zu seinem sozialen Netzwerk gehörten Andreas Karlstadt und Balthasar Hubmaier. Hatte es der Rat noch 1516 aus Sorge vor einem „Auflauf" für notwendig gehalten, Schappelers Predigten zu maßregeln, wenn er die Armen gegen die Reichen in Schutz nahm, so ließ er 1521 den Vorwurf unwidersprochen über sich ergehen, die Armen würden härter bestraft als die Reichen. „Ist erfunden", bemerkt dazu das Ratsprotokoll, „das er uns die warhait gesagt hat".

261

Christoph Schappeler. Porträt von einem unbekannten Künstler, um 1550

Die Differenzen zwischen dem Rat und Schappeler verschärften sich von Jahr zu Jahr. Seine Anhängerschaft, gehobenes und mittleres Bürgertum, demütigte die altgläubigen Priester auf offener Straße. Beleidigungen und Schmähungen nahmen überhand, so dass sich der Bischof von Augsburg zum Eingreifen veranlasst sah und Schappeler im Februar 1524 in den Bann tat. Das zwang den Rat zur Entscheidung, denn dem Bann musste die Ausweisung aus der Stadt folgen. Der Rat stellte sich hinter seinen Prädikanten, teils aus Überzeugung, teils aus Hilflosigkeit. Schappelers Anhang „nit allein in unser stat, sonder auch auf dem land" war so beachtlich geworden, dass man eine Revolte für unausweichlich hielt, würde man nicht zu ihm stehen.

Die politische Brisanz der Predigten Schappelers bekamen Geistlichkeit und Rat der Stadt im Sommer 1524 mit aller Wucht zu spüren. Gleichzeitig verweigerten die Bauern im Memminger Territorum und Teile der Bürgerschaft den Zehnten, eine Getreideabgabe in Höhe von 10 % des Jahresertrages. Das traf das städtische Spital und damit eine der wichtigsten sozialen Einrichtungen der Stadt in existenzbedrohender Weise; folglich ging der Rat scharf dagegen vor. Vereinzelte Festnahmen und die Androhung hoher Strafen reichten hin, die Zahlungsunwilligen umzustimmen. Ausgelöst hatten den Konflikt scharfe Predigten Schappelers gegen den Zehnten als unbiblisch. Das „reine Evangelium" war das Schlagwort schlechthin der 1520er Jahre, nicht nur in Memmingen. Es war reichsweit zum Erkennungszeichen der reformatorischen Bewegung geworden, die so Martin Luthers theologische Kernbotschaft des *sola scriptura* (allein durch die Schrift kommt der Mensch zum Glauben) übersetzte.

Dessen ungeachtet machte die Reformation in Memmingen rasche Fortschritte. In der Pfarrkirche St. Martin reichte Schappeler am Vorabend des Nikolausfestes (5. Dezember 1524) zum ersten Mal das Abendmahl den Gläubigen in beiderlei Gestalt als Brot und Wein. Das galt als Bruch mit der alten Kirche und als Aufbruch in eine neue Zeit. Das Echo ließ nicht lange auf sich warten. An Weihnachten 1524 kam es in der zweiten Kirche der Stadt, Unser Frauen, zu tumultuarischen Ausschreitungen. Der altgläubige Pfarrer wäre in der Kirche fast zu Tode geschlagen worden, hieß es, die Kirche selbst erlebte einen Bildersturm durch die Gemeinde.

262

Pfarrkirche St. Martin. Berühmt ist die Kirche wegen des großartigen Chorgestühls vom Anfang des 16. Jahrhunderts

Bürgermeister und Rat fürchteten einen allgemeinen „Aufruhr" und veranlassten an Dreikönig 1525 ein Religionsgespräch in der Hoffnung, „der allmechtige Got werd durch seinen hailigen Gaist under und in denen, so in seinem Namen versamlet seind, also wirken [...], damit wir gemainlich der warn gotlich Erkantnus geweist, und bei i[h]m nach disem Zeit wie ewiglich leben werden."

Aufs Rathaus geladen wurden alle Priester der Stadt sowie alle Mitglieder des Rats und zusätzlich von jeder Zunft ein gewählter Vertreter. Dem Rat ging es zweifellos darum, den erwarteten schweren Schritt, der der Disputation folgen konnte, breit abzusichern, eben über eine Art Gemeindebeschluss. Die katholischen Geistlichen zögerten. Über Glaubensfragen zu reden „gehor dem Concilio und den Universiteten zu". In Wahrheit scheuten sie eine argumentative Auseinandersetzung, deren Ausgang mehr oder minder unzweifelhaft war – in allen öffentlich oder halböffentlich geführten Disputationen in den 1520er Jahren verließen die Altgläubigen geschlagen das Feld.

Die älteste Stadtansicht von Memmingen. Radierung von Georg Wechter, Nürnberg 1573

Links unten:
die Frauenkirche mit dem Wetterhahn;
rechts unten:
die Martinskirche mit dem großen Kreuz, sechseckigen Turm und Umgang

Schappeler hatte für die Disputation sieben Thesen verfasst unter dem Titel *Grund, Anzeigung und Bewerung kurtzlich und klarlich der gehalten und offenlich gepredigtt Haupt Artickell, so allen Priestern vor ainem Ersamen weisen Rath und Beisitz der Reichsstatt Memmingen angezaigt und für gehalten seind.* In ihnen wird verlangt, 1. die Ohrenbeichte abzuschaffen und sie dadurch zu ersetzen, dass „ain Mensch dem anderen bit umb Verzeihung", 2. Maria und die Heiligen nicht mehr anzurufen, 3. den Zehnten abzuschaffen, 4. den Opfercharakter des Abendmahls (Messe) durch eine Gedächtnisfeier des Erlösertodes Christi zu ersetzen, 5. das Fegefeuer als unbiblisch aus der Tradition zu streichen, 6. das Altarsakrament den Gläubigen in beiden Gestalten zu reichen und 7. allen gläubigen Christen als Priester, die sie als Getaufte seien, gleiche Amtsbefugnisse zuzugestehen.

Die katholische Geistlichkeit schwieg. Folglich wurde Schappeler vom Rat ins Recht gesetzt. Die Ordnung des Kirchenwesens war damit unumgehbar. Doch vor dem Erlass eines Religionsmandats holte der Rat noch vier Gutachten ein, je zwei von Juristen und von Theologen, von denen nur eines, das des Ulmer Predigers Konrad Sam, ganz im Sinne Schappelers und seiner Freunde ausfiel. Das reichte, um den Beschluss zu fassen, die Geistlichen in Rechten (Gerichtsbarkeit) und Pflichten (Steuern) den Bürgern gleichzustellen und so ihrer bisherigen privilegierten Stellung zu berauben und das Abendmahl in beiderlei Gestalt einzuführen; der Kirchenzehnt wurde als soziale und caritative Einrichtung nur mehr erbeten, nicht mehr gefordert.

Von Dauer war der Wechsel ins Lager der Reformation zunächst nicht, weil der Rat im Sommer 1525 wegen neuer Unruhen den Schwäbischen Bund (eine Institution von Fürsten, Adel und Prälaten sowie Reichsstädten zur Sicherung des Landfriedens) um militärische Hilfe bat. Dessen Truppen rückten mit 700 Mann und 200 Reisigen (Berittenen) am 9. Juni in Memmingen ein. Wer unter den prominenten Anhängern der Reformation sich nicht durch die Flucht ihrem Zugriff entziehen konnte, musste mit Gefängnis und Hinrichtung rechnen. Wer geglaubt hatte, die reformatorischen Neuerungen des Januar retten zu können, sah sich getäuscht: Die alten kirchlichen Verhältnisse wurden, wenn schließlich auch nur vorübergehend, wieder hergestellt.

Bauernkrieg

Dies erklärt sich allerdings nicht allein aus den innerstädtischen Konflikten. Memmingen war nicht nur eine der ersten Reichsstädte Süddeutschlands, die sich der Reformation öffnete. Sie öffnete sich auch den Bauern, die sich im Frühjahr 1525 überall zusammenrotteten und den größten Aufstand organisierten, den es in Europa vor der Französischen Revolution gegeben hat. Memmingen wurde ihr erstes organisatorisches Zentrum. Dort trafen sich am 6. März Delegierte aller oberschwäbischen aufständischen Bauern und konstituierten sich nach dramatischen Verhandlungen als „Christliche Vereinigung". Tagungsort wurde durch die Vermittlung des Laienpredigers und Feldschreibers der Bauern, Sebastian Lotzer, die Kramerzunftstube, im Volksmund „Paulskirche der Oberschwaben" genannt.

Die Christliche Vereinigung gab sich eine provisorische Verfassung und stellte ihr politisches Programm in den sogenannten *Zwölf Artikeln* vor, die als Flugschrift gedruckt einen geradezu sensationellen Siegeszug im Heiligen Römischen Reich Deutscher Nation antraten. 28 Drucke sind davon erschienen. Sie wurden zum Basisprogramm fast aller Bauernhaufen, ihr Einfluss war um ein Vielfaches größer als der Thomas Müntzers. Die *Zwölf Artikel* sind ein kühnes Programm – sie verlangten Freiheit (Aufhebung der Leibeigenschaft), Wahl der Pfarrer durch die Gemeinden, eine Grundausstattung aller Gemeinden mit politischen Rechten und eine Gesetzgebung nach christlichen Normen („göttliches Recht"). „Gemeines

Die Delegierten der oberschwäbischen aufständischen Bauern trafen sich 1525 in der Kramerzunftstube

Regiment" wurde das in politiktheoretischen Traktaten genannt, ein solches hätte die bisherige Herrschaft des Adels und der Prälaten ersetzen oder mindestens ergänzen sollen. In den *Zwölf Artikeln* spiegelt sich auch die Theologie Christoph Schappelers, möglicherweise saß er mit den Bauern in der Kramerzunftstube über den Entwürfen. Martin Luther hielt die *Zwölf Artikel* für das Werk von „Mordpropheten".

Den ganzen März über wurde in Memmingen beraten und durch Gesandtschaften mit dem Schwäbischen Bund verhandelt, letztlich ergebnislos. Am 4. April fand in Leipheim bei Ulm die erste Schlacht zwischen Bauern und dem Heer des Schwäbischen Bundes statt. 3000 tote Bauern lagen danach in den Donauauen. Schlacht folgte jetzt auf Schlacht bis in den Juni – in Württemberg, im Elsass, in Thüringen und in Franken –, schließlich waren an die 100.000 Bauern zu Tode gekommen. Luther hielt das Vorgehen der Herren für legitim, ja befeuerte es durch seine Schriften. Als die Truppen des Schwäbischen Bundes schließlich am 9. Juni in Memmingen einrückten, war damit auch die heiße Phase des Bauernkriegs zu Ende – Christoph Schappeler floh, seiner Hinrichtung zuvorkommend, nach St. Gallen. Sein Nachlass ist in den folgenden Turbulenzen wohl untergegangen, und damit wird sich ein viertes

Titelblatt eines Drucks der Zwölf Artikel, 1525. Es zeigt die aufständischen Bauern

Zentrum der Reformation neben Wittenberg, Zürich und Genf (so Heiko A. Oberman) wohl nicht mehr rekonstruieren lassen. Wenige Tage danach kapitulierten bei Kempten auch die Allgäuer Bauern.

Das alles hat, ungeachtet aller Rückschläge, die Reformation nicht wirklich aus der Stadt vertreiben können. Mit vielen anderen Reichsstädten und Fürsten „protestierte" Memmingen auf dem Reichstag in Speyer von 1529 gegen die geplanten Maßnahmen zur Verhinderung einer weiteren Ausbreitung der Reformation. Auf dem Reichstag von Augsburg 1530 reichte es mit Straßburg, Konstanz und Lindau eine eigene Bekenntnisschrift ein, die *Tetrapolitana*, die allerdings keine Chance hatte, neben der *Confessio Augustana* (Augsburger Bekenntnis) der Lutheranhänger wirklich gewürdigt zu werden. Spätestens 1530 war die Theologie Zwinglis aus dem Reich verdrängt – die unvermeidlichen Anpassungsprozesse an die Wittenberger und die Reformation Luthers setzten ein.

Wer heute im Chor der Martinskirche ein wenig verweilt, dann zum Marktplatz, dem Ort vieler Demonstrationen der Bürger geht, von dort am Stadtbach entlang zum Zunfthaus der Kramer und schließlich am Spital vorbei zur Frauenkirche, kann sich mit nur wenig Phantasie leicht unter den Bürgern wiederfinden, die in den 1520er Jahren mit viel Enthusiasmus für die Predigt des „reinen Evangeliums" auf die Straße gingen.

▸ Dr. *Peter Blickle* war von 1980 bis 2004 Professor für neue Geschichte an der Universität Bern.

Weiterführende Literatur

KROEMER, BARBARA, Die Einführung der Reformation in Memmingen, Memmingen 1981 (Memminger Geschichtsblätter 1980)

BLICKLE, PETER, Memmingen – ein Zentrum der Reformation, in: Joachim Jahn und Hans-Wolfgang Bayer (Hg.), Die Geschichte der Stadt Memmingen, Bd. 1, Stuttgart 1997, 349–418

Für einen Besuch in Memmingen

https://www.memmingen.de/tourismus.html
www.stmartin-memmingen.de

Mühlhausen in Thüringen

Thomas Müntzer

von Siegfried Bräuer

Die Reformation hatte in der Reichsstadt Mühlhausen einen besonderen Verlauf. Dafür wird in der Regel Thomas Müntzer verantwortlich gemacht. Jedoch lassen sich historische Tatbestände kaum monokausal erklären. Die Gründe dürften bis in die spätmittelalterlichen Zeitumstände zurückreichen.

Zwischen Stagnation und Aufbruch

In der Mitte des 15. Jahrhunderts gehörte die Reichsstadt Mühlhausen mit ihrem Territorium von etwa 220 Quadratkilometern und 18 Ortschaften zu den größeren Städten im Reich. Sie konnte sich eher mit Nürnberg messen als mit dem nur reichlich halb so großen Leipzig. Nach Verfassungskonflikten zuvor war der Stadtfrieden vorerst gesichert. Zünfte und Geschlechter waren im Rat paritätisch vertreten. Ratsentscheidungen wurden jedoch in einem oligarchischen Ältestengremium getroffen. Bürger der fünf Vorstädte und Bewohner des ländlichen Territoriums waren nicht ratsfähig. Ein Dreistädtebund mit Nordhausen und Erfurt von 1308/09 sorgte fast 200 Jahre lang für Schutz, der auch der wirtschaftlichen Prosperität zugute kam. Handelsbeziehungen zur Hanse förderten vor allem den Tuchexport.

Geprägt wurde die kirchliche Realität jedoch von den beiden Niederlassungen (Kommenden) des Deutschen Ritterordens durch kaiserliche Schenkungen in der Altstadt und in der Neustadt. Ihnen war auch der Bau der beiden Hauptkirchen als gotische Hallenkirchen (St. Blasius 1270, St. Marien 1317) zu verdanken. Der wirtschaftlich potente Deutsche Orden brachte bis zur Mitte des 15. Jahrhunderts neun weitere Kirchen und mehrere Kapellen der Stadt unter sein Patronat. Nur

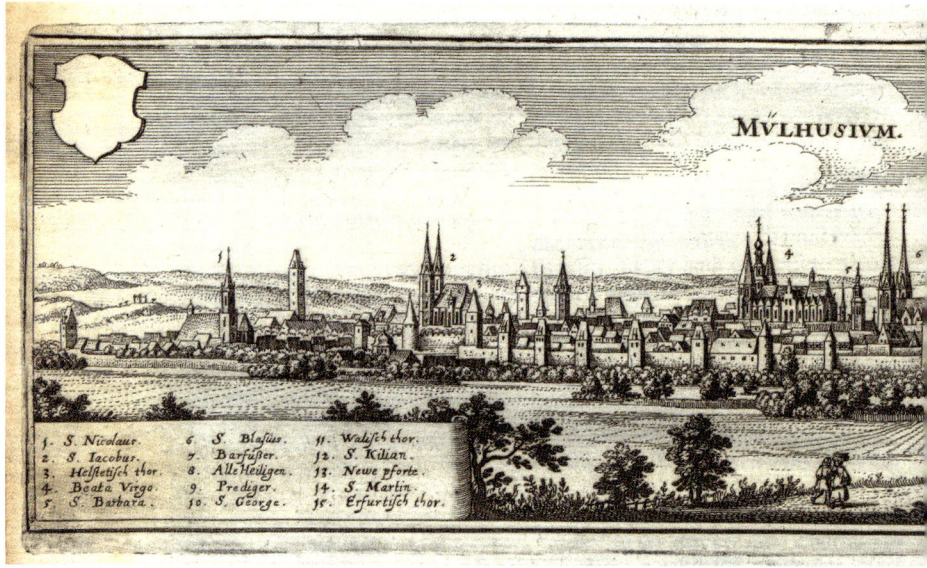

Mühlhausen. Stadtansicht von Matthäus Merian aus: „Topographia Superioris Saxoniæ, Thüringiæ, Misniæ et Lusatiæ", Frankfurt am Main 1650. Links die Marienkirche (Nr. 4)

über zwei Kapellen konnte der städtische Rat selbst verfügen. Zu den Pfarrkirchen kamen noch drei Klosterkirchen hinzu.

Seit Mitte des 15. Jahrhunderts stagnierte die Entwicklung der Reichsstadt vor allem durch wirtschaftliche Veränderungen, durch den Bedeutungsverlust der Hanse und eine Schwerpunktverlagerung der Handelsverbindungen. Der Deutsche Orden in Thüringen war außerdem durch Misswirtschaft geschwächt. Dem wachsenden Druck der benachbarten Territorialherren, der Wettiner und der Hessen, konnte sich Mühlhausen 1483 und 1490 nur durch Schutzverträge erwehren. Anzeichen für eine stagnierende Entwicklung sind auch fehlende Belege für humanistische Einflüsse, kaum wahrnehmbare Impulse durch Lateinschulen und mangelnde Quellen über Predigtstiftungen. Die allgemeine Intensivierung und Individualisierung der Frömmigkeit beweisen dagegen für Mühlhausen die Sakralkunst genauso wie Nachrichten über eine reiche Tradition geistlicher Spiele, wozu das Legendenspiel „Von Frau Jutten" des Vikars von St. Johannes und Notars Dietrich Schernberg um 1485 gehört. Solche Zeugnisse der Heilssehnsucht entsprachen aber noch ganz der kirchlichen Tradition, wie sie auch in der singulären lokalen Dominanz des Deutschen Ordens und geringen Bereitschaft zur Veränderung zum Ausdruck kommt.

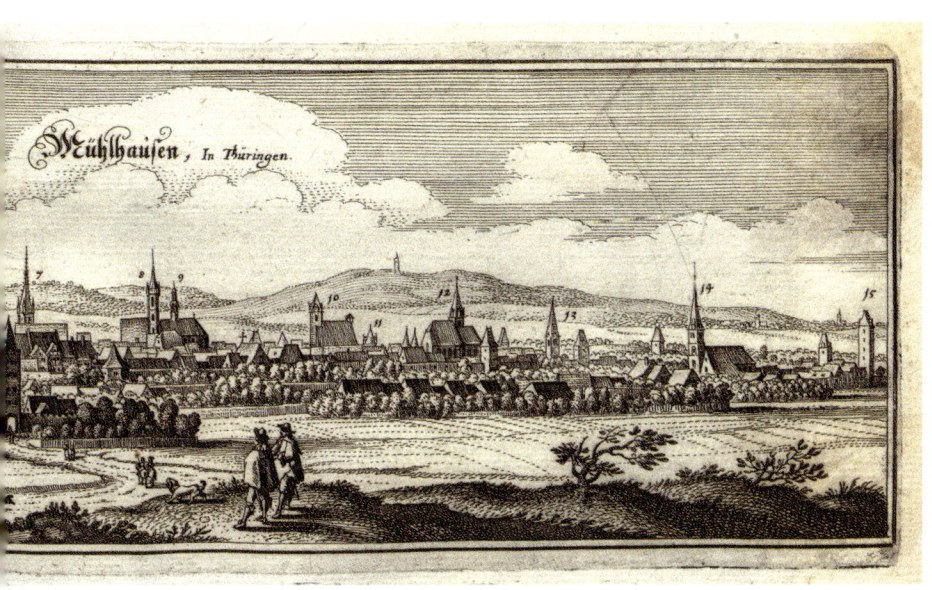

Städtischer Konflikt und reformatorische Anfänge

Geradezu symbolisch wirkt im Rückblick der Versuch des Deutschen Ordens, die Marienkirche mit einem repräsentativen Mittelturm zu versehen. Der 1513 begonnene Bau musste 1517 eingestellt werden. Vereinzelt sind weitere Anzeichen einer zunehmenden Unzufriedenheit mit den kommunalen und kirchlichen Verhältnissen zu bemerken, die durch die beginnende reformatorische Bewegung zusätzliche Impulse erhielt. Mit Sicherheit sind im Zuge der Handelstätigkeit reformatorische Flugschriften auch nach Mühlhausen gelangt. Unter den Geistlichen der Reichsstadt scheint es jedoch lange keine Aufgeschlossenheit für die neue bibelorientierte Verkündigung gegeben zu haben, die wohl eher in den konfliktbereiten Kreisen der Bürgerschaft zu finden war. In den Vorstädten strebten diese vor allem nach Veränderungen der rechtlichen Verhältnisse. Eine reformatorische Verkündigung war nach Lage der Dinge aber eher durch auswärtige Prediger zu erwarten.

Den Anfang machte der ehemalige Zisterzienser Heinrich Pfeiffer, der zuerst im Eichsfeld reformatorisch tätig war und sich der Verfolgung Anfang 1523 entzog, indem er in seine Heimatstadt Mühlhausen zurückkehrte. Am 8. Februar nutzte er

Gesamtansicht der Burganlage Allstedt. Links die Kernburg. Die spätgotische Hofstube, wo Thomas Müntzer im Juli 1524 seine sogenannte „Fürstenpredigt" hielt, ist im Palas, dem Westflügel der Kernburg mit seinem typischen Treppengiebel, erhalten geblieben

die traditionelle Prozession von Maria Lichtmess für eine antiklerikale und anti-monastische Predigt vor der Marienkirche. Schon in seiner nächsten Predigt am Nachmittag, diesmal in der Marienkirche, ging er auch mit dem Stadtrat und dem Adel ins Gericht. Wegen der großen Resonanz sah sich der Rat gezwungen, auf Gegenmaßnahmen zu verzichten. Vermutlich kurz darauf hat Pfeiffer, inzwischen in St. Nikolai tätig, durch den von Andreas Karlstadt beeinflussten ehemaligen Benediktiner Matthäus Hisolidus als Prediger in St. Jakobus und danach von einem weiteren Prediger Unterstützung erhalten. Warnungen und Mahnungen durch die bischöfliche Behörde, Herzog Georg von Sachsen und sogar den Kaiser konnten gegen den wachsenden Willen der Bevölkerung zur Veränderung der kommunalen und kirchlichen Verhältnisse wenig ausrichten.

Noch vor Ostern wurden die von der Hoffnung auf die Reformation ergriffenen Bürger aktiver. In Anlehnung an herkömmliche Protestformen wählten sie zunächst einen Ausschuss von acht Männern, der ihre Interessen gegenüber dem Rat vertreten sollte. Der nächste Schritt war ein Ausschuss, der in allen Stadtvierteln und Vorstädten die Beschwerden erfragen und daraus Forderungen an den Rat formulieren sollte. Es waren insgesamt 55 Forderungen, die vor allem

Probleme der Verfassung, der Rechtspflege und der Finanzen betrafen. Nur zwei enthielten kirchliche Anliegen, nämlich die Versorgung mit guten evangelischen Predigern und die freie Predigt des Evangeliums sowie die Möglichkeit des Klosteraustritts. Durch einen bewaffneten Auflauf wurde der Rat schließlich am 3. Juli 1523 gezwungen, die Mehrzahl der Rezessforderungen anzunehmen. Die „Achtmänner" wurden als Gremium der Stadtverfassung anerkannt. Der Widerstand des Rates war damit allerdings nicht gebrochen. Auch die Achtmänner konnten die Ausweisung von Pfeiffer und Hisolidus bereits am 24. August nicht verhindern. Gegen Jahresende kehrte Pfeiffer jedoch in die Stadt zurück, nachdem er in Weimar den Kurprinzen Johann Friedrich von Sachsen als Fürsprecher gewinnen konnte.

Die Kritik am traditionellen Kirchenwesen und die antiklerikale Einstellung breiter Bürgerkreise, verbunden mit dem Verlangen nach Evangeliumsverkündigung traten bereits zu Jahresende 1523 in eine neue Phase ein. Die Zahl der Prediger mehrte sich, auch durch ausgetretene ehemalige Franziskaner des Kornmarktklosters. Dem Begehren der Gemeinden hatten die Geistlichen des Deutschen Ordens nichts entgegenzusetzen. Sie sahen sich teilweise sogar bedroht. Vereinzelt kam es zu Übergriffen auf kirchliches Eigentum. Herzog Johann musste als Beauftragter des Kaisers zwischen den geistlichen Klägern und dem Rat vermitteln. Ob Pfeiffer während seiner Ausweisung Kontakt zu Müntzer in Allstedt aufgenommen hat, ist nicht überliefert.

Der Gottesknecht aus Allstedt und sein Wirken für eine Kirche der Auserwählten

Unbekannt war Müntzer den Mühlhäusern mit Sicherheit nicht, als er Mitte August 1524 in die Stadt kam. Luthers Warnung an Rat und Gemeinde vor dem „falschen Geist und Propheten" kam zu spät. Wie in Allstedt bezeichnete sich Müntzer als „ein Knecht Gottes", als ein Bote Gottes, der für die zu erwartende Christusherrschaft zu wirken habe. In der kursächsischen Amtsstadt Allstedt war er über ein Jahr für dieses Ziel tätig gewesen. Dort hatte er das kirchliche Leben neu gestaltet, als Erster vollständige Gottesdienste in deutscher Sprache eingeführt und seine *Deutsch Evangelisch Messze* durch Drucke verbreitet. Seine Verkündigung zielte auf die persönliche Glaubensgewissheit eines jeden Christen. In der Nachfolge des leidenden Christus und durch Gotteserfahrungen sollte er auch Anfeindungen standhalten können.

Unter dem wachsenden Druck der benachbarten altgläubigen Obrigkeiten, der Kritik Luthers und der mangelnden landesherrlichen Bereitschaft, sich mit diesem Reformationsmodell zu identifizieren, verließ Müntzer deshalb Anfang August 1524 Allstedt. In der Reichsstadt Mühlhausen dagegen sah er eine neue Möglich-

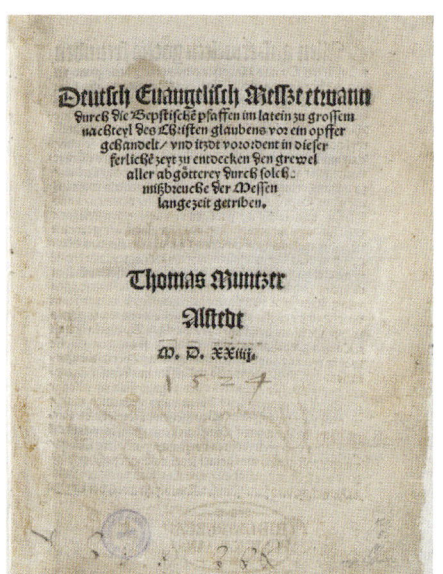

1524 veröffentlichte Müntzer in Allstedt seine „Deutsch Evangelisch Messze". Titelblatt

keit, für eine Kirche der Auserwählten zu wirken. Er erkannte jedoch bald, dass im Mühlhäuser Aufbruch die Kritik an den bisherigen Verhältnissen und das Interesse an kommunalen Veränderungen noch die Oberhand hatten.

Als beide Bürgermeister nach einem Konflikt mit den Achtmännern und der Empörung in der Bürgerschaft mit den Stadtinsignien in das Gebiet von Herzog Georg von Sachsen geflohen waren, wuchs das Verlangen nach einem neuen und ständigen („ewigen") Rat nach biblischen Grundsätzen. Müntzer bot seine Hilfe an, die Vergehen des alten Rates öffentlich zu machen. Im Einverständnis mit einigen Innungen und den Vorstädtern verfassten er und Pfeiffer gegen Ende September 1524 elf Artikel mit biblischer Begründung für die Wahl eines neuen Stadtregiments. Er bemühte sich auch, die in Gang gekommene Bewegung durch Predigten voranzubringen und ihre Verteidigung durch die Gründung eines „ewigen Bundes" zu sichern. Das Landgebiet wurde dabei kaum einbezogen, so dass sich der Rat mit seiner Hilfe noch einmal durchsetzen konnte. Müntzer und Pfeiffer haben darum spätestens Anfang Oktober die Stadt verlassen müssen. Ihr Ziel war zunächst Nürnberg, um dort ihre Abrechnung mit Luther und dem Mühlhäuser Rat zum Druck zu bringen.

Pfeiffer kehrte vor Jahresende nach Mühlhausen zurück und betrieb mit einem wachsenden Anhang energisch weitere Veränderungen. Gewaltakte gegen Klöster fanden statt. Der Rat musste die freie Predigt des Wortes Gottes, die Aufhebung der Klöster und die Stärkung der Position der Achtmänner zugestehen. Zudem traf Müntzer im Februar 1525 mit der Überzeugung ein, Gottes Erneuerung der Welt stehe nun bevor und die Erhebung des gläubigen Volkes sei das erwählte Werkzeug, nachdem sich die bisherigen Autoritäten ablehnend verhalten hatten. Die Situation eskalierte. Müntzer wurde zum Pfarrer der Marienkirche gewählt. Seine Gottesdienste dienten wie in Allstedt der geistlichen Zurüstung einer Kirche der Auserwählten. Mitte März wurde durch Abstimmung in der Bürgerschaft der Rat

Im Oktober 1524 veröffentlichte Müntzer seine „Außgetrückte Emplössung des falschen Glaubens", wo er sich selbst als der „mit dem Hammer" bezeichnet. Titelblatt. Das Pamphlet erschien nicht in Mühlhausen, sondern in Nürnberg

abgesetzt und ein ewiger Rat gewählt, der aber nur einen Kompromiss bedeutete. Den Bürgern wurde der Beitritt zum Ewigen Bund Gottes erlaubt, der Rat selbst blieb bei seiner Distanz. Müntzers Endzeitverkündigung führte die Bürgerbewegung auch zu einer militärischen Vorbereitung.

Als der Thüringer Aufstand Ende April ausbrach, forderte Müntzer am 26. April die Allstedter und Mansfelder mit einem sprachgewaltigen Sendbrief auf, sich dieser Bewegung Gottes als leidensbereite Nachfolger Christi anzuschließen. Seine Unterschrift als Gottesknecht hatte nun den Zusatz „wider die Gottlosen". Nach einem ersten Feldzug in die nähere Umgebung ohne Müntzers Beteiligung zogen er und Pfeiffer mit Mühlhäusern und weiteren Aufständischen Ende April eine Woche durch das Eichsfeld, dessen Schlösser und Klöster teilweise vorher schon von Einheimischen geplündert und angezündet worden waren. Bekannte Adlige (von Honstein, von Schwarzburg) traten dem Ewigen Bund bei, um ihren Besitz zu retten.

Bereits vorher hatten im April 1525 die Aufständischen von Frankenhausen aus um Hilfe gebeten. Am 7. Mai erneuerten sie angesichts der zu erwartenden fürstlichen Gegner ihren Hilferuf. Nach einem Aufruf zur Musterung in einer Mischung von Realismus und apokalyptischer Hoffnung zog Müntzer am 11. Mai mit der Hälfte des Mühlhäuser Aufgebots nach Frankenhausen. Sie gerieten dort mit den vereinigten Aufständischen in die durch das hessisch-sächsische Fürsten-

Es gibt kein zeitgenössisches Bildnis von Müntzer. Eins der ersten späteren fiktiven Porträts erschien auf dem Titelblatt von Andreas Fabricius' „Der Heylige, Kluge und Gelerte Teuffel", Eisleben 1567. Die Hauptfigur ist der Teufel im Gewand eines Geistlichen mit falschem Heiligenschein, brennender Fackel und Buch, den Symbolen für Ketzerei und Aufruhr nach Joh. 8,44. Auf der Brust trägt er einen Mönch (Werkheiliger), im linken Ärmel einen Jesuiten und einen Philosophen (Kol 2,8), im rechten Ärmel einen Wiedertäufer mit Stab und Müntzer „mit seiner eisernen Bibel", dem Schwert. Müntzer wird hier also als Handlanger des Teufels dargestellt

276

Im Jahre 2014 wurde im Allstedter Schloss die neue Ausstellung „1523 – Thomas Müntzer. Ein Knecht Gottes" eröffnet. In diesem Saal wird Müntzers Einsatz für die Gottesdienstreform vorgestellt

heer herbeigeführte Katastrophe. Der gefangen genommene Müntzer forderte in einem Abschiedsbrief die Mühlhäuser zur Kapitulation auf. Statt von Gottes Willen hätten sie sich vom Eigennutz bestimmen lassen. Müntzer und Pfeiffer wurden am 27. Mai bei Mühlhausen hingerichtet, etwa 50 Mühlhäuser erlitten das gleiche Schicksal.

Die Reformation nach den Vorstellungen Müntzers war in Mühlhausen zu Ende, zugleich aber auch vorerst die reformatorische Verkündigung überhaupt. Der reichsstädtische Status ging de facto verloren, außerdem wurde eine hohe Kontribution verhängt. Die Entscheidungsbefugnis lag nun abwechselnd bei den Schutzmächten, dem albertinischen Herzogtum Sachsen, dem ernestinischen Kursachsen sowie Hessen. Herzog Georg begann und sorgte konsequent für eine Rückkehr zur römischen Kirche. 1548 wurde Mühlhausen der Reichsstadtstatus wieder zuerkannt. Reformatorische Überzeugungen konnten nur mit Unterstützung der evangelischen Schutzmächte langsam wieder Fuß fassen. Die vollständige Einführung der Reformation war nach mehreren Anläufen sogar erst 1557 möglich.

▶ Dr. *Siegfried Bräuer* war Professor für Kirchengeschichte an der Humboldt-Universität Berlin.

Weiterführende Literatur

WOLGAST, EIKE, Thomas Müntzer. Ein Verstörer der Ungläubigen, Berlin ²1988
VOGLER, GÜNTER (Hg.), Bauernkrieg zwischen Harz und Thüringer Wald, Stuttgart 2008
GOERTZ, HANS-JÜRGEN, Thomas Müntzer. Revolutionär am Ende der Zeiten, München 2015
Siehe auch die Reihe der Publikationen der Thomas-Müntzer-Gesellschaft in Mühlhausen
 (www.thomas-muentzer.de/publikationen.htm)

Für einen Besuch in Allstedt und Mühlhausen

www.schloss-allstedt.de
www.muehlhausen.de/de/kultur-und-tourismus/tourist-information
www.kirchenkreis-muehlhausen.de

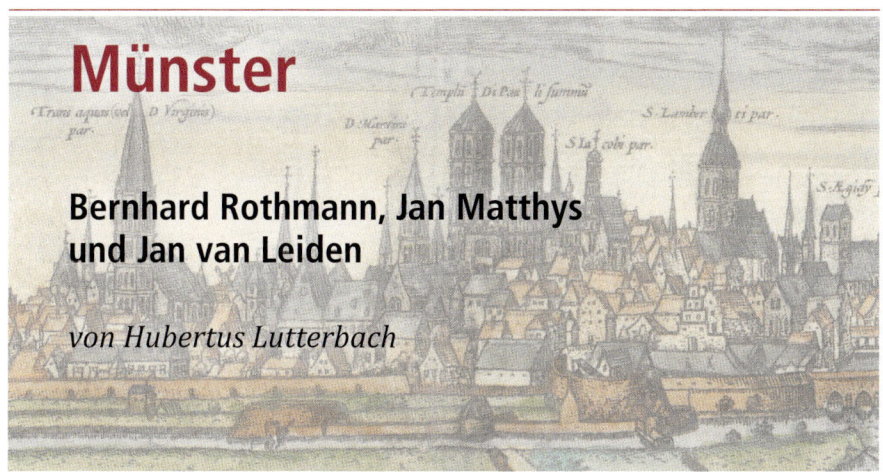

Münster

Bernhard Rothmann, Jan Matthys und Jan van Leiden

von Hubertus Lutterbach

Wenn der radikal-christliche Umsturzversuch der Täufer von Münster im Jahr 1534/1535 zum Erfolg geführt hätte, gäbe es die Stadt Münster heute wohl nicht als säkulare Universitätsstadt mit einem römisch-katholischen Bischofssitz und darüber hinausweisender religiös-kultureller Vielfalt. Auch die „drei Körbe von Eisen" (Heinrich Heine), in denen die besiegten Anführer der täuferischen Erhebung den Vögeln zum Fraß hingehängt wurden, fänden sich gewiss nicht als Erinnerungszeichen am Turm der Lambertikirche. Stattdessen wäre Münster ein von Gott durch seine endgültige Wiederkunft geheiligter Ort mit paradiesischen Qualitäten und einer für uns kaum vorstellbaren Gestalt. – Da die Geschichte bekanntermaßen zuungunsten der Münsteraner Täufer ausgegangen ist, feiern 2017 auch in Münster katholische und evangelische Christen das Reformationsjubiläum gemeinsam.

Das Erinnern an die reformatorischen Aufbrüche in Münster zwischen 1530 und 1535 lohnt erstrangig deshalb, weil die Münsteraner in diesem Zeitraum dreimal die Konfession wechselten: ursprünglich katholisch, dann lutherisch, in der Folge täuferisch, schließlich wieder katholisch. Angesichts dieser für das Gesamtreich einmaligen Entwicklung stellt sich als Erstes die Frage, welche religiösen und sozialen Hintergrundkonstellationen die reformatorische Dynamik in Münster entfachten. Damit verbunden ist zu klären, weshalb der Täufer Jan Matthys (1500–1534) überhaupt an die Macht gelangte und diese nach kurzer Zeit an seinen Nachfolger Jan van Leiden (1509–1536), den späteren König des Täuferreiches von Münster, verlor.

Münster – eine altgläubige Großstadt im Heiligen Römischen Reich

Zu Beginn des 16. Jahrhunderts war Münster eine Stadt mit etwa 9000 Einwohnern innerhalb der Stadtmauer (identisch mit der heutigen „Promenade"). Angesichts von etwa fünf Prozent der damaligen Städte in hiesigen Breiten mit mehr als 2000 Einwohnern galt Münster als Großstadt. Sie verfügte mit dem Dom als Bischofskirche und St. Lamberti als Kirche der Bürger über zwei geistliche, auch bauliche Zentren. Überdies gab es innerhalb des mittelalterlichen Mauerrings die Stifts- und Pfarrkirchen St. Servatii, St. Marien Überwasser, St. Martini, St. Ludgeri, St. Aegidii sowie St. Jacobi. Hinzu kamen zahlreiche geistliche Kommunitäten. Die Stadt soll damals mehr Armenhäuser und Stiftungen innerhalb der Stadtmau-

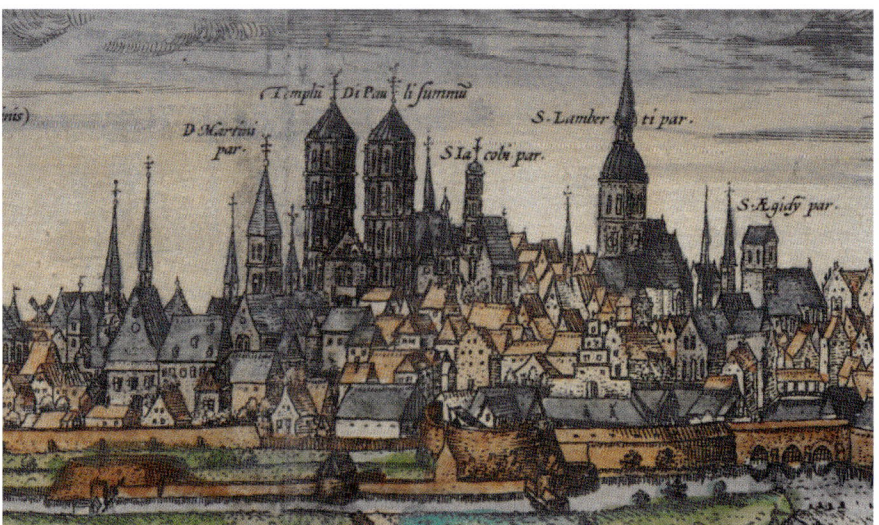

Münster. Kolorierte Stadtansicht aus: Georg Braun/Franz Hogenberg, „Civitates orbis terrarum", Bd. 1, Köln 1593
Unten: in der Mitte der St.-Paulus-Dom, rechts davon die Lambertikirche

ern beherbergt haben als jede andere deutsche Stadt. Deshalb galt Münster als „Rom des Nordens".

Zwei großflächige Tendenzen wirkten auch auf Münster zu Beginn des 16. Jahrhunderts ein: Religiös suchten die Menschen zunehmend nach einem verinnerlichten Christentum. Geistliches Leben sollte sich nicht in einer Fülle gefeierter Riten erschöpfen, sondern von innerer Beteiligung und persönlicher Entschiedenheit geprägt sein. Den Wert der kirchlichen Lehre bemaßen die Menschen erstrangig daran, inwieweit sie sich dadurch in der Bewältigung des Alltagslebens und in ihrer Hoffnung auf das jenseitige Fortleben gestärkt fühlten. Wirtschaftlich hatte Münster wie alle Städte innerhalb des Heiligen Römischen Reiches mit Inflation und stagnierenden Löhnen zu kämpfen, überdies mit Auswir-

Die drei Körbe an der Lambertikirche

kungen von Missernten und Hungerwintern. Ja, zu Beginn der Stadtunruhen war – keineswegs nur in Münster – der Arm-Reich-Gegensatz quälend.

Verstärkt wurden die materiellen Ungleichheiten unter den Einwohnern dadurch, dass die Steuern für Reiche und Arme stiegen, wohingegen Geistliche entsprechend mittelalterlicher Gewohnheit weiterhin von jedweder Steuerzahlung ausgenommen blieben; denn ihr besonderer Beitrag zum Gemeinwesen bestand darin, dass sie mit ihren Gebeten und ihren Liturgien den göttlichen Schutz auf die Stadt herabriefen. Diese Aufgabenteilung von Geistlichen und Laien hatte das Leben in Münster seit der Stadtwerdung im 12. Jahrhundert selbstverständlich geprägt. Sie geriet erst in Frage, als die Bürger in Münster während der 1520er Jahre bemerkten, dass sich Klosterbewohnerinnen und Geistliche entgegen der Vereinbarung über ihren Eigenbedarf hinaus an der handwerklichen Produktion beteiligten und die gefertigten Produkte ohne Steuerabgaben verkauften. Tatsächlich hatten sie sich auf diese Weise mit ihrer illegalen Tierhaltung, ihrer unstatthaften Weberei oder dem ihnen verbotenen Getreidedörren gegenüber den sonstigen Städtern einen handfesten Wettbewerbsvorteil erschlichen, anstatt ihre freie Zeit allein in geistliche Leistungen vor Gott zu investieren. Die Bürger von Münster reagierten darauf mit Enttäuschung. Unter der Führung der als Gilden organisierten Handwerkervereinigungen stürmten sie 1525 einige Klöster und beschlossen, aus dem System von städtischen finanziellen Leistungen für die Kleriker einerseits und deren frommer Interzessionen für die Stadt andererseits auszusteigen.

Münsters Hinkehr zum Luthertum

In der Konsequenz legte sich der bis dahin altgläubig ausgerichtete Stadtrat 1533 auf eine evangelische Kirchenordnung für Münster fest. Die in theologischer Hinsicht wohl wichtigste Kraft hinter dieser Entwicklung war der katholische Geistliche Bernhard Rothmann (1495–1535). Seine Predigten zogen die Menschen in Scharen an, weil er den Ton der Zeit traf. Auch er votierte dafür, dass fortan grundlegend galt, was man aus der Heiligen Schrift herauslesen zu können glaubte: Allein auf den Glauben an die Zusage Jesu Christi kommt es für einen Christen an. In diesem Sinne ist jeder Christ gleich unmittelbar zu Gott; eine Vermittlung des Heiligen durch Priester und Ordensleute sah man nicht länger als notwendig an. – Tatsächlich sollten entgegen dem skizzierten Ideal je zwei Prediger von den Münsteraner Gemeinden mit dem Auftrag gewählt werden, die Autorität für die Auslegung des Evangeliums zu übernehmen. Ein oberster Schullehrer sollte das Unterrichtswesen der Stadt organisieren. Zwei vom Rat bezahlte Gelehrte erhielten die Aufgabe, die Schriften des Alten und Neuen Testaments maßgeblich zu interpretieren. Gewählte Diakone verteilten die in den Gottesdiensten gesammelten Almosen an die Armen. Nicht zuletzt artikulierten Münsteraner Bürger 1533 zum ersten Mal die Forderung nach der Erwachsenentaufe für alle Christen – eine Abkehr von jener seit der Christianisierung Münsters im 9. Jahrhundert selbstverständlich geübten Kindertaufpraxis.

Wie bereits angedeutet, misslang den Lutheranern die Erreichung jener Egalität unter allen Christen, die sie schon bei den Altgläubigen vermisst hatten. Während die Luther-Getreuen den Katholiken vorhielten, das Weihepriestertum zertrenne die von Christus gewollte und in der Taufe begründete Gleichheit aller Gläubigen, stellte man unter den Lutheranern selbstkritisch fest, dass auch in den eigenen Reihen die grundsätzlich angenommene gleiche Unmittelbarkeit aller Christen zu Gott alltagspraktisch unterlaufen wurde – erstrangig durch die in den Gemeinden inzwischen eingesetzten „professionellen" Prediger.

In der Folge zahlreicher öffentlicher theologischer Diskussionen kam es 1533 unter den Lutheranern von Münster zu einem offenen Richtungsstreit: Auf der einen Seite standen diejenigen, die weiterhin an der Kindertaufe festhielten. Sie akzentuierten, dass der Glaube ein Geschenk und die Kindertaufe deshalb sinnvoll sei. Auf der anderen Seite fanden sich jene, die die Erwachsenentaufe als den angemessenen Ausdruck für ein entschiedenes Christentum verstanden. Sie drängten darauf, dass der christliche Glaube die persönliche Entscheidung voraussetze und eine Taufe ohne diese Entschiedenheit des Täuflings unmöglich sei. Ohne hier näher auf die politischen Verhältnisse in der Stadt Münster eingehen zu können, ist festzuhalten, dass der Konflikt unter den Lutheranern mehr und mehr zu ihrer Spaltung führte.

Münsters Weg vom Täufertum zum Täuferreich

Mit der Wahl zu dem bis dahin lutherisch dominierten Stadtrat erlangten ab dem Winter 1534 endgültig jene Bewohner von Münster politisch die Oberhand, die zugunsten eines Christentums kämpften, das sich für die Verpflichtung aller Jesus-Anhänger zur Erwachsenentaufe einsetzte. Tatsächlich sollten fortan alle Einwohner Münsters im Zeichen der Entscheidungstaufe vereint sein. Dies bedeutete, dass ein Taufbewerber als Erstes die christliche Lehre und Lebensweise kennenlernte. Als Zweites stimmte er beidem beherzt zu, was als unabdingbare Voraussetzung für die Erwachsenentaufe galt. Als Drittes hatte er sich in einer christlich überzeugenden und pazifistisch geprägten Lebensweise zu bewähren. Zutiefst lässt sich dieses Entscheidungschristentum in das damals gesamtgesellschaftliche Streben nach Innerlichkeit und Entschiedenheit, nach Klarheit und Einheitlichkeit einordnen. Zugleich verwirklichten die Täufer von Münster mit ihrem Votum zugunsten der Erwachsenentaufe eine zentrale Position auch der übrigen täuferischen Bewegungen, die im 16. Jahrhundert etwa ein Prozent der Bevölkerung des Reiches ausmachten.

Hier soll nicht weiter von den politischen Verwerfungen die Rede sein, die in Münster als Folge des zur Dominanz gelangten Täufertums auftraten. Wichtiger ist die von den Täufern in Münster obenan gestellte und an der Urgemeinde orientierte Egalität unter den Stadtbewohnern auf der Basis der für alle Menschen verbindlichen Erwachsenentaufe. Dieser Durchstoß auf Stadtebene lockte auch zahlreiche Täufer aus den benachbarten Niederlanden an.

Freilich erwies sich das gemeinsame Fundament der Erwachsenentaufe schon bald als rissig. Zum einen griffen die täuferischen Anführer zur Gewalt und töteten immer wieder Christenmenschen, die ihnen nicht in allen Anordnungen bedingungslos folgten. Zum anderen nahmen einige der Münsteraner Täufer über die für alle verbindliche Erwachsenentaufe hinaus für sich in Anspruch, sie hätten eine Prophetie erfahren – also eine göttliche Offenbarung als besonderen Ausdruck eines verinnerlichten Christentums.

Immerhin machte die grundsätzliche Offenheit für Einzelprophetien ihrer Anhänger das Täufertum von Münster anschlussfähig für täuferische Bewegungen aus dem Südwesten – erstrangig für die damals in Straßburg ansässigen Täufer. So hatte

Jan van Leiden als König. Stich von Christoffel van Sichem, 1608. Alle Porträts von Jan van Leiden beruhen auf einer Zeichnung von Heinrich Aldegrever, 1535

dort ein führender Täufer mit Namen Melchior Hoffman behauptet, ihm sei die Wiederkunft Christi in Straßburg für das Jahr 1533 prophezeit worden. Nachdem diese Prophezeiung allerdings nicht eingetreten, der Prophet stattdessen in Haft genommen worden war, übertrugen dessen Anhänger – darunter der niederländische Kürschnersohn Jan Matthys – die Prophetie von der Wiederkunft Christi auf das Jahr 1534, in dem an Ostern in Münster Jesus Christus auf immer zurückkehren würde. Allerdings trat die Wiederkunft Christi auch diesmal nicht ein. Stattdessen wurde der inzwischen in Münster als oberster Prophet wirkende Jan Matthys an Ostern 1534 durch gegnerische Belagerer unter Führung des Münsteraner Bischofs Franz von Waldeck (reg. 1532–1559) bei seinem Versuch getötet, die Stadt zu verlassen. Möglicherweise wollte er sich aufmachen, um die Botschaft von der Wiederkunft Christi in der ganzen Welt zu verkünden.

Als Nachfolger von Jan Matthys rückte der Prophet und frühere Schneider Jan Beukelsz van Leiden an die Spitze der Stadt. Bald schon rühmten ihn die Täufer entsprechend zwischenzeitlich ergangener Prophetien sogar als den obersten Propheten des gesamten Erdkreises. Dabei agierte er vorsichtiger als Melchior Hoffman und Jan Matthys, indem er sich nicht auf einen Zeitpunkt für die Wiederkunft Christi, allerdings auf Münster als Ausgangspunkt für das Heil der Welt festlegte. So richteten sich die Täufer von Münster unter Jan van Leidens Führung mittels infrastruktureller Maßnahmen im eschatologischen Wartestand ein: Unter anderem eröffneten sie um allseits vertiefter Bibelkenntnisse willen Schulen für Mädchen und für Jungen. Überdies optimierten sie die städtischen Verteidigungsanlagen sowie die Organisation ihrer Selbstverteidigung, um es ihren Gegnern vor der Stadt unter der Ägide des Bischofs nach Kräften zu erschweren, die Stadt einzunehmen.

Maßgeblich ersetzte Jan van Leiden den Rat der Stadt Münster, welcher die Täufer hier an die Macht gebracht hatte, entsprechend dem Alten Testament durch ein Gremium von „Zwölf Ältesten", dem fortan alle obrigkeitlichen Aufgaben zufielen. Auch ein neu erstelltes Strafregister orientierte sich allein an ausgewählten biblischen Vorgaben. Darüber hinaus galten im Alltag neue Kleidungs- und Grußvorschriften. Die Verheiratung von mehreren Frauen mit einem einzigen Mann („Polygamie") wurzelte in einer damals aktuellen Prophetie, ebenso die unerbittliche Durchsetzung der Gütergemeinschaft nach dem Vorbild der Jerusalemer Urgemeinde. Jan van Leiden schaffte das Geld ab und ordnete die Gütergemeinschaft aller Stadtbewohner an. Bei Verstößen gegen die Zehn Gebote folgte die Todesstrafe. – In die Geschichte ging Jan van Leiden vor allem deshalb ein, weil er sich im Gefolge von entsprechenden Prophetien als König ausrufen ließ. Seine Installation des Königtums geriet prunkvoll: mit einer rituell minutiösen Hofordnung sowie einem Hofstaat aus 148 Personen.

Aufgrund der alsbald erwarteten

Titelblatt von „Die Ordnung der Widerteuffer zu Münster" mit Jan van Leiden als König, 1535

Wiederkunft Christi stand die inzwischen allein noch von Täufern bewohnte Stadt unter erheblichem Zeitdruck bei ihrer Vorbereitung als sakrales Zentrum. Unter anderem ergriffen Jan van Leiden und seine Getreuen folgende Maßnahmen: Wer den königlichen Anordnungen nicht folgte, den traf – bis hinauf in die Führungsriege – das Schwert. Die in Münster geborenen Kinder erhielten fortan vom König als dem „Vater" eines jeden Getauften persönlich den Namen zugeteilt. Sodann glich man die Straßennamen und die Namen der noch vorhandenen Kirchen dem täuferischen Selbstverständnis an („Königsstraße").

Ausblick: Die Rückeroberung Münsters durch den Bischof

Umfänglich waren die vom Bischof mit dem Ziel eingegangenen politischen Allianzen – erstrangig mit dem Landgrafen Philipp von Hessen – um die Stadt Münster aus den Händen der Täufer zu befreien. Bereits im März 1534 hatte er zu diesem Zweck knapp 8000 Söldner eingestellt. Diese massive Militärpräsenz hielt er für nötig, weil die Stadt Münster gegen Angreifer von außen bestens geschützt war. So verwundert es nicht, dass dem Bischof und seinen Getreuen die Einnahme der Stadt erst nach mehreren Versuchen am 25. Juni 1535 gelang.

Münsters Bischof Franz von Waldeck in einer Darstellung des 17. Jahrhunderts aus dem Rittersaal der Iburg

Rückblickend bildete in Münster ausgerechnet das durch Prophetien geprägte Christentum, mit dem sich die Täufer von ihrem urgemeindlichen Ideal der Egalität aller aufgrund der Erwachsenentaufe abgewandt hatten, den Ausgangspunkt für eine Theokratie, welche keine Normen außerhalb der eigenen Religion mehr gelten ließ. Damit erwies sich hier die Offenheit für eine umso tiefere religiöse Verinnerlichung, wie sie damals durchaus im Zeittrend lag und zuvor schon von den Altgläubigen und den Lutheranern aufgegriffen worden war, in der Konsequenz als Einfallstor für Gewalt, Unterdrückung und Ungleichheit.

Wie der altgläubige Bischof seine Amtsführung nach der Einnahme der Stadt ausrichtete, ist bislang noch kaum untersucht. Immerhin zog er einen kräftigen Schlussstrich unter die Episode der Täuferherrschaft. Nachdem nämlich die gefangenen Anführer der Täufer zu Protokoll gegeben hatten, dass sie auch weiterhin an ihrem täuferischen Glauben festhalten wollten, ließ sie der Bischof hinrichten und öffentlich zur Schau stellen: in den Käfigen am Lambertiturm, die dort bis heute hängen und an die religiös motivierte Gewalt zwischen 1534 und 1535 erinnern.

▸ Dr. Dr. *Hubertus Lutterbach* ist ordentlicher Universitäts-Professor für Christentums- und Kulturgeschichte sowie Geschäftsführender Institutsdirektor am Institut für Katholische Theologie der Universität Essen.

Weiterführende Literatur

KLÖTZER, RALF, Die Täuferherrschaft von Münster. Stadtreformation und Welterneuerung, Münster 1992 (Reformationsgeschichtliche Studien und Texte 131)

LUTTERBACH, HUBERTUS, Der Weg in das Täuferreich von Münster. Ein Ringen um die heilige Stadt, Münster 2006 (Geschichte des Bistums Münster, Bd. 3, hg. von Arnold Angenendt)

LUTTERBACH, HUBERTUS, Das Täuferreich von Münster. Wurzeln und Merkmale eines religiösen Aufbruchs, Münster 2008

Für einen Besuch in Münster

www.muenster.de/stadt/tourismus/tourist-information.html
www.stadt-muenster.de/museum/aktuelles.html
www.ev-kirchenkreis-muenster.de

Neuenburg/Neuchâtel

Wilhelm Farel

von Grégoire Oguey

Als Zentrum einer kleinen Grafschaft war Neuenburg in keiner Weise prädestiniert, auch nur für kurze Zeit zum Brückenkopf der Reformation im französischsprachigen Raum zu werden. Aber gerade dort ließ sich der umtriebige Wilhelm Farel nieder, und eben dort wurde auch die erste protestantische Bibel in französischer Sprache gedruckt.

Ein fruchtbarer Nährboden für die Reformation

Die Stadt Neuenburg wird von ihrer Stiftskirche überragt, die als einzige Gemeindekirche im mittelalterlichen Stadtkern steht. Mit dem Namen Marienkirche stellte sie vor allem das Machtsymbol der Grafenherrschaft dar, die sie im 12. und 13. Jahrhundert erbauen und zu einer prachtvollen Grablege ausgestalten ließ. Ein aus zwölf Chorherren bestehendes Stiftskapitel, das den Hauptbestand des Ortsklerus bildete und zugleich ein Hort hoher Beamter für die gräfliche Kanzlei war, versah die kirchlichen Dienste. Die beiden Institutionen – Grafschaft und Kapitel – waren somit eng miteinander verbunden.

Angesehene und einflussreiche Grafen wie Philipp von Hochberg (1454–1503), der Marschall von Burgund und Gouverneur der Provence war, hatten zudem im 15. Jahrhundert der gräflichen Macht eine solide Basis verliehen. Allerdings hatte seine Tochter Johanna nicht die Fähigkeiten des Vaters geerbt. Mit ihr geriet die Grafenherrschaft ins Wanken. Seit ihrer Heirat im Jahre 1504 mit dem französischen Grafen Ludwig von Orléans-Longueville (aus einer Nebenlinie des französischen Königshauses) residierte sie nicht mehr in Neuenburg. Ihre damit verbundene Zugehörigkeit zu einer Dynastie von Prinzen von Geblüt versetzte die gegen den französischen König Ludwig XII. (reg. 1498–1515) eingestellten Schweizer Kantone in Aufruhr. Zur Sicherung ihrer Grenzen hielten diese Kantone deshalb die Grafschaft 17 Jahre lang besetzt (von 1512 bis 1529), führten dort auch neue Verwaltungsstrukturen ein und verstärkten die Beziehungen zu den helvetischen Städten.

Die Abwesenheit der Gräfin und die damit verbundene Schwächung ihrer Herrschaft wie auch die Annäherung an die Schweizerische Eidgenossenschaft bereiteten einen fruchtbaren Nährboden für die Verwurzelung der Reformation, deren Gedankengut in den Jahren nach 1520 ein zunehmend positives Echo in der Schweiz erfuhr. Genau in diesem Kontext kam Wilhelm Farel (1489–1565) im Dezember 1529 nach Neuenburg. Für die gewünschte öffentliche Predigt wurde ihm allerdings die Erlaubnis verweigert, sodass er seine Botschaft nur in Privatwohnungen verkünden konnte. Dieses nach langem politischen Lavieren ausgesprochene Verbot deutet auf ein offensichtliches Misstrauen gegenüber diesem verstörenden Prediger hin.

Die Durchsetzung des neuen Glaubens

Auf diese eher verhaltene Aufnahme folgte nach Farels Rückkehr im Jahr 1530 eine völlig andere Entwicklung, trotz der Leidenschaft und teilweisen Schroffheit seiner Reden. Mit Unterstützung der machtvollen Republik Bern, die schon seit längerer Zeit eine Art politischen Protektorats über die Grafschaft Neuenburg ausgeübt hatte, gelang dem Reformator schließlich die Durchsetzung seines Glaubensverständnisses. In seiner Abwesenheit wurden Ende Oktober 1530 die Bildtafeln und Statuen der Stiftskirche mutwillig zerstört. Urheber dieses Bildersturms waren übereifrige Soldaten auf dem Rückweg von ihrer Verteidigung Genfs gegen die Truppen Savoyens. Waren ihre Beweggründe auch zweifelhaft, so ließ sich der reformatorische Prozess nicht mehr aufhalten: Am 4. November 1530 stimmten die Stadtbürger, wenn auch mit sehr knapper Mehrheit, für die Abschaffung der Messe.

Theologische oder ethische Begründungen sowie die Überzeugungskraft von Farels Botschaft können dieses Ergebnis erklären, jedoch nicht über zwei Tatsachen hinwegtäuschen: Zum einen darf der Ortsklerus nicht – wie oft behauptet wird – als ungebildet und dekadent betrachtet werden, da mehrere Chorherren Neuenburgs zu Beginn des 16. Jahrhunderts hervorragende intellektuelle Fähigkeiten unter Beweis gestellt haben, und nichts lässt bei ihnen auf besonders lasterhafte Lebensführung schließen. Zum andern ist ein politisches Faktum zu nennen: Die Reformation brachte einen konfessionellen Bruch zwischen der katholisch gebliebenen Fürstin Johanna und ihrer Grafschaft mit sich. Trotzdem hielt sie es

Neuenburg. Stadtansicht von Matthäus Merian aus: „Topographia Helvetiae, Rhaetiae, et Valesiae", Frankfurt am Main 1642

Ausschnitt: Zu beiden Seiten des Glockenturms (A) erkennt man den Gebäudekomplex von Stiftskirche (links) und Schloss (rechts)

nicht für angebracht, ihr französisches Schloss in Époisses (Burgund) zu verlassen. Sicherlich ist den Bürgern nicht entgangen, dass die Durchsetzung des neuen Glaubens einen reellen Zuwachs ihrer eigenen Autorität und Autonomie bedeutete.

Die Stiftskirche trägt noch heute Zerstörungsspuren aus der Reformationszeit. Besonders gelitten hat das Grabmal der Grafen, obwohl es ein weltliches Monument war. Zwar sind die Fürstenstatuen erhalten geblieben, aber alle Trauerfiguren („Pleurants") des Sarkophags sind zerschlagen worden – wahrscheinlich deswegen, weil man sie fälschlicherweise für Heiligenfiguren gehalten hat. Der nach Frankreich verschaffte Kirchenschatz ist im Laufe der Zeit vollständig verschwunden, die Statuen und Bildtafeln als ikonographische Zierde der Seitenkapellen

Gedenktafel für die Reformation im Chor der Stiftskirche, wahrscheinlich aus dem Jubiläumsjahr 1630

sind zerstört oder zerstreut worden. Ohne größere Gewaltanwendung verlief die Anordnung von Bankreihen im Hauptschiff, dazu wurde eine Kanzel als Symbol für die neue Aufwertung der Predigt angebracht. In ihrem Schalldeckel erinnert eine Inschrift in Form eines Worträtsels an die Einführung der Reformation. Auch der Neuaufschwung der Orthodoxie im 17. Jahrhundert hat später seine Spuren hinterlassen. Möglicherweise datiert die Gedächtnistafel für den Bildersturm vom Oktober 1530 aus dem ersten Jubiläumsjahr 1630. Das Tympanon mit der Darstellung der Jungfrau Maria ist 1672 zerstört worden, um die religiöse Verehrung durch die „Papisten" zu unterbinden.

Wilhelm Farel – Fackelträger des Evangeliums

Wilhelm Farel gehörte zu den Franzosen der ersten Stunde, die Anhänger reformatorischer Erkenntnisse wurden. Er war 1489 in Gap geboren worden und absolvierte das artistische Studium in Paris. Dort trat er in Kontakt mit Jacques Lefèvre (Faber Stapulensis), der ihn stark beeinflussen sollte. Farel gehörte mit ihm zusammen in den ersten Jahren nach 1520 dem Meaux-Kreis an, der sich um eine Reform der Kirche Frankreichs bemühte. Anschließend zog Farel im östlichen Frankreich von Stadt zu Stadt. Mit seiner Ankunft in Basel offenbarte sich sein feuriger und zweischneidiger Charakter – gleichsam wie das Feuerschwert, das er als persönliches Symbol angenommen hat: schlagkräftig wie Ärgernis erregend. Dadurch zog er sich die Feindschaft des Erasmus zu, die auch seine Ausweisung aus der Stadt am Rhein zur Folge hatte. Allerdings fanden seine rhetorischen Fähigkeiten in Auseinandersetzungen sehr wohl Anerkennung, wenn er auch kein Theologe war. So übertrug ihm Bern 1528 den französischen Part bei der Disputation, die zur Annahme der Reformation in dieser Stadt führte. Auch wurde Farel als Prediger in die französischsprachigen Gebiete von Bern entsandt.

Wilhelm Farel. Tonbüste, um 1560, am Ende seines Lebens

Seine Tätigkeit in Neuenburg wurde zwar nicht direkt von Bern aus gesteuert, profitierte jedoch (wie schon erwähnt) von dessen willkommener Unterstützung. Es war für Farel ein ernstes Anliegen, die Reformation in den französischsprachigen Ländern zu verbreiten. Dass er diese Aufgabe gerade von Neuenburg aus in Angriff nahm und weit größeren Städten wie Lausanne oder Genf vorzog, lässt sich mit dem Einfluss Berns auf die Bürger dieser Stadt erklären. Dazu kamen die Abwesenheit eines Bischofssitzes und die weite Entfernung der streng katholisch gebliebenen Gräfin. Neuenburg war zugleich ein nahegelegenes Tor zu Frankreich. Mit der Abstimmung vom 4. November 1530 avancierte Neuenburg zur ersten reformierten Stadt im französischsprachigen Raum und wurde zu einem Drehkreuz für die Verbreitung des neuen Glaubens – ein Status, den die Stadt in der Folgezeit allerdings an Genf abtreten musste.

Eine Schaltzentrale der Reformation

Gerade Genf sollte von 1532 bis 1536 der Wirkungsort des Reformators werden. Im Jahr 1536 gelang es Farel, kurz nachdem sich die Stadt der Reformation angeschlossen hatte, Johannes Calvin zum Verbleib an den Ufern des Genfer Sees zu bewegen.

291

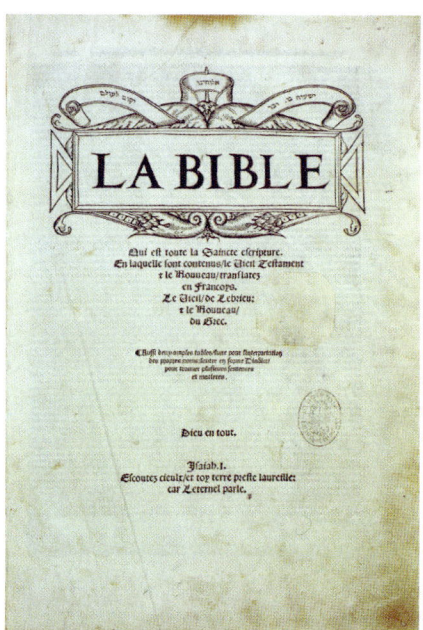

Titelblatt der „Olivétan-Bibel", die 1535 bei Pierre de Vingle in Neuenburg erschien

In all diesen Jahren war Farel nicht in Neuenburg anwesend, sondern setzte dort Antoine Marcourt als ersten Pfarrer ein. Dessen Amtszeit deckt sich mit der Blütezeit Neuenburgs als Schaltzentrale des neuen Glaubens, zunächst nur für den Hauptort selbst, dann nicht nur für die übrigen Teile der Grafschaft, sondern auch im Hinblick auf den ganzen französischen Sprachraum. 1533 veröffentlichte Marcourt den *Livre des marchands* (Buch der Händler), der unter diesem unverfänglichen Titel die Zensur hintergehen sollte, in Wirklichkeit jedoch ein satirisches Pamphlet gegen die Profitgier des katholischen Klerus darstellte. Größtes Aufsehen löste er im Jahr 1534 aus, als in der Nacht zum 18. Oktober Tausende von Exemplaren eines höchstwahrscheinlich von ihm geschaffenen Plakats in Paris und anderen Städten Frankreichs bis hin zu den Privatgemächern von König Franz I. verteilt wurden. Das Plakat übte derbe Kritik an der Messe, besonders an der Realpräsenz Christi beim Abendmahl. Dadurch erregte es den Zorn der katholischen Partei in Frankreich, später diente es als Vorwand für gewaltsame und blutige Unterdrückungen.

Nach 1531 befand sich auch Pierre Olivétan regelmäßig in Neuenburg. Dieser Vetter Calvins wurde vor allem durch sein Hauptwerk bekannt: die erste vollständige Bibelübersetzung in französischer Sprache auf der Grundlage des hebräischen und griechischen Urtextes. Er brauchte für diese Arbeit nicht mehr als zwei Jahre!

Zur Verbreitung ihrer Werke und Predigten waren sowohl Marcourt als auch Olivétan auf die Dienste eines Buchdruckers angewiesen. Im Jahr 1533 musste der zuerst in Lyon als Drucker wirkende Pierre de Vingle seinen Aufenthalt in Genf beenden und ließ sich daraufhin in Serrières nieder – genau in dem Stadtteil Neuenburgs, in dem Farel vier Jahre vorher seine erste Predigt gehalten hatte. Dort existierte bereits eine Papierfabrik. In der angeschlossenen Druckerei entstanden Marcourts *Livre des marchands*, die Plakate sowie Olivétans Bibelübersetzung ins

Französische. Nach dem Abschluss dieser Arbeiten brach de Vingle erneut auf und beschloss damit eine ebenso glänzende wie kurze Episode in der Geschichte des Buchdrucks und Verlagswesens von Neuenburg.

Farels Rückkehr

Mit der Durchsetzung der Reformation in Genf und ihrer Ausbreitung im Waadt-land vollzog sich im Jahr 1536 eine Wende. Neuenburg verlor seinen Status als Zentrum des reformierten Glaubens, bemühte sich aber unverzüglich, Farel zurückzugewinnen, als er 1538 wie Calvin aus Genf vertrieben wurde. Da Marcourt zum Nachfolger beider Prediger in Genf bestimmt wurde, verlor Neuenburg folglich seinen Pfarrer und an seine Stelle trat nun Farel. Wenn der Reformator auch zu energiegeladen für ein sesshaftes Leben war, folglich oft nach Frankreich und Deutschland reiste, so nahm er doch bis zu seinem Tod im Jahre 1565 seinen

Wilhelm Farel wacht über die Stadt, über der sich das Licht der Reformation ausbreitet.
Gemälde von einem unbekannten Künstler

293

Wohnsitz in Neuenburg. Im Allgemeinen stammen die bildlichen Darstellungen seiner Person aus seinen letzten Lebensjahren, die in der Folgezeit auch Grundlage für ihre ikonographische Entwicklung werden sollten.

Diese Jahre nach 1536 galten der Konsolidierung und Institutionalisierung einer noch ganz jungen Kirche in einem außergewöhnlichen religionsgeschichtlichen Umfeld. 1536 schloss sich nämlich die ganze Grafschaft Neuenburg der Reformation an. Nur die Kleinstadt Le Landeron und das Dorf Cressier hielten unbeugsam an der Messfeier fest und wurden in ihrem Bestreben, katholisch zu bleiben, erfolgreich vom Kanton Solothurn unterstützt. Noch überraschender ist, dass es sich genauso mit der Schlosskapelle von Neuenburg in unmittelbarer Nähe zur reformiert gewordenen Stiftskirche verhielt. Das hing damit zusammen, dass die Grafschaft Neuenburg eine bemerkenswerte Ausnahme von dem religionspolitischen Grundsatz „Cuius regio, eius religio" darstellte. Die Herrscherfamilie ist daher bis zum 18. Jahrhundert katholisch geblieben, und obwohl die Untertanen reformiert waren, delegierte sie einen altgläubigen Gouverneur, der zur Erfüllung seiner religiösen Pflichten einen entsprechenden Kultort benötigte.

Das Erbe

Schon in den Jahren nach 1530 wurde die „Vénérable Classe" als Stiftsorgan eingerichtet, in dem alle Pfarrer vertreten waren. Sie hatte die Ausbildung der künftigen sowie die Tätigkeit der amtierenden Pfarrer zu kontrollieren. Denn ihr oblag ganz allgemein die Verwaltung der reformierten Kirche, sie übte jedoch kein theologisches Lehramt im eigentlichen Sinne aus. Diese Institution blieb bis zum Ende des Ancien Régime im Jahre 1848 bestehen. Ihre äußerst wertvolle Bibliothek ist bis heute ein Zeugnis ihrer Bedeutung in der Geschichte von Neuenburg, aber auch weit darüber hinaus, mit so herausragenden Gestalten wie vor allem Johann Friedrich Ostervald (1663–1747) im 18. Jahrhundert, dessen Denken, europaweite Beziehungen und neue Bibelübersetzung große Beachtung fanden.

Die im Wesentlichen von Calvin geprägte und von Farel beeinflusste Reformation hatte entscheidende Auswirkungen auf das von Kirche und weltlicher Macht streng kontrollierte Alltagsleben der Grafschaft. Zur „Ausmerzung von Lastern" wurden Kirchenordnungen erlassen. Die Sittlichkeit wurde detailliert geregelt und überwacht, Trunksucht, Spielleidenschaft und Tanzvergnügen sollten verbannt werden.

Im öffentlichen Raum führte die Reformation zur Preisgabe mehrerer kleiner Kapellen und zum Neubau von Kirchen und profanen Bauten im Stile des nüchternen Neoklassizismus. Einigen neuen Denkmälern kommt eine besondere Bedeutung zu, wie beispielsweise der Justitia-Statue von 1545/1547, zu deren Füßen die

Figuren von Ratsherr, Sultan, Kaiser und Papst gruppiert sind. Auch wenn es sich eigentlich nur darum handelte, die Überlegenheit der Justitia gegenüber jeder Instanz weltlicher Macht zu demonstrieren, so kommt der Gestalt des untergeordneten Papstes in einer erst kurze Zeit vorher zum reformierten Glauben übergegangenen Stadt eine besondere Bedeutung zu.

Das vielleicht aussagekräftigste, zumindest sichtbarste Zeugnis der Reformation in Neuenburg repräsentiert die von Charles Iguel geschaffene und im Jahre 1876 vor der Stiftskirche eingeweihte Statue Wilhelm Farels. Mit entschlossenem Gesichtsausdruck und in einer gewaltbereiten Körperhaltung reckt er die Heilige Schrift empor und tritt Häupter von Heiligen mit Füßen. Als gemeinsames Auftragswerk von Stadt- und Kirchenverwaltung widersprach dieses Monument selbst der Willenskundgebung Farels, der sich

Der Papst unterliegt der Justitia. Detail der Statue am Justitia-Brunnen im Zentrum von Neuenburg

lediglich einen bescheidenen und diskreten Stein in Form einer Grabplatte gewünscht hatte. Diese Statue verkörperte auch ein Symbol für den damals ausgebrochenen Kulturkampf und eine handfeste Opposition gegen die katholische Kirche. Heute, in einem säkularen Umfeld, mitten in einer Stadt stehend, in der die Konfessionslosen zur Mehrheit geworden sind und gegenwärtig mehr Katholiken als Protestanten leben, hinterlässt diese Statue einen seltsamen und überholten Eindruck. Sie erinnert aber sehr wohl an den Erfolg der Reformation, vergleichbar mit einem Geschichtsbuch, das genauso weit geöffnet ist wie die Bibel in den Händen des energischen Farel.

▸ *Grégoire Oguey* ist Assistent für Geschichte des Mittelalters und der Renaissance an der Universität Neuchâtel und Mitglied des Schweizerischen Instituts in Rom sowie Vorstandsmitglied der Schweizerischen Gesellschaft für Hugenottengeschichte.

Einweihung der Statue von Wilhelm Farel auf dem Vorplatz der Stiftskirche. Lithographie von August Bachelin, 1876

Weiterführende Literatur

HENRY, PHILIPPE / JELMINI, JEAN-PIERRE (Hg.), Histoire du Pays de Neuchâtel, Bd. 2: De la Réforme à 1815, Hauterive 1991

MOREROD, JEAN-DANIEL u. a. (Hg.), Cinq siècles d'histoire religieuse neuchâteloise. Approche d'une tradition protestante. Actes du colloque de Neuchâtel (22–24 avril 2004), Neuchâtel 2009 (Recueil de travaux publiés par la Faculté des lettres et sciences humaines 54)

BARTHEL, PIERRE u. a. (Hg.), Actes du colloque Guillaume Farel (Neuchâtel 29 septembre – 1er octobre 1980), 2 Bde., Genf u. a. 1983 (Cahiers de la Revue de théologie et de philosophie 9/I et 9/II)

Für einen Besuch in Neuenburg

www.neuchateltourisme.ch/de
www.mahn.ch
www.eren.ch

Nürnberg

Lazarus Spengler und Andreas Osiander

von Berndt Hamm

Die Reformation machte aus Nürnbergs spätmittelalterlich-katholischem Gemein-wesen ein lutherisches nach dem Vorbild der Wittenberger Reformation. Es war eine tiefgreifende religiös-gesellschaftliche Veränderung innerhalb der Metro-pole und ihres großen Landgebietes mit Städten und Dörfern. Sie strahlte auf die kleineren fränkischen Reichsstädte aus und auf das benachbarte Territorium der markgräflichen Fürstentümer von Ansbach und Kulmbach, die sich religionspoli-tisch mit Nürnberg abstimmten.

Nürnberg – Mittelpunkt des Heiligen Römischen Reiches

Nürnberg war eine Großstadt von europäischem Rang. Ihr Reformationskurs hatte auf Reichsebene schon wegen ihrer 40.000 Einwohner ähnlich großes Gewicht wie der von Zürich und Straßburg. In fast 95 Prozent der deutschen Städte lebten um 1500 weniger als 2000 Menschen, nur Köln erreichte Nürnbergs Größe. In der rei-chen Wirtschaftsmetropole an der Pegnitz kreuzten sich Fernhandelsstraßen, ihr Wohlstand gründete sich auf ein starkes Handwerk, auf das Exportgewerbe und auf einen weltweiten Großhandel. All dies machte die Reichsstadt zum führen-den Nachrichten- und Kommunikationszentrum. Sie war bevorzugter Tagungsort von Reichsversammlungen und ausgezeichnet durch die wiederholte Präsenz der Habsburger Kaiser Friedrich III. und Maximilian I.

Nürnberg. Kolorierte Stadtansicht aus: Georg Braun/Franz Hogenberg, „Civitates orbis terrarum", Bd. 1, Köln 1593.
Ausschnitt S. 299: das Rathaus, die Lorenz- und die Sebalduskirche. Das Augustinerkloster befand sich unterhalb der Sebalduskirche

Neue Medien und Humanismus

Nürnberg war auch eine Stadt des Buchdrucks, des Holzschnitts und Kupferstichs von preisgünstiger Kleinliteratur und Einblattdrucken mit überwiegend religiösen Inhalten. Vermutlich 40 Prozent der Nürnberger Bevölkerung konnten lesen. Zudem wurde Nürnberg gegen Ende des 15. Jahrhunderts ein Zentrum des Humanismus. Seine Vertreter wollten die gesamte Kultur und Lebensformung des Menschen am Leitbild der heidnischen und christlichen Antike ausgerichtet sehen. In Nürnberg waren es Angehörige der wohlsituierten „Ehrbarkeit", die den Humanismus verbreiteten, d. h. Patrizier wie der Jurist und Dürer-Freund Willibald Pirckheimer, vor allem aber nichtpatrizische Gebildete wie der Ratsschreiber Lazarus Spengler, der juristische Ratskonsulent Christoph Scheurl und der Künstler Albrecht Dürer. Auch Geistliche, die auf Kirchenreform drängten, zählten zu diesem Kreis. „Ohne Humanismus keine Reformation", so spitzt es der Kirchenhistoriker Bernd Moeller zu. Das gilt besonders für Nürnberg.

In der Adventszeit 1516 und in der vorösterlichen Fastenzeit 1517 predigte Johannes von Staupitz in der Kirche des Nürnberger Augustinerkonvents unterhalb der Sebalduskirche. Er leitete die deutsche Kongregation der observanten Augustinereremiten. Staupitz verkündigte einen absolut gütigen Gott: Indem

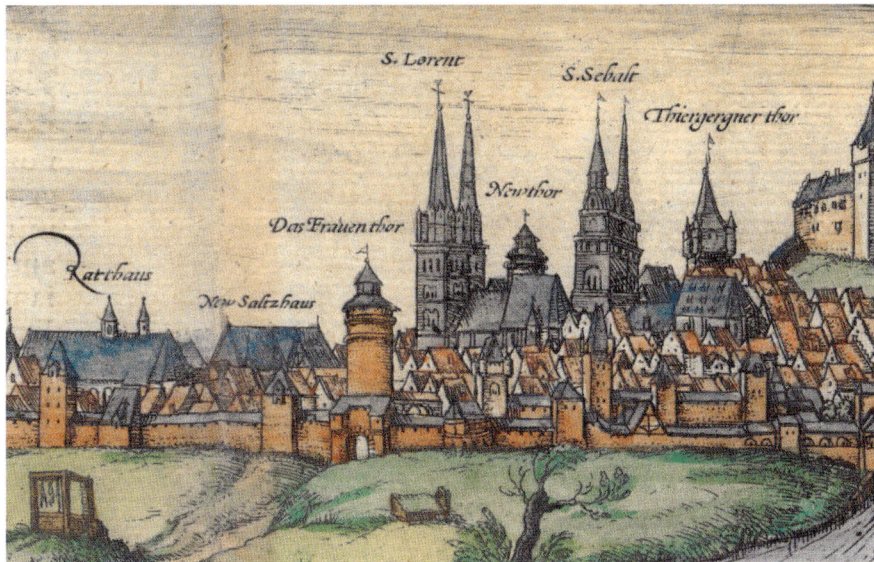

Gott Mensch wird und am Kreuz stirbt, neigt er sich als Barmherziger zum tiefen Elend der sündigen Menschheit herab. Gott zieht die von ihm Erwählten durch die Kraft seines Geistes in eine permanente Bußbewegung hinein. Er erfüllt ihr Herz mit einer vertrauensvollen Christusliebe und befreit sie von jeder selbstgefälligen Werkgerechtigkeit. Die Nürnberger waren fasziniert, auch viele Mitglieder des Nürnberger Humanistenkreises und der patrizischen Führungselite. Staupitz bahnte Martin Luther den Weg zum Erfolg in der Reichsstadt. Luther war ja ebenfalls Augustinermönch. Er war Staupitz' Ordensuntergebener, sein Schüler und Nachfolger auf dem Wittenberger Lehrstuhl.

Die Anfänge der Reformation: Lese- und Predigtbewegung

Schon während des Jahres 1518 wandelte sich der humanistisch geprägte Staupitz-Verehrerkreis zu einem Anhängerkreis Luthers. Als Luther zum Verhör durch Kardinal Cajetan von Wittenberg nach Augsburg reiste, machte er im Oktober 1518 auf dem Hin- und Rückweg jeweils Halt im Nürnberger Augustinerkloster. So konnten ihm seine Nürnberger Anhänger zweimal persönlich begegnen. Der Ratsschreiber Lazarus Spengler berichtet, welch tiefen Eindruck Luthers Furchtlosigkeit und Gottvertrauen bei ihm hinterließen. Luther sagte 1531 in einem Tischgespräch wertschätzend: „Doktor Lazarus Spengler allein hat das Evangelium in Nürnberg eingeführt und er allein hat erreicht, dass es dort bis heute Bestand hat" – wobei er allerdings übertrieb (schon der Doktortitel war unkorrekt). Spengler verfasste Luther-Apologien und reformatorische Flugschriften.

Bevor von Nürnbergs Kanzeln die ersten reformatorischen Predigten gehalten wurden, gab es hier bereits eine lutherische Lesebewegung. Viele Reformationsschriften in deutscher Sprache und in günstigen Drucken waren auf dem Markt. Neben Luther wurden Melanchthon, Karlstadt, Hutten und Spengler gelesen. Auch Laien ohne Lateinkenntnisse machten sich bibelkundig und griffen in den Streit ein, so der Schuhmacher und Poet Hans Sachs.

Vom Frühjahr 1522 an wurde von den drei städtischen Hauptkanzeln im Sinne Luthers gepredigt. Die Kirchen waren brechend voll; die Menschenmenge strömte aus der Stadt und vom Lande herbei. Unter den Predigern gewann sehr bald der humanistisch hochgebildete und theologisch selbstständig denkende Andreas Osiander der Ältere (zuvor Hebräischlehrer im Augustinerkloster) die Position des führenden Stadtreformators. Inhaltlich ging es in Nürnbergs früher Lese- und Predigtbewegung um Alternativen, die klar, radikal und einprägsam formuliert wurden: Gotteswort gegen Menschenwort! Biblische Schrift gegen menschliche Lehren, Zeremonien und Satzungen! Wahrheit

Die 1816 zum Abriss freigegebene Augustinerkirche in Nürnberg. Stich in der Serie „Alt-Nürnberg" von 1846

Gottes gegen Menschenwahn! Christus gegen den Papst als Antichrist! Gemeinde Christi gegen die römische Hierarchie! Dienst der Predigt und Seelsorge gegen klerikale Ausbeutung! Glaube an die unverdiente Erlösung gegen das Bauen auf eigene Werke! Christi Mittlerschaft allein gegen die Anrufung Marias und der Heiligen! Die wahre Messe der Gemeinde unter beiderlei Gestalt von Brot und Wein gegen die Opfermesse des Priesters! Die Freiheit des Gewissens gegen das Gefängnis der Kreaturvergötterung! Das im Glauben befreite Vertrauen auf das bedingungslos geschenkte Heil gegen alle Heilsvorsorge durch Stiftungen, Schenkungen, Fasten, Beten, Almosen, Wallfahrten, Prozessionen und Ablasserwerb!

Lazarus Spengler (1479–1534). Zeichnung von einem unbekannten Künstler, vermutlich nach einer verlorenen Vorlage Albrecht Dürers, um 1518

Osiander und seine Pfarrer-Kollegen hatten es allerdings zunehmend mit einem reichsstädtischen Rat und einem Ratsschreiber zu tun, die sich nicht als Vollzugsorgane der Theologen verstanden, sondern als mündige Laienchristen, die nicht wieder unter einen „Papismus" in evangelischem Gewand zurückkehren wollten.

1522 beschloss der Rat der Stadt eine neue Almosenordnung. Lazarus Spengler formulierte die Präambel. Die Unterstützung der Notleidenden galt nun nicht mehr als genugtuend-verdienstvolles Mittel des Heilserwerbs, sondern als dankbare Antwort des glaubenden und liebenden Menschen.

Die reformatorische Predigt löste 1522 eine „reformatorische Volksbewegung" aus, die in Nürnberg 1523 und 1524 ihre Blütezeit erlebte und im Frühjahr 1525 endete. Eine entscheidende, vorwärtsdrängende Rolle in dieser breiten Gemeindereformation übernahmen Laien, also Nicht-Fachtheologen und Personen ohne kirchliche Weihen. Niemals sonst in der deutschen Geschichte haben Menschen aller Schichten und Berufe einen derartigen Anteil an Fragen der Theologie und Religion genommen, sich darin solche Kenntnisse und ein so selbstständiges Urteilsvermögen angeeignet und einen solchen Einfluss auf die Veränderung der Kirche ausgeübt wie in den Aufbruchsjahren der Reformation.

Bis Ende Mai 1524 blieb Nürnberg dennoch – aufs Ganze gesehen – eine katholische Stadt. Am Sonntag den 5. Juni 1524 folgten die beiden Nürnberger

Andreas Osiander (1498–1552). Porträt von Georg Pencz, 1544. Stamp. Pal. II. 374 © 2015 Biblioteca Apostolica Vaticana

Pröpste von St. Sebald und St. Lorenz der im Augustinerkloster erprobten Gottesdienständerung. Sie strichen den Messkanon mit den Opferungs- und Wandlungsworten des Priesters (Herzstück des katholischen Gottesdienstes) aus der Messliturgie. An die Stelle des Messkanons trat eine neu gestaltete Abendmahlsvermahnung mit den Einsetzungsworten. Sie und die Evangeliums- und Epistellesung wurden in deutscher Sprache gesprochen, alle anderen Teile der Messe blieben lateinisch. Außerdem hatten die Pröpste beschlossen, an den städtischen Kirchen keine Seelmessen mehr zu halten. Das war der offene Bruch mit dem bisherigen religiösen System der Jenseitsvorsorge. Er veränderte das kirchliche Stiftungswesen des Mittelalters tiefgreifend und nahm vielen Priestern den Lebensunterhalt.

Am 12. Dezember 1524 schrieben die süddeutschen evangelischen Reichsstädte – wie Nürnberg, Straßburg und Ulm – vom Ulmer Städtetag aus dem Kaiser Karl V. nach Spanien. Offensichtlich hatte Lazarus Spengler diesen Brief konzipiert. Er kann als erstes öffentliches Bekenntnis der Reformation auf Reichsebene gelten. Die Reichsstädte bekundeten darin ihre gehorsame Treue zu Kaiser und Reich. Zugleich bekannten sie, dass sie dem Wort und Evangelium Christi „bis in die Grube anhangen" und es in Schutz nehmen. Das wollten sie sich weder durch Kaiser und Reichsstände noch durch den Papst verbieten lassen. Dazu seien sie als Christen durch die Taufe verpflichtet. Dieser Entscheidung blieb Nürnberg in den folgenden Jahren treu.

Das Religionsgespräch (3.–14. März 1525)

Der reichsstädtische Rat übernahm von nun an die führende Rolle bei der Neuordnung des Nürnberger Kirchenwesens. Um dafür seine religiöse Legitimationsbasis zu erweitern, veranstaltete er im Rathaussaal ein Religionsgespräch, gleichsam ein Nürnberger Konzil. Die beiden Parteien, die Altgläubigen mit den Bettelordenspredigern als Sprechern und die Evangelischen unter Führung Andreas Osianders, disputierten über die strittigen Glaubens- und Rechtsfragen. Indem der Rat vorher festgelegt hatte, dass die Diskussions- und Entscheidungsgrundlage allein die Bibel sein sollte, und dann konsequenterweise zugunsten der reformatorischen Seite entschied, weitete er in einer für mittelalterliche Begriffe unvorstellbaren Weise seine Kirchenhoheit auch auf die Fragen der theologischen Lehre und des Gottesdienstes aus.

Die reformatorische Neuordnung bis 1533

Mit der Neuordnung kam der Rat einer antiklerikalen und antimönchischen Volksstimmung entgegen. Er schrieb vor, den Messkanon in allen Gottesdiensten der Stadt zu beseitigen und evangelisch zu predigen. Dass alle Klöster aus Stadt und Landgebiet verschwinden sollten, war allerdings nur über einen längeren

Der historische Rathaussaal in Nürnberg, der unter der Leitung von Albrecht Dürer ausgestaltet worden war. Hier fand 1525 das Religionsgespräch statt. 1945 wurde er vollständig zerstört. Kupferstich von Johann Adam Delsenbach, um 1715

303

Zeitraum zu realisieren. Nicht alle Konvente folgten dem Vorbild der Augustinereremiten und lösten sich selbst auf. Insbesondere die Klarissen von St. Klara
und die Dominikanerinnen von St. Katharina erwiesen sich als widerstandsfähig.
Sie fühlten sich als „Bräute Christi" ihrem ehelichen Gelübde lebenslanger Treue
verpflichtet. Caritas Pirckheimer, die Äbtissin von St. Klara, berief sich dabei auf
Luthers Grundsatz der Freiheit des Gewissens, die es verbiete, auf die Nonnen religiösen Zwang auszuüben. Der Rat wählte den Weg, renitenten Klöstern Neuauf-
nahmen zu verbieten und sie so im Laufe des 16. Jahrhunderts aussterben zu lassen. Das Kirchen- und Klostergut wurde ebenso wie die Stiftungskapitalien dem
Almosenkasten inkorporiert. Aus ihm wurden nicht nur die Bedürftigen versorgt,
sondern konnten nun vor allem auch das kirchliche Personal und das Schulwesen
finanziert werden. Die Geistlichen wurden durch den Bürgereid in die Laienge-
meinde integriert; ihre steuerlichen, wirtschaftlichen und juristischen Privilegien
wurden aufgehoben. Von ihren Konkubinen mussten sie sich alsbald entweder
trennen oder sie heiraten.

Die bischöfliche Jurisdiktion hatte von nun an in Nürnberg keine Gültigkeit
mehr. Der Rat bündelte alle kirchliche Ordnungs- und Leitungskompetenzen in
seiner Hand. Sein spätmittelalterliches Streben nach dem obrigkeitlichen Kirchenregiment hatte sich so mit einer Schnelligkeit und Totalität erfüllt, wie es für ihn
noch 1523 unvorstellbar war. Jetzt erst fiel die säkulare Bürgergemeinde vollständig mit der Kirchengemeinde zusammen, zumal Nürnberg 1498/99 alle Juden vertrieben hatte und bis weit ins 19. Jahrhundert hinein dezidiert „judenfrei" blieb.

Gottesdienst und Seelsorge blieben selbstverständlich Aufgabe der einsti-
gen und neuen Geistlichen, sofern sie sich der reformatorischen Neuordnung
anschlossen. Doch wurden sie fortan vom Rat als Kirchenbeamte angestellt und
besoldet. In einem langwierigen und konfliktreichen Prozess ließ der Rat eine
Kirchenordnung durch seine Theologen und mit Hilfe des Schwäbisch-Haller
Reformators Johannes Brenz erarbeiten. Sie legte die Lehrnorm, die dienstlichen
Aufgaben der Geistlichen und die gottesdienstlichen Agenden fest. Spenglers Reli-
gionsdiplomatie war es zu verdanken, dass die Ordnung 1533 gemeinsam mit den
brandenburgisch-markgräflichen Fürstentümern Ansbach-Kulmbach beschlossen
und gedruckt werden konnte. Sie wurde für viele andere Städte und Territorien
vorbildlich.

Religiöse Homogenität

Nach 1525 strebte der Nürnberger Rat nach religiöser Homogenität in seinem
Herrschaftsgebiet. Dabei wollte er alle Stadtbewohner nicht nur gegenüber der
päpstlichen Seite auf das alleinige Legitimationsprinzip der Heiligen Schrift ver-

pflichten, sondern auch in Abwehr der Zwinglianer, Täufer und Spiritualisten auf die lutherische Bekenntnisnorm, wie sie sich von 1525 bis 1530 herausbildete. 1527 verfasste Lazarus Spengler wider die Altgläubigen und „Schwärmer" das wohl erste Glaubensbekenntnis der Reformation – ein persönliches Privatbekenntnis, dessen Endfassung dann Luther 1535 in Wittenberg als vorbildliches Glaubenszeugnis zum Druck gab. Überhaupt empfahl Luther das „Nürnbergische Exempel" einer Obrigkeit, die für „einerlei predigt" sorgt, zur Nachahmung. Nur so könne die Reichsstadt unter Gottes Segen ihren inneren Zusammenhalt bewahren und prosperieren. Daher verbot der Rat nach 1525 den Druck und die Verbreitung aller Schriften, die sich gegen Luthers realpräsentische Abendmahlslehre wandten und ein zwinglianisch-oberdeutsches symbolisches Abendmahlsverständnis vertraten.

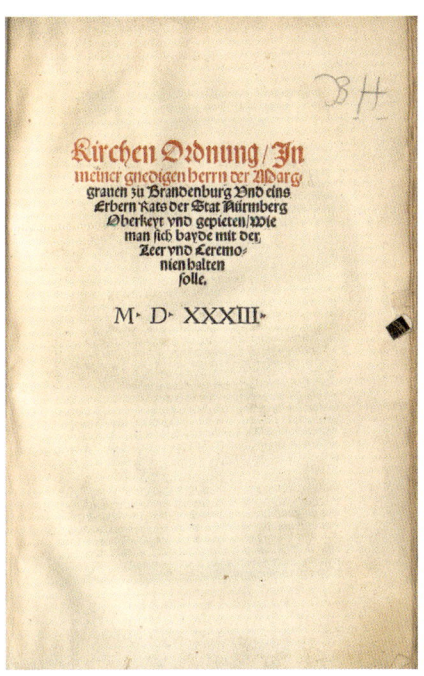

Die Kirchenordnung, die 1533 in Nürnberg gedruckt wurde. Titelblatt

Zugleich verhielt sich der Rat oft sehr moderat. Theologen, insbesondere Osiander, und Juristen verlangten harte Strafen für Täufer, die nicht widerriefen, in schweren Fällen sogar die Todesstrafe, wie sie das Reichsrecht vorschrieb. Der Rat begnügte sich hingegen damit, hartnäckige Täufer zu inhaftieren und auszuweisen. Mit der Abschaffung der Heiligenfeste ging der Rat längst nicht so weit, wie die Prediger es verlangten. Auch verweigerte der Rat den Geistlichen das Recht zur Kirchenzucht, insbesondere den Ausschluss vom Abendmahl. Auf keinen Fall duldete er eine eigene kirchliche Jurisdiktion neben der obrigkeitlichen. Auch in der Bilderfrage beschritt der Rat einen gemäßigten Weg. Er lehnte es ab, religiöse Bilder aus den Kirchen zu entfernen, wie es in Zürich, Straßburg und Ulm auf obrigkeitliche Anordnung durchgeführt wurde. Selbst Bilder, die einen offenkundigen Bezug zur altgläubigen Heiligenverehrung hatten, blieben verschont. Sie waren größtenteils von Patriziern gestiftet worden. Ihre Familientradition war den Ratsherren offensichtlich wichtiger als ein konsequentes Vorgehen gegen die Zeugen des alten Kults.

Zum gebremsten und unfanatischen Charakter der Nürnberger Reformation passen die starken Sympathien für eine humanistisch inspirierte Schul- und Bildungsreform. 1526 wurde ein neuer Schultyp geschaffen, das Gymnasium. Mit Melanchthons Hilfe konnte man hierfür vorzügliche humanistische Köpfe gewinnen. Deren geistiger Horizont wäre mit einer Haltung konfessioneller Enge schwer zu vereinbaren gewesen. Die Symbiose von Humanismus und Reformation und die Vorliebe für ein melanchthonisch abgemildertes Luthertum blieben prägend. Nürnbergs Umgestaltung zu einer evangelischen Stadt innerhalb weniger Jahre war auch nach der Niederlage des Schmalkaldischen Bundes, dem Nürnberg aus traditioneller Kaisertreue ferngeblieben war, nicht mehr rückgängig zu machen.

▸ Dr. *Berndt Hamm* ist Professor für Neuere Kirchengeschichte an der Universität Erlangen-Nürnberg im Ruhestand und derzeit Forschungsprofessor.

Weiterführende Literatur

MÜLLER, GERHARD / SEEBASS, GOTTFRIED (Hg.), Andreas Osiander d.Ä., Gesamtausgabe, 10 Bde., Gütersloh 1975–1997

HAMM, BERNDT u.a. (Hg.), Lazarus Spengler, Schriften (bis März 1530), 3 Bde., Gütersloh 1995, 1999, 2010

SEEBASS, GOTTFRIED, Das reformatorische Werk des Andreas Osiander, Nürnberg 1967

HAMM, BERNDT, Lazarus Spengler (1479–1534). Der Nürnberger Ratsschreiber im Spannungsfeld von Humanismus und Reformation, Politik und Glaube. Mit einer Edition von Gudrun Litz, Tübingen 2004

Für einen Besuch in Nürnberg

www.nuernberg.de/internet/stadtportal/tourismus.html
http://tourismus.nuernberg.de
www.nuernberg-evangelisch.de

Orlamünde

Andreas Karlstadt

von Thomas Kaufmann

Die kleine, ca. 600 Einwohner starke thüringische Ackerbürgerstadt verdankt ihre reformationsgeschichtliche Erinnerungswürdigkeit dem Wirken des in seiner Zeit bekannten, ja berühmten Reformators Andreas Rudolf Bodenstein (1486–1541). Er stammte aus dem fränkischen Karlstadt; als Theologieprofessor und Kollege Martin Luthers war er einer der frühen Repräsentanten der „Wittenberger Schule", die seit 1517 durch ihre radikale Gnadentheologie im Anschluss an den lateinischen Kirchenvater Augustin auf sich aufmerksam machte.

Karlstadt war nach lebhaften Auseinandersetzungen mit Luther davon überzeugt worden, dass Augustin in seinen Schriften gegen den Mönchstheologen Pelagius tatsächlich jeder menschlichen Mitwirkung bei seiner Rechtfertigung eine Absage erteilt habe. Unter dem Einfluss des Bettelmönchs Luther hatte der standes- und karrierebewusste Weltgeistliche Karlstadt, der es in jungen Jahren zum Archidiakon, d. h. zum rechtsbevollmächtigten Stellvertreter des Bischofs am Wittenberger Allerheiligenstift gebracht hatte, mit der scholastischen Theologie – in der er hohe Kompetenzen besaß – gebrochen und sich ganz dem Studium der Kirchenväter, des mystischen Predigers Johannes Tauler und der Heiligen Schrift hingegeben.

In den ersten Kontroversen nach der Veröffentlichung der 95 Thesen, die mit dem Ingolstädter Theologen Johannes Eck zu führen waren, hatten Luther und Karlstadt Seite an Seite agiert; ungeachtet der größeren Publizität und des ungleich charismatischeren Talents des Augustinerpaters galt Karlstadt zwischen 1518 und 1521/22 in der Außenwahrnehmung als der wichtigste Repräsentant der Wittenberger Theologie neben Luther. Bei der Leipziger Disputation im Sommer 1519, der eine wichtige Bedeutung für die Entstehung einer reformatorischen Bewegung zukam, traten er und Luther gemeinsam gegen Eck an. Als der

Luftbild von Orlamünde – Luftbild © Wolfgang Pehlemann

dänische König Christian II. im Frühjahr 1521 geeignetes Reformatorenpersonal für Kopenhagen suchte, fragte er bei dem sächsischen Kurfürsten Friedrich an, ob er ihm Luther und Karlstadt „leihweise" überlassen könne.

Vor allem der prominenten Rolle Karlstadts in den Anfängen der Reformation ist es also zuzuschreiben, dass seine nur etwa 15 Monate – zwischen Juni 1523 und September 1524 – währende Orlamünder Zeit als reformationsgeschichtlich einschlägig gilt. Außerdem verdient sie Beachtung, weil in Orlamünde ein von der Gemeinde getragener und verantworteter Reformationstypus erprobt wurde, der schließlich von dem von Luther favorisierten Modell einer landesherrlichen Reformation „von oben" zurückgedrängt worden ist. Das Ende von Karlstadts Wirken in Orlamünde markiert eine reformationsgeschichtliche Zäsur.

Karlstadts Pfründe in Orlamünde

Karlstadts Kontakte nach Orlamünde reichten in die Zeit vor dem Ausbruch des Ablassstreites zurück; sie hingen unmittelbar mit seinem Amt als Archidiakon zusammen, denn zu diesem gehörte die Pfarrei Orlamünde, die einen Großteil seiner Einkünfte ausmachte. Entsprechend der vor der Reformation üblichen Praxis versah der höhere Geistliche Karlstadt die Pfarrei nicht persönlich, sondern ließ sich durch einen mäßig entlohnten Pfarrvikar vertreten; er wurde von der Universität Wittenberg ausgewählt. Die Pfarrei Orlamünde war im Ganzen lukrativ; ihr flossen Abgaben einer Reihe von Niederadligen aus der Umgebung und aus dem Wilhelmiterkloster der Stadt zu. Im Jahr 1515 führte Karlstadt eine schwere Auseinandersetzung mit dem Vikar Nikolaus Suppan, der kaum die Hälfte der erwarteten 80 Gulden eingetrieben hatte. Karlstadt reiste nach Orlamünde und exkommunizierte seinen Stellvertreter, der sich daraufhin hilfesuchend an den Kurfürsten wandte, die Stellung jedoch bald verließ. In raschen Wechseln sind in den Folgejahren verschiedene Pfarrvikare bezeugt.

Aufgrund der vorhandenen Quellen ist evident, dass Karlstadt tief in das zeitgenössische Pfründensystem involviert war und dass er seine und die Rechte des Allerheiligenstiftes zu wahren wusste. Gelegentlich – etwa bei der Besetzung der Stelle eines Schulmeisters – setzte sich der robuste Theologe und gelehrte Jurist auch schon mal über Privilegien des Orlamünder Stadtrates, der ein Zustimmungsrecht besaß, hinweg; eine entsprechende Zurechtweisung durch den Landesherrn Friedrich von Sachsen nahm er billigend in Kauf. Bei einer Auseinandersetzung um die Besetzung einer Pfarrstelle in Uhlstädt im Jahre 1517 legte Karlstadt sein Patronatsrecht als Orlamünder Pfarrer, wie es scheint, recht großzügig aus: Er veranlasste die Einsetzung seines Kollegen Simon Pflug vom Wittenberger Allerheiligenstift und ignorierte das Präsentationsrecht des Kurfürsten. Dieser aber ordnete daraufhin den Rücktritt Pflugs an und präsentierte der erzbischöflichen Administration in Magdeburg einen eigenen Kandidaten. Der Konflikt verdeutlicht, dass Karlstadt den Handlungslogiken der geistlichen Institution, der er diente, verpflichtet war; besondere Affinitäten zur „frühmodernen Staatsgewalt", wie sie der kurfürstliche Hof repräsentierte, ließ er hingegen kaum erkennen. Auch bei seinem späteren Wirken als Reformator zunächst in Orlamünde, später in der Schweiz, orientierte sich Karlstadt primär an den „nahen" kommunalen Entscheidungs- und Herrschaftsträgern; dies unterschied ihn von Luther.

Orlamünde

Orlamünde war im frühen 16. Jahrhundert ein Städtchen, das einen gewissen Wohlstand aufwies. Das 1502 eingeweihte spätgotische Rathaus jedenfalls deutet darauf hin; das Vorgängergebäude bewohnte der Schösser, ein kursächsischer Amtmann. Aufgrund eines Verkaufs durch den Grafen von Orlamünde war die Stadt im 14. Jahrhundert in den Besitz der Wettiner gekommen. Landwirtschaft, besonders Schafzucht und Weinbau, auch das Braugewerbe bildeten die wichtigsten Erwerbsquellen. Wegen des Weidelandes und strittiger Jagd- und Fischereirechte kam es zwischen den Bürgern und dem landsässigen Adel immer wieder zu Konflikten; sie wurden zusehends vor den kurfürstlichen Gerichten ausgetragen. Durch das Saaletal verlief die Fernhandelsstraße zwischen Nürnberg und Leipzig; Brücken- und Wegezölle brachten Orlamünde nicht unerhebliche Einkünfte.

Dadurch, dass die Pfarrei Orlamünde seit 1507 dem Wittenberger Allerheiligenstift unterstand, war sie zu einem Versorgungselement der neugegründeten Landesuniversität geworden. Eine Marien-Kirche besaß Orlamünde seit dem 11. Jahrhundert; ein spätgotischer Nachfolgebau war um 1500 fertiggestellt; auch die fünf Altäre, an denen Messstipendien gestiftet worden waren, stammten aus dieser Zeit. Reste spätmittelalterlicher Altarausstattungen aus Orlamünde haben sich aufgrund der Einlagerung in einem Gemeindespeicher erhalten; auf einen „Bildersturm", wie man ihn Karlstadt notorisch nachsagte, deutet das nicht hin, wohl aber auf eine qua Ratsbeschluss durchgeführte Bildentfernung, wie sie der maßgeblich von ihm verfassten Wittenberger Reformationsordnung vom Januar 1522 entsprach.

Durch die Nähe zu Jena und die verkehrsmäßig günstige Lage kamen Informationen über reformatorische Entwicklungen zügig ins Saaletal. Wie in anderen Ortschaften Ostthüringens

Pietà aus Orlamünde, von einem Erfurter Meister aus Alabaster gearbeitet, um 1450. Dass Kopf und Körper Mariens 1523 während Karlstadts Tätigkeit in Orlamünde zerstört wurden, wie immer wieder angenommen, ist nicht bezeugt

machten sich in den Jahren 1522/23 auch in Orlamünde erste radikalere reformatorische Aktionen bemerkbar; im Frühsommer 1523, noch vor Karlstadts Ankunft, wurde das Wilhelmiterkloster gestürmt.

Karlstadt in Orlamünde 1523/24

Karlstadts Übersiedlung nach Orlamünde in der zweiten Junihälfte 1523 war die Folge eines tiefgreifenden Zerwürfnisses zwischen Luther und ihm. Die ersten massiven Hinweise auf eine Krise ihres Verhältnisses fallen in den Sommer 1520 und hängen mit kanonstheologischen Grundfragen zusammen. Luther hatte, ausgehend von einem ganz auf Christus und die geschenkte Gerechtigkeit zentrierten Zugang zum Neuen Testament, die kanonische Geltung des Jakobusbriefes, der eine Gerechtigkeit aus Werken propagiere, in Frage gestellt. Karlstadt hatte darauf kritisch reagiert, denn er fürchtete, dass eine Relativierung der einzig verbliebenen normativen Grundlage des reformatorischen Christentums, der Bibel, unabsehbare Folgeschäden für die Lehrverbindlichkeit und die Auseinandersetzungen mit den katholischen Gegnern haben müsse. Offenbar trugen Luther und Karlstadt ihre Kontroversen auf dem Katheder aus, so dass auch die Studenten einbezogen waren.

Während der zehn Monate seiner Abwesenheit von Wittenberg infolge des Wormser Reichstages und der Zeit auf der Wartburg (April 1521 bis Februar 1522) ist kein Zeugnis eines direkten Kontaktes zwischen Karlstadt und Luther überliefert – wohl ein eindeutiges Indiz dafür, dass ihr Verhältnis zerrüttet war. Während Luthers Abwesenheit war Karlstadt nach und nach eine wichtige Rolle im Kontext der ersten reformatorischen Umwandlungen des Wittenberger Kirchenwesens zugekommen. Er hatte sich offen für die Priesterheirat eingesetzt und war im Januar 1522 auch als Erster der Wittenberger Theologen selbst in den Ehestand getreten. Wahrscheinlich fertigte Cranach von ihm und seiner jungen Frau, Anna von Mochau, ein Ehebildnis an – das erste, das wir von einem verheirateten evangelischen Theologen besitzen.

Zu Weihnachten 1521 war unter Karlstadts Ägide das erste Wittenberger Gemeindeabendmahl mit etwa 2000 Teilnehmern unter beiderlei Gestalt gefeiert worden; im Januar 1522 hatte er in Erläuterung der Wittenberger Gemeindeordnung die Entfernung der Bildnisse aus dem Kirchenraum und die Abschaffung des Bettels in einer Flugschrift begründet. Obschon ein direkter Zusammenhang zwischen Karlstadts Argumentation und „Bilderstürmen" im Kontext der Wittenberger Reformationsgeschichte nicht nachgewiesen werden kann, haftete ihm aufgrund von Luthers späterer Polemik das Image eines Aufrührers an. Diese rufmordartige Diffamierung sollte Karlstadt und die Erinnerung an ihn nachhaltig prägen.

Karlstadt und seine Ehefrau Anna von Mochau.
Doppelporträt gemalt von Lucas Cranach d. Ä., 1522

Nach Luthers Rückkehr von der Wartburg ordneten sich ihm alle Akteure der bisherigen „Wittenberger Reformation" unter – außer Karlstadt. Die Universität verfügte fortan eine Zensur, die seine Publikationsmöglichkeiten empfindlich einschränkte. Karlstadt brach nun innerlich und äußerlich mit seiner akademischen Existenz; er nannte sich „Bruder Andres" und „neuer Laie", verzichtete auf seine Titel und weigerte sich, an Promotionen mitzuwirken. Im Hintergrund dieser Haltung standen Überzeugungen einer mystischen Theologie, die in der Einfalt den Weg der Gottesnähe sah.

Auf der Suche nach einem neuen Wirkungskreis entschied sich Karlstadt, fortan selbst als Pfarrer in Orlamünde tätig zu werden. Mit Unterstützung des Orlamünder Rates erhielt er die Erlaubnis, für mindestens ein Jahr die Pfarrei in Orlamünde selbst wahrzunehmen. Die Universität und das Allerheiligenstift erhoben zunächst keine Einwände gegen Karlstadts Übersiedlung – wahrscheinlich war man froh, ihn los zu sein.

Wie es scheint, hat Karlstadt erst allmählich, nachweislich dann seit Ende September 1523, zu predigen begonnen. Er arbeitete überwiegend als Bauer; von seinem Vorgänger her waren das Pfarrhaus und die Äcker und Weinberge arg heruntergekommen. Alles deutet darauf hin, dass die bisher üblichen Abgaben unterblieben und er die Subsistenzbasis durch seiner Hände Arbeit zu sichern hatte. Nach und nach setzte auch seine publizistische Tätigkeit wieder ein; der Drucker Michael Buchführer, der von Erfurt nach Jena übergesiedelt war, druckte seit dem Herbst 1523 eine Reihe von Schriften, etwa eine Darlegung der *Ursachen das And: Carolstat ein zeyt still geschwigen* und eine Abhandlung *Von dem Priestertum und Opfer Christi* – jene Schrift, in der er einen entscheidenden Schritt in Richtung auf die Bestreitung einer leiblichen Gegenwart Christi in den Elementen des Abendmahls tat.

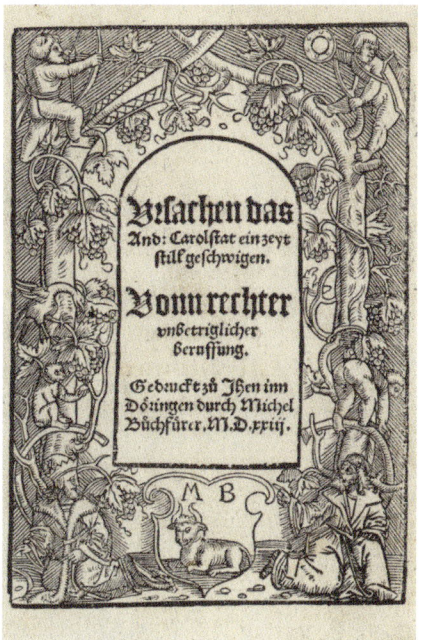

Karlstadt, „Ursachen das And: Carolstat ein zeyt still geschwigen", Jena 1523. Titelblatt

Der exakte Umfang der reformatorischen Maßnahmen, die Karlstadt in Orlamünde anregte, ist im Einzelnen nicht bekannt; deutlich aber ist, dass er in enger Abstimmung mit dem Rat agierte und die Partizipationsmöglichkeiten der „Laien" konsequent erhöhte, indem er den Gottesdienst in der Volkssprache hielt. Dass die Abendmahlsfeier unter beiderlei Gestalt begangen, Bilder ausgeräumt und die Taufe in der Volkssprache durchgeführt wurde, kann man voraussetzen. Ob Karlstadt bereits einen Aufschub der Taufe bis in ein Alter von etwa sechs Jahren praktizierte, wie er es in einem später gedruckten Traktat propagierte, ist unsicher. Im Zuge der sich durch den Allstedter Pfarrer Thomas Müntzer, einen ehemaligen Studenten der Wittenberger Universität und Vertrauten Karlstadts, im Sommer 1524 dramatisch zuspitzenden Frage, mit welchen Mitteln die kirchlichen und gesellschaftlichen Verhältnisse geändert werden sollten, sprachen sich Karlstadt und die Orlamünder Gemeinde gegen einen Beitritt zu einem Bund und gegen die Anwendung physischer Gewalt aus. Karlstadt ließ den entsprechenden Brief am 22. Juli 1524 in Wittenberg drucken.

Vertreibung aus Orlamünde

Zu diesem Zeitpunkt hatten sich bereits dunkle Wolken über seinem Orlamünder Reformationsprojekt zusammenzuziehen begonnen. Seit Januar 1524 bemühte sich Luther, die kursächsische Administration einzuschalten, um Karlstadts Wirken im Saaletal zu kontrollieren oder zu beenden. Er regte an, ihn mit einem Druckverbot zu belegen, beklagte sich über die Angriffe, die ihm aus Orlamünde zuteil würden, ließ seinen Kontrahenten auffordern, seine Wittenberger Lehrtätigkeit wieder aufzunehmen. Doch im Mai 1524 wählten die Orlamünder Karlstadt zu ihrem Pfarrer und teilten dies der Universität und dem Allerheiligenstift mit. Sie lösten praktisch einen Verfahrensvorschlag ein, den Luther bereits im Sommer 1520 unter den Reformforderungen seiner Schrift *An den christlichen Adel deutscher Nation* angeführt hatte. Aufgrund einer Anweisung des Kurfürsten wurde Karlstadt daraufhin an die Universität Wittenberg zurückbeordert. Das traditionelle Pfarrbesetzungsrecht war faktisch gegen die reformatorische Idee der Pfarrerwahl durch die Gemeinde bestätigt. Vor dem Senat der Universität Wittenberg verzichtete Karlstadt am 22. Juli 1524 auf das Archidiakonen- und Pfarramt in Orlamünde.

Aus der Korrespondenz Luthers mit dem Kurprinzen Johann Friedrich in Weimar, in der sich der Reformator über die von den „Schwärmern" ausgehenden Gefahren ausgebreitet hatte, erwuchs der Gedanke, er solle das mittlere Saaletal bereisen. Am 22. August 1524 predigte Luther im Rahmen seiner Visitationsreise in Jena; unmittelbar danach kam es zu einer konfrontativen Begegnung zwischen den beiden ehemaligen Kollegen im Wirtshaus „Zum schwarzen Bären". Karlstadt fühlte sich dadurch angegriffen, dass Luther in seiner Predigt gegen den „Geist zu Allstett" gewettert, ihn mit „Aufruhr und Mord" und der Abschaffung der Taufe in Verbindung gebracht und offenbar den Eindruck erzeugt hatte, dass man auch in Karlstadts Einflussbereich gewaltbereit sei. Karlstadt wies die Verbindung mit Müntzer und dem Allstedter Bund mit guten Gründen und unter Verweis auf den soeben gedruckten Brief der Orlamünder zurück. Den Bezug auf das Abendmahl aber nahm er positiv auf; niemand habe die Lehre der Apostel so klar vertreten, wie er selbst. Er sei auch bereit zu beweisen, dass Luther in Bezug auf das Abendmahl das Evangelium verfälscht habe und seinen eigenen Lehren untreu geworden sei. Damit war Karlstadt der Erste der Reformatoren, der Luther des Selbstwiderspruchs bezichtigte – ein Anwurf, der bei seinen Kritikern aus dem reformatorischen Lager bald topisch werden sollte. Der in der Öffentlichkeit des Wirtshauses ausgetragene heftige Wortwechsel ließ keinen Zweifel daran, dass die beiden wichtigsten Vertreter der frühen Wittenberger Reformation in einen tiefgreifenden theologischen Gegensatz zerfallen waren.

Luther forderte Karlstadt schließlich dazu auf, literarisch offen gegen ihn hervorzutreten; er unterstrich dies mit einer eigentümlichen Zeichenhandlung – durch das Geschenk eines Goldguldens. Der in seinen literarischen Entfaltungsmöglichkeiten eingeengte Karlstadt nahm diesen als „Zeichen" an, dass er „Macht habe wider Doctor Luther zu schreiben". Dies tat er bald ausgiebig; die wohl noch in Orlamünde entstandenen Abendmahlsschriften, die im Herbst 1524 außerhalb Kursachsens gedruckt wurden, eröffneten den innerreformatorischen Abendmahlsstreit.

Zwei Tage nach dem Jenenser Zusammenstoß, am 24. August 1524, trafen Luther und seine Begleiter aus der kurfürstlichen Administration in Orlamünde ein. Das Zusammentreffen zwischen den von Karlstadt inspirierten Laien und dem Wittenberger Doktor war vom ersten Moment an vergiftet. Luther weigerte sich, der Bitte des Orlamünder Rates nachzukommen und zu predigen; sodann beschwerte er sich wegen eines Briefes der Orlamünder an ihn, in dem sie ihn als christlichen „Bruder" angesprochen, ihm die Anrede mit seinem Doktorgrad aber verweigert und ihn der falschen Lehre bezichtigt hatten. Natürlich machte er Karlstadt für den Brief verantwortlich, was die Orlamünder aber ablehnten.

Der Wittenberger Reformator bestand nun darauf, dass die sich anschließende Aussprache im Amtssitz des Schössers, nicht auf dem Rathaus stattfinde; vermutlich wollte er auf diese Weise zum Ausdruck bringen, dass er eine Reformation unter der Verantwortung des Landesherrn, nicht der Gemeinde, präferierte. Bei der Unterredung wurde Luther mit einem Laienchristentum konfrontiert, das die Bibel in einer seines Erachtens exegetisch unhaltbaren Weise in Anspruch nahm. Als Karlstadt in der Versammlung auftauchte, bekräftigte Luther: „Ihr seid mir verdächtig und mein Feind." Zu einer mündlichen Aussprache mit ihm war er nicht bereit. Nach einem weiteren heftigen Wortwechsel mit den Orlamündern reiste die Visitationskommission Hals über Kopf, in Zorn und Unmut ab. Wenige Wochen später wurde Karlstadt des Landes verwiesen; bevor er selbst aus Kursachsen ausreiste, war sein Schwager Gerhard Westerburg, ein aus Köln stammender Arzt und Laienapostel, nach Süden aufgebrochen, um einige Orlamünder Texte des Wittenberger Dissidenten in den Druck zu geben. Damit war es um die Einheit der Reformation auch vor aller Öffentlichkeit geschehen.

▸ Dr. *Thomas Kaufmann* ist Professor für Kirchengeschichte an der Universität Göttingen und Vorsitzender des Vereins für Reformationsgeschichte.

Weiterführende Literatur
BARGE, HERMANN, Andreas Bodenstein von Karlstadt, 2 Bde., Leipzig 1905; 2. unv. Aufl. Nieuwkoop 1968

JOESTEL, VOLKMAR, Ostthüringen und Karlstadt. Soziale Bewegung und Reformation im mittleren Saaletal am Vorabend des Bauernkrieges (1522–1524), Berlin 1996

HASSE, HANS-PETER, Luthers Visitationsreise in Thüringen im August 1524: Jena – Kahla – Neustadt an der Orla – Orlamünde, in: Werner Greiling u.a. (Hg.), Der Altar von Lucas Cranach d. Ä. in Neustadt an der Orla und die Kirchenverhältnisse im Zeitalter der Reformation, Köln u.a. 2014 (Quellen und Forschungen zu Thüringen im Zeitalter der Reformation 3), 169–202

ZORZIN, ALEJANDRO, Ein Cranach-Porträt des Andreas Bodenstein von Karlstadt, in: Theologische Zeitschrift 70 (2014) Heft 1, 4–24

Für einen Besuch in Orlamünde

www.urlaubsland-thueringen.de/staedte/orlamuende.html

http://eisenberg.ekmd-online.de/kirchenkreis/pfarraemter-und-gemeinden/region-kahla/Orlamuende

Oxford

OXONIVM *nobile Angliæ oppidum, Septentrionalem Tamesis ripam elegantißimo atque salubri situ illus̅*

John Wyclif und William Tyndale

von Martin Ohst

Oxford, eine kleine Großstadt etwa 90 km nordwestlich von London, ist heute weltweit ein Begriff für exzellente akademische Forschung und Lehre, praktiziert in Erinnerung an eine glanzvolle Vergangenheit, die in lebendigen Traditionen allgegenwärtig ist.

Die Universität von Oxford

Die Anfänge des organisierten Lehrens und Lernens werden sich im 11. Jahrhundert ereignet haben; sie liegen im Dunkeln. Geschichtlich greifbar werden die Schulen, die sich in freier Weise um Magister gruppierten, als sie sich, wie etwas früher schon in Paris und Bologna, zu einer *universitas*, einer Art Dachverband, zusammenschlossen. Noch heute besteht die Oxford University nicht aus Fakultäten oder Fachbereichen, sondern aus solchen einzelnen Schulen, „Colleges", die seit den Anfängen von weltlichen und kirchlichen Stiftern begründet worden sind.

Den Anschluss an den kontinentaleuropäischen Studienbetrieb gewann Oxford maßgeblich durch die im 13. Jahrhundert entstandenen Bettelorden. Diese Mönche neuartigen Typs arbeiteten in den Städten: als Prediger, Seelsorger und Ketzer-Inquisitoren. Dazu brauchten sie Bildung, und so gründeten sie Studienhäuser, die, wo es solchen gab, im universitären Betrieb eine Rolle beanspruchten, was auch zu Konflikten führte. Ihr Arbeitsfeld war die gesamte christliche Welt, und darin trafen sie sich mit dem Papsttum, das sich selbst gleichzeitig als oberste Regierungs- und Leitungsgewalt der ganzen Kirche aufwarf. Im gesamten späteren Mittelalter waren es besonders die Bettelorden, welche die katholische Kirche als Papstkirche profilierten.

Oxford. Kolorierte Stadtansicht aus: Georg Braun/Franz Hogenberg, „Civitates orbis terra-rum", Bd. 2, Köln 1593

Auch in Oxford entstanden Studienhäuser von Bettelorden, und von hier aus nahmen zwei der bedeutendsten Denker des späten Mittelalters ihre Wege in die internationale kirchlich-mönchische Bildungswelt: die Franziskaner Johannes Duns Scotus (gest. 1308 in Köln) und Wilhelm von Occam (gest. 1347 in München). Den Letzteren hatte Umberto Eco vor Augen, als er in seinem Roman *Der Name der Rose* William von Baskerville auftreten ließ.

Sesshafter waren diejenigen Gelehrten und Lehrer, die nicht an Orden gebunden waren. Zu ihnen gehörte in Oxford Thomas Bradwardina (gest. 1349). Er verfocht *Die Sache Gottes gegen die Pelagianer* – so der Titel seines Hauptwerkes. Scharf und folgerichtig erneuerte er die Lehre Augustins, es liege allein an Gottes Gnade und Erbarmen, ob ein Mensch trotz des universalen Menschheitsverhängnisses der Sünde zum Heil gelange. Damit wandte er sich gegen die Durchschnittstheologie der Zeit, die das „allein aus Gnade" als ein „nichts ohne Gnade" verstand: Sicher,

nur durch die göttliche Gnade kommt der Mensch zum Heil, aber damit sie an ihm wirksam zu werden vermag, muss er eben tun, was er kann. Bradwardinas Frontalangriff wurde unter Gelehrten debattiert, mehr nicht. Es kam Bradwardina ja auch gar nicht darauf an, die Strukturen und das Handeln der Kirche zu verändern – er wollte sie nur interpretieren bzw. andere zu ihrem besseren Verständnis anleiten.

Spannungen zwischen England und der Kurie

Der wichtigste Schüler Bradwardinas war John Wyclif (gest. 1384): Er zog aus dessen theoretischen Thesen praktische Konsequenzen. Und so hat er als Erster Oxford zu einem kirchengeschichtlichen Erinnerungsort gemacht. Das alles ist nur verständlich, wenn man sich zwei Konstellationen klarmacht.

Einmal: Mit der Eroberung durch den Normannenherzog Wilhelm den Eroberer im Jahre 1066 wurde England Teil eines Großreiches, welches auch weite Teile
des heutigen westlichen Frankreichs umfasste. Die Kämpfe der französischen
Krone gegen dieses Herrschaftsgebilde dauerten Jahrhunderte lang; sie endeten
erst, als 1558 mit Calais der letzte englische Brückenkopf auf dem Kontinent verloren ging. Der Hundertjährige Krieg, in den Wyclifs Lebenszeit fiel, war also nur
ein Zeitabschnitt besonders intensiver Kämpfe in einer sehr viel längeren Reihe
von Auseinandersetzungen.

Sodann: Die nach Papst Gregor VII. (gest. 1085) benannte gregorianische Kirchenreform, das Bestreben also, den Einfluss weltlicher Herrschaft in der Kirche
zurückzudrängen und diese zu einem in sich selbständigen Organismus unter
der Leitung des Papstes zu formen, hat in Thomas Becket 1170 zwar in England
ihren berühmtesten Märtyrer gefunden. Aber sie ist kaum sonst irgendwo so weit
von ihrer Verwirklichung entfernt geblieben wie dort. In der englischen Kirche
regierte der König: Er setzte die hohen kirchlichen Amtsträger ein und pflegte den
höheren Klerus zugleich als loyale Führungsreserve für Politik und Verwaltung.
Der Heilige Stuhl steuerte gegen Gebühren die notwendigen Bestätigungen bei;
sein ständiger Vertreter im Lande trug den bezeichnenden Titel „Collector" – also
Geldeinsammler.

Der permanente erhebliche Geldfluss an die Kurie wurde zum Problem, weil
die Päpste, politisch vom französischen König abhängig, als dessen Parteigän-
ger angesehen wurden, und so wurde das ganze bisherige System zunehmend
in Frage gestellt – vor allem vom englischen Parlament: 1351 bzw. 1353 wurden
zwei Gesetze verabschiedet, die jede Einflussnahme außerenglischer Instanzen,
also auch der päpstlichen Kurie, auf innerenglische kirchliche Angelegenheiten
unterbanden. Wirklich umgesetzt wurden die Gesetze erst im Zuge der Loslösung
der englischen Kirche von der römischen Obödienz unter Heinrich VIII. (1534).
Zunächst aber machte das Parlament mit ihnen Politik und suchte sich Verbündete,
so auch Herzog Johann von Gent, den jüngeren Bruder des todkranken Thronfol-
gers Edward of Woodstock (besser bekannt als „Der schwarze Prinz"). Als eine
Parlamentsdelegation 1374 nach Brügge übersetzte, um dort auch mit Vertretern
der Kurie zu verhandeln, trat der etwa 40-jährige John Wyclif erstmals ins Licht
der Geschichte. Es wurde ein Kompromiss geschlossen, radikale Forderungen des
Parlaments blieben unerfüllt. Aber Wyclif münzte nun seine theologischen Einsichten kirchenpolitisch um.

Die Theologie des John Wyclif

Die Grundlage des Kirchenreformprogramms, das Wyclif in der letzten Dekade seines Lebens in rastloser Schriftstellerei ausformulierte, war die radikal gefasste Lehre von der göttlichen Gnadenwahl als dem alleinigen Grund des Heils. Für diese Lehre gibt es wie für alles Weitere nur einen einzigen Geltungsgrund: die Heilige Schrift, in der Gott sich und seinen Willen ein- für allemal und unwiderruflich kundgetan hat. Die Kirche hat hier nicht zu lehren, sondern nur zu hören, und wenn sie mehr tun will, dann ist sie in die Schranken zu weisen. Wer in der Kirche selbständig Autorität ausüben wollte, müsste ja beweisen, dass er zu den von Gott zum Heil Erwählten zählt, und das kann niemand. Ein Papst, der trotzdem unbedingten Gehorsam um des Seelenheils willen fordert, ist das teuflische Zerrbild Jesu Christi, der Antichrist.

Damit ist die erste Bresche in die papstkirchliche Lehr- und Rechtsautorität geschlagen. Diese gründet ihrerseits auf dem Anspruch der Kirche, die von Gott in Christus eingesetzte Spenderin seiner Heilsgaben zu sein. Auch hier griff Wyclif an: Ob ein Mensch zum Heil kommt, das liegt allein daran, ob Gott ihn vor aller Zeit zum Heil prädestiniert (vorherbestimmt) hat. Daran kann weder der Einzelne etwas ändern noch die Kirche als ganze. Damit fällt all das fort, womit die Kirche etwas für Menschen meint tun zu können: die Messe und die Ablässe, das Vertrauen auf die wirksame Fürbitte der Heiligen. Vor jedem Menschen erhebt sich drohend die Frage, ob er denn wohl zum Heil prädestiniert sei. Aber er steht damit nicht allein. An Gottes Willenskundgabe in der Bibel kann und soll der Mensch überprüfen und ermessen, ob und in welchem Maße seine Lebensführung dem Willen Gottes entspricht, und sie entsprechend gestalten – je mehr ihm das gelingt, desto zuversichtlicher vermag er die Vermutung zu fassen, er gehöre zur wahren Kirche der dem menschlichen Auge schlechterdings verborgenen Zahl der zum Heil Prädestinierten.

John Wyclif. Holzschnitt aus: John Bale, „Illustrium maioris Britanniae scriptorum", Wesel 1549

Der Anfang des Johannes-Evangeliums in einer „Wyclif-Bibel" vom Ende des 14. Jahrhunderts. Die Handschriften waren meist kleinformatig, damit die Wanderprediger sie einfach mitnehmen konnten

Dabei muss dem Menschen allerdings geholfen werden, und hier kommt die irdische, institutionelle Kirche trotz ihrer Mehrdeutigkeit noch einmal positiv ins Spiel: Sie muss ihm das biblische Wort Gottes so nahe bringen, dass er es selbst zu verstehen vermag, und das heißt zunächst: Die Bibel muss in die Volkssprache übersetzt und verbreitet werden, und es müssen Prediger ausgesandt werden, welche den einfachen Leuten mit einfachen Worten, aber in Treue zur verbindlichen Vorgabe zu sagen vermögen, was Gott von ihnen will. Hierin lokalisierte Wyclif die eine und einzige Aufgabe der Kirche – alles andere hielt er für überflüssig und deshalb schädlich. Alles, was ihr an weltlichem Besitz und an weltlicher Macht zugefallen war, sollte die weltliche Gewalt, der König, wieder an sich nehmen. Die Kirche als Institution bedarf allein solide ausgebildeter, durch Armut glaubwürdiger Prediger, ja, sie ist als Institution eigentlich nichts anderes als eine solche Predigergenossenschaft. Die Nähe zum ursprünglichen Franziskanertum ist auffällig – und gerade von daher ist es ohne Weiteres verständlich, dass Wyclif nach anfänglicher Sympathie für die Bettelorden seiner Zeit nur noch blanken Hass empfand, denn sie waren durch die Zuwendungen der Gläubigen längst reich geworden, und sie agierten als die beredtesten Anwälte der Papstkirche und ihrer angemaßten Heilsmacht.

In weiten Kreisen der kirchlichen Hierarchie machte sich Wyclif damit zum Außenseiter. Zugleich gewann er politische Förderer: Folgte man ihm, so konnte man alle Geldzahlungen an die Kurie einstellen und den Kirchenbesitz gänzlich weltlichen Interessen nutzbar machen. Aber Wyclif steigerte seinen Radikalismus nochmals: Mit philosophischen und theologischen Argumenten bekämpfte er offen die rechtsverbindliche Lehre von der Wesensverwandlung von Brot und Wein durch die Konsekrationsworte des Priesters in der Messe. Mit diesem Angriff auf das Zentrum papstkirchlicher Frömmigkeit im Mittelalter (und der Neuzeit) sprengte Wyclif die Grenzen dessen, was selbst ihm wohlwollende Zeitgenossen zu ertragen vermochten.

Die Wirkungen Wyclifs

Im Jahre 1374 zog sich Wyclif aus Oxford zurück auf die Pfarrei Lutterworth. Hier arbeitete er bis zu seinem Tode am 31. Dezember 1384 unablässig als Bibelüber-setzer und als Autor polemischer und didaktischer Schriften, mit denen er die Bewegung der „Poor Priests" formte. Obwohl von kirchlichen Instanzen verurteilt und zu Unrecht für einen Bauernaufstand verantwortlich gemacht, blieb Wyclif persönlich unbehelligt. Die von ihm entfachte Bewegung wurde mit dem Spott-namen „Lollards" (Stammler) belegt. Nach weiteren politischen Unruhen wur-den scharfe Gesetze gegen sie erlassen. So verschwand sie aus der Öffentlichkeit, aber sie wirkte im Untergrund fort – Geoffrey Chaucer, der Autor der *Canterbury Tales*, dürfte Lollarden-Sympathisant gewesen sein. Ansonsten wissen wir von den Lollarden der folgenden Jahrzehnte vorwiegend aus Prozessakten, die zeigen, dass die Bewegung rasch und nachhaltig den Anschluss an ihren akademischen Ursprung verlor.

Sehr viel deutlichere Spuren zogen Wyclifs Gedanken im fernen Böhmen: Als der englische König Richard II. 1382 die böhmische Königsschwester Anna hei-ratete, kamen böhmische Studenten nach Oxford und brachten Schriften Wyclifs nach Prag, wo sie für die Entstehung der hussitischen Bewegung mitursächlich wurden. So wurde neben Hus auch Wyclif auf dem Konstanzer Konzil (1415) verurteilt. Im Jahr 1428, vierzig Jahre nach seinem Tod, wurden die Gebeine von Wyclif in Lutterworth ausgegraben und öffentlich verbrannt.

Aber auch in England selbst war Wyclif noch ein Nachleben beschieden, das über die Lollardenzirkel hinausreichte. Unter König Heinrich VIII., konsequenter noch unter seinem Sohn Eduard VI., fand die Lösung der englischen Kirche von Rom statt. Den Versuch, die Entwicklung rückgängig zu machen, unternahm dann Heinrichs älteste Tochter Maria (1553–1558). Unter ihrer Ägide fand 1556 in der Oxforder Universitätskirche der Prozess gegen Thomas Cranmer statt, denjeni-gen Mann also, der der anglikanischen Kirche ihre Gottesdienstordnung (*Book of Common Prayer*) und ihr Lehrbekenntnis (*42*, später *39 Articles*) schrieb und damit bleibend ihre Gestalt prägte, in Kultus und Verfassung treu an altkirchli-ches und mittelalterliches Erbe anknüpfend, in der Lehre „Verderbnisse" nach Maßgabe reformatorischer Einsichten ausmerzend. Cranmer hatte seinen „Ketze-reien" schon abgeschworen, aber als ihm dann klar wurde, dass ihm die Todes-strafe trotzdem wegen Hochverrats sicher war, nahm er seinen Widerruf zurück.

So wurde er dann in Oxford verbrannt, und als Märtyrer fand er seinen Platz in der großen legitimatorischen Geschichtserzählung, mit der John Foxe in seinem *Book of Martyrs* (seit 1563) die kirchliche Neuordnung versah, welche unter Marias Halbschwester Elisabeth (1558–1603) erstmals relativ stabile Gestalt annahm.

William Tyndale

In Foxe's Geschichtserzählung, deren Bedeutung für das Werden des englischen Nationalbewusstseins schwerlich zu überschätzen ist, spielen auch Wyclif und die Lollarden eine Schlüsselrolle: Sie sind das letzte Glied einer bis in die Spätantike zurückreichenden Beweiskette, die zeigen soll, dass die Reformation in England keineswegs ein fremder Eindringling war, sondern hier aus autochthonen Wurzeln hervorgewachsen ist, lediglich begünstigt durch kontinentale, insbesondere deutsche Einflüsse.

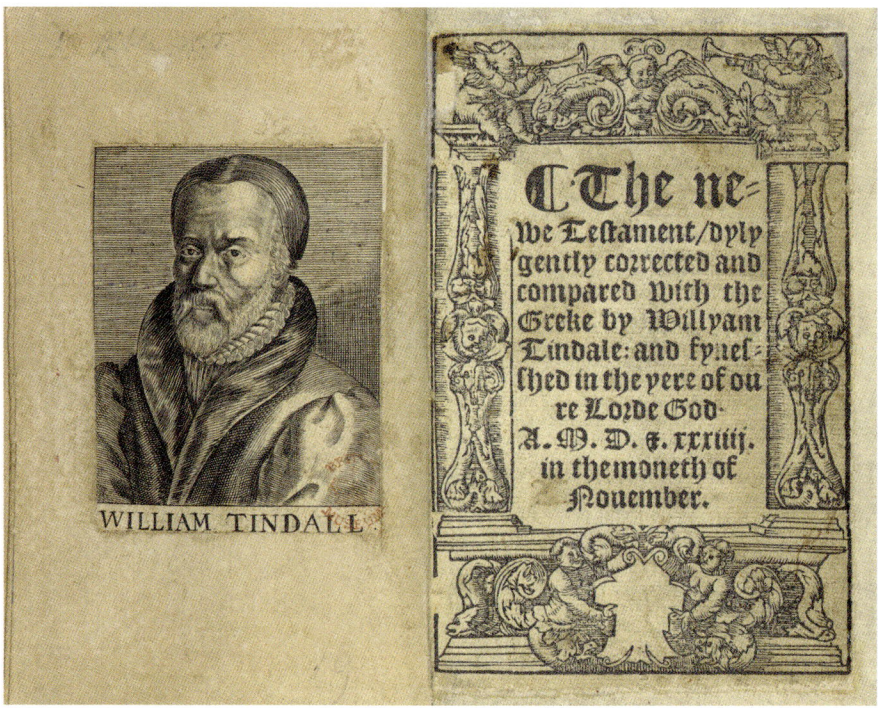

Porträt des William Tyndale in der von ihm übersetzten Ausgabe des Neuen Testaments, die 1534 in Antwerpen erschien

Die Vorbereitung für die Verbrennung von Tyndale. Stich aus John Foxe's „Book of Martyrs",
1562

Diejenige Person, an der Foxe das besonders eindrucksvoll durchführt, ist William Tyndale (gest. 1536), aus dessen Übersetzung *die* englische Bibel schlechthin, die *King James Bible*, hervorgegangen ist. In Foxe's Dramaturgie, deren historische Zuverlässigkeit unter Gelehrten immer noch und immer wieder diskutiert wird, fungiert Tyndale als Bindeglied zwischen Wyclif und den Lollarden, dem Humanismus und den vom Kontinent stammenden reformatorischen Impulsen, die er einerseits in England einbrachte, andersteits spezifisch englisch rezipierte und formte. Schon als Student in Oxford (1512–1515) tat sich Foxe's Tyndale durch eifriges Bibelstudium hervor, in dem er sich durch die erneuerte humanistische Wissenschaft fördern ließ. Von Oxford wandte er sich nach Cambridge, wo er angeblich jenem Intellektuellen-Zirkel angehörte, der sich in der White Horse Inn traf und reformatorische Theologie diskutierte. Späterhin wandte er sich nach London und bot dort dem Bischof erfolglos seine Dienste als Übersetzer der Bibel ins Englische an. Stattdessen gewann er die Protektion eines Tuchhändlers, also eines Mannes aus einem Kreis, in dem lollardische Tendenzen notorisch waren. Dieser

325

ermöglichte ihm den Übergang auf den Kontinent, wo er zuerst nach Wittenberg ging und von dort an den Rhein, wegen der besseren Verkehrsbedingungen nach England. Er begann mit einer englischen Übersetzung der Bibel und verfasste reformatorische Traktate in seiner Muttersprache; Tuchhändler schmuggelten die verbotene Konterbande nach England. Das ging so lange gut, bis Tyndale in Antwerpen durch einen von Agenten des englischen Königs gedungenen Verräter an die in den spanischen Niederlanden höchst aktive Ketzerinquisition ausgeliefert wurde und 1536 in Vilvoorde (Brüssel) auf dem Scheiterhaufen starb – mit den letzten Worten: „Lord! Open the king of England's eyes!" – scheinbar paradox, aber doch ganz konsequent für einen Mann, der, wie schon Wyclif, unbeirrbar die Einordnung der kirchlichen Institutionen in die Strukturen der weltlichen Herrschaft forderte, also, wie Foxe es interpretiert, gegen den zeitweise verblendeten König dessen und des Reiches wahre Interessen vertrat.

▶ Dr. *Martin Ohst* ist Professor für Historische und Systematische Theologie (evangelisch) an der Fakultät für Geistes- und Kulturwissenschaften der Bergischen Universität Wuppertal.

Weiterführende Literatur

Dembek, Arne, William Tyndale (1491–1536). Reformatorische Theologie als kontextuelle Schriftauslegung, Tübingen 2010 (Spätmittelalter, Humanismus, Reformation 50)

Lambert, Malcolm, Medieval Heresy. Popular Movements from the Gregorian Reform to the Reformation, Oxford ²1992 (deutsche Übersetzung: Ketzerei im Mittelalter. Häresien von Bogumil bis Hus, Darmstadt 2001)

Maurer, Michael, Kleine Geschichte Englands, Stuttgart 2007 (Reclams Universal-Bibliothek 9616)

Für einen Besuch in Oxford
www.visitoxfordandoxfordshire.com
www.university-church.ox.ac.uk

Prag

Jan Hus

von Martin Wernisch

Zu den interessantesten Fakten der böhmischen Reformationsgeschichte gehört, dass sie schon früh einsetzte. Kein Geringerer als Martin Luther hat zu dem Konsens beigetragen, dass Jan Hus (um 1370–1415) als überragende Gestalt dieser Geschichte gilt – ein Mann, der 100 Jahre vor dem Auftreten seines sächsischen Bewunderers starb. Die reformatorischen Zeitzeugen hindern uns somit, die „eigentliche" Reformation von den vorhergehenden mittelalterlichen Reformbewegungen zu trennen. Hus hatte in Letzteren sicher seine Wurzeln, doch er setzte neue Akzente und gab ihnen eine neue Richtung.

Die Theologie von Jan Hus

Hus begab sich Mitte der achtziger Jahre des 14. Jahrhunderts vom Land in die böhmische Hauptstadt, um an der Prager Universität zu studieren und Priester zu werden. Anfangs wollte er sich dadurch vor allem eine angesehene Stellung in der Gesellschaft sichern. Doch der Studiengegenstand überwältigte ihn. Die Gemeinschaft mit Gott stellte sich ihm aber nicht als bloßes Mittel dar, etwa, um einen Beruf zu bekommen, sondern er erkannte sie als Ziel seiner ganzen Erkenntnissuche. Er entdeckte die Wahrheit Gottes als etwas, das den Menschen immer übersteigt, das ihm aber zugleich neue Horizonte eröffnet.

Oft wird heutzutage der Verfall und die Krise der spätmittelalterlichen Kirche betont, auf welche die Reformation dann kritisch reagiert habe. Das ist einseitig. Es zeigten sich im Spätmittelalter auch neue Chancen. Der allgegenwärtige Eifer für eine Verbesserung der herrschenden Verhältnisse beweist, dass es damals nicht nur Missstände gab, sondern ebenso steigende geistliche Ansprüche

Die Bethlehemskapelle, Hus' Predigtstätte in Prag

und Gestaltungsmöglichkeiten. Hus beteiligte sich maßgebend an deren Konkretisierung.

Hus' Wirken war von Anfang an zukunftsweisend. Bereits vor ihm hatte man in Prag eine kritische akademische Reflexion gepflegt. Ebenso gab es vor ihm eine ganze Reihe begeisternder Prediger. Aber erst durch Hus wurde beides, Reflexion und Predigt, tatkräftig miteinander verbunden. Außerdem war er darum bemüht, seine wachsende Zahl von Anhängern auch als Autor zu erreichen, so dass er in steigendem Maße Schriften in der Volkssprache verfasste. Schlüsselbedeutung kam dem Inhalt zu, der über diese Kommunikationsmittel verbreitet wurde.

Wenn wir Hus an den späteren „reformatorischen Prinzipien" messen, ist es offensichtlich, dass sich bei ihm die Lehre von der Bibel als Richtschnur des Glaubens zunächst weit deutlicher herauskristallisiert hat als der „materiale Grundsatz" der Lehre von der Rechtfertigung durch Glauben allein. Für die Lehre von der Bibel als Richtschnur des Glaubens gab es schon damals Anknüpfungspunkte. Hus wurde vornehmlich von dem englischen „doctor evangelicus" John Wyclif beeinflusst. Diese Tatsache ist bemerkenswert, denn es ist bekannt, dass Hus an dem

 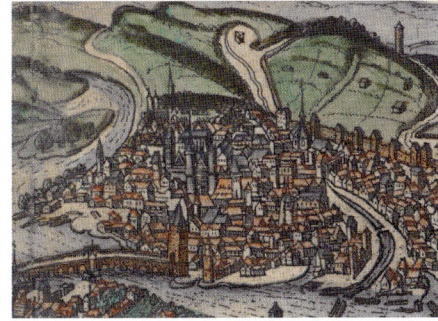

Prag. Kolorierte Stadtansicht aus: Georg Braun/Franz Hogenberg, „Civitates orbis terrarum",
Bd. 1, Köln 1593
Links unten: das Burgareal mit der Königsburg und dem St.-Veits-Dom; rechts unten: die
Altstadt mit der Karlsbrücke, in der Mitte die Teynkirche

Streit zwischen der böhmischen und der deutschen Nation an der Universität Prag
beteiligt war. Allerdings hat der neuzeitliche Nationalismus die Bedeutung dieses
Streits überbewertet. Das Christentum des Jan Hus, der „einen guten Deutschen
mehr als cinen bösen Bruder liebhatte", war übernational geprägt.

Aus den Schriften des Engländers Wyclif übernahm Hus dankbar lange
Abschnitte. Er strebte keineswegs nach Originalität, vielmehr ging es ihm um
die Treue zur Christusbotschaft. Deshalb wich er nicht von der mittelalterlichen
Gewohnheit ab, sich Gedanken älterer Autoritäten anzueignen. Aber aus demselben Grund widersetzte er sich eindrucksvoll dem damals anerkannten Anspruch
der Hierarchie, Lehrfragen durch Amtsgewalt, letzlich auch ohne überzeugende
Sachargumente, zu entscheiden. Dadurch hat Hus allerdings die Hierarchie dazu
gebracht, ihm mit nackter Gewalt zu begegnen; dennoch gab er nicht nach.

329

Der Streit erschöpfte sich nicht in formellen Fragen um Entscheidungsprozesse. In Wirklichkeit rang man auch hier um das Wesen des Evangeliums, um die gebührende Vermittlung des Heils in Christus. Die Tatsache, dass der „materiale Grundsatz" der Reformation bei Hus vorerst keine festen Konturen annahm, bedeutet nicht, dass dieser nicht existierte. Der „Gnesiolutheraner" Matthias Flacius, der später das Gesamtwerk von Hus herausgab, zweifelte trotz seiner strengen Maßstäbe keineswegs daran, dass Hus als Autor die Rechtfertigung aus Gnaden verfocht.

Es genügt, über einen Text von Hus nachzudenken, den er selbst für so wichtig hielt, dass er ihn an die Wand seiner Predigtstätte in der Bethlehemskapelle schreiben ließ. Darin trat er nicht nur für die Freiheit des Wortes Gottes, sondern insbesondere für die freie Gnade ein, über welche allein Gott verfügt. Priester können Gott dabei lediglich zur Seite stehen; denn Menschen dürfen Gott nicht die Ehre nehmen und mit ihr schachern. – Auch in seinem Widerspruch gegen die Simonie, also den Ämterkauf, den Hus als eigentliche Ketzerei wahrnahm, knüpfte er an mittelalterliche Reformtraditionen an. Zugleich aber wies er damit voraus und bereits auf Luthers Wirken hin, dessen Auseinandersetzungen durch den Streit um den Ablassverkauf ausgelöst wurden, welchen der böhmische Reformator schon unter ähnlichen Umständen bekämpft hatte.

Der Fall Hus endete tragisch: Auf dem Konstanzer Konzil wurde er 1415 verurteilt und verbrannt. Seine noch unabgeschlossene theologische Entwicklung wurde gewaltsam abgebrochen. Doch zugleich bekam seine zentrale Frage – Wie bekomme ich einen gnädigen Gott? – durch die Bedrängnisse seines Prozesses eine ungeheure Intensität. Zwar beantwortete Hus diese Frage eher intuitiv und nicht in voller Klarheit, aber zugleich in einer höchst praktischen Weise: Er vertraute sich in seiner äußersten Bedrängnis ganz der Barmherzigkeit Christi an! Ebenso folgerte Luther, dass es schließlich wichtiger sei, den rechtfertigenden Glauben angesichts des Todes zu bewähren als ihn mit Worten zu bekennen. Hus' Märtyrertum beeindruckte Luther sehr.

Utraquisten

Wie Luther wurde auch Hus von seinen Anhängern in Böhmen und Mähren verehrt. Sie bewunderten übereinstimmend sein starkes persönliches Zeugnis, ohne jedoch im Einzelnen auf allen seinen Ansichten zu bestehen. „Hussiten" konnten sich also auch erheblich von ihm unterscheiden. Während der meist dramatischen Jahre der böhmischen Reformationszeit (1419–1436) gingen die Vorstellungen, wie das Erbe des Meisters umzusetzen sei, weit auseinander. Wie es mit Märtyrern öfter geschieht, hatte die Bemühung der Gegner, den lästigen Prediger mundtot zu machen, eine entgegengesetzte Wirkung: Nachfolger von Hus aus allen Gesellschaftsschichten lehnten sich gegen kirchliche Würdenträger und gegen Könige auf und verteidigten ihr Land in den folgenden Kämpfen erfolgreich. Der erste Kampf wurde noch dicht vor der Hauptstadt aufgehalten, aber im Laufe der Zeit gelang es ihnen, die Kämpfe ins Ausland zu verlegen.

In Böhmen und Mähren konnten die Hussiten mit der Zeit bedeutende gesellschaftliche Veränderungen bewirken. Auf staatsrechtlicher Ebene war es der Übergang zur ständischen Verfassung unter Beteiligung der Städte, mit Prag an der Spitze. Vor allem aber konnte sich die böhmische Kirche in einem für das damalige christliche Abendland einzigartigen Ausmaß verselbstständigen. Neben ihrem „Patron" Jan Hus erhielt diese Kirche eine zweite Symbolgestalt, nämlich Jakob von Mies (um 1372–1429), welcher nach Hus' Abreise nach Konstanz zum theologischen Wortführer der Bewegung wurde. Er hatte erkannt, dass die damals übliche Austeilung des Abendmahlssakraments nur in Gestalt des Brots der ausdrücklichen Weisung Christi widersprach.

Die Feier der Kommunion in beiderlei Gestalt, das heißt einschließlich des Laienkelchs, wurde als der eigentliche Wendepunkt wahrgenommen. Es erwies sich, dass die neue evangelische Verkündigung zugleich eine Erneuerung der kirchlichen Praxis bewirkte. Zu einer solchen Abendmahlsfeier in

Unten die Verbrennung des Jan Hus. Links und rechts von ihm Kleriker und Vertreter der weltlichen Macht. Oben das Martyrium des heiligen Sebastian. Diese Darstellung von Hus auf dem rechten Flügel eines hussitischen Altars aus Roudníky von etwa 1480 zeigt, wie sehr er inzwischen in Böhmen zu einem „Heiligen" geworden war

beiderlei Gestalt (lateinisch: *sub utraque*) – daher der Name Utraquisten – kam es im Herbst 1414 in mehreren Prager Kirchen. Die Erinnerung daran verbindet sich am lebendigsten mit der Kirche St. Martin in der Mauer, die heute wieder von

331

Die Kirche St. Martin in der Mauer in Prag

der evangelischen Kirche genutzt wird (unter anderem von einer deutschsprachigen Gemeinde). Dasselbe Konzil, das Hus in den Tod schickte, lehnte die Notwendigkeit des Laienkelchs ab – es gestand zwar explizit ein, dass der Brauch von der Urkirche so gehalten wurde, erklärte aber, dass das Konzil das Recht habe, den Laienkelch zu unterbinden. Die hussitischen Utraquisten widersprachen dagegen einem solchen Recht und versahen ihre Fahnen mit dem Kelchsymbol. Bis heute ist der Kelch in manchen Kirchen und Gruppen in Tschechien ein Wahrzeichen.

Die Prager Universität verfasste gegen den Erlass des Konzils ein Gutachten und unterstützte dadurch die Leitung der böhmischen Kirche in ähnlicher Weise, wie später Hochschulen in anderen Teilen Europas die Reformationskirchen unterstützten. Das Konsistorium der utraquistischen Kirche residierte sogar auf Universitätsterrain, nämlich im Karlskolleg. Die Kriegszustände bremsten allerdings den anfänglichen Aufschwung und vermehrten die Krisensymptome des Umbruchs. Auch die Universität selbst zählte in dieser Hinsicht zu den Betroffenen: Als der regelmäßige Universitätsbetrieb stockte, konnte sie ihre Struktur nicht mehr vollständig aufrechterhalten – die drei höheren Fakultäten Theologie, die Rechtswissenschaften und die Medizin wurden aufgelöst und die Universität blieb auf die Grundfakultät der freien Künste reduziert.

Nachdem es 1433 und 1436 durch die Prager und die Iglauer Kompaktaten zu einem leidlichen Frieden gekommen war, ergaben sich für die Utraquisten kaum noch Gründe, ihre Kirche durch innere Reformen fortzuentwickeln. Sie konnten zwar die Existenz ihrer Kirche behaupten, aber dieser Sieg wurde durch die Tatsache geschwächt, dass ihre Botschaft trotz aller Bemühungen im Ausland keinen größeren Einfluss gewann. In völliger Isolierung inmitten Europas konnten sie eigentlich nicht existieren, doch um sich wieder in internationale Strukturen einzubringen, mussten sie recht einengende Kompromisse schließen.

Innerhalb Böhmens bestand weiterhin eine Zweiteilung, nämlich in Pfarreien mit dem Abendmahl in beiderlei Gestalt und in solche mit einerlei Gestalt; sie wurden durch je eigene Konsistorien verwaltet. Diese Trennung lässt sich auch positiv bewerten – besonders nachdem man förmlich vereinbart hatte, dass einzelne Gläubige selber wählen konnten, welchem Teil der Landeskirche sie angehören wollten. So ergab sich de facto Gewissensfreiheit in einer Umwelt, die bei allen Schwierigkeiten auch eine Schule des Zusammenlebens darstellte.

Die utraquistische Mehrheit zog allerdings insofern den Kürzeren, als sie unter römisch-katholischen Herrschern leben musste (mit Ausnahme des hussitischen Königs Georg von Podiebrad, der von 1458 bis 1471 regierte). Denn die Regierung legte die Kompaktaten so eng wie möglich aus, um die Autonomie der utraquistischen Kirche einzuschränken. Am liebsten hätte sie alle „hussitischen" Besonderheiten auf die zeremonielle Ausnahme des Laienkelchs beschränkt. Es wurde auch nie ein Administrator des „unteren Konsistoriums" als Bischof bestätigt („unteres Konsistorium", weil es im Unterschied zum römisch-katholischen Konsistorium unterhalb der Königsburg lag). Dadurch wurde die utraquistische Kirche des Rechts der apostolischen Sukzession beraubt, nach eigenen Bedingungen Priester zu weihen. Es war kein Wunder, dass es unter solchen Umständen vielen Utraquisten nur um das reine Überleben ihrer Kirche ging, und sich die Frage erhob, inwieweit die „Kelchner" überhaupt noch ein reformatorisches Profil hatten.

Böhmische Brüder

Manche Zeitgenossen beantworteten diese Frage kritisch. Die kleine Gruppe der sogenannten Böhmischen Brüder stellte sich deshalb seit 1467 „aus Heilsnot" außerhalb der Gesetze des Landes. Sie gründete eine Unität („Unitas fratrum") mit einem eigenen Priesterstand, der von der römischen Weihe unabhängig war. Aber auch die Böhmischen Brüder waren nur in einem protoreformatorischen Sinn „evangelisch", und ihre strenge Kirchenzucht – die sie bis zuletzt wie ihr kostbarstes Charakteristikum hervorhoben – stützte sich bei ihnen nicht nur auf ihren Biblizismus, sondern auch auf mönchische Vorbilder. Gleichwohl ist es bemerkenswert, wie man sich um 1500 nicht nur andernorts, sondern vor allem auch im Kreis der Böhmischen Brüder immer häufiger um die Frage des Seelenheils durch den Glauben mühte. Wenn Antworten der Böhmischen Brüder aus der Sicht einer späteren lutherischen Theologie auch nur „halbgesotten" waren, zeigen sie doch, dass hier ein Boden für den Samen der Reformation bereitet worden war.

Die Reformation in Böhmen und Mähren

Luthers Auftreten war dann der entscheidende Impuls, der auch in Böhmen und Mähren eine neue Bewegung in Gang brachte. Hus' Erben fügten sich im Lauf der Zeit immer deutlicher in die Gesamtheit des europäischen Protestantismus ein und gewannen dadurch größere Bedeutung. Dieser Prozess verlief allerdings nicht einfach. Der rechtliche Rahmen wandelte sich nur langsam und nicht immer unbedingt zum Besseren. Weil sich die böhmischen Landstände 1546 weigerten,

Das Denkmal für Jan Hus von Ladislav Jan Šaloun, das 1915 am Altstädter Ring in Prag errichtet wurde. Im Hintergrund die Teynkirche

im Schmalkaldischen Krieg am Kampf gegen ihre evangelischen Glaubensgenossen in Deutschland teilzunehmen, nutzte der habsburgische Königshof die protestantische Niederlage als Gelegenheit, die bisherige politische Macht der Städte zu brechen.

Auch die wiederholten Bemühungen des „unteren Konsistoriums", sich von der Staatsmacht zu emanzipieren und der inneren Entwicklung entsprechende Veränderungen durchzuführen, hatten keinen Erfolg. Die Regierung griff immer härter in die Angelegenheiten des Konsistoriums ein und ernannte zuletzt Personen zu seinen Mitgliedern, die so wenig repräsentativ waren, dass das Konsistorium faktisch aufhörte, als kirchliche Zentralbehörde zu fungieren: wer konnte, mied es. Mit der Universität verlief es zwar besser, aber mit dem Hinweis auf die Auflösung der selbstständigen Theologischen Fakultät untersagte die Regierung theologische Kurse. Die bewusstesten Evangelischen studierten deshalb größtenteils in Wittenberg oder andernorts im Ausland. Nachdem sie dort auch ordiniert worden waren, begaben sie sich nach ihrer Rückkehr irgendwohin in die Provinz, wo sie mit dem Schutz der örtlichen Adelsherren rechnen konnten. In Prag, in der Nähe der Königsburg, waren den Bedingungen für ihre Wirksamkeit viel engere Grenzen gesetzt.

Insbesondere bei den Böhmischen Brüdern galt es lange Zeit fast als Gebot, Prag zu verlassen. Ein Exodus dieser Art stand gleich am Anfang der Unität, als ein Kreis, der sich ursprünglich unter der Kanzel des gewählten Erzbischofs Jan Rokycana in der utraquistischen Hauptkirche in der Nähe des Prager Fürstenhofs gesammelt hatte, sich entschied, aufs Land zu ziehen und dort in Abgeschiedenheit zu leben. Doch allmählich lernten auch die Brüder die besonderen Möglichkeiten der Hauptstadt zu schätzen, der sie mehrere bedeutende Mitglieder verdankten. Gebürtige Prager wurden führende Bischöfe der Unität, wie z.B. Lukas von Prag (um 1460–1528), der Luther erst als alter Mann erlebte und nicht mehr auf dessen

Jan Hus (B) am Tisch mit Wyclif (A), Calvin (H), Luther (E) und Melanchthon (I). Es ist ihnen zu verdanken, dass das Licht des Evangeliums leuchten bleibt (vgl. Mt. 5,15), wie sehr sich auch ein Kardinal, der „Lügengeist" (1. Kön. 22,22), der Papst und ein Mönch bemühen es zu löschen. Stich von Hugo Allard, um 1650

Theologie eingehen konnte, und Johannes Augusta (1500–1572), der zu den Wittenbergern ausgesprochen freundschaftliche Beziehungen pflegte.

Das lange Streben nach Gewissensfreiheit schien schließlich sein Ziel zu erreichen, als der geschwächte Kaiser Rudolf II. 1609 seinen „Majestätsbrief" erließ, um den böhmischen Thron zu retten. Durch ihn wurde es der utraquistischen Kirche endlich ermöglicht, sich offen als Evangelische Kirche Böhmischer bzw. Augsburger Konfession zu bezeichnen und zu organisieren. Vertreter der Brüder-Unität, nun zum ersten Mal legalisiert, durften ihre Stellen in dem gemeinsamen Konsistorium einnehmen und Kirchen in Prag übernehmen, einschließlich der Bethlehemskapelle.

Doch diese vielversprechende Zeit dauerte nur kurz und endete tragisch. Bereits 1618 entschlossen sich die böhmischen Landstände, die erworbenen Freiheiten durch einen Aufstand zu verteidigen – und weil sie im Unterschied zu ihren Vorfahren den Krieg verloren, büßten sie alle Errungenschaften ein, die neuen wie die alten. Doch nicht einmal der Gegenreformation, die nun folgte, gelang es, das Erbe der böhmischen Reformation zu beseitigen. Gemeinschaften, die sich zu diesem Erbe bekennen, leben in Prag bis heute, nunmehr frei und gleichberechtigt.

▸ Dr. *Martin Wernisch* ist Professor an der Evangelisch-theologischen Fakultät der Karls-Universität in Prag und leitet dort die Abteilung für die Geschichte der reformatorischen Theologie.

Weiterführende Literatur
ŘÍČAN, RUDOLF, Das Reich Gottes in den böhmischen Ländern. Geschichte des tschechischen Protestantismus, Stuttgart 1957

OTTER, JIŘÍ, Die erste vereinigte Kirche im Herzen Europas. Die Evangelische Kirche der Böhmischen Brüder, Prag 1991 (online abrufbar unter: www.e-cirkev.cz/de/rubrika/469-Die-Evangelische-Kirche-der-Boehmischen-Brueder/index.htm#15)

OTTER, JIŘÍ, Fünf Rundgänge durch Prag auf den Spuren der Böhmischen Reformation, Prag ²2002

ATWOOD, CRAIG D., The Theology of the Czech Brethren from Hus to Comenius, University Park Pennsylvania 2009

FREY-REININGHAUS, GERHARD (Hg.), Prag und Tschechien, Leipzig 2015 (Orte der Reformation, Journal 23)

Für ein Besuch in Prag
www.prague.eu/de
www.czechtourism.com/de/home
http://www.e-cirkev.cz/de
http://www.ccsh.cz/view.php?id=337

Reval/Tallinn und Dorpat/Tartu

Hermann Marsow

von Matthias Asche

Es gibt keine Porträts von Hermann Marsow, nicht einmal ein romantisierendes Phantasiebild aus dem 19. Jahrhundert. Auch ist nicht bekannt, wann er geboren wurde und welches seine Heimatstadt war. Wahrscheinlich stammte er jedoch aus Riga (lett. Rīga). So zumindest lässt sich seine Eintragung in das Matrikelbuch der pommerschen Universität Greifswald im Oktober 1505 deuten: „Hermannus Marsow, clericus Rigensis" – er war demnach also ein Geistlicher aus Riga, wo es im ausgehenden 15. Jahrhundert auch mindestens eine Familie Marsow gab. Zwei Jahre später erwarb er in Greifswald seinen einzigen akademischen Grad: *Baccalaureus Artium*.

Dies sind seine ersten und zugleich für lange Zeit auch letzten nachweisbaren Lebensdaten. Was Marsow in den nächsten 18 Jahren gemacht hat, ist nicht bekannt. Vermutlich war er lange Jahre ein immerhin studierter niederer katholischer Geistlicher, möglicherweise auch Ordensgeistlicher, wie einige Chronisten vermuten. Das Datum seines Übertritts zur neuen Lehre ist unbekannt – jedenfalls war es vor Juli 1523. Damals nämlich schrieb er sich 18 Jahre nach Abschluss seines Greifswalder Studiums an der Universität Wittenberg ein. Er hatte dort nur kurz studiert, bevor er nach Livland zurückkehrte. Obwohl er bereits der fünfte Livländer an der „Leucorea" war, gilt er mit einiger Berechtigung als der erste Wittenberger Luther-Schüler in Livland. Dort rühmte er sich stets, die Schriften und das Wollen Luthers besser zu kennen als seine Amtsbrüder. Tatsächlich hatte die erste Reformatorengeneration in den drei großen livländischen Städten Riga, Reval (estn. Tallinn) und Dorpat (estn. Tartu) kaum persönliche Bezüge zu Wittenberg und Luther, auch nicht zu Melanchthon. Hieran zeigt sich bereits eine Grundtendenz der frühen Reformation in Livland: Auch wenn sich letztlich die lutherische, an Wittenberg orientierte Richtung durchsetzte, gab es zumindest noch in der ersten Reformatorengeneration der 1520er Jahre alternative Wege einer gewissermaßen radikaleren Reformation.

Livland an der Wende vom Mittelalter zur Neuzeit

Die historische Landschaft Livland, die etwa die heutigen Staaten Estland und Lettland umfasste, lag am Rande der ,lateinischen', also zur römischen Papstkirche ausgerichteten, *Christianitas*. Diese exponierte Lage an der Grenze zur Orthodoxie spielte für das Selbstverständnis Livlands eine zentrale Rolle – als nach außen propagiertes „Bollwerk" bzw. eine „Vormauer der Christenheit" gegen die vermeintlich barbarischen russischen Häretiker, die sich seit dem Spätmittelalter in Expansion befanden. Die Ausbreitung der Reformation vollzog sich in einer politisch günstigen, aber dennoch angespannten Situation, nämlich während einer langen, fast sechs Jahrzehnte anhaltenden Friedensphase zwischen 1502 und 1558.

Das Verhältnis zu Russland war aber nicht nur konfrontativ. Die livländischen Städte, vor allem Riga und Reval, waren schon seit dem 13. Jahrhundert am lukrativen Russland-Handel beteiligt. Nachdem der russische Großfürst das Hansekontor in Nowgorod 1494 geschlossen und damit den hansischen Handel empfindlich gestört hatte, profitierten die livländischen Städte als Vermittler von der neuen politischen Situation. Die Beziehungen zu den anderen Hansestädten im südlichen Ostseeraum – insbesondere zum Hanse-Haupt Lübeck – sowie die geistig-kulturellen Bezüge zu den seit jeher wichtigsten Universitäten Rostock und Greifswald waren eng. Dorthin gab es einen regen Austausch, der etwa auch den Import von kirchenreformerischen und reformatorischen Schriften nach Livland ermöglichte.

Das historische Livland war kein Staat im modernen Sinne, sondern bestand aus einem locker zusammengefügten Verbund aus fünf geistlichen Territorien: der nach der Umwandlung des Preußischen Ordensstaates in ein weltliches Herzogtum nach 1525 weiterbestehende Zweig des Deutschen Ordens in Livland mit dem livländischen Ordensmeister an der Spitze, das Erzstift Riga sowie die Hochstifte Dorpat, Ösel-Wiek (estn. Saarema) und Kurland (lett. Kurzeme). Alle fünf Territorien waren zumindest formal Glieder des Heiligen Römischen Reiches Deutscher Nation. Zu diesen fünf geistlichen Landesherren kam noch der Bischof von Reval, der aber – wie alle dänischen Bischöfe, denn das Bistum Reval war dem Erzbistum Lund unterstellt – außer der Domfreiheit auf dem Domberg über kein eigenes weltliches Herrschaftsgebiet verfügte. In Livland gab es außer Riga (um 1500 etwa 10.000–12.000 Einwohner), Reval (etwa 7.000–8.000 Einwohner) und Dorpat (etwa 5.000–6.000 Einwohner) keine weiteren über 1.000 Einwohner zählenden Städte.

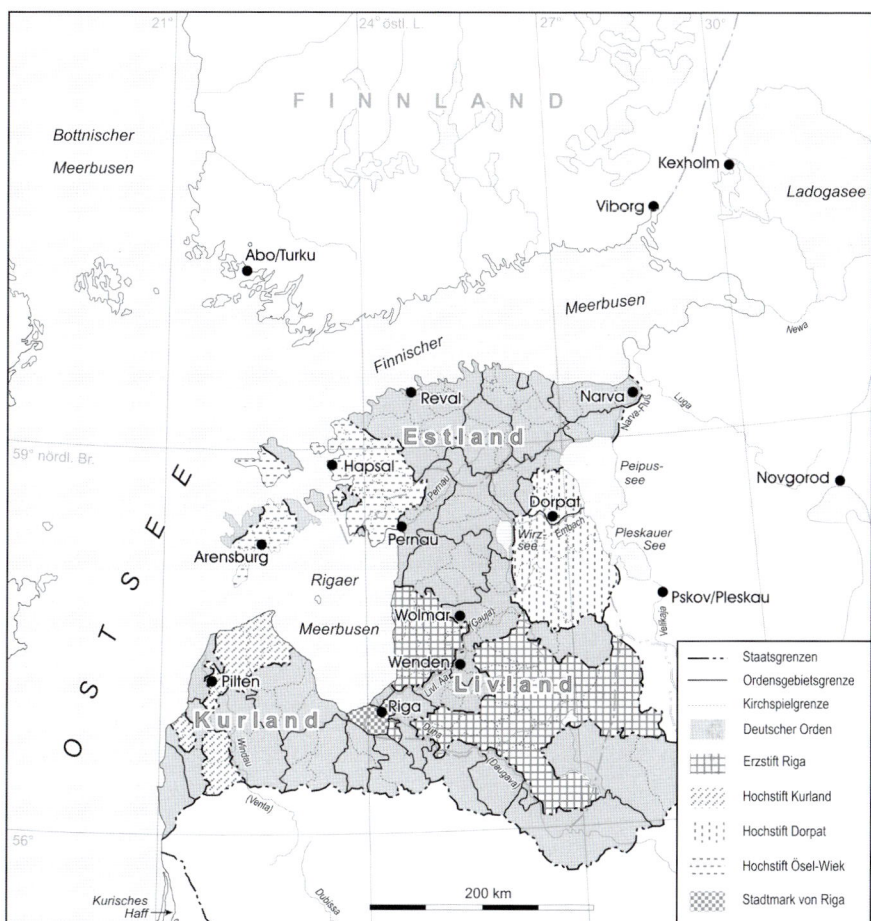

Die „Livländische Konföderation" im 15. und 16. Jahrhundert (Altlivland)

Die Reformation war hier – wie oft auch andernorts im Heiligen Römischen Reich – zunächst ein städtisches Phänomen, während sich in den dünn besiedelten ländlichen Gebieten die neue Lehre nur zögerlich ausbreitete. Eine weitere Besonderheit der livländischen Reformation liegt in dem erheblichen Anteil der nichtdeutschen – der estnischen, lettischen und livischen – Bevölkerung, die in den Quellen ohne Diskriminierung als „Undeutsche" bezeichnet wurden und gegenüber der weithin privilegierten deutschen Oberschicht durchweg die Mehrheit der

339

Bevölkerung stellten, nicht nur in den mit vereinzelten „undeutschen" Predigern versorgten Städten, sondern vor allem auf dem flachen Land.

Für den Verlauf der Reformation, die in Riga, Reval und Dorpat zugleich mit einem politischen Kampf um die Autonomie gegenüber den bischöflichen Stadtherren verbunden war, spielte die von den Kirchenreformern vorgebrachte Kritik am Typus eines geistlichen Territoriums, also der Herrschaft eines Geistlichen über ein weltliches Gebiet, eine zentrale Rolle. Neben der Rivalität zwischen Bischöfen und Städten gab es weitere scharfe Gegensätze zwischen dem Ordensmeister und dem Rigaer Erzbischof um die politische Vorherrschaft in Livland sowie zwischen den Bischöfen und ihren adligen Vasallen. Obwohl der livländische Staatenverbund bereits zu Beginn des 16. Jahrhunderts schwere innere Zerreißproben durchzustehen hatte, sollte erst der russische Einfall ins Hochstift Dorpat (1558) zum endgültigen Zusammenbruch der alten livländischen Staatenwelt führen. Für das Verständnis der Reformation in Livland sowie für deren letztendlichen Erfolg sind diese skizzierten spezifischen innen- und außenpolitischen Verhältnisse wichtig.

Anfänge der Reformation in Livland

Luthers Name war in Livland wohl erst seit dem Wormser Reichstag (1521) bekannt. Ein livländischer Prälatentag, die Versammlung der Bischöfe, beschloss noch im Juni desselben Jahres u. a. die Bekanntmachung des Wormser Edikts. Die Anfänge der Reformation in Livland lagen bezeichnenderweise in der Stadt Riga, die über Kaufleute aus den Hansestädten mit Luther-Schriften versorgt wurde. Das dortige reformatorische Wirken von Andreas Knopken und Sylvester Tegetmeyer – beide keine Luther-Schüler – bildete in vielerlei Hinsicht das Muster für die Reformation in den Städten Reval und Dorpat. Dies gilt vor allem für die energische Übernahme des Kirchenregiments in der Stadt durch den Rat im Oktober 1522 gegen den eigentlich zuständigen geistlichen Stadtherrn, Erzbischof Jasper Linde (reg. 1509–1524).

In allen drei Städten war es für den Fortgang der Reformation von Vorteil, dass schon früh einige prominente Ratsherren mit der neuen Lehre sympathisierten. So wurde Riga eine der ersten Städte mit einem städtischen Kirchenregiment – etwa gleichzeitig mit Zürich, aber noch vor Straßburg und Nürnberg sowie den für die Reformation so bedeutenden Territorien Kursachsen, Hessen und Preußen. Kurz nach Riga erfolgte auch in Reval (April 1524) und Dorpat (Februar 1525) die Übernahme des Kirchenregiments durch den Rat. In beiden Fällen geschah dies übrigens gegen den Widerstand des Bischofs Johann Blankenfeld (reg. in Reval 1514–1524; in Dorpat 1518–1527; auch in Riga 1524–1527), der ein energischer

340

Verfechter des alten Glaubens war. Im Falle Dorpats soll Blankenfeld angeblich geschworen haben, er wolle lieber fünf oder gar zehn Finger verlieren, als evangelische Prediger in der Stadt zu dulden.

Reformation in Dorpat

Was in Riga wegen der abwartenden Haltung des altgläubigen livländischen Ordensmeisters Wolter von Plettenberg (reg. 1494–1535) und des politischen Bündnisses der Stadt mit der Rigaer Ritterschaft – kurz darauf auch in Reval – gelang, konnte jedoch in Dorpat zunächst nicht wiederholt werden, da hier die Autonomie der Stadt gegenüber dem bischöflichen Stadtherrn schwächer ausgeprägt war. So musste der Dorpater Rat den zunächst zum Prediger an der St. Marienkirche (estn. Maarja kirik) bestellten Hermann Marsow noch im Juli 1524 auf Druck des Bischofs hin ausweisen. Marsow zog für die nächsten knapp fünf Jahre nach Reval, und damit war der erste Reformationsversuch in Dorpat vorerst gescheitert.

An seiner Stelle kam nun allerdings im Spätherbst 1524 ein ungleich radikalerer Geist nach Dorpat: der aus Schwäbisch Hall stammende Kürschner Melchior Hoffman (ca. 1495–1543), der wegen seiner Hetzpredigten gegen die geistlichen Fürsten und die Ordensgeistlichkeit aus seinem ersten livländischen Wirkungsort in Wolmar (lett. Valmiera) vertrieben worden war. Wegen seiner volkstümlichen Laienpredigten in Privathäusern – zu einer Anstellung als Prediger an einer der Dorpater Kirchen kam es nicht – fand er rasch Sympathien in der Bevölkerung, v. a. bei der Bruderschaft der „Schwarzhäupter", der Gilde der unverheirateten Kaufmannsgesellen. Nach dem fehlgeschlagenen Versuch der Verhaftung Hoffmans durch den bischöflichen Vogt am Epiphaniastag 1525 kam es zu einem Bildersturm, der sich zunächst gegen die beiden

Melchior Hoffman, „An de gelöfigen vorsambling inn Liflant ein korte formaninghe", 1526. Titelblatt. Hoffman richtete sich nach seiner Ausweisung mit diesem Sendschreiben an seine Gemeinde in Dorpat

341

Stadtpfarrkirchen und die Klosterkirchen richtete, drei Tage später auch gegen die Domkirche (estn. Toomkirik) und die Domherrenhäuser. Die Dorpater Verhältnisse waren keineswegs singulär, hatte es doch bereits zuvor vier Bilderstürme in Riga (zwischen März und August 1524) und einen in Reval (September 1524) gegeben. Der Dorpater Rat nahm den Bildersturm jedoch als Grund, um das Kirchenregiment an sich zu reißen. Er berief im Februar 1525 den verdienten Rigaer Reformator Sylvester Tegetmeyer zum ersten ordentlichen evangelischen Prediger. Der zweite – diesmal erfolgreiche – Reformationsversuch in Dorpat verlief nach dem Vorbild Revals, wo ebenfalls im Anschluss an den Bildersturm das evangelische Kirchenwesen gefestigt wurde. Hier wie dort erließ der Rat ein Besuchsverbot für die Messe im Dom sowie ein Kontaktverbot mit den Mönchen und Nonnen, während die Stadtkirchen evangelisch wurden.

Melchior Hoffmans Aufenthalt in Dorpat blieb nur eine Episode. Nachdem er vom Dorpater Rat aufgefordert worden war, ein theologisches Gutachten aus Wittenberg vorzulegen – das ihm Luther auch tatsächlich ausstellte –, kehrte er im Sommer 1525 noch einmal kurz nach Dorpat zurück. Er war in diesen Jahren zwar noch kein Täufer, vertrat in seinen Bußpredigten aber bereits eschatologische Lehren von der Naherwartung des Jüngsten Gerichts und der Idee einer gemeindlich verfassten Kirche, wodurch er kaum in die entstehenden evangelischen Strukturen des städtischen Kirchenregiments integrierbar war. So geriet er bald in Konflikt mit dem Rat und wurde ausgewiesen.

Reformation in Reval

Hermann Marsow fand in Reval eine fortgeschrittene Phase der Reformation vor. Seit 1523 predigte an der dortigen St. Nikolaikirche (estn. Niguliste kirik) der ehemalige Stader Prämonstratensermönch Johann Lange (†1531) das Evangelium, und der Rat hatte im April 1524 an der St. Olaikirche (estn. Oleviste kirik) Zacharias Hasse (†1531) eingesetzt, der zuvor in Braunsberg (poln. Braniewo) und Elbing (poln. Elbląg) als Laienprediger tätig gewesen war. Marsow war Hasse zunächst als Kaplan zugeordnet. Während das Wesen und die Charakterzüge Marsows insgesamt farblos bleiben – einen Biographen hat der Reformator der livländischen Städte Dorpat und Reval jedenfalls bis heute nicht gefunden –, schreiben ihm die Chronisten durchweg einen äußerst streitbaren Charakter zu, streitbar vor allem im Kreise seiner evangelischen Amtsbrüder, die in seinen Augen nicht strikt genug die Vorgaben Luthers aus Wittenberg vertraten.

Ein erster Streit entzündete sich, als der Revaler Rat Lange, Hasse und Marsow beauftragte, einen Entwurf für eine Kirchenordnung auszuarbeiten. Zweifellos war Lange dabei federführend, aber der stets eifersüchtige Marsow beanspruchte

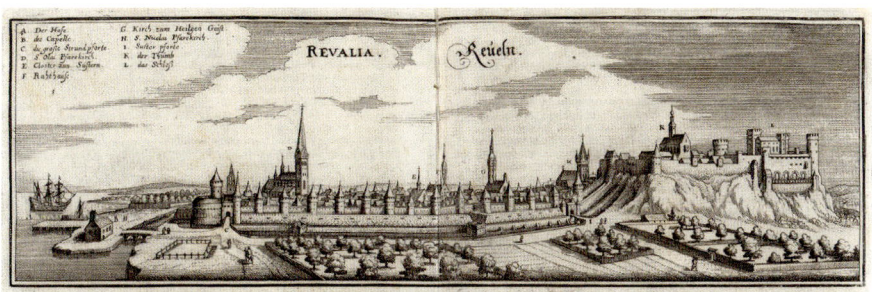

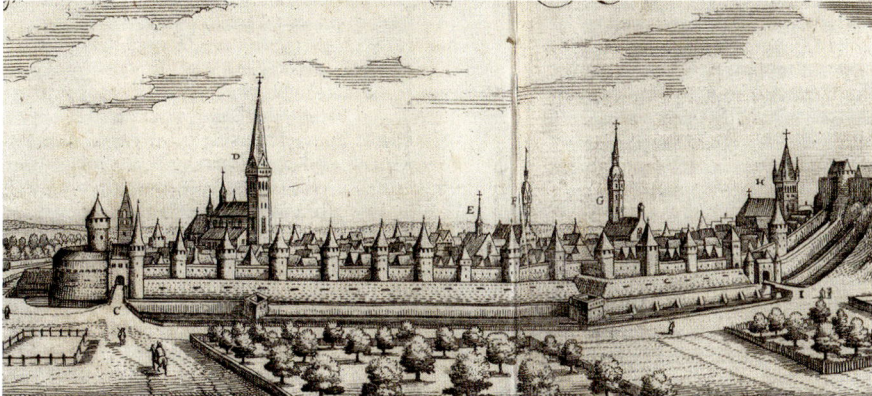

Reval. Stadtansicht von Matthäus Merian, aus: „Neuwe Archontologia Cosmica", Frankfurt am Main 1638
Ausschnitt: die St. Olai-Kirche (D), das „Closter zum Süstern" (E) (= St. Michaelkloster), das Rathaus (F) und die St. Nikolaikirche (G)

nachher, der eigentliche Hauptautor gewesen zu sein. Die erste, ganz knapp gehaltene Revaler Kirchenordnung war weitgehend frei von direkten Wittenberger Einflüssen, sondern orientierte sich am Rigaer Vorbild. Demnach wurde das Amt eines Oberpfarrers eingeführt, welcher die Aufsicht über alle Geistlichen in der Stadt, aber auch über die Sittenzucht haben sollte. Außerdem wurden „Armenkisten" an beiden Stadtpfarrkirchen vorgesehen. Den Dominikanermönchen aus dem St. Katharinenkloster (estn. Katariina klooster) sollte Predigtverbot erteilt werden und bei Zuwiderhandlung die Ausweisung drohen. Ähnliches war für die Zisterzienserinnen im St. Michaelkloster (estn. Mihkli kirik) – als Jungfernstift eine Versorgungsanstalt der adligen Vasallenfamilien – vorgesehen. Den Einwohnern Revals sollte der Besuch der Messe in der altgläubig gebliebenen Domkirche (estn. Toom kirik) untersagt werden.

Dorpat wurde im Laufe der Jahrhunderte mehrmals zerstört. Die gotische Johanniskirche bildet einen der wenigen Überreste der alten Hansestadt. Sie ist berühmt für ihre Terrakottaskulpturen. Hier wird Christus als Weltenrichter dargestellt

Auch wenn sich wegen des Bildersturms die rasche Umsetzung der kirchenorganisatorischen Pläne etwas verzögert hatte, ergriff der Revaler Rat schon Mitte September 1524 die Initiative und setzte wesentliche Teile des kirchenregimentlichen Programms durch: die Einrichtung der „Armenkisten" und die Bestellung Langes als Oberpfarrer, der in dieser Funktion Marsow als Pfarrer an die St. Olaikirche und Hasse an die Heiliggeistkirche (estn. Pühavaimu kirik) bestellte. Aus Rücksicht auf die Proteste des Ordensmeisters und des Adels wurden allerdings weder die Dominikaner ausgewiesen – dies geschah erst im Januar 1525 –, noch energische Schritte gegen die Stiftsdamen von St. Michael und den bischöflichen Besitz unternommen. Durch das strikte Kontaktverbot, das vom Revaler Rat verhängt wurde, blieben diese gewissermaßen altgläubige Enklaven innerhalb einer ansonsten evangelischen Stadt. Das Nonnenkloster bestand bis 1543 als katholische Institution fort, wie auch Domkirche und Domkapitel (bis 1565).

Hermann Marsow war mit dem aus seiner Sicht zu zögerlichen Fortgang der Reformation in Reval zunehmend unzufrieden. Er forderte die Abschaffung des Oberpfarreramtes zugunsten gleichberechtigter Pfarrer und v. a. eine schärfere Ausübung der Sittenzucht. An der Abfassung der ersten, nach Rigaer Vorbild konzipierten Revaler Gottesdienstordnung vom Mai 1525 war Marsow nicht beteiligt. Darin wurde nicht nur die Berufung von Kirchenvorstehern geregelt und der Gottesdienst in deutscher Sprache festgeschrieben, sondern auch die Überlassung der säkularisierten Dominikanerkirche für die estnische Gemeinde. Die ebenfalls in der Gottesdienstordnung vorgesehene Schulgründung kam hingegen noch nicht zustande. Besonders scharfe Konflikte trug Marsow mit dem 1528 neben Lange an der St. Nikolaikirche angestellten, zuvor aus dem noch altgläubigen Lübeck vertriebenen Pfarrer Johann Osenbrügge († 1553) aus – wie Lange ein ehemaliger Prämonstratensermönch aus Stade, dazu ein Wittenberger Luther-Schüler der ersten Stunde. Osenbrügge war nicht weniger streitlustig und schalt Marsow seinerseits einen „Bauchknecht" (nach Röm 16,17-18), ein Spottname, der offenbar an ihm hängenblieb. Mitte Mai 1529 wurde Marsow wegen seiner fortgesetzten Beleidigungen entlassen und ausgewiesen.

Hermann Marsow in Dorpat

Seinen letzten und längsten, gleichwohl nur wenig bekannten Lebensabschnitt verbrachte Hermann Marsow wieder in Dorpat. Hier nahm er nun die ursprünglich für ihn vorgesehene Stelle als Pfarrer an der St. Marienkirche ein. Die Nachfolger des Dorpater Bischofs Blankenfeld waren schwache Regenten, die außerhalb der Domfreiheit keinen Einfluss mehr auf die Stadt ausüben konnten. Sie hatten stillschweigend den nach dem Bildersturm gefundenen Kompromiss akzeptiert,

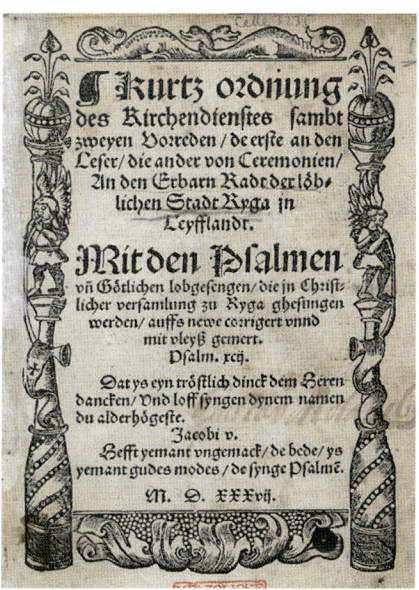

Die Rigaer Kirchenordnung von 1530, die 1533 für Reval und Dorpat übernommen wurde. Diese von Andreas Knopken überarbeitete Version wurde 1537 in Rostock gedruckt

wonach die Domkirche katholisch blieb, die Stadtpfarrkirchen aber unter das Regiment des Rates fielen und die Klöster geschlossen blieben. Marsow war 1533 an dem Beschluss beteiligt, die vom Königsberger Reformator Johann Briesmann (1488–1549) verfasste, 1530 gedruckte Rigaer Kirchenordnung, die auch ein niederdeutsches Gesangbuch enthielt, ebenfalls für Reval und Dorpat zu übernehmen. Die neue Kirchenordnung bot nunmehr eine gemeinsame theologisch-dogmatische Grundlage für die drei livländischen Städte, auch wenn es nicht zur Berufung eines Superintendenten für ganz Livland kam. Bezüglich der estnischen Predigten wurde verfügt, dass die St. Marienkirche ausschließlich der deutschen Gemeinde vorbehalten blieb, während an der St. Johanniskirche (estn. Jaani kirik) an drei Wochentagen Predigten für die „Undeutschen" schließlich im Gebäude des 1558 säkularisierten Zisterzienserklosters St. Katharinen (estn. Naistsisterstslaste klooster) eingerichtet wurden. Und doch blieb Marsow unverträglich und zänkisch im Umgang mit seinen Dorpater Amtsbrüdern. Lange Zeit vom Dorpater Rat geduldet, wurde er schließlich im Oktober 1552 aus seinem Amt entfernt und starb drei Jahre später in Dorpat. Marsow, der noch in Reval geheiratet hatte, hinterließ wohl mehrere Kinder, u. a. den späteren Rigaer Domschulrektor Georg Marsow (†1578).

▶ Dr. *Matthias Asche* ist außerplanmäßiger Professor für Neuere Geschichte an der Eberhard Karls Universität Tübingen.

Weiterführende Literatur

Pistohlkors, Gert von, Deutsche Geschichte im Osten Europas, Bd. 9: Baltische Länder, Berlin 1994

Asche, Matthias u. a. (Hg.), Die baltischen Lande im Zeitalter der Reformation und Konfessionalisierung. Livland, Estland, Ösel, Ingermanland, Kurland und Lettgallen. Stadt, Land und Konfession 1500–1721, 4 Bde., Münster 2009 (Katholisches Leben und Kirchenreform im Zeitalter der Glaubensspaltung, Vereinsschriften der Gesellschaft zur Herausgabe des Corpus Catholicorum 69–72)

Kuhles, Joachim, Die Reformation in Livland. Religiöse, politische und ökonomische Wirkungen, Hamburg 2007

Schmidt, Christoph, Auf Felsen gesät. Die Reformation in Polen und Livland, Göttingen 2000

Für einen Besuch in Tallinn und Tartu

www.visitestonia.com/de
http://visittallinn.ee/ger
www.eelk.ee/english.php

Riga

Andreas Knopken

von Ainars Radovics und Ojārs Spārītis

Die Reformation erreichte Riga sehr früh, bereits 1522 bis 1524, also bald nach den Ereignissen in Wittenberg. Der Stadtrat von Riga nutzte die Gunst der Stunde, als der Erzbischof Jasper Linde (gest. 1524) aus gesundheitlichen Gründen nicht mehr handlungsfähig war und der Meister des Livländischen Ordens Wolter von Plettenberg durch seine passiv abwartende Haltung dem Stadtrat ermöglichte, die Reformation zu unterstützen. Der Siegeszug der Reformation hatte tiefgreifende politische und geistige Wurzeln. Mit den Forderungen nach einer grundlegenden Reformation der Kirche waren an der Wende vom 15. zum 16. Jahrhundert die Ideen des Humanismus, vor allem diejenigen des Erasmus von Rotterdam, nach Riga gekommen.

Andreas Knopken

Als der bedeutendste Vertreter der Reformation in Riga gilt Andreas Knopken (geb. 1468 in Küstrin, gest. 1539 in Riga). Nach dem Studium in Ingolstadt und Frankfurt an der Oder war er in der Treptower Schule in Pommern als Lehrer tätig gewesen. Der Leiter dieser Schule war Johannes Bugenhagen, ein überzeugter Humanist und enger Freund Martin Luthers. 1517 ging Andreas Knopken zu seinem Bruder nach Riga, dem Domherren Jakob Knopken, und wurde zum Kaplan der dortigen St. Petri-Kirche ernannt. In dieser Zeit verfasste er mindestens drei Briefe an Erasmus von Rotterdam, in denen er wiederholt die Frage nach dem Erlangen der wahrhaftigen Seligkeit aufwarf. Es ist anzunehmen, dass nur sein letztes Schreiben, dasjenige vom 31. Dezember 1520, beantwortet wurde – dieses ist auch erhalten geblieben.

347

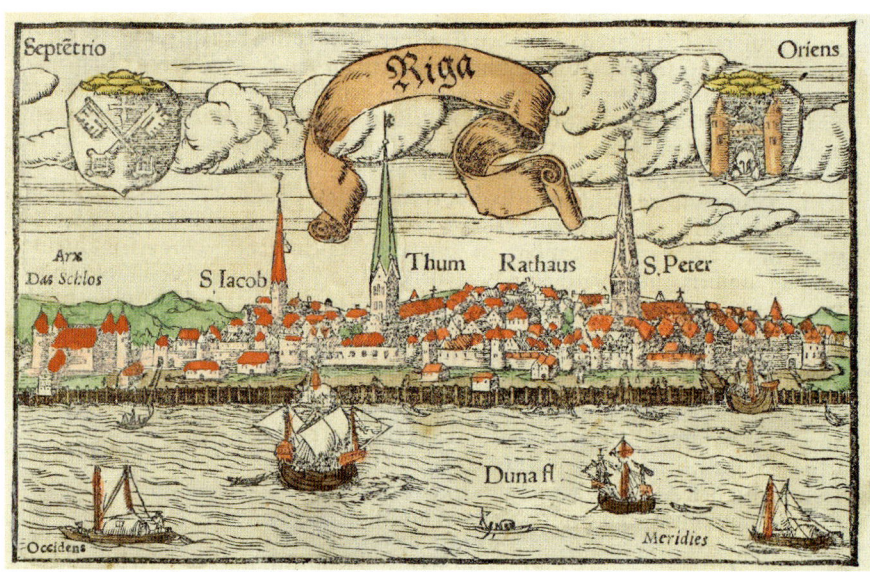

Riga. Kolorierte Stadtansicht aus: Sebastian Münster, „Cosmographey", Basel 1567. Vor der Stadt fließt die Düna entlang. Links das Schloss des Deutschen Ordens. Das langgestreckte Gebäude vor dem Dom ist der Palast des Erzbischofs von Livland

Madonna im Strahlenkranz und der livländische Ordensmeister Wolter von Plettenberg. Skulpturen über dem Tor des Deutschordensschlosses in Riga, um 1515

1519 reiste Knopken zwar zur Fortsetzung seiner Studien erneut nach Pommern und nahm auch seine Tätigkeit an der Treptower Schule wieder auf. Nach dem Bildersturm in Treptow kehrte er jedoch im Juni desselben Jahres mit einem Empfehlungsschreiben Philipp Melanchthons nach Riga zurück und begann dort, die Lehre der Wittenberger Reformatoren zu predigen. Er unterstützte die Mitglieder der Zunft der Kaufleute, die sogenannte Bruderschaft der Schwarzhäupter, bei ihrer geistigen und weltanschaulichen Suche und trug wesentlich dazu bei, sie von der reformatorischen Lehre zu überzeugen. Knopken verfasste einen

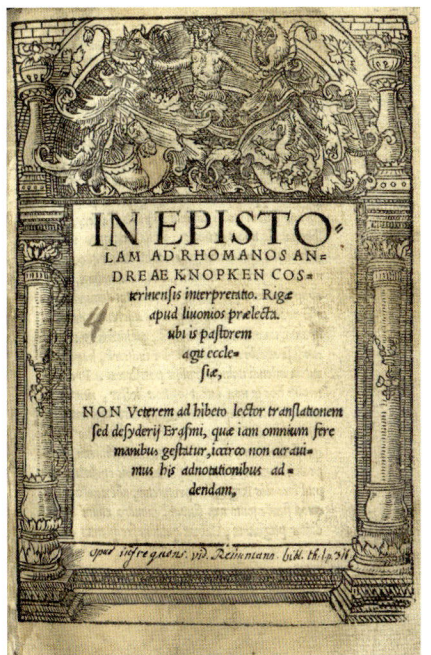

Andreas Knopken, „Kommentar zum Brief des Apostels Paulus an die Römer", 1524 oder 1525. Titelblatt

Titelblatt von Luthers Brief an die Livländer Freunde von 1523

Kommentar zum Brief des Apostels Paulus an die Römer, der 1524 und 1525 in Wittenberg und Straßburg veröffentlicht wurde.

Die 95 Thesen Luthers, die 1517 in Wittenberg den Beginn der Reformation eingeläutet hatten, erreichten Riga sehr zeitnah. Nach Vorträgen von Andreas Knopken wandte sich der Sekretär des Rigaer Stadtrates, Johann Lohmüller, am 20. August 1522 mit den Worten an Luther: „An den auserwählten Apostel Christi, unseren heiligen Freund". Nach einem Jahr antwortete dieser mit der Erwiderung: *Den auserwählten lieben Freunden Gottis, allen Christen zu Righe, Revell* [Reval] *und Tarbthe* [Dorpat] *in Liefland, meinen lieben Herren und Brudern in Christo.* Auch der Bürgermeister von Riga, Conrad Durkop, ersuchte Luther um schriftlichen Beistand. Daraufhin schickte Luther 1524 seinen Kommentar zum 127. Psalm – *Der hundert und sieben und zwentzigst psalm, ausgelegt an die Christen zu Rigen ynn Liffland* – an den Stadtrat von Riga.

Nachbildung der Grabplatte des Andreas Knopken in der St. Petri-Kirche, aus: Johann Christoph Brotze, „Sammlung verschiedener liefländischer Monumente, Prospecte und dergleichen", 10 Bde., Manuskript, 1776–1818, Bd. 1, S. 43

Auf Anraten des Rigaer Stadtrates führte Andreas Knopken am 12. Juni 1522 in der St. Petri-Kirche eine Diskussion mit Mönchen des Franziskanerordens über 24 Thesen. Mit der Unterstützung mehrerer Ratsherren – Gotke Durkop, Anton Mutter, Heinrich Uhlenbrock, Paul Dreiling –, des Sekretärs des Stadtrates Johann Lohmüller sowie der Großen und der Kleinen Gilde wurde Andreas Knopken am 23. Oktober 1522 zum Archidiakon der St. Petri-Kirche ernannt. Dieses Datum gilt als Beginn der Reformation in Livland, denn bis dahin verfügte einzig das Domkapitel über das Recht, Pfarrer und Diakone zu ernennen.

St. Petri-Kirche

Andreas Knopkens Ruhestätte befindet sich in der St. Petri-Kirche in Riga. Die auf seiner Grabplatte dargestellte Auferstehung Christi gilt als die früheste Darstellung dieser Art in der baltischen Kunst. Sie spiegelt die Ansicht Martin Luthers wider, wonach eine bildliche Illustration dieser Szene aus dem Leben Christi gestattet sei, um die leibhafte Auferstehung nach dem Tod zu veranschaulichen. Luther stand damit im Einklang mit der katholischen ikonographischen Tradition zum Osterereignis und bekräftigt diese. Die 1209 gebaute und im 15. Jahrhundert nach dem Vorbild der St. Marien-Kirche in Rostock umgebaute St. Petri-Kirche in Riga wurde zu Beginn des Zweiten Weltkriegs am 29. Juni 1941 durch einen Brand sehr stark zerstört. 1954 bis 1983 wurde sie nach und nach wieder aufgebaut.

Um die außerordentliche Bedeutung der St. Petri-Kirche für die Geschichte der Reformation in Riga zu betonen und um die Rolle dieser Kirche im Leben der Gemeinde der Rigaer Deutschbalten bis zu deren Umsiedlung im Jahre 1939 hervorzuheben, wurden nach dem Wiedererlangen der Unabhängigkeit Lettlands der Altar und die Kanzel der Kirche mit Hilfe und durch Spenden der in Deutschland lebenden Deutschbalten restauriert. Ebenfalls wurde eine Kopie des 1532 von Lucas Cranach d. Ä. geschaffenen Gemäldes „Martin Luther, der Reformator" angefertigt. Vor dem Altar wurde erneut der 1596 im Auftrag des Rigaer Stadtrates von dem Glockengießermeister Hans Meyer gefertigte siebenarmige Leuchter aus Bronze (3,10 m hoch und 3,78 m breit) aufgestellt, der zuvor nur zu besonderen Anlässen, wie Ostergottesdiensten oder Trauergottesdiensten, aufgestellt wurde. Zusammen mit anderen wertvollen Kunstgegenständen war er im Januar 1940 in die von Deutschland besetzten polnischen Gebiete ausgelagert worden und 2012 aus der Kathedrale in Wloclawek zurückgekehrt.

St. Jacobi-Kirche

Um das Erbe seines verstorbenen Bruders anzutreten, kam im Spätherbst 1522 der Kaplan der Rostocker Domkirche Sylvester Tegetmeyer (gest. 1552 in Riga) nach Riga, ein überzeugter Lutheraner. Der Stadtrat von Riga wagte einen weiteren mutigen Schritt und ernannte ihn zum Pfarrer der St. Jacobi-Kirche. Bereits am 30. November 1522 hielt er dort den ersten lutherischen Adventsgottesdienst, predigte auch in Wolmar (Valmiera) und in der Rigaer St. Petri-Kirche. 1525 wurde in der Rigaer St. Jacobi-Kirche die erste lettische lutherische Gemeinde gegründet. Die ersten Pfarrer waren

St. Jacobi-Kirche

Nikolaus Ramm (gest. 1532) und Johannes Eck (gest. 1552; nicht zu verwechseln mit dem katholische Theologen Johannes Eck, 1486–1543), beide auch bekannt als Autoren der ersten lettischen Kirchenlieder. Diese lettische lutherische Gemeinde war zunächst nur von 1525 bis zum Beginn der Gegenreformation 1582 in dieser Kirche ansässig. Erst 1621 kehrte sie zurück und blieb dort bis 1922, als die Republik Lettland und der Vatikan einen Konkordatsvertrag abschlossen, der die Übergabe der Kirche an die Katholiken im Jahre 1923 vorsah.

Bildersturm

Der Erzbischof von Riga Jasper Linde verfolgte die Geschehnisse mit äußerster Besorgnis und ernannte den Bischof von Reval und Dorpat Johannes Blankenfeld zu seinem Ko-Adjutor. Er entsandte im Frühling 1523 drei Franziskanermönche –

Antonius Bomhower, Augustin Umfeld und Burcard Waldis – nach Rom, um beim Papst sowie dem Kaiser des Heiligen Römischen Reiches Deutscher Nation, Karl V., eine Audienz zu erbitten. Die Gesandten aus Livland erhielten vom Statthalter des Kaisers, Erzherzog Ferdinand, eine schriftliche Genehmigung zur Bekämpfung der Reformation in all ihren Erscheinungsformen. Einer von ihnen, Antonius Bomhower, reiste mit diesem Schreiben nach Riga zurück, während die anderen ihren Weg zum Papst fortsetzten.

Das Schreiben geriet jedoch 1524 in die Hände des Rigaer Stadtrates, der Mönch selbst wurde verhaftet. Die in dem Schreiben geplanten Repressalien empörten den Rat und die Stadtbewohner dermaßen, dass es zu massenhaften Unruhen und Gewaltakten gegenüber der katholischen Kirche kam. Am 6. März wurde das Franziskanerkloster gestürmt und die Einrichtung der dazugehörenden St. Katharinen-Kirche zerstört. Am 10. März verwüsteten die Schwarzhäupterbrüder den Altar der St. Petri-Kirche. Am 15. März stürmte die aufgebrachte Menge die St. Petri-Kirche und die St. Jacobi-Kirche, zerstörte Altäre und Nebenaltäre, Grabstätten und heilige Reliquien und verbrannte die Heiligenbilder auf dem Kubehügel (dem jetzigen Esplanadeplatz). Am Ostersonntag, dem 26. März, stürmte die von Tegetmeyer angeführte, unaufhaltsame Menge die Domkirche, vertrieb die Priester und übergab das gesamte Kirchengut dem Stadtrat. Da die Lage für die katholischen Mönche lebensbedrohlich geworden war, verließen sie auf Anraten des Stadtrates am frühen Morgen des 2. April heimlich die Stadt. Am 8. August stürmte die Menschenmenge erneut die Domkirche und zerstörte die Kircheneinrichtung.

Burcard Waldis

Nach seiner Rückkehr aus dem Vatikan wurde auch der zweite Gesandte des Erzbischofs, Burcard Waldis (1490–1556), verhaftet. Während der Haft konvertierte er zum lutherischen Bekenntnis. Nach seiner Freilassung heiratete er und arbeitete als Zinngießer. Ebenfalls verfasste er didaktische Theaterstücke und Erzählungen zu religiösen Themen. Bereits 1527 wurde in der St. Petri-Kirche seine „Parabel über den Verlorenen Sohn" aufgeführt. 1536 wurde Waldis erneut verhaftet. Er wurde der Ketzerei beschuldigt und im Zwinger von Bauske inhaftiert. Während der Haft übersetzte er alle 150 Psalmen aus dem Hebräischen ins Deutsche und komponierte Melodien zu ihnen – ein Teil seiner Werke ist bis heute in den Liedersammlungen finnischer und schwedischer lutherischer Gemeinden zu finden. Nach seiner Entlassung 1541 studierte er an der Universität zu Wittenberg Theologie und diente in Abterode in Hessen als Pfarrer der dortigen lutherischen Gemeinde.

Durchführung der Reformation

Nach dem im Jahr 1524 in Wittenberg veröffentlichten Aufruf Luthers *An die Rats-herren aller Stätte Teucheslands, das sy Christliche schulen aufrichten und halten sollen* übernahm der Stadtrat von Riga das Eigentum des Erzbischofs, des Dom-kapitels sowie der katholischen Klöster und gründete die städtische Bibliothek, die sogenannte Bibliotheca Rigensis. Von 1553 bis 1891 war sie in der Domkirche über dem Kreuzgang untergebracht. Heute ist sie die Lettische Akademische Bib-liothek und gilt als die älteste wissenschaftliche Bibliothek in der Ostseeregion. Der erste Bibliothekar war von 1524 bis 1532 Nikolaus Ramm, einer der ersten lettischen lutherischen Pfarrer. Neben mittelalterlichen Handschriften wie Mis-salen und Inkunabeln und weiteren theologischen Schriften bewahrt die Biblio-thek mehrere von Martin Luther verfasste Briefe. Luther hat insgesamt 17 sowohl handschriftliche als auch gedruckte Schreiben nach Livland verschickt.

Herzog Albrecht in Preußen entsandte 1525 Friedrich von Heydeck mit der Botschaft nach Riga, dass im Zuge der Säkularisierung des Deutschen Ordens das weltliche, protestantische Herzogtum Preußen gegründet worden und an des-sen Stelle getreten sei. Er forderte Riga auf, den Schutz Preußens anzunehmen. Die weitere Säkularisierung der Kirche und ihrer traditionellen Machtstrukturen war nicht mehr aufzuhalten. Um mit dieser Entwicklung Schritt zu halten, kam der Meister des Livländischen Ordens, Wolter von Plettenberg (1499–1535), am 21. September von seiner Ordensburg in Wenden (Cesis) nach Riga. Im Rigaer Rat-haus verkündete er der Stadt das Recht zur freien Entscheidung über die konfes-sionelle Zugehörigkeit und nahm den Treueid des Bürgermeisters, der Ratsherren und der Gesandten des Rigaer Bürgertums entgegen.

1526 ernannte der Stadtrat von Riga den ehemaligen Franziskaner und späte-ren Schüler und Mitarbeiter Martin Luthers, Johannes Briesmann (1488–1549), zum Pfarrer und Superintendenten der Domkirche. Er wurde mit der Ausarbei-tung der Agende *Kurtz Ordnung des Kirchendienstes* beauftragt, die erstmalig 1530 und später, 1537, in einer von Andreas Knopken überarbeiteten Version in Rostock veröffentlicht wurde. In mehrfachen Nachdrucken herausgegeben, war diese Agende im gesamten lutherischen Norddeutschland bekannt. Briesmann gestaltete die an der Domkirche und der St. Petri-Kirche existierenden Schulen zu protestantischen Schulen um. Auf persönliche Empfehlung von Martin Luther und Philipp Melanchthon wurde der niederländische Humanist und enge Freund von Erasmus von Rotterdam, Jacobus Battus (gest. 1546), zum ersten Rektor der Dom-schule ernannt. Ein in Bronze geschaffenes Epitaph für Jacobus Battus ist an der Wand des Kreuzganges des Rigaer Doms angebracht.

353

Links: Domkirche St. Marien. Rechts: Das Reformationsfenster in der Domkirche. Wolter von Plettenberg überreicht 1525 dem Bürgermeister von Riga feierlich das Dokument, in dem das Recht zur freien Entscheidung über die konfessionelle Zugehörigkeit verkündet wird

Domkirche St. Marien

Die Domkirche St. Marien ist der größte und beeindruckendste Sakralbau in Riga. Die Bauarbeiten begannen 1211. Im 14. und 15. Jahrhundert fanden bedeutende Umbauten und Erweiterungen statt. Mit dem Machtverlust der katholischen Erzbischöfe erlitt auch die Kirche große Verluste, durch wiederholte Kirchenstürme kam es zu Raub und Verwüstungen. Nach dem großen Brand im Jahr 1547 musste die deutsche lutherische Gemeinde nahezu das gesamte Inventar neu beschaffen. In dem Chorteil der Kirche sind noch die Sitze der Chordiakone aus den Jahren

1570 bis 1580 erhalten geblieben, eine Nachahmung der alten Mönchsstühle. Verziert sind die Sitze mit historisch und künstlerisch sehr wertvollen Reliefs zum Thema „Versuchung" und „Maria Magdalena" sowie mit üppigen Blumen- und Fruchtornamenten im Stil der Renaissance. Als Muster für diese Verzierungen galten offensichtlich Graphiken deutscher Meister vom Anfang des 16. Jahrhunderts, darunter die um 1535 entstandene Xylographie „Versuchung" von Hans Sebald Beham. An der Südseite des Querflügels der Kirche wurde 1570 bis 1580 eine Empore für die Choristen der Domschule eingebaut, deren Fassade im 17. Jahrhundert mit Malereien und Reliefs allegorischer Darstellungen der Musik und der heiligen Cäcilie, der Heiligen der Musik, verziert wurde.

Die Ereignisse der Reformationszeit sind an der Nordwand der Domkirche in zwei Glasmalereien aus der Zeit des Historismus dokumentiert. Die eine zeigt den Meister des Livländischen Ordens, Wolter von Plettenberg, als er am 21. September 1525 dem Bürgermeister von Riga, Conrad Durkop, feierlich das Dokument überreicht, in dem das Recht zur freien Entscheidung über die konfessionelle Zugehörigkeit verkündet wird. In der Glasmalerei ist der Bürgermeister von Riga zu erkennen, Conrad Durkop, hinter ihm die beiden Prediger Andreas Knopken

Der dreischiffige Innenraum des Anbaus an der St. Johannis-Kirche, gestaltet nach Vorlagen des niederländischen Architekten Hans Vredeman de Vries

und Sylvester Tegetmeyer sowie die Reformatoren Johannes Briesmann und Jacobus Battus. Im Hintergrund der Malerei sind das Rathaus und das Schwarzhäup-
terhaus auszumachen sowie die Türme der St. Petri- und der St. Jacobi-Kirche.
Etwas abseits des Rathausplatzes, vor seiner Werkstatt stehend, ist der Zinngießer
und Dichter der Reformationszeit Burcard Waldis dargestellt. Die kompositionelle
Spitze der Glasmalerei wird von einem Porträt Martin Luthers gebildet.

Die zweite Glasmalerei ist dem feierlichen Empfang des schwedischen Königs
Gustav II. Adolf am 16. September 1621 gewidmet, als dieser die Statthalter des
polnischen Königs in die Flucht geschlagen und die Rechte des lutherischen Glaubens in Livland wiederhergestellt hatte. Beide Glasmalereien wurden 1884 in der
Werkstatt von Hans Meyer in München nach Skizzen des Malers Anton Dietrich
angefertigt.

Einzigartig für die europäische Kultur ist ein weiteres Zeugnis der Reformationszeit – der Anbau an der St. Johannis-Kirche des ehemaligen Dominikanerklosters, erbaut von Joris Joriszon Frese 1587 bis 1589 im Stil der niederländischen
Renaissance. Mit seinen üppig dekorierten Klinkerfassaden ist er ein Musterbei-
spiel des frühen protestantischen Kirchenbaus in Nordeuropa und spiegelt eine
sehr gelungene Verschmelzung der Formen der italienischen Renaissance mit der
niederländischen Architektur wider.

▶ *Ainars Radovics* ist Magister der Geschichte und lebt in Riga.
▶ Dr. *Ojārs Spārītis* ist Professor für Kunstgeschichte an der Lettischen Kunstakademie in
Riga.

Weiterführende Literatur

ARBUSOW, LEONID, Die Einführung der Reformation in Liv-, Est- und Kurland, Leipzig 1921
    (Quellen und Forschungen zur Reformationsgeschichte 3); Nachdruck, Aalen 1964
PISTOHLKORS, GERT VON, Deutsche Geschichte im Osten Europas. Bd. 9: Baltische Länder,
    Berlin 1994
ASCHE, MATTHIAS u. a. (Hg.), Die baltischen Lande im Zeitalter der Reformation und Konfes-
    sionalisierung. Livland, Estland, Ösel, Ingermanland, Kurland und Lettgallen. Stadt, Land
    und Konfession 1500–1721, 4 Bde., Münster 2009 (Katholisches Leben und Kirchenre-
    form im Zeitalter der Glaubensspaltung, Vereinsschriften der Gesellschaft zur Heraus-
    gabe des Corpus Catholicorum 69–72)

Für einen Besuch in Riga
www.liveriga.com/de
www.latvia.travel/de
www.kirche.lv

Schwäbisch Hall

Johannes Brenz

von Wolfgang Schöllkopf

Hall und Heller – die Stadt, das Salz und das Geld

Stolz liegt sie zu beiden Seiten des Flüsschens Kocher und über ihr wacht der Erzengel an der gleichnamigen prächtigen Michaelskirche, deren Weihe 1156 erstmals den Namen der Stadt nannte: „Hall". Dies ist das alte Wort für Salz, das einst schon die Kelten dort gewannen. Das „weiße Gold" war in der Sole enthalten und wurde auf der Kocherinsel gesiedet. An dieser besonderen Stelle wuchs schließlich eine staufische Stadt.

„Schwäbisch Hall" wurde sie erstmals in der Zeit genannt, die hier genauer betrachtet werden soll, im späten Mittelalter und in der Reformation, die die Stadt nachhaltig prägte und weitgehende Wirkungen erwies. Die Namenserweiterung zeugt von politischen Turbulenzen, denn die Stadt liegt auf fränkischem Territorium, für das der Gerichtsort Würzburg war, wollte aber auch nach dem Ende der Staufer zum Schwäbischen Reichskreis gehören. Deshalb beschloss der Rat der Stadt die eindeutige Deklaration, erst zum Ende der Reichsstadtzeit, die von 1280 bis 1802 reichte, zurückgenommen und später wieder angefügt: Schwäbisch Hall.

Als staufische Münzstätte wurde die Stadt reich und gab gar einem Geldstück den Namen: der Heller kommt von Hall! Gut schwäbisch aber bezeichnet er nicht das große, sondern das kleine Geld, den Pfennig, denn wer den nicht ehrt ... Von Hall aus gelangte der Heller in viele Lande und auch, was ihn berühmt machte, in Luthers Bibelübersetzung, etwa wenn es dort heißt, dass das Scherflein der armen Witwe, das sie als ihr beachtliches und beachtetes Opfer in den Gotteskasten legte, einen Heller ausmachte (Markus 12,42).

Schwäbisch Hall. Kolorierte Stadtansicht aus: Matthäus Merian, „Topographia Sveviae",
Frankfurt am Main 1643
Ausschnitt: St. Michael (D), die Franziskanerkirche (E), das Stift Comburg (G) und die
St. Katharinenkirche (H)

358

Frei und Fromm – Hall im späten Mittelalter

Kultur und Kunst blühten in der freien Reichsstadt Schwäbisch Hall zu Ende des 15. Jahrhunderts, Geld und Geist formten eine inspirierende Kraft. Begünstigt wurde diese typisch städtische Entwicklung durch ihre Verfassung. Schon 1340 verbriefte eine kaiserliche Urkunde die Rechte der Bürgerschaft in Stadtadel und Zünften. An der Spitze des Rates stand der „Stättmeister". Zu Beginn des 16. Jahrhunderts bildete sich eine einflussreiche bürgerliche Oberschicht heraus, die in stattlichen Häusern wohnte. Systematisch erweiterte die Reichsstadt ihr Territorium, bis schließlich drei Städte, 21 Pfarrdörfer und 90 Dörfer und Weiler mit rund 20.000 Einwohnern zu Hall gehörten.

Die reiche Frömmigkeit, die den Tag, das Jahr und den ganzen Lebenslauf bestimmte, zeigte sich in künstlerischen und wohltätigen Stiftungen. Dabei waren die Inhalte der spätmittelalterlichen Frömmigkeit in dieser Umbruchszeit ebenso von apokalyptischen Gerichtsvorstellungen geprägt wie von den Bildern der rettenden Gnade Gottes. So errichtete man auch in Hall Altäre und Kapellen zur Vergewisserung des Seelenheils, oder Klöster, wie etwa das der Franziskaner an St. Jakob. Die Kirchen wurden vergrößert und reich ausgestattet, wie die Hauptkirche St. Michael. Sie, die immer noch romanische Bauelemente aus staufischer Zeit aufweist, etwa in ihrem Turm, wurde in der Gotik mit einem erweiterten Schiff und schließlich einem hohen Chor ausgestattet. Allerdings war diese erhabene Kirche mit ihrer großen Freitreppe, auf der heute auch Freilichttheater gespielt wird, noch immer eine einfache Filialkirche der von den Benediktinern der naheliegenden Comburg als Urkirche bestimmten kleinen Dorfkirche zu Steinbach. Das änderte sich erst, als der Rat 1508 im Zuge der städtischen Emanzipation die Patronatsrechte vom Kloster Comburg übernahm.

Im Geist des städtischen Humanismus, der mit seinem Interesse für das Humanum und seine geistigen Quellen eine Bildungsbewegung auslöste, richtete der Rat schon 1502 an St. Michael eine Prädikatur ein. Dies war eine Pfarrstelle, zusätzlich zu den Messpriesterstellen, deren Hauptaufgabe eine fundierte Predigt war. Nur akademisch gebildete und rhetorisch begabte Theologen konnten auf sie berufen werden. Für die Städte bildeten solche Prädikaturen die „Einfallstore" der re-

Die Michaelskirche

formatorischen Bewegung, die in den zeitgeschichtlichen Umbrüchen, den religiösen Suchbewegungen und humanistischen Neuorientierungen längst schon zu wirken begonnen hatte.

Lutherisch und schwäbisch – der Reformator Johannes Brenz in Hall

1522 berief der Rat als vierten Inhaber Johannes Brenz auf die Prädikatur an St. Michael. (Kurz zuvor zog mit dem Goldschmied Kaspar der erste Angehörige der einflussreich werdenden Familie Bonhoeffer nach Hall, aus der auch Dietrich Bonhoeffer [1906–1943] stammte.) Brenz war am Johannis-Tag, dem 24. Juni 1499 in der freien Reichsstadt Weil (der Stadt) geboren worden, wo sein Vater Martin Heß, genannt Brenz, als Jurist und Richter tätig und zusammen mit seiner Ehefrau Katharina, geborener Hennig, früh evangelisch gesinnt war. Nach der Lateinschule kam er 1514 zum Studium nach Heidelberg, das Philipp Melanchthon gerade in Richtung Tübingen verlassen hatte, nicht ohne humanistische Wirkungen zurückzulassen.

Ein Jahr nach Luthers aufsehenerregender Veröffentlichung seiner 95 Thesen wurde Brenz Magister und trat in Heidelberg das Hauptstudium der Theologie an, in dem es gleich zu einer prägenden Begegnung kam, der sogenannten Heidelberger Disputation im April 1518. Martin Luther stellte anlässlich des Generalkapitels der Augustiner-Eremiten seine Thesen zur *theologia crucis* vor. Dies überzeugte auch Brenz und mit ihm die eindrucksvolle Schar späterer Reformatoren, die damals alle in Heidelberg studierend versammelt waren: Johannes Oekolampad, später in Basel, Erhard Schnepf, später in Württemberg, Martin Frecht in Ulm, Johannes Isenmann, später Brenz' Amtsbruder in Hall, Martin Bucer in Straßburg, Theobald Billican in Nördlingen. Nach dem Examen wurde Johannes Brenz Vikar und Universitäts-Assistent, zu dessen Aufgaben wissenschaftliche Textausgaben, wie solche von Aristoteles oder Hieronymus, sowie exegetische Arbeiten und Übersetzungen gehörten.

Johannes Brenz. Porträt von Jonathan Sautter aus Brenz' Epitaph in der Stiftskirche Stuttgart, 1584

So gebildet und geprägt, leidenschaftlich mit dem reformatorischen Aufbruch verbunden, zog Brenz in Hall auf, gerade als der Hohe Chor an St. Michael fertiggestellt wurde. Der Rat bewies mit dieser Berufung Mut und städtisches Selbstbewusstsein, waren doch seit dem Wormser Edikt von 1521 auch die Anhänger der lutherischen Lehre mit Strafen bedroht. Brenz wirkte zuerst durch seine Predigten, die den neuen Umgang mit den Heiligen, die neue Ansicht von Kirche, Priester und Mönchtum oder die Bedeutung des Königreichs Christi gegenüber verbreiteten Weltuntergangsstimmungen zum Thema hatten. 1526 teilte er im Gottesdienst erstmals das Heilige Abendmahl in den beiden Gestalten von Brot und Wein aus.

Mit dieser Schrift von 1525 rief Brenz die Fürsten zur Milde gegen die Bauern auf

Im Jahr zuvor brachten die Aufstände der Bauern gerade auch im fränkischen Raum den reformatorischen Aufbruch in seine erste Krise. Aber musste die neu entdeckte Freiheit des Evangeliums nicht auch soziale Folgen für die niederen, unterdrückten Stände haben? In Brenzens Haltung zum Bauernkrieg zeigte sich seine grundsätzliche Position in einem eigenständigen Umgang mit Luthers Vorgaben. Brenz mahnte den Rat der Stadt zur deutlichen Stellungnahme bei gleichzeitiger Milde mit den Aufrührern, denn man soll „die Schafe scheren, aber nicht schinden". Dieses Beispiel ist typisch für die Stellung des Lutherschülers, der seinen Lehrer verehrte, aber eigenständig weiterdachte und in geradezu schwäbischer Manier dessen radikale Spitzen gegen verschiedene Gruppen (Bauern, Juden, Türken, die römisch-katholische Kirche, Täufer, Frauen als Hexen) nicht übernahm, ohne es deshalb an Deutlichkeit fehlen zu lassen. Davon erzählt auch die 1526/27 von Brenz verfasste *Ordnung der Kirchen in dem Halleschen Land*, wo es heißt: „So gelten allein glauben und lieben, selbst wann er mitten in der Türkei wohnete" – und dies mitten in den Auseinandersetzungen des Heiligen Römischen Reiches mit dem Osmanischen Reich! Er wollte nicht mit Blut, wohl aber mit Tinte kämpfen.

Wortzeichen und Werke – der Theologe Johannes Brenz

Herzstück seiner Theologie waren das Wort und seine Zeichen, in der Mitte die Heilige Taufe. Im Gottesdienst gehörten für ihn Liturgie und Predigt zusammen und sollten gleichermaßen hochgeschätzt werden. Dabei mahnte er, den Nachmittagsgottesdienst am Sonntag nicht zur Zeit des Mittagsschlafs zu halten! Neben seinen biblisch-exegetischen Werken und Predigtausgaben erschien von Brenz in Hall ein kleines Büchlein, das bedeutsam wurde: sein Katechismus. 1527/28 erstmals als *Frag-Stücke* erschienen, sollte er in echter Frage und Antwort zur Mündigkeit im Glauben verhelfen. Dass seine Texte später zum Ritual wurden, hätte er sicher nicht für gut befunden. Diese kurze Zusammenfassung des christlichen Glaubens in seiner evangelischen Gestalt fand von Hall aus Verbreitung in vielen Ländern und wurde bis heute in über 500 Ausgaben aufgelegt.

In evangelischem Geist ordnete Brenz mit seinem Studienfreund und Amtsbruder Johannes Isenmann, sowie mit seinem späteren Schwager Michael Gräter, Pfarrer an St. Katharinen, und dem Rat das städtische Gemeinwesen neu. Im Mittelpunkt stand dabei die Bildung von der deutschen bis zur lateinischen Schule für Buben und auch Mädchen aus allen Ständen. In seinen Schriften findet sich eine für die damalige Zeit erstaunliche Hochschätzung des Kindes samt einer einfühlsamen Pädagogik. Das Vermögen des sogenannten Kirchenguts durfte nur für die Aufgaben von Kirche, Schule und Sozialwesen verwendet werden. Brenz wollte aus der Stadt ein Gemeinwesen machen, dessen Kultur aus dem Kultus des Gottesdienstes erwächst und den Hilfsbedürftigen in die Mitte stellt. Modellhaft stand dafür das reiche Haller Spital mit seiner Armen- und Krankenfürsorge und seinen Stiftungen.

Brenz setzte sich ferner für eine gründliche Bildung der Pfarrerschaft ein und verfasste Gutachten zu verschiedenen Fragen, wie zur Rechtsgrundlage der evangelischen Ehe-

Die erste Auflage des Katechismus, den Brenz für Schwäbisch Hall verfasste. Sie erschien 1528

schließung oder zu den Türkenkriegen, die er nicht als Glaubenskriege verstehen wollte, um die Aggression nicht noch anzuheizen. Stattdessen mahnte er die Bürger der Stadt zu mehr Sitte und Zucht. Diese Schriften fanden auch über Hall hinaus große Beachtung, sodass Brenz immer wieder als Gutachter in anderen reformatorischen Gebieten hinzugezogen wurde.

1530 verheiratete sich Brenz mit Margarete Gräter, der Witwe eines Haller Ratsherrn. Als ab 1534 im angrenzenden Herzogtum Württemberg die Reformation eingeführt wurde, war Brenz zwar von Anfang an beratend tätig, galt den Verantwortlichen aber zuerst noch als zu lutherisch, weshalb er erst später zum Zuge kam. Zuerst musste er noch eine schwere Krise durchleben, die in den Jahren nach Luthers Tod 1546 eintrat, als Kaiser Karl V. im Schmalkaldischen Krieg die

Der Epitaph der Margarete Brenz in St. Michael

Oberhand gegen die protestantischen Reichsstände gewann und alle evangelischen Einrichtungen verbot. In Hall waren 20.000 kaiserliche Soldaten stationiert und die Bevölkerung mit Einquartierungen, Strafsteuern und Seuchen geplagt. Da Brenz sich in einem Gutachten gegen die Anordnungen des sogenannten Interims ausgesprochen hatte, war er bedroht und musste aus der Stadt fliehen, alarmiert durch den sprichwörtlichen Zettel eines Freundes: „Domine Brentii, cito, fuge!" (Herr Brenz, schnell, fliehe!) Seine Familie versorgte der Rat, seine Frau Margarete sah er nie wieder, da sie in der Zeit seiner Flucht verstarb. Noch unterwegs verheiratete sich Brenz zum zweiten Mal, nun mit Katharina Isenmann aus Hall, der Schwester seines Amtsbruders.

Reife und Rat – Johannes Brenz in Württemberg

Nachdem die Krise des Interims überwunden war und in Württemberg Herzog Christoph (1515–1568) im Jahr 1550 die Regierung antrat, war die Zeit reif für eine Berufung von Johannes Brenz auf die Stelle des leitenden Geistlichen an der

Stuttgarter Stiftskirche. Als Propst predigte Brenz noch immer regelmäßig, da er darin den Herzschlag kirchlichen Handelns sah und ordnete das Herzogtum als evangelisches Gemeinwesen nach dem Vorbild Halls. Nun konnte er dort die Erntezeit seiner Arbeit noch erleben. Eine Anekdote erzählt von seiner Treue im Dienst: Einmal ging Sebastian Pfauser, der Hofprediger des Kaisers, in Stuttgart zur Kirche, um den berühmten Brenz zu hören, aber es waren nur wenige Leute da. Auf Nachfrage antwortete Brenz, dass der Brunnen, der so reichlich Wasser gibt, hoch zu loben ist, auch wenn nur wenige aus ihm schöpfen.

Am 11. September 1570 starb Brenz und wurde in der Stuttgarter Stiftskirche beigesetzt. Mit den 13 überlebenden Kindern und ihren Nachfahren, in deren Ahnentafeln viele berühmte schwäbische Namen stehen, wurde er nicht allein im theologischen Sinn ein früher Kirchenvater der lutherischen Kirche!

In seinem ersten Wirkungsort Schwäbisch Hall sind noch manche Erinnerungen an Johannes Brenz und seine Zeit sichtbar, obwohl die Stadt durch einen Brand 1728 stark zerstört wurde. Er steht als Erster auf den Pfarrertafeln in der Sakristei der Michaelskirche, in der Kirche hängt außerdem eine Gedenktafel für ihn und der Epitaph seiner ersten Frau. Die Altäre seiner Zeit sind erhalten geblieben, da sich Brenz gegen einen Bildersturm ausgesprochen hatte. Sein Wohnhaus blieb erhalten; im Hällisch-Fränkischen Museum ist die Stadtgeschichte auch dieser Zeit dargestellt; und schließlich führt die wertvolle Sammlung mittelalterlicher Kunstwerke der Sammlung Würth in der Johanniterkirche bildhaft in die Zeit zurück. Die prächtig wieder aufgebaute und umsichtig restaurierte Altstadt atmet noch immer den Geist der freien Reichsstadt und in der lebendigen Erinnerung an diesen besonderen Prediger und Reformator auch die Freiheit des Evangeliums.

▸ Dr. *Wolfgang Schöllkopf* ist als Pfarrer und Kirchenhistoriker landeskirchlicher Beauftragter für württembergische Kirchengeschichte.

Weiterführende Literatur

Fehle, Isabella (Hg.), Johannes Brenz 1499–1570. Prediger – Reformator – Politiker, Schwäbisch Hall 1999 (Katalog des Hällisch-Fränkischen Museums Schwäbisch Hall)

St. Michael in Schwäbisch Hall, hg. vom Historischen Verein für Württembergisch-Franken u. a., Künzelsau 2006

Kruse, Anne-Kathrin / Zeeb, Frank (Hg.), Schwäbisch Hall, Leipzig 2013 (Orte der Reformation, Journal 10)

Für einen Besuch in Schwäbisch Hall

www.schwaebischhall.de/erlebnisstadt.html
www.schwaebischhall.de/Haellisch-Fraenk-Museum.283.0.html
www.kunst.wuerth.com
www.kirchenbezirk-schwaebischhall.de

Sevilla

Dr. Egidio

von Mariano Delgado

Die Tourismuswerbung nennt Sevilla ein „poetisches Reiseziel" und spricht von der Stadt der „alegría", der Freude. Sevilla reimt sich auf Spanisch mit „maravilla" (Wunderwerk) und zieht aufgrund der Lebensart, der „Semana Santa" (der Heiligen Woche), des Flamenco und der vielen Sehenswürdigkeiten, von denen einige (die Kathedrale, deren Turm namens „Giralda", der Alcázar-Palast und das Indienarchiv, also das spanische Kolonialarchiv) zum Unesco-Weltkulturerbe gehören, Menschen aus allen Ländern der Welt an. Sevilla, mit ca. 700.000 Einwohnern nach Madrid, Barcelona und Valencia die viertgrößte Stadt Spaniens und die Hauptstadt der Region Andalusien, ist die Heimat großer Persönlichkeiten, wie etwa des Malerfürsten Diego Velázquez und des Verteidigers der Indios Bartolomé de Las Casas, den man „den genialsten aller Spanier" genannt hat.

Sevilla ist auch eine Stadt der Weltliteratur, denn hier gebar der Merzedarierpater Gabriel Téllez, besser bekannt als Tirso de Molina, zu Beginn des 17. Jahrhunderts den Mythos des „Don Juan"; und die Forschung geht davon aus, dass Miguel de Cervantes seinen *Don Quijote* während eines dreimonatigen Aufenthaltes in Sevillaner Untersuchungshaft 1597/1598 konzipierte. Sevilla ist wohl auch die einzige Stadt, in der nicht weniger als 105 Opern spielen, davon fünf weltberühmte wie *Don Giovanni* (Mozart), *Die Hochzeit des Figaro* (Mozart), *Der Barbier von Sevilla* (Rossini), *Fidelio* (Beethoven) und natürlich *Carmen* (Bizet), von *La Forza del Destino* (Verdi) oder *La Favorita* (Donizetti) ganz zu schweigen. Dies nahm die Tourismuswerbung neuerdings zum Anlass, einen Stadtrundgang auf den Spuren dieser Opern anzubieten – so als würde man an den Straßenecken Sevillas Figaro, Don Juan oder Carmen leibhaftig treffen können.

Auf einen Stadtrundgang auf den Spuren der in Sevilla verurteilten Kryptoprotestanten (Geheimprotestanten) der 1550er Jahre wird man wohl vergeblich

Gedenktafel des Autodafé von 1559 in Valladolid

warten, es sei denn, dass diese Geschichte mit großem Erfolg literarisch aufgear-
beitet und so der Tourismuswerbung dienlich gemacht werden würde, wie dies
etwa in Valladolid, der anderen Hochburg der spanischen Kryptoprotestanten im
16. Jahrhundert, der Fall gewesen ist. Nachdem der renommierte Autor Miguel
Delibes 1998 seinen Spätroman *El hereje* (dt. Der Ketzer, Zürich 2000) publizierte und damit der Geschichte der dortigen Opfer der Inquisition (Dr. Agustín
de Cazalla gehörte zu den prominentesten) ein literarisches Denkmal setzte, kann
man in dieser Stadt auf den Spuren des Romans wandeln und jenen „schweren
Zeiten" anhand vieler Gedenktafeln nachspüren. Der historische Roman *Memoria
de cenizas* (Gedächtnis der Asche), in dem die Journalistin Eva Díaz Pérez 2005 der
Geschichte der Sevillaner Kryptoprotestanten nachging, hat weder die literarische
Qualität noch die gesellschaftliche Wirkung wie Delibes' Werk gehabt. Aber auch
ohne einen solchen Gedächtnispfad kann man in Sevilla, einer Stadt, deren Kern
sich seit dem 16./17. Jahrhundert kaum verändert hat, nachempfinden, wie es den
Protestanten ergangen ist.

Die Inquisition von 1559/60

Der Kryptoprotestantismus von Valladolid (damals die Hauptresidenz des Hofes) und Sevilla (damals die größte und wirtschaftlich wichtigste Stadt) war kein rein lutherisches bzw. reformiertes Christentum, sondern eine Mischung aus Erasmianismus, Valdesianismus (nach Juan de Valdés [um 1490–1541], einem spanischen Erasmussympathisanten) und Protestantismus verschiedener Art. Ihr gemeinsamer Nenner waren der Biblizismus, der Ikonoklasmus, der Antiklerikalismus und der Antiritualismus, die Ablehnung der Werkgerechtigkeit, des kirchlichen Mittlertums, des Reliquien- und Heiligenkultes und des lauten Gebets. Aber es fehlt die für die Reformation typische pessimistisch-augustinische Anthropologie.

Der Kryptoprotestantismus wurde eher zufällig in den Jahren 1557/58 aufgedeckt, als in Sevilla ein gewisser Julianillo (Julián Hernández, †1560), ein Vermittler der in Genf 1556 gedruckten Übersetzung des Neuen Testamentes von Juan Pérez de Pineda (ca. 1500–1567) und von Büchern protestantischer Autoren, mit einer schweren Ladung von Büchern von der Inquisition aufgespürt und verhaftet wurde. Danach war es ein Leichtes, die Empfänger der „gefährlichen" Importware in Erfahrung zu bringen. Dies führte zur allgemeinen Bestürzung, hatte man nun doch im eigenen Hinterhof das Problem, das man in Europa zu bekämpfen trachtete. Man fürchtete Zustände „wie in Deutschland", wenn nicht rasch und radikal Abhilfe geschaffen werde. Aus seinem beschaulichen Alterssitz im Kloster Yuste in der Extremadura schrieb Karl V. an seinen Sohn, König Philipp II., der in Brüssel weilte, und an seine Tochter Johanna nach Valladolid, die in Abwesenheit ihres Bruders Regentin war, man müsse gegen die Dreistigkeit dieser „Lumpenkerle" (piojosos) mit aller Strenge (mucho rigor y recio castigo) vorgehen, ihnen einen kurzen Prozess machen (breve remedio) und ein Exempel statuieren (ejemplar castigo).

Der Großinquisitor Fernando de Valdés begrüßte diese harte Linie und

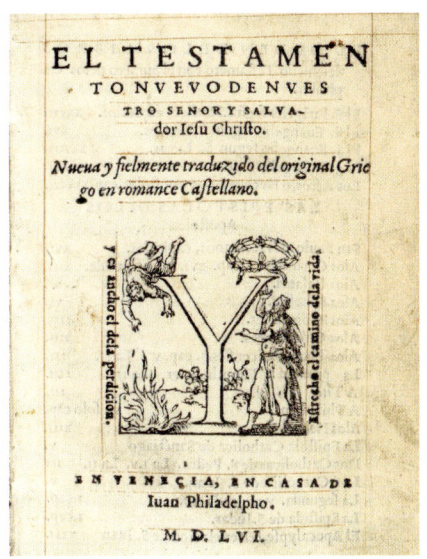

Titelblatt der Übersetzung des Neuen Testamentes von Juan Pérez de Pineda. Der Druckort „Venecia: Juan Philadelpho" ist falsch. Das Buch wurde 1556 in Genf von Jean Crespin gedruckt

367

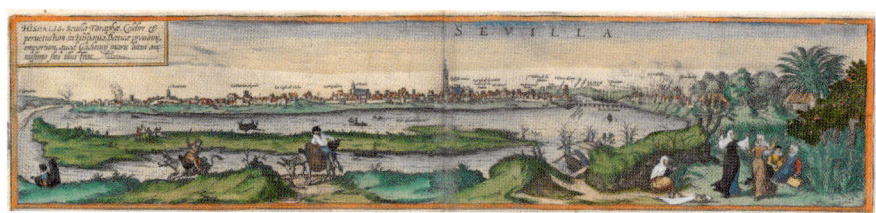

Sevilla. Kolorierte Stadtansicht aus: Georg Braun/Franz Hogenberg, „Civitates orbis terrarum", Bd. 1, Köln 1593
Links unten: die Kathedrale, die Casa de Contratación (das Handelshaus, das für die Beziehungen zu „Las Indias" [Amerika] zuständig war) und der Alcázar (der Königspalast);
rechts unten: der Hafen und „El Castillo" (die Burg), in der Dr. Egidio eingekerkert war

ging ans Werk. Die Chronik weiß zu berichten, dass am 21. Mai 1559, dem Dreifaltigkeitssonntag, in Valladolid in einer großangelegten Zeremonie, nach einer Predigt des Dominikaners Melchior Cano und in Anwesenheit des Infanten Don Carlos, des ältesten Sohnes Philipps II., 14 Personen zum Tod auf dem Scheiterhaufen verurteilt und 16 wiederversöhnt wurden, während man am 24. September 1559 in Sevilla 19 Ketzer (einen von ihnen „in effigie", also mit seinem Bildnis, in Abwesenheit) verbrannte und 7 als Wiederversöhnte glimpflich davonkamen. Nachdem Philipp II. nach Spanien zurückgekehrt war, fand am 8. Oktober 1559 in Valladolid in seiner Gegenwart ein feierliches Autodafé mit der anschließenden Hinrichtung von 12 Menschen durch das Feuer statt, während 18 andere öffentlich wiederversöhnt wurden. Dazu kam noch das Autodafé vom 22. Dezember 1560 in Sevilla mit der Verbrennung von 17 Personen (davon 3 „in effigie") und der Wiederversöhnung von 37. Der Kirchenhistoriker Marcel Bataillon hat treffend bemerkt, in diesen schweren Zeiten seien Menschen verbrannt worden, die einige Jahre vorher mit einer kleinen Bußstrafe davongekommen wären. Die frühen 1550er Jahre, geprägt vom Augsburger Interim, waren auch in Spanien verhältnismäßig irenisch gewesen.

Dr. Egidio

Zu den am 22. Dezember 1560 in Sevilla „in effigie" Verbrannten gehörte auch Juan Gil, eher bekannt unter der latinisierten Namensform Dr. Egidio, der schon im November 1555 (bzw. Anfang 1556 nach anderen Quellen) gestorben war. Ebenso gehörten dazu Constantino Ponce de la Fuente (Dr. Constantino), der 1560 kurz nach der Gefangennahme starb, und der bereits 1550 verstorbene Dr. Francisco de Vargas, alle drei Absolventen der humanistischen Universität von Alcalá. Im Lichte der Jagd auf Kryptoprotestanten, die Spanien zwischen 1557–1562 in Atem hielt, wurde die Causa des Dr. Egidio, die sich in den frühen 1550er Jahren abspielte, revidiert. 1559 wurde ihm posthum erneut der Prozess gemacht; nach der Verurteilung als Ketzer wurden seine Gebeine ausgegraben und nach einem Autodafé eben „in effigie" öffentlich verbrannt.

Autodafé in Valladolid am 21. Mai 1559. Stich von Coenraet Decker, 1701–1703

Juan Gil oder Dr. Egidio wurde um 1500 in Olvés bei Zaragoza geboren. 1525 studierte er in Alcalá, der von Kardinal Jiménez de Cisneros (1436–1517) gegründeten Universität, die als Zentrum des spanischen Humanismus galt. 1533 wurde er Domherr in Sevilla, wo Alfonso Manrique de Lara, Erzbischof und Großinquisitor mit Sympathien für Erasmus, die Absolventen von Alcalá förderte. Als Domherr hatte Dr. Egidio das wichtige Predigeramt inne. Seinem Ruf als Prediger ist zu verdanken, dass Karl V. ihn 1549 für das Bistum Tortosa vorschlug. Doch bald darauf wurde er bei der Inquisition angezeigt und von dieser verhaftet, so dass sein Leben eine andere Wende nahm und die Promotion zum Bischof suspendiert wurde.

Die Verhaftung des prominenten Predigers wirkte in der Sevillaner Gesellschaft wie ein Schock, aber Dr. Egidio wurde verhältnismäßig milde behandelt und bekam auch einen ordentlichen Prozess. Während des Prozesses saß er zunächst in Klosterhaft bei den Trinitariern, bevor er in den Inquisitionskerker der Burg San Jorge, auf der anderen Seite des Guadalquivir im benachbarten Triana (heute von Sevilla eingemeindet), verlegt wurde. Er wurde des „Lutheranismus" bezichtigt bzw. der deutschen Häresie und gilt daher als spanischer Protoprotestant. Aber die seriöse Forschung ist eher der Meinung, dass es sich – wie oben bereits gesagt – um eine für die heterodoxen Bewegungen im damaligen Spanien typische Mischung aus Erasmianismus, Valdesianismus und Illuminismus handelte, wenn auch nicht frei von einer „lutheranisch" anklingenden Färbung.

Eine Theologenkommission, zu der große Theologen wie die Dominikaner Domingo de Soto und Bartolomé Carranza gehörten, kam zu dem Schluss, dass Dr. Egidio einige Sätze feierlich (de vehementi) widerrufen sollte, bevor er nach einer kleinen Bußstrafe in die Freiheit entlassen werden konnte. Zum Widerruf kam es dann am 21. August 1552 bei einem feierlichen Akt in der Kathedrale von Sevilla: Von einer Kanzel aus verlas Domingo de Soto die abzuschwörenden Sätze und der auf der anderen Seite des Hauptschiffes ebenso auf einer Kanzel stehende Dr. Egidio gab ein Zeichen seines Widerrufswillens. Danach wurde er zu einem Jahr Haft verurteilt, das er nicht ganz erfüllte, und unter guten Bedingungen verbringen durfte: Nachdem er sich über die Feuchtigkeit im Inquisitionskerker San Jorge beklagt hatte, wurde er in die Kartause bei Jerez, südlich von Sevilla, verlegt.

Mitte 1553 aber wurde er wieder in sein Domherrenamt eingesetzt, das er dann bis zu seinem Tod 1556 bekleidete. Nur predigen durfte er nicht mehr. Unter dem Schock der Aufspürung der Kryptoprotestanten 1557/58, zu denen auch einige Freunde und Weggefährten des Dr. Egidio gehörten, wurde er von Großinquisitor Valdés als „Vater des Sevillaner Protestantismus" bezeichnet. 1558 berichtete dieser an den Papst über die vielen „leidenschaftlichen Anhänger und Gefolgsleute des Dr. Egidio, von dem sie die Sprache, die Irrtümer und die falsche Lehre" übernommen hätten. Soweit die Chronik der Ereignisse.

Eine wissenschaftliche Beurteilung des Prozesses ist schwierig, weil weder die Schriften des Dr. Egidio noch die Prozessakten erhalten sind. Wir haben lediglich die Sentenz und die zum Widerruf vorgelegten Sätze. Darin werden ihm Gedanken vorgehalten, die durchaus als erasmianisch galten, aber ebenso, dass er die Rechtfertigung allein durch den Glauben vertrat und Philipp Melanchthon lobte. Die erste Widerrufsformel, die die Rechtfertigung allein durch den Glauben betraf, lautete:

> „Ich habe gesagt, dass wir allein durch den Glauben gerechtfertigt werden, und habe heftigen Verdacht erregt, es in ketzerischem Sinne gesagt zu haben, dass wir nur durch den Glauben gerechtfertigt werden, und deshalb widerrufe ich die genannte Proposition in diesem Sinne als ketzerisch und von dem hl. Konzil verurteilt und widerspreche ihr, und als heftig durch sie verdächtig schwöre ich sie ab in der Form des Rechts, indem ich verspreche, sie niemals mehr halten noch behaupten zu wollen."

Die Verhaftung und das Schicksal von Dr. Egidio, besonders aber die Ereignisse von 1557/58 wurden zum warnenden Zeichen für die spanischen Kryptoprotestanten in Sevilla, so dass einige von ihnen in die protestantischen Territorien Europas auswanderten. Dazu gehörte jener Juan Pérez de Pineda, der 1556 in Genf seine Übersetzung des Neuen Testamentes drucken ließ, aber auch Mönche aus dem Hieronymitenkloster bei Sevilla wie Casiodoro de Reina (um 1520–1594), der 1569 in Basel die erste vollständige spanische Bibelübersetzung in Druck gab, und Cipriano de Valera (1532–1602), der 1602 in Amsterdam die erste Revision dieser Übersetzung besorgte. Die Bibel Reina-Valera ist seitdem in den verschiedenen Revisionen die Bibel der spanischsprechenden Protestanten.

Während die seriöse Forschung, die z.B. von Marcel Bataillon verkörpert wird, zum oben erwähnten Ergebnis (Verhaftung, fairer Prozess, Widerruf und Wiedereinsetzung in sein Amt als Domherr) kommt, ist im Kreis der genannten spanischen Exilanten eine

Titelblatt der 1569 von Casiodoro de Reina in Basel gedruckten ersten vollständigen spanischen Bibelübersetzung. Sie wird wegen der Titelgrafik „Bibel vom Bären" genannt

„El Cristo de la clemencia" des Bildhauers Juan Martínez Montañés im Dom von Sevilla (1603/04)

Hagiographie der Sevillaner Protestanten im Allgemeinen und des Dr. Egidio im Besonderen entstanden. Darin wird dieser als Märtyrer stilisiert, der damals in der Kathedrale von Sevilla eigentlich nicht abgeschworen habe, weil er die von Domingo de Soto verlesenen Sätze aufgrund der Entfernung und des Lärms nicht verstanden habe. So habe man seine Kopfbewegungen als Widerruf gedeutet, wo er doch nur zeigen wollte, dass er Soto nicht verstehe. So der Tenor des im 1567 in Heidelberg erschienenen Werkes über die Kunstgriffe der Heiligen Inquisition in Spanien aus der Feder eines gewissen Reginaldus Gonsalvius Montanus, hinter dem sich wahrscheinlich kein Geringerer als Casiodoro de Reina selbst verbarg. Die spanischen Protestanten konnten wohl nicht mit der Vorstellung leben, dass der Erste von ihnen, dem die Inquisition den Prozess machte, nicht als Märtyrer oder „verstockter Ketzer" sterben wollte, sondern lieber widerrief und in sein Amt und seine Pfründe zurückkehrte. Dr. Egidio hat sich jedenfalls gegen seine Freilassung und Rehabilitierung nicht gewehrt.

Auf den Spuren von Dr. Egidio

Wie es denn auch gewesen sein mag, wir können auf die Geschichte der Sevillaner Protestanten hier nicht ausführlicher eingehen. Was kann nun der religiös- und kulturinteressierte Besucher tun, der nach Sevilla kommt, um dieser tragischen Geschichte nachzuspüren? Die Inquisitionsburg San Jorge gibt es seit dem 19. Jahrhundert nicht mehr. Nachdem auf deren Ruinen zunächst eine Markthalle gebaut worden war, hat man nun einige Teile des Keller- und Kerkergewölbes archäologisch freigelegt und darin ein öffentliches Inquisitionsmuseum eingerichtet, fast in der Art eines Wachsfigurenkabinetts. Darin fehlt nicht eine Galerie prominenter Opfer, zu denen auch Dr. Egidio gezählt wird. Man kann natürlich auch das Trinitarierkloster besuchen, in dem er einige Monate vor dem Prozess verbrachte. Aber das heutige Gebäude ist aus dem 17. Jahrhundert und im barocken Stil gebaut.

Und man kann selbstverständlich und am besten in die herrliche Kathedrale gehen, nach dem Petersdom und dem Dom zu Florenz die drittgrößte historische Kathedrale der katholischen Kirche, ausgestattet mit wertvollen Werken der besten Künstler der Zeit, vor allem aber der Wirkungsort des Dr. Egidio als jahrelanger Domprediger, der Ort, wo er das Wort Gottes auslegte. Der protestantische Gast mag angesichts der typisch spanischen, nachtridentinischen Kirchenausstattung zunächst den Eindruck bekommen, dass wir es hier mit einem Tempel zu tun haben, der mehr die Augen als die Ohren ansprechen soll und bewusst andere Akzente als der protestantische Kirchenbau setzt. Aber auch hier gibt es Orte, die zur Sammlung und tiefen Andacht einladen, zum Hören des Wortes. Man besuche

z. B. einen Seitenaltar links beim Eingang in die Sakristei, auf dem das Meisterwerk des Sevillaner Bildhauers Juan Martínez Montañés „El Cristo de la clemencia" (Der Christus der Gnade und der Barmherzigkeit) verehrt wird. Es stellt den Gekreuzigten vor dem Lanzenstich dar, kurz bevor er das Haupt neigte und seinen Geist aufgab (Joh. 19,30). Dort, unter dem Kreuz, kann der protestantische Besucher der tragischen Ereignisse des 16. Jahrhunderts mit einem innerlichen Herzensgebet gedenken; und vielleicht kommt auch eine spanische Volkschristin zufällig vorbei, die in ihrer frommen Einfalt auf den Gekreuzigten mit Tränen in den Augen schaut, eine Kerze anzündet und ein Gebet murmelt. Dann kann der protestantische Sevilla-Besucher an ein Wort Luthers denken, das auch die spanischen Mystiker und den spanischen Volkskatholizismus trotz seines kulturellen Überbaus und seines barocken Gepräges auszeichnet: „Das Kreuz allein ist unsere Theologie."

▸ Dr. *Mariano Delgado* ist Professor für Mittlere und Neuere Kirchengeschichte sowie Direktor des Instituts für das Studium der Religionen und den interreligiösen Dialog an der Universität Freiburg (Schweiz).

Weiterführende Literatur

BATAILLON, MARCEL, Erasmo y España. Estudios sobre la historia espiritual del siglo XVI, Madrid, 3. Auflage 1986

SCHÄFER, ERNST HERMANN JOHANN, Beiträge zur Geschichte des spanischen Protestantismus und der Inquisition im 16. Jahrhundert. Nach den Originalakten in Madrid und Simancas bearbeitet, 3 Bde., Aalen 1969, hier Bd. 2, 342–353 (Der Widerruf des Dr. Egidio 1552)

THOMAS, WERNER, Los protestantes y la Inquisición en España en tiempos de Reforma y Contrarreforma, Löwen 2001

Für einen Besuch in Sevilla
www.sevillatourist.com/german/useful.html
www.catedraldesevilla.es
http://luteranos.net
www.iee-es.org/blog

Speyer

Michael Diller

von Klaus Bümlein

Wer das historische Speyer heute besucht, begegnet nicht nur dem Weltkulturerbe des salischen Kaiser- und Mariendoms und den Zeugnissen mittelalterlichen Judentums. Auch die Reformation ist mit wichtigen Monumenten unübersehbar präsent. Vor allem die lutherische Dreifaltigkeitskirche von 1717 und die 1904 eingeweihte Gedächtniskirche der Protestation bezeugen bleibende Wirkungen der Reformation in der Stadt. Allerdings hatte die freie Reichsstadt lange gezögert, bis sie endgültig lutherisch wurde. Auch dann gelang es nicht, den Speyerer Dom für die evangelische Predigt zu öffnen.

Erste Spuren der Reformation

Konflikte zwischen dem Speyerer Rat und dem Bischof hatten eine lange Vorge-schichte. Sie waren auch zu Beginn des 16. Jahrhunderts nicht ausgeräumt. Ein Ver-trag von 1514 bestätigte die Sonderrechte des Klerus, machte aber auch der Stadt wichtige Zugeständnisse. Teile der Bürgerschaft und manche Priester öffneten sich früh reformatorischen Ideen. Schon 1522 musste das Domkapitel dagegen ein-schreiten, dass Geistliche während des Chordienstes „lutherisch und ander buchlin" lasen. Im gleichen Jahr erschien in Speyer ein Gesprächsbüchlein, in dem ein Bauer beteuert: „der glaub alleyn in Christum macht selig, keyn werck, es sey so hoch, gut und heilig es wöll." Werner von Goldberg, Pfarrer von St. Martin in der Vorstadt, war wegen seiner Kritik am Pfründenwesen 1523 abgesetzt worden. Zwei Speyerer Dru-cker, Johann Eckart und Jacob Schmidt, publizierten bis 1525 nicht weniger als 17 Luther-Schriften. Der Speyerer Domvikar Jakob Beringer ließ ein Neues Testament in Straßburg drucken, das sich zum Teil eng an Luthers Übersetzung anlehnte.

Aber trotz vielfacher Sympathien für reformatorisches Gedankengut war an eine offene, obrigkeitlich gesteuerte Einführung der Reformation in Speyer noch lange nicht zu denken. Als „Stadt der Reformation" wurde Speyer zunächst bedeutsam nicht durch bekannte Reformatorengestalten und eigene reformatorische Ordnungen, sondern als Versammlungsort zweier wichtiger Reichstage in den zwanziger Jahren des 16. Jahrhunderts.

Die Reichstage von 1526 und 1529

Die Reichsversammlung in Speyer 1526 führte die gewachsene Kraft der Sympathisanten Luthers vor Augen. Philipp von Hessen ließ den Prediger Adam Krafft in seiner Herberge in evangelischem Sinn die Heilige Schrift auslegen. Mit der sächsischen Delegation kamen Georg Spalatin und Johann Agricola. „VDMIÆ"(= Verbum Dei Manet In Æternum) galt als Erkennungszeichen der evangelisch Gesinnten. Der Reichstagsabschied vermied die Verurteilung der lutherischen Lehre. Jeder Stand solle sich so „halten und vernehmen lassen, wie er das gegen Gott und kaiserliche Majestät und das Reich getraue zu verantworten". Daraus leiteten die evangelischen Fürsten und Reichsstädte das Recht ab, ihre Territorien in reformatorischem Sinn zu gestalten.

Die Protestation in Speyer. Emporenbild in der Dreifaltigkeitskirche 1824/25

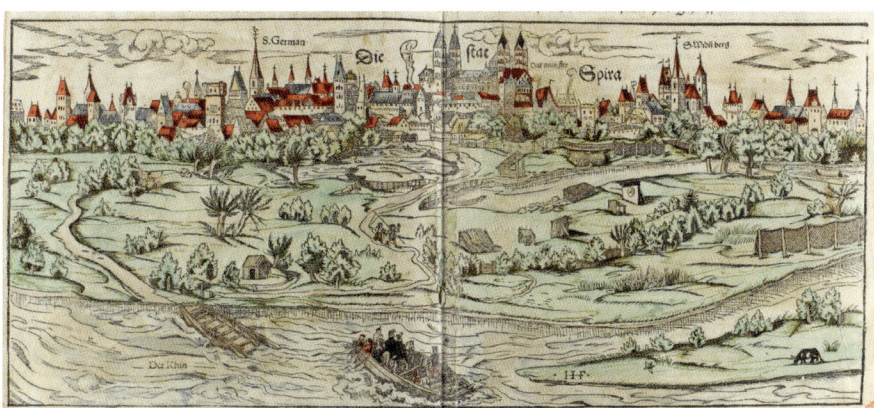

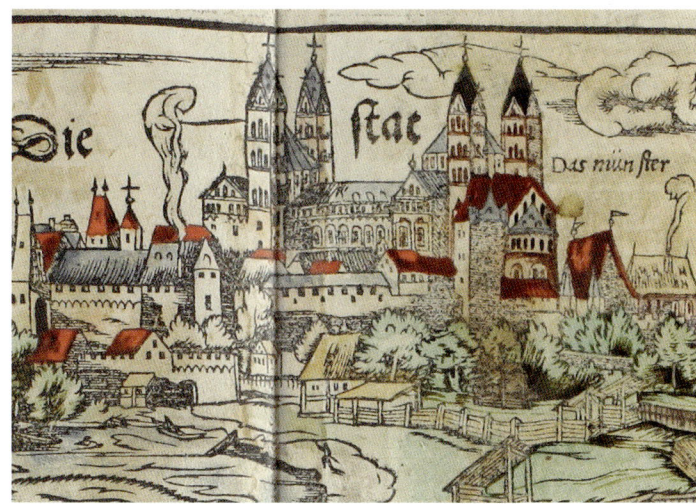

Speyer. Kolorierte Stadtansicht aus: Sebastian Münster, „Cosmographey", Basel 1567

Ausschnitt: der Dom

Erst recht prägte sich der Reichstag von 1529 als reformationsgeschichtliches Ereignis ein. Kaiser Karl V. konnte wie 1526 nicht persönlich nach Speyer kommen. Die Vorlage, die sein Bruder, Herzog Ferdinand, einbringen ließ, verlangte die entschiedene Durchführung des Wormser Edikts von 1521. Eine Minderheit widerstand der Forderung, die Ausbreitung der lutherischen Lehre zu unterdrücken. Sie protestierten dagegen, den einstimmig beschlossenen Abschied von 1526 nun durch einen Mehrheitsbeschluss aufzuheben. Sie hielten daran fest, „das allein gottes wort und das h.[eilige] evangelion alts und neus testaments in den biblischen buchern verfast lauter und rein gepredigt werde und nichts, das

377

Gedenktafel an den Reichstag von 1529. Sie befindet sich am Gasthaus „Domhof" (Ostseite) in der Großen Himmelsgasse

dawider ist. Sie opponierten gegen einen Beschluss, der wider gott, sein h.[eilig] wort, unser aller selen heil und gut gewissen" gerichtet sei (Erweiterte Protestation vom 20. April 1529).

An dieser Protestation beteiligten sich Kurfürst Johann von Sachsen, Markgraf Georg von Brandenburg, Herzog Ernst von Braunschweig-Lüneburg, Landgraf Philipp von Hessen und Fürst Wolfgang zu Anhalt. Vierzehn Reichsstädte schlossen sich an: Augsburg, Heilbronn, Isny, Kempten, Konstanz, Lindau, Memmingen, Nördlingen, Nürnberg, St. Gallen, Straßburg, Ulm, Weißenburg in Franken und Windsheim. Eine Gedenktafel im Bereich der ehemaligen Ratsgebäude erinnert an den Reichstag von 1529, an die Protestation, mit der auch die Bezeichnung „Protestanten" verknüpft blieb. Der Speyerer Rat gehörte damals nicht zu den Protestierenden, so wenig wie der Kurfürst Ludwig V. von der Pfalz oder Herzog Ludwig II. von Pfalz-Zweibrücken. Die Berufung auf das Evangelium und das eigene Gewissen verhinderten auch nicht, dass sich die Protestierenden dem harten Reichsgesetz gegen die Täufer anschlossen, das in Speyer beschlossen wurde.

Die Einführung der Reformation 1540

Erst das Jahr 1540 gilt allgemein als offizieller Beginn der Reformation in der Stadt. Zwar hatte der Rat schon 1538 seine Absicht erklärt, zwei Prediger direkt zu besolden, damit sie „den Weg der Seligkeit uf Christum, der Welt Heyland, zuchtig, bescheidentlich und unverweißlich" lehrten. Doch erst 1540 wurden der ehemalige Augustinerprior Michael Diller (1499–1570) und der Karmeliterprior Anton Eberhardt (Geburts- und Sterbejahr unbekannt) tatsächlich beauftragt, das „gotlich wort in Speyer lauter und rayn, bescheidenlich, mit ruhe und friden zu erhaltung menschlicher tugentt und der seelen hail" zu predigen. Die vorsichtige Formulierung zeigt an, wie vorläufig und labil dieser Beschluss noch war. Im gleichen Jahr 1540 wurde auch eine Ratsschule im Dominikanerkloster eingerichtet und Magister Johann Mylaeus (gest. 1554) zum ersten Schulleiter bestimmt.

Michael Diller

Diller kann als die führende Gestalt der Reformation in Speyer betrachtet werden. Er war wohl in Speyer geboren und hatte 1523 in Wittenberg studiert. Dass er bald danach zum Prior seines Klosters aufrückte, zeigt die Bereitschaft zu reformatorischer Predigt in dem Konvent der Augustinereremiten. 1543 setzte sich Diller für die Austeilung des Abendmahlskelches an die Laien ein und verurteilte die Lehre vom Messopfer. Allerdings musste der evangelische Prediger während des Speyerer Reichstags 1544 und der Anwesenheit des Kaisers 1541 und 1545 die Stadt verlassen. Der Rat fürchtete Sanktionen des Kaisers. Als nach der Niederlage im Schmalkaldischen Krieg 1547 auch Speyer in das Augsburger Interim einwilligen musste, verließ Diller wohl die Stadt, in die er auch während seiner sich anschließenden Jahre als Hofprediger und Kirchenrat in Heidelberg nicht mehr zurückgekehrt ist.

Konsolidierung der Reformation

So konnte erst nach dem Augsburger Religionsfrieden von 1555 die lutherische Reformation allmählich gefestigt werden. Ein dominanter Gestalter trat dabei nicht in Erscheinung. Diller schrieb im Dezember 1555, dass ihn der Pfalzgraf Ottheinrich zu Neuburg nicht freistellen könne, um selber beim Aufbau der Ordnung mitzuwirken. Er riet, in Speyer die Neuburger Kirchenordnung zu übernehmen, die mit der Württembergischen von 1553 übereinstimme. Die Prediger Jakob Schober und Heinrich Ringelstein legten einen Entwurf zur Gestaltung des Katechismusunterrichts vor. 1557 scheint die Württembergische Kirchenordnung zögerlich eingeführt worden zu sein. In einer Handschrift von 1557 wird allerdings die volle Übernahme der Augsburger Konfession als „bedencklich" bezeichnet; ja katholische Feiertage wie Fronleichnam und Mariä Himmelfahrt sollten weiter gehalten werden. Ein ausführliches Gutachten der Speyrer Prädikanten von 1569 war von vier „Dienern im Evangelio" unterzeichnet: Johann Reußenzain, Georgius Ebenreych, Johan Othmar Maylander und Clemens Schubert. Dieses Dokument ist als erste eigene lutherische Kirchenordnung betrachtet worden, die freilich in einem eigenen Druck erst im Jahr 1700 vorliegt.

Die Augustiner- und Dominikanerkirche sowie die St. Georgskirche galten seit 1569 als lutherische Predigtkirchen. Allerdings hatten die Orden ihre Ansprüche keineswegs aufgegeben. In der Dominikanerkirche erhielten die Protestanten nur das Nutzungsrecht im Langhaus zu festgelegten Zeiten. Die katholischen Gottesdienste im Dom konnten weiter gefeiert werden, ebenso in den Stiftskirchen Allerheiligen, St. German und St. Guido. Auch drei katholische Frauenkonvente bestanden weiter. Für die Fortdauer einer katholischen Minderheit war die Anwesenheit des Reichkammergerichts in der Stadt seit 1527 ein entscheidender Faktor. Der Rat wollte dessen Existenz nicht in Frage stellen. Die konfessionell paritätische Einrichtung des Gerichts nach 1555 verbürgte auch für Katholiken eine gewisse Sicherheit. Dennoch war Speyer, mit etwa 8000 Einwohnern um 1560, in seiner großen Mehrheit eine lutherische Stadt geworden.

Seit 1572 konnte sich, auf Drängen des Kurpfälzer Fürsten Friedrich III., eine reformierte Minderheitsgemeinde etablieren. Die Aegidienkirche war ihr Zentrum. Zu den Pfarrern zählte nach Johannes Willing der Ursinus-Schüler Quirinus Reuter, der von 1593 bis 1598 in Speyer tätig war.

Dreifaltigkeitskirche (1717)

Unter den Verwüstungen und Wirren des Dreißigjährigen Krieges hatte Speyer extrem zu leiden. Erst allmählich gelang ein materieller und geistiger Wiederaufbau. Kaum eine Generation später wurde die Stadt im Pfälzischen Erbfolgekrieg erneut schwer getroffen. An Pfingsten 1689 wurden die Einwohner vertrieben und das mittelalterliche Speyer in Schutt und Asche gelegt. Die bisherigen vorwie-

Innenansicht der Dreifaltigkeitskirche

gend lutherischen Kirchen waren für den Gottesdienst nicht mehr zu verwenden. So sahen sich die Stadtväter nach der Rückkehr seit 1699 genötigt, neue Kirchen zu errichten.

Zunächst gelang es, für die reformierte Gemeinde eine Kirche an einem neuen Standort zu errichten. In der Heilig-Geist-Kirche konnten bereits 1702 Gottesdienste stattfinden. Die neue lutherische Dreifaltigkeitskirche wurde, nach dem Baubeginn 1701, bewusst am 31. Oktober 1717 eingeweiht. Zweihundert Jahre nach Luthers Thesenanschlag präsentierte sich Speyer als dominant lutherische Stadt. Diese barocke Hallenkirche bot mit den beiden Emporen Platz für 1500 Menschen. Über dem Altar mit dem Bild des Heiligen Abendmahls ist der gekreuzigte Christus dargestellt, von zwei großen Engeln flankiert. Darüber präsentiert sich der barocke Prospekt der Orgel. Die Kanzel mit einem hohen Baldachin befindet sich an der Seite. In den Deckengemälden ist die ganze Heilsgeschichte dargestellt, von der Heiligen Dreifaltigkeit bis zum Jüngsten Gericht. Die beiden Emporen wurden mit biblischen Bildern ausgestattet. Dabei war jeweils eine alttestamentliche Szene als Typos dem neutestamentlichen Antitypos zugeordnet. Das reiche Bildprogramm blieb erhalten; die erforderliche gründliche Renovierung ist zum 300-jährigen Jubiläum 2017 in Angriff genommen.

Die Dreifaltigkeitskirche blieb fast 200 Jahre die protestantische Hauptkirche Speyers; auch nach der Vereinigung von Lutherischen und Reformierten im bayrischen Rheinkreis. Um 1824 kamen vier Emporen-Bilder hinzu, die das Ereignis der Protestation vom 20. April 1529 und drei Stationen der Kirchenvereinigung von 1818 festhielten. Die ehedem reformierte Heilig-Geist-Kirche blieb als Gottesdienstraum für Früh- und Nebengottesdienste bis 1978 in Gebrauch.

Gedächtniskirche der Protestation (1904)

Vor allem die Ausstattung des Doms mit dem großen Freskenwerk durch Johann von Schraudolph (1845–1852) und die Erneuerung des Westwerks weckten bei der protestantischen Mehrheit den Wunsch nach einer evangelischen Großkirche, die auch dem Andenken des Reichstags der Protestation von 1529 gewidmet sein sollte. Zunächst dachte man an einen Bau in der Nähe oder gar anstelle der Dreifaltigkeitskirche. Die nahe mittelalterliche Retscher-Ruine galt irrtümlich als Ort der Protestation. Der 1857 gegründete Bauverein trug darum zunächst den Namen „Retscherverein". Seit 1882 setzte sich der Plan durch, den Kirchenneubau außerhalb der mittelalterlichen Stadtmauern im Südwesten zu errichten. Der Bauverein fand Förderer in vielen Regionen des Reichs. Kaiser Wilhelm II. übernahm mit seiner Frau Auguste Victoria die Kosten für die Chorfenster. Auch aus der Schweiz, den Niederlanden, aus den Vereinigten Staaten kam bedeutende Unterstützung.

Die Gedächtniskirche von oben

So konnte nach der Grundsteinlegung 1893 die „Gedächtniskirche der Protestation" im August 1904 eingeweiht werden. Mit ihrem neugotischen Turm überragt sie die Domtürme. Die Vorhalle der Kirche ist bewusst als Gedenkstätte für den Reichstag von 1529 gestaltet. Die sechs protestierenden Fürsten umgeben die zentrale Luther-Figur. Die Wappen der 14 Reichsstädte von 1529 sind an den Wänden angebracht. Die Glasfenster der Vorhalle erinnern an die pfälzischen Fürsten Ludwig II. von Pfalz-Zweibrücken und Ottheinrich.

Blick in die Vorhalle der Gedächtniskirche mit Luther, den protestierenden Fürsten und Reichsstädten

Das groß angelegte Glasfensterprogramm im Inneren der Kirche verknüpft vielfältig biblische und reformatorische Themen. So sind im Chor neben den Aposteln die Reformatoren Luther und Melanchthon, auf der anderen Seite Calvin und Zwingli präsentiert. Der pfälzischen Unionskirche galten seit 1818 die Wittenberger wie die Schweizer Reformations-Impulse als gleich wichtig. In den großen Emporenfenstern des Mittelschiffs sind sowohl Luthers Thesenanschlag in Wittenberg wie auch Calvins Berufung nach Genf dargestellt.

Die Gesamtkonzeption der Gedächtniskirche hatte bei der Einweihung 1904 deutlich antikatholische Botschaften. Im 20. Jahrhundert hat sich das Verhältnis der großen Konfessionskirchen auch in Speyer gründlich gewandelt. Die Katholiken in der Bischofs- und Domstadt waren lange eine Minderheit. Heute ist bei 50.000 Einwohnern ihre Zahl etwa gleich groß wie die der Evangelischen. Die 2011 neu erbaute Synagoge und die gewachsene Zahl von Moslems macht die interreligiöse Begegnung und praktische Zusammenarbeit zu einer neuen Aufgabe. Ein ökumenischer Kirchentag brachte an Pfingsten 2015 die öffentliche Verabschiedung eines „Leitfadens" für das ökumenische Miteinander im Bistum Speyer und in der Evangelischen Kirche der Pfalz (Protestantische Landeskirche). Als „Stadt der Reformation" sieht sich Speyer ebenso zum ökumenischen Miteinander verpflichtet wie zur Präsentation des protestantischen Erbes und zur Vermittlung der befreienden Kräfte des Evangeliums.

▸ Dr. *Klaus Bümlein*, Pfarrer der Evangelischen Kirche der Pfalz, war 1991–2005 als Ausbildungsdezernent Oberkirchenrat in Speyer und 2004–2013 Vorsitzender des Vereins für pfälzische Kirchengeschichte.

Literaturhinweise

EGER, WOLFGANG (Hg.), Geschichte der Stadt Speyer, 2. Auflage, Bd. 1–3, Stuttgart 1983–1989
450 Jahre Reformation in Speyer (mit Beiträgen von Gustav Adolf Benrath, Wolfgang Eger, Alfred Hans Kuby), Speyer 1990 (Blätter für pfälzische Kirchengeschichte und religiöse Volkskunde 57)
AMMERICH, HANS, Kleine Geschichte der Stadt Speyer, Karlsruhe 2008
BRODERSEN, CHRISTIANE u. a., Begehbare Bilderbibel, Die Emporenbilder der Dreifaltigkeitskirche in Speyer, Speyer 2011
Hundert Jahre Gedächtniskirche der Protestation zu Speyer, Ubstadt-Weiher 2004 (Blätter für Pfälzische Kirchengeschichte und religiöse Volkskunde 71)

Für einen Besuch in Speyer

www.speyer.de/sv_speyer/de/Tourismus
www.dreifaltigkeit-speyer.de
www.evpfalz.de/gemeinden_cms/index.php?id=5285

Stockholm

Gustav I. Wasa und Olaus Petri

von Tarald Rasmussen

Stockholm

In der geistlichen Topographie des späten Mittelalters spielte Stockholm keine wichtige Rolle. Die schwedische Kirchenprovinz hatte ihren Erzbischofssitz in Uppsala, etwa 70 km nördlich von Stockholm. In Uppsala gab es seit 1477 auch eine Universität, die mit päpstlicher Genehmigung nach dem Vorbild der Universität Bologna aufgebaut wurde. Der Erzbischof war Kanzler der Universität, und sechs Diözesen waren ihm in seiner Kirchenprovinz unterstellt: Västerås, Strängnes, Skara, Linköping, Växsjö und Åbo. Stockholm gehörte also nicht dazu.

Aber auch ohne Bischofssitz und ohne Universität war Stockholm schon im späten Mittelalter eine wichtige Handelsstadt. Durch Verträge mit Lübeck und der Hanse und durch einen viel beachteten und für Stockholm sehr günstigen Privilegien-Brief vom schwedischen Reichsrat (1436) erreichte die Stadt im Spätmittelalter die Position der größten (um 1500: 6000–7000 Einwohner) und wirtschaftlich wichtigsten Stadt des Reiches. Insofern war die Stadt auch gut geeignet für ihre Rolle in einer neuen kirchlichen Topographie: als eine immer deutlichere Hauptstadt des schwedischen Luthertums.

Kopenhagen

Diese Situation in Schweden könnte mit einem entsprechenden Vorgang in Dänemark verglichen werden: Dort war ungefähr gleichzeitig Kopenhagen zur wirtschaftlich wichtigsten Stadt des dänischen Reiches aufgestiegen, und erlangte mit

Die Bischofssitze Skandinaviens vor der Reformation und die Hochschulen des Ostseeraums im 15., 16. und 17. Jahrhundert

der Reformation unter König Christian III. eindeutig die Position als Zentrum des dänischen (und norwegischen) Luthertums. Vorher war auch Kopenhagen keine Bischofsstadt. Die dänische Kirchenprovinz wurde im Spätmittelalter vom Erzbischofssitz in Lund in Schonen (heute in Schweden) regiert, und der nächstgelegene Bischofssitz von Kopenhagen war Roskilde. Roskilde war gleichzeitig auch (und ist es immer noch) Grablege der dänischen Könige und Königinnen, sowie Uppsala in der Nähe von Stockholm schon seit dem 12. Jahrhundert Grablege der schwedischen Könige war.

Neben diesen strukturellen Ähnlichkeiten gab es aber einen wichtigen Unterschied, der dazu beigetragen hat, dass Kopenhagen im 16. Jahrhundert ein einflussreicheres nordisches Reformationszentrum wurde als Stockholm: Die neue Universität, die im Jahr 1479 in Dänemark errichtet worden war, wurde in Kopenhagen als Teil des lutherischen Neuanfangs gestärkt und spielte schon seit den 1530er Jahren eine zentrale Rolle im Ausbau von Kopenhagen als Reformationsstadt. Dieses strategische Instrument gab es in Stockholm nicht. Überhaupt gelang es im Laufe des 16. Jahrhunderts nicht, die neue Uppsala-Universität richtig aufzubauen und zu konsolidieren. Schwedische Theologen und andere schwedische Gelehrte wurden in dieser Periode eher in Rostock, oder auch in Wittenberg, ausgebildet. Erst im 17. Jahrhundert änderte sich dies.

Das Stockholmer Blutbad 1520

Nach diesem nordischen Vergleich zurück zu den konkreten Ereignissen in Stockholm: Ein wichtiger Ausgangspunkt für die Erhebung Stockholms zur Hauptstadt Schwedens war das sogenannte „Stockholmer Blutbad" Anfang November 1520. Damals wurden vom dänischen König Christian II. ein Großteil des schwedischen Hochadels und auch eine bedeutende Zahl des Stockholmer Bürgertums auf dem Stockholmer Marktplatz hingerichtet. Dies geschah nach einer dreitägigen Krönungsfeier des dänischen Königs, als dieser sich im Rahmen der spätmittelalterlichen Kalmar-Union der Nordischen Länder auch als schwedischer König krönen ließ. Mit der Unterstützung des unionsfreundlichen Erzbischofs von Uppsala, Gustav Trolle (1488–1535), ließ Christian II. hier einen Großteil der nationalen schwedischen Opposition aus dem Weg räumen. Die Aktion wurde indirekt auch vom Papst in Rom unterstützt, weil dieser 1517 eine Bannbulle gegen die Widersacher des Erzbischofs erlassen hatte; sie waren demgemäß als Ketzer zu betrachten, und man dürfte entsprechend mit ihnen umgehen. Unter den in Stockholm Hingerichteten waren allerdings auch zwei Bischöfe: der Bischof von Strängnes und der Bischof von Skara.

Christian II. konnte jedoch seine schwedische Königswürde nicht lange verteidigen. Schon im Juni 1523 wurde Stockholm wieder von der nationalen Opposition erobert. Der Anführer dieser Opposition war Gustav Wasa (1496–1560), dessen Vater im Blutbad enthauptet und dessen Mutter als Gefangene aus dem Land geschickt worden war. Im Juni 1523 wurde Gustav Wasa in der Bischofsstadt Strängnes (etwa 100 km westlich von Stockholm) vom Reichstag zum König gewählt.

Gustav I. Wasa

Gustav Wasa regierte als König bis 1560 und gilt als eine Schlüsselgestalt für die Konsolidierung von Schweden als eigene Nation. Mit ihm wurde eine erbliche Monarchie eingeführt, und sein Krönungstag, der 6. Juni, ist immer noch National-feiertag in Schweden. Zugleich lebt er in der Erinnerung als Schwedens Reformati-onskönig, der seit den frühen Jahren seiner Regentschaft die lutherische Reforma-tion unterstützte und förderte.

Die schwedische Reformationsgeschichte ist komplizierter als die dänische, weil während des ganzen 16. Jahrhunderts eine konfessionelle Ambivalenz zur Wirkung kam, die in Dänemark kaum bemerkbar war, und die endgültige Kon-solidierung der Reformation erst spät („Uppsalamøtet", 1593) erfolgte. Trotz-dem steht fest, dass unter Gustav Wasa die Reformation in Schweden sehr früh und sehr deutlich Fuß fassen konnte.

Ein entscheidender Schritt war da-bei der Reichstag in Västerås 1527, der vom König einberufen worden war, um seine Macht zu konsolidieren. Es wur-den hier grundsätzliche Entscheidun-gen gefällt, die im sogenannten „Väs-terås recess" festgehalten wurden. So sollten die Burgen und Schlösser der Bischöfe an die Krone überführt wer-den. Die Einkünfte der Bischöfe soll-ten auch sonst beschränkt werden. Au-ßerdem durften die Adelsfamilien jetzt das Gut und den Besitz, die sie seit 1454 an die Kirche abgegeben hatten, zurückfordern.

Der Reichstagsbeschluss war der Anfang von Gustav Wasas „Redukti-on": seiner systematischen Enteignung der alten Kirche, die sich über die fol-genden Jahre hinzog und nicht nur Stif-te und Klöster, sondern zum Teil auch lokale Gemeindekirchen betraf. Diese systematische Übernahme von kirchli-

König Gustav I. Wasa. Porträt gemalt von einem unbekannten Künstler, 1557/58

chem Besitz bedeutete einen deutlichen und im europäischen Vergleich sehr frühen Bruch mit Rom. Im Jahre 1531 wurde dieser Bruch durch Gustav Wasas Ernennung von Laurentius Petri (1499–1573) als neuer Erzbischof in Uppsala endgültig besiegelt, weil die Ernennung vom Papst gar nicht genehmigt worden war. Laurentius Petri hatte in den 1520er Jahren in Wittenberg studiert und heiratete 1531, im selben Jahr als er zum Erzbischof geweiht wurde. Auch wenn das Amt des Erzbischofs in Schweden weitergeführt wurde, wurde es also deutlich „protestantisiert".

Gustav Wasa war kein eigenständiger Fürsprecher von reformatorischen Ideen. Ihm ging es in erster Linie darum, das schwedische Reich zu stärken und von fremder Oberherrschaft – sei es dänischer oder hanseatischer – zu befreien. Er unterstützte die Reformation wohl vor allem deshalb, weil sie ihm in seiner Auseinandersetzung mit der weltlichen Macht der Bischöfe hilfreich sein konnte. Zwar wurde im „Västerås recess" auch festgehalten, dass Gottes Wort „renlig" (in einer reinen Form) gepredigt werden sollte – ein deutlicher Hinweis auf einen Einfluss reformatorischer Ideen –, aber auf dem Gebiet der Liturgie und der Lehre blieben viele Fragen offen, und neue Regelungen wurden eher langsam vorangetrieben.

Olaus Petri

Durch die engen Kontakte nach Deutschland (vor allem nach Rostock und Danzig) waren schon früh reformatorische Ideen in Schweden in Umlauf. Ein erstes Zentrum für die reformatorische Predigt war die Bischofsstadt Strängnes. Schon im Frühjahr 1519 hatte dort der 26-jährige Theologe Olaus Petri (1493–1552), der ältere Bruder von Laurentius Petri, die Stelle des Sekretärs des Bischofs angetreten. Er kam direkt aus Deutschland, wo er von 1516 bis 1518 zuerst in Leipzig und dann (und vor allem) in Wittenberg studiert hatte. Seit 1520 durfte er als geweihter Diakon auch im Dom von Strängnes predigen und hatte sofort angefangen, lutherische Gedanken von der Kanzel zu verbreiten. So hat er die lokale Rosenkranzfrömmigkeit in

Olaus Petri. Denkmal vor der Storkyrkan, das 1896 von Theodor Lundberg geschaffen wurde

Stockholm. Kolorierte Stadtansichten aus: Georg Braun/Franz Hogenberg, „Contrafactur und Beschreibung von den vornembsten Stetten der Welt", Bd. 4, Köln 1590
Links unten: das königliche Schloss und der breite Turm der Storkyrkan (Große Kirche); rechts unten: nochmals die Storkyrkan

Strängnes kritisiert, die Predigt auf Kosten der Messfeier hervorgehoben und das Heil allein aus der Gnade Gottes verkündigt.

Dies geschah allerdings nicht ohne Widerspruch. Bald wurde er von Hans Brask (1464–1538), Bischof im benachbarten Stift Linköping, als Ketzer angeklagt. Hans Brask hatte eine eigene Druckerei, die vor allem dazu benutzt wurde, die Ketzeranklagen gegen Olaus Petri zu verbreiten.

Dennoch wurde Olaus Petri 1524 auf Gustav Wasas Initiative in die neue Hauptstadt Stockholm versetzt und dem König selbst direkt unterstellt. Er wurde als Prediger in der Hauptkirche der Stadt, der „Storkyrkan" (großen Kirche, in Deutschland auch als St.-Nikolai-Kirche bekannt) angestellt. Dort heiratete er im Jahr danach (also im selben Jahr wie Luther) die Bürgerstochter Kristina, zum heftigen Protest von Hans Brask. Der Bischof protestierte dabei nicht nur gegen die

Heirat, sondern auch dagegen, dass die Messe bei dieser Gelegenheit zum ersten Mal in Schweden in der Volkssprache gefeiert wurde.

Es gab in der großen Handelsstadt Stockholm Mitte der 1520er Jahre mehrere Anhänger der Reformation, und die „Storkyrkan" wurde für sie zum religiösen Zentrum. Gustav Wasa unterstützte und förderte zu dieser Zeit auch immer deutlicher die lutherische Religion. 1526 wurde auf Befehl des Königs Hans Brasks anti-lutherische Druckerei geschlossen, und im gleichen Jahr richtete der König eine eigene Druckerei in Stockholm ein, die seiner Kontrolle unterstellt wurde. Hier wurde später (1541) die „Gustav-Wasa-Bibel", die erste schwedische Bibelübersetzung, gedruckt.

Im Rahmen des Västerås-Reichstags von 1527 wurde Olaus Petri auch dazu eingeladen, in einer offenen theologischen Disputation die lutherische

Titelblatt der „Gustav-Wasa-Bibel", Uppsala 1541

Seite zu vertreten. Sein Gegner war der (eher unwillige) Dominikaner Peder Galle (1476–1538) von Uppsala. Olaus Petri hatte im Voraus Fragen aufgestellt, die der Dominikaner in der Disputation beantworten sollte. Das Machtgefälle war dabei sehr deutlich: Es war die Aufgabe von Olaus Petri, im Namen des Königs die Fragen zu stellen, und Peder Galle musste sich gegen die Angriffe verteidigen.

Kurz nach dem Reichstag ließ sich der König im Dom von Uppsala krönen, und die Krönungspredigt (die erhalten ist) wurde im Geist der lutherischen Theologie von Olaus Petri gehalten. Er hob dabei hervor, dass der König von Gott eingesetzt sei, und es seine Aufgabe ist, Gottes Ordnung zu sichern und zu bewahren.

Erinnerungsorte der Reformation

Die große Kirche in Stockholm, Storkyrkan, gehört ganz bestimmt zu den wichtigsten Erinnerungsorten der schwedischen Reformation. Olaus Petri ist hier vor der Kanzel begraben. An der Südwand, in der Nähe der Eingangstür der Kirche,

„Vädersolstavlan" (Nebensonnengemälde) in der Storkyrkan, 1636

hängt außerdem immer noch der bekannte „Vädersolstavlan", der mit Olaus Petris Tätigkeit in dieser Kirche zu tun hat: Am 20. April 1535 konnte man in Stockholm ein spektakuläres Himmelszeichen beobachten. Sieben Sonnen zeigten sich eine Weile gleichzeitig am Himmel. Olaus Petri deutete dieses Zeichen als eine Warnung, und zwar für den König, der nicht aufhören wollte, Kirchen zu enteignen, um seine Kriegsschulden an Lübeck bezahlen zu können. Als Erinnerung an dieses Warnzeichen hat Olaus Petri einem schwedischen Maler namens Urban den Auftrag gegeben, die Erscheinung möglichst naturtreu zu malen. Das Original ist verloren gegangen. Eine detaillierte Kopie, die 1636 von Königin Christinas Hofmaler Jacob Elbfas angefertigt wurde, hängt noch heute in der Kirche, und auf ihr sieht man nicht nur die Erscheinungen am Himmel, sondern auch eine sehr frühe Wieder-

gabe der Stadt und der Häuser zur Zeit Olaus Petris. Überdies befinden sich in dieser Kirche noch mehrere sehr interessante Erinnerungsstücke aus der frühen Wasa-Zeit.

Der Reformationskönig Gustav Wasa fand im Dom von Uppsala seine Grablege, wie auch sein Sohn Johann III. (reg. 1568–1592), der mit der polnischen katholischen Königstochter Katharina Jagiellonica verheiratet war, sowie der erste Erzbischof Laurentius Petri. Seit dem frühen 17. Jahrhundert wurde die königliche Grablege aber in die „Ridderholmskyrkan" in Stockholm verlegt. Von dem schwedischen Kriegsheld im Dreißigjährigen Krieg, Gustav II. Adolf (gest. 1634) bis zu Gustav V. (gest. 1950) wurden alle schwedischen Regenten hier beigesetzt. – Die Kirche gehörte ursprünglich zu Stockholms Franziskanerkloster, wurde aber durch Gustav Wasas „Reduktion" an die Krone übertragen.

Auch die sogenannte „deutsche Kirche", St. Gertrud gewidmet, ist ein wichtiger Stockholmer Erinnerungsort des frühen Luthertums. Deutsche Handelsleute in Stockholm organisierten sich seit Mitte des 14. Jahrhunderts in einer eigenen Gilde, St. Gertrud, und hatten in diesem Zusammenhang auch einen eigenen Fest-

Das Grabmal von Gustav I. Wasa und seinen ersten zwei Frauen im Wasachor des Doms von Uppsala. Es wurde von Willem Boy aus Mecheln angefertigt

saal. Ihre Gottesdienste (auf Deutsch) feierten sie in einer Kapelle in der „Storkyrkan". Mit der Reformation wurde auch das Gelände von St. Gertrud der Krone zugeeignet. Trotzdem wurde der Festsaal weiterhin als Versammlungsraum und nun auch zunehmend als Gottesdienstraum für Deutsche und Finnen verwendet. 1580 wurde der Festsaal zu einer Kapelle umgebaut; die deutsche Kirche, so wie sie jetzt zu sehen ist, wurde 1638–1642 auf demselben Gelände errichtet.

Durch diese neue deutsche Kirche und durch die „Ridderholmskyrkan" als königliche Grablege wurde Stockholm in seiner Rolle als lutherische Hauptstadt des schwedischen Reiches bestätigt. Beide wurden errichtet in einer Zeit, in der Schweden durch die Erfolge im Dreißigjährigen Krieg zu einer lutherischen Großmacht aufgestiegen war. Überdies wurde in der Zeit das Luthertum in Schweden durch die 1593 wiedereröffnete Universität in Uppsala unterstützt.

▶ Dr. *Tarald Rasmussen* ist Professor für Kirchengeschichte an der Theologischen Fakultät der Universität Oslo, Norwegen.

Weiterführende Literatur

GRELL, OLE PETER (Hg.), The Scandinavian Reformation from evangelical movement to institutionalization of reform, Cambridge 1995

ASCHE, MATTHIAS/SCHINDLING, ANTON (Hg.), Dänemark, Norwegen und Schweden im Zeitalter der Reformation und Konfessionalisierung. Nordische Königreiche und Konfession 1500 bis 1660, hg. von Matthias Asche und Anton Schindling, Münster 2003 (Katholisches Leben und Kirchenreform im Zeitalter der Glaubensspaltung 62)

Für einen Besuch in Stockholm

www.visitstockholm.com
http://reisestockholm.de/stockholm-infos/touristeninformation-in-stockholm
www.svenskakyrkan.se/default.aspx?id=1207868

Straßburg

Martin Bucer und Katharina Zell

von Matthieu Arnold

Der Durchbruch der Reformation in Straßburg 1529 ist zu einem beträchtlichen Teil auf das Wirken eines bedeutenden Mannes zurückzuführen: Martin Bucer (Bucerus, Butzer, 1491–1551). Zwar gab es in der freien Reichsstadt im zweiten Viertel des 16. Jahrhunderts zahlreiche wichtige Gestalten, die vom Humanismus bzw. von der Botschaft Luthers geprägt waren und die auf europäischer Ebene Einfluss ausübten: so Johannes Sturm, der Gründer und langjährige Rektor der Straßburger „Hohen Schule"; Jakob Sturm, der erfahrene Politiker, dem es gelang, die Interessen der Stadt immer geschickt gegenüber dem Kaiser zu verteidigen; Wolfgang Capito, der ehemalige Sekretär des Erzbischofs Albrecht von Brandenburg, und sein gebildeter Kollege Kaspar Hedio; nicht zuletzt Johannes Calvin, der 1538–1541 als Pfarrer der französischen Flüchtlingsgemeinde und Dozent an der „Hohen Schule" tätig war und der während dieses fruchtbaren „Exils" im Elsass wesentliche Schriften verfasste. Keiner dieser Männer hat aber die Reformation in Straßburg so tief geprägt wie der energische Martin Bucer, Autor vieler umfangreicher Schriften, dessen Einfluss sich nicht auf die Hauptstadt des Elsasses beschränkt hat: Nach Luther und Melanchthon gilt Bucer zu Recht als der „dritte Reformator" Deutschlands – so groß ist seine Wirkung in Süddeutschland gewesen. Sein Gedankengut verbreitete sich auch in der Schweiz und in England.

Neben Martin Bucer muss der Historiker die Gestalt der Katharina Zell, geborene Schütz, würdigen: Sie gehörte nicht nur zu den bedeutendsten Publizistinnen im Zeitalter der Reformation, sondern war auch eine Frau, die mit der Tat Bucers Programm der Liebe zum Nächsten verwirklicht hat. Sicher hat Katharina Zell mit Bucer, Capito und den beiden Sturms dazu beigetragen, dass Straßburg im zweiten Viertel des 16. Jahrhunderts als eine tolerante Stadt galt.

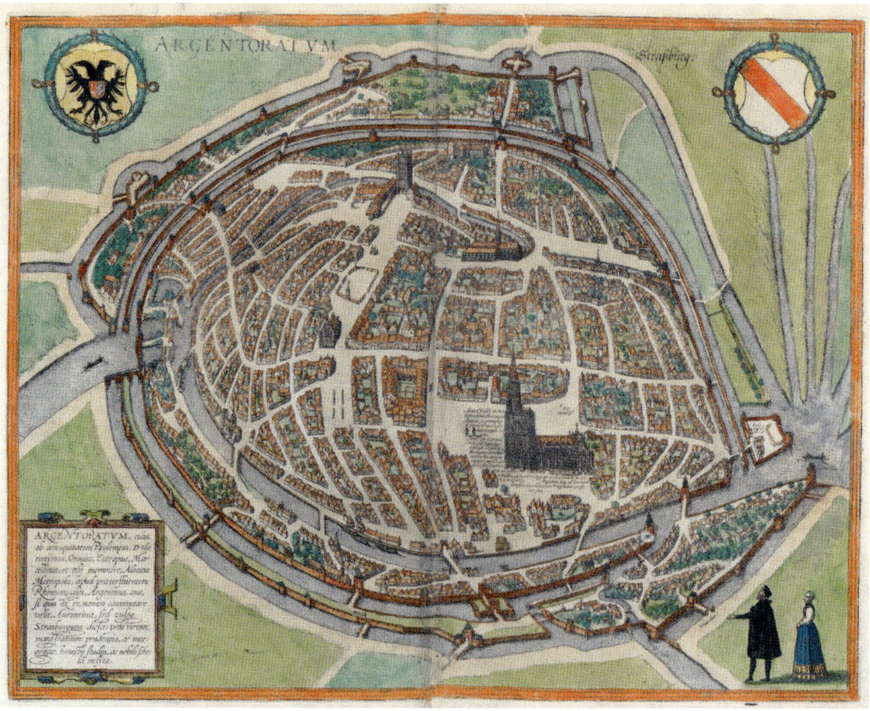

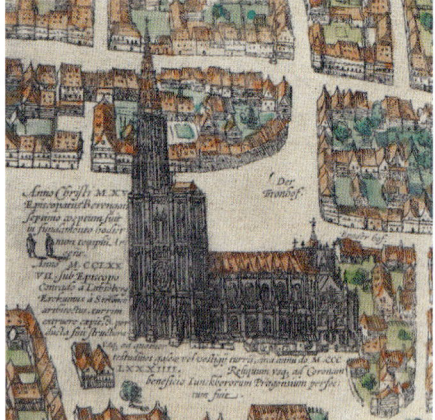

Straßburg. Kolorierter Stadtplan aus: Georg Braun/Franz Hogenberg, „Civitates orbis terrarum", Bd. 1, Köln 1593
Links unten: das Rathaus (oben rechts) und die Kirche Sankt Thomas (unten links am Fluss), wo Martin Bucer tätig war; rechts unten: das Münster

Martin Bucer, Theologe der Nächstenliebe und „Fanatiker der Einheit"

Martin Bucer stammte aus bescheidenen Verhältnissen. Er trat bei den Dominikanern von Schlettstadt, seinem Geburtsort, ein und setzte sein Studium in Heidelberg fort. Nachdem er die Schriften des Erasmus mit Begeisterung gelesen hatte, wurde er unter dem Einfluss der Heidelberger Disputation Luthers von 1518 und der persönlichen Begegnung mit dem Wittenberger Reformator dessen eifriger Anhänger. Auch wenn es ab 1524 und bis zu Luthers Tod zwischen beiden Reformatoren in manchen Bereichen (Abendmahlsverständnis, Dialog mit den Altgläubigen) Spannungen gab, hat Bucer nie aufgehört, Luther mit Respekt und Dankbarkeit zu betrachten. 1521 verließ Bucer den Dominika-

Martin Bucer. Medaille von Friedrich Hagenauer, Köln 1543

nerorden, heiratete später und wurde evangelischer Pfarrer in Landstuhl in der Pfalz, bevor er nach einem Aufenthalt in Weißenburg 1523 nach Straßburg flüchtete.

Im Gegensatz zu manchen seiner Kollegen trug Bucer keinen Doktortitel; er konnte sich jedoch in wenigen Jahren als bedeutendster Führer der evangelischen Bewegung in Straßburg durchsetzen. Von herausragender Bedeutung innerhalb seines theologischen Gesamtwerks sind seine Bibelkommentare, insbesondere zum Johannesevangelium, zum Epheserbrief, zu den Psalmen und zum Römerbrief; dann seine verschiedenen Traktate, darunter *Dass niemand sich selbst, sondern anderen leben soll, und wie der Mensch dahin kommen kann* (1523), *Von der wahren Seelsorge* (1538) sowie das nach seinem Tod in England publizierte *De Regno Christi* (Vom Königreich Christi), das er für den jungen König Edward VI. verfasst hatte. Seine Gedanken zu den vier Kirchenämtern (Pfarrer, Doktoren, Diakone und Kirchenälteste) und zur Kirchenzucht haben Johannes Calvin beeinflusst.

Bucer setzte sich leidenschaftlich für die Besserung des persönlichen christlichen und des kirchlichen Lebens ein, wobei er stärker als Luther das Wirken des Heiligen Geistes betonte, der das neue Leben erst möglich mache. Für ihn lautete

397

Martin Bucer, „Das ym selbs niema[n]t, sonder anderen leben soll", [Straßburg] [1523]. Titelblatt

die Hauptfrage nicht mehr „Wie kriege ich einen gnädigen Gott?", sondern „Wie kann ich als Gerechtfertigter meine Beziehung zu Gott und zu meinen Mitmenschen leben?" Also nicht mehr die Frage der Rechtfertigung des Sünders vor Gott und des wahren Glaubens, sondern die Besserung des Menschen und die Folgen der christlichen Botschaft für die Gemeinde. Für dieses Erneuerungswerk wollte Bucer die Obrigkeit mobilisieren. Der Luthersche Unterschied zwischen den „zwei Reichen" existierte für ihn nicht: Gerade im Jahre 1523, als der Wittenberger seine Obrigkeitsauffassung entwickelte, betonte Bucer in seiner Schrift *Dass niemand sich selbst, sondern anderen leben soll* die Pflicht der Obrigkeit, nach dem Beispiel der Könige Israels sich für Gottes Ehre einzusetzen. So sollte man z. B. die Täufer, die sich weigerten, der von Gott eingesetzten Obrigkeit zu gehorchen, aus der Stadt verbannen.

Bucer stellte sich entschieden in den Dienst der Einheit (bereits im 16. Jahrhundert wurde er als „Fanatiker der Einheit" bezeichnet), zuerst zwischen den Protestanten (Wittenberger Konkordie, 1536), später zwischen Protestanten und Katholiken (Religionsgespräche von 1540/41). Innerhalb der Straßburger Kirche kämpfte er – nach dem Beispiel der Täufer – für eine strengere Kirchenzucht. 1546 initiierte er eine Art Kerngemeinde (ecclesiola in ecclesia): Bekenntnisgemeinschaften, also kleine Gruppen, die innerhalb der Kirche ernsthaft ihren Glauben leben wollten. Dieses Projekt, das viel später von den Pietisten übernommen werden sollte, musste er aber vor seiner Abreise nach England wegen des Widerstands mancher Kollegen und des Straßburger Rates fallen lassen.

Zwar gehörte Bucer zu den evangelischen Theologen, die im erasmianischen Geiste unermüdlich versuchten, mit den Altgläubigen eine Verständigung zu erreichen. Er war aber nicht bereit, nach der militärischen Niederlage der Evangelischen 1547 die Bedingungen des Interims anzunehmen: Für ihn war es unmöglich, die Messe, die man in Straßburg 1529 abgeschafft hatte, wieder in den Kirchen der freien Reichsstadt zu feiern. Deswegen musste er 1549 nach England fliehen, wo er in Cambridge Zuflucht fand. Dort starb er in der Nacht vom 28. Februar zum 1. März 1551, nachdem er noch für König Edward VI. das Projekt einer umfassenden Reformation für England entwickelt hatte. Am 2. März wurde er im Chor von Great St. Mary beigesetzt.

Der Sieg der evangelischen Bewegung in Straßburg

In den 1520er Jahren zeigte sich der Straßburger Rat eher abwartend, auch wenn er die lutherischen Prediger bezahlte und sie gegen den Bischof unterstützte: Die Furcht vor einem Angriff des Kaisers war groß, und auf militärischem Gebiet war Straßburg keine Macht. Die ersten Erfolge der Reformation kamen von unten. So wählte im März 1524 die Gemeinde St. Aurelien aus eigener Initiative anstelle des amtierenden Geistlichen Martin Bucer als ihren neuen Prediger. Berns Übertritt ins evangelische Lager im Januar/Februar 1528 trug wesentlich zum endgültigen Erfolg der evangelischen Bewegung in der freien Reichsstadt bei. Am 20. Februar 1529 stimmten zwei Drittel der Vertreter der Zünfte, denen der Rat die Angelegenheit vorgelegt hatte, für die Abschaffung der Messe – bis man beweisen könne, sie sei ein Gott wohlgefälliges Werk. In April 1529 unterzeichneten die Gesandten Straßburgs die „Protestation", die Protestkundgebung der evangelischen Stände anlässlich des zweiten Speyerer Reichstages.

Wie in den anderen evangelischen Städten des Reichs entstanden in Straßburg neue Einrichtungen. Straßburg schuf ein Ehegericht, die erste Synode tagte im Jahre 1533, und 1538 wurde die „Hohe Schule" gegründet, die sich erst später 1566 zur Akademie und dann 1621 zur Universität entwickeln sollte.

Katharina Zell: eine „Mutter der Kirche" im Zeitalter der Reformation

Der Lebenslauf und die Tätigkeit von Katharina Schütz-Zell als Schriftstellerin zeugen von dem neuen Selbstverständnis der Frauen im evangelischen Lager, das unter anderem dank ihrer größeren Vertrautheit mit der Bibel entstanden ist.

Katharina wurde – wahrscheinlich Anfang 1498 – als Tochter eines Schreinermeisters, Jakob Schütz, und seiner Frau, Elisabeth Gerster, in Straßburg geboren. Sie genoss eine gute Ausbildung und hatte bereits als junges Mädchen großes Interesse an Büchern – und besonders an religiöser Literatur und an religiösen Gesprächen: „Ich bin, seit ich zehn Jahr alt, eine Kirchen-Mutter, [...] habe alle Gelehrten geliebt, viel besucht, und mit ihnen mein Gespräch – nicht von Tanz, Weltfreuden noch Fassnacht – sondern vom Reich Gottes gehabt", schrieb sie später in einem apologetischen Brief. Früh kam sie mit Luthers Schriften in Berührung. Von dieser

Matthäus Zell, der Ehemann von Katharina.
Fiktives Porträt von Theodor de Bry (?).
Aus: Jean-Jacques Boissard, „Biblioteca
chalcographica", Frankfurt am Main 1650.
Leider ist kein zeitgenössisches Bildnis von
Katharina Zell überliefert

tiefen religiösen Erfahrung berichtete sie später, Luther habe ihr „den Herrn Jesum Christum so lieblich beschrieben, dass ich meinte, man zöge mich [...] aus dem Erdenreich herauf, ja aus der grimmen, bitteren Hölle, in das lieblich süße Himmelreich".

Am 3. Dezember 1523 heiratete sie Matthäus Zell, den Prediger am Straßburger Münster. Durch ihre Heirat wurde sie eine der ersten evangelischen Pfarrfrauen. Die Priesterehe war aber zu dieser Zeit noch etwas unerhört Neues und rief den massiven Widerstand des katholischen Bischofs von Straßburg hervor. Im April 1524 wurden die verheirateten Straßburger Priester vom Straßburger Bischof nach Zabern (Saverne) vorgeladen und exkommuniziert. So verfasste Katharina Ende August/Anfang September eine *Entschuldigung Katharina Schützin, für Matthes Zellen, ihren Ehegemahl, [...] von wegen großen Lügen erdicht*. In diesem „rauchenden Brief", den sie an den Bischof geschickt hat, verteidigte sie ihre Eheschließung gegen „Schand, Nachred und Lügen". Katharina wehrte sich nicht nur gegen die Verleumdungen, sondern ging direkt zum Angriff gegen die katholischen Geistlichen über, die oft mit der Erlaubnis des Bischofs eine oder mehrere Konkubinen unterhielten. Wie Luther beschrieb sie die Ehe als einen göttlichen Stand, und sein Verbot als ein Werk des Teufels. Ihre Apologie für ihren Mann wurde also zur Apologie der Priesterehe, und mit Hilfe der Bibel rechtfertigte Katharina ihr Recht, zur Feder zu greifen:

> „Paulus sagt: die Weiber sollen schweigen. Antworte ich: Weißt aber nicht auch, dass er sagt Galater 3: In Christus ist weder Mann noch Weib; und dass Gott im Propheten Joel sagt im 2. Kapitel: Ich werde ausgießen von meinem Geist über alles Fleisch und eure Söhne und Töchter werden weissagen etc. Und weißt auch, da Zacharias ein Stummer ward, hat Elisabeth Maria, die Jungfrau, gebenedeit."

Ein Jahr nach ihrer Eheschließung, als 150 Glaubensflüchtlinge aus dem südbadischen Kenzingen nach Straßburg kamen, brachte Katharina 80 von ihnen in ihrem Pfarrhaus unter und versorgte bis zu 60 Personen vier Wochen lang. Katharina kümmerte sich nicht nur um die Versorgung der Glaubensflüchtlinge, sondern verfasste auch einen Trostbrief an die zurückgebliebenen Frauen in Kenzingen. Dieser Brief wurde im Juli 1524 bei Wolfgang Köpfel in Straßburg gedruckt, und schon bald kam es zur zweiten Auflage. Auch wenn Gott ihnen jetzt verborgen sei, so Katharina an die Frauen von Kenzingen, sollten sie sich seiner Barmherzigkeit gewiss sein; mit einem Jesaja-Wort (49,15), in dem Gott von sich selbst als einer stillenden Mutter spricht, versucht sie, ihre Glaubensschwestern zu trösten: „So wenig als die Mutter ihres saugenden Kindes mag vergessen, so wenig mag ich [= Gott] euer vergessen."

Katharina Zell, „Den leydenden Christglaubigen weybern der gemain zu Kentzingen", Straßburg 1524. Titelblatt

Während des Bauernkriegs 1525 sorgte sie für die Kriegsflüchtlinge, die das Massaker in Zabern überlebt hatten; bis zu 3000 Kriegsflüchtlinge hielten sich in Straßburg auf. Sie war dafür verantwortlich, all jene Flüchtlinge, die nicht im verlassenen Franziskanerkloster Unterschlupf finden konnten, bei Privatpersonen unterzubringen und die Spenden der Straßburger zu organisieren. 1529 beherbergte sie Huldrych Zwingli und Johannes Oekolampad, die unterwegs nach Marburg waren. Mit einem Brief an Luther mischte sie sich sogar direkt in den Abendmahlsstreit ein. Ohne Erfolg: „Ihr wisst, dass wohl die Liebe soll über alles gehen und den Vortritt haben, ausgenommen Gott, der über alles, auch über die Liebe ist", so Luthers Antwort.

1534 gab sie ein Liederbuch heraus, dem sie ein Vorwort voranstellte; es enthielt Auszüge des 1531 erschienenen Gesangbuches der böhmisch-mährischen Brüder. Als im Januar 1548 ihr Mann Matthäus Zell starb, ergriff Katharina nach der Grabrede Bucers selbst das Wort und wandte sich an die Gemeinde. Da ihre „Predigt" für Unmut gesorgt hatte, gab sie noch eine Schrift heraus. Darin betont sie, dass sie nicht das Amt des Predigers oder des Apostels bekleiden wollte, „sondern allein wie die liebe Maria Magdalena ohne Vorbedacht ihrer Gedanken zu einer Apostolin ward und vom Herrn selbst gedrungen den Jüngern zu sagen, dass Christus auferstanden wäre".

In den folgenden Jahren geriet Katharina in Konflikt mit der „zweiten Generation" der Straßburger Reformatoren, nämlich mit den Anhängern der lutherischen Orthodoxie. Man warf ihr unter anderem vor, mit dem Spiritualisten Caspar von Schwenckfeld regelmäßig Briefe ausgetauscht und ihn zwischen 1531 und 1533 beherbergt zu haben. So veröffentlichte sie 1557 ihren Briefwechsel mit Ludwig Rabus, einem jungen Prediger der „Orthodoxie", der Zwingli und seine Anhänger als Ketzer gebrandmarkt hatte. Sie würdigte nicht nur die Weitherzigkeit und die religiöse Duldsamkeit ihres verstorbenen Mannes, sondern auch die „armen Täufer": Die Obrigkeit hetze über sie „wie ein Jäger die Hund auf ein wildes Schwein und Hasen", aber sie bekennen „mit uns" Christus als den Herrn, und viele unter ihnen haben eine Erlösung „bis in das Elend, Gefängnis, Feuer und Wasser bekannt". – 1550 hatte Katharina das Pfarrhaus für einen katholischen Geistlichen frei machen müssen. 1558 veröffentlichte sie ihr letztes schriftstellerisches Werk: einen Trostbrief mit einer Auslegung des Vaterunsers. Zweimal predigte sie noch an Gräbern von Frauen. Sie starb am 5. September 1562. Erst 1999 wurden durch Elsie A. McKee ihre Schriften in einer wissenschaftlichen Edition herausgegeben.

▶ Dr. *Matthieu Arnold* ist Professor für die Geschichte der christlichen Neuzeit an der Protestantischen Theologischen Fakultät der Universität Straßburg.

Weiterführende Literatur

ARNOLD, MATTHIEU / HAMM, BERNDT (Hg.), Martin Bucer zwischen Luther und Zwingli, Tübingen 2003

GRESCHAT, MARTIN, Martin Bucer. Ein Reformator und seine Zeit (1491–1551), 2., überarbeitete und erweiterte Auflage, Münster 2009

McKEE, ELSIE ANNE, Katharina Schütz Zell, 2 Bde., Leiden 1999 (Studies in medieval and reformation thought 69)

Für einen Besuch in Straßburg

www.otstrasbourg.fr/de
www.musees.strasbourg.eu/index.php?page=musees-de
www.protestants-strasbourg.fr

Turku

Michael Agricola

von Reijo E. Heinonen

Vom Spätmittelalter an wurden die begabtesten Studenten Finnlands an die besten Universitäten Europas geschickt – nach Paris, Prag, Erfurt oder Leipzig und später auch nach Rostock und Greifswald. Ihren wachsenden Ruhm als Zentrum der Reformation verdankte die kleine Universität Wittenberg Martin Luther und Philipp Melanchthon. An diesem Ort wollte auch der kommende Reformator Finnlands, Michael Agricola (1507–1557), studieren, als er sich im Spätsommer 1536 mit seinem Studienfreund Martinus Teit (gest. 1544) in der Hafenstadt Turku (schwedisch Åbo) einschiffte.

Beide Studenten stammten aus dem Dorf Pernaja, etwa 80 km östlich von Helsinki gelegen. Vielleicht hatten sie schon dort oder in der Lateinschule in Wyborg, spätestens aber beim gemeinsamen Studium in Turku zentrale Gedanken Martin Luthers kennengelernt. Grundlage der humanistischen und theologischen Bildung Agricolas waren seine ausgezeichnete Bibelkenntnis sowie ein erster Unterricht in der griechischen Sprache und Vertrautheit mit allgemeinen humanistischen Anschauungen. Er hatte drei folgenreiche Entscheidungen zu treffen.

Erstens: Sollte sein Weg zu einem Bibelhumanismus wie bei Erasmus führen, oder würde die Kritik Luthers an den Missständen der katholischen Kirche sein Lebenswerk prägen? Sollte zweitens der Reformkatholizismus seines Vorgesetzten, Bischof Martinus Skytte in Turku, auch seine eigenen späteren kirchlichen Reformen lenken, oder sollten die radikalen Gedanken des Rektors der Kathedralschule von Turku, Petrus Särkilahti, die Oberhand gewinnen? Eine dritte Wegscheide für Agricola war durch die Kirchenpolitik des über Finnland herrschenden schwedischen Königs Gustav Wasa markiert, der das Bischofsamt mit seinen Privilegien und seiner politischen Macht autoritär abschaffen wollte. Agricola aber hatte als Sekretär und Kanzler des Bischofs Martinus

Skytte auch die Vorteile einer hierarchischen kirchlichen Ordnung in Finnland erlebt. Wie würde die Studienzeit in Wittenberg zur Lösung dieser Diskrepanzen beitragen?

Student in Wittenberg

Durch die enge Verbindung zwischen Universität und kirchlichen Erneuerungs-bestrebungen hatte die deutsche Reformation an akademischer Glaubwürdigkeit gewonnen. An der Wittenberger Fakultät gab es vier Professuren, zwei für Neues Testament und zwei für Altes Testament. Die große Bedeutung der Studien der klassischen Sprachen und der Schriftauslegung erklärt sich dadurch, dass aus den Bibelstudien direkte Konsequenzen für die systematische Beschreibung der kirchlichen Lehre gezogen wurden. Bezeichnend ist, dass die erste systematische Darstellung der lutherischen Lehre, die *Loci Communes* Melanchthons, aus Vorle-sungen über den Römerbrief hervorging.

Agricolas Hinweis auf Melanchthon als „seinen Lehrer" und Luther als „seinen ehrwürdigen Vater" können wir so verstehen, dass er in Wittenberg vor allem im

Gedenktafel zur Erinnerung an Agricolas Wittenberger Studienzeit links neben dem Katharinenportal an der Wand des Luther-Hauses in Wittenberg

Geiste des Bibelhumanismus studierte. Die scharfe Kritik des deutschen Reformators an der katholischen Kirche blieb ihm fremd, da er die angeprangerten Missstände aus seiner Heimat nicht kannte. Dagegen waren ihm die theologischen Hauptgedanken Luthers über Rechtfertigung aus Glauben – *sola gratia, sola fide, solus Christus* und *sola scriptura* als oberste Anweisung für Lehre und Leben – wichtig.

Obwohl Agricola und Martin Teit bei den Wittenbergcr Theologen studierten, absolvierten sie die entscheidenden Prüfungen in der philosophischen Fakultät. Die von Agricola in Wittenberg erworbenen Bücher bezeugen sein Streben nach universaler Bildung. Die Magister-Promotion am 11. Februar 1539 beendete die Studienzeit in Wittenberg. Als Agricola und Teit sich zusammen mit dem späteren Superintendenten Gustav Normann am 1. Mai 1539 auf die Heimreise begaben, hatten sie ein Empfehlungsschreiben Luthers bei sich.

Über Agricola schrieb der deutsche Reformator: „obwohl er jung ist, verfügt er über ausgezeichnete Gelehrsamkeit, Intelligenz und gute Sitten". So empfahl Luther ihn dem Schwedischen Reich als bewährten Mann.

Lehrmeister in Turku

Nach seiner Rückkehr wurde Agricola zum Rektor der Kathedralschule von Turku ernannt. Dadurch stellte man sicher, dass das neueste theologische Wissen aus dem Zentrum der Reformation Verbreitung fand. Die Kathedralschule war im 13. Jahrhundert gegründet worden und fungierte als Ausbildungsstätte für die zukünftigen Pfarrer. Praktische Erfahrung gewannen die Studenten dadurch, dass sie in den Gottesdiensten der Kathedrale als Hilfspastoren dienten. Die Lehrfächer der Schule waren Latein und theologische Bildung.

Als Lohn bekam Agricola zunächst eine kleine Bartholomäus-Prebenda, d. h. nur ein Gehalt, später eine größere Laurentius-Prebenda, wozu ein Wohnhaus neben der Kathedrale gehörte. In diesem Haus verfasste er die ersten finnischsprachigen Publikationen: *ABC-kiria* (ABC-Buch) 1543 und *Rukouskiria Bibliasta* (Biblisches Gebetbuch) 1544. Später erwarb Agricola das Katharina-Prebendahaus nebenan.

Agricola hatte von König Gustav Wasa vergebens Geld für die Drucklegung seiner Übersetzung des Neuen Testaments ins Finnische erbeten. Das für lutherisches Leben und lutherische Lehre zentrale Werk konnte erst 1548 erscheinen. Als Grundlage der Übersetzung dienten die griechischsprachigen und lateinischen Texte von Erasmus von Rotterdam, Luthers Übersetzung des Neuen Testaments, das schwedischsprachige Neue Testament von 1526 und die ganze schwedische Bibel von 1541. Die Drucklegung des 350 Seiten umfassenden Buches mit schönen

Schloss und Kathedrale von Turku. Aus: Anders Fredrik Skjöldebrand, „Voyage pittoresque au Cap Nord", Bd. 1, Stockholm 1801

Agricolas Übersetzung des Neuen Testaments in finnischer Sprache, 1548. Titelblatt

Illustrationen musste Agricola zusammen mit seinen Freunden selbst finanzieren.

In Mitteleuropa war das gebildete Bürgertum der Städte ein zentraler Befürworter der Reformation. In Finnland dagegen unterstützte diese Schicht die Reformation nicht in besonderer Weise. Infolgedessen musste auf die Ausbildung der Pfarrerschaft großes Gewicht gelegt werden. Die Reformation in Finnland war vor allem eine theologische Bildungsaufgabe. Die Rolle der Pfarrer im Gottesdienst änderte sich. Der Pfarrer, der auf die Liturgie der Messe konzentriert gewesen war, wurde nun zum Prediger ausgebildet.

Für viele aus der Pfarrerschaft lag die Anziehungskraft der Reformation jedoch nicht so sehr in der evangelischen Lehre an sich, sondern primär in der Freiheit, die sie mit sich brachte. Dazu gehörte die Pfarrerehe. Auf Luthers Hochzeit mit Katharina von Bora wurde im Rathaus von Wittenberg im Sommer 1525 sogar getanzt. Wann genau Michael Agricola und Birgitta Olaustohter heirateten, wissen wir nicht. Ihr Sohn wurde am 11. Dezember 1550 geboren und erhielt den Namen Christian (gest. 1586). Als Bischof von Tallin setzte er die reformatorische Verkündigung seines Vaters fort.

Als Bischof in Turku

Nach der Pensionierung von Bischof Martinus Skytte wurde Agricola Leiter des Domkapitels. Probleme bereitete die Einstellung des Königs, der die obersten Kirchenführer an seine Person binden und sie statt „Bischöfe" „Ordinarien" nennen wollte. Agricola und Paulus Juusten wurden nach „lutherischer Art" ohne Salbung und Öl geweiht. Agricola aber wollte seine Auffassung über die Rolle der Kirche in der Gesellschaft symbolisch durchsetzen. Am 16. Juni 1554 feierte er mit der Gemeinde und der Pfarrerschaft der Diözese Turku eine sogenannte Bischofsmesse. Er selbst erschien mit Tiara und las die Bischofsmesse, mit einem Segen an das Volk und der Te-Deum-Hymne.

Zwei Entscheidungen des Königs waren für Agricola schwer zu akzeptieren. Erstens war er auf Anordnung des Königs hin gezwungen, das Rektorat der Kathedralschule aufzugeben. Zweitens erfolgte eine Teilung des Bischofssitzes in die Diözesen Turku und Wyborg, wohl zur Enttäuschung Agricolas. Wahrscheinlich wollte Gustav Wasa dadurch die Bischöfe entmachten. Agricola wurde Bischof für Turku und Paulus Juusten für Wyborg. Juusten war zuständig für die östlichen Teile und Agricola für die westlichen Teile des Landes.

Die Kathedrale von Turku vor dem großen Stadtbrand von 1827. Aquarell von Carl Ludwig Engel, 1814

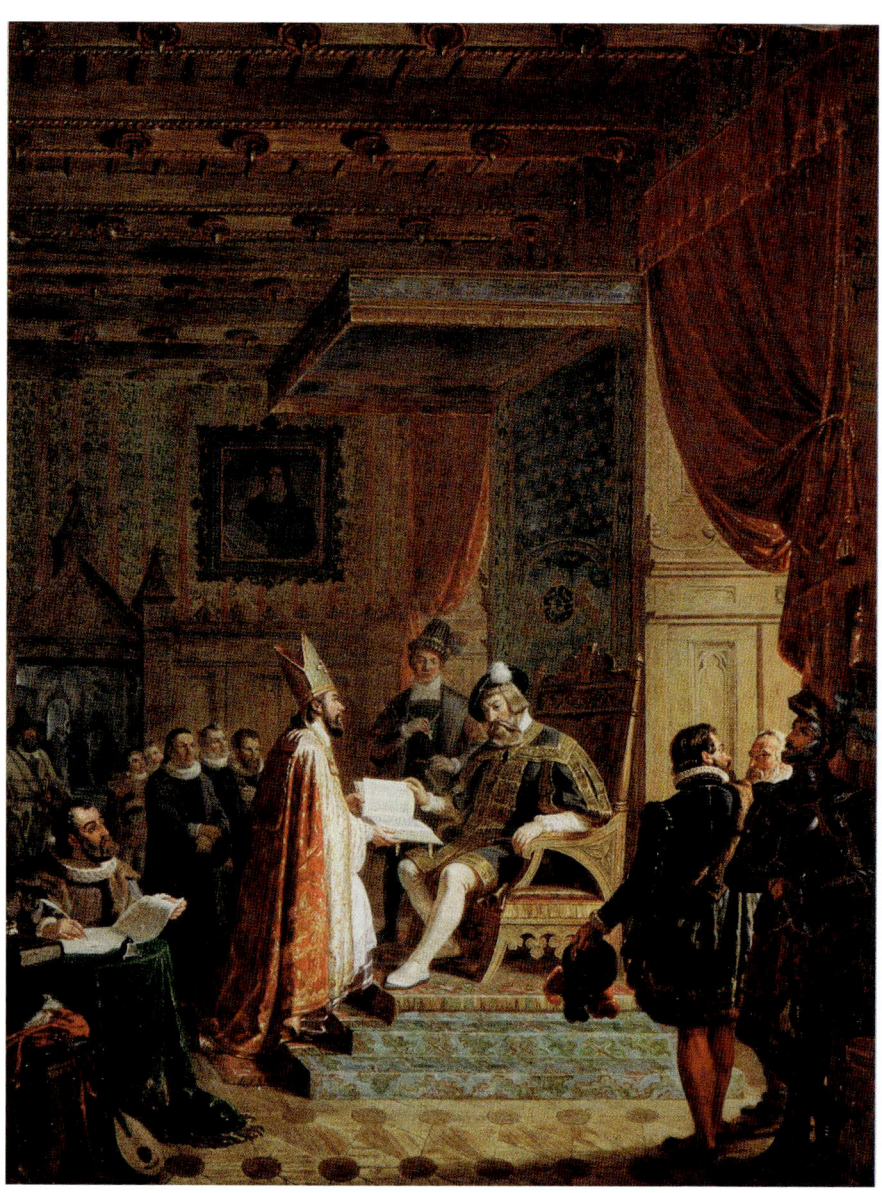

Agricola überreicht König Gustav Wasa das finnische Neue Testament.
Gemälde des Malers Robert Wilhelm Ekman, 1853

Im hohen Chor der Kathedrale zu Turku gibt es ein Gemälde des romantischen Malers R. W. Ekman (von 1853), auf dem Agricola als Bischof mit Tiara dem König Gustav Wasa das finnische Neue Testament überreicht. Die Historizität dieser Szene ist aus folgenden Gründen zu bezweifeln: Die Veröffentlichung des finnischen Neuen Testaments ereignete sich 1548, aber Agricola wurde erst 1554 zum „lutherischen Bischof" ernannt. Zweitens wollte der König Gustav Wasa keine Bischofsämter in katholischer Form. Drittens hatte er die Übersetzung des Neuen Testaments ins Finnische nicht unterstützt. Es handelt sich also um ein idealisierendes Bild, das die historischen Konflikte zwischen den Dargestellten nicht berücksichtigt, wohl aber dazu Anlass gibt, dem eigenen und spannungsreichen Weg Agricolas nachzudenken.

Als Visitator des Bistums

Seine ersten Visitationen in den sieben Gemeinden in der Nähe von Turku vollzog Agricola kurz nach seiner Bischofsweihe im Juli 1554. Die Sommerzeit war günstig für die Reise, die zum Teil mit dem Boot zu den Schärengemeinden zurückgelegt werden musste. Der Besuch des Bischofs bewirkte sowohl Gutes als auch Schlechtes. Die Gelehrsamkeit des Mannes, der auf der Höhe des Wissens seiner Zeit stand, kam der Pfarrerschaft und dem Kirchenvolk zugute. Doch die vorgenommene Katalogisierung des Eigentums und der Immobilien führte zu großen Verlusten und einer Verarmung der Gemeinden, da sie die staatliche Plünderung der Gemeinden – nach dem Tode Agricolas – 1557 und 1578 erleichterte.

Endpunkt der ersten Visitation war das 1443 gegründete Birgittenkloster in Naantali, das als letzter Stützpunkt des katholischen Glaubens in Finnland galt. Das auf der Halbinsel Ailostenniemi gebaute Kloster liegt etwa 17 km westlich von Turku. Die restaurierte Klosterkirche dient heute dem lutherischen Gottesdienst, ist aber auch eine Stätte der internationalen Naantali Musikfestspiele. Obwohl in der Zeit Agricolas noch Schwestern ins Kloster aufgenommen wurden, erhielten sie von ihren Verwandten keine Mitgift mehr, was zur Verarmung des Klosters beitrug. Die Schwester des Dompropstes im Stift Johannes Petri in Turku, Birgitta Pedersdotter, war damals Äbtissin des Klosters. Während der letzten Jahre des Klosters gab es noch fünfzehn Nonnen und sechs Mönche. Die letzte Nonne verstarb 1591.

Im Jahr 1555 führte Agricola seine letzten Visitationen durch, und zwar nach Pöytyä in der Nähe von Turku und nach Närpiö in Pohjanmaa. Am 11. August 1555 weihte er die letzte erhaltene, im mittelalterlichen Stil erbaute Granitsteinkirche in Närpiö – „zu Ehren Mariae". Dies zeigt einerseits, wie nahe er noch der katholischen Zeit stand, andererseits, dass er keine unnötigen Konflikte eingehen wollte.

Naantali. Im Hintergrund die Kirche des ehemaligen Brigittenklosters. Aquarell von Erik Wilhelm Le Moine, um 1820

Er blieb jedoch nicht vom Elend der Kriege verschont. Während dieser Visitation hörte er nämlich, dass die Russen in die Gegend der Oulujärvi eingedrungen waren und 300 Neusiedler getötet hatten.

Als Friedensunterhändler in Russland

Anlass für die Grenzstreitigkeiten war die Interpretation des Friedensschlusses zu Pähkinäsaari 1323. Nach der russischen Auffassung waren die schwedisch-finnischen Neusiedler zu weit nach Osten vorgedrungen. Dies erklärt sich teilweise dadurch, dass keine konkret markierte Grenze in diesen Gemarkungen vorhanden war.

Die Verhandlungen mit Iwan dem Schrecklichen begannen in Moskau im Winter 1557. Agricola war Mitglied der 100 Männer starken Friedensdelegation, zusammen mit dem Erzbischof Laurentius Petri. Leiter der Delegation war der Statthalter von Smooland, Sten Eriksson Leijonhuvud. Die Friedensverhandlungen wurden vom Ratgeber des 27-jährigen Zaren geleitet, und das Frieden stiftende Abkommen wurde schließlich in Nowgorod unterzeichnet.

Die Schlittenfahrten über die vereisten Seen und durch die öden Wälder strengten Agricola an. Beim Aussteigen aus dem Schlitten starb er am 9. April 1557 in dem Fischerdorf Kyrönmäki in der Landgemeinde Uusikirkko. In der Kathedrale

410

von Wyborg wurde er beigesetzt. Weder ein Gemälde oder eine Zeichnung vom Gesicht des Reformators ist uns überliefert, noch ist uns sein genauer Grabplatz bekannt. Die schönen Bilder und Plastiken von Agricola in Turku (Oskari Jauhiainen) und Wyborg (Emil Wikström) verdanken sich künstlerischer Phantasie.

Zum Schluss

Die „große Tat" Agricolas liegt in der Formulierung der elementaren finnischen Begriffe, die er durch seine Übersetzungsarbeit, besonders am Neuen Testament, schuf. Sie reflektieren manchmal das Ethos einer ganzen Weltauffassung. Zu den von Agricola formulierten östlichen Lehnwörtern gehört z.B. der Begriff „omatunto", der anders als seine westlichen Entsprechungen (syneidesis, conscientia, samvete) nicht das kollektive, sondern das individuelle Bewusstsein betont. Der finnische Begriff „omatunto" bedeutet „eigenes Erkennen", der entsprechende finno-ugrisch-estnische Begriff „bei sich selbst fühlend erkennen". So wie in der

Michael Agricola. Statue von Oskari Jauhiainen bei der Kathedrale von Turku, 1952

Michael Agricola. Büste von Emil Wikström in Wyborg, 1908

411

lutherischen Glaubensauffassung die Individualität wichtig ist, so ermutigt dieser finnische Begriff den Menschen, seine moralische Kraft in der inneren – sowohl sündigen als auch Erbarmen erfahrenden – Individualität zu suchen.

Agricolas Beharrlichkeit, die Anfänge des elementaren Wortschatzes der finnischen Sprache zu entwickeln, und seine Stellung als lutherischer Bibelhumanist zeichnen seine Werke so aus, dass viele Generationen nach ihm in ihrer Beschäftigung damit immer noch seine Stimme erkennen können, auch wenn nicht überliefert ist, wie er aussah.

▶ Dr. *Reijo E. Heinonen* ist Professor emeritus der Historischen Theologie und Religionspädagogik der Theologischen Fakultät der Universität Joensuu (heute Universität Ost-Finnland) und Dozent der Kirchengeschichte an der Universität Turku.

Weiterführende Literatur
GUMMERUS, JAAKKO, Michael Agricola, der Reformator Finnlands. Sein Leben und sein Werk, Helsinki 1941
GRELL, OLE PETER (Hg.), The Scandinavian Reformation from evangelical movement to institutionalization of reform, Cambridge1995
HEININEN, SIMO, Mikael Agricola, elämä ja teokset, Helsinki 2007

Für einen Besuch in Turku
www.visitturku.fi/en/tourist-information_en-1
http://reformation-cities.org/cities/turku
https://www.turunseurakunnat.fi/portal/en/turku_cathedral

Ulm

Sebastian Franck und Caspar von Schwenckfeld

von Susanne Schenk

Im Unterschied zu anderen oberdeutschen Reichsstädten brachte Ulm nicht den einen, tonangebenden Reformator hervor, sondern bot einer Vielstimmigkeit Raum, welche vom Rat der Stadt moderiert wurde. So konnten hier in den ersten Reformationsjahrzehnten auch Stimmen zu Wort kommen und wirken, die andernorts bereits zum Verstummen gebracht worden waren. Besonderen Anklang fanden spiritualistische Theologie und Frömmigkeit, die gegenüber äußeren kirchlichen Vollzügen die innerseelische Dynamik des Wortes betonten und später im Pietismus, gerade auch des benachbarten Württemberg, wieder zu Gehör kamen.

Ulm – Handelsstadt rund ums Münster

Einst aus einer königlichen Pfalz entstanden, erblühte Ulm im Spätmittelalter zu einer Handelsstadt von europäischer Bedeutung. Die Stadt an der Donau war ein Knotenpunkt der Wege des Fernhandels nicht nur zu Lande, sondern auch zu Wasser – ab Ulm konnte der Fluss befahren werden. Innerhalb der Stadtmauern lebten um 1500 etwa 18.000 Menschen; außerhalb erstreckte sich ein Landgebiet, das Ulm durch seinen Reichtum kontinuierlich ausdehnen konnte, bis es schließlich nur noch dem Nürnbergs an Größe nachstand. Die Donaustadt war neben Straßburg und Basel eine der drei führenden Städte im oberdeutschen Raum. Ihrem Anspruch auf Bedeutung gab sie Gestalt durch das Gebäude, das die Bürgerschaft in ihrem Zentrum errichtete: Das Ulmer Münster, dessen Turm seit seiner Fertigstellung im 19. Jahrhundert alle Kirchtürme der Welt überragt, war zur Zeit der Reformation die größte Pfarrkirche im Heiligen Römischen Reich. An sage und schreibe 52 Altären wurden Messen gefeiert, ein reicher Schatz religiöser Kunstwerke reiz-

Der westliche Münsterplatz mit der ehemaligen Franziskanerkirche. Foto, um 1875

te zur Andacht und bot eine Anschauung von der Frömmigkeit wie auch vom Stolz der Stifterfamilien.

Das Münster war einzige Pfarrkirche und damit Mittelpunkt des religiösen Lebens der Bürgerschaft. Rund um diese der Maria geweihte Pfarrkirche prägten weitere 35 Kirchen und Kapellen das Stadtbild. Unter ihnen ragten neben der Spitalskapelle vor allem die Gotteshäuser der Klöster und Orden heraus. Im Westen der Stadt fanden sich eine Kommende des Deutschen Ordens sowie das Wengenstift der Augustinerchorherren. Vor dem Hauptportal des Münsters, wo heute das moderne Stadthaus steht, hatten sich die Franziskaner niedergelassen. Nahe der Donau stand das Ulmer Dominikanerkloster; hier hatte im 14. Jahrhundert der Mystiker Heinrich Seuse gewirkt, der 1366 in Ulm starb. Ein differenziertes Angebot religiöser Häuser gab es auch für die Frauen der Stadt: Neben dem reichen Söflinger Klarissenkloster vor den Toren standen ihnen innerhalb der Mauern zwei Frauenkonvente zur Verfügung, die der dritten Regel des Franziskus folgten.

Erste Klangräume der reformatorischen Botschaft: Bürgerhaus und Barfüßerkirche

Als einer der ersten Orte, an denen die reformatorische Botschaft in Ulm Aufnahme fand, gilt das Haus des Stadtarztes Wolfgang Rychard. Bei ihm traf sich einer der kleinen humanistischen Zirkel der Stadt. Schon früh begeisterte Rychard sich für die Wittenberger reformatorische Bewegung; er korrespondierte mit Martin Luther und Philipp Melanchthon und verbreitete Lutherschriften in seinem Hauszirkel wie auch darüber hinaus.

Die erste Ulmer Kirche, in der reformatorische Predigt erklang, war dann die Barfüßerkirche neben dem Münster. Hier wirkten in den Jahren 1520–1521 nacheinander zwei Franziskanerbrüder als Prediger, die sich in ihrer Theologie an Luther orientierten. Johann Eberlin von Günzburg und Heinrich von Kettenbach mussten jedoch jeweils nach kurzer Zeit die Stadt verlassen.

Ulm aus der Vogelschau von Süden. Der Ulmer Stadtmaler Philipp Renlin erstellte 1597 diesen „amtlichen" Stadtplan. Kolorierte Federzeichnung
Links unten: das Münster mit dem Franziskanerkloster (links) und das Rathaus beim Brunnen (unten); rechts unten: am Ufer der Donau links das von einer Mauer umgebene Dominikanerkloster, gleich rechts daneben die Spitalkirche

Die reformatorischen Impulse aber wirkten weiter. 1523 schrieb der Ulmer Rat in einer deutungsoffenen Formel die „Predigt nach Gottes Wort" vor. Darauf konnten sich im folgenden Jahr vier Ulmer Bürger berufen, die sich als evangelisch bezeichneten und beim Ulmer Rat ihre Unzufriedenheit mit der Predigtkultur der Stadt zum Ausdruck brachten. Sie forderten vom Rat genau dies: eine Predigt nach

415

Westfassade des Ulmer Münsters. Aquatinta-Radierung von Jonas Arnold, 1666

Gottes Wort. Keinen Monat später bestellte der Ulmer Rat den reformatorisch gesinnten Konrad Sam (1483–1533) zum Ratsprediger. Als Predigtort wurde ihm die Barfüßerkirche zugewiesen.

Die reformatorische Predigt erklingt im Münster

Bald schon konnte die Barfüßerkirche die Schar der Predigthörer nicht mehr fassen. So ließ der Rat seinen Prediger auf die Kanzel der Pfarrkirche steigen und ernannte ihn dort zum Frühprediger. Das war der Anfang evangelischer Predigt im Ulmer Münster. Diese hatte in den ersten Jahren einen deutlich zwinglianischen Klang. Denn der Münsterprediger Konrad Sam richtete sich theologisch an Huldrych Zwingli aus, mit dem er auch in Briefkontakt stand. Als Wittenberg und Zürich darum stritten, wie das Abendmahl zu verstehen sei und der oberdeutsche Raum nicht nur geographisch zwischen Wittenberg und Zürich lag, da positionierte Sam sich und seine Ulmer Predigten klar auf der Seite des Zürcher Reformators.

Am Ende desselben Jahres, in dem der Rat Sam in die Stadt geholt und ins Münster befördert hatte, war Ulm Gastgeberin des Städtetages. Dieser Ulmer Städtetag von 1524 verfasste ein Schreiben an den Kaiser, das als erstes öffentliches reformatorisches Bekenntnis auf Reichsebene gelesen werden kann. Innerhalb der Stadt führte der Rat in den folgenden Jahren einige Änderungen durch, die den Anliegen der Reformation entgegenkamen. Doch vor die Herausforderung einer grundsätzlichen Entscheidung für oder gegen die Reformation sah die Stadt sich erst im Jahr 1530 gestellt.

Der Ulmer Bürgerentscheid von 1530 und die Vielstimmigkeit der Ulmer Reformation

Auf dem Augsburger Reichstag 1530 wurde Ulm vertreten durch seinen Bürgermeister Bernhard Besserer und durch Daniel Schleicher als Vertreter der Zünfte. Zwar unterzeichneten diese weder das Bekenntnis der vier oberdeutschen Städte (*Confessio Tetrapolitana*), wofür Konrad Sam plädiert hatte, noch die Augsburger Konfession. Aber sie brachten aus Augsburg die Überzeugung mit, dass angesichts der Zuspitzung der Religionsfrage auf Reichsebene die Stadt nun ein klares Votum für oder gegen die Reformation abzugeben hätte. In dieser Situation griff der Ulmer Rat auf das Instrument des Bürgerentscheids zurück, das in der Verfassung der Stadt vorgesehen war. Die Bürger, die namentlich abzustimmen hatten, wurden im Vorfeld mit mahnenden Worten auf ihre Verantwortung und die mit

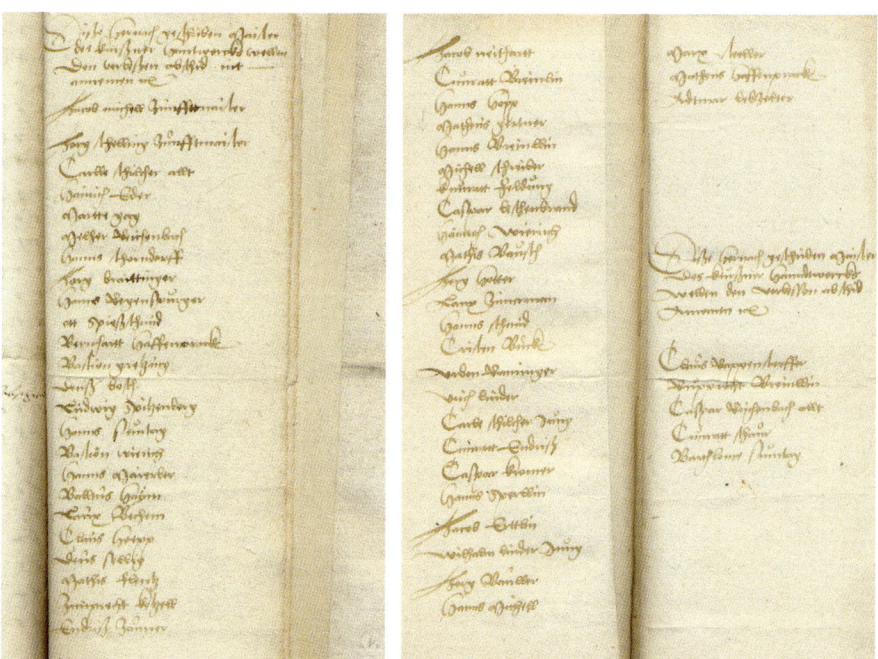

Abstimmungsliste der Kürschnerzunft vom November 1531. Fünf der Mitglieder votierten
für den Abschied, 51 lehnten ihn ab und stimmten damit für die neue Lehre

der Abstimmung verbundenen Gefahren für das Wohl der Stadt einerseits und das Heil ihrer Seelen andererseits hingewiesen. Von den 1865 Abstimmungsberechtigten stimmten schließlich 1621 gegen den Beschluss des Augsburger Reichstages, reformatorische Neuordnungen zu verbieten, und damit für die Reformation.

Im Anschluss an diesen Entscheid der Bürger rief der Rat 1531 die drei führenden oberdeutschen Reformatoren Martin Bucer, Johannes Oekolampad und Ambrosius Blarer nach Ulm und beauftragte sie damit, eine reformatorische Kirchenordnung für Ulm zu verfassen und einzuführen. Die folgende reformatorische Umgestaltung veränderte das Gemeinwesen sinnenfällig: Durch die Auflösung der Klöster verschwanden die Ordensleute weitgehend aus dem Stadtbild. Aus dem Münster im Zentrum der Stadt wurden Altäre und transportable Kunstwerke entfernt – wo möglich wurden sie den Stifterfamilien zurückgegeben. So konzentrierte sich das Gottesdienst-Erleben im großen Münsterschiff nun auf das Predigtwort von der Kanzel und das gemeinsame Abendmahl an dem einen zentralen Altar.

Es ist bezeichnend, dass die Einführung der Reformation in Ulm nicht auf der positiven Annahme einer bestimmten Spielart der Reformation gründete, sondern auf der negativen Entscheidung, das Verbot reformatorischer Neuordnung durch den Reichstag abzulehnen. Auf dieser Basis konnte der Ulmer Rat auch nach 1530 noch vergleichsweise lange einer Vielstimmigkeit der reformatorischen Bewegung in der Stadt Raum geben – nicht zuletzt waren im Rat selbst verschiedene Glaubensrichtungen vertreten, von altgläubig über lutherisch, zwinglianisch und oberdeutsch bis täuferisch und spiritualistisch. Diese Politik des Rates führte immer wieder zu Auseinandersetzungen mit den vom Rat eingesetzten Theologen unter Leitung des vormaligen Heidelberger Professors Martin Frecht (1494–1556), des Nachfolgers von Sam. Frecht stand in regem Austausch mit führenden oberdeutschen Reformatoren; er förderte die Verständigung der oberdeutschen mit der Wittenberger Reformation und wachte aufmerksam über die Entwicklung von Theologie und Frömmigkeit in seiner Stadt. In den 1530er Jahren führte er vor dem Rat vehement Klage vor allem gegen die beiden Personen, die mit ihren spiritualistischen Lehren in Ulm großen Anklang fanden: Sebastian Franck (1499–1542) und Caspar von Schwenckfeld (1489–1561).

Zwei spiritualistische Wortführer der Ulmer Reformation: Sebastian Franck und Caspar von Schwenckfeld

In den Jahren nach dem Bürgerentscheid leistete es sich Ulm, zwei reformatorische Weggefährten aufzunehmen, die aufgrund ihrer theologischen Ausrichtung vom reformatorischen Lager bereits deutlich ausgegrenzt wurden. Beide, der süddeutsche Franck, wie auch der schlesische Adelige Schwenckfeld hatten sich – unabhängig voneinander – früh der reformatorischen Bewegung zugewandt. Als sie die mystischen Ansätze von Luthers früher Theologie auf je eigene Weise weiterführten, entfernten sie sich von der Wittenberger Reformation. Beide fanden zunächst Aufnahme in Straßburg, wo sie sich wohl 1531 zum ersten Mal begegneten. Noch im selben Jahr wurde Franck dort erst inhaftiert und dann ausgewiesen; drei Jahre später musste auch Schwenckfeld wegen theologischer Uneinigkeiten Straßburg verlassen. Beide wurden daraufhin in Ulm willkommen geheißen: Franck, der sich zeitweise als Seifenfabrikant sein Geld verdiente, erhielt 1534 das Bürgerrecht. Im selben Jahr wurde Schwenckfeld nach Ulm eingeladen – von keinem Geringeren als dem Ulmer Bürgermeister Bernhard Besserer.

Franck nutzte die Möglichkeiten der Handelsstadt zunächst mit seinem Seifengeschäft und dann mit dem Aufbau einer eigenen Druckerei. Hier veröffentlichte er einen Teil seines umfangreichen und bemerkenswert breitgefächerten literarischen Werkes, das, wie die Auflagenzahlen zeigen, auf große Resonanz stieß. Franck tat sich besonders als Herausgeber von Texten anderer, älterer und zeitgenössischer Autoren hervor, die er ins Deutsche übersetzte und auszugsweise

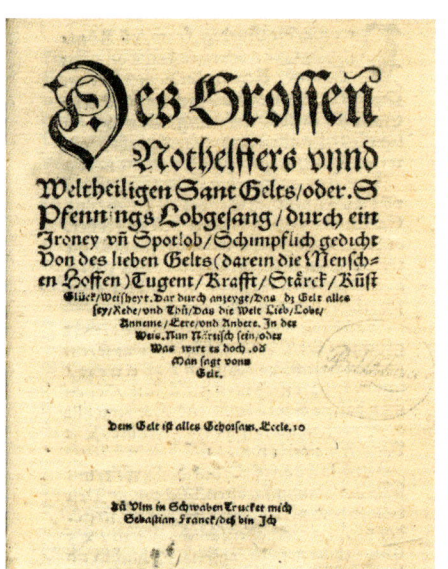

1537 veröffentlichte Sebastian Franck in seinem Ulmer Verlag sein satirisches Werk „Des großen Nothelfers und Weltheiligen Sankt Geld". Titelblatt

Caspar von Schwenckfeld, dargestellt im 66. Lebensjahr (1556). Stich von einem unbekannten Künstler

zusammenstellte. Dadurch, dass er sich unterscheidende Aussagen im deutschen Druck zugänglich machte und nebeneinander stellte, verdeutlichte Franck seine Anschauung, wonach sich die Wahrheit der buchstäblichen Festlegung entzieht. Wahrheit war für ihn nur durch das innere Geisteswort sowie nur dem je Einzelnen zugänglich – und damit letztlich unsagbar. Von daher plädierte er gegen jeden Glaubensstreit für ein „parteiloses Christentum".

Schwenckfeld hatte in den 1520er Jahren wesentlich zur Verbreitung der Reformation in Schlesien beigetragen. Da er in den innerreformatorischen Auseinandersetzungen über das Abendmahl die geistliche Speisung der Seele betonte, sahen ihn viele zunächst an der Seite Zwinglis. Hatte dies 1529 dazu geführt, dass Schwenckfeld Schlesien verlassen musste, so mag es seiner Aufnahme in Ulm durchaus förderlich gewesen sein – gerade nachdem mit Sam die prominente Zwingli-orientierte Stimme der Stadt verstummt war. In Ulm, wo der Schlesier im Haus der Bürgermeisterfamilie Besserer wohnte, bildete sich rasch ein Kreis von Anhängerinnen und Anhängern um ihn, die sich zum geistlichen Austausch trafen. Damit unterschied Schwenckfeld sich deutlich von Franck, der jegliche Form von Glaubensgemeinschaft ablehnte. Anders als dieser hielt Schwenckfeld es für möglich und wichtig, die innere Christuserkenntnis anderen mitzuteilen. Wie in Ulm, so öffneten sich dem Adeligen an weiteren Orten, die er von dort aus bereiste, die Tore von Adelssitzen und Bürgerhäusern; gerade auch Frauen ließen sich von Schwenckfeld und seiner Konzentration auf das innere Glaubensgeschehen ansprechen. So entstanden im süddeutschen Raum nicht wenige Kreise von Gleichgesinnten, die in einem übergreifenden Briefnetzwerk miteinander verbunden waren.

Welche Beachtung Schwenckfeld und dem Konflikt um seine Person zuteil wurde, zeigt sich daran, dass der württembergische Herzog Ulrich 1535 zu einem Kolloquium nach Tübingen einlud, um einen Ausgleich zwischen den oberdeutschen Reformatoren und dem spiritualistischen Theologen zu erreichen. In der Tübinger Konkordie verpflichteten sich dann beide Seiten, in Zukunft auf gegenseitige Verurteilungen zu verzichten. Diese Abmachung wurde bereits im folgenden Jahr hinfällig, als Schwenckfeld die Wittenberger Konkordie heftig kritisierte – womit er nicht wenigen Ulmern aus der Seele sprach, die im Kompromiss mit den Wittenbergern ihre eigene Abendmahlsauffassung verraten sahen. Nun flammte der Konflikt in Ulm erneut auf; Frecht wurde wiederholt beim Rat vorstellig, um diesen von der Unhaltbarkeit der schwenckfeldischen Lehre zu überzeugen. Aber erst als Frecht und die anderen Ulmer Prädikanten mit ihrer Amtsniederlegung drohten, musste 1539 nach Franck auch Schwenckfeld die Stadt verlassen. Jener ließ sich als Buchdrucker in Basel nieder, dieser verbrachte die folgenden Jahre an verschiedenen Orten bei seinen Anhängern im süddeutschen Raum.

Doch auch nach dem Weggang der beiden Wortführer lebten in Ulm spiritualistisches Gedankengut und spiritualistische Frömmigkeit fort. Es gab nun im Landgebiet Pfarrer, deren Predigt und Gottesdienstpraxis deutlich spiritualistischen Einfluss zeigten. Und mit einem Frühprediger zog die spiritualistisch orientierte Predigt zwischenzeitlich sogar ins Münster ein. Zum Zentrum der schwenckfeldischen Gemeinschaft der Stadt, zu der neben Bürgerinnen und Bürgern auch Mägde gehörten, wurde das Haus der

Stele für Agathe Streicher. Sie steht in der Neuen Mitte, in der Nähe des Eingangs zum Parkhaus vor dem Baum. Dort haben die Archäologen die Fundamente des Hauses von Agathe Streicher gefunden und dort soll auch Caspar von Schwenckfeld gestorben sein

421

Familie Streicher. Hier starb Schwenckfeld, der es sich nicht hatte nehmen lassen, immer wieder nach Ulm zurückzukehren; eine Plakette an der Stelle des ehemaligen Streicherhauses erinnert heute daran. Unter der Leitung zuerst von Katharina, dann ihrer Schwester Agathe Streicher lebte die spiritualistische Gemeinschaft in der Stadt weiter. Agathe, die vereidigte Ulmer Stadtärztin, war nicht nur als Medizinerin weit über Ulm hinaus gefragt, sondern nahm auch im überregionalen schwenckfeldischen Netzwerk eine zentrale Rolle ein. Erst nach ihrem Tod 1581 gelang es dem lutherischen Ulmer Superintendenten Ludwig Rabus, den Rat zu einem scharfen Vorgehen und zur Ausweisung der Schwenckfelder aus der Stadt zu bewegen.

Schluss: Der Nachklang der Vielstimmigkeit in den Kapellen des Münsters

Zum ersten großen Reformationsjubiläum 1617 erbaute Ulm sich an der Stelle des ehemaligen Dominikanerklosters die Dreifaltigkeitskirche (heute: Haus der Begegnung) als zweite, genuin lutherische Pfarrkirche – die Reichsstadt feierte ihre Reformation im Gefolge Luthers. An die Vielstimmigkeit, die die ersten Jahrzehnte der Ulmer Reformation charakterisierte, erinnern bis heute die Kapellen, die sich um den Chor des Ulmer Münsters gruppieren: Während die Neithartkapelle nach der Ulmer Ratsfamilie benannt ist, die altgläubig geblieben war, trägt die Bessererkapelle den Namen der Familie, die lange Jahre die spiritualistische Stimme in Ulm gefördert hatte; die Samkapelle schließlich lässt den Zwingli-nahen Ton der ersten reformatorischen Münsterpredigt anklingen.

▶ Dr. *Susanne Schenk* ist Pfarrerin der Evangelischen Landeskirche in Württemberg und arbeitet derzeit an einem Habilitationsprojekt zur Ulmer Reformation.

Weiterführende Literatur
KEIM, THEODOR, Die Reformation der Reichsstadt Ulm. Ein Beitrag zur schwäbischen und deutschen Reformationsgeschichte, Stuttgart 1851
SPECKER, HANS EUGEN/WEIG, GEBHARD (Hg.), Die Einführung der Reformation in Ulm, Ulm 1981 (Forschungen zur Geschichte der Stadt Ulm. Reihe Dokumentation 2)
GRITSCHKE, CAROLINE, Via media. Spiritualistische Lebenswelten und Konfessionalisierung. Das süddeutsche Schwenckfeldertum im 16. und 17. Jahrhundert, Berlin 2006 (Colloquia Augustana 22)

Für einen Besuch in Ulm
www.tourismus.ulm.de/web/de/index.php
www.ulm.de/kultur_tourismus.3963.3076,3963.htm
www.kirchenbezirk-ulm.de

Venedig

Bartolomeo Fonzio und Baldassarre Altieri

von Federica Ambrosini

Die Republik um 1520

Als die Reformation begann, sich südlich der Alpen auszubreiten, spielte die Republik Venedig auf internationaler politischer Ebene lediglich eine untergeordnete Rolle, nahm beim Fernhandel und im intellektuellen und kulturellen Leben Europas jedoch noch immer eine Führungsposition ein. Im östlichen Mittelmeer herrschte die Republik über ein Überseereich, das unter anderem Zypern, Kreta, Istrien und Dalmatien umfasste. Das Herrschaftsgebiet der Republik auf dem italienischen Festland hingegen, die sogenannte „Terraferma", erstreckte sich über die heutige Region Venetien (italienisch: Veneto), einen Großteil Friauls und Teile der östlichen Lombardei, einschließlich der wichtigen Städte Bergamo, Brescia und Crema.

Die Republik war ein kosmopolitischer Staat: Handwerker, Geschäftsleute, Intellektuelle und Geistliche aus aller Welt bevölkerten die „Dominante", wie die Stadt üblicherweise genannt wurde. Seit 1228 beherbergte der Fondaco dei Tedeschi, ein Gebäude nahe der Rialtobrücke, die Niederlassung der deutschen Händler. Die Universität des nahegelegenen Padua zog zudem Studenten aus ganz Europa an. Das gesamte venezianische Herrschaftsgebiet war aufgrund seiner geographischen Lage und seiner Geschichte ein Land der Begegnung und des Austausches, das von einem permanenten heterogenen Strom Reisender durchquert wurde. Mit ihnen kamen Waren in die Republik und darüber hinaus auch Bücher und Ideen aller Art, auch solche in Bezug auf Religion.

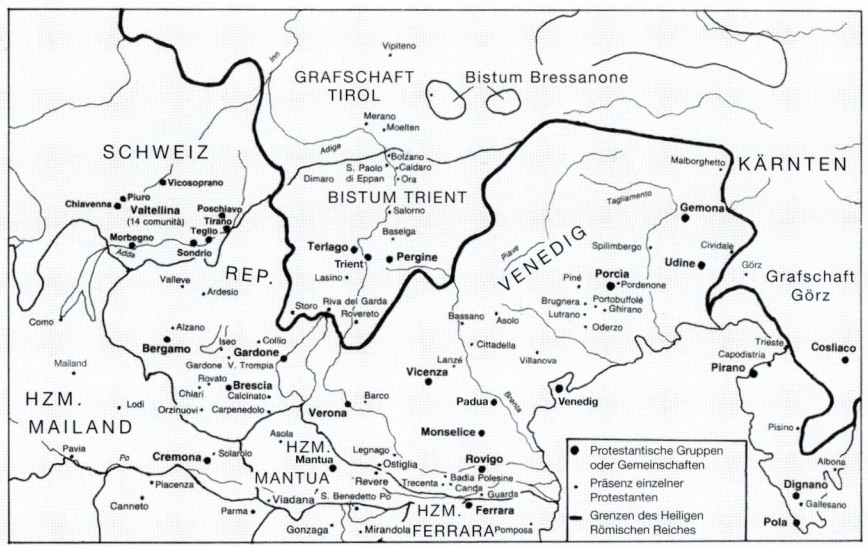

Nordostitalien im 16. Jahrhundert

Die Rezeption der Reformation in Venedig

Obwohl Venedig sich rühmte, genauso katholisch zu sein wie Rom, wenn nicht sogar noch katholischer, blickte es auf eine jahrhundertealte Tradition von Konflikten mit dem Apostolischen Stuhl zurück, die vor allem durch Streitigkeiten über Herrschaftsgebiete und Kompetenzbereiche verursacht wurden. Eine stark antiklerikale Haltung zog sich durch alle Schichten der venezianischen Gesellschaft und war insbesondere bei den Familien der herrschenden Klasse der Republik, dem Patriziat, sehr ausgeprägt. Viele Venezianer lasen Erasmus und praktizierten eine schlichte Frömmigkeit, die den Lehren des Paulus und Augustinus weitaus näher stand als der pompösen katholischen Volksfrömmigkeit. Es herrschte eine große Sehnsucht nach radikaler Erneuerung, die die römisch-katholische Kirche näher an das Evangelium binden könnte.

Daher war das religiöse Klima in Venedig zu Beginn des 16. Jahrhunderts günstig für eine schnelle Aufnahme der neuen Lehre der Reformation. Zuerst fand die Botschaft Martin Luthers Gehör, dessen Schriften ab 1520 auf große Zustimmung in der Lagunenstadt stießen, später dann die Botschaft der Schweizer Reformation und die der radikalen Strömungen der Reformation, insbesondere der Täufer.

Venedig. Kolorierte Stadtansicht aus: Georg Braun/Franz Hogenberg, „Civitates orbis terrarum", Bd. 1, Köln 1593
Links unten: die Rialtobrücke und der Fondaco dei Tedeschi (Nr. XXV); rechts unten:
der Markusdom

Die altgläubige kirchliche Führungsschicht in Venedig wurde aufgeschreckt: 1524 wurde das Lesen oder der Besitz heterodoxer Literatur mit der Exkommunikation bestraft und im selben Jahr, sowie nochmals 1527, wurden Schriften von Luther und anderen Reformatoren öffentlich verbrannt. Trotz dieser Maßnahmen befan-

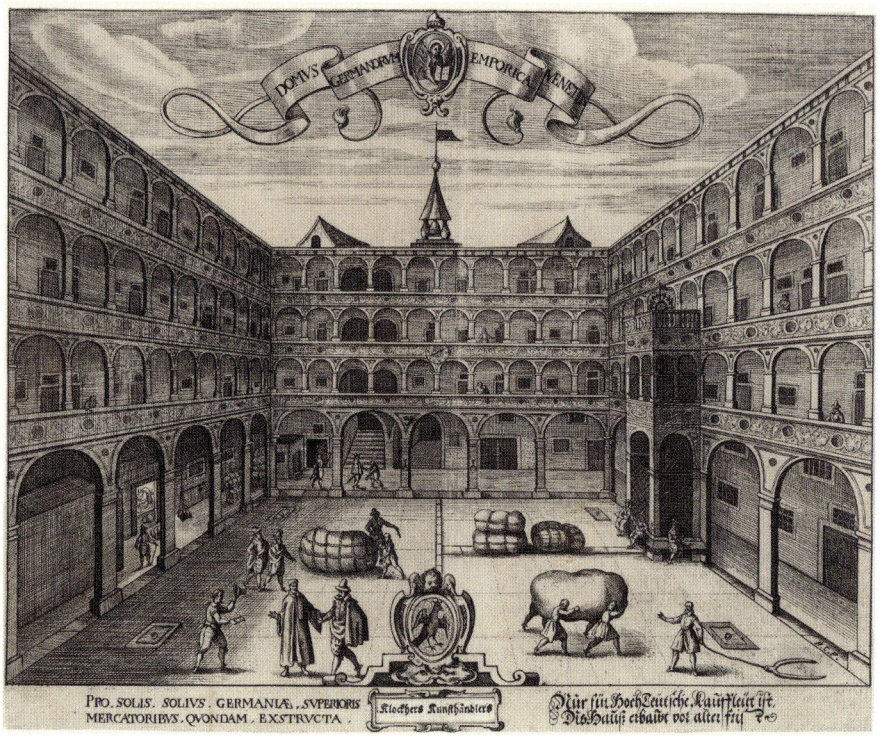

Der Innenhof des Fondaco dei Tedeschi mit Kaufleuten, Trägern und Ballenbindern. Kupferstich von Raphael Custos, 1616

den sich auch weiterhin verbotene Bücher im Umlauf und wurden von den Sympathisanten der neuen Lehre in kleinen Gruppen diskutiert. Diese Gruppen entwickelten sich in einigen Fällen zu richtigen Glaubensgemeinschaften – in manchen Quellen aus dieser Zeit sogar als *ecclesiae* bezeichnet – die allmählich begannen, ein geheimes Netzwerk aufzubauen. In den 1520er und 1530er Jahren nutzten philoprotestantische Prediger, in der Mehrzahl Mönche, die Kanzeln in Venedig und in den von der Republik beherrschten Gebieten, genauso wie im restlichen Italien, um die Menschen zur neuen Lehre zu bekehren.

Bartolomeo Fonzio und die Frühphase des „Lutheranismus" in Venedig

Zu diesen Predigern zählte auch der Franziskaner Bartolomeo Fonzio (geboren ca. 1502 in Venedig, 1562 dort gestorben), der schnell als „lutherisch" angesehen wurde und dessen Predigten besonders bei den deutschen Händlern im Fondaco großen Anklang fanden. Nach seiner Flucht über die Alpen ließ sich Fonzio in Augsburg nieder, von wo aus er 1531/32 mit Martin Bucer und Girolamo Marcello korrespondierte, einem Adeligen, der Mitglied einer venezianischen *ecclesia* war. In seinen Briefen an Marcello beschrieb Fonzio im Detail die komplexe religiöse Lage in Augsburg und machte kein Geheimnis aus seiner Abneigung gegenüber dem damaligen Streit über die Lehre vom Abendmahl. Auch schrieb er von seiner Hoffnung auf eine Versöhnung der verschiedenen Strömungen innerhalb der Reformationsbewegungen. Selbst sympathisierte er eindeutig mit den Zwinglianern. Entweder Marcello oder ein anderer venezianischer Adeliger gab Fonzio die italienische Übersetzung von Luthers *An den christlichen Adel deutscher Nation* in Auftrag. Seine Übersetzung war sehr frei und enthielt viele Einschübe für die italienische und speziell die venezianische Leserschaft. Sie erschien 1533 anonym in Straßburg und wurde bald ein Bestseller in Venedig. Der Apostolische Nuntius Hieronymus Aleander beschwerte sich darüber, dass sogar einfache Leute das Buch lasen, bei denen es die gleiche Begeisterung auslöse wie ein Ritterepos. Anfang 1534 kehrte Fonzio nach Venedig zurück und traf sich mit seinen Freunden aus der *ecclesia,* die er mit heterodoxer Literatur versorgte. 1537/38 wurde er in Rom wegen Häresie vor Gericht gestellt, allerdings kam es nicht zu einer Verurteilung.

Fonzios italienische Übersetzung von Luthers „An den christlichen Adel deutscher Nation", Straßburg 1533. Titelblatt

Baldassarre Altieri und die Krise der 1540 Jahre

Die weitverbreitete positive Aufnahme der protestantischen Lehre in Venedig gab nicht nur Reformatoren wie Melanchthon, sondern auch italienischen Sympathisanten Anlass zur Hoffnung, dass die Reformation in der Republik dauerhaft Fuß fassen könnte. 1542 rief Bernardino Ochino, der ehemalige Generalobere des Kapuzinerordens und zum damaligen Zeitpunkt Flüchtling in Genf, der selbst zuvor ein bekannter Prediger in Venedig gewesen war, die Stadt dazu auf, sie solle das „Tor der Reformation" für Italien werden. Baldassarre Altieri (geboren etwa 1500 in L'Aquila, gestorben 1550 in Bergamo) nahm unter denen, die glaubten, dass dieser Traum Wirklichkeit werden könnte, eine erstrangige religiöse und politische Rolle ein.

Altieri, Sekretär von Edmund Harwell, dem englischen Gesandten in der Republik Venedig, führte 1542/43 einen Briefwechsel mit Luther. Er wandte sich an den deutschen Reformator im Namen der *ecclesiae* von Venedig, Vicenza und Treviso, zwischen denen interne Streitigkeiten ausgebrochen waren, und bat ihn um eine Stellungnahme zur Abendmahlsfrage (in seiner Antwort warnte Luther die *ecclesiae* vor den Lehren der Schweizer Reformatoren). Zudem bat er Luther, alles dafür zu tun, dass der Schmalkaldische Bund sich für die verfolgten Protestanten aus Venedig einsetze. Der venezianische Senat erkannte Altieri zwar als Gesandten des Kurfürsten von Sachsen und des Landgrafen von Hessen in Venedig an, mit der Zerschlagung des Schmalkaldischen Bundes im Jahr 1547 brach aber das fragile diplomatische Gebilde in sich zusammen, und Altieri musste Venedig 1549 verlassen.

In der Zwischenzeit hatte Papst Paul III. die Inquisition neu geordnet und sie 1542 der „Kongregation der römischen und universellen Inquisition" unterstellt. Die Republik Venedig erlaubte zwar die Einführung des Inquisitionstribunals in ihrem Herrschaftsgebiet, setzte in den folgenden Jahren jedoch erfolgreich durch, dass bei den Prozessen, die in der Stadt selbst stattfanden, neben den geistlichen Richtern auch drei weltliche Beisitzer (*deputati* oder *savi all'eresia*) anwesend waren und bei den Prozessen auf dem Festland Vertreter der venezianischen Regierung. Das Konzil von Trient legte bald nach seiner Eröffnung 1545 klare Grenzen zwischen Orthodoxie und Häresie fest. Dennoch nahm die Verbreitung von geheimen heterodoxen Schriften in Venedig und seinen Herrschaftsgebieten weiter zu, woraufhin der Apostolische Nuntius in Venedig, Giovanni Della Casa, ein Verzeichnis verbotener Bücher zusammenstellen ließ, das 1549 veröffentlicht wurde.

Im selben Jahr floh der Bischof von Capodistria, Pier Paolo Vergerio, über die Alpen, nachdem er 1545 den neu gewählten Dogen Francesco Donà vergeblich dazu gedrängt hatte, die Reformation der Kirche in Venedig zu fördern. Er war nicht der einzige Bischof in der Republik Venedig, der in den 1540er Jahren für die Sache der Reformation gewonnen wurde. Zu ihnen gehörte auch Vettor Soranzo, ein venezianischer Adeliger und Bischof von Bergamo, der dort vorsichtig versucht hatte, eine protestantische „Kirche" aufzubauen. Ihm wurde zweimal der Prozess gemacht, und er entging nur dank seines natürlichen Todes 1558 einem sehr harten Urteil. Auch Andrea Zantani gehörte in diesen Kreis, der nie in seinem Bistum Limassol auf Zypern erschien, sondern es stattdessen vorzog, in Conegliano auf dem venezianischen Festland zu leben, wo er heterodoxe Lehren verbreitete. Als er in Rom als Häretiker verfolgt wurde, nutzte er die Unruhen nach dem Tod von Papst Paul IV. 1559, um in die protestantischen Länder nördlich der Alpen zu fliehen.

Bartolomeo Fonzio als geheime heterodoxe Führergestalt

Die letzte Lebensphase von Bartolomeo Fonzio steht in engem Zusammenhang mit der Entwicklung der heterodoxen Strömungen im Venedig der 1550er Jahre. Da mittlerweile deutlich geworden war, dass die Behörden religiösen Nonkonformismus nicht mehr tolerieren würden, gaben die Dissidenten die öffentliche Debatte auf und organisierten sich in Netzwerken aus geheimen Konventikeln. Fonzio war der Förderer und geistliche Führer solcher Netzwerke in venezianischen und lombardischen Gebieten. Der ehemalige Franziskaner war in der venezianischen „Terraferma", in Padua und Cittadella, auch als Lehrer an Schulen tätig. Dieser Beruf war bei Philoprotestanten sehr beliebt, da er ihnen die Möglichkeit bot, Proselyten zu gewinnen.

In der Republik Venedig war die heterodoxe Bewegung aus theologischer Sicht sehr heterogen, und sie blieb das bis zum Schluss. Obwohl die Dissidenten allesamt als „Lutheraner" bezeichnet wurden, waren die meisten von ihnen tatsächlich eher Anhänger der Schweizer als der lutherischen Reformation. Viele andere von ihnen, insbesondere die Mitglieder der unteren sozialen Schichten, schlossen sich begeistert der Täuferbewegung an. Diese Entwicklung erreichte 1550 ihren Höhepunkt, als in Venedig eine geheime täuferische „Synode" organisiert wurde, die den Sieg des antitrinitarischen Flügels der Bewegung ausrief.

Auch Bartolomeo Fonzio war in dieser Zeit den Täufern oder besser gesagt: der sogenannten „radikalen Reformation" zugetan. Nachdem er vor der venezianischen Inquisition als Verfasser häretischer Schriften denunziert worden war, wurde er Ende Mai 1558 in Cittadella festgenommen und in Venedig inhaftiert. Der Prozess zog sich über vier Jahre hin und endete schließlich mit einem Todesurteil für den früheren Franziskaner. Fonzio erwog zuerst, seinen „Irrtümern" abzuschwören, wozu ihn viele seiner gesellschaftlich angesehenen venezianischen Freunde drängten, schließlich nahm er jedoch das Urteil an. Vor seiner Hinrichtung am 4. August 1558 schaffte er es noch, seine Schriften an einem sicheren Ort zu verstecken. Sie zeichnen ihn als einen der wichtigsten „religiösen Dissidenten" im Italien der Reformationszeit aus.

Repressalien der Inquisition

Bartolomeo Fonzio wurde in der Lagune ertränkt, was die übliche Hinrichtungsmethode für Häretiker in Venedig war. Groben Schätzungen zufolge wurden in der Stadt etwa 20 Todesurteile wegen Häresie vollstreckt. Die Mehrzahl der Angeklagten jedoch schwor ab und kam mit Gefängnisstrafen, Geldstrafen oder auch mit einfacher geistlicher Buße davon. Häufig wurde Folter angewendet, um „Komplizen", also weitere Häretiker, ausfindig zu machen.

Da viele Archive der Inquisitionstribunale aus der Republik bis heute erhalten sind, insbesondere die aus Venedig und Udine, sind uns die Abläufe der venezianischen Inquisitionsverfahren gut bekannt. Diese Quellen liefern uns auch detaillierte Informationen über die Organisation der religiösen Dissidenten in der Republik. Für das Überleben der Bewegung waren vor allem die Verbindungen zu den „Brüdern" und „Schwestern" sehr wichtig, die in anderen Regionen Italiens lebten, sowie zu Städten und Ländern nördlich der Alpen, allen voran Genf, aber auch Lyon, Heidelberg und Graubünden. Einige der Konventikel bestanden hauptsächlich oder ausschließlich aus Handwerkern, andere aus Mitgliedern der oberen sozialen Schichten, vor allem aus männlichen Akademikern wie Notaren, Rechtsanwälten und Ärzten. In manchen Gebieten des venezianischen Herrschaftsgebiets (insbesondere in Vicenza und Friaul) waren auch die Mitglieder des lokalen Adels sehr stark in die heterodoxe Bewegung involviert. Dies trifft allerdings nicht auf die Patrizier in der „Dominante" zu, die aufgrund ihrer Rolle als herrschende Klasse sehr viel vorsichtiger waren. Obwohl sich die Frauen für gewöhnlich im Hintergrund hielten und daher in den Quellen der Archive nur wenige Spuren hinterließen, nahmen auch sie, ab und zu sehr leidenschaftlich, an philoprotestantischen und täuferischen Konventikeln teil.

Ertränkung eines Verurteilten im Canale dei Maranni. Zeichnung von Francesco Gallimberti, gestochen von Giovanni de Pian, 1797

Ab 1555, als der unnachgiebige Verfolger der Häresie Gian Pietro Carafa als Papst Paul IV. den Heiligen Stuhl bestieg, verschlechterte sich in Venedig wie in allen anderen katholischen Regionen die Lage für die religiösen Dissidenten. Um sich zu schützen, konnten sie nur auf „nikodemitische" Verhaltensweisen ausweichen, auch wenn dies sehr unsicher und belastend war. Die Kontrolle der Lektüre und des individuellen Verhaltens begann immer strenger zu werden, und selbst die Beichte wurde genutzt, um Menschen bei der Inquisition zu denunzieren. Die venezianischen Behörden waren jetzt viel stärker als in der Vergangenheit bereit, mit der Inquisition zusammenzuarbeiten. Das repressive Vorgehen war von Erfolg gekrönt: Bis zum Ende des 16. Jahrhunderts waren alle Dissidentennetzwerke in Venedig aufgelöst, und 1588 wurde das letzte Todesurteil für Häresie vollstreckt. Von nun an befasste sich die Inquisition fast ausschließlich mit Straftaten wie Hexerei und schwarzer Magie oder mit materialistisch oder atheistisch geprägtem religiösem Dissens.

Gibt es heute noch Spuren des „lutherischen" Venedig?

Da der „Lutheranismus" in Venedig eine Untergrundbewegung war, hat er keine oder nur wenige Spuren in der Stadt hinterlassen. Der Fondaco dei Tedeschi befindet sich allerdings noch immer in der Nähe der Rialtobrücke, mit Blick auf den Canal Grande. Hier durften die protestantischen deutschen Händler ihre Gottesdienste mit stillschweigendem Einverständnis feiern, jedoch nur unter der Voraussetzung, dass sie unter sich blieben und nicht versuchten, andere zu bekehren. Dennoch fanden im Fondaco gelegentlich geheime Treffen mit venezianischen „Lutheranern" statt. Da das Gebäude restauriert wird, kann es derzeit nur von außen besichtigt werden. Ende 2016 wird es aber voraussichtlich wieder der Öffentlichkeit zugänglich sein.

Zu den Orten, die mit den Repressalien der Inquisition im Zusammenhang stehen, gehören die St. Theodors-Kapelle und die sogenannten „Pozzi". In der Kapelle des Heiligen Theodor hielt die Inquisition ihre Sitzungen ab, aber es gibt nichts in diesem Gebäude aus dem 15. Jahrhundert, das zum Markusdom gehört und in der Regel nicht der Öffentlichkeit zugänglich ist, das noch an die Tätigkeit der Inquisitoren erinnert. Die Pozzi (dt. Brunnen), die ihren Namen der Tatsache verdanken, dass sie dunkel, eng und feucht waren, wurden vom Rat der Zehn im Dogenpalast als Gefängnisse genutzt. Oftmals wurden hier Gefangene der Inquisition eingesperrt – einer von ihnen, Giacomo Broccardo, der aus Piemont stammte, hat uns in seinem Werk *Mystica Et Prophetica Libri Geneseos Interpretatio* (Bremen 1585) seine Erinnerungen an seine Gefangenschaft im Jahre 1568 hinterlassen. Die Pozzi können im Rahmen einer Führung „Die geheimen Wege des Dogenpalastes" besichtigt werden.

431

Das heutige „protestantische" Venedig

Heutzutage gibt es in Venedig drei protestantische Kirchengebäude:

Erstens die lutherische Kirche. Sie wurde 1813 eröffnet und befindet sich in einem Gebäude aus dem 18. Jahrhundert, dem früheren Sitz einer katholischen Bruderschaft am Campo Santi Apostoli wenige Minuten von der Rialtobrücke entfernt. Sie beherbergt verschiedene wertvolle Kunstwerke, darunter ein Christusgemälde, das von Tizian stammen soll und ursprünglich für den Fondaco dei Tedeschi bestimmt war, sowie ein Lutherporträt von Cranach.

Die lutherische Kirche. Links vom Altar das Christusgemälde, rechts das kleine Lutherporträt von Cranach

Zweitens die waldensische Kirche, seit 1977 waldensisch-methodistische Kirche. Sie wurde 1867 eröffnet, ein Jahr nach der Annexion Venetiens durch das Königreich Italien; seit 1868 befindet sie sich im Palazzo Cavagnis, der im 17. Jahrhundert im Stadtteil Castello erbaut wurde, nur unweit des Markusplatzes.

Drittens die anglikanische Kirche. Sie wurde 1892 in einem ehemaligen Lagerhaus am Campo San Vio in der Nähe der Accademia eröffnet.

▶ Dr. *Federica Ambrosini* war bis 2014 Professorin für die Geschichte der Neuzeit und der Republik Venedig an der Fakultät für Geschichtswissenschaften der Universität Padua.

Weiterführende Literatur

Oswald, Stefan, Die Inquisition, die Lebenden und die Toten. Venedigs deutsche Protestanten, Sigmaringen 1989

Martin, John, Venice's Hidden Enemies. Italian Heretics in a Renaissance City, Berkeley u. a. 1993

Ambrosini, Federica, Storie di patrizi e di eresia nella Venezia del '500, Milano 1999

Für einen Besuch in Venedig

www.turismovenezia.it
https://veneziavaldese.wordpress.com
www.chiesavaldese.org/aria_cms.php?page=171
www.stgeorgesvenice.com
www.kirche-venedig.de

Viborg

Hans Tausen

von Rasmus H. C. Dreyer und Anna Vind

Die Reformation Dänemarks nahm in den frühen 1520er Jahren in Jütland ihren Anfang, genauer gesagt in den Herzogtümern Schleswig und Holstein, die seit 1460 in Personalunion mit dem Königreich Dänemark verbunden waren. Von hier aus gelangte sie in die größeren Städte im südlichen und nördlichen Jütland. Insbesondere der schnelle Fortschritt der evangelischen Reformation in Viborg, der wichtigsten Stadt der Provinz Jütland, war von großer Bedeutung: Die in dieser einflussreichen Stadt durchgeführten Reformen waren ausschlaggebend für die weitere Verbreitung der Reformationsbewegung, und als neben Viborg auch Malmö, das wichtigste Handelszentrum der zu der Zeit noch zu Dänemark gehörenden Provinz Schonen im Osten des Königreichs nach den evangelischen Prinzipien reformiert wurde, erkannten König, Reichsrat, Regierung und Kirche schließlich, dass die Bewegung ernst zu nehmen war. Obwohl König Friedrich I. Luthers Lehren im Jahr 1523 in seiner Krönungsurkunde explizit als Ketzerei verurteilt hatte, wurde deutlich, dass sich die politische Praxis ändern musste. Offenbar beeinflusst vom ersten Reichstag zu Speyer drei Jahre später, begann der König persönlich, den evangelischen Predigern Schutzbriefe auszustellen, die entgegen der Krönungsurkunde und der offiziellen Regierungspolitik in Wirklichkeit ein rechtliches Moratorium darstellten. Hiervon profitierten die beiden wichtigsten Reformatoren Viborgs, Hans Tausen und Jørgen Jensen Sadolin, von denen Tausen der wichtigere war.

Hans Tausen

Hans Tausen wird von Kirchenhistorikern im Allgemeinen als „der dänische Luther" bezeichnet, ein Beiname, der auch heute noch weit verbreitet ist und sich in zahlreichen deutschen und englischen Darstellungen der Reformation in Dänemark finden lässt. Anlässlich des im Jahr 1983 in der DDR gefeierten Lutherjubiläums wurde sogar ein Glasbildnis dieses „dänischen Luthers" in eines der Fenster der Wittenberger Schlosskirche eingesetzt. Die gegenwärtige Forschung zeigt allerdings, dass Theologie und Handeln Tausens eigentlich der für die dänische Reformation insgesamt typischen humanistisch-reformierten Perspektive näherstanden als den wirklich lutherischen Wittenberger Prinzipien.

Hans Tausen wurde entweder 1494 oder 1498 geboren, wahrscheinlich auf der Insel Fünen. Über seine ersten Lebensjahre ist fast nichts bekannt. Es wird vermutet, dass seine Familie dem niederen Adel entstammte, was vor dem Hintergrund von Tausens Eintritt in das Johanniterkloster Antvorskov auf Seeland, zu Beginn des 15. Jahrhunderts eines der wohlhabendsten und einflussreichsten Klöster Dänemarks, schlüssig erscheint.

Hans Tausen. Älteste Kopie (1579) eines Porträts, das nach seinem Tod angefertigt wurde

1519 erlangte Tausen einen Magisterabschluss an der Universität Rostock, wo er ein Jahr später Vorlesungen zu einem pseudo-aristotelischen Text hielt. Später studierte er Theologie an der Universität Kopenhagen, höchstwahrscheinlich beim gelehrten Humanisten Poul Helgesen (Paulus Helie), der sich später als einer der hartnäckigsten Gegner der dänischen Reformatoren erweisen sollte. Anschließend ging Tausen erneut ins Ausland und schrieb sich, ein Jahr nach seinem Studienaufenthalt in Löwen im Jahr 1522, an der Universität Wittenberg ein, wo er die folgenden ein bis zwei Jahre verbrachte. Bedauerlicherweise gibt es keine Quellen, die uns von näheren Einzelheiten seines Aufenthaltes in Wittenberg berichten könnten; nichts weist jedoch darauf hin, dass sein Studium von seinem Orden abgelehnt wurde. Einige Jahre später war er als Prediger in der Johanniterkommende in Viborg tätig. Da die Reformation in Dänemark nach seiner Rückkehr um das Jahr 1525 rasant an Fahrt gewann, ist anzunehmen, dass er reformatorische Ideen aus Sachsen mitgebracht hatte.

Im Dezember 1525 ging in Hadersleben in Schleswig das Gerücht um, die Viborger Bürger hätten ihren Bischof Jørgen Friis, einen Adeligen, der Stadt verwiesen

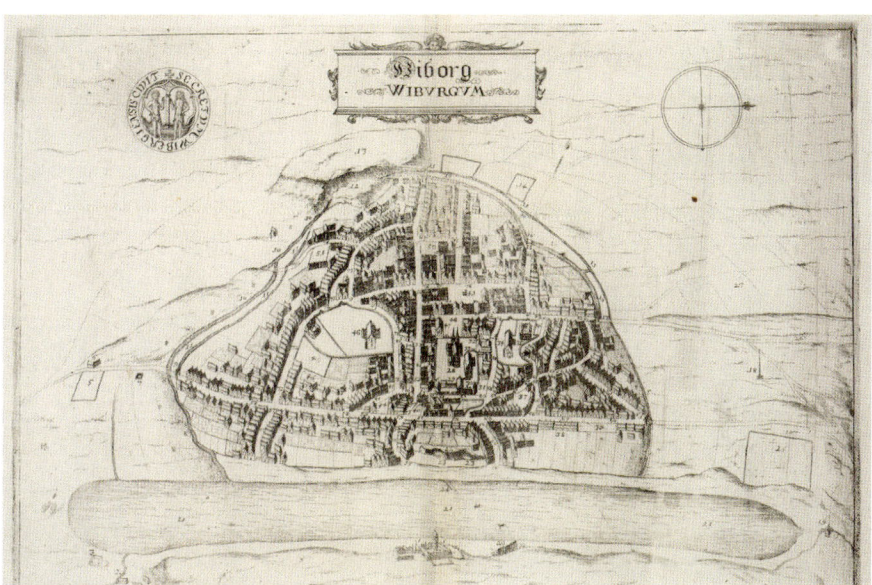

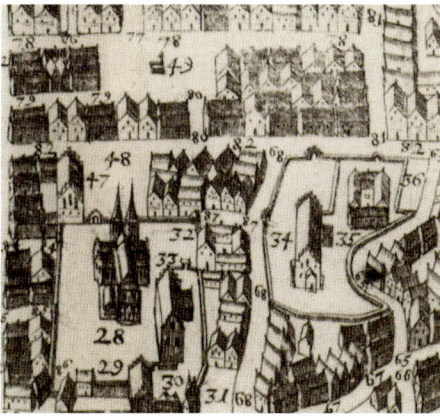

Viborg. Stadtplan aus: Peder Hansen Resen, „Atlas Danicus dicatus augustissimo Monarchae Christiano V", Kopenhagen 1677

Unten: die Domkirche (Nr. 28), die Franziskanerkirche (Nr. 34), das Hospital (Nr. 35) und die St. Johanniskirche (Nr. 49)

und sich den Lutheranern angeschlossen. Es ist anzunehmen, dass Hans Tausen zu diesem Zeitpunkt durch seine evangelischen Predigten öffentlich bekannt geworden war, und wenn man der überzogen lobreichen Gedenktafel im Dom zu Ripen aus der Zeit um 1570 Glauben schenken darf, wurde er von einem seiner Ordensbrüder vor einem bevorstehenden Eingriff wegen seiner evangelischen Predigten in der Johanniterkapelle gewarnt. Eines Tages bat er die Gemeinde nach dem Gottesdienst, ihm dabei zu helfen, einen sichereren Ort für seine Predigten zu finden,

435

Dem weißen Grabstein kam Anfang des 19. Jahrhunderts bei den dänischen Gedenkfeierlichkeiten zum Reformationsjubiläum eine geradezu hochheilige Bedeutung zu. 1836 wurde er anlässlich der 300-Jahrfeier der offiziellen Einführung der Reformation in Dänemark aus seinem Exil vom Kirchhof eines nahegelegenen Dorfes zurück nach Viborg gebracht und an der Stelle des Altars der zwischen 1812 und 1830 zerstörten Abteikirche der Franziskaner aufgestellt. Im Rahmen der 475-Jahrfeier der Reformation in Viborg im Jahr 2005 wurde der weiße Grabstein restauriert und, geschützt durch einen Glaskasten, auf dem eine Statue von Hans Tausen thront, in ein neues Denkmal des zeitgenössischen dänischen Künstlers Bjørn Nørgaard integriert

wenn sie diese schätzten. Mit der Unterstützung des Königs wurde Tausen dem Schutz des Magistrats unterstellt und er durfte schon kurz darauf die St. Johanniskirche für seine evangelischen Gottesdienste nutzen.

Nun ging alles sehr schnell: Die wenig bedeutsame Kirche war bald zu klein für die stetig wachsende Gemeinde, die sich daher schon nach kurzer Zeit auf dem Kirchhof versammeln musste. Berichten zufolge, die die Ereignisse etwas dramatischer schildern, stand Tausen bei seinen Predigten auf dem Kirchhof entweder auf der Eingangstreppe der Kirche oder auf einem großen weißen Grabstein, der auch in späteren regionalen Überlieferungen eine Rolle spielt. Nach der Vertreibung der

Franziskaner 1528 übernahmen die Evangelischen und Hans Tausen die direkt neben dem Dom gelegene große Abteikirche des Ordens im Stadtzentrum.

Die Reformation konnte in Viborg ohne ernsthafte Gegenwehr aus Rom eingeführt werden. Erst 1527, als selbst die Bauern der Diözese begannen, Forderungen zu stellen und sich weigerten, ihren Zehnten zu bezahlen, versammelten sich die vier Bischöfe von Jütland in Viborg. Die Kleriker beschlossen, sich mit einem Brief an Johannes Cochläus und Johannes Eck zu wenden und sie davon zu überzeugen, dass ihre Hilfe in Dänemark dringend benötigt würde, da „hier zu viel Unwissen herrscht". Sie schrieben sogar: „Alle fragen nach Eurer Meinung, insbesondere die dänische Nation, und auch […] Norwegen und Schweden; das Christentum ist allerorts von Verfall bedroht, weil Ihr nicht hier seid." Die jütländischen Bischöfe glaubten, sie könnten nichts gegen den „verzweifelten Wahnsinn" der ketzerischen Lutheraner ausrichten. Dennoch ist zumindest von Cochläus bekannt, dass er der Einladung nicht folgte: Er hatte sich an den Gelehrten Erasmus gewandt, der ihn vor den „unzivilisierten" Dänen warnte.

Traktat gegen Jens Andersen Beldenak 1529

Der Bischof von Fünen hingegen, Jens Andersen Beldenak, wurde aktiv. Er war als einziger dänischer Bischof von nicht adliger Herkunft, zählte dafür aber zu den wenigen gelehrten Prälaten. Er besaß einen Doktortitel in Kirchenrecht der Universität Bologna, und ein von ihm um das Jahr 1528 veröffentlichter Mahnbrief an die Bürger von Viborg und Aalborg deutet darauf hin, dass er vergleichsweise gut über die Ereignisse in Deutschland und Martin Luthers Lehren informiert war. Der Brief zeugt zudem davon, dass Beldenaks eigenes Bibelverständnis wahrscheinlich humanistisch geprägt war, dass er also versuchte, dem Bibelverständnis der Evangelischen Rechnung zu tragen. Gleichzeitig hielt er die Bürger aber dazu an, der Kirche treu zu bleiben, somit also die Gesetze des Reichsrats zu befolgen, und sich nicht danach zu richten, „was irgendein abtrünniger Mönch verkündigt und verbreitet". Der Brief enthält keinerlei Warnung vor Konsequenzen rechtlicher oder theologischer Art, was nicht nur die damalige tolerante Haltung und die entsprechenden Zugeständnisse der Krone gegenüber der evangelischen Bewegung, sondern auch Beldenaks eigene reformierte Theologie widerspiegelt.

Dies hatte jedoch keinen Einfluss auf Hans Tausen. Nach der Veröffentlichung einer ersten Reihe kleinerer Publikationen im Jahr 1528 – einer adaptierten Übersetzung des Pamphlets *Eyn Mandat Jhesu Christi* von Nikolaus Herman, einer dänischen Ausgabe des *Taufbüchleins* und einer auf Dänisch verfassten Vesper – reagierte Tausen auf Beldenaks Mahnbrief und verfasste ebenfalls in Dänisch das Traktat *Eine kurze Antwort auf den Brief des Bischofs von Odense* […], *der ihnen rät,*

Edt kozt antſwoz till biſpeſſ ſendhæ-
bzeff aff Othenſe huilcketh hand til-
ſkzeeff the bozgheræ i Wibozg och Olbozg/
raadhendheſſ theunũ ath bliffwæ wbewozedhæ
mz thenne Euangeliſche lerdom/ ſom gudh haff-
wer nu aff ſyn beſøndhezligh naadhæ ſeend oſſ/
aff Hans Lawſſen pzedickeræ i Wibozg.

Chziſtus Matth. xxiij
We ether i ſchrifftkloghæ och phariſeer/ i øgh-
næſchalckæ/ ſom lycke hymeriigſſriighe foz/mé-
neſkenæ/ fielff wille i icke ther ind/ och ey ladhe
i indgoo thm ſom ghiernæ wildhe.

Hans Tausens Traktat gegen Beldenak, Viborg 1529. Titelblatt

438

sich nicht von den evangelischen Lehren beeinflussen zu lassen, die uns nun von Gott in seiner unermesslichen Güte geschenkt wurden.

In seinem Traktat gibt Tausen den Bischofsbrief aus dem Jahr 1528 wieder und kommentiert ihn Punkt für Punkt. Das erste Hauptthema, auf das er eingeht, ist die weltliche Macht der Kirche: „Dies wird nicht vom Heiligen Geist in der Heiligen Schrift gelehrt", so Tausen, „denn hier steht etwas völlig anderes geschrieben." Aus diesem Grund lehnt er es ab, Beldenak „Bischof von Gottes Gnaden" zu nennen, solange „Ihr an Euren eigenen papistischen Gesetzen festhaltet". Anschließend listet Tausen vier Artikel auf, die, so schreibt er, von den Evangelischen in Viborg gelehrt werden und dem Wort Jesu Christi entsprechen. Nach jedem Artikel folgen Hinweise auf die entsprechenden Bibelstellen. 1. Im ersten Artikel erklärt er, der Papst lehrt, dass der Mensch sich den Himmel durch seine Taten verdient, „aber hierzu sagen wir", dass sich der Mensch den Himmel niemals verdient, sondern dass er ihn „ohne Gegenleistung" um Jesu Christi und seiner Verdienste willen erhält. 2. Der Papst und der Klerus sollen nicht frei von Steuern und der Pflicht zur Beachtung der weltlichen Autorität sein, und „hierzu sagen wir, dass die Männer der Kirche für die christlichen Leute nicht mehr und nicht weniger sind als Knechte und Diener". 3. Der Papst hat den einfachen Christen dazu verpflichtet, bei Ernährung, Bekleidung und an Feiertagen bestimmte Regeln zu beachten, aber „hierzu sagen wir [...] Christus hat all diese Dinge frei gemacht, genauso wie Christus durch sein Blut frei geworden ist". 4. Der Papst bezeichnet sich selbst als das Oberhaupt der Kirche, das über die Schlüssel zum Himmelreich verfügt, aber „hierzu sagen wir [...] da Gott ihn nicht dazu bestimmt hat, muss er der wahre und wahrhaftige Antichrist" sein, so wie es von Paulus, Johannes und anderen prophezeit wurde. Darauf folgen zusätzliche Erläuterungen, die etwas kürzer gehalten sind, und zweifellos ebenfalls zu den Viborger Artikeln gehören: 5. Das Wort Jesu Christi steht sowohl „dem Ablass der Papstes" und „allerlei menschlichen Werken" entgegen; 6. jeder Christ hat das Recht, das Blut Jesu Christi, also die Kommunion unter beiderlei Gestalt, zu empfangen; 7. der Zölibat soll nicht verpflichtend sein – Hans Tausen war einer der ersten dänischen Geistlichen, von dem bekannt ist, dass er verheiratet war – und zuletzt 8. wird dazu aufgerufen, Ketzer lieber zu bekehren, als sie auf dem Scheiterhaufen zu verbrennen.

Das Traktat zeichnet sich durch eine grundsätzliche theologische Unterscheidung zwischen dem Wort des Menschen (d. h. „den Lügen des Papstes", „dem antichristlichen Gesetz") und „dem Gesetz Gottes" aus. Diese Unterscheidung, wobei also vor allem die Bedeutung des Gesetzes betont wird, ist typisch für die bei den dänischen Reformatoren weit verbreitete, mehr humanistisch geprägte evangelische Theologie. Die (lutherische) Unterscheidung zwischen Gesetz *und* Evangelium (oder göttliche Gnade) tritt bei ihnen in den Hintergrund.

439

Im Vergleich zu anderen schriftlichen Zeugnissen der dänischen Reformation enthält Tausens *Eine kurze Antwort* jedoch sehr viele Verweise auf Luther. Der Hauptgrund hierfür stellt wahrscheinlich ein Angriff des Bischofs auf Tausen dar: Beldenak behauptete, Luther habe zu Unruhen angestiftet (ein Hinweis auf den Bauernkrieg), was Tausen mit einer allgemeinen – und eher oberflächlichen – Interpretation Luthers beantwortete, vermutlich einfach deswegen, weil Tausen und Beldenak ihren Konflikt hierüber austrugen. Betrachtet man Tausens Veröffentlichungen insgesamt, scheint es, als habe er keine tiefere Kenntnis von Luthers Werk gehabt – außer von den Schriften Luthers, die er selbst übersetzt hatte.

Die Durchführung der Reformation in Viborg 1529

Tausens Schriften und auch die Traktate und Übersetzungen deutscher und schwedischer Reformationshandbücher trieben die Reformation in Viborg voran. Bischof Friis hatte versucht, Tausen zu sich zu bestellen, aber die Viborger Bürger beschützten ihn und blockierten die Stadt im wahrsten Sinne des Wortes, indem sie die Straßen mit Draht absperrten. Schon kurze Zeit später wurde der Gottesdienst reformiert, und Tausen setzte „geeignete, gelehrte und fähige Personen" als evangelische Pastoren in Viborg ein. Dies waren seine Worte, als ihm später vorgeworfen wurde, er maße sich bischöfliche Macht an. Im Jahr 1529 kam es im Rahmen der Viborger Reformation sogar zur Zerstörung von zwölf Kirchen und Kapellen der Stadt – möglicherweise eine Reaktion auf Luthers Schrift *An den christlichen Adel deutscher Nation* oder vielleicht sogar auf einige von Karlstadts Schriften. Bischof Friis, der mittlerweile außerhalb der Stadt residierte, suchte hiervon aufgebracht Rat beim König, allerdings erfolglos. Friedrich I. beschloss, die Entscheidung der Viborger zu akzeptieren, und bereits nach einem Monat hatten die Bürger die zwölf Kirchen vollständig abgerissen. Nur der Dom blieb verschont (nicht das heutige Gebäude – der alte, im Jahr 1726 abgebrannte Dom und sein barocker Nachfolgebau wurden in den 1860er und 1870er Jahren in romanischem Stil vollständig neu errichtet), ebenso wie die Abteikirchen der Dominikaner und Franziskaner, die von nun an beide als Pfarrkirchen genutzt wurden.

Jørgen Jensen Sadolin – von dem zwar weder ein Studium in Wittenberg noch andernorts im Ausland bekannt ist, der aber die dänischen Übersetzungen mehrerer Schriften von Luther, Bugenhagen und Melanchthon, wie *Der kleine Katechismus* und die *Confessio Augustana*, veröffentlichte (weit mehr als Hans Tausen) – und Tausen wurden die ersten evangelischen Pastoren der alten Abteikirchen. Kurz darauf stellte sich die Mehrheit des Domkapitels auf die Seite der Evangelischen, weshalb von nun an jedem Morgen um 5 Uhr und 8 Uhr eine evangelische Predigt im Dom gehalten wurde und morgens, mittags und abends Gebete stattfanden, bei denen Kirchenlieder auf Dänisch gesungen wurden. Sonntags nahmen die Bürger am Gottesdienst in einer der beiden neuen Pfarrkirchen teil, der von einer evangelischen Messe im Dom mit anschließendem Jugendgottesdienst fortgesetzt wurde.

Jørgen Jensen Sadolin

Dennoch verließen Sadolin und Tausen Viborg im Jahr 1529, nachdem die Stadt inzwischen fast vollständig evangelisch geworden war. Hans Tausen wurde nach Kopenhagen entsandt, dem neuen Schauplatz der Reformation, und Jørgen Jensen Sadolin reiste nach Odense auf Fünen, wo er das Bistum Fünen nach Luthers Katechismus reformierte. Dies tat er allerdings aus dem Inneren der etablierten Kirche heraus, als eine Art stellvertretender evangelischer Bischof oder Suffraganbischof, dem sogenannten *coadjutor in verbo* des römischen Bischofs Knud Gyldenstjerne, der dem Papst offiziell noch immer die Treue hielt. Gyldenstjernes Vorgänger, der bürgerliche Bischof Beldenak, war aus dem Amt gezwungen geworden, und noch im

Der Grabstein von Jørgen Jensen Sadolin. Kupferstich, 1751

Jahr 1530 wurde er als Lügner verurteilt und verlor seine Ehre. Er beendete seine Tage in Lübeck 1537. Im gleichen Jahr übernahm Jørgen Jensen Sadolin die Diözese Fünen als der erste lutherische Superintendent.

Hans Tausen setzte sein Wirken als Stadtprediger in Kopenhagen fort, wurde aber nach der Staats-Reformation (der offiziellen Einführung der Reformation durch den König 1536/37) auch Dozent für Hebräisch an der wiedereröffneten, aber nun lutherisch reformierten Universität und zugleich als evangelischer Lektor am Domkapitel zu Roskilde. Im Jahre 1542 wurde er Superintendent in Ripen; hier starb er am Martinstag, am 11. November 1561.

441

▶ Pastor *Rasmus H. C. Dreyer* ist Vorsitzender der Gesellschaft für dänische Kirchengeschichte.

▶ Dr. *Anna Vind* ist Professorin MSO (= Professor mit Sonderaufgaben) an der Abteilung für Kirchengeschichte an der Universität von Kopenhagen.

Weiterführende Literatur

Christensen, Marie, Hans Tausen. Fra Birkende til Ribe, Kopenhagen 1942

Schwarz Lausten, Martin, Die Reformation in Dänemark, Gütersloh 2008 (Schriften des Vereins für Reformationsgeschichte 208)

Dreyer, Rasmus H. C., An Apologia for Luther: The myth of the Danish Luther: Danish reformer Hans Tausen and „A short answer" (1528/29), in: Peter Opitz (Hg.), The Myth of the Reformation, Göttingen 2013 (Refo500 Academic Studies 9), 211–232

Für einen Besuch in Viborg

www.visitviborg.de/de/viborg/visitviborg-forside-de-2

www.viborgdomkirke.dk

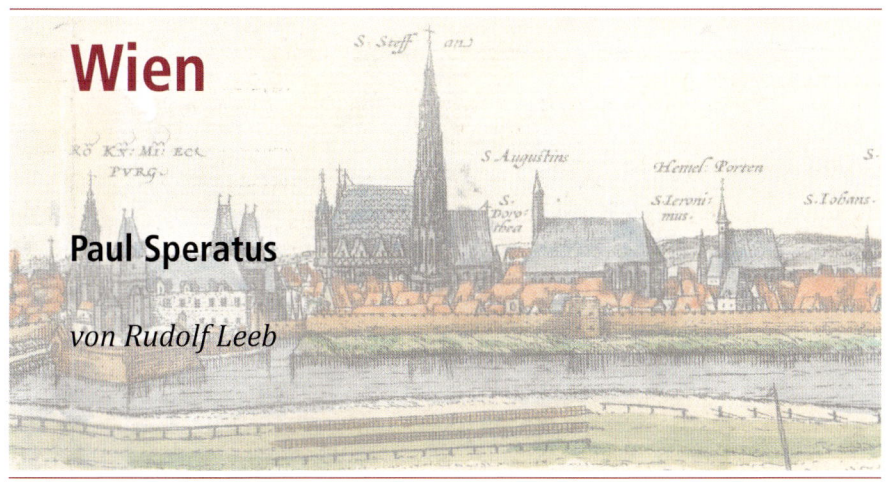

Wien

Paul Speratus

von Rudolf Leeb

Am 12. Januar 1522 predigte der sich gerade auf Durchreise befindende Paul Speratus in Wien von der Kanzel des Stephansdoms. Die Predigt erregte wegen ihres Inhalts in der Stadt großes Aufsehen. Die Universität, die das Inquisitionsrecht besaß, reagierte schnell und scharf. Sie leitete sofort ein Verfahren ein. Nachdem Speratus trotz zweimaliger Zitation nicht zum Verhör erschienen war, wurde er bereits am 20. Januar gebannt und exkommuniziert. Seine Predigt war nach unserer Kenntnis die erste öffentliche evangelische Predigt in Wien gewesen.

Humanismus und Antiklerikalismus

Die reformatorischen Ideen waren aber nicht erst mit Paul Speratus in die große Handels- und Residenzstadt Wien gekommen. Die neuen Lehren Luthers waren bereits davor bekannt gewesen. In der Stadt herrschte eine Stimmung, die für die Rezeption der reformatorischen Lehren förderlich war. Wien war seit dem späten 15. Jahrhundert ein Humanisten-Zentrum von internationaler Bedeutung (Luther hatte etwa 1521 dem Wiener Humanisten Johannes Cuspinian vom schicksalhaften Reichstag in Worms berichtet). In der Stadt gab es heftige Diskussionen und Auseinandersetzungen um päpstliche Privilegien und kirchliche Missstände. Überliefert sind Proteste gegen die Ablasskampagnen von 1490 und 1516 und Attacken gegen die in der Stadt dominierenden Bettelorden. Die Universitätstheologen wurden in der Stadt angefeindet. Allenthalben äußerte sich der frühneuzeitliche „Antiklerikalismus", der sogenannte „Pfaffenhass". Die Themen, die Speratus in seiner Predigt ansprach, hatten einen Nerv der in der Stadt geführten Diskussionen getroffen.

Paul Speratus (1484–1551)

Der Kleriker und Spitzentheologe Speratus war gemeinsam mit seiner Partnerin bzw. Frau Anna Fuchs, mit der er seit 1517 zusammenlebte, auf der Reise. Speratus war zuvor als Priester in Salzburg, dann in Dinkelsbühl und schließlich im Augsburger Dom tätig gewesen, wo er Anhänger der Reformation geworden war. Er verließ Augsburg im November 1521 heimlich und ging wieder nach Salzburg, wo er einen Ruf nach Ofen (Budapest) erhielt. Sein Weg dorthin führte das Paar über Wien.

Schon in Augsburg war er wegen seiner Verbindung mit Anna Fuchs Angriffen ausgesetzt gewesen. Auch in Wien wurden deswegen Vorwürfe laut. Seine Predigt im Stephansdom, wo ihm die Predigterlaubnis eingeräumt worden war, diente zur Rechtfertigung seiner Haltung zum Zölibat.

Speratus' Predigt vom 12. Januar 1522, die er 1524 in Königsberg veröffentlichte. Titelblatt

Paul Speratus als Bischof von Pomesanien. Stich von einem unbekannten Künstler, 16. Jahrhundert

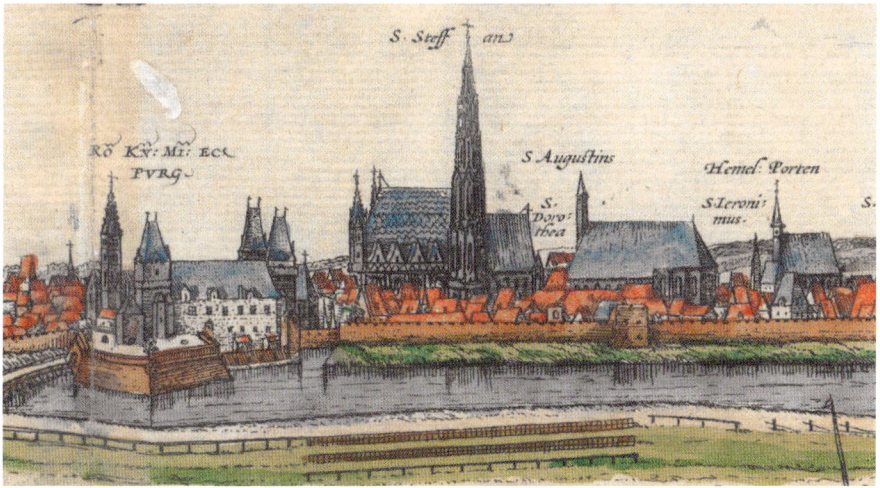

*Wien. Kolorierte Stadtansicht aus: Georg Braun/Franz Hogenberg, „Civitates orbis terrarum",
Bd. 1, Köln 1593
Unten: die Hofburg und der Stephansdom*

Der Inhalt seiner bemerkenswerten und theologisch durchreflektierten Predigt ist uns bekannt. Sie ist von Speratus selbst (allerdings zweieinhalb Jahre später und aus dem Gedächtnis niedergeschrieben) publiziert worden. Ebenso wurden auch die damals von der Universität Wien gegen ihn formulierten Anklagepunkte samt Speratus' Antwort darauf veröffentlicht.

Nach diesen Drucken hat Speratus in seiner von antiklerikalen Tönen getragenen Predigt mit genuin reformatorischen Argumenten das allgemeine Priestertum aller Gläubigen verkündigt und den Zölibat sowie die Mönchsgelübde angegriffen und abgelehnt. Hält man sich die kirchenkritische, antiklerikale Stimmung in der Stadt und den an Speratus gerichteten Vorwurf des Bruchs des Zölibats vor Augen, dann ist das große Echo, das seine Predigt im Stephansdom auslöste, gut erklär-

445

Paul Speratus: „Es ist das Heil uns kommen her!" Aus: „Etlich Cristlich lider Lobgesang, un[d] Psalm", Wittenberg 1524

bar. Er spielte auch auf die in der Stadt „im Untergrund" lebendige Reformation an: „und wieviel hundert, meynestu sind Einwohner in Wien, die das Wort Gottes nur heimlich stehlen müssen?" Nach eigener Aussage besaß Speratus zahlreiche Gesinnungsgenossen und Sympathisanten in der Stadt.

Kein Wunder, dass die Universitätstheologen postwendend reagierten. Dem raschen Urteil und der Exkommunikation folgte das Gefängnis. Speratus kam allerdings nach kurzer Haft wieder frei. Er ging als Pfarrer nach Iglau in Mähren, wo er wiederum wegen Ketzerei angeklagt wurde. In einer in Olmütz geführten Gerichtsverhandlung wurde er zunächst zum Feuertod verurteilt, kam aber nach Interventionen von Freunden mit zwölf Wochen Gefängnis davon.

Dass zur Predigt des Evangeliums auch das Kreuz und die Verfolgung gehören, hat Speratus selbst immer wieder betont. Wohl im Kerker in Olmütz schrieb er sein allgemein bekanntes Kirchenlied „Es ist das Heil uns kommen her!" (verkürzt im Evangelischen Gesangbuch Nr. 342), das mit zwei weiteren Liedern aus seiner Feder und vier Liedern Luthers (sowie einem anonymen Lied) im berühmten „Achtliederbuch" 1524 erschien. Damals weilte Speratus bei Luther in Wittenberg, von wo er noch im selben Jahr auf Luthers Empfehlung hin als Hofprediger Albrechts von Brandenburg nach Königsberg in Ostpreußen berufen wurde. 1529 wurde er schließlich lutherischer Bischof von Pomesanien in Marienwerder, wo er bis zu seinem Tod im Jahre 1551 unermüdlich und als bedeutender Reformator wirkte.

Antireformatorische Maßnahmen

Paul Speratus machte also, wie so manch anderer während der Zeit der Frühreformation aus den habsburgischen Ländern ausgewiesener Prediger, nicht in Wien oder in Ofen, sondern andernorts Karriere. Auch wenn sein Wirken in Wien eher dem Zufall zu verdanken war und Episode blieb, so hat in den folgenden Jahren die Frühreformation die Stadt (wie auch die anderen Städte Österreichs) weiter in Unruhe versetzt. Bis zu einem Verbot im Jahre 1523 wurden in Wien in der Offizin Singriener reformatorische Flugschriften Luthers, Karlstadts und Melanchthons nachgedruckt. Der habsburgische Landes- und Stadtherr versuchte vergeblich, das Einströmen der reformatorischen Gedanken zu unterbinden.

Die Situation spitzte sich im Herbst 1524 dramatisch zu. Die Landesherren von Bayern, Salzburg und den habsburgischen Erblanden hatten soeben als erste scharfe politische Maßnahme gegen das Vordringen der Reformation in ihren Territorien auf einem Konvent in Regensburg die Durchsetzung des Wormser Ediktes von 1521 mit seinem Reformationsverbot in ihren Ländern beschlossen. Unmittelbar danach wurde in Wien eine Reihe von Klerikern und Laien verhaftet und ihnen den Prozess gemacht. Einige der Inhaftierten hatten zuvor äußerst polemisch gegen die kirchlichen Missstände gepredigt. Die prominentesten unter ihnen waren der Priester Johann Peregrin, der dem Klerus unter anderem vorgeworfen hatte, die einfachen Gläubigen wie Schweine an einem Nasenring herumzuführen, sowie der Geistliche Johann Vaesel, der meinte, dass die altgläubigen Priester und Theologen sich benähmen wie Kaiphas, Pilatus und Herodes.

Aber auch der hoch angesehene, fromme Bürger Caspar Tauber, der als bemerkenswert gebildeter Laientheologe öffentlich für die Reformation aufgetreten war, zählte zu den Verhafteten. Vor allem in seinem Fall war die katholische Obrigkeit auf einen öffentlichkeitswirksamen Widerruf aus, der die immer vitaler werdenden reformatorischen Regungen in der Stadt

Gedenktafel für Balthasar Hubmaier, angebracht an den Mauerresten des Stubentores am Dr.-Karl-Lueger-Platz

447

schwächen sollte. Bis auf Caspar Tauber widerriefen in der Folge wegen des drohenden Ketzertodes alle Verhafteten. Tauber blieb standhaft und erlitt den Märtyrertod am 17. September 1524. Die Stimmung in Wien war aufgewühlt. Sein Martyrium löste eine heftige Reaktion auf dem reformatorischen deutschsprachigen Flugschriftenmarkt aus. Luther war, als er vom Martyrium Taubers erfuhr, wie bei allen anderen vergleichbaren Fällen tief betroffen. Tauber zählte fortan zu den vornehmsten Blutzeugen der Reformation.

In den folgenden Jahren sind auch viele Täufer in Wien hingerichtet worden. Der prominenteste unter ihnen war der Täuferführer und -theologe Balthasar Hubmaier, der am 10. März 1528 vor dem Stubentor verbrannt wurde. Er hatte zuvor den von Luther propagierten religiösen Toleranzgedanken (Ketzerei darf nicht mit dem Schwert bekämpft werden) in seiner Schrift *Von Ketzern und ihren Verbrennern* weiterentwickelt. Alle diese Maßnahmen konnten aber die nahezu geräuschlose Durchsetzung der Reformation unter der Bevölkerung Wiens in den Jahren danach nicht verhindern.

Ausbreitung der Reformation

In den folgenden Jahrzehnten entwickelte sich Wien deshalb zu einer Stadt, die unter konfessionspolitischer Spannung stand: Die Bevölkerung und der Rat waren in ihrer überwältigenden Mehrheit evangelisch, die katholische Minderheit ist in den Quellen bezeichnenderweise schwer zu greifen. Dem stand der beim Katholizismus verharrende habsburgische Landesherr gegenüber, der innerhalb der Stadtmauern seiner Residenzstadt keinen öffentlichen evangelischen Gottesdienst erlaubte.

Diese Situation wurde noch durch eine weitere politische Konstellation überlagert. Wien war nämlich nicht nur die Residenzstadt der Landesherren, sondern zugleich auch die Landeshauptstadt des Landes Niederösterreich. Sein Landtag, der sich im Landhaus in der Herrengasse traf, war in religionspolitischer Hinsicht völlig vom Luthertum dominiert. Die habsburgischen Länder strebten damals allgemein nach größerer politischer Autonomie gegenüber den katholischen habsburgischen Landesherren, die sich natürlich auch auf die religiösen Belange erstrecken sollte. Die Länder bauten immer größeren religionspolitischen Druck auf. Diesem Druck des niederösterreichischen Landtages musste Kaiser Maximilian II. dann 1574 nachgeben und schließlich in Wien öffentlichen evangelischen Gottesdienst erlauben. Die Gottesdienste wurden im Sitzungssaal des Landhauses gehalten. Ein streng lutherisches Pfarrerteam wurde vom Land angestellt, das zum Teil auf politische Umstände wenig Rücksicht nahm.

„Auslauf" der Protestanten auf Schloss Hernals. Stich von Matthäus Merian aus: „Topographia provinciarium austriacarum, Austriæ, Styriæ, Carinthiæ, Carniolæ, Tyrolis", Frankfurt am Main 1649

Gegenreformation

Mit dem Beginn der Gegenreformation 1578 wurde dieses „Landhausministerium" allerdings bereits nach vier Jahren wieder verboten. Davor und danach – und dies macht die Besonderheit der Reformationsgeschichte Wiens aus – musste die evangelische Bevölkerung, wenn sie sich nicht nur mit Hausandachten zufrieden geben wollte, ihre Stadt verlassen, um einen Gottesdienst zu besuchen. Das in dieser Situation zuvor offenbar praktizierte fallweise heimliche Einschleusen von lutherischen Predigern in die Stadt reichte nicht aus und war inzwischen ohnehin zu riskant geworden. Zielorte der evangelischen Wiener waren die Schlösser und Pfarrkirchen der lutherischen Adeligen in der Umgebung Wiens.

Neben Vösendorf, Inzersdorf und dem sog. Hof zu St. Ulrich war dies vor allem die Pfarrkirche bei Schloss Hernals, das vom mächtigen Geschlecht der Jörger und

Innenansicht der reformierten Stadtkirche in der Dorotheergasse 16 mit dem Abendmahltisch und der auf vier Säulen ruhenden Kanzel

vom niederösterreichischen Landtag zu einem allen Ansprüchen genügenden reformatorischen Zentrum für Wien ausgebaut wurde, das allerdings eben vor den Toren der Stadt lag. Neben den auf ihr Predigtamt für die kaiserliche Residenzstadt sichtlich stolzen Pfarrern wirkte hier als Kantor der bedeutende Komponist Andreas Rauch. Noch Matthäus Merian und sein Geograph Martin Zeiller haben 1649, als die Gegenreformation in den habsburgischen Ländern bereits gesiegt hatte, auf einem Stich von Schloss Hernals zur Erinnerung dieses so genannte „Auslaufen" der evangelischen Wiener zum Gottesdienst in die Pfarrkirche von Hernals dargestellt.

Nach der Schlacht am Weißen Berge vom 8. November 1620 zu Beginn des Dreißigjährigen Krieges war nicht nur für das Königreich Böhmen, sondern auch für die Donauländer das politische Schicksal der Reformation besiegelt. In der Folge wurden alle evangelischen Prediger und Schulmeister ausgewiesen und die Bevölkerung de jure vor die Alternative gestellt, zu konvertieren oder auszuwandern. In Wien war schon vorher der Rat der Stadt sukzessive katholisch besetzt worden, weil der habsburgische Landesherr Lutheraner nicht mehr in diesem Amt bestätigte. Bürger- und Berufsrechte wurden an die katholische Konfession

Die lutherische Stadtkirche in der Dorotheergasse 18

gebunden. Nur mehr wenige Privilegierte konnten in Wien evangelisch bleiben, wie etwa die Diplomaten und die international tätigen, in Wien ansässigen ausländischen Händler. Diese Personen konnten sogar evangelischen Gottesdienst in den sogenannten Gesandtschaftskapellen Dänemarks, Schwedens und der Niederlande besuchen. Daneben gab es aber immer auch „inoffizielle" Protestanten (wie etwa Facharbeiter und Besucher) in der Stadt, die aber ihren Glauben nicht öffentlich, sondern höchstens im häuslichen Bereich leben durften.

Erst mit dem Toleranzpatent Kaiser Josefs II. von 1781 wurde in Wien wieder die Gründung von evangelischen Gemeinden erlaubt. Die damals gleichzeitig gegründeten zwei Gemeinden (lutherisch und reformiert) waren der Kern der heutigen evangelischen Diözese Wien. Die beiden „Bethäuser" (der Bau von

451

Gebäuden, die auch von außen wie Kirchen aussahen, war noch nicht erlaubt) wurden in der Wiener Innenstadt in der Dorotheergasse errichtet, wo sie noch heute zu besichtigen sind.

▶ Dr. *Rudolf Leeb* ist Professor für Kirchengeschichte, Christliche Archäologie und Kirchliche Kunst an der Evangelisch-Theologischen Fakultät der Universität Wien.

Weiterführende Literatur

BRECHT, MARTIN, Erinnerungen an Paul Speratus (1484–1551), ein enger Anhänger Martin Luthers in den Anfängen der Reformation, in: Archiv für Reformationsgeschichte 94 (2003), 105–133

LEEB, RUDOLF, Der Streit um den wahren Glauben, in: Rudolf Leeb u.a., Geschichte des Christentums in Österreich, Wien 2003 (Österreichische Geschichte Ergänzungsband 3), 145–280

MECENSEFFY, GRETE/RASSL, HERMANN, Die evangelischen Kirchen Wiens, Wien 1980

Für einen Besuch in Wien

www.wien.info/de/reiseinfos/tourist-info
www.evang-wien.at
www.stadtkirche.at
www.reformiertestadtkirche.at

Witmarsum

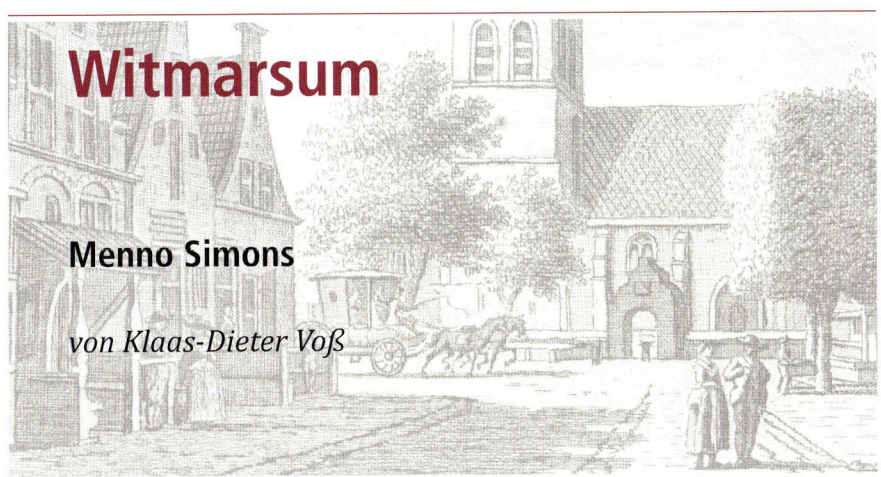

Menno Simons

von Klaas-Dieter Voß

Katholischer Priester

Unweit der Nordseeküste wurde Menno Simons 1496 in Witmarsum in der heutigen niederländischen Provinz Friesland geboren und wuchs vermutlich im bäuerlichen Milieu auf. Es waren unruhige Zeiten im westerlauwerschen Friesland. Die Friesen waren im Mittelalter reichsunmittelbar und weitestgehend autark gewesen. Eine Feudalordnung hatte es hier nicht gegeben. Die Einsetzung Albrechts von Sachsen als Statthalter im Jahr 1498 führte zu großen Unruhen und bürgerkriegsähnlichen Zuständen. Zahlreiche Sturmfluten zu Beginn des 16. Jahrhunderts ließen die Deiche brechen und brachten Armut und Teuerung ins Land. Hungersnöte, Krankheit und Tod waren die Folge.

Dies waren die Zeiten und die Lebensumstände, in denen Menno Simons aufwuchs. Viel mehr lässt sich über seine Kindheit und Jugend nicht sagen. Wo er seine theologische Bildung erworben hat, ist nicht bekannt. Zwar behauptete er im späteren Leben, dass er theologisch ungelehrt und seine Kenntnis der alten Sprachen nicht sehr groß sei, dahinter verbarg sich aber nicht zuletzt eine bescheidene Haltung und eine bewusste Abkehr von einem wie auch immer gearteten Autoritätsanspruch.

Bekannt ist, dass er am 26. März 1524 in Utrecht vom Bischof Johannes Heetsveld die Priesterweihe erhielt. Noch im gleichen Jahr wurde er Vikar in Pingjum, einer Nachbargemeinde seines Geburtsortes, aus dem seine väterliche Familie ursprünglich stammte.

In seiner autobiographischen Schrift *Uitgang uit het Pausdom* (Trennung vom Papsttum) von 1554 beschreibt er seine anfängliche Ehrfurcht vor der Tradition

Witmarsum. Zeichnung von Jan Bulthuis aus: „Vaderlandsche gezigten", Bd. 2, Amsterdam 1793. Die Kirche, in der Menno Simons als Priester tätig war, wurde 1633 durch die hier abgebildete Kuppelkirche ersetzt. Der hier noch sichtbare Turm wurde 1819 abgerissen

der katholischen Kirche, die ihn daran hinderte, die Bibel zu lesen, aus Angst, dadurch zu einem Irrglauben verführt zu werden. Nach zwei Jahren überkamen ihn aber immer wieder Zweifel an der Richtigkeit der katholischen Abendmahlslehre, nach der durch die Weihung des Priesters Brot und Wein in wahrhaft Leib und Blut Christi verwandelt werden. Nicht zuletzt durch Schriften Martin Luthers veranlasst, begann er intensiver das Neue Testament zu lesen und machte sich schon bald einen Namen durch seine Wortverkündigung. Er galt geradezu schon als evangelischer Prediger, verblieb aber noch im Schoß der altgläubigen Kirche.

Kurze Zeit bevor er Priester in seiner Heimatgemeinde Witmarsum wurde, ereignete sich 1531 in Leeuwarden etwas, das zu einer Zäsur in seinem Leben wurde. Ein aus Emden stammender Kleidermacher namens Sicke Freriks wurde öffentlich auf dem Marktplatz wegen seines Glaubens enthauptet. Sein Körper wurde auf ein Rad geflochten und der Kopf zur Abschreckung gut sichtbar auf einem Pfahl aufgepflanzt. Dieser Vorfall rief bei vielen Menschen tiefe Empörung hervor, denn es war das erste Mal, dass in Friesland ein Mann aus religiösen Gründen hingerichtet worden war. Sicke Freriks hatte in Emden die Bekenntnistaufe abgelegt und sich damit ein zweites Mal taufen lassen. In der Umgebung von Leeuwarden missionierte er wenig später im täuferischen Sinne, was ihm in dem seit 1524 habsburgisch regierten Land zum Verhängnis wurde. Hier galt, wie überall im Reichsgebiet, das 1529 auf dem Reichstag in Speyer mit Zustimmung der evangelischen Stände erlassene Wiedertäufermandat. Grundlage dafür war der aus dem 6. Jahrhundert stammende *Codex Iustinianus*. Die Todesstrafe konnte somit verhängt werden, ohne dass vorher ein geistliches Inquisitionsgericht hatte eingeschaltet werden müssen.

1826 malte Willem Barteld van der Kooi das Porträt von Menno Simons für die mennonitische Gemeinde in Witmarsum. Auf dem Stich von Dirk Sluyter (S. 456) ist es zweimal zu sehen

Durch diese Vorgänge beunruhigt, suchte Menno Simons das Gespräch mit seinem vorgesetzten Priester, studierte die Kirchenväter, las die Schriften Luthers, Bucers und Bullingers und gelangte am Ende zu der Einsicht, dass ein jeder nur seiner eigenen Interpretation folgte und die von der Kirche praktizierte Säuglingstaufe nicht schriftgemäß war. Dennoch verharrte er weiterhin im Dienst dieser Kirche.

Mit zunehmender Sorge verfolgte er die Entwicklung innerhalb der täuferischen Bewegung, die 1534 in der Errichtung eines Neuen Jerusalem in Münster gipfelte. Als die Stadt daraufhin belagert wurde, richtete der Wortführer der Münsteraner Täufer, Bernhard Rothmann, ein Sendschreiben mit dem Titel *Van de Wrake* (Von der Rache) an die in den Niederlanden lebenden Täufer, um die bedrängte Stadt so durch Hilfe von außen aus ihrer Notlage zu befreien. Eine Folge davon war die Besetzung des Klosters Bloemkamp in der Nähe von Franeker durch 300 Täufer. Der friesische Statthalter Georg Schenk von Tautenburg belagerte es daraufhin und eroberte es schließlich zurück. Viele Menschen kamen dabei ums Leben, andere wurden vor Gericht gestellt und anschließend hingerichtet. Unter den Toten waren Gemeindeglieder der Kirche in Witmarsum und Peter Simons, ein Bruder von Menno Simons.

Täuferischer Prediger

Noch im Mai 1535 verfasste Menno Simons eine Kampfschrift gegen die Irrlehren des Münsteraner Täufertums und gab schließlich sein Priesteramt auf. Nach dem Fall des sogenannten Wiedertäuferreiches begann er, öffentlich im täuferischen Sinne zu predigen. Er ließ sich von Obbe Philips, dem Ältesten der Täufergemeinde in Friesland, taufen und heiratete noch im selben Jahr Geertruydt Hoyer. Die Obbiten, zu denen er sich nun zählte, distanzierten sich deutlich von dem revolutionären und gewaltbereiten Täufertum.

Durch die nun einsetzende Verfolgung wurde sein Leben gefahrvoll und unstet, so dass er an den unterschiedlichsten Orten untertauchte, um so immer wieder seinen Häschern zu entgehen. Sein Fluchtweg wurde zur blutigen Spur der Verfol-

Innen- und Außenansicht der „Menno-Simons-Kirche" etwas außerhalb von Witmarsum, die 1878 abgerissen wurde (vgl. S. 457). Es handelte sich ursprünglich um ein Wohnhaus, in dem sich die Täufer trafen, nachdem Menno Simons die katholische Kirche verlassen hatte. Der Kupferstich, der von Herman Thepass gezeichnet und von Dirk Sluyter gestochen wurde, erschien um 1828 in Zaandam

gung: Die Brüder Hermann und Geeryt Janszoon aus Witmarsum hatten sich am 28. Oktober 1536 vor Gericht zu verantworten, weil sie Menno Simons beherbergt hatten. Der 1536 im ostfriesischen Oldersum getaufte Peter Jans wurde vier Jahre später hingerichtet. 1539 wurde Tjard Reynerts aus Pingjum aufs Rad geflochten, weil auch er Menno Simons Unterschlupf geboten hatte. In Oldersum hat dieser längere Zeit unbehelligt leben können. Hier wurden auch seine Kinder geboren. Bereits 1537 wurde er in Groningen zum Ältesten gewählt und etwa zwei Jahre später durch die Veröffentlichung seines wohl wichtigsten Werkes *Dat Fundament des Christelycken leers* (Das Fundament der christlichen Lehre) zum führenden Kopf der taufgesinnten Bewegung. In dieser Schrift werden die wichtigsten Grundprinzipien des mennonitischen Täufertums genannt: die Bekenntnistaufe, das Abendmahl als Gedächtnismahl, die Ablehnung von Eidesleistungen, Waffengewalt und obrigkeitlicher Ämter und das Bemühen, ein gottgefälliges Leben zu führen.

Denkmal für Menno Simons in Witmarsum an der Stelle, wo früher die „Menno-Simons-Kirche" stand (siehe unten links und S. 456). Es wurde 1879 enthüllt. 2008 wurde hier außerdem eine Teilrekonstruktion der alten Versammlungsstätte errichtet

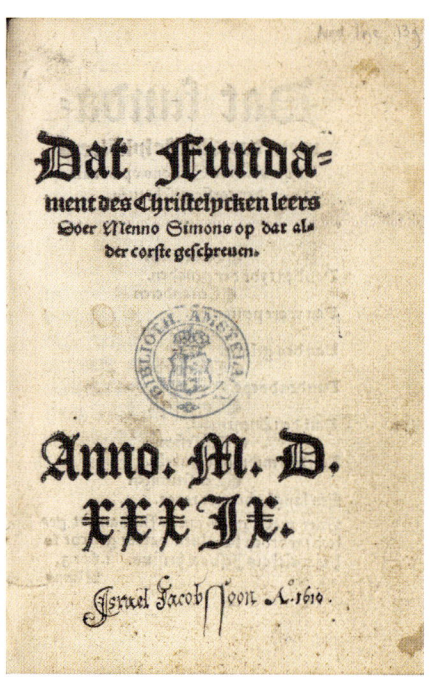

Menno Simons' Hauptwerk „Dat Fundament des Christelycken leers", 1539. Titelblatt

Ende 1542 wurde in den Niederlanden nach Menno Simons gefahndet. In Ostfriesland fand er erneut Aufnahme und wurde von dem ostfriesischen Superintendenten Johannes a Lasco zu einem theologischen Gespräch eingeladen. Es war das erste Mal in der Geschichte, dass ein steckbrieflich gesuchter Täufer, der in den Niederlanden aufgrund seines Verhaltens als kriminell galt, vom offiziellen Vertreter einer Landeskirche zum Gespräch eingeladen wurde. Thematisiert wurde unter anderem die Menschwerdung Christi. Menno Simons vertrat die auf Melchior Hoffman zurückgehende Variante der monophysitischen Lehre, die die Herkunft der menschlichen Natur Christi nicht mit der Abstammung von Maria erklärte, sondern mit der Wunderwirkung des Heiligen Geistes in Maria.

Im Sommer brach er nach Köln auf, nachdem die ostfriesische Gräfin Anna von Oldenburg, genötigt durch den Druck Kaiser Karls V., ein Edikt gegen die Täufer erlassen hatte. In Köln hingegen hatte der Erzbischof Hermann von Wied eine Reform der dortigen Kirche initiiert. Als jedoch das sogenannte Kölner Reformationswerk 1546 scheiterte und die Verhältnisse sich auch dort änderten, begab Menno Simons sich an die Ostseeküste, wo er in Lübeck an einer Disputation über die Säuglingstaufe teilnahm.

Die Gegensätze in den eigenen Reihen belasteten ihn sehr. Auf dem Täuferkonvent 1547 in Emden wurden erneut die Menschwerdung Christi, die Säuglingstaufe und die Meidung gebannter Ehegatten thematisiert. Der Gegensatz zu dem Antitrinitarier Adam Pastor wurde unüberbrückbar, so dass wenig später in Goch der Bann gegen diesen ausgesprochen wurde. Im April 1549 muss Menno Simons sich in Leeuwarden aufgehalten haben, denn Claes Janszoon Brongers, der ihn aufgenommen hatte, wurde sechs Wochen später deswegen hingerichtet. Noch im Sommer reiste er dann in Begleitung von Dirk Philips nach Westpreußen, um unter den dort lebenden Täufern einen Streit zu schlichten. Seine Predigttätig-

Mennokate in Fresenburg bei Bad Oldesloe. Vor dem Haus steht eine Linde, die Menno Simons selbst noch gepflanzt haben soll

keit führte ihn schließlich bis ins Ostbaltikum. 1551 setzte er in Emden Leenaert Bouwens zum Ältesten der Emder Gemeinde ein.

Im Winter 1553 hielt Menno Simons sich in Wismar auf. Als dort zwei Schiffe mit reformierten Glaubensflüchtlingen aus England eintrafen, kümmerte sich die Wismarer Täufergemeinde um die Menschen an Bord. Auf Wunsch des reformierten Predigers Hermes Backerel kam es zu einem theologischen Gespräch am ersten Weihnachtsfeiertag. Ein zweites fand am 6. Februar 1554 mit dem Genfer Prediger Marten Micron statt, der in der niederländischen Fremdenkirche in London das Wort verkündet hatte. Thema während der Zusammenkünfte waren erneut die Menschwerdung Christi und die Taufe. Ein drittes Gespräch endete schließlich im Streit.

Seine letzten Jahre verbrachte Menno Simons von 1554 an in der Nähe von Bad Oldesloe. Graf Bartholomäus von Ahlefeld gewährte den Täufern auf dem Gut Fresenburg Asyl gegen ein Schutzgeld von einem Taler pro Familie und Jahr. Trotz Klagen der einheimischen Bevölkerung entstanden unweit des zum Gut gehörenden Ortes Poggensee die täuferischen Dörfer Wegnitz, Pulverbek, Wüstenfelde und Kiebitzburg. Hier konnte Menno Simons sogar eine eigene Druckerei einrichten und viele seiner Schriften noch einmal in revidierter Fassung herausgeben. 1557 versuchte er ein letztes Mal in der Bannfrage zu vermitteln, als es zum Streit um die Emderin Zwantje Rutgers kam, die sich weigerte, ihren abtrünnigen Gatten zu meiden.

Am 31. Januar 1561 verstarb Menno Simons in seinem Haus in Wüstenfelde. Er wurde von Nachbarn am nächsten Tag im eigenen Kohlgarten begraben. Da der Ort im Verlauf des Dreißigjährigen Krieges dem Erdboden gleichgemacht wurde, ist sein Begräbnisplatz heute nicht mehr auffindbar. Hinter der sogenannten „Mennokate", in der sich seine Druckerei befunden haben soll, steht ein Gedenkstein mit der Inschrift: „Hier lebte, lehrte und starb Menno Simons, in Demut, fromm und arm."

Theologie

Menno Simons' Theologie galt lange Zeit als wenig durchdacht und inkohärent. Einer der Gründe dafür war, dass seine Werke lange Zeit nur schwer zugänglich waren. So konnte die von ihm nach 1554 revidierte Fassung des „Fundamentbuches" in den *Opera Omnia Theologica* von 1681 neben anderen dort abgedruckten frühen Schriften nur den Verdacht hervorrufen, Menno Simons sei in seinem Denken widersprüchlich gewesen. Erst in den sechziger Jahren des 20. Jahrhunderts wurden bessere Bedingungen für ein Quellenstudium geschaffen: Irvin B. Horst gab mit seiner im Jahre 1962 erschienenen Bibliographie eine sorgfältige Dokumentation der Werke Menno Simons' heraus. Fünf Jahre später edierte Hendrik Meihuizen eine Übersetzung des „Fundamentbuches" von 1539, durch die die frühe Ausgabe nach Jahrhunderten wieder zugänglich wurde. Hintergrund für diese Bemühungen war nicht zuletzt die 1936 durch die Dissertation von Cornelius Krahn in Gang gesetzte Diskussion um die Mitte mennonitischer Theologie, die bis heute aktuell ist.

Das zentrale Anliegen Menno Simons' dürfte in der Verteidigung der uneingeschränkten Autorität Christi sowie in der Eigenverantwortlichkeit des Menschen vor Gott zu finden sein. Menno Simons verwahrte sich gegen die Lehrautorität der katholischen Kirche, gegen die der evangelischen Prediger und nicht zuletzt auch gegen einen eigenen Autoritätsanspruch. Er war sehr oft in seinem Leben mit dem Missbrauch von Autorität konfrontiert worden. Darum war es ihm wichtig, Menschen von ihrem Glauben daran zu befreien. In der bereits erwähnten autobiographischen Schrift macht er am Beispiel seines eigenen Lebens deutlich, dass ein Kleriker nicht über mehr Kompetenz in Glaubensdingen verfügen muss

Der Gedenkstein für Menno Simons in Fresenburg bei Bad Oldesloe

als ein Laie. Er zeichnet den Werdegang seiner eigenen Erkenntnis nach und macht so deutlich, dass allein das eigene Nachdenken und ein intensives Bibelstudium vor falschen Lehren und Missbrauch von Autorität bewahren kann. Darum findet sich auch auf den Titelseiten seiner Schriften stets das Zitat: „Einen anderen Grund kann niemand legen außer dem, der gelegt ist, welcher ist Jesus Christus" (1 Kor 3,11). Dieses Zitat darf aber nicht als erbauliches Wort aufgefasst werden, sondern muss als Bekenntnis verstanden werden, das jegliche Lehrautorität, aber auch jede vom Wort unabhängige Offenbarung in Frage stellt.

Für Mennoniten gelten darum keine menschlichen Satzungen und Dogmen. Es kommt auf das eigenverantwortliche Bekenntnis eines jeden einzelnen Christen an. Letzteres erklärt auch die Entstehung der vielen unterschiedlichen mennonitischen Denominationen, die sich im Verlauf der weiteren Geschichte entwickelt haben, und die starke Eigenständigkeit der einzelnen Gemeinden sowie ihrer Mitglieder.

▸ *Klaas-Dieter Voß* ist wissenschaftlicher Mitarbeiter der Johannes a Lasco Bibliothek in Emden und Lehrbeauftragter am Institut für Evangelische Theologie der Carl von Ossietzky Universität in Oldenburg.

Weiterführende Literatur

VOOLSTRA, SJOUKE, Menno Simons. His image and message, North Newton, Kansas 1996

ZIJLSTRA, SAMME, Om de ware gemeente en de oude gronden. Geschiedenis van de dopersen in de Nederlanden 1531–1675, Hilversum 2000

461

Für einen Besuch in Witmarsum

www.toeristeninformatie.nl/Provincie/3/WITMARSUM.html
www.gemeenten.doopsgezind.nl

Für einen Besuch in Bad Oldesloe

www.badoldesloe.de/Homepage_Stadt_OD/HPContent_Wirtschaft_Stadtmarketing/wis
    senswertes_zahlen.php
www.mennokate.de
www.mennoniten.de/start.html

Wittenberg

Martin Luther und Philipp Melanchthon

von Johannes Schilling

Auf einem – heute verlorenen – Druck mit der Überschrift *Wahrhaftige Contrafet der Churfürstl.[ichen] Stadt Wittenberg im Jahr MDXLV* stehen folgende Verse, darunter „MARTINUS LUTHER, Doctor" (WA 35, 594):

> „Wittenberg, die kleine arme Stadt,
> Einen grossen Nahmen itzund hat
> Von GOttes Wort, das heraus leucht
> Und viel Seelen zum Himmel zeucht.
> Damit sie ein Glied wird genannt,
> Der Stadt Jerusalem verwand,
> GOtt geb ihr, daß sie danckbar sei
> Und ewiglich bleibe dabey,
> Und so gnung thu ihrem Namen,
> Daß sie selig werde, Amen."

Das war das Bild der Stadt, als die sie sich Luther am Ende seines Lebens darstellte – ein neues Jerusalem, in dem das Evangelium in den letzten Zeiten aufgegangen war und deren Zeuge er, Martin Luther, war, der Prediger, der Prophet, der Wiederentdecker des Evangeliums.

Die Stadt Wittenberg

Wittenberg ist der Ursprungsort der Reformation – was hier gedacht, entdeckt und propagiert wurde, veränderte die Welt. Die kleine Stadt am Rande der zivilisierten Welt – „in termino civilitatis", wie Luther einmal bemerkte – wurde zum Mittel-

Stadtansicht von Wittenberg, Lucas Cranach d. J. (Werkstatt), um 1558
Links unten: das Schloss, dahinter die Schlosskirche; rechts unten: das Collegium (Universitätsgebäude), das Wohnhaus von Philipp Melanchthon und das Augustinerkloster, wo Luther mit seiner Familie lebte

punkt der zivilisierten Welt, zum Ausgangsort einer neuen religiösen Kultur, die Ausstrahlungen in alle Bereiche des Lebens hatte, des individuellen wie des gesellschaftlichen, des persönlich-religiösen wie des kirchlichen, des häuslichen wie des öffentlichen Lebens in Gemeinschaften und in der Gesellschaft. Von Wittenberg nahm die Reformation ihren Gang in die Welt, einen Gang, der auch den Verlauf der Geschichte seither bestimmen sollte und in großen Zügen bestimmt hat.

Aber ein Ort, eine Stadt macht allein noch keine Geschichte. Gewiss, die Voraussetzungen waren nicht ungünstig. Wittenbergs geographische Lage begünstigte seine Ausstrahlung; die Stadt an der Elbe war durch wichtige Handelsstraßen mit den Zentren der Wirtschaft und des Handels in Europa verbunden. Die Stadt war Residenz, zunächst der Askanier, die 1422 ausstarben, dann der Wettiner, deren Erben. Die burgartige Festung im Westen der Stadt wurde im 15. Jahrhundert zum Schloss ausgebaut. Eine Pfarrkirche, das Allerheiligenstift und einige Klöster der Augustinereremiten und der Franziskaner standen für die geistliche Versorgung der Menschen bereit. Und mit dem Kurfürsten Friedrich III. (reg. 1486–1525), dem Weisen, wie er später genannt wurde, hatte das ernestinische Sachsen, dessen Hauptresidenz Wittenberg nach der Leipziger Teilung der wettinischen Lande 1485 zunächst

Das Siegel der Wittenberger Universität zeigt Kurfürst Friedrich III. den Weisen, der sie 1502 gründete. Die lateinische Umschrift besagt: „Wittenberg hat unter meinem Schutz begonnen zu lehren"

geworden war, einen der bedeutendsten Landesherren um 1500 und einen Kurfürsten, der kraft dieses Amtes über die Politik im Heiligen Römischen Reich mitbestimmen konnte und das auch tat. Friedrich machte das Wittenberger Schloss zu einem Ort, den er mit Werken der hervorragendsten Künstler aus dem ganzen Reich ausstattete. Alles, was Rang und Namen hatte, fand sich hier zusammen: Albrecht Dürer und Matthias Grünewald und natürlich Lucas Cranach der Ältere, dessen Wirken Wittenberg nicht nur in künstlerischer Hinsicht prägte.

Was der Stadt und dem Territorium nach der Landesteilung fehlte, war eine Universität. Diese wurde 1502 von Friedrich dem Weisen gegründet – mit der „Leucorea" verfügte nun auch Kursachsen über eine eigene Landesuniversität, wie das albertinische Schwesterland mit Leipzig (1409) oder – als Neugründungen – Württemberg mit Tübingen (1477) und Mainz mit einer erzbischöflichen Hochschule (1477); Kurbrandenburg mit Frankfurt an der Oder (1506) und die Landgrafschaft Hessen mit Marburg (1527) sollten folgen. Mit einer eigens zur Belebung der Universität Leucorea (griechisch: „weißer Berg", für Witten-berg) verfassten Werbeschrift, einem Panegyrikus, trat der Humanist Andreas Meinhardi (um 1470–1525/26) für die neue Hohe Schule ein: Er rühmt die Natur und die Sehenswürdigkeiten der Stadt, insbesondere die Kirche des Allerheiligenstifts. Nirgends als in Wittenberg könne man als Student so gut leben wie dort, nirgends habe man eine so schätzenswerte Obrigkeit, und nirgends als eben dort gebe es so hervorragende Professoren – darum könne man eigentlich gar nichts Besseres tun, als in Wittenberg zu studieren. Der Erfolg sollte nicht ausbleiben: Im Gründungsjahr immatrikulierten sich 416 Studenten, in den folgenden Jahren jeweils mehr als 200. Zwischen 1535 und 1545 gab es insgesamt mehr als 4700 Immatrikulationen. Wittenberg war damit in diesen Jahren die am stärksten besuchte Universität im Reich, mit weiter Ausstrahlung, insbesondere nach Skandinavien und Südosteuropa.

Aber Reformation war im Kern keine Angelegenheit günstiger geographischer Lage oder politischer Potenz und nicht einmal nur einer Universität. Vielmehr bedurfte es eines geistlichen Impulses, der die Frage nach der Wahrheit des Christentums und seiner Lebensgestaltung neu stellen ließ. Dieser Impuls kam aus der Auslegung der Heiligen Schrift. Die Wurzel der Reformation liegt in der Schriftauslegung – weder die Kritik an den zeitgenössischen kirchlichen Verhältnissen noch besondere politische Konstellationen noch die Impulse des Humanismus haben die Reformation hervorgebracht. Aber ohne Kritik an der Kirche ihrer Zeit und ohne die Unterstützung der Obrigkeiten und ohne Humanismus und Universität sowie ohne eine immer breiter werdende Öffentlichkeit hätte diese Wurzel nicht wachsen, die Reformation sich nicht konkretisieren, ausbreiten und die Welt verändern können. Und vor allem nicht ohne die beiden Theologen, die je für sich und gemeinsam die Wittenberger reformatorische Theologie vertraten: Martin Luther und Philipp Melanchthon.

Martin Luther (1483–1546)

Luther ist als Martin Luder 1508 aus Erfurt nach Wittenberg gekommen. Wittenberg wurde zu seinem Lebensort und ist es bis zu seinem Lebensende geblieben. Und über Luthers Ende hinaus, aber eben durch ihn, wurde Wittenberg zur „Lutherstadt". Seit 1938 trägt die Stadt den amtlichen Namen „Lutherstadt Wittenberg".

In Wittenberg, in Kloster und Universität, in Kirche und Haus, entfaltete Luther eine breite, mitunter rastlose Tätigkeit. Hier wirkte er als Provinzialvikar seines Ordens, Professor der Bibelauslegung, Dekan der Theologischen Fakultät, Prediger an der Stadtkirche St. Marien, Ehemann und Familienvater. Hier hielt er Vorlesungen, präsidierte Disputationen, examinierte Baccalaurei, Magistri und Doktoren, predigte in der Stadtkirche und im Schwarzen Kloster, schrieb Briefe, bis er nicht mehr konnte, verfasste Schriften, die die Drucker ihm unter den Händen wegzogen, und übersetzte, nach der vorausgegangen Übersetzung des Neuen Testaments im Winter 1521/22 auf der Wartburg, zusammen mit den Wittenberger Kollegen das ganze Alte Testament – eine Arbeit und Aufgabe, die ihn über Jahrzehnte, bis

Martin Luther in der Kutte mit dem Doktorhut. Porträt gemalt von Lucas Cranach d. Ä., um 1520

in sein letztes Lebensjahr, in Anspruch nahm. Seine letzte Reise führte ihn in seine Heimat, die Grafschaft Mansfeld, aber der tote Luther kam in einem Leichenzug über Halle und Bitterfeld nach Wittenberg zurück, wo er nach einem feierlichen Gottesdienst in der Schlosskirche bestattet wurde. Kaiser Karl V. stand 1547 am Grab des Mannes, der ihm zum Schicksal geworden war, nicht ohne gehörigen Respekt, wie berichtet wird.

Martin Luder begann als Nachfolger seines Lehrers und geistlichen Ziehvaters Johannes von Staupitz. Am 18./19. Oktober 1512 wurde er in Wittenberg zum Doktor der Theologie promoviert und hatte damit die Voraussetzung für die Übernahme einer Professur erworben. Diese Doktorpromotion blieb ihm zeitlebens wichtig: Er wusste sich damit als ein ordentlich berufener Lehrer der Theologie. Als Professor hat Luther seit 1513 bis zum Ende seines Lebens Vorlesungen gehalten, überwiegend über Bücher des Alten Testaments. Begonnen hat er seine Vorlesungstätigkeit mit der Auslegung des gesamten Psalters. In dieser Vorlesung entwickelte er Grundsätze seiner Schriftauslegung. Seine erhaltenen Vorbereitungen erweisen ihn als gründlichen Kenner der theologischen Tradition und als innovativen Interpreten des Psalters, den er, wie alle Schriften des Alten Testaments, vom Neuen Testament und also vom Ereignis der Menschwerdung Gottes in Jesus von Nazareth aus las. Zwischen 1515 und dem Wormser Reichstag 1521 wurden dann neutestamentliche Briefe ausgelegt, der Römer-, der Galater- und der Hebräerbrief, bevor Luther noch einmal zum Psalter zurückkehrte, den er aber, anders als in der Ersten Psalmenvorlesung, nicht vollständig bearbeiten konnte.

Neben seinem Amt als Professor der Universität beschäftigte Luther die Lage der Gläubigen in seinem Umfeld, insbesondere die Frage nach der Buße und ihrem rechten Verständnis. Die Ablasspraxis der Kirche und das hinter ihr stehende Selbstverständnis der Kirche wurden für ihn zunehmend zum Problem. Unmittelbar berührt mit dieser Frage wurde er durch die Reliquiensammlung Friedrichs

467

Der Acht gangk

Zum .iiij. Ein silberen vbergult möstrantz

Ein groß partickell von eynt nagel So dem Herren Jhesu durch hendt oder füß geschlagen Suma .j. stück.

Kurfürst Friedrich III. brachte 1509 seine Reliquiensammlung in der neu erbauten Schlosskirche unter. Im selben Jahr erschien das „Wittenberger Heiltumsbuch": Lucas Cranach d. Ä. bildete darin auf Holzschnitten die Reliquiare der Sammlung ab, also die Gefäße, in denen die Reliquien aufbewahrt werden. Das Buch war eine Werbeschrift für eine Pilgerfahrt nach Wittenberg

des Weisen, die dieser am Wittenberger Allerheiligenstift zusammengetragen hatte und die mit der Gewährung von Ablass verbunden war. Das „Wittenberger Heiltumsbuch", ein Verzeichnis der am Allerheiligenstift versammelten Reliquien, verzeichnete schon 1509/10 die stattliche Anzahl von 5005 Partikeln, also einzelnen Reliquien. Gegen diese bemerkenswerte Zahl gab es nur *eine* Konkurrenz: In Halle sammelte Albrecht von Brandenburg ebenfalls Reliquien, und so gab es eine Art Wettstreit zwischen dem Wettiner und dem Hohenzollern um die größte und damit mit dem höchsten Ablass versehene Reliquiensammlung.

Im Zuge seiner Verbindlichkeiten gegenüber der Kurie und dem Bankhaus Fugger betrieb der Mainzer Erzbischof 1517 den Verkauf von Ablass. Zwar durfte er das in Kursachsen nicht tun. Doch erreichten Luther Nachrichten aus dem benachbarten Brandenburg, die ihn zur Auseinandersetzung drängten. Am 31. Oktober 1517 schrieb Luther an Erzbischof Albrecht von Mainz einen Brief, in dem er das falsche Verständnis der Buße, das den Gläubigen zugemutet werde, anprangerte, und übersandte ihm seine Thesen über den Ablass, die „95 Thesen", die am Vortag vor Allerheiligen an den Türen der Kirchen in Wittenberg angeschlagen wurden. Der „Thesenanschlag" wurde, vor allem in der Bildsprache des 19. Jahrhunderts, zum Beginn der Reformation. Tatsächlich war der Tag aber auch in Luthers Bewusstsein ein besonderer Tag; zehn Jahre später feierte er „die Niederschlagung der Ablässe", und am Tage selbst unterzeichnete der bisherige Martin Luder seinen Brief an den Erzbischof mit „Martinus Luther", dem Namen, von dem er fortan immer Gebrauch machen sollte. Luder war durch das neue Verständnis evangelischer Freiheit, der „eleutheria", zu Luther geworden, und er blieb Luther,

Die originale Holztür der Schlosskirche verbrannte 1760 im Siebenjährigen Krieg, als König Friedrich der Große von Preußen die Stadt angriff. 1856 wurde, nun unter preußischer Herrschaft, eine neue Bronzetür gegossen. Sie enthält den Text der 95 Thesen. Im Torbogen sind Luther und Melanchthon am Fuße des Kreuzes dargestellt; im Hintergrund Wittenberg

469

auf Lebenszeit. Niemals wieder hat er danach von seiner früheren Namensform Gebrauch gemacht.

Neben seine Vorlesungstätigkeit trat zunehmend die Abfassung von eigenen Schriften. Begonnen hat Luther seine schriftstellerische Tätigkeit mit der Übersetzung der *Sieben Bußpsalmen* (1517). Über seelsorgerliche Schriften zur Einübung ins Christentum gelangte er, nicht zuletzt durch die Widerstände auf Seiten der verfassten Kirche, zur Abfassung grundlegender Traktate, in denen es um das Wesen der christlichen Religion und die Konsequenzen für Kirche und Gesellschaft ging: In den reformatorischen „Hauptschriften" von 1520 geht es um das Ganze des christlichen Glaubens. Sein Reformprogramm formulierte er als Erwartung *An den christlichen Adel deutscher Nation von des christlichen Standes Besserung*, seine Kritik an der römischen Kirche und ihren Sakramenten konzentrierte sich in der lateinischen Schrift *De captivitate Babylonica ecclesiae* (Über die babylonische Gefangenschaft der Kirche), und seinen Entwurf für ein Neuverständnis des christlichen Lebens fasste er in der Schrift *Von der Freiheit eines Christenmenschen* zusammen, in dem die Freiheit, erstmals in der Geschichte der christlichen Theologie, zu einem Hauptthema der Theologie wurde.

Nach dem Wormser Reichstag und dem erzwungenen Aufenthalt auf der Wartburg kehrte Luther im März 1522 nach Wittenberg zurück, führte die vielfältig auseinanderstrebenden Kräfte wieder zusammen und begann mit einem nachhaltigen Aufbau von Gemeinde und Kirche. Neben Reformen des Gottesdienstes trat die Neuordnung der Armenversorgung, und es entstanden Lieder für den Gebrauch der zur Verkündigung des Evangeliums durch die Taufe autorisierten und berufenen Glieder der Gemeinde. Um die Jahreswende 1523/24 begann Luthers reichhaltiges Liederschaffen, beginnend mit der Übersetzung von Psalmen in geistliche Lieder. 1524 erschien das erste Wittenberger Chor-, 1529 das erste Gemeindegesangbuch; Johann Walter, der „Urkantor der Reformation", wurde der entscheidende musikalische Berater und Mitschöpfer des evangelischen Kirchenliedes. Seitdem sind der evangelische Choral und die daraus entstandene Musik aus der protestantischen Kultur nicht mehr wegzudenken.

Das Verhältnis der Kirche zur weltlichen Obrigkeit bedurfte der Neubestimmung, und in den Konflikten, die sich zwischen Obrigkeit und Untertanen in den Auseinandersetzungen des Bauernkrieges ergaben, bezog Luther pointiert Position. Die Unterscheidung zwischen geistlichem und weltlichem Regiment stellte die Beziehung zwischen Kirche und Obrigkeit vor neue Herausforderungen und Aufgaben.

Angesichts der von ihm als desolat angesehenen Unkenntnis vieler Christen über ihren Glauben war Luther von Anfang an daran gelegen, den getauften Christen Grundkenntnisse in den Hauptstücken des christlichen Glaubens zu vermitteln. Was er damit versuchte, war nicht weniger als eine Christianisierung der Christen:

Das Augsburgische Bekenntnis und ihre Apologie. Koloriertes Titelblatt der deutschen Ausgabe in der Übersetzung von Justus Jonas, Erfurt 1532. Das Titelblatt zeigt unten die Porträts von Luther und Friedrich dem Weisen

Sie sollten wissen und verstehen, was sie glauben. Diese Versuche fanden nach einer ausgedehnten Vorbereitung in Predigten ihre endgültige Gestalt in zwei Katechismen, die 1529 erschienen. Sie enthalten die Zehn Gebote, das (Apostolische) Glaubensbekenntnis, das Vaterunser, die beiden Sakramente Taufe und Abendmahl sowie einige kleinere Stücke (Gebete usw.). Der Große Katechismus wandte sich an die Pfarrer, der Kleine Katechismus an die Hausvorstände und die Gemeindeglieder. Er wurde zum meistverbreiteten Buch in der lutherischen Kirche und hat seine Bedeutung und Wirkung noch immer nicht erschöpft.

1530 hatten sich die evangelischen Stände in Augsburg auf einem Reichstag vor Kaiser und Reich zu verantworten. Luther, seit 1521 in Reichsacht und damit in Kursachsen gefangen, konnte die Verhandlungen nur von Coburg aus verfolgen und begleiten. Das Augsburgische Bekenntnis, die *Confessio Augustana*, die weitgehend von Melanchthon formuliert worden war, wurde zum Grundbekenntnis der Evangelischen und ist es seitdem geblieben.

Nach 1530 ging Luther weiterhin seinen Amtspflichten und Aufgaben nach. Innerhalb der Wittenberger Theologen kam es zunehmend zu Spannungen und auch zu Trennungen. Und der alte Luther wurde der Stadt überdrüssig; 1544 dachte er gar daran, ihr den Rücken zu kehren. Aber sie war ihm doch auch immer wieder ein Ort, der ihm Rückhalt gab und von dem aus er wirken konnte. Und so war es auch klar, dass er nach seiner letzten Reise nach Wittenberg zurückkehren würde, nicht nur um der Frau und Kinder willen, sondern weil die Landesherrschaft Luther in Wittenberg begraben wissen wollte – der Mann Gottes, wie man ihn verstand, sollte in Wittenberg seine letzte Ruhe finden und damit der Stadt und dem Land erhalten bleiben. Mit einer Trauerfeier in der Wittenberger Schlosskirche wurde für die nachfolgenden Generationen ein Gedächtnis gestiftet: Der Wittenberger

Stadtpfarrer, langjährige Vertraute und Beichtvater Luthers Johannes Bugenhagen hielt die Leichenpredigt, und die akademische Gedenkrede übernahm der jüngere Kollege und gegebene Fortsetzer der Reformation, Philipp Melanchthon.

Philipp Melanchthon (1497–1560)

Philipp Melanchthon war eine halbe Generation jünger als Luther. Er war 1518 nach Wittenberg gekommen und hatte Universität und Stadt durch sein Kommen neuen Glanz verliehen und mit seiner Antrittsvorlesung über die Neuordnung der Studien die Aufmerksamkeit der akademischen Welt auf sich gezogen. Der Gothaer Superintendent Friedrich Myconius bemerkte in seiner 1541 verfassten Geschichte der Reformation:

> „Es war Wittenberg bis daher ein arm unansehnlich Stadt, klein, alt, hässlich, niedrige, hölzerne Häuslein, einem alten Dorf ähnlicher denn einer Stadt. Aber um diese Zeit kamen aus aller Welt Leut hin, die da hören, sehen und etlich [zum Teil auch] studieren wollten. Der löblich Kurfürst Herzog Friederich bracht durch Hülf Ioannis Reuchleins zu Pforzheim Philippum Melanchthonem von Tübingen, aus Bretten geboren, zu weg, der kam gen Wittenberg Anno 1518. Der war diese Zeit nur 21 Jahr alt, aber in allen studiis also unterrichtet, dass alle Welt darob Verwunderung haben musst."

Der 21-Jährige war der begabteste Kopf seiner Generation, und er wuchs an seinem neuen, im Verhältnis zu seiner kurpfälzischen Herkunft aus Bretten sehr nördlichen Wirkungsort bald über seine Professur für griechische Sprache und die Artistenfakultät hinaus. Er wurde neben Luther zum entscheidenden Denker und Gestalter der Wittenberger Reformation.

Melanchthon war als Autor von Lehrbüchern in zahlreichen Gebieten der Wissenschaft tätig. Er verfasste Lehrbücher zu nahezu allen Disziplinen der „artes", zu Grammatik und Rhetorik, und dazu zu der von ihm in seiner Antrittsvorlesung als Universitätsdisziplin neu geadelten Geschichte.

Nicht nur, dass die Studenten aus vieler Herren Länder nach Wittenberg zum Studium kamen, aus Dänemark, Schweden und Finnland, aus Siebenbürgen und Kroatien; nein, sie lebten auch in der Hausgemeinschaft mit Melanchthon, wie die Wappen in dem Professorenhaus noch heute bezeugen. Er machte Studienpläne für die Studenten, arbeitete mit ihnen am Stoff und hielt am Sonntag für diejenigen, die der deutschen Sprache nicht mächtig waren und deshalb dem Gottesdienst in der Stadtkirche nicht hätten folgen können, in seinem Haus Gottesdienst in lateinischer Sprache. Seine Bücher wurden überall gelesen, nachgedruckt und verbreitet, in Augsburg ebenso wie Hagenau, in Marburg wie in Königsberg, und selbst in Kreisen der Altgläubigen bediente man sich seiner Schriften wegen des

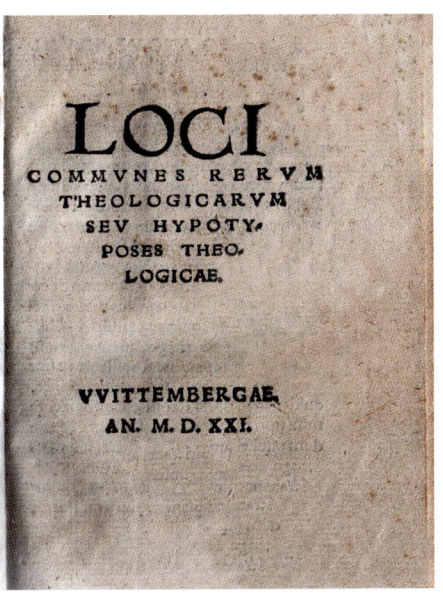

Philipp Melanchthon. Kupferstich von
Albrecht Dürer, 1526

Philipp Melanchthon, „Loci communes", Wit-
tenberg 1521. Titelblatt der ersten Auflage

vorzüglichen Inhalts, mitunter unter Tilgung seines Namens. So wurde Melanchthon in Wort und Schrift, in Büchern und vor allem durch seinen ausgedehnten Briefwechsel zum Lehrer Europas.

Luther hat das Verhältnis beider in einer Vorrede zu Melanchthons Kolosserbriefauslegung 1529 so beschrieben:

> „Ich habe wirklich selbst Magister Philipps Bücher lieber als die meinen, sehe sie auch lieber auf Lateinisch und Deutsch auf dem Platz als die meinen. Ich bin dazu geboren, dass ich mit den Rotten und Teufeln kriegen und zu Felde liegen muss, darum sind viele meiner Bücher stürmisch und kämpferisch. Ich muss die Klötze und Stämme roden, Dornen und Hecken weghauen, die Pfützen ausfüllen und bin der grobe Holzhauer, der die Bahn brechen und zurichten muss. Aber Magister Philipp kommt fein und still daher, baut und pflanzt und begießt mit Lust, so wie ihm Gott seine Gaben reichlich gegeben hat" (WA 30 II, 68 f.).

Auf Doppelporträts aus der Cranach-Werkstatt wurden die beiden Reformatoren nach 1530 gemeinsam dargestellt, um die Gemeinsamkeit der Wittenberger Reformation zur Anschauung zu bringen. Melanchthon hatte schon 1521 in den *Loci communes* die frühe reformatorische Theologie in einer ersten evange-

473

lischen Dogmatik zusammengefasst; mit dem Augsburger Bekenntnis lieferte er eine weitere synthetische Leistung, und in den Jahren um 1540 vertrat er in den Religionsgesprächen, die der Kaiser zur Wiederherstellung der Einheit der Kirche wünschte, die Wittenberger Position. Obwohl es in den Verhandlungen selbst zu großen Annäherungen zwischen den Vertretern der römischen Kirche und den Evangelischen gekommen war, scheiterten die Bemühungen an der römischen Kurie und auch an Luther, der sich etwa in seinen Schmalkaldischen Artikeln als deutlich antirömischer erwies als der kurpfälzische Humanist.

Für Wittenberg lag Melanchthons Bedeutung vor allem in seinem Wirken für die Universität. Die Gründung der „Leucorea" hatte die Stadt über die Bedeutung einer Residenz herausgehoben, mit Luther und Melanchthon hatte sie zwei akademische Lehrer, die weit über ihren Wirkungsort hinaus öffentliche Bedeutung bekommen sollten. In ihrer Studienordnung hatte sie sich in ihren Anfängen weitgehend nach dem Vorbild der Universität Tübingen gerichtet. Aber es kam nicht nur auf die großen Namen der Lehrer an, sondern auch auf das Gelingen der Studien. Melanchthon hatte mit seiner Antrittsvorlesung bereits früh ein Reformprogramm eingeleitet. In den kommenden Jahren brachte er eine tiefgreifende und umfassende Reform der Studien auf den Weg. Die biblischen Sprachen Hebräisch und Griechisch hatten schon in seinem Rektoratsjahr 1523/24 einen bis dahin nicht gekannten Stellenwert als selbständige Disziplinen bekommen. Aber auch in den anderen Fakultäten machten sich der Einfluss des Humanismus und der Grundsatz, dass für jede Art von Studium die sprachlichen Fächer unerlässlich sind, geltend. 1533 erhielt die Theologische Fakultät neue Statuten, die 1545 noch einmal revidiert wurden, und im selben Jahr verfasste Melanchthon auch für die Artistenfakultät neue Statuten.

Melanchthon wurde unfreiwillig-freiwillig zum Diplomaten der Wittenberger Reformation, immer wieder reisend, rastlos Briefe schreibend. Seine Devise „Wir sind zum wechselseitigen Gespräch geboren" nahm ihn selbst, bisweilen über Gebühr, in die Pflicht.

Nach Luthers Tod 1546 wurde die Aufgabe zunehmend schwieriger. Die Niederlage des ernestinischen Kurfürsten Johann Friedrich im Schmalkaldischen Krieg im darauf folgenden Jahr 1547 bedeutete für Land und Stadt einen schweren Schlag: Die Kurwürde fiel an die albertinischen Verwandten, Johann Friedrich ging ins Exil nach Weimar. Und auch theologische Scheidungen folgten – was zu Luthers Lebzeiten zusammengehalten werden konnte, strebte nun auseinander.

Die Universität Wittenberg erhielt mit der Neugründung einer Universität in Jena im Jahr 1548 (1558 kaiserlich privilegiert) für lange Zeit eine ernsthafte und schmerzhafte Konkurrenz, die sich auch in zwei konkurrierenden Gesamtausgaben der Werke Luthers zeigte. Überdies wanderte ein beachtlicher Teil der Wittenberger Universitätsbibliothek nach Jena, wo die Bände noch heute erhalten und

Links das stattliche Wohnhaus, das der Kurfürst 1536/37 für Philipp Melanchthon erbauen ließ, rechts das 2012 neu errichtete Museumsgebäude des Melanchthonhauses

in den vergangenen Jahren als „Bibliotheca Electoralis" wieder neu zugänglich gemacht worden sind. Wer vertrat das authentische Erbe Luthers? Wittenberg oder Jena, Melanchthons Schüler, die „Philippisten", oder die „Gnesiolutheraner", die sich für die Wahrer von Luthers authentischem Erbe hielten? Es sollte mehr als eine Generation dauern, bis die einander bekämpfenden, ja, verfeindeten Theologen in der Konkordienformel 1577 eine Annäherung und Einigung fanden, der freilich nicht alle lutherischen Stände beitraten.

Melanchthon blieb Wittenberg, trotz mancher Rufe nach auswärts, immer treu. Der Kurfürst hatte ihm 1536/37 in der Collegienstraße anstelle einer „Bude", also eines Lehmhauses, ein stattliches Haus errichten lassen, das die Stadt noch heute ziert. Es war das erste in Deutschland für einen Universitätsprofessor gebaute Haus, mit allen Annehmlichkeiten, die die damalige Zeit bieten konnte, darunter einer Wasserleitung, die es seit 1556 mit frischem Wittenberger „Röhrwasser" versorgte. Melanchthon war es, der Wittenberg repräsentierte, für theologische Orientierung sorgte und seiner Kirche in Lehre und Kirchenorganisation zur Verfügung stand, auch wenn ihm die „rabies theologorum" (die Wut der Theologen) zunehmend ärgerlich wurde und zu schaffen machte.

Seine literarische Produktion in zahlreichen Disziplinen der Philosophischen, der Artistenfakultät – von Lehrbüchern der griechischen Grammatik über die Rhe-

475

torik bis hin zur Universalgeschichte – machte ihn zu einem bis dahin und kaum jemals wieder erreichten Universalgelehrten. Und sein theologisches Werk setzte er mit Überarbeitungen der *Loci theologici* und deren Übersetzung in deutsche *Heubtartickel Christlicher Lere* und einer Sammlung seiner Lehrschriften in einem *Corpus doctrinae christianae* fort. Sein Lebensfreund Joachim Camerarius sollte dem Verstorbenen mit einer ersten Biographie 1566 seinerseits ein Denkmal setzen. Als Melanchthon am 19. April 1560 in seinem Haus in der Collegienstraße in Wittenberg starb, war die größte Zeit, die diese Stadt in ihrer Geschichte gesehen hat und deren Nachwirkungen bis in die Gegenwart und gewiss über sie hinaus reichen, vorbei.

Die Folgezeit

Die Universität hatte zwar auch in den folgenden Jahrhunderten noch Professoren von Rang, nicht nur in der Theologischen Fakultät. Doch der Ausbau der Stadt zur militärischen Festung wurde ihr, insbesondere im Siebenjährigen Krieg, 1760 zum Schicksal, ja, zum Verhängnis. Im Wiener Kongress fiel Wittenberg mit dem alten Kurkreis 1815 an Preußen, und zwei Jahre später verfügte der preußische König die Vereinigung der „Leucorea" mit der Universität Halle. Das 1817 eröffnete und bis heute bestehende Evangelische Predigerseminar in Wittenberg kündet weiterhin von der akademischen Herrlichkeit – evangelische Theologie als Schriftauslegung wird auch gegenwärtig und künftig in Wittenberg getrieben. Das ist das lebendige Erbe der Reformation.

▸ Dr. Dr. *Johannes Schilling* ist Professor für Kirchengeschichte an der Christian-Albrechts-Universität zu Kiel und Präsident der Luther-Gesellschaft.

Weiterführende Literatur
JUNGHANS, HELMAR, Martin Luther und Wittenberg, München/Berlin 1996

LIGNIEZ, ANNINA, Das Wittenbergische Zion. Konstruktion der Heilsgeschichte in frühneuzeitlichen Jubelpredigten, Leipzig 2012 (Schriften der Stiftung Luthergedenkstätten in Sachsen-Anhalt 15)

REICHELT, SILVIO, Der Erlebnisraum Lutherstadt Wittenberg. Genese, Entwicklung und Bestand eines protestantischen Erinnerungsortes, Göttingen 2013 (Refo500 Academic Studies 11)

DORGERLOH, STEPHAN u.a. (Hg.), Wittenberg, Leipzig 2012 (Orte der Reformation, Journal 4)

Für einen Besuch in Wittenberg
www.lutherstadt-wittenberg.de
www.martinluther.de
www.stadtkirchengemeinde-wittenberg.de/de

Worms

Martin Luther, Hans Denck und Ludwig Hätzer

von Ulrich Oelschläger

Luthers Auftritt auf dem Reichstag von Worms 1521 war von welthistorischer Bedeutung und hat Worms zu einer bedeutenden Stadt der Reformation gemacht. Dabei hat sich Luther nur zehn Tage in Worms aufgehalten, Tage, die jedoch entscheidend waren für den weiteren Verlauf der Reformation. Öffentlich auftreten, reden oder gar in einer Wormser Kirche predigen konnte er als Gebannter nicht.

Zu Beginn des 16. Jahrhunderts hatte die „Freie Stadt" Worms etwa 7000 Einwohner. Der Status der „Freien Stadt" war gegen den Wormser Bischof im Spätmittelalter erkämpft worden und begünstigte die frühe Hinwendung zur Reformation. Der größte Teil der Einwohner gehörte zu den Zünften, rund 500 gehörten zum Klerus, etwa 250 waren Juden.

Der Reichstag von 1521

Seit Januar 1521 versammelten sich wegen des Reichstags in der Stadt nahezu 14.000 Besucher. Da die Zahl alle Erwartungen überstieg, erwiesen sich die vorsorglichen Planungen als unzureichend. Lebensmittel wurden teuer, Wohnraum war zu knapp, man stritt sich um Quartiere und um das am Rheinufer lagernde Feuerholz.

Ausführlich berichtete der päpstliche Gesandte, Nuntius Hieronymus Aleander, in seinen Depeschen nach Rom von den Ärgernissen, insbesondere auch über seine Quartiersuche. Überall schlug ihm Feindseligkeit gegen die römische Kurie entgegen. Er charakterisierte die Stimmung düster: „Neunzig Prozent der Deutschen erhebt das Feldgeschrei ‚Luther', der Rest ruft mindestens ‚Tod dem römischen Hof'."

Worms. Kolorierte Stadtansicht aus: Georg Braun/Franz Hogenberg, „Civitates orbis terra-rum", Bd. 1, Köln 1593

Der Unbeliebtheit Aleanders stand die Popularität Luthers gegenüber. Mit Flugschriften und Einblattdrucken konnten Buchdrucker, über deren Existenz in Worms sich Aleander beklagte, ein Geschäft machen. Auf einem vom Wittenberger Rat zur Verfügung gestellten zweirädrigen Wagen und mit drei Pferden hatte sich Luther am 2. April auf die Reise gemacht. Geleitet wurde er vom Reichsherold Kaspar Sturm. Als Luther am Dienstagvormittag des 16. April von Norden her durch die Martinspforte in Worms einzog, erwartete ihn eine große Menge. Der Mönch, der ja gebannt war, durfte nicht bei seinen Ordensbrüdern im Augustinerkloster wohnen; so kam er im Johanniterhof unter, wo er sein Zimmer mit zwei anderen Männern teilen musste. Dort gaben die Besucher einander in den nächsten zehn Tagen die Tür in die Hand.

Luthers Verhör

Als Ort des Verhörs wurde mit Absicht der Bischofshof gewählt. Deutlich hob man damit die „Luthersache" von den eigentlichen Reichstagsverhandlungen ab, die im Bürgerhof (Rathaus) und dem Haus „Zur Münze" stattfanden.

Am 17. April wurde der in seine Mönchskutte gekleidete Luther um 16 Uhr von seiner Herberge abgeholt. Um Aufsehen zu vermeiden, führte man ihn auf Schleichwegen zum Verhör in den Bischofshof. Hier wurde Luther in einem „offnen sal" vor

Das 1971 von Gustav Nonnenmacher geschaffene Bronzerelief zeigt die Kirche St. Stephan und den Bischofshof, die beide 1689 von den Franzosen zerstört wurden

479

Luther vor dem Reichstag. Stich nach einem Gemälde von Ludwig Seekatz in der Dreifaltig-keitskirche, das im Jahre 1945 verbrannte

Kaiser Karl V. und die Kurfürsten gebracht. Er hatte sechs „doctores" der Universität Wittenberg als Beistand. An der Tür soll der Landsknechtsführer Georg von Frundsberg zu ihm gesagt haben: „Mönchlein, du gehst einen schweren Gang."

Das Verhör wurde im Auftrag des Kaisers vom Trierer Offizial (dem Vorsteher des Kirchengerichts des Erzbischofs von Trier) Johannes von der Ecken geführt, der Luther ermahnte, nur auf Fragen zu antworten. Dann fragte er Luther, ob er die etwa 20 Bücher und Schriften, die unter seinem Namen erschienen waren, verfasst habe und ob er sie ganz oder teilweise widerrufen wolle.

In seiner Antwort bekannte sich Luther zu seinen Schriften. Mit einem Widerruf sei es aber nicht so einfach, es gehe um große Dinge wie das ewige Leben. Luther hatte erwartet, zu einer Disputation geladen zu sein, der Kaiser bestand aber auf einem schlichten Widerruf. Deshalb bat Luther um Bedenkzeit. In seiner Antwort machte der Offizial Luther auf die Folgen aufmerksam, die eine Verweigerung des Widerrufs mit sich brächte, und teilte ihm mit, dass der Kaiser ihm Aufschub bis auf den nächsten Tag gewähre.

Am 18. April holte man ihn wiederum gegen 16 Uhr ab und führte ihn auf demselben Umweg zum Bischofshof. Da der Kaiser noch anderweitig beschäftigt war, musste Luther zwei Stunden warten. Dann trat er in einem von Fackeln erhellten Saal erneut vor den Kaiser. Johannes von der Ecken fragte ihn, ob er seine Schriften jetzt widerrufen wolle. In freier Rede antwortete der Reformator zunächst deutsch, dann nach Aufforderung in Latein.

Als der Offizial ihn anschließend nochmals aufforderte zu widerrufen, antwortete Luther:

> „Wenn ich nicht durch Schriftzeugnisse oder einen klaren Grund widerlegt werde – derweil allein dem Papst und den Konzilien glaube ich nicht, da es feststeht, dass sie häufig geirrt und sich auch selbst widersprochen haben , so bin ich durch die von mir angeführten Schriftworte bezwungen. Und solange mein Gewissen durch die Worte Gottes gefangen ist, kann und will ich nichts widerrufen, weil es unsicher ist und die Seligkeit bedroht, etwas gegen das Gewissen zu tun. Gott helfe mir. Amen."

Später wurden zusätzlich die Worte überliefert: „Hier steh' ich, ich kann nicht anders!"

Luthers Berufung auf das Gewissen ist später immer wieder mit der Idee der Gewissensfreiheit, wie sie in der Aufklärung entwickelt wurde, in Zusammenhang gebracht worden. Die Berufung auf das an Gottes Wort gebundene Gewissen ist jedoch allenfalls ein Schritt auf dem Weg zur Gewissensfreiheit, wie sie unser Grundgesetz kennt.

Das Wormser Edikt

Der Kaiser brach daraufhin die Verhandlung ab, es entstand Unruhe im Saal. Luther wurde von Anhängern hinausgeleitet und soll die Arme hochgehoben und gerufen haben: „Ich bin hindurch!" In einer schriftlichen Erklärung berief sich der Kaiser am nächsten Tag auf seine Herkunft aus einem altgläubigen Geschlecht. Gegenüber anderthalbtausend Jahren kirchlicher Tradition könne ein einzelner Mönch nicht Recht haben. Von der Verhängung der Reichsacht über Luther ließ Karl V. sich nicht mehr abbringen. In diesem Sinne wurde das Wormser Edikt am 8. Mai verhängt.

Bis zu Luthers Abreise am 26. April bemühte sich insbesondere der Trie-

1521 wurde das Edikt von Worms mehrmals gedruckt. Diese Ausgabe, die bei Hans Knappe dem Älteren in Erfurt erschien, zeigt auf dem Titelblatt Karl V. in kaiserlichem Ornat

rer Erzbischof Richard von Greiffenklau zusammen mit seinen Räten um eine Ent-
schärfung der Situation. Mehrere Gespräche im Johanniterhof und in der Herberge
des Trierers – zuletzt am Tag vor Luthers Abreise – führten zu keinem Ergebnis.
Man hatte auch Angst vor einem allgemeinen Aufruhr. Schließlich reiste Luther am
26. April ab. Auf dem Rückweg wurde die inzwischen kleine Reisegruppe bei der
Burg Altenstein überfallen. Der Überfall war auf Weisung von Kurfürst Friedrich
von Sachsen inszeniert, der Luther auf der Wartburg verstecken ließ.

Das Wormser Edikt trägt das Datum vom 8. Mai 1521, wurde aber erst am
26. Mai veröffentlicht, als viele Teilnehmer des Reichstags schon abgereist waren.
Es gelang dem Kaiser allerdings nicht, diese strengen Bestimmungen durchzuset-
zen, nicht einmal in Worms. Es entwickelte sich sogar eine rege Täuferszene in der
Stadt, und 1525 fand vor den Toren der Stadt in Pfeddersheim die letzte Schlacht
des Bauernkrieges statt.

Die Wormser Propheten

Wichtigstes Zeugnis der Täuferszene in der Stadt ist eine vorlutherische Teilübersetzung der Bibel von 1527: *Alle Propheten nach Hebraischer sprach verteutscht.*
Die sogenannten „Wormser Propheten" wurden 1527 von Peter Schöffer dem Jüngeren gedruckt. Schöffer kam 1518 aus Mainz nach Worms und betrieb dort seine
Druckerwerkstatt. Elf Jahre war er in Worms tätig. 1529 druckte er die „Wormser
Bibel", die erste deutschsprachige Vollbibel der Reformationszeit, zusammengestellt aus den bis dahin fertigen Teilen der Lutherübersetzung und denen der Zürcher Bibel.

Die geistigen Väter der Prophetenübersetzung waren Hans Denck und Ludwig Hätzer. Das Motto des Letzteren „O Gott erlöß die gfangnen", das allen seinen
Schriften beigefügt ist, ziert die erste Wormser Ausgabe der „Wormser Propheten". Beide, Denck und Hätzer, waren Randfiguren der frühen Täuferbewegung, die
auch in Worms präsent war. Beide hatten bei ihrer Ankunft in Worms bereits ein
bewegtes Leben hinter sich.

Hans Denck, der etwa 1500 in Heybach (Haibach in Unterfranken) geboren
wurde, studierte von 1517 bis 1519 in Ingolstadt und wurde dort vom Humanismus geprägt. Auf Empfehlung des Reformators von Basel, Johannes Oekolampad,
war er ab 1523 als Schulrektor in Nürnberg tätig. Er wurde schon früh zum Kritiker der lutherischen Reformation, die in seinen Augen zu wenig die innere Wandlung des Menschen fördere, und deshalb 1525 aus Nürnberg ausgewiesen. Er kam
nach St. Gallen und lernte dort das Täufertum kennen. In Augsburg taufte er dann
Hans Hut, wiederholte also die Taufe, die an diesem als Säugling schon vollzogen
war, und qualifizierte sich damit als Wiedertäufer. Eigentlich war er wohl eher Spi-

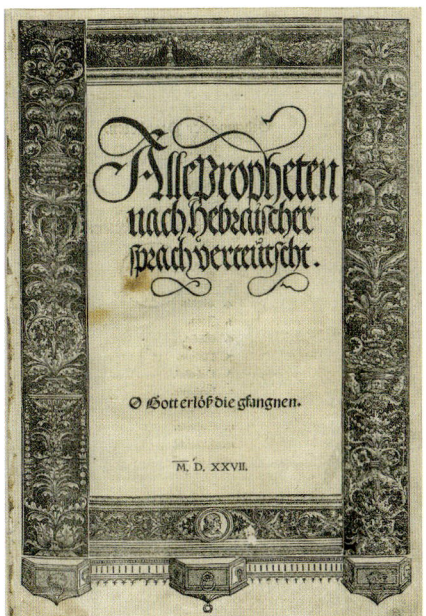

Titelblatt der „Wormser Propheten" von 1527: „Alle Propheten nach Hebraischer sprach verteutscht. O Gott erlöß die gfangnen. M.D.XXVII"

ritualist, der humanistische und mystische Einflüsse miteinander verband. Denck war hochgebildet, und seine Toleranz wies über seine Zeit hinaus. Von Augsburg ging er nach Straßburg, von da im Januar 1527 nach Worms. Aber auch hier konnte er nicht bleiben. Noch im Sommer 1527 erfolgte die Ausweisung. Denck setzte sein Wanderleben durch Süddeutschland und die Schweiz fort, starb jedoch bereits im November desselben Jahres in Basel an der Pest. Er, dem es nicht vergönnt war, das 30. Lebensjahr zu erreichen, schwor am Ende seines Lebens dem Täufertum ab, nicht jedoch dem Spiritualismus.

Ein ebenso bewegtes Leben führte Ludwig Hätzer. Er wurde um 1500 in Bischofszell in der Schweiz geboren, auch er erhielt eine humanistische Ausbildung. 1523 hielt er sich in Zürich im Umfeld Zwinglis auf. Radikaler als Denck, verfasste er 1523 eine Schrift gegen die Bilder in der Kirche, gemäß dem alttestamentlichen Bilderverbot. Als es in Zürich zu Auseinandersetzungen um die Kindertaufe kam, wurde er 1525 ausgewiesen. In Augsburg und Straßburg begegnete er Hans Denck. Die Freundschaft und Zusammenarbeit der beiden begann und führte sie nach ihrer Ausweisung aus Straßburg nach Worms. Als sie Worms verlassen mussten, trennten sich ihre Wege. Hätzers Weg führte weiter durch Süddeutschland. 1529 wurde ihm in Konstanz der Prozess gemacht. Er wurde wegen Unzucht und Bigamie zum Tode verurteilt und enthauptet. Ob und wieweit die Anklage auf Tatsachen beruht, lässt sich aus den Quellen nur schwer ermitteln. Auf jeden Fall war dieser Weg bequem, einen unliebsamen Abweichler loszuwerden.

Die beeindruckendste Leistung von Denck und Hätzer war wohl die in Worms gedruckte Prophetenübersetzung. Im Januar 1527 kamen beide nach Worms, und bereits am 13. April erschien die gedruckte Ausgabe in zwei Formaten.

Die Arbeitsleistung während der drei Monate in Worms ist enorm. Hätzer hat in der Vorrede geschrieben, Denck und er hätten „ihren höchsten Fleiß und Verstand nicht gespart, auch kein Lesen unterlassen, nichts verachtet", um zu ihrer

Übersetzung zu gelangen. Die Übersetzung, die sprachlich süddeutschen Konventionen folgt, war jedenfalls ausgezeichnet, das musste auch Luther anerkennen. In seinem *Sendbrief vom Dolmetschen* schrieb Luther:

> „Darum halt ich dafür, dass kein falscher Christ noch Rottengeist treulich dolmetschen könne; wie das deutlich wird in den Propheten, zu Worms verdeutschet, darin doch wahrlich großer Fleiß angewendet und meinem Deutschen sehr gefolgt ist. Aber es sind Juden dabei gewesen, die Christo nicht große Huld erzeiget haben – an sich wäre Kunst und Fleiß genug da."

Also war es eine vermeintlich jüdische Mitarbeit, die Luther störte.

Bis heute ist nicht endgültig geklärt, ob „Juden dabei gewesen" sind. Vieles spricht dafür, dass Hätzer und Denck Kontakt zur jüdischen Gemeinde in Worms aufgenommen haben, sicher nachweisbar ist es leider nicht. Höchstwahrscheinlich haben sie rabbinische Bibelkommentare verwendet. Zwingli hat für die Zürcher Bibel die Wormser Prophetenübersetzung zu Hilfe genommen; Die Übersetzung des Buches Daniel hat er sogar nahezu wörtlich übernommen.

Die konfessionell geteilte Stadt

Luthers Auftritt 1521 mag ein zusätzlicher Impuls dafür gewesen sein, dass sich Worms früh der Reformation zuwandte. Die Folgezeit war allerdings sehr bewegt, nicht nur wegen der Präsenz der Täufer. Der katholische Bischof behielt seine Residenz in der Stadt, und so waren Konflikte vorprogrammiert. Auch nach dem Augsburger Religionsfrieden von 1555 blieb die Stadt gemischt konfessionell. Seit dem 17. Jahrhundert leben auch Reformierte in der Stadt, die 1744 eine eigene Kirche erhielten.

Im Jahr 1816 fiel Worms mit dem linksrheinischen Rheinhessen an das Großherzogtum Hessen. 1822 schlossen sich Lutheraner und Reformierte im Großherzogtum zu einer unierten evangelischen Kirche zusammen. Zahlenmäßig konsolidierten sich die konfessionellen Verhältnisse in Worms von zwei Dritteln Evangelischen zu einem Drittel Katholiken.

Worms ist heute weltweit bekannt wegen seines Lutherdenkmals, der größten Reformationsdenkmalanlage der Welt. Es wurde am 25. Juni 1868 in Anwesenheit des preußischen Königs und späteren deutschen Kaisers Wilhelm I. eingeweiht. Entworfen wurde das Denkmal von dem Dresdener Künstler Ernst Rietschel.

In der Mitte der Anlage steht Luther auf einem hohen Sockel. Zu Füßen Luthers sitzen vier Wegbereiter der Reformation: Petrus Waldus, John Wyclif, Jan Hus und Girolamo Savonarola. Die weltliche Macht und die Macht des Geistes sind verkörpert in den Figuren auf den vier Eckpostamenten: Kurfürst Friedrich der Weise,

Das Lutherdenkmal des Künstlers Ernst Rietschel, das 1868 eingeweiht wurde. Es zeigt auf diesem Bild von links nach rechts: Friedrich den Weisen, Augsburg (sitzend), Reuchlin, Savonarola (sitzend), Luther, Hus (sitzend), Melanchthon, Magdeburg (sitzend) und Philipp von Hessen

Die 1709 erbaute Dreifaltigkeitskirche war die lutherische Hauptkirche der Stadt

485

Landgraf Philipp von Hessen, Johanes Reuchlin und Philipp Melanchthon. Zwischen diesen vier Männern befinden sich drei sitzende Frauenfiguren. Sie repräsentieren „die protestierende Speyer", „den Augsburger Frieden" und „die trauernde Magdeburg".

Neben dem jüdischen Erbe und der Tradition als Nibelungenstadt ist die Erinnerung an die Bedeutung von Worms in der Reformationsgeschichte einschließlich des Versuchs, die Einheit der Konfession in den erfolglosen Religionsgesprächen des 16. Jahrhunderts zu sichern, für die Erinnerungskultur der Stadt von zentraler Bedeutung.

▶ Dr. *Ulrich Oelschläger* war Studiendirektor in Frankenthal und ist seit 2010 Präses der Synode der Evangelischen Kirche in Hessen und Nassau. Er ist zudem „Lutherbeauftragter" der Stadt Worms.

Weiterführende Literatur

KALKOFF, PAUL, Die Depeschen des Nuntius Aleander vom Wormser Reichstage 1521, Halle 1886

KAMMER, OTTO u. a., Auf den Spuren Luthers und der Reformation in Worms, Worms 2012

REUTER, FRITZ (Hg.), Der Reichstag zu Worms von 1521. Reichspolitik und Luthersache, Worms 1971

OELSCHLÄGER, ULRICH, Die Wormser Propheten von 1527. Eine vorlutherische Teilübersetzung der Bibel, in: Ebernburghefte 42. Folge (2008), 19–50

JUNG, VOLKER/OELSCHLÄGER, ULRICH (Hg.), Worms, Leipzig 2015 (Orte der Reformation, Journal 25)

Für einen Besuch in Worms

www.worms.de/dc/tourismus/tourist-info
www.worms.de/de/tourismus/sehenswertes/listen/lutherdenkmal.php
www.rheinhessen-evangelisch.de/die-dekanate/dekanat-worms-wonnegau

Zürich

Huldrych Zwingli und Heinrich Bullinger

von Judith Engeler und Peter Opitz

Zürich

Zürich war im ausgehenden Spätmittelalter eine prosperierende Stadt, die etwa 5000 Einwohner hatte. Die wirtschaftliche Grundlage bildete das Handwerk, welches in Zünften organisiert war. Da man für den offenen Markt produzierte, erlebte auch der Handel einen Aufschwung. Mit dem erwirtschafteten Vermögen erwarb die Stadt Untertanenland im umliegenden Gebiet, dessen Bevölkerung die städtische Einwohnerschaft um etwa das Zehnfache überstieg. Trotz der eher geringen Einwohnerzahl wuchs Zürichs regionale politische Bedeutung immer mehr, um 1510 übernahm sie die Rolle des eidgenössischen Vorortes von Luzern.

Da auf den Tagsatzungen, die zwischen 1517 und 1519 nicht weniger als 24 Mal in Zürich stattfanden, die Soldbündnisse ausgehandelt wurden, wurde die Limmatstadt Ziel der ausländischen Diplomatie. Zusammen mit den Handwerkern und Zünftlern, den Handelsleuten und dem Klerus verliehen die vielen ausländischen Gäste der kleinen Stadt Lebendigkeit. Schon von 1515 an ist in der Zürcher Politik eine franzosenfeindliche Ausrichtung auszumachen. Der Bürgermeister Markus Röist hatte in diesem Jahr den Rückzug der Eidgenossen in der Schlacht von Marignano geleitet und war Rom weiterhin treu verbunden. Doch langsam regte sich im Rat und in der Bevölkerung Widerstand gegen das „Reislaufen" überhaupt, wie das Soldwesen genannt wurde. Es war zwar finanziell lukrativ, führte aber zu Korruption und moralischem Niedergang.

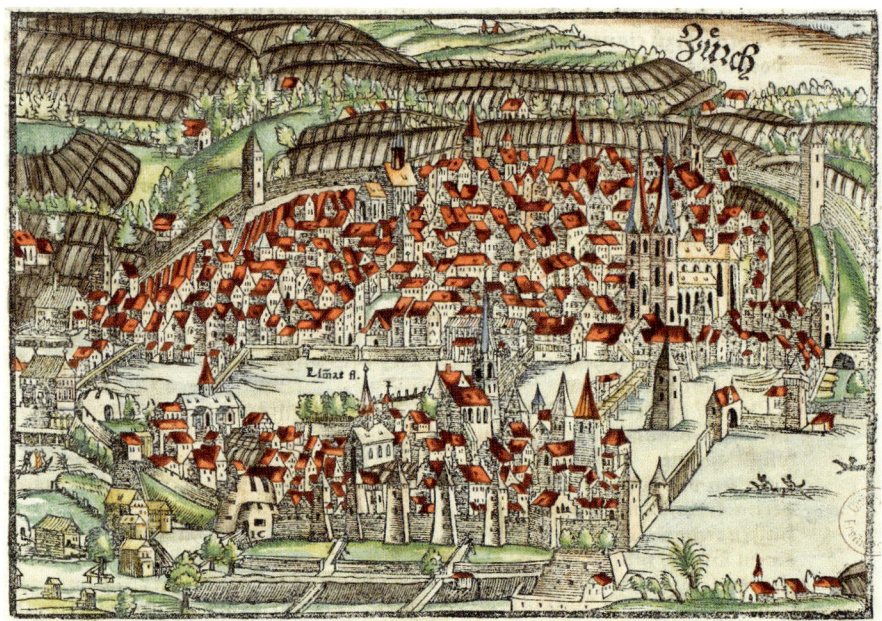

Zürich. Kolorierte Stadtansicht aus: Sebastian Münster, „Cosmographey", Basel 1567

Huldrych Zwingli (1484–1531)

Im Jahr 1518, in dem Zürich zwischen Romtreue und Abneigung gegen die Reisläuferei (Söldnerwesen) schwankte, wurde die Leutpriesterstelle am Großmünster frei. Die Chorherren wählten den 34-jährigen Huldrych Zwingli, der sich in seinen Glarner Jahren gegen das Soldbündnis mit Frankreich gestellt hatte und in der Vergangenheit mit Predigten gegen das Reislaufen und das Pensionenwesen aufgefallen war.

Programmatisch begann Zwingli sein Amt am 1. Januar 1519: Er brach mit der spätmittelalterlichen Predigttradition und legte in seinen Predigten fortlaufend das Matthäusevangelium aus: Das „Evangelium" von Christus. Sah sich Zwingli bereits in dieser Anfangszeit als „prophetischer" Ausleger des göttlichen Wortes, verstärkte sich diese Einsicht durch eine Pesterkrankung im September 1519. Der Leutpriester wollte nach dieser existenziellen Krise sein Leben als „Instrument Gottes" in den Dienst der Verkündigung stellen. Bis 1522 gibt es nur spärliche Quellen zu Zwinglis geistig-theologischer Entwicklung zum Reformator. Sie ist als

Weg vorzustellen, der den entscheidenden Anstoß bereits 1516 erhalten hatte: Allein die Bibel (und nicht auch noch die kirchliche Tradition) soll Maßstab des Christlichen sein, und allein Christus (und nicht auch noch die Heiligen) ist die Quelle allen Heils. Auf dem Weg der theologischen Ausgestaltung und Vertiefung dieser ersten Einsicht nahm Zwingli Anregungen Augustins und anderer Kirchenväter, theologische Grundgedanken des Erasmus und ab 1518 wichtige Impulse aus frühen Schriften Luthers in eigenständiger Auswahl und Verarbeitung auf, in steter kritischer Prüfung an der von ihm intensiv studierten Bibel. Nicht ohne Konflikte, aber mit wachsender Unterstützung nutzte er die ersten Jahre seines Wirkens in Zürich erfolgreich, um den Boden für eine Erneuerung der Gesellschaft nach dem Maßstab des göttlichen Wortes zu bereiten.

Im Frühjahr 1522 kam es zu einer Reihe von Verstößen gegen das kirchliche Fastengebot, wahrscheinlich eine Folge von Zwinglis Predigten. Vor allem das „Wurstessen" beim Buchdrucker Christoph Froschauer erregte großes Aufsehen. Denn obwohl der Genuss von Eiern und Fleisch in der Fastenzeit verboten war, aß die Gesellschaft im Beisein Zwinglis zerschnittene Rauchwürste. Um die Fastenbrecher zu verteidigen, hielt der Leutpriester eine Predigt über *Die freie Wahl der*

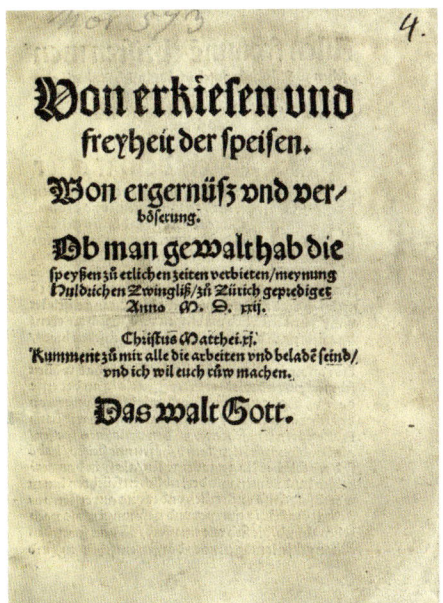 

Huldrych Zwingli, „Von erkiesen und freyheit der speisen", Augsburg 1522. Titelblatt

Huldrych Zwingli. Porträt gemalt auf Pergament von Hans Asper, entstanden nach dem Tod Zwinglis

489

Speisen und ließ sie sogleich als Schrift über die Freiheit des Christenmenschen von allen geistlichen Ansprüchen menschlichen Ursprungs im Druck erscheinen. Die allgemeine Aufregung darüber war so groß, dass der Stadtrat gegen den Willen des Bischofs auf Ende Januar 1523 eine Disputation einberief. Zwingli sollte öffentlich über seine Lehren Rechenschaft ablegen. Die Vorentscheidung zu seinen Gunsten war aber schon mit der Ausschreibung gefallen: Der Rat setzte das Schriftprinzip als Grundlage für die Disputation fest. So ging Zwingli vor über 200 Ratsherren und 400 Geistlichen als Sieger gegen die alte Lehre hervor. Der Zürcher Rat gab sich mit der Entscheidung, dass Zwingli und mit ihm alle Verkündiger von nun an auf der Grundlage der Bibel predigen sollen, als christliche Obrigkeit zu erkennen und hatte damit die Entscheidungsgewalt auch für religiöse Belange der Stadt übernommen. Die 67 Artikel, in die Zwingli seine Lehre für die Disputation gefasst hatte, arbeitete er anschließend zum Buch *Auslegung und Begründung der Schlussreden* aus.

Nach der Zweiten Disputation im Oktober 1523 wurden innerhalb von zwei Jahren die Heiligenverehrung abgeschafft, kultische Bilder entfernt und die Messe durch ein „Nachtmahl" ersetzt – alles durch Ratsbeschlüsse legitimiert. Vor allem die Neuordnung des Gottesdienstes mit einer reformierten Abendmahlsfeier nach der Liturgie Zwinglis an Ostern 1525 stellte eine große Neuerung dar.

Auch das Leben in der Stadt veränderte sich: Die Klöster wurden aufgehoben, am 30. November 1524 übergab die Äbtissin zum Fraumünster, Katharina von Zimmern, ihr Stift dem Rat. Die Güter wurden für die Einrichtung von Schulen und für die soziale Fürsorge eingesetzt. Das zeigte sich in der neuen Almosenordnung vom Januar 1525: Betteln wurde verboten, dafür wurde eine Küche zur Speisung der Armen eingerichtet, der sogenannte „Mushafen".

Für die Festigung und Ausbreitung der evangelischen Lehre wurde eine theologische Lehranstalt eingerichtet, das „Lektorium", das später den Namen „Prophezei" erhielt. Jeden Wochentag außer freitags fanden ab Juni 1525 öffentliche Bibelauslegungen im Chor des Großmünsters statt, die von Gelehrten in den biblischen Sprachen bestritten wurden und in eine Predigt auf Deutsch mündeten. Aus der Prophezei erwuchs die Zürcher „Hohe Schule", Vorbild zahlreicher reformierter Akademien, und im 19. Jahrhundert schließlich die Universität. Auch die erste vollständige deutsche Bibelübersetzung der Reformationszeit war Frucht dieser Einrichtung.

Innerevangelische Konflikte

Das gesamte Wirken von Zwingli in Zürich war von Konflikten bestimmt. Als innerevangelisches Problem ist die zunächst noch sehr heterogene und teilweise mit rebellischen Bauern verbundene Täuferbewegung zu nennen, welche vom Rat

Die erste Auflage der „Zürcher Bibel". Handkoloriertes Titelblatt mit Holzschnitten von Hans Holbein. Das Werk erschien 1531 bei Christoph Froschauer in Zürich

als Gefährdung der politischen Ordnung angesehen und mit zunehmender Härte bekämpft wurde. So wurde der Täufer Felix Manz, ein früherer Mitstreiter Zwinglis, schließlich in der Limmat ertränkt, nicht wegen des „religiösen" Delikts der „Ketzerei", sondern wegen Meineids und beharrlicher Gehorsamsverweigerung gegenüber der Obrigkeit. Für Zwingli war das Täufertum ebenso eine Form von „Aufruhr".

Auch zur Wittenberger Reformation offenbarten sich zunehmende Differenzen. Denn gerade in einem Herzstück der Reformation, der Abendmahlslehre, verfolgte der Zürcher Leutpriester eine andere Linie als der ehemalige Mönch in Wittenberg. Luther distanzierte sich in Zwinglis Augen zu wenig vom römisch-katholischen Sakramentsverständnis. Für den Schweizer ging es beim Abendmahl um eine Erinnerung an das einmalige Opfer Christi und die Gegenwart Christi im Geist, die in der Gemeinde gefeiert wurde, während Luther, fokussiert auf die individuelle Sündenvergebung und Glaubensgewissheit, die leibliche Präsenz von Leib und Blut Christi in den Elementen betonte. Auch das von Philipp von Hessen organisierte Marburger Religionsgespräch 1529 konnte den Bruch nicht mehr verhindern: Luther wies Zwinglis Angebot einer „versöhnten Verschiedenheit" zurück, obwohl die beiden Reformatoren in allen übrigen reformatorischen Grundlehren keine nennenswerten Unterschiede sahen.

Zwinglis Tod

Außenpolitisch wurde die Lage Zürichs immer schwieriger. Da sich verschiedene Orte wie St. Gallen, Schaffhausen, Bern und Basel der Reformation angeschlossen hatten, vertiefte sich die konfessionelle Spaltung innerhalb der Eidgenossenschaft. Die katholischen Orte (Uri, Schwyz, Unterwalden, Zug, Luzern und die Städte Freiburg und Solothurn) schlossen mit dem österreichischen König Ferdinand, dem traditionellen Erzfeind der Eidgenossen, ein Abkommen zur Ausrottung des neuen Glaubens, und auch auf protestantischer Seite entstand ein Bündnis. Vor allem in den von mehreren eidgenössischen Orten regierten „Gemeinen Herrschaften" kam es immer wieder zu Zwischenfällen. Eine politische Situation, in der sich die Bevölkerung mehrheitlich der Reformation zuwandte und Zürich als Schutzmacht anrief, während der gerade regierende Landvogt oder Abt von den katholischen „Inneren Orten" Unterstützung für die Unterdrückung der „Zwinglischen Ketzerei" erbat, war neu und die alten Verträge boten keine Hilfe zur Regelung von Konflikten solcher Art. Als verschiedene Vorfälle, etwa Hinrichtungen von evangelisch Gesinnten als Ketzer, eine militärische Konfrontation immer näher rücken ließen, entwarf Zwingli selbst Pläne für einen Feldzug. Nachdem der Erste Kappelerkrieg 1529 unblutig geendet und den Reformierten politische Vorteile gebracht hatte, sahen die Verhältnisse im Zweiten Kappelerkrieg anders aus. Die Zürcher Truppen, militärisch überrascht und zahlenmäßig in der Minderheit, unterlagen, und Zwingli fiel am 11. Oktober 1531 auf dem Schlachtfeld bei Kappel am Albis.

Heinrich Bullinger (1504–1575)

Zu Zwinglis Nachfolger wählten die Zürcher Räte 1531 den erst 27-jährigen Heinrich Bullinger, der seine Heimatstadt Bremgarten hatte verlassen müssen. Bullinger trat sein Amt als „Antistes" (erster Pfarrer) unter widrigen Umständen an: Einerseits litt Zürich unter einem von den fünf katholischen Orten aufgezwungenen unvorteilhaften Frieden und andererseits musste das Verhältnis von Kirche und Staat neu austariert werden. Politisierende Pfarrer auf der Kanzel waren vom Rat nicht mehr erwünscht. Bullinger gelang es aber, mit der Einrichtung des Systems der „Fürträge", der Pfarrerschaft einen Ort des kritischen Gesprächs mit der Obrigkeit zu sichern. Dem Antistes war es fortan erlaubt, Beschwerden und Kritik aus der Sicht der Bibel direkt dem Rat vorzutragen, womit das Wächteramt der Kirche gesichert war. Dieses kirchengeschichtliche Unikum sollte ein Zusammenspiel von Staat und Kirche ohne gegenseitige Bevormundung ermöglichen.

Bullinger gelang es, die Reformation in Zürich und in der Eidgenossenschaft zu konsolidieren. Im Herbst 1532 wurde eine neue Kirchenordnung verabschiedet, die fast 300 Jahre lang unverändert blieb. Eine Synode wurde als oberstes kirchliches Gremium eingesetzt, die zweimal jährlich unter dem amtierenden Bürgermeister und dem Antistes zusammentrat. Alle Pfarrer und kirchlichen Lehrer, ergänzt durch Ratsvertreter, gehörten ihr an. Sie befasste sich hauptsächlich mit der Wahl und der Überwachung der Amtsführung der Pfarrer. In der Stadt Zürich war so die institutionelle Weiterführung der Reformation gesichert.

Aber auch auf dem Gebiet der Eidgenossenschaft war Bullinger prägend: Er respektierte den Zweiten Kappeler Landfrieden mit dessen Prinzip „cuius regio, eius religio" und war seinen Mitstreitern und Schülern in den „reformierten" Orten Freund und Berater. Er engagierte sich aber auch politisch, trug zur Abfassung des Bekenntnisses der reformierten „Schweizer" Orte (*Confessio Helvetica prior* von 1536) bei und verfasste die *Confessio Helvetica posterior* (1566), eine theologische Apologie des Heidelberger Katechismus. Dieses „Privatbekenntnis" Bullingers, geschrieben auf Bitte des Kurfürsten Friedrich III. von der Pfalz, wurde nicht nur von den protestantischen Orten der Eidgenossenschaft angenommen, sondern fand europaweit, etwa in Frankreich, Schottland und Ungarn Verbreitung. Schon 1549 war es zwischen Zürich und Genf, vertreten durch den Reformator Johannes Calvin, zur Übereinkunft in der Abendmahlsfrage, dem *Consensus Tigurinus* gekommen, ein Grundstein der Einheit der weltweiten „reformierten" Bewegung.

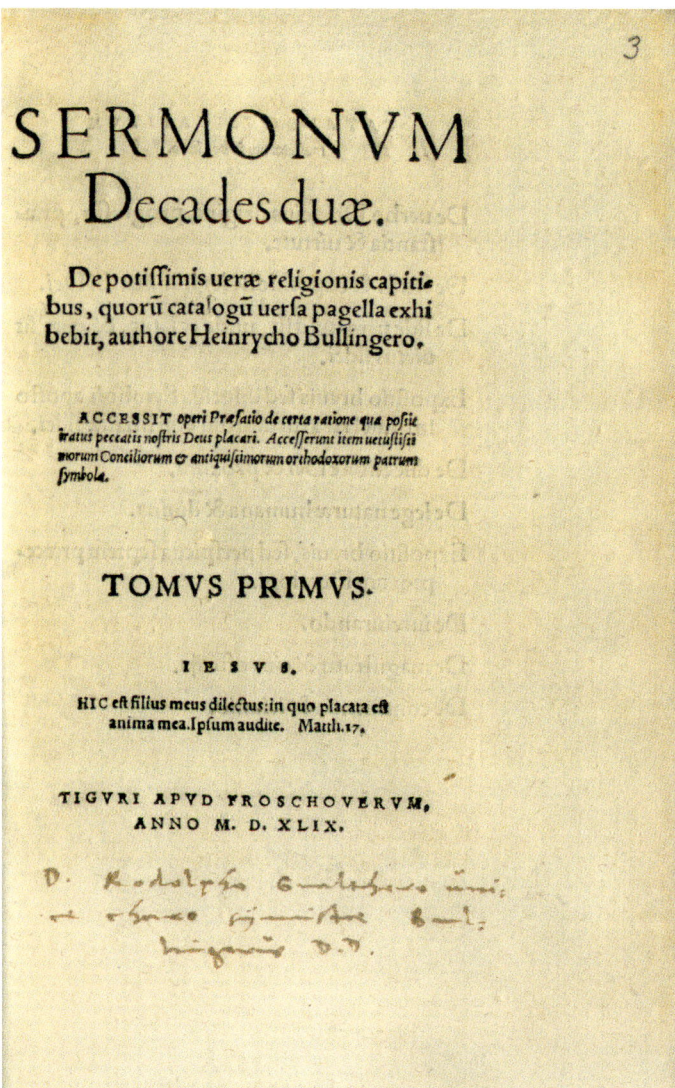

SERMONVM
Decades duæ.

De potiſſimis ueræ religionis capiti-
bus, quorū catalogū uerſa pagella exhi
bebit, authore Heinrycho Bullingero.

ACCESSIT operi Præfatio de certa ratione qua poſſit
iratus peccatis noſtris Deus placari. Acceſſerunt item uetuſtiſſi
morum Conciliorum & antiquiſſimorum orthodoxorum patrum
ſymbola.

TOMVS PRIMVS.

IESVS.

HIC eſt filius meus dilectus:in quo placata eſt
anima mea.Ipſum audite. Matth.17.

TIGVRI APVD FROSCHOVERVM,
ANNO M. D. XLIX.

Heinrich Bullinger, „Sermonum Decades duae", Zürich 1549. Titelblatt der ersten Lieferung.
Bullingers „Dekaden" von Predigten erschienen zwischen 1549 und 1552 zuerst in Latein.
Bald wurden sie ins Deutsche (unter dem Titel: „Hausbuch"), Englische, Niederländische und
Französische übersetzt. Sie besaßen eine große Wirkung besonders in den Niederlanden, in
Osteuropa und in England, wo sie zeitweise neben der Bibel Pflichtlektüre für die Pfarrer
waren

Heinrich Bullinger. Porträt gemalt von Hans Asper, 1559

Den Schwerpunkt von Bullingers Arbeit bildete die Predigt. Er hatte sich schon als junger Klosterlehrer in Kappel der Bibelauslegung gewidmet. Als Antistes setzte er diese Tätigkeit fort und predigte mehrmals wöchentlich. So legte er während seiner langen Schaffenszeit fast die ganze Heilige Schrift aus, den größten Teil des Neuen Testaments mehrfach. Ebenso zur Erbauung der Kirche dienten Bullingers zahlreiche katechetische Schriften. Die *Dekaden*, 50 umfangreiche Lehr- und Lesepredigten, fanden europaweite Verbreitung.

Daneben zeichnete sich Bullinger aber auch als Seelsorger aus. In seinen unzähligen Schriften finden sich eine evangelische Orientierungshilfe für Kranke und Sterbende, die *Unterweisung der Kranken,* aber auch eine vielgedruckte Schrift über die Ehe: *Der christliche Ehestand.* Bullinger war selbst seit 1529 verheiratet.

Unvergleichbar und Zeugnis seines seelsorgerischen Wirkens in ganz Europa ist Bullingers Briefkorrespondenz. Erhalten sind etwa 12.000 Briefe von und an den Reformator, was zahlenmäßig den Briefwechseln Luthers, Zwinglis, Calvins und Erasmus' zusammengenommen entspricht. Das Netz dieser immensen Korrespondenz erstreckt sich von Italien bis England und von Frankreich bis Weißrussland und zeigt, dass Bullinger den gesamten europäischen Protestantismus geprägt hat, obwohl der Reformator den geographischen Raum der Eidgenossenschaft bis zu seinem Tod 1575 nie verlassen hat.

Huldrych Zwingli und sein Nachfolger Heinrich Bullinger, Bewahrer und Erneuerer zugleich, haben zusammen fast 60 Jahre lang die Geschicke der Zürcher Kirche geprägt. Zwinglis Gedankengut, zunächst stark auf die Eidgenossenschaft hin ausgerichtet, wurde durch Bullinger (und Calvin) weiterentwickelt und erfuhr eine Ausweitung über ganz Europa.

▸ MA *Judith Engeler* hat in Zürich Theologie studiert und ist zurzeit Vikarin im Kanton Thurgau.
▸ Dr. *Peter Opitz* ist Professor für Kirchen- und Dogmengeschichte an der Theologischen Fakultät der Universität Zürich und Leiter des Instituts für Schweizerische Reformationsgeschichte.

Weiterführende Literatur

LOCHER, GOTTFRIED W., Die Zwinglische Reformation im Rahmen der Europäischen Kirchengeschichte, Göttingen 1979
BÜSSER, FRITZ, Heinrich Bullinger, Leben, Werk und Wirkung, 2 Bde., Zürich 2004
OPITZ, PETER, Ulrich Zwingli. Prophet, Ketzer, Pionier des Protestantismus, Zürich 2015

Für einen Besuch in Zürich
www.zuerich.ch/zh/de/index/tourismus.html
www.zh.ref.ch

Bildnachweis

Nicht in allen Fällen war es der Bildredaktion möglich, den Rechteinhaber der Abbildungen ausfindig zu machen. Berechtigte Ansprüche werden selbstverständlich im Rahmen der üblichen Vereinbarungen abgegolten.

gament auf Leinwand, 34,4 × 28,5 cm.
Kunstmuseum Bern

S. 72: Zentralbibliothek Zürich: Ms. B 316, f. 316r

S. 73: Universitätsbibliothek Bern: ZB Laut Q 52:1

S. 76: Foto: Jarek Ciuruś von Jar.Ciurus (Eigenes Werk) [CC BY-SA 3.0 pl (http://creativecommons.org/licen ses/by-sa/3.0/pl/deed.en)], via Wikimedia Commons

S. 77: Bayerische Staatsbibliothek: 2 Mapp. 38-3/4#4

S. 78: Breslauer Maler, um 1547/1549. Standort: Wroclaw (Breslau), Muz. Narodowe. Foto: © ARTOTHEK

S. 80: Privat

S. 81: Titelblatt: Staatsbibliothek zu Berlin – Preußischer Kulturbesitz: Eo 6050

S. 81: Porträt: Privat

S. 86: Staatliche Bibliothek Regensburg: 999/2 Hist.pol. 619 (18/19

S. 87: Foto: Thomas Rebel

S. 89: Melanchthonhaus Bretten

S. 91: Foto: Thomas Rebel

S. 92: Staats- und Stadtbibliothek Augsburg: 4 Th H 1778

S. 96: Foto: Charlotte Methuen

S. 97: Foto: Reggie Thomson

S. 98: National Portrait Gallery: 535

S. 99: Universitätsbibliothek Heidelberg: A 330 A Folio RES::2, S. 1a

S. 103: Stich: Privat

S. 103: Gedenktafel: Foto: Charlotte Methuen

S. 106: Nach: PerfectPage Karlsruhe

S. 107: Reformiertes Kollegium Debrecen: TtREK R 2908

S. 108: Foto: Teofil Kovacs

S. 109: Foto: János Barcza

S. 111: Foto (2 ×): János Barcza

S. 113: Foto: János Barcza

S. 116: Bayerische Staatsbibliothek: 2 Mapp. 38-3/4#3

S. 118: Porträt Wishart: Scottish National Portrait Gallery: PG 580

S. 118: Porträt Knox: www.uni-mannheim. de/mateo/camenaref/beze/beze1/ jpg/s224.html

S. 121: By Carlos Delgado (Own work) [CC BY-SA 3.0 (http://creativecom mons.org/licenses/by-sa/3.0)], via Wikimedia Commons

S. 123: The forme of prayers, Title page: By permission of the President and Fellows of Corpus Christi College, Oxford: phi. B. 1.1.

S. 125: Foto: Privat

S. 128: Foto: Johannes a Lasco Bibliothek Emden

S. 128: Titelblatt: Niedersächsischen Landesarchiv – Standort Aurich: Rep. 135 Nr. 145

S. 129: Johannes a Lasco Bibliothek Emden

S. 131: Johannes a Lasco Bibliothek Emden

S. 132: Johannes a Lasco Bibliothek Emden

S. 134: (2 ×) Johannes a Lasco Bibliothek Emden

S. 135: Johannes a Lasco Bibliothek Emden

S. 139: bpk / RMN – Grand Palais / René-Gabriel Ojéda

S. 141: Porträt: Universitätsarchiv Heidelberg: UAH Dia II 00102

S. 141: Postkarte: Henri-Arnaud-Haus Ötisheim-Schönenberg

S. 142: Epitaph: Foto: Renate J. Deckers-Matzko

S. 142: Porträt: Herzog August Bibliothek Wolfenbüttel : Portr. I 2876 (A 4193)

S. 144: Universitätsbibliothek Bern – Zentralbibliothek: ZB Ryh 3808 · 49

S. 146: Henri-Arnaud-Haus Ötisheim-Schönenberg

S. 148: Bibliothèque de Genève

S. 149: Bibliothèque de Genève: GLN-500, e-rara-578

S. 151: Bibliothèque de Genève

S. 152: Universitätsbibliothek Freiburg i. Br., Historische Sammlungen: J. 4763,h, S. 0248

S. 153: Porträt: Bibliothèque de Genève

S. 153: Titelblatt: Musée historique de la Réformation Genève: O4g (557)

S. 155: Musée international de la Réforme (MIR) Genève

S. 156: Foto: Davide Rosso

498

S. 227: Porträt: National- und Universitätsbibliothek Llubljana. http://www.dlib.
si/details/URN:NBN:SI:DOC-P23ZY-
WWR/?

S. 227: Titelblatt: Österreichische Nationalbibliothek Wien: 18.Z.44 Alt Rara

S. 228: Foto: Marjan Smerke

S. 229: Foto: Marjan Smerke

S. 232: Foto (2×): Willem de Wildt

S. 234: Universiteitsbibliotheek Gent,
http://lib.ugent.be/catalog/
bkt01:000311494

S. 235: Universitätsbibliothek Heidelberg:
A 330 A Folio RES::2, S. 25a

S. 237: Foto: Willem de Wildt

S. 238: By Willem van Swanenburgh
(Gravure door Swanenburgh, 1608)
[Public domain], via Wikimedia
Commons

S. 239: Denkmal: Bic (Wikimedia Commons)
[CC BY-SA 3.0 (http://creativecom
mons.org/licenses/by-sa/3.0) or
Attribution], via Wikimedia Commons

S. 239: Kirche: Foto: Willem de Wildt

S. 242: Foto: Rudolf Uhrig

S. 243: Universitätsbibliothek Heidelberg:
A 330 A Folio RES::5, S. 19a

S. 244: Foto: Albert de Lange

S. 246: Henri-Arnaud-Haus Ötisheim-Schönenberg

S. 247: Archives municipales de Lyon: 2 S
ATLAS 3 pl. 12. Foto: Gilles Bernas-
coni

S. 248: www.uni-mannheim.de/mateo/
camenaref/beze/beze1/jpg/
s142.html

S. 249: Bibliothèque de Genève

S. 252: Hessische Hausstiftung Museum
Schloss Fasanerie, Eichenzell bei
Fulda

S. 253: Universitätsbibliothek Heidelberg:
A 330 A Folio RES::1, S. 26a

S. 254: Universitäts- und Landesbibliothek
Darmstadt

S. 255: Bildarchiv Foto Marburg. Foto:
Ludwig Bickell

S. 257: Bildarchiv Foto Marburg

S. 258: Hessisches Staatsarchiv Marburg

S. 262: St. Galler Stadtbibliothek Vadiana

S. 263: Foto (2×): Andreas Marx

S. 264: Stadt Memmingen

S. 266: Andreas Marx.

S. 267: Sächsische Landesbibliothek – Staats-
und Universitätsbibliothek Dresden:
Hist.Germ.B.178,48. Foto: Deutsche
Fotothek

S. 270–271: Universitäts- und Landesbibliothek Düsseldorf, http://urn:nbn:
de:hbz:061:1-4298

S. 272: Burg & Schloss Allsted

S. 274: Universitäts- und Landesbibliothek
Sachsen-Anhalt, Halle (Saale): Pon
Vg 646 QK b., http://digitale.biblio
thek.uni-halle.de/urn/urn:nbn:
de:gbv:3:1-120114

S. 275: bpk / Staatsbibliothek zu Berlin –
Preußischer Kulturbesitz: CU 4677

S. 276: Universitäts- und Landesbibliothek
Sachsen-Anhalt, Halle (Saale): AB
155723 (5), http://nbn-resolving.de/
urn:nbn:de:gbv:3:1-301663

S. 277: Burg & Schloss Allsted. Foto: René
Grusche

S. 280: Universitätsbibliothek Heidelberg:
A 330 A Folio RES::1, S. 22a

S. 281: Foto: Rüdiger Wölk, Münster,
Germany

S. 284: Courtesy National Gallery of Art
Washington

S. 285: Staats- und Stadtbibliothek Augsburg:
4 Gs 1734

S. 286: Staatliches Baumanagement Osna-
brück-Emsland

S. 289: Musée d'art et d'histoire de Neuchâtel: H 1117

S. 290: Foto: Privat

S. 291: Musée d'art et d'histoire de Neuchâtel: A 2087

S. 292: Società di Studi Valdesi, Torre Pellice.
Foto: Landesbildstelle Baden

S. 293: Bibliothèque publique et universitaire
de Neuchâtel: PO NE 1/22

S. 295: Musée d'art et d'histoire de Neuchâtel: AA 1997.52.D

S. 296: Musée d'art et d'histoire de Neuchâtel: H 781

S. 298/299: Universitätsbibliothek Heidelberg: A 330 A Folio RES::1, S. 31a

S. 300: https://upload.wikimedia.org/wikipedia/commons/2/2a/Alt-N%C3%BCrnberg_Augustinerkirche_Stich_bei_Gottlieb_B%C3%A4umler_1846.jpg

S. 301: Stockholm Nationalmuseum, Graphische Sammlung: NMH 1856/1863

S. 302: Biblioteca Apostolica Vaticana: Stamp. Pal. II 374. Riprodotta per concessione della Biblioteca Apostolica Vaticana, ogni diritto riservato

S. 303: Stadtarchiv Nürnberg: A 7/II Nr. 125

S. 305: Bayrische Staatsbibliothek München: Res/2 Conc. 28#Beibd.1

S. 308: Foto: Wolfgang Pehlemann

S. 310: Thüringer Museum Eisenach. Leihgabe der Evangelisch-Lutherischen Kirchgemeinde Orlamünde

S. 312: Courtesy National Gallery of Art Washington (2 x)

S. 313: Universitätsbibliothek Würzburg: Th.dp.q.1013

S. 318/319: Universitätsbibliothek Heidelberg: A 330 A Folio RES::2, S. 2a

S. 321: Universitäts- und Landesbibliothek Sachsen-Anhalt, Halle (Saale): Nn161

S. 322: By permission of University of Glasgow Library, Special Collections: MS Hunter 191 (T.8.21)

S. 324: © The British Library Board: C. 23.a.5

S. 325: Privat

S. 328: By http://cs.wikipedia.org/wiki/Wikipedista_diskuse:Kf [Public domain], via Wikimedia Commons

S. 329: Universitätsbibliothek Heidelberg: A 330 A Folio RES::1, S. 29a

S. 331: Foto: Husitské muzeum v Táboře 2015, Zdeněk Prchlík

S. 332: Foto: Gerhard Frey-Reininghaus

S. 334: Foto: Björn Steinz

S. 335: https://www.rijksmuseum.nl/en/collection/RP-P-OB-78.422

S. 339: Aus: Matthias Asche u.a. (Hg.), Die Baltischen Lande im Zeitalter der Reformation und Konfessionalisierung. Livland, Estland, Ösel, Ingermanland, Kurland und Lettgallen. Stadt, Land und Konfession 1500–1721, Bd. 1, Münster (Aschendorff Verlag) 2009 (Katholisches Leben und Kirchenreform im Zeitalter der Glaubensspaltung 69), Karte 3 [S. 21]

S. 341: Zentralbibliothek Zürich: III O 85,7

S. 343: Badische Landesbibliothek Karlsruhe: 98B 76219 RH, Tafel nach S. 18

S. 344: Source=own work |Date=07.Aug 2007 |Author=User:Hendrixeesti |Permission=Own work, all rights released (Public domain)

S. 345 bpk / Staatsbibliothek zu Berlin – Preußischer Kulturbesitz: Sign. Dr 16118

S. 348: Stadtansicht: Universitätsbibliothek Freiburg i. Br., Historische Sammlungen: J. 4763,h, S. 1260

S. 348: Skulpturen: Foto: Ojārs Spārītis

S. 349: Titelblatt Knopken: Bayerische Staatsbibliothek München: Hom. 224

S. 349: Titelblatt Luther: Staatliche Bibliothek Regensburg: 999/4Theol.syst.758 (142)

S. 350: Lettische Akademische Bibliothek (Latvijas Akadēmiskās bibliotēkas dokumentu krājums): Johann Christoph Brotze, Sammlung: bm 01 043 a.

S. 351: Foto: Janis Knakis

S. 354: Domkirche: Foto: Ainars Radovics

S. 354: Reformationsfenster: Foto: Janis Knakis

S. 355: Foto: Vitolds Masnovskis

S. 358: Stadtarchiv Schwäbisch Halll

S. 359: Foto: Jürgen Weller

S. 360: Foto: H. Zwietasch, Landesmuseum Württemberg Stuttgart

S. 361: Württembergische Landesbibliothek Stuttgart: Theol.qt.K.65

S. 362: Landeskirchliches Archiv Stuttgart

S. 363: Foto: Jürgen Weller

S. 366: Foto: Jesús Ángel González Redondo

S. 367: Privat

S. 368: Universitätsbibliothek Heidelberg: A 330 A Folio RES::5, S. 7a

S. 369: Rijksmuseum Amsterdam, http://hdl.handle.net/10934/RM0001.COLLECT.442669

S. 371: Universitätsbibliothek Basel: FB I 1

S. 372: Foto: Ernesto Vigne, 2013

S. 376: Bauverein Dreifaltigkeitskirche Speyer e.V. Foto: Klaus Landry

S. 377: Universitätsbibliothek Freiburg i. Br., Historische Sammlungen: J. 4763,h, S. 0806

S. 378: Foto: Klaus Landry

S. 380: Bauverein Dreifaltigkeitskirche Speyer e.V. Foto: Klaus Landry

S. 383: Evangelische Kirche der Pfalz. Foto: Klaus Landry

S. 383: Evangelische Kirche der Pfalz. Foto: Klaus Landry

S. 386: Nach: Matthias Asche und Anton Schindling (Hg.), Dänemark, Norwegen und Schweden im Zeitalter der Reformation und Konfessionalisierung. Nordische Königreiche und Konfession 1500 bis 1660, Münster (Aschendorff Verlag) 2003 (Katholisches Leben und Kirchenreform im Zeitalter der Glaubensspaltung 62), S. 23, Karte 1

S. 388: Nationalmuseum Stockholm: Grh 467

S. 389: By Bengt Oberger (Own work) [CC BY-SA 3.0 (http://creativecommons.org/licenses/by-sa/3.0)], via Wikimedia Commons

S. 390 Bayerische Staatsbibliothek 2 Mapp. 38-3/4#4

S. 391: Universitätsbibliothek Rostock, Abteilung Sondersammlungen: Fb-104

S. 392: City Museum of Stockholm

S. 393: By Sven Rosborn (Own work) [CC BY-SA 3.0 (http://creativecommons.org/licenses/by-sa/3.0)], via Wikimedia Commons

S. 396: Universitätsbibliothek Heidelberg: A 330 A Folio RES::1, S. 33a

S. 397: Staatliche Münzsammlung München. Foto: Nicolai Kästner

S. 398: Bayerische Staatsbibliothek München: Res/4 Mor. 582,2

S. 400: Privat

S. 401: Bayerische Staatsbibliothek München: 4 Asc. 965 h

S. 404: Stiftung Luthergedenkstätten in Sachsen-Anhalt

S. 406: Stadtansicht: Turku City Art Collection. Photo: Martti Puhakka / The Museum Centre of Turku

S. 406: Titelblatt: National Library of Finland. HYK Kansalliskokoelma Rv.Raamatut, http://s1.doria.fi/helmi/bk/rv/fem19980090/1548korj.jpg

S. 407: Digital collection of Finnish National Library. HYK Käsikirjoitukset Ms. Fol.12: 506, http://s1.doria.fi/helmi/ms/fem19990021/tuomiokirkko.jpg

S. 408: Aus: Helena Sederholm (Hg.), Pinx maalaustaide Suomessa, Vol. 1: Suuria kertomuksia, Helsinke (Weilin & Göös) 2001

S. 410: Turku City Art Collection. Foto: Mikko Kyynäräinen / The Museum Centre of Turku

S. 411: Statue: The Museum Centre of Turku: Photographic archive. Foto: Kamera-Aitta

S. 411: Büste: Wyborg 07: A.Savin. Eigenes Werk. Lizenziert unter CC BY-SA 3.0 über Wikimedia Commons

S. 414: Stadtarchiv Ulm: G7/2.1. Nr. 4012

S. 415: Ulmer Museum, Ulm. Foto: Wolfgang Adler, Stadtarchiv Ulm

S. 416: Stadtarchiv Ulm: F 3/1 Ans. 440

S. 418: Stadtarchiv Ulm: A [8993/I], fol. 30r-31v

S. 420: Titelblatt: Ratschulbibliothek Zwickau: Sign. S 16.9.34(5)

S. 420: Porträt: Stadtarchiv Ulm: F 4 Nr. 365/1

S. 421: Stadtarchiv Ulm: G7/3.4. Foto: Alexander Jennewein

S. 424: Aus: Salvatore Caponetto, La Riforma protestante nell'Italia del Cinquecento, Torino (Claudiana Editrice) [2]1997, S. 174

S. 425: Universitätsbibliothek Heidelberg: A 330 A Folio RES::1, S. 29a

S. 426: Kunstsammlungen und Museen Augsburg: G12973

S. 427: Bayerische Staatsbibliothek München: H.ref. 244 bp

S. 430: Aus: Stefan Oswald, Die Inquisition, die Lebenden und die Toten. Venedigs deutsche Protestanten, Sigmaringen (Thorbecke) 1989

S. 432: Comunità Evangelica Luterana di Venezia

S. 434: The Museum of National History on Frederiksborg Castle

S. 435: The Royal Library, Kopenhagen: The Map Collection

S. 436: Foto: Kurt Nielsen

S. 438: The Royal Library Kopenhagen: LN 263 4°

S. 441: The Royal Library Kopenhagen

S. 444: Titelblatt: Herzog August Bibliothek Wolfenbüttel: J 206.4° Helmst. (27)

S. 444: Bibliothèque Nationale de France, département Musique : Est.Speratus P.001

S. 445: Universitätsbibliothek Heidelberg: A 330 A Folio RES::1, S. 41a

S. 446: Landesbibliothek Coburg: Rara 57,223

S. 447: Foto Ewald Judt

S. 449: Staatliche Bibliothek Regensburg: Signatur: 999/2 Hist. pol. 619 (28)

S. 450: Bwag (Eigenes Werk) [CC BY-SA 4.0 (http://creativecommons.org/licenses/by-sa/4.0)], via Wikimedia Commons

S. 451: Bwag (Eigenes Werk) [CC BY-SA 4.0 (http://creativecommons.org/licenses/by-sa/4.0)], via Wikimedia Commons

S. 454: repository.tudelft.nl/view/MMP/uuid:574bca2d-ab7e-4e2a-a82d-88110d4da2d7/

S. 455: Foto: Privat

S. 456: Universiteit van Amsterdam, Bijzondere Collecties: Prent G 93b

S. 457: Farbfoto: René & Peter van der Krogt, http://standbeelden.vanderkrogt.net

S. 457: Postkarte: Privat

S. 458: Universiteit van Amsterdam, Bijzondere Collecties: OTM: Ned. Inc. 139 (1)

S. 459: Hochgeladen von UM. CC BY-SA 3.0 (http://creativecommons.org/licenses/by-sa/3.0)], via Wikimedia Commons

S. 461: Foto: Privat

S. 464: Stiftung Luthergedenkstätten in Sachsen-Anhalt

S. 465: Zentrale Kustodie der Martin-Luther-Universität Halle-Wittenberg

S. 467: Stiftung Luthergedenkstätten in Sachsen-Anhalt

S. 468: Stiftung Luthergedenkstätten in Sachsen-Anhalt

S. 469: Studio Kirsch

S. 471: Melanchthonhaus Bretten

S. 472: Porträt: Courtesy National Gallery of Art Washington

S. 472: Titelblatt: Melanchthonhaus Bretten

S. 475: Stiftung Luthergedenkstätten in Sachsen-Anhalt. Foto: Hagen Immel

S. 478/479: Universitätsbibliothek Heidelberg: A 330 A Folio RES::1, S. 34a

S. 479: Foto: Schäfer & Bonk

S. 480: Stadtarchiv Worms

S. 481: Universitätsbibliothek Leipzig: Kirchg. 996/2

S. 483: Stadtbibliothek Worms

S. 485: Foto (2×): Rudolf Uhrig

S. 488: Universitätsbibliothek Freiburg i. Br., Historische Sammlungen: J. 4763,h, S. 0646

S. 498: Titelblatt: Bayerische Staatsbibliothek München: 4 Mor. 573

S. 498: Porträt: Kunstmuseum Winterthur, Geschenk der Erben von Baron Friedrich von Sulzer-Wart, 1868. © Schweizerisches Institut für Kunstwissenschaft Zürich, Jean-Pierre Kuhn

S. 491: Mit freundlicher Genehmigung des Grossmünsters Zürich, http://dx.doi.org/10.3931/e-rara-7469

S. 494: Zentralbibliothek Zürich: 5.104,3

S. 495: Zentralbibliothek Zürich, Graphische Sammlung und Fotoarchiv

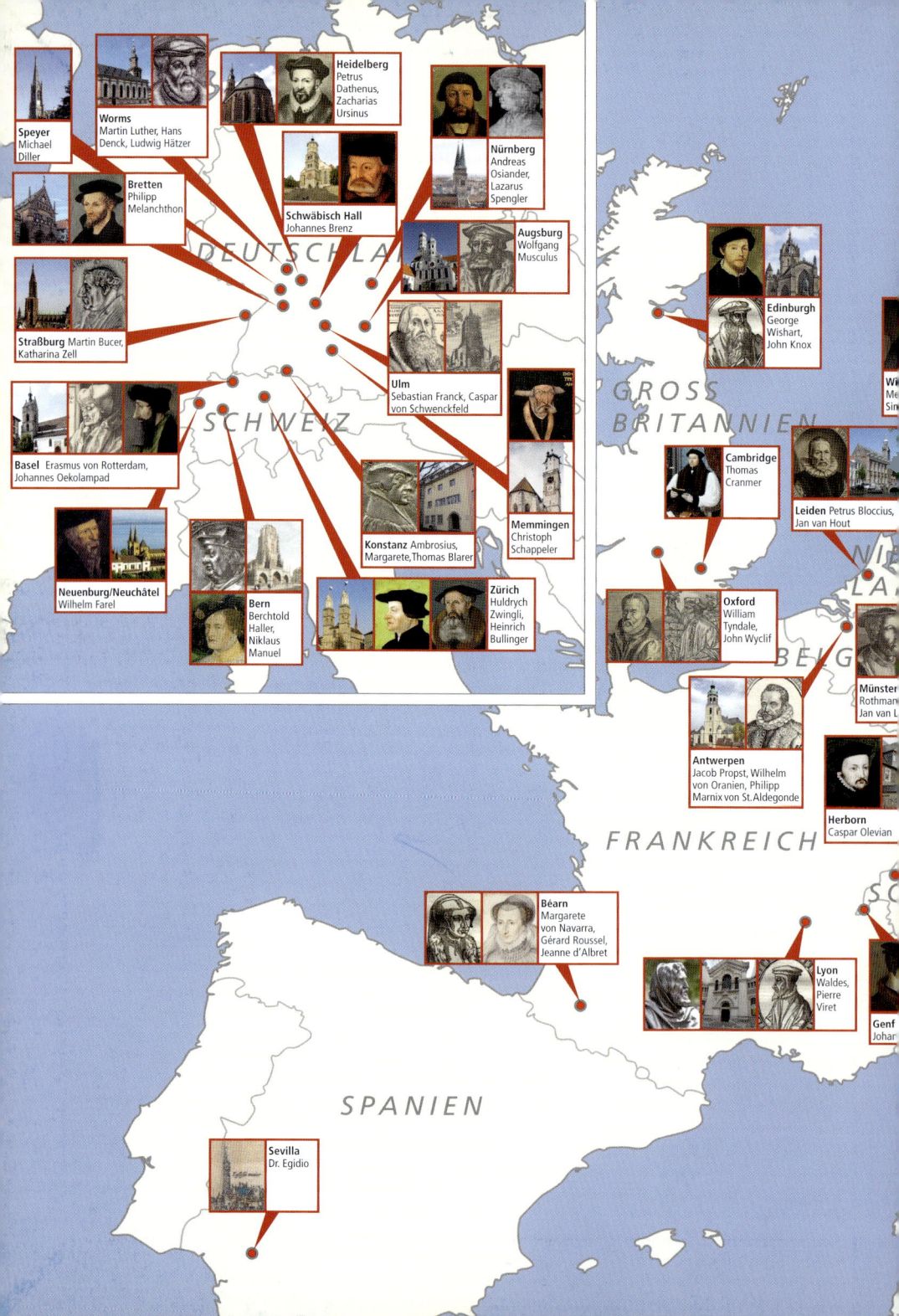

Speyer
Michael Diller

Worms
Martin Luther, Hans Denck, Ludwig Hätzer

Heidelberg
Petrus Dathenus, Zacharias Ursinus

Nürnberg
Andreas Osiander, Lazarus Spengler

Bretten
Philipp Melanchthon

Schwäbisch Hall
Johannes Brenz

Augsburg
Wolfgang Musculus

Straßburg Martin Bucer, Katharina Zell

Ulm
Sebastian Franck, Caspar von Schwenckfeld

Basel Erasmus von Rotterdam, Johannes Oekolampad

Memmingen
Christoph Schappeler

Neuenburg/Neuchâtel
Wilhelm Farel

Konstanz Ambrosius, Margarete, Thomas Blarer

Zürich
Huldrych Zwingli, Heinrich Bullinger

Bern
Berchtold Haller, Niklaus Manuel

DEUTSCHLA...

SCHWEIZ

GROSS BRITANNIEN

Edinburgh
George Wishart, John Knox

Wi...
Me...
Sin...

Cambridge
Thomas Cranmer

Leiden Petrus Bloccius, Jan van Hout

NIE...
LA...

Oxford
William Tyndale, John Wyclif

BELG...

Münster
Rothman...
Jan van L...

Antwerpen
Jacob Propst, Wilhelm von Oranien, Philipp Marnix von St.Aldegonde

Herborn
Caspar Olevian

FRANKREICH

Béarn
Margarete von Navarra, Gérard Roussel, Jeanne d'Albret

Lyon
Waldes, Pierre Viret

SC...

Genf
Johan...

SPANIEN

Sevilla
Dr. Egidio